CONSTITUIÇÃO DA REPÚBLICA 30 ANOS DEPOIS

UMA ANÁLISE PRÁTICA DA EFICIÊNCIA DOS DIREITOS FUNDAMENTAIS

ESTUDOS EM HOMENAGEM AO MINISTRO LUIZ FUX

ABHNER YOUSSIF MOTA ARABI
FERNANDO MALUF
MARCELLO LAVENÈRE MACHADO NETO

Coordenadores

CONSTITUIÇÃO DA REPÚBLICA 30 ANOS DEPOIS

UMA ANÁLISE PRÁTICA DA EFICIÊNCIA DOS DIREITOS FUNDAMENTAIS

ESTUDOS EM HOMENAGEM AO MINISTRO LUIZ FUX

Belo Horizonte

2019

© 2019 Editora Fórum Ltda.

É proibida a reprodução total ou parcial desta obra, por qualquer meio eletrônico, inclusive por processos xerográficos, sem autorização expressa do Editor.

Conselho Editorial

Adilson Abreu Dallari	Floriano de Azevedo Marques Neto
Alécia Paolucci Nogueira Bicalho	Gustavo Justino de Oliveira
Alexandre Coutinho Pagliarini	Inês Virgínia Prado Soares
André Ramos Tavares	Jorge Ulisses Jacoby Fernandes
Carlos Ayres Britto	Juarez Freitas
Carlos Mário da Silva Velloso	Luciano Ferraz
Cármen Lúcia Antunes Rocha	Lúcio Delfino
Cesar Augusto Guimarães Pereira	Marcia Carla Pereira Ribeiro
Clovis Beznos	Márcio Cammarosano
Cristiana Fortini	Marcos Ehrhardt Jr.
Dinorá Adelaide Musetti Grotti	Maria Sylvia Zanella Di Pietro
Diogo de Figueiredo Moreira Neto	Ney José de Freitas
Egon Bockmann Moreira	Oswaldo Othon de Pontes Saraiva Filho
Emerson Gabardo	Paulo Modesto
Fabrício Motta	Romeu Felipe Bacellar Filho
Fernando Rossi	Sérgio Guerra
Flávio Henrique Unes Pereira	Walber de Moura Agra

FÓRUM

Luís Cláudio Rodrigues Ferreira
Presidente e Editor

Coordenação editorial: Leonardo Eustáquio Siqueira Araújo

Av. Afonso Pena, 2770 – 15º andar – Savassi – CEP 30130-012
Belo Horizonte – Minas Gerais – Tel.: (31) 2121.4900 / 2121.4949
www.editoraforum.com.br – editoraforum@editoraforum.com.br

Técnica. Empenho. Zelo. Estes foram alguns dos cuidados aplicados na edição desta obra. No entanto, podem ocorrer erros de impressão, digitação ou mesmo restar alguma dúvida conceitual. Caso se constate algo assim, solicitamos a gentileza de nos comunicar através do e-mail <editorial@editoraforum.com.br> para que possamos esclarecer, no que couber. A sua contribuição é muito importante para mantermos a excelência editorial. A Editora Fórum agradece a sua contribuição.

Dados Internacionais de Catalogação na Publicação (CIP) de acordo com ISBD

C758	Constituição da República 30 anos depois: uma análise prática da eficiência dos direitos fundamentais. Estudos em homenagem ao Ministro Luiz Fux / Abhner Youssif Mota Arabi, Fernando Maluf, Marcello Lavenère Machado Neto (Coord.). - Belo Horizonte : Fórum, 2019.
	472p. ; 17cm x 24cm.
	ISBN: 978-85-450-0598-8
	1. Direito. 2. Direito Constitucional. 3. Direito Público. 4. Direitos Humanos. 5. Direitos Fundamentais. I. Arabi, Abhner Youssif Mota. II. Maluf, Fernando. III. Machado Neto, Marcello Lavenère. IV. Título.
2018-1312	
	CDD: 342
	CDU: 342

Elaborado por Vagner Rodolfo da Silva - CRB-8/9410

Informação bibliográfica deste livro, conforme a NBR 6023:2002 da Associação Brasileira de Normas Técnicas (ABNT):

ARABI, Abhner Youssif Mota; MALUF, Fernando; MACHADO NETO, Marcello Lavenère (Coord.). *Constituição da República 30 anos depois*: uma análise prática da eficiência dos direitos fundamentais. Estudos em homenagem ao Ministro Luiz Fux. Belo Horizonte: Fórum, 2019. 472p. ISBN 978-85-450-0598-8.

SUMÁRIO

APRESENTAÇÃO
Abhner Youssif Mota Arabi, Fernando Maluf, Marcello Lavenère Machado Neto 13

O SUPREMO E O PRINCÍPIO DA PRESUNÇÃO DE NÃO CULPABILIDADE: ANÁLISE JURISPRUDENCIAL NOS 30 ANOS DA CONSTITUIÇÃO DE 1988
Marco Aurélio Mello 15

    Introdução 15
1   O princípio da presunção de não culpabilidade 16
2   A jurisprudência do Supremo desde a Constituição de 1988 até o julgamento do *Habeas Corpus* nº 84.078 18
3   O julgamento do *Habeas Corpus* nº 126.292 e as Ações Declaratórias de Constitucionalidade nº 43 e nº 44 21
    Conclusão 25

O PAPEL DO SENADO NO CONTROLE DE CONSTITUCIONALIDADE: A INTERPRETAÇÃO A SER CONFERIDA AO ART. 52, X, DA CONSTITUIÇÃO FEDERAL
Gilmar Ferreira Mendes 27

I   Reflexões iniciais 27
II   A suspensão pelo Senado Federal da execução de lei declarada inconstitucional pelo Supremo Tribunal Federal sob a Constituição de 1988 34
III   A repercussão da declaração de inconstitucionalidade proferida pelo Supremo Tribunal sobre as decisões de outros tribunais 35
IV   A suspensão de execução da lei pelo Senado e mutação constitucional 37
V   Conclusão 45
    Referências 49

O *HABEAS CORPUS* COLETIVO
Ricardo Lewandowski 51

1   Introdução 51
2   Alegações dos impetrantes e intervenientes 52
3   Instrução do feito 54
4   Exame da preliminar 57
5   Fundamentos da decisão 60
6   Concessão da ordem e outras determinações 74
7   Considerações finais 75

ACESSO À JUSTIÇA NA CONSTITUIÇÃO DE 1988 E MÉTODOS ADEQUADOS DE RESOLUÇÃO DE CONFLITOS NO BRASIL
José Antonio Dias Toffoli 77

1 Introdução 77
2 O acesso à Justiça na Constituição de 1988 78
3 Desafios à efetividade da Justiça no Brasil 80
4 Acesso à ordem jurídica justa e mecanismos adequados de resolução de conflitos 81
5 Meios adequados de resolução de conflitos no Brasil: recentes avanços 84
5.1 Antecedentes 84
5.2 Política judiciária nacional de tratamento adequado dos conflitos de interesses no âmbito do Poder Judiciário 85
5.3 O novo Código de Processo Civil e a Lei de Mediação 86
6 Considerações finais 90
Referências 91

ESTADO E DIREITO ENTRE CATIVOS E CIDADÃOS
Luiz Edson Fachin, Fernanda Bernardo Gonçalves 93

1 Nota de entrada 93
2 Elementos sobre a experiência dos Estados Unidos da América 95
3 O Brasil em meio a heranças 100
4 A Constituição Federal de 1988 e sua perspectiva 104
5 Nota de fecho 109
Referências 110

ESTADO LAICO E A CONSTITUCIONALIDADE DO ENSINO RELIGIOSO DE MATRÍCULA FACULTATIVA
Alexandre de Moraes 111

I Introdução 111
II Estado laico e liberdade de crença 112
III Singularidade da previsão constitucional do ensino religioso baseado nos dogmas da fé 115
IV Conclusão 124

AS LIBERDADES PÚBLICAS E O SUPREMO: 30 ANOS DE UMA NOVA HISTÓRIA CONSTITUCIONAL
Abhner Youssif Mota Arabi 127

1 Introdução 127
2 O regime constitucional das liberdades públicas 129
3 As liberdades públicas perante o STF: casos de destaque..132
3.1 ADPF nº 130: não recepção da Lei de Imprensa 132
3.2 HC nº 82.424: liberdade de expressão e o discurso de ódio 135
3.3 ADI nº 4.815: as biografias não autorizadas 138
3.4 Os temas do futuro..139
4 Conclusões..140
Referências 142

A ENTREVISTA PESSOAL DO PRESO COM O DEFENSOR PÚBLICO SOB ENFOQUE DOS DIREITOS FUNDAMENTAIS
Aldo José Barros Barata de Oliveira 145

LIBERDADE DE EXPRESSÃO E DE MANIFESTAÇÃO NAS REDES SOCIAIS
Ana Paula de Barcellos, Felipe Mendonça Terra 155
I   Da utopia ao desencanto 155
II   Controle da liberdade de expressão nas redes sociais: o Marco Civil da Internet e a remoção de conteúdo 162
III Propaganda eleitoral e redes sociais 166
IV Conclusão 170

A CULPA DEVE SER DO SOL: ALGUMAS CONSIDERAÇÕES SOBRE AS COTAS RACIAIS NO BRASIL
Andréa Magalhães 171
1   Introdução 171
2   Uma triste realidade: há racismo no Brasil e as cotas raciais ainda são muito necessárias 172
3   O Supremo e a constitucionalidade conglobante das ações afirmativas 177
4   Análise prática da eficiência das cotas raciais: dados e propostas 183

O PRINCÍPIO DA MORALIDADE NAS ELEIÇÕES: OS CASOS FICHA LIMPA
André Ramos Tavares 191
1   Demanda popular pela moralidade na política: os casos ficha limpa 191
2   Eleições justas: entre amplitude de participação e moralidade 193
3   Limitações do preceito da moralidade como exceção à ampla elegibilidade 196
4   Hipóteses objetivas de limitações ao *jus honorum*: a opção pelos candidatos com ficha limpa 197
5   A presunção de não culpabilidade e a ficha limpa 199
6   A garantia de segurança jurídica na Lei da Ficha Limpa 200
6.1 Hipótese de retrospectividade 200
6.2 Posição inicial pela aplicabilidade da Lei às eleições de 2010 no TSE 202
6.3 Posição do STF: inaplicabilidade da Lei da Ficha Limpa às eleições de 2010 203
6.4 Casos individuais em que a inelegibilidade permaneceu em 2010 por ausência de recurso ao Supremo Tribunal Federal 204
7   Recentes mudanças jurisprudenciais com aceleração da incidência da Lei da Ficha Limpa 205
8   Conclusões 207
      Referências 208

ARBITRAGEM: JURISDIÇÃO, MISSÃO E JUSTIÇA
Carlos Alberto Carmona, José Augusto Bitencourt Machado Filho 209
1   Introdução 209
2   Arbitragem para quê? As reais vantagens do instituto 212
2.1 As vantagens tradicionalmente apontadas 212

2.2	Para além das vantagens clássicas: virtudes ainda pouco reconhecidas	216
3	Arbitragem para quem?	217
3.1	Desafogamento, sim, mas não do Poder Judiciário	217
3.2	A arbitragem em um sistema multiportas	218
4	A arbitragem é diferente	220
4.1	Escopos tradicionais da jurisdição	220
4.2	Escopos da jurisdição aplicados à arbitragem	220
5	Arbitragem: uma criatura à parte	222
5.1	Considerações gerais	222
5.2	Arbitragem e o – suposto – sistema de precedentes	223
6	Algumas palavras à guisa de conclusão	225

A (IM)POSSIBILIDADE CONSTITUCIONAL DE O ESTADO FORNECER MEDICAMENTOS DE ALTO CUSTO E/OU SEM REGISTRO NA ANVISA
Celso Xavier, Amanda Sampaio 227

I	Considerações preliminares	227
II	O regime jurídico do direito à saúde após a Constituição Federal de 1988	228
III	Necessária diferenciação entre medicamentos ainda não aprovados no Brasil (sem registro na Anvisa) e novos medicamentos ainda não testados pelo Sistema Único de Saúde (chamados "de alto custo")	238
IV	A Suprema Corte e a busca por parâmetros em matéria de saúde	239
V	Conclusão	248

NOVAS TECNOLOGIAS E AS BARREIRAS CONSTITUCIONAIS À INTERVENÇÃO ECONÔMICA PELA ADMINISTRAÇÃO PÚBLICA
Cláudio Finkelstein, Fernando Maluf 251

I	Introdução	251
II	As barreiras à intervenção econômica à luz da livre iniciativa	254
III	As barreiras à intervenção econômica à luz da livre concorrência	257
IV	As barreiras à intervenção econômica à luz do livre exercício de qualquer trabalho, ofício ou profissão	259
V	As barreiras à intervenção econômica à luz da inovação	261
VI	Conclusão	263
	Referências	264

RESPONSABILIDADE CIVIL DO ESTADO PELA INTEGRIDADE DOS RECLUSOS: AS POSSIBILIDADES DE INDENIZAÇÃO PARA PRESOS
Daniel Kaufman Schaffer, Julia Schulz Rotenberg 267

1	Introdução	267
2	Direitos fundamentais assegurados aos reclusos	271
3	Contornos gerais da responsabilidade civil do Estado	274
4	A responsabilidade civil do Estado pela integridade dos reclusos e as possibilidades de indenização	278
4.1	Responsabilidade civil do Estado pela morte de detentos	278
4.2	Responsabilidade civil do Estado por falta ou insuficiência de condições legais de encarceramento	281

5	Reflexões e desafios em torno da forma de reparação	284
6	Conclusão	287
	Referências	288

O DIREITO AO RECONHECIMENTO
Daniel Sarmento..293

1	Introdução	293
2	A teoria contemporânea do reconhecimento	295
3	O reconhecimento na Constituição brasileira	302
4	Direitos universais e reconhecimento	307
5	Direitos específicos e reconhecimento	308
6	Conclusão	315

HUMOR, POLÍTICA E JURISDIÇÃO CONSTITUCIONAL: O SUPREMO TRIBUNAL FEDERAL COMO GUARDIÃO DA DEMOCRACIA: A PROTEÇÃO DA LIBERDADE DE CRÍTICA POLÍTICA EM PROCESSOS ELEITORAIS
Gustavo Binenbojm..317

I	Introdução	317
II	As dimensões substantiva e instrumental da liberdade de expressão	318
III	O sistema constitucional da liberdade de expressão e a sua posição preferencial	321
IV	Liberdade de expressão e regime jurídico dos serviços de radiodifusão: inexistência de fundamentos para tratamento diferenciado em relação a outros veículos de comunicação	326
V	Liberdade de expressão e lisura do processo eleitoral	327
VI	A inconstitucionalidade do art. 45, II, da Lei nº 9.504/1997	329
VII	Inconstitucionalidade do art. 45, III (em parte), da Lei nº 9.504/1997	332
VIII	A decisão do Supremo Tribunal Federal: intervenção a favor, e não contra a democracia	336

NOTAS ACERCA DO CHAMADO "DIREITO AO ESQUECIMENTO" NA JURISPRUDÊNCIA DO SUPERIOR TRIBUNAL DE JUSTIÇA BRASILEIRO
Ingo Wolfgang Sarlet..341

1	Introdução	341
2	O direito ao esquecimento na condição de direito fundamental implicitamente positivado	342
3	Reconhecimento e proteção do direito ao esquecimento pelo STJ	346
4	As decisões do STJ em perspectiva crítica e algumas conclusões	354
	Referências	357

DOAÇÃO DE SANGUE POR HOMENS HOMOSSEXUAIS: UM AVANÇO NECESSÁRIO PARA CONSOLIDAÇÃO DE UMA CONSTITUIÇÃO CADA VEZ MAIS CIDADÃ E SOLIDÁRIA
Marcello Lavenère Machado Neto, Tomás Imbroisi Martins......................................359

1	Introdução	359
2	Contexto histórico	361
3	Questões de saúde pública	362

4	Questões constitucionais	366
	Conclusões	372
	Referências	374

JURISDIÇÃO PRÓ-MAJORITÁRIA? MAIS UMA TIPOLOGIA DAS FUNÇÕES DO STF SOB A CONSTITUIÇÃO DE 1988
Pedro Felipe de Oliveira Santos 375

	Prólogo	375
1	Introdução	376
2	Constituições e jurisdição constitucional como instituições políticas	379
3	Para além da jurisdição constitucional contramajoritária: proteção de direitos fundamentais na pauta majoritária?	383
4	Uma nova tipologia de funções para a jurisdição constitucional: o Supremo Tribunal Federal sob a égide da Constituição de 1988	387
5	Conclusão	394

INAFASTABILIDADE DA JURISDIÇÃO VS. DURAÇÃO RAZOÁVEL DOS PROCESSOS: DA CLASS ACTION AO LEAVE TO APPEAL
Sidnei Beneti 397

1	A multiplicação de direitos	397
2	Proteção de novos direitos fundamentais de massa: *macrolides*	398
3	Prescrições constitucionais e processuais do início ao fim dos processos	398
4	Instrumentos processuais de garantia multitudinária de direitos fundamentais	399
5	Faltou instrumentalizar alguma forma de *leave to appeal*	400
6	A dispersão dos julgamentos recursais	401
7	Instrumentos do Código de Processo Civil de 2015	402
8	Uma solução à procura de um autor	403

SEPARAÇÃO DE PODERES E CAPACIDADES INSTITUCIONAIS: O CASO DA PÍLULA DO CÂNCER
Thiago Lôbo Fleury 405

1	Introdução	405
2	*Quaestio iuris* submetida à apreciação do Supremo Tribunal Federal – Uma contextualização necessária	407
3	Relação Parlamento e agências reguladoras: novos contornos das teorias da capacidade institucional e da reserva de administração	408
4	Conclusão	416
	Referências	417

DIREITO À PRIVACIDADE NA SOCIEDADE DE INFORMAÇÃO: PROTEÇÃO DE DADOS NA ERA DIGITAL
Thiago Luís Sombra 419

I	Introdução	419
II	Modelos regulatórios e suas principais características	420
III	Consentimento e a proteção de dados de pessoas a partir dos diversos modelos regulatórios	421

III.1	APEC	421
III.2	FTC	422
III.3	Austrália	424
III.4	Canadá	426
IV	Transferência internacional de dados	428
IV.1	APEC	428
IV.2	FTC	430
IV.3	Austrália	430
IV.4	Canadá	432
V	Conclusões	433

DIREITO ADMINISTRATIVO SANCIONADOR NO BRASIL: UMA CONTRIBUIÇÃO PARA A EFETIVIDADE DOS DIREITOS FUNDAMENTAIS
Valter Shuenquener De Araujo 435

1	Introdução	435
2	Em busca de um conceito e função para o Direito Administrativo Sancionador	437
3	Dificuldades enfrentadas pelo Direito Administrativo Sancionador no Brasil	439
3.1	Federalismo despreocupado com a sistematização do Direito Administrativo Sancionador	440
3.2	Falta de um catálogo de direitos e institutos do Direito Penal que possa ser transportado para o Direito Administrativo Sancionador	440
3.3	Dúvidas sobre os limites de atuação punitiva do administrador diante do princípio da legalidade	442
3.4	Falta de uma lei geral no Brasil sobre Direito Administrativo Sancionador	443
4	Sugestões para o aprimoramento do Direito Administrativo Sancionador brasileiro	444
4.1	Incentivo à especialidade em detrimento da generalidade	444
4.2	Estímulo à colegialidade e participação popular nos órgãos de controle	445
4.3	Apoio à transação	445
4.4	Preocupação maior com a função ordenadora/regulatória do Direito Administrativo Sancionador	446
4.5	Empoderamento maior das autoridades com poder sancionatório para a adoção de sistemas punitivos do modo independente	446
5	Conclusões	447

A FUNÇÃO SOCIAL DA PROPRIEDADE INTELECTUAL NA CONSTITUIÇÃO DA REPÚBLICA DE 1988
Walter Godoy dos Santos Junior 449

SOBRE OS AUTORES 469

APRESENTAÇÃO

Em 5 de outubro de 1988, um novo marco se instaurava na história constitucional brasileira. No Plenário da Câmara dos Deputados, Ulysses Guimarães erguia um exemplar da Constituição da República ao proclamar: "Declaro promulgada. O documento da liberdade, da dignidade, da democracia, da justiça social do Brasil".

A Constituição da República Federativa do Brasil de 1988, a sétima de nossa história, foi editada com a pretensão de inaugurar novos tempos em nossa nação, propugnando por valores que conduziriam, durante sua concretização, a uma maior promoção da cidadania e da igualdade material. Em 2018, nossa Constituição chega aos 30 anos. Já é a segunda mais longeva de nosso período republicano e apresenta, ainda, perspectiva de longos anos de vigência. Além de ser este um momento de celebração de seu aniversário, é tempo também de se fazer um balanço entre aquilo que o texto prometia, aquilo que se conseguiu alcançar e os pontos em que ainda podemos – e devemos – avançar. O que será que constituímos nesses 30 anos?

Marcada por sua extensão e pela diversidade de temas que abrange, apresentava já desde sua origem um extenso rol de direitos fundamentais, um de seus pilares mais essenciais. Estabelecidos inicialmente como garantias negativas contra avanços estatais, sua concepção avançou a deveres estatais positivos, que conduzissem à concretização real e efetiva da ideia de cidadania que se anunciava. Mais que isso, a partir de sua eficácia objetiva e horizontal, os direitos fundamentais alcançaram não apenas a inteireza do ordenamento jurídico, que deve guardar compatibilidade com aqueles valores ético-jurídicos, mas também as próprias relações privadas, em limitação a uma anterior noção absoluta e irrelativizável da autonomia da vontade.

Apesar dos avanços, ainda há muito em que progredir. Por definição, os direitos fundamentais envolvem em seu conceito aspectos de progresso e de historicidade, como indicadores de sua concepção aberta e dinâmica, construída ao longo do tempo, que conduz a um contínuo caminhar. Ainda que assim não fosse, há enunciados normativos constitucionais que ainda não foram concretizados em sua inteireza, comprometendo a eficácia plena da cidadania então idealizada para a nova sociedade brasileira.

Essas as sintetizadas razões que influenciaram a concepção deste projeto, que foi elaborado e concretizado a várias mãos: uma coletânea de artigos que se destina ao estudo da evolução prática e da eficiência da aplicação de diversos direitos fundamentais ao longo dos 30 anos da Constituição da República, notadamente no tocante à atuação do Supremo Tribunal Federal. Sua idealização não atingiria a realidade sem a aderência, o compromisso e o interesse das muitas pessoas que dele participaram, aos quais registramos nossos agradecimentos.

De início, ao próprio Ministro Luiz Fux, que honrosamente nos permitiu conduzir este livro em sua homenagem, como gesto que todos os coautores ora fazemos aos seus muitos anos de vida pública e de serviços prestados ao país, bem como à sua cotidiana luta pela concretização dos direitos fundamentais, a partir de sua longa e respeitosa atuação perante os mais diversos órgãos do Poder Judiciário.

Em igual importância, registramos a gratidão aos coautores e às coautoras desta obra coletiva, que nos honram com suas célebres e bem lançadas ideias sobre destacados aspectos de diferentes direitos fundamentais, não apenas a partir de um olhar retrospectivo quanto aos 30 anos que se passaram, mas também para os vindouros tempos, que desafiam os horizontes da democracia constitucional brasileira.

Desde 1988, o Brasil mudou, a sociedade mudou, e Direito mudou. Será que a liberdade, dignidade, democracia, justiça social e outros tantos valores homenageados na Constituição da República foram, de fato, atingidos? Será que as noções que então se tinha desses – e tantos outros – direitos fundamentais continuam as mesmas 30 anos depois?

É com muita alegria que lançamos, então, ao público esta obra coletiva, na expectativa de contribuir ao contínuo progresso e à concretização dos direitos fundamentais.

Abhner Youssif Mota Arabi
Fernando Maluf
Marcello Lavenère Machado Neto
Coordenadores

O SUPREMO E O PRINCÍPIO DA PRESUNÇÃO DE NÃO CULPABILIDADE: ANÁLISE JURISPRUDENCIAL NOS 30 ANOS DA CONSTITUIÇÃO DE 1988

MARCO AURÉLIO MELLO

Introdução

Os senhores Abhner Youssif Mota Arabi, Fernando Del Picchia Maluf e Marcelo Lavenère Machado Neto honraram-me com o convite para participar de obra coletiva intitulada *Constituição da República 30 anos depois: uma análise prática da eficiência dos direitos fundamentais*, em homenagem ao estimado ministro Luiz Fux.

Não poderia iniciar o texto sem, antes, consignar breve registro quanto ao ilustre homenageado: Doutor em Direito Processual Civil pela Universidade Estadual do Rio de Janeiro – UERJ, o ministro Luiz Fux possui notável trajetória na magistratura, iniciada há mais de 36 anos, ocupando, desde 2011, cadeira no Supremo.

Em tempos de profunda crise ética e civilizacional, os 30 anos da promulgação da Constituição de 5 de outubro de 1988 não poderiam passar despercebidos. "Estatuto do Homem, da Liberdade, da Democracia", nas palavras de Ulysses Guimarães, o Diploma Maior expressa o reencontro da Nação com o Estado Democrático de Direito após longos anos de regime de exceção.

Se, de um lado, é possível afirmar que a época é alvissareira, uma vez que a impunidade, outrora habitual, está a revelar-se, dia após dia, coisa do passado, de outro, agigantam-se tentativas de flexibilizar garantias tão arduamente conquistadas e consagradas na Lei das leis, na Constituição Federal.

Considerado o cenário de normalidade democrática vivido, descabe, ainda que movido pelas mais sinceras e elogiáveis intenções, atuar à margem do direito posto, da Constituição Federal. Eis um exemplo: como ignorar o que expressamente consignado no texto constitucional, ao dispor, no artigo 5º, inciso LVII, que "ninguém será considerado culpado até o trânsito em julgado de sentença penal condenatória"? Apesar da clareza da previsão constitucional, a estabelecer direito fundamental dos cidadãos, o princípio da presunção de não culpabilidade vem sendo relegado nos Tribunais do País, incluído o Supremo.

Este texto volta-se ao estudo do referido princípio mediante a análise histórica da jurisprudência nas últimas décadas. No tópico seguinte (1), abordam-se a razão de ser e as balizas da presunção de não culpabilidade. Em seguida (2), a jurisprudência do Supremo desde a promulgação da Constituição de 1988 até o julgamento, pelo Plenário, do *Habeas Corpus* nº 84.078, relator ministro Eros Grau. Na sequência (3), têm-se comentários sobre o acórdão proferido, também pelo Colegiado Maior, no *Habeas Corpus* nº 126.292, relator ministro Teori Zavascki, e as decisões prolatadas nas Ações Declaratórias de Constitucionalidade nº 43 e nº 44.

1 O princípio da presunção de não culpabilidade

Convém prestar esclarecimento de natureza semântica: considerar alguém não culpado é o mesmo que tê-lo como inocente. Nas palavras de Gustavo Henrique Badaró:

> Não há diferença de conteúdo entre presunção de inocência e presunção de não culpabilidade. As expressões 'inocente' e 'não culpável' constituem somente variantes semânticas de um idêntico conteúdo. É inútil e contraproducente a tentativa de apartar ambas as ideias – se é que isto é possível –, devendo ser reconhecida a equivalência de tais fórmulas. Procurar distingui-las é uma tentativa inútil do ponto de vista processual. Buscar tal diferenciação apenas serve para demonstrar posturas reacionárias e um esforço vão de retorno a um processo penal voltado exclusivamente para a defesa social, que não pode ser admitido em um Estado Democrático de Direito.[1]

Entre os princípios fundamentais do Estado de Direito construídos a partir do pensamento jusnaturalista do Iluminismo, nos séculos XVII e XVIII, destaca-se o da submissão à jurisdição, segundo o qual toda culpa deve ser definida em juízo. Trata-se de consectário lógico e necessário do reconhecimento do monopólio do exercício do poder outorgado ao Estado e da proibição de realizar justiça pelas próprias mãos.

Da regra maior de submissão à jurisdição decorre, segundo Luigi Ferrajoli, a ideia de que "é a prova da culpa – ao invés da de inocência, presumida desde o início – que forma o objeto do juízo".[2] É o corolário da finalidade racional estabelecida para o processo: presume-se a inocência até prova contrária revelada em sentença definitiva. O princípio remonta ao direito romano, tendo sido reafirmado na modernidade após a inversão sofrida a partir das práticas inquisitivas adotadas durante a Idade Média.

Consubstancia verdadeira exigência de civilidade, expressão do respeito à dignidade humana, a demonstrar a opção do Estado em favor da tutela da imunidade dos inocentes, ainda que ao custo da impunidade de algum culpado. O objetivo maior do sistema criminal é, antes de tudo, que nenhum inocente seja tido como culpado, mostrando-se suficiente, para tranquilizar a sociedade, que os culpados sejam, na maioria, punidos. A razão dessa escolha, continua Ferrajoli, é explicitada por Francesco Carrara, em resposta àqueles que bradam contra "a escandalosa impunidade" oriunda de tal opção:

---

[1] BADARÓ, Gustavo Henrique. *Processo Penal*. 3.ª ed. São Paulo: Revista dos Tribunais, 2015, p. 57.
[2] FERRAJOLI, Luigi. *Direito e Razão*: teoria do garantismo penal. Trad. Ana Paula Zomer, Fauzi Hassan Choukr, Juarez Tavares e Luiz Flávio Gomes. São Paulo: Revista dos Tribunais, 2002, p. 441.

Escândalo verdadeiro seria ver os tribunais condenarem sempre; e juízes que, absolvendo, parecessem cometer um pecado; que estremecessem como por febre, e suspirassem como por infortúnio ao confirmar a absolvição, sem tremer, nem suspirar ao condenar. Escândalo verdadeiro, pois que com isso criaria profundas raízes no povo a ideia segundo a qual os juízes criminais se sentam em suas mesas para condenar e não para administrar a justiça imparcial. Isso destruiria toda a confiança na justiça humana, fazendo reconhecer como razão da condenação não o fato de ser comprovadamente culpado, mas o ser acusado. As sentenças absolutórias são a confirmação do contrário. Elas honram a magistratura e reforçam a fé nas sentenças condenatórias; [...] consolidam nos cidadãos a opinião da própria segurança.[3]

Fixadas as balizas históricas do instituto, cumpre delimitar o alcance prático do direito fundamental extraível da locução segundo a qual "ninguém será considerado culpado até o trânsito em julgado de sentença penal condenatória".

Do princípio da não culpabilidade – ou da presunção de inocência –, decorrem duas regras, uma probatória e uma de tratamento.

Da primeira, extrai-se ideia básica: sobre o *órgão* acusatório recai o *ônus* de provar a culpa do acusado, ao qual não cabe qualquer carga no tocante à inocência. Em caso de dúvida, deve o juiz absolvê-lo, seguindo a multissecular máxima *in dubio pro reo*. Da segunda, resulta a percepção de que "toda medida que se aplique, mediante lei, ao réu, no curso do processo, e que não possa ser justificada ou explicada por outra causa jurídica, senão por um juízo de culpabilidade, ofende a garantia constitucional", conforme assentou o ministro Cezar Peluso no julgamento do *Habeas Corpus* nº 84.078.

A disposição normativa é clara ao estabelecer o marco processual antes do qual o réu não pode ser tratado como culpado: o trânsito em julgado da sentença penal condenatória. Não há elasticidade semântica possível nem dúvidas sobre o fato de ser a execução da pena o que define, por excelência, uma condenação criminal. A conjugação de ambas as constatações revela a existência de apenas duas espécies de prisão, diferenciadas ante a natureza jurídica, os motivos que as fundamentam e o momento no qual podem ser determinadas: a processual, aplicável aos réus – presumidamente inocentes – durante o curso do processo, nos termos da legislação processual penal (flagrante,[4] temporária[5] e preventiva[6]), e a que materializa certa pena privativa de liberdade, a ser imposta aos definitivamente condenados.

Não obstante a singeleza da conclusão, resultante da interpretação da norma que positiva o direito fundamental à presunção de não culpabilidade, o Plenário do Supremo demorou não menos do que duas décadas para alcançá-la e, após observá-la por mais de sete anos, veio a involuir há cerca de dois anos. Sinal dos tempos estranhos vivenciados.

---

[3] CARRARA, Francesco. *Programma de Dirito Criminale:* parte generale, p. 276-277, *apud* FERRAJOLI, Luigi. *Direito cit.*, p. 499.
[4] As situações de prisão em flagrante estão previstas no artigo 302 do Código de Processo Penal.
[5] A prisão temporária é regulamentada pela Lei nº 7.960/1989.
[6] Os casos de prisão preventiva estão previstos no artigo 312 do Código de Processo Penal.

2 A jurisprudência do Supremo desde a Constituição de 1988 até o julgamento do *Habeas Corpus* nº 84.078

A possibilidade de imposição de prisão logo após julgamento de recurso de apelação – sem qualquer fundamentação quanto à necessidade da medida cautelar – era largamente reconhecida pelos tribunais país afora. Respaldavam-se tais decisões na inexistência de efeito suspensivo dos recursos especiais e extraordinário.[7]

É dizer, interpretava-se a Constituição Federal a partir da legislação ordinária, o que dava origem a terceira espécie de prisão: a decorrente de acórdão condenatório formalizado em segundo grau, sem natureza cautelar. Previsão no mesmo sentido encontrava-se em vários artigos do Código de Processo Penal.[8] O entendimento era adotado pelo Plenário do Supremo:

> Habeas corpus. Sentença condenatória mantida em segundo grau. Mandado de prisão do paciente. Invocação do art. 5º, inciso LVII, da Constituição. Código de Processo Penal, art. 669. A ordem de prisão, em decorrência de decreto de custódia preventiva, de sentença de pronúncia ou de decisão de *órgão* julgador de segundo grau, *é* de natureza processual e concerne aos interesses de garantia de aplicação da lei penal ou de execução da pena imposta, após o devido processo legal. Não conflita com o art. 5º, inciso LVII, da Constituição. De acordo com o §2º do art. 27, da Lei nº 8.038/1990, os recursos extraordinário e especial são recebidos no efeito devolutivo. Mantida, por unanimidade, a sentença condenatória, contra a qual o réu apelara em liberdade, exauridas estão as instâncias ordinárias criminais, não sendo, assim, ilegal o mandado de prisão que *órgão* julgador de segundo grau determina se expeça contra o réu. Habeas corpus indeferido. (*Habeas Corpus* nº 68.726, relator ministro Néri da Silveira, julgado pelo Plenário em 28 de junho de 1991, ausentes eu próprio e os ministros Sydney Sanches e Celso de Mello).
>
> HABEAS CORPUS. PACIENTE RECOLHIDO À PRISÃO ANTES DO TRÂNSITO EM JULGADO DA DECISÃO CONDENATÓRIA. PRETENDIDO DIREITO DE RECORRER EM LIBERDADE (...).
> Contra decisão condenatória, proferida em *única* instância, por Tribunal estadual, cabe apenas recurso de *índole* extraordinária, sem efeito suspensivo, que não impede o cumprimento do mandado de prisão. Precedentes do STF. (*Habeas Corpus* nº 69.964, relator ministro Ilmar Galvão, julgado pelo Plenário em 18 de dezembro de 1992)

Nesta *última* oportunidade, fui voto vencido pela concessão da ordem, na honrosa companhia do ministro Sepúlveda Pertence, no que assentei a impossibilidade de determinar-se a prisão, antes do trânsito em julgado, caso inexistente fundamentação cautelar, vedada constitucionalmente a antecipação da execução da pena.

---

[7] Artigo 27, §2º, da Lei nº 8.038/1990: "Os recursos extraordinário e especial serão recebidos no efeito devolutivo".

[8] Por exemplo: "Art. 393. São efeitos da sentença condenatória recorrível: I – ser o réu preso ou conservado na prisão, assim nas infrações inafiançáveis, como nas afiançáveis enquanto não prestar fiança" (revogado pela Lei nº 12.403, de 2011); "Art. 594. O réu não poderá apelar sem recolher-se à prisão, ou prestar fiança, salvo se for primário e de bons antecedentes, assim reconhecido na sentença condenatória, ou condenado por crime de que se livre solto" (redação dada pela Lei nº 5.941, de 1973; revogado pela Lei nº 11.719, de 2008); "Art. 669. Só depois de passar em julgado, será exeqüível a sentença, salvo: I - quando condenatória, para o efeito de sujeitar o réu à prisão, ainda no caso de crime afiançável, enquanto não for prestada a fiança; II - quando absolutória, para o fim de imediata soltura do réu, desde que não proferida em processo por crime a que a lei comine pena de reclusão, no máximo, por tempo igual ou superior a oito anos."

O ministro Sepúlveda Pertence, na mesma ocasião, evidenciou a perplexidade:

> [...] Mas, Senhor Presidente, quando se trata de prisão que tenha por título sentença condenatória recorrível, de duas, uma: ou se trata de prisão cautelar, ou de antecipação do cumprimento da pena.
>
> Ora, não nego, que ainda que o réu tenha respondido ao processo em liberdade, a superveniência de sentença condenatória, somada *às* circunstâncias do caso, possa aconselhar seu recolhimento *à* prisão, a título de medida cautelar. Mas, como toda medida cautelar, ela há de ser fundamentada; fundamentada na necessidade cautelar da prisão. Senão, Senhor Presidente, a privação de liberdade será, de fato, antecipação de execução de pena. E antecipação de execução da pena, de um lado, com a regra constitucional de que ninguém será considerado culpado antes que transite em julgado a condenação, são coisas, data venia, que 'hurlent de se trouver ensemble'.
>
> Creio que não *é* mais possível continuar brincando de que nada mudou, com o advento da Constituição. Por isso, dou a mão *à* palmatória, porque estou quase certo de já ter votado no sentido de que nada mudou, no ponto: estou absolutamente convencido de que mudou e de que não *é* mais possível fingir que tudo continua a mesma coisa.

Durante toda a década de 1990, a jurisprudência seguiu no mesmo sentido e sempre externei divergência.

A virada do século trouxe mudanças significativas na Primeira Turma, a qual passou a formalizar decisões pela inconstitucionalidade da execução da pena antes do trânsito em julgado da condenação:

> PENA – EXECUÇÃO – APELAÇÃO – DESPROVIMENTO – EFEITO. Enquanto subordinado a condição, podendo vir a ser alterado em julgamento de recurso, descabe a execução do pronunciamento judicial condenatório, pouco importando haja este sido confirmado mediante o desprovimento de apelação. (*Habeas Corpus* nº 84.587, de minha relatoria, julgado em 19 de outubro de 2004)

Na semana seguinte ao julgamento da impetração acima, o ministro Eros Grau, relator do *Habeas Corpus* nº 84.078, proferiu, na Primeira Turma, contundente voto afirmando a convicção de dever a *óptica* até então assentada pelo Supremo ser revista *à* luz do princípio da não culpabilidade. Aludiu *à* jurisprudência no sentido da impossibilidade de execução antecipada das penas restritivas de direitos. O ministro Carlos Ayres Britto propôs a remessa do processo ao Plenário, ante a divergência entre as duas Turmas, o que foi aceito.

A Primeira Turma ora decidia de uma forma, ora de outra, revelando insegurança jurídica e causando perplexidade e perda de confiança no Judiciário:

> PRINCÍPIO DA NÃO-CULPABILIDADE – RAZÃO DE SER – ALCANCE. O princípio da não-culpabilidade – inciso LVII do artigo 5º da Constituição Federal – decorre da ordem natural das coisas, sobrepondo-se, em termos de valores, ao pragmatismo, a presunções, tendo em conta pronunciamento judicial passível de modificação na via recursal.

> PENA – CUMPRIMENTO – DECRETO CONDENATÓRIO – AUSÊNCIA DE IMUTABILIDADE – RECURSO – EFEITO. A relação entre o princípio da não-culpabilidade e o recurso sem efeito suspensivo, presente a execução da pena, *é* de dependência, superpondo-se a garantia de natureza constitucional *à* disciplina processual comum relativa aos efeitos do recurso.

PENA – EXECUÇÃO –PREMISSA. Condição inafastável à execução da pena, sempre de contorno definitivo, é a preclusão, na via da recorribilidade, do decreto condenatório. Vale dizer, sem título judicial condenatório coberto pela coisa julgada formal e material, descabe dar início à execução da pena, pouco importando tenha o recurso apenas o efeito devolutivo. (*Habeas Corpus* nº 85.209, de minha relatoria, julgado em 17 de novembro de 2005)

HABEAS CORPUS. CONSTITUCIONAL. PROCESSUAL PENAL. CONDENAÇÃO PELO CRIME DE ATENTADO VIOLENTO AO PUDOR. EXECUÇÃO PROVISÓRIA DA PENA: POSSIBILIDADE. PRECEDENTES. NÃO-CONFIGURAÇÃO DE REFORMATIO IN PEJUS. HABEAS CORPUS DENEGADO. 1. A jurisprudência deste Supremo Tribunal Federal é firme no sentido de ser possível a execução provisória da pena privativa de liberdade, quando os recursos pendentes de julgamento não têm efeito suspensivo. 2. Não configurada, na espécie, reformatio in pejus pelo Tribunal de Justiça do Paraná. A sentença de primeiro grau concedeu ao Paciente "o benefício de apelar" em liberdade, não tendo condicionado a expedição do mandado de prisão ao trânsito em julgado da decisão condenatória. 3. Habeas corpus denegado. (*Habeas Corpus* nº 91.675, relatora ministra Cármen Lúcia, julgado em 4 de setembro de 2007)

Insisti, quando deste *último* julgamento, na impossibilidade de execução precoce da pena, consignando:

No campo penal, se, por isso ou aquilo – e não podemos julgar nem o especial nem o extraordinário na via do *habeas corpus* –, vier a ser reformado o decreto condenatório, quem devolverá a esse paciente que respondeu solto ao processo – esse dado, para mim, é importante – a liberdade de ir e vir?

Antes do exame do *Habeas Corpus* nº 84.078 pelo Plenário, este apreciou, em 7 de novembro de 2007, o Recurso Extraordinário nº 482.006, ocasião na qual declarou, a uma só voz, a inconstitucionalidade do artigo 2º da Lei nº 2.364/1961 do Estado de Minas Gerais, que conferiu nova redação à de nº 869/1952 para autorizar a diminuição de vencimentos de servidores públicos processados criminalmente. Concluiu que a redução colidia "com o disposto nos arts. 5º, LVII, e 37, XV, da Constituição, que abrigam, respectivamente, os princípios da presunção de inocência e da irredutibilidade de vencimentos". Sinal de que os tempos, felizmente, tinham mudado.

Em abril de 2008, o ministro Eros Grau proferiu voto no citado *habeas corpus*. Após pedido de vista do ministro Menezes Direito, o julgamento foi retomado em fevereiro do ano seguinte. O Plenário, por maioria de votos, alterou o enfoque, em decisão histórica, cuja ementa merece transcrição:

HABEAS CORPUS. INCONSTITUCIONALIDADE DA CHAMADA "EXECUÇÃO ANTECIPADA DA PENA". ART. 5º, LVII, DA CONSTITUIÇÃO DO BRASIL, DIGNIDADE DA PESSOA HUMANA. ART. 1º, III, DA CONSTITUIÇÃO DO BRASIL.
1. O art. 637 do CPP estabelece que "[o] recurso extraordinário não tem efeito suspensivo, e uma vez arrazoados pelo recorrido os autos do traslado, os originais baixarão à primeira instância para a execução da sentença". A Lei de Execução Penal condicionou a execução da pena privativa de liberdade ao trânsito em julgado da sentença condenatória. A Constituição do Brasil de 1988 definiu, em seu art. 5º, inciso LVII, que "ninguém será considerado culpado até o trânsito em julgado de sentença penal condenatória".
2. Daí que os preceitos veiculados pela Lei n. 7.210/84, além de adequados à ordem constitucional vigente, sobrepõem-se, temporal e materialmente, ao disposto no art. 637 do CPP.

3. A prisão antes do trânsito em julgado da condenação somente pode ser decretada a título cautelar.

4. A ampla defesa, não se a pode visualizar de modo restrito. Engloba todas as fases processuais, inclusive as recursais de natureza extraordinária. Por isso a execução da sentença após o julgamento do recurso de apelação significa, também, restrição do direito de defesa, caracterizando desequilíbrio entre a pretensão estatal de aplicar a pena e o direito, do acusado, de elidir essa pretensão.

5. Prisão temporária, restrição dos efeitos da interposição de recursos em matéria penal punição exemplar, sem qualquer contemplação, nos "crimes hediondos" exprimem muito bem o sentimento que EVANDRO LINS sintetizou na seguinte assertiva: "Na realidade, quem está desejando punir demais, no fundo, no fundo, está querendo fazer o mal, se equipara um pouco ao próprio delinqüente".

6. A antecipação da execução penal, ademais de incompatível com o texto da Constituição, apenas poderia ser justificada em nome da conveniência dos magistrados -- não do processo penal. A prestigiar-se o princípio constitucional, dizem, os tribunais [leia-se STJ e STF] serão inundados por recursos especiais e extraordinários e subseqüentes agravos e embargos, além do que "ninguém mais será preso". Eis o que poderia ser apontado como incitação à "jurisprudência defensiva", que, no extremo, reduz a amplitude ou mesmo amputa garantias constitucionais. A comodidade, a melhor operacionalidade de funcionamento do STF não pode ser lograda a esse preço.

7. No RE 482.006, relator o Ministro Lewandowski, quando foi debatida a constitucionalidade de preceito de lei estadual mineira que impõe a redução de vencimentos de servidores públicos afastados de suas funções por responderem a processo penal em razão da suposta prática de crime funcional [art. 2º da Lei n. 2.364/61, que deu nova redação a Lei n. 869/52], o STF afirmou, por unanimidade, que o preceito implica flagrante violação do disposto no inciso LVII do art. 5o da Constituição do Brasil. Isso porque -- disse o relator -- "a se admitir a redução da remuneração dos servidores em tais hipóteses, estar-se-ia validando verdadeira antecipação de pena, sem que esta tenha sido precedida do devido processo legal, e antes mesmo de qualquer condenação, nada importando que haja previsão de devolução das diferenças, em caso de absolvição". Daí porque a Corte decidiu, por unanimidade, sonoramente, no sentido do não recebimento do preceito da lei estadual pela Constituição de 1.988, afirmando de modo unânime a impossibilidade de antecipação de qualquer efeito afeto à propriedade anteriormente ao seu trânsito em julgado. A Corte que vigorosamente prestigia o disposto no preceito constitucional em nome da garantia da propriedade não a deve negar quando se trate da garantia da liberdade, mesmo porque a propriedade tem mais a ver com as elites; a ameaça às liberdades alcança de modo efetivo as classes subalternas.

8. Nas democracias mesmo os criminosos são sujeitos de direitos. Não perdem essa qualidade, para se transformarem em objetos processuais. São pessoas, inseridas entre aquelas beneficiadas pela afirmação constitucional da sua dignidade (art. 1º, III, da Constituição do Brasil). É inadmissível a sua exclusão social, sem que sejam consideradas, em quaisquer circunstâncias, as singularidades de cada infração penal, o que somente se pode apurar plenamente quando transitada em julgado a condenação de cada qual. Ordem concedida.

3 O julgamento do *Habeas Corpus* nº 126.292 e as Ações Declaratórias de Constitucionalidade nº 43 e nº 44

A jurisprudência do Supremo manteve-se no sentido da inconstitucionalidade da execução provisória da pena até o julgamento, pelo Plenário, do *Habeas Corpus* nº 126.292, relator ministro Teori Zavascki, em fevereiro de 2016. Na impetração, atacavase acórdão de Tribunal de Justiça mediante o qual determinava, ante o desprovimento de apelação da defesa, a expedição de mandado de prisão, sem motivação no tocante à cautelaridade da medida extrema. O Relator implementou a liminar para afastar a custódia. A Procuradoria-Geral da República opinou pela concessão da ordem.

Para a surpresa de toda a comunidade jurídica, a ordem foi indeferida, em acórdão com a seguinte ementa:

> CONSTITUCIONAL. *HABEAS CORPUS*. PRINCÍPIO CONSTITUCIONAL DA PRESUNÇÃO DE INOCÊNCIA (CF, ART. 5º, LVII). SENTENÇA PENAL CONDENATÓRIA CONFIRMADA POR TRIBUNAL DE SEGUNDO GRAU DE JURISDIÇÃO. EXECUÇÃO PROVISÓRIA. POSSIBILIDADE. 1. A execução provisória de acórdão penal condenatório proferido em grau de apelação, ainda que sujeito a recurso especial ou extraordinário, não compromete o princípio constitucional da presunção de inocência afirmado pelo artigo 5º, inciso LVII da Constituição Federal. 2. Habeas corpus denegado.

Na oportunidade, assentei:

> Presidente, não vejo uma tarde feliz, em termos jurisdicionais, na vida deste Tribunal, na vida do Supremo.
> Há pouco, concluímos, considerada maioria escassa, por diferença de um voto, no sentido do não cabimento do *habeas corpus* contra ato de membro do Tribunal. Revelei preocupação quanto à reprodução dessa *óptica* nos Tribunais Superiores, nos vinte e sete Tribunais de Justiça e nos cinco Tribunais Regionais Federais. Já, agora, com o voto de integrantes que buscam sempre a preservação da jurisprudência, revemos jurisprudência, que poderia dizer até mesmo recente, para admitir o que ressalto em votos na Turma como execução precoce, temporã, açodada da pena, sem ter-se a culpa devidamente formada.
> Esses dois pronunciamentos esvaziam o modelo garantista, decorrente da Carta de 1988. Carta – não me canso de dizer – que veio a tratar dos direitos sociais antes de versar, como fizeram as anteriores, a estrutura do Estado. Carta apontada como cidadã por Ulisses Guimarães, um grande político do Estado-país, que é São Paulo, dentro do próprio País. Tenho dúvidas se, mantido esse rumo, quanto à leitura da Constituição pelo Supremo, poderá continuar a ser tida como Carta cidadã.
> Admito que a quadra é de delinquência maior, tendo em conta, até mesmo, o crescimento demográfico desenfreado, ocorrido nos *últimos* quarenta e cinco anos. [...] Reconheço, mais, que a Justiça é morosa, que o Estado, em termos de persecução criminal, é moroso. Reconheço, ainda, que, no campo do Direito Penal, o tempo é precioso, e o é para o Estado-acusador e para o próprio acusado, implicando a prescrição da pretensão punitiva, muito embora existam diversos fatores interruptivos do prazo prescricional.
> Reconheço que a *época* é de crise. Crise maior. Mas justamente, em quadra de crise maior, é que devem ser guardados parâmetros, princípios e valores, não se gerando instabilidade, porque a sociedade não pode viver aos sobressaltos, sendo surpreendida.
> [...]
> Presidente, o acesso aos Tribunais de Brasília ainda está pendente. Por que, em passado recente, o Tribunal assentou a impossibilidade, levando inclusive o Superior Tribunal de Justiça a rever jurisprudência pacificada, de ter-se a execução provisória da pena? Porque, no rol principal das garantias constitucionais da Constituição de 1988, tem-se, em bom vernáculo, que "ninguém será considerado culpado antes do trânsito em julgado da sentença condenatória".
> O preceito, a meu ver, não permite interpretações. Há uma máxima, em termos de noção de interpretação, de hermenêutica, segundo a qual, onde o texto é claro e preciso,

cessa a interpretação, sob pena de se reescrever a norma jurídica, e, no caso, o preceito constitucional. Há de vingar o princípio da autocontenção. Já disse, nesta bancada, que, quando avançamos, extravasamos os limites que são próprios ao Judiciário, como que se lança um bumerangue e este pode retornar e vir à nossa testa. Considerado o campo patrimonial, a execução provisória pode inclusive ser afastada, quando o recurso é recebido não só no efeito devolutivo, como também no suspensivo. Pressuposto da execução provisória é a possibilidade de retorno ao estágio anterior, uma vez reformado o título.

Indaga-se: perdida a liberdade, vindo o título condenatório e provisório – porque ainda sujeito a modificação por meio de recurso – a ser alterado, transmudando-se condenação em absolvição, a liberdade será devolvida ao cidadão? Àquele que surge como inocente? A resposta, Presidente, é negativa.

Caminha-se – e houve sugestão de alguém, grande Juiz que ocupou essa cadeira – para verdadeira promulgação de emenda constitucional. Tenho dúvidas se seria possível até mesmo uma emenda, ante a limitação do artigo 60 da Carta de 1988 quanto aos direitos e garantias individuais. O ministro Cezar Peluso cogitou para, de certa forma, esvaziar um pouco a morosidade da Justiça, da execução após o crivo revisional, formalizado por Tribunal – geralmente de Justiça ou Regional Federal – no julgamento de apelação. Mas essa ideia não prosperou no Legislativo. O Legislativo não avançou. Porém, hoje, no Supremo, será proclamado que a cláusula reveladora do princípio da não culpabilidade não encerra garantia, porque, antes do trânsito em julgado da decisão condenatória, é possível colocar o réu no xilindró, pouco importando que, posteriormente, o título condenatório venha a ser reformado.

O passo, Presidente, é demasiadamente largo e levará [...] a um acréscimo considerável de impetrações, de habeas corpus, muito embora também seja dado constatar que o esvaziamento dessa ação nobre, no que vinga a autodefesa, considerada a grande avalanche de processos, e se busca uma base, seja qual for, para o não conhecimento da ação – nomenclatura, esta, que se refere a recursos –, considerados os pressupostos de recorribilidade.

Peço vênia para me manter fiel a essa linha de pensar sobre o alcance da Carta de 1988 e emprestar algum significado ao princípio da não culpabilidade. Qual é esse significado, senão evitar que se execute, invertendo-se a ordem natural das coisas – que direciona a apurar para, selada a culpa, prender –, uma pena, a qual não é, ainda, definitiva. E, mais, não se articule com a via afunilada, para ter-se a reversão, levando em conta a recorribilidade extraordinária, porque é possível caminhar-se, como se caminha no Superior Tribunal de Justiça e no Supremo Tribunal Federal, para o provimento do recurso especial ou do recurso extraordinário.

Em setembro do mesmo ano, o Plenário enfrentou novamente o tema, ao apreciar o pedido de implemento de medida acauteladora em duas ações declaratórias de constitucionalidade, de nº 43 e nº 44, cujo objeto é o artigo 283, cabeça, do Código de Processo Penal, com a seguinte redação:

Art. 283. Ninguém poderá ser preso senão em flagrante delito ou por ordem escrita e fundamentada da autoridade judiciária competente, em decorrência de sentença condenatória transitada em julgado ou, no curso da investigação ou do processo, em virtude de prisão temporária ou prisão preventiva.

Na condição de relator, apresentei voto pela procedência do pedido liminar. Ressaltei a peculiaridade da situação, observando que a pretensão veiculada nas iniciais é a declaração de constitucionalidade de dispositivo que reproduz o previsto na Constituição Federal:

Não vivêssemos tempos estranhos, o pleito soaria teratológico; mas, infelizmente, a pertinência do requerido nas iniciais surge inafastável.

Ao editar o dispositivo em jogo, o Poder Legislativo, mediante a Lei nº 12.403/2011, limitou-se a concretizar, no campo do processo, garantia explícita da Lei Maior, adequando-se à compreensão então assentada pelo próprio Supremo Tribunal Federal.

Evidencia-se a repercussão negativa do entendimento assentado na apreciação do *Habeas Corpus* nº 126.292: reverteu-se a compreensão da garantia que embasou a própria reforma do Código de Processo Penal. Revela-se quadro lamentável, no qual o legislador alinhou-se ao Diploma Básico, enquanto este Tribunal afastou-se dele.

Reportei-me ao julgamento da Arguição de Descumprimento de Preceito Fundamental nº 347, de minha relatoria, com acórdão publicado no *Diário da Justiça* de 19 de fevereiro de 2016, no qual o Plenário reconheceu o "estado de coisas inconstitucional" do sistema penitenciário brasileiro. Teci considerações sobre a função institucional do Superior Tribunal de Justiça, a atuar como verdadeira Corte de Cassação em matéria penal, intérprete definitivo da legislação federal. No campo metajurídico, em reforço às premissas lançadas sobre a importância do Superior, referi-me aos dados apresentados pela Defensoria Pública do Estado de São Paulo, a qual obteve *êxito*, ao menos parcial, em fevereiro de 2015, em 54% dos recursos especiais interpostos, *índice* que atingiu 65% no mês seguinte; os mesmos percentuais verificados quanto aos *habeas corpus*, na razão de 48% em 2015 e de 49% em abril de 2016.

Fiquei vencido, na companhia dos ministros Dias Toffoli – em parte –, Rosa Weber, Ricardo Lewandowski, Celso de Mello e da Constituição Federal, tendo o resultado se repetido, em novembro seguinte, quando do exame, sob a sistemática da repercussão geral e no denominado Plenário Virtual, do Recurso Extraordinário com Agravo nº 964.246, relator ministro Teori Zavascki.

Vencido, mas não convencido! Sigo cumprindo meu dever, implementando medidas liminares em *habeas corpus* para suspender a execução provisória da pena, fazendo ver:

> Não se pode potencializar o decidido pelo Pleno no *Habeas Corpus* nº 126.292, por maioria, em 17 de fevereiro de 2016. Precipitar a execução da pena importa antecipação de culpa, por serem indissociáveis. Conforme dispõe o inciso LVII do artigo 5º da Constituição Federal, "ninguém será considerado culpado até o trânsito em julgado de sentença penal condenatória", ou seja, a culpa surge após alcançada a preclusão maior. Descabe inverter a ordem do processo-crime – apurar para, selada a culpa, prender, em verdadeira execução da sanção.
>
> O Pleno, ao apreciar a referida impetração, não pôs em xeque a constitucionalidade nem colocou peias à norma contida na cabeça do artigo 283 do Código de Processo Penal, segundo a qual "ninguém poderá ser preso senão em flagrante delito ou por ordem escrita e fundamentada da autoridade judiciária competente, em decorrência de sentença condenatória transitada em julgado ou, no curso da investigação ou do processo, em virtude de prisão temporária ou prisão preventiva". Constrição provisória concebe-se cautelarmente, associada ao flagrante, à temporária ou à preventiva, e não a título de pena antecipada. A redação do preceito remete à Lei nº 12.403, de 4 de maio de 2011, revelando ter sido essa a opção do legislador. Ante o forte patrulhamento vivenciado nos dias de hoje, fique esclarecido que, nas ações declaratórias de constitucionalidade nº 43 e nº 44, nas quais questionado o mencionado dispositivo, o Pleno deixou de implementar liminar.
>
> A execução provisória pressupõe garantia do Juízo ou a viabilidade de retorno, alterado

o título executivo, ao estado de coisas anterior, o que não ocorre em relação à custódia. É impossível devolver a liberdade perdida ao cidadão.

O fato de o Tribunal, no denominado Plenário Virtual, atropelando os processos objetivos acima referidos, sem declarar, porque não podia fazê-lo em tal campo, a inconstitucionalidade do artigo 283 do aludido Código, e, com isso, confirmando que os tempos são estranhos, haver, em agravo que não chegou a ser provido pelo Relator, ministro Teori Zavascki – agravo em recurso extraordinário nº 964.246, formalizado, por sinal, pelo paciente do Habeas Corpus nº 126.292 –, a um só tempo, reconhecido a repercussão geral e "confirmado a jurisprudência", assentada em processo *único* – no citado habeas corpus –, não *é* obstáculo ao acesso ao Judiciário para afastar lesão a direito, revelado, no caso, em outra cláusula pétrea – segundo a qual "ninguém será considerado culpado até o trânsito em julgado de sentença penal condenatória" – incisos XXXV e LVII do artigo 5º da Carta da República.

Ao tomar posse neste Tribunal, há 27 anos, jurei cumprir a Constituição Federal, observar as leis do País, e não a me curvar a pronunciamento que, diga-se, não tem efeito vinculante. De qualquer forma, está-se no Supremo, *última* trincheira da Cidadania, se *é* que continua sendo. O julgamento virtual, a discrepar do que ocorre em Colegiado, no verdadeiro Plenário, o foi por 6 votos a 4, e o seria, presumo, por 6 votos a 5, houvesse votado a ministra Rosa Weber, fato a revelar encontrar-se o Tribunal dividido. A minoria reafirmou a *óptica* anterior – eu próprio e os ministros Celso de Mello, Ricardo Lewandowski e Dias Toffoli. Tempos estranhos os vivenciados nesta sofrida República! Que cada qual faça a sua parte, com desassombro, com pureza d'alma, segundo ciência e consciência possuídas, presente a busca da segurança jurídica. Esta pressupõe a supremacia não de maioria eventual – conforme a composição do Tribunal –, mas da Constituição Federal, que a todos, indistintamente, submete, inclusive o Supremo, seu guarda maior. Em *época* de crise, impõe-se observar princípios, impõe-se a resistência democrática, a resistência republicana. De qualquer forma, há sinalização de a matéria vir a ser julgada, com a possibilidade, conforme noticiado pela imprensa, de um dos que formaram na corrente majoritária – e o escore foi de 6 a 5 – vir a evoluir.

Conclusão

O Supremo Tribunal Federal tem encontro marcado com a controvérsia atinente à execução da pena após a formalização de acórdão condenatório em grau de apelação. Em 4 de dezembro de 2017, liberei as Ações Declaratórias de Constitucionalidade nº 43 e nº 44 para inserção, visando o julgamento de mérito, na pauta do Plenário e, em 23 de abril de 2018, declarei-me habilitado a relatá-las e votar, apontando a urgência reclamada pelo tema – potencializada pela indicação de evolução, no entendimento, do ministro Gilmar Mendes, na esteira do exame do *Habeas Corpus* nº 152.752, relator ministro Edson Fachin, julgado em 4 de abril de 2018, a sinalizar a revisão da óptica então assentada. Hoje tem-se nova ação declaratória de constitucionalidade, a de nº 54, liberada para apreciação de pedido de urgência, liminar, em 19 de abril de 2018.

A esperança é que o Plenário volte ao entendimento consagrado, em 5 de fevereiro de 2009, no exame do *Habeas Corpus* nº 84.078, ou, ao menos, adote solução intermediária para que a execução da pena privativa de liberdade aguarde decisão do Superior Tribunal de Justiça, conforme consignei na apreciação das Ações Declaratórias de Constitucionalidade nº 43 e nº 44, caso fique vencido na extensão maior do voto.

Certo de que a Constituição Federal não pode ser tida como um documento lírico, cujo conteúdo possa vir a ser metamorfoseado ao sabor dos acontecimentos e da vontade das maiorias reinantes, espero que o Supremo, última trincheira da cidadania, não falte à Nação em momento tão crucial da história de nossa jovem República.

Brasília/DF, maio de 2018.

Informação bibliográfica deste texto, conforme a NBR 6023:2002 da Associação Brasileira de Normas Técnicas (ABNT):

MELLO, Marco Aurélio. O Supremo e o princípio da presunção de não culpabilidade: análise jurisprudencial nos 30 anos da Constituição de 1988. In: ARABI, Abhner Youssif Mota; MALUF, Fernando; MACHADO NETO, Marcello Lavenère (Coord.). *Constituição da República 30 anos depois*: uma análise prática da eficiência dos direitos fundamentais. Estudos em homenagem ao Ministro Luiz Fux. Belo Horizonte: Fórum, 2019. p. 15-26. ISBN 978-85-450-0598-8.

O PAPEL DO SENADO NO CONTROLE DE CONSTITUCIONALIDADE: A INTERPRETAÇÃO A SER CONFERIDA AO ART. 52, X, DA CONSTITUIÇÃO FEDERAL

GILMAR FERREIRA MENDES

I Reflexões iniciais

O art. 52, X, da Constituição Federal, preceitua que compete privativamente ao Senado Federal a suspensão da execução do ato normativo declarado inconstitucional pelo Supremo Tribunal Federal, sendo essa a forma definida pelo Constituinte para se emprestar eficácia *erga omnes* a decisões definitivas declaratórias de inconstitucionalidade.

O mecanismo previsto no art. 52, X, da Constituição, carrega consigo um extenso debate acerca dos efeitos, bem como da natureza da resolução senatorial que suspende a execução da lei ou ato normativo. Outrossim, questiona-se sobre o caráter vinculado ou discricionário do ato praticado pelo Senado e sobre a abrangência das leis estaduais e municipais. Além disso, também se indaga a respeito da pertinência da suspensão ao pronunciamento de inconstitucionalidade *incidenter tantum*, ou sobre a sua aplicação às decisões proferidas em ação direta.

Embora a doutrina pátria reiterasse os ensinamentos teóricos e jurisprudenciais americanos, no sentido da *inexistência jurídica* ou da *ampla ineficácia* da lei declarada inconstitucional, não se indicava a razão ou o fundamento desse efeito amplo. Diversamente, a não aplicação da lei, no Direito norte-americano, constitui expressão do *stare decisis*, que empresta efeitos vinculantes às decisões das Cortes Superiores. Daí ter-se adotado, em 1934, a suspensão de execução pelo Senado como mecanismo destinado a outorgar generalidade à declaração de inconstitucionalidade. A engenhosa fórmula mereceu reparos na própria Assembleia Constituinte. O Deputado Godofredo Vianna pretendeu que se reconhecesse, *v.g.*, a inexistência jurídica da lei, após o segundo pronunciamento do Supremo Tribunal Federal sobre a inconstitucionalidade do diploma.[1]

---

[1] ARAÚJO, 1935, p. 247; ALENCAR, 1978, p. 234-7.

Mas que efeitos haveria de se reconhecer ao ato do Senado que suspende a execução da lei inconstitucional?

Lúcio Bittencourt[2] afirmava que "o objetivo do art. 45, nº IV – a referência diz respeito à Constituição de 1967 – é apenas tornar pública a decisão do tribunal, levando-a ao conhecimento de todos os cidadãos". Outros reconhecem que o Senado Federal pratica ato político que "confere efeito geral ao que era particular (...), generaliza os efeitos da decisão".[3] O Supremo Tribunal Federal parece ter admitido, inicialmente, que o ato do Senado emprestava eficácia genérica à decisão definitiva. Assim, a suspensão tinha o condão de dar alcance normativo ao julgado da Excelsa Corte.[4]

Mas qual era a dimensão dessa eficácia ampla? Seria a de reconhecer efeito retroativo ao ato do Senado Federal?

Também aqui não se logravam sufrágios unânimes.

Themístocles Cavalcanti[5] responde negativamente, sustentando que a "única solução que atende aos interesses de ordem pública é que a suspensão produzirá os seus efeitos desde a sua efetivação, não atingindo as situações jurídicas criadas sob a sua vigência". Da mesma forma, Bandeira de Mello[6] ensina que "a suspensão da lei corresponde à revogação da lei", devendo "ser respeitadas as situações anteriores definitivamente constituídas, porquanto a revogação tem efeito *ex nunc*". Enfatiza que a suspensão "não alcança os atos jurídicos formalmente perfeitos, praticados no passado, e os fatos consumados, ante sua irretroatividade, e mesmo os efeitos futuros dos direitos regularmente adquiridos". O Senado Federal – assevera Bandeira de Mello[7] – "apenas cassa a lei, que deixa de obrigar, e, assim, perde a sua executoriedade porque, dessa data em diante, a revoga simplesmente".

Não obstante a autoridade dos seus sectários, essa doutrina parecia confrontar com as premissas basilares da declaração de inconstitucionalidade no Direito brasileiro.

Afirmava-se quase incontestadamente, entre nós, que a pronúncia da inconstitucionalidade tinha efeito *ex tunc*, contendo a decisão judicial caráter eminentemente declaratório.[8] Se assim fora, afigurava-se inconcebível cogitar de "situações juridicamente criadas", de "atos jurídicos formalmente perfeitos" ou de "efeitos futuros dos direitos regularmente adquiridos", com fundamento em lei inconstitucional. De resto, é fácil de ver que a constitucionalidade da lei parece constituir pressuposto inarredável de categorias como as do direito adquirido e do ato jurídico perfeito.

É verdade que a expressão utilizada pelo constituinte de 1934 (art. 91, IV), e reiterada nos textos de 1946 (art. 64), de 1967/1969 (art. 42, VII) e de 1988 (art. 52, X) – *suspender* a execução de lei ou decreto – não é isenta de dúvida.[9] Originariamente, o substitutivo da Comissão Constitucional que produziu o modelo da Constituição de 1934 chegou a

---

[2] BITTENCOURT, 1997, p. 145.
[3] BUZAID, 1958, p. 89-90; MARINHO, 1964; CAVALCANTI, 1966, p. 162-166; BROSSARD, 1976, p. 61; MELLO, 1980, p. 210; BASTOS, 2002, p. 84.
[4] MS 16.512, Rel. Min. Oswaldo Trigueiro, *Revista do Tribunal de Justiça*, [S. l.], p. 20, 21, 23 e 28.
[5] CAVALCANTI, 1966, p. 164.
[6] MELLO, 1980, p. 211.
[7] MELLO, 1980, p. 211.
[8] BARBOSA, 1910, p. 51-52, 1958, p. 49; NUNES, 1943, p. 588; CAMPOS, 1956; v. 1, p. 460-461; BUZAID, 1958, p. 128.
[9] A Constituição de 1937 não contemplou o instituto da suspensão da execução pelo Senado Federal.

referir-se à "revogação ou suspensão da lei ou ato".[10] Mas a própria *ratio* do dispositivo não autorizava a equiparação do ato do Senado a uma *declaração de ineficácia* de caráter prospectivo. A proposta de Godofredo Vianna reconhecia a inexistência jurídica da lei, desde que fosse declarada a sua inconstitucionalidade "em mais de um aresto" do Supremo Tribunal Federal. Nos debates realizados, preponderou, porém, a ideia de se outorgar ao Senado, erigido, então, ao papel de coordenador dos poderes, a suspensão da lei declarada inconstitucional pelo Supremo Tribunal.

Na discussão travada no Plenário da Constituinte, destacaram-se as objeções de Levi Carneiro, contrário à incorporação do instituto ao Texto Magno. Prevaleceu a tese perfilhada, entre outros, por Prado Kelly, tal como resumida na seguinte passagem:

> Na sistemática preferida pelo nobre Deputado, Sr. Levi Carneiro, o Supremo Tribunal decretaria a inconstitucionalidade de uma lei, e os efeitos dessa decisão se limitariam às partes em litígio. Todos os demais cidadãos, que estivessem na mesma situação da que foi tutelada num processo próprio, estariam ao desamparo da lei. Ocorreria, assim, que a Constituição teria sido defendida na hipótese que permitiu o exame do Judiciário, e esquecida, anulada, postergada em todos os outros casos (...)
> Certas constituições modernas têm criado cortes jurisdicionais para defesa da Constituição. Nós continuamos a atribuir à Suprema Corte a palavra definitiva da defesa e guarda da Constituição da República. Entretanto, permitimos a um órgão de supremacia política estender os efeitos dessa decisão, e estendê-los para o fim de suspender a execução, no todo ou em parte, de qualquer lei ou ato, deliberação ou regulamento, quando o Poder Judiciário os declara inconstitucionais. (ALENCAR, 1978, p. 260).

Na Assembleia Constituinte de 1946, reencetou-se o debate, tendo-se destacado, uma vez mais, na defesa do instituto a voz de Prado Kelly:[11]

> O Poder Judiciário só decide em espécie.
> É necessário, porém, estender os efeitos do julgado, e esta é atribuição do Senado.
> Quanto ao primeiro ponto, quero lembrar que na Constituição de 34 existe idêntico dispositivo.
> Participei da elaboração da Constituição de 34. De fato, tentou-se a criação de um quarto poder; entretanto, já há muito o Senado exerce a função controladora, fiscalizadora do Poder Executivo.
> O regime democrático é um regime de legalidade. No momento em que o Poder Executivo pratica uma ilegalidade, a pretexto de regulamentar uma lei votada pelo Congresso, exorbita nas suas funções. Há a esfera do Judiciário, e este não está impedido, desde que é violado o direito patrimonial do indivíduo, de apreciar o direito ferido.
> Se, entretanto, se reserva ao órgão do Poder Legislativo, no caso o Senado, a atribuição fiscalizadora da lei, não estamos diante de uma função judicante, mas de fiscal do arbítrio do Poder Executivo. O dispositivo já constava da Constituição de 34 e não foi impugnado por nenhum autor ou comentador que seja do meu conhecimento. Ao contrário, foi um dos dispositivos mas festejados pela crítica, porque atendia, de fato, às solicitações do meio político brasileiro.

---

[10] ALENCAR, 1978, p. 247.
[11] *Apud* ALENCAR, 1978, p. 267-268.

Ante as críticas tecidas por Gustavo Capanema, ressaltou Nereu Ramos[12] que:

> A lei ou regulamentos declarados inconstitucionais são juridicamente inexistentes, entre os litigantes. Uma vez declarados, pelo Poder Judiciário, inconstitucionais ou ilegais, a decisão apenas produz efeito entre as partes. Para evitar que os outros interessados, amanhã, tenham de recorrer também ao Judiciário, para obter a mesma coisa, atribui-se ao Senado a faculdade de suspender o ato no todo ou em parte, quando o Judiciário haja declarado inconstitucional, porque desde que o Judiciário declara inconstitucional, o Presidente da República não pode declarar constitucional.

Parecia evidente aos constituintes que a *suspensão* da *execução* da lei, tal como adotada em 1934, importava na *extensão dos efeitos* do aresto declaratório da inconstitucionalidade, configurando, inclusive, instrumento de economia processual. Atribuía-se, pois, ao ato do Senado *caráter ampliativo* e não apenas *paralisante* ou derrogatório do diploma viciado. E, não fosse assim, inócuo seria o instituto com referência à maioria das situações formadas na vigência da lei declarada inconstitucional.

Percebeu essa realidade o Senador Accioly Filho,[13] que defendeu a seguinte orientação:

> Posto em face de uma decisão do STF, que declara a inconstitucionalidade de lei ou decreto, ao Senado não cabe tão-só a tarefa de promulgador desse decisório.
>
> A declaração é do Supremo, mas a suspensão é do Senado. Sem a declaração, o Senado não se movimenta, pois não lhe é dado suspender a execução de lei ou decreto não declarado inconstitucional. Essa suspensão é mais do que a revogação da lei ou decreto, tanto pelas suas consequências quanto por desnecessitar da concordância da outra Casa do Congresso e da sanção do Poder Executivo. Em suas consequências, a suspensão vai muito além da revogação. Esta opera *ex nunc*, alcança a lei ou ato revogado só a partir da vigência do ato revogador, não tem olhos para trás e, assim, não desconstitui as situações constituídas enquanto vigorou o ato derrogado. Já quando de suspensão se trate, o efeito é *ex tunc*, pois aquilo que é inconstitucional é natimorto, não teve vida (cf. Alfredo Buzaid e Francisco Campos), e, por isso, não produz efeitos, e aqueles que porventura ocorreram ficam desconstituídos desde as suas raízes, como se não tivessem existido.
>
> Integra-se, assim, o Senado numa tarefa comum com o STF, equivalente àquela da alta Corte Constitucional da Áustria, do Tribunal Constitucional alemão e da Corte Constitucional italiana. Ambos, Supremo e Senado, realizam, na Federação brasileira, a atribuição que é dada a essas Cortes europeias.
>
> Ao Supremo cabe julgar da inconstitucionalidade das leis ou atos, emitindo a decisão declaratória quando consegue atingir o *quórum* qualificado.
>
> Todavia, aí não se exaure o episódio se aquilo que se deseja é dar efeitos *erga omnes* à decisão. A declaração de inconstitucionalidade, só por ela, não tem a virtude de produzir o desaparecimento da lei ou ato, não o apaga, eis que fica a produzir efeitos fora da relação processual em que se proferiu a decisão.
>
> Do mesmo modo, a revogação da lei ou decreto não tem o alcance e a profundidade da suspensão. Consoante já se mostrou, e é tendência no direito brasileiro, só a suspensão por declaração de inconstitucionalidade opera efeito *ex tunc*, ao passo que a revogação tem eficácia só a partir da data de sua vigência.

---

[12] *Apud* ALENCAR, 1978, p. 268.
[13] BRASIL, 1975, 266-268.

Assim, é diferente a revogação de uma lei da suspensão de sua vigência por inconstitucionalidade.

Adiante, o insigne parlamentar concluía (p. 268):

> Revogada uma lei, ela continua sendo aplicada, no entanto, às situações constituídas antes da revogação (art. 153, §3º, da Constituição). Os juízes e a administração aplicam-na aos atos que se realizaram sob o império de sua vigência, porque então ela era a norma jurídica eficaz. Ainda continua a viver a lei revogada para essa aplicação, continua a ter existência para ser utilizada nas relações jurídicas pretéritas (...)
> A suspensão por declaração de inconstitucionalidade, ao contrário, vale por fulminar, desde o instante do nascimento, a lei ou decreto inconstitucional, importa manifestar que essa lei ou decreto não existiu, não produziu efeitos válidos.
> A revogação, ao contrário disso, importa proclamar que, a partir dela, o revogado não tem mais eficácia.
> A suspensão por declaração de inconstitucionalidade diz que a lei ou decreto suspenso nunca existiu, nem antes nem depois da suspensão.
> Há, pois, distância a separar o conceito de revogação daquele da suspensão de execução de lei ou decreto declarado inconstitucional. O ato de revogação, pois, não supre o de suspensão, não o impede, porque não produz os mesmos efeitos.

Essa colocação parecia explicitar a natureza singular da atribuição deferida ao Senado Federal sob as Constituições de 1946 e de 1967/69. A suspensão constituía ato político que retira a lei do ordenamento jurídico, de forma definitiva e com efeitos retroativos. É o que ressaltava, igualmente, o Supremo Tribunal Federal, ao enfatizar que "a suspensão da vigência da lei por inconstitucionalidade torna sem efeito todos os atos praticados sob o império da lei inconstitucional".[14]

Vale recordar, a propósito, que, no MS nº 16.512,[15] o Supremo Tribunal Federal teve oportunidade de discutir largamente a natureza do instituto, infirmando a possibilidade de o Senado Federal revogar o ato de suspensão anteriormente editado, ou de restringir o alcance da decisão proferida pelo Supremo Tribunal Federal. Cuidava-se de mandado de segurança impetrado contra a Resolução nº 93, de 14 de outubro de 1965, que revogou a Resolução anterior (nº 32, de 25.3.1965), pela qual o Senado suspendera a execução de preceito do Código Paulista de Impostos e Taxas.

---

[14] RMS nº 17.976, Rel. Min. Amaral Santos, *Revista de Direito Administrativo*, [S. l.], n. 113, p. 105-111. Evidentemente, essa eficácia ampla há de ser entendida com temperamentos. A pronúncia de inconstitucionalidade não retira do mundo jurídico, automaticamente, os atos praticados com base na lei inconstitucional, criando apenas as condições para eventual desfazimento ou regulação dessas situações. Tanto a *coisa julgada* quanto outras *fórmulas de preclusão* podem tornar irreversíveis as decisões ou atos fundados na lei censurada. Assim, operada a decadência ou a prescrição, ou decorrido *in albis* o prazo para a propositura da ação rescisória, não há mais que se cogitar da revisão do ato viciado. Alguns sistemas jurídicos, como o alemão, reconhecem a subsistência dos atos e decisões praticados com base na lei declarada inconstitucional, desde que tais atos já não se afigurem suscetíveis de impugnação. A execução desses atos é, todavia, inadmissível. Exclui-se, igualmente, qualquer pretensão de enriquecimento sem causa. Admite-se, porém, a revisão, a qualquer tempo, de sentença penal condenatória baseada em lei declarada inconstitucional (Lei do *Bundesverfassungsgericht*, §79). A limitação da retroatividade expressa, nesses casos, a tentativa de compatibilizar princípios de *segurança jurídica* e *critérios de justiça*. Acentue-se que tais limitações ressaltam, outrossim, a necessária autonomia jurídica desses atos.

[15] MS nº 16.512, Rel. Min. Oswaldo Trigueiro, *Diário de Justiça*, [S. l.], 25 maio 1966.

A Excelsa Corte pronunciou a inconstitucionalidade da resolução revogadora, contra os votos dos ministros Aliomar Baleeiro e Hermes Lima, conhecendo do mandado de segurança como *representação de inconstitucionalidade*, tal como proposto pelo Procurador-Geral da República, Dr. Alcino Salazar.[16]

O Supremo Tribunal Federal reconheceu que o Senado não estava obrigado a proceder à suspensão do ato declarado inconstitucional. Nessa linha de entendimento, ensinava o Ministro Victor Nunes:

> (...) o Senado terá seu próprio critério de conveniência e oportunidade para praticar o ato de suspensão. Se uma questão foi aqui decidida por maioria escassa e novos Ministros são nomeados, como há pouco aconteceu, é de todo razoável que o Senado aguarde novo pronunciamento antes de suspender a lei. Mesmo porque não há sanção específica nem prazo certo para o Senado se manifestar.[17]

Todavia, ao suspender o ato que teve a inconstitucionalidade pronunciada pelo Supremo Tribunal Federal, não poderia aquela Alta Casa do Congresso revogar o ato anterior.[18] Da mesma forma, o ato do Senado haveria de se ater à "extensão do julgado do Supremo Tribunal",[19] não tendo "competência para examinar o mérito da decisão (...), para interpretá-la, para ampliá-la ou restringi-la".[20]

Vê-se, pois, que, tal como assentado no preclaro acórdão do Supremo Tribunal Federal, o ato do Senado tem o condão de outorgar eficácia ampla à decisão judicial, vinculativa, inicialmente, apenas para os litigantes.

Cobra relevo ressaltar que a inércia do Senado não afeta a relação entre os Poderes, não se podendo vislumbrar qualquer violação constitucional na eventual recusa à pretendida extensão de efeitos. Evidentemente, se pretendesse outorgar efeito genérico à decisão do Supremo Tribunal, não precisaria o constituinte valer-se dessa fórmula complexa.

Caberia indagar se o Supremo Tribunal Federal poderia vir a reconhecer a constitucionalidade de lei anteriormente declarada inconstitucional, mesmo após a regular comunicação ao Senado. Considerando o lapso de tempo decorrido entre a comunicação e o novo julgado, a resposta poderá ser afirmativa. Assim como o Senado não está obrigado a suspender imediatamente o ato declarado inconstitucional pelo Supremo Tribunal Federal, nada obsta a que o Tribunal reveja a orientação anteriormente firmada. Nesse caso, a suspensão superveniente não deverá produzir consequência juridicamente relevante.

Finalmente, deve-se observar que "a função política exercida pelo Senado é abrangente dos atos estaduais e municipais". E não se restringe à *lei* ou *decreto*, tal como prescrito no texto constitucional, contemplando as várias modalidades normativas, de diferentes denominações, "que de decretos fazem as vezes".[21]

---

[16] *Revista do Tribunal de Justiça*, [S. l.], v. 38, n. 1, p. 8-9, [2003?].
[17] Voto do Ministro Victor Nunes Leal, MS 16.512, *Revista do Tribunal de Justiça*, [S. l.], v. 38, n. 1, p. 23, [2003?].
[18] Nesse sentido, v. votos proferidos pelos Ministros Gonçalves de Oliveira e Cândido Motta Filho, *Revista do Tribunal de Justiça*, [S. l.], v. 38, n. 1, p. 26, [2003?].
[19] Voto do Ministro Victor Nunes Leal, MS nº 16.512, *Revista do Tribunal de Justiça*, [S. l.], v. 38, n. 1, p. 23, [2003?].
[20] Voto do Ministro Pedro Chaves, MS nº 16.512, *Revista do Tribunal de Justiça*, [S. l.], v. 38, n. 1, p. 12, [2003?].
[21] Cf. Alencar (1978, p. 304); RISTF, art. 178 c.c o art. 176.

As conclusões assentadas acima parecem consentâneas com a natureza do instituto. O Senado Federal não revoga o ato declarado inconstitucional, até porque lhe falece competência para tanto.[22] Cuida-se de ato político que empresta eficácia *erga omnes* à decisão do Supremo Tribunal proferida em caso concreto. Não se obriga o Senado Federal a expedir o ato de suspensão, não configurando eventual omissão ou qualquer infringência a princípio de ordem constitucional. Não pode a Alta Casa do Congresso, todavia, restringir ou ampliar a extensão do julgado proferido pela Excelsa Corte.

Apenas por amor à completude, observe-se que o Projeto que resultou na Emenda nº 16/65 pretendeu conferir nova disciplina ao instituto da suspensão pelo Senado. Dizia-se na Exposição de Motivos:

> Ao direito italiano pedimos, todavia, uma formulação mais singela e mais eficiente do que a do art. 64 da nossa Constituição, para tornar explícito, a partir da declaração de ilegitimidade, o efeito erga omnes de decisões definitivas do Supremo Tribunal, poupando ao Senado o dever correlato de suspensão da lei ou do decreto – expediente consentâneo com as teorias de direito público em 1934, quando ingressou em nossa legislação, mas presentemente suplantada pela formulação contida no art. 136 do estatuto de 1948: 'Quando la Corte dichiara l'illegittimità costituzionale di una norma di legge o di atto avente forza di legge, la norma cessa di avere efficacia dal giorno sucessivo alla publicazione della decisione'.[23]

O art. 64 da Constituição passava a ter a seguinte redação:

> Art. 64. Incumbe ao Presidente do Senado Federal, perdida a eficácia de lei ou ato de natureza normativa (art. 101, §3º), fazer publicar no Diário Oficial e na Coleção das leis, a conclusão do julgado que lhe for comunicado.

A proposta de alteração do disposto no art. 64 da Constituição, com a atribuição de eficácia *erga omnes* à declaração de inconstitucionalidade proferida pelo Supremo Tribunal Federal, foi, porém, rejeitada.[24]

A ausência de disciplina sobre a matéria contribuiu para que o Supremo Tribunal se ocupasse do tema, especialmente no que dizia respeito aos efeitos da declaração de inconstitucionalidade. Nessa hipótese, o Tribunal deveria ou não comunicar a declaração de inconstitucionalidade ao Senado, para os fins do art. 64 da Constituição de 1946 (modificado pela Emenda nº 16/65)?

Em 1970, o Tribunal começou a debater o tema,[25] tendo firmado posição, em 1977, quanto à dispensabilidade de intervenção do Senado Federal nos casos de declaração de inconstitucionalidade de lei proferida na representação de inconstitucionalidade (controle abstrato).[26] Passou-se, assim, a atribuir eficácia geral à decisão de inconstitucio-

---

[22] Voto do Ministro Prado Kelly, MS 16.512, *Revista do Tribunal de Justiça*, [S. l.], v. 38, n. 1, p. 16, [2003?].
[23] BRASIL, 1968, p. 24.
[24] BRASIL, 1968, p. 88-90.
[25] Cf. Parecer do Min. Rodrigues Alckmin, de 19 de junho de 1975, *Diário de Justiça*, [S. l.], 16 maio 1977, p. 3124; ALENCAR (1978, p. 260).
[26] Cf. Parecer do Min. Moreira Alves no Processo Administrativo nº 4.477-72, *Diário de Justiça*, [S. l.], 16 maio 1977. (p. 3123).

nalidade proferida em sede de controle abstrato, procedendo-se à redução teleológica do disposto no art. 42, VII, da Constituição de 1967/69.[27]

II A suspensão pelo Senado Federal da execução de lei declarada inconstitucional pelo Supremo Tribunal Federal sob a Constituição de 1988

A amplitude conferida ao controle abstrato de normas e a possibilidade de que se suspenda, liminarmente, a eficácia de leis ou atos normativos, com eficácia geral, contribuíram, certamente, para que se quebrantasse a crença na própria justificativa desse instituto, que se inspirava diretamente numa concepção de separação de Poderes – hoje necessária e inevitavelmente ultrapassada. Se o Supremo Tribunal pode, em ação direta de inconstitucionalidade, suspender, liminarmente, a eficácia de uma lei, até mesmo de uma Emenda Constitucional, por que haveria a declaração de inconstitucionalidade, proferida no controle incidental, de valer tão somente para as partes? A única resposta plausível nos leva a crer que o instituto da suspensão pelo Senado assenta-se hoje em razão de índole exclusivamente histórica.

Deve-se observar, outrossim, que o instituto da suspensão da execução da lei pelo Senado mostra-se inadequado para assegurar eficácia geral ou efeito vinculante às decisões do Supremo Tribunal que não declaram a inconstitucionalidade de uma lei, limitando-se a fixar a orientação constitucionalmente adequada ou correta.

Isso se verifica quando o Supremo Tribunal afirma que dada disposição há de ser interpretada dessa ou daquela forma, superando, assim, entendimento adotado pelos tribunais ordinários ou pela própria Administração. A decisão do Supremo Tribunal não tem efeito vinculante, valendo nos estritos limites da relação processual subjetiva. Como não se cuida de declaração de inconstitucionalidade de lei, não há que se cogitar aqui de qualquer intervenção do Senado, restando o tema aberto para inúmeras controvérsias.

Situação semelhante ocorre quando o Supremo Tribunal Federal adota uma interpretação conforme à Constituição, restringindo o significado de uma dada expressão literal ou colmatando uma lacuna contida no regramento ordinário. Aqui o Supremo Tribunal não afirma propriamente a ilegitimidade da lei, limitando-se a ressaltar que uma dada interpretação é compatível com a Constituição, ou, ainda, que, para ser considerada constitucional, determinada norma necessita de um complemento (lacuna aberta) ou restrição (lacuna oculta – redução teleológica). Todos esses casos de decisão com base em uma interpretação conforme à Constituição não podem ter a sua eficácia ampliada com o recurso ao instituto da suspensão de execução da lei pelo Senado Federal. Mencionem-se, ainda, os casos de *declaração de inconstitucionalidade parcial sem redução de texto*, nos quais se explicita que um significado normativo é inconstitucional sem que a expressão literal sofra qualquer alteração.

Também nessas hipóteses, a suspensão de execução da lei ou do ato normativo pelo Senado revela-se problemática, porque não se cuida de afastar a incidência de disposições do ato impugnado, mas tão somente de um de seus significados normativos.

---

[27] Cf. Parecer do Min. Moreira Alves no Processo Administrativo nº 4.477-72, *Diário de Justiça*, [S. l.], 16 maio 1977. (p. 3123-3124).

Não é preciso dizer que a suspensão de execução pelo Senado não tem qualquer aplicação naqueles casos nos quais o Tribunal limita-se a rejeitar a arguição de inconstitucionalidade. Nessas hipóteses, a decisão vale *per se*. Da mesma forma, o vetusto instituto não tem qualquer serventia para reforçar ou ampliar os efeitos da decisão do Tribunal nas matérias nas quais a Corte, ao prover ou não um dado recurso, fixa uma interpretação da Constituição.

Da mesma forma, a suspensão da execução da lei inconstitucional não se aplica à declaração de não recepção da lei pré-constitucional levada a efeito pelo Supremo Tribunal. Portanto, das decisões possíveis em sede de controle, a suspensão de execução pelo Senado está restrita aos casos de declaração de inconstitucionalidade da lei ou do ato normativo.

É certo, outrossim, que a admissão da pronúncia de inconstitucionalidade com efeito limitado no controle incidental ou difuso (declaração de inconstitucionalidade com efeito *ex nunc*), cuja necessidade já vem sendo reconhecida há muito no âmbito do STF, parece debilitar, fortemente, a intervenção do Senado Federal – pelo menos aquela de conotação substantiva.[28] É que a "decisão de calibragem" tomada pelo Tribunal parece avançar também sobre a atividade inicial da Alta Casa do Congresso. Pelo menos, não resta dúvida de que o Tribunal assume aqui uma posição que parte da doutrina atribuía, anteriormente, ao Senado Federal.

Todas essas razões demonstram o novo significado do instituto de suspensão de execução pelo Senado, no contexto normativo da Constituição de 1988.

III A repercussão da declaração de inconstitucionalidade proferida pelo Supremo Tribunal sobre as decisões de outros tribunais

Questão interessante agitada pela jurisprudência do Supremo Tribunal Federal diz respeito à necessidade de se utilizar o procedimento previsto no art. 97 da Constituição, na hipótese de existir pronunciamento da Suprema Corte que afirme a inconstitucionalidade da lei ou do ato normativo.

Em acórdão proferido no RE nº 190.728, teve a 1ª Turma do Supremo Tribunal Federal a oportunidade de, por maioria de votos, vencido o Ministro Celso de Mello, afirmar a dispensabilidade de se encaminhar o tema constitucional ao Plenário do Tribunal, desde que o Supremo Tribunal já se tenha pronunciado sobre a constitucionalidade ou a inconstitucionalidade da lei questionada.[29]

É o que se pode depreender do voto proferido pelo Ministro Ilmar Galvão, designado relator para o acórdão, *verbis*:

> Esta nova e salutar rotina que, aos poucos, vai tomando corpo – de par com aquela anteriormente assinalada, fundamentada na esteira da orientação consagrada no art. 101 do RI/STF, onde está prescrito que 'a declaração de constitucionalidade ou inconstitucionalidade de lei ou ato normativo, pronunciada por maioria qualificada, aplica-se aos novos feitos submetidos às Turmas ou ao Plenário' –, além de, por igual,

---

[28] Cf. RE nº 197.917 Ação civil pública contra lei municipal que fixa o número de vereadores, Rel. Min. Maurício Corrêa, *Diário de Justiça*, [S. l.], 31 mar. 2004.
[29] RE nº 190.728, Relator para o Acórdão Min. Ilmar Galvão, *Diário de Justiça*, [S. l.], 30 maio 1997.

não merecer a censura de ser afrontosa ao princípio insculpido no art. 97 da CF, está em perfeita consonância não apenas com o princípio da economia processual, mas também com o da segurança jurídica, merecendo, por isso, todo encômio, como procedimento que vem ao encontro da tão desejada racionalização orgânica da instituição judiciária brasileira. Tudo, portanto, está a indicar que se está diante de norma que não deve ser aplicada com rigor literal, mas, ao revés, tendo-se em mira a finalidade objetivada, o que permite a elasticidade do seu ajustamento às variações da realidade circunstancial.[30]

Na ocasião, acentuou-se que referido entendimento fora igualmente adotado pela 2ª Turma, como consta da ementa do acórdão proferido no AgRgAI nº 168.149, de relatoria do eminente Ministro Marco Aurélio:

Versando a controvérsia sobre o ato normativo já declarado inconstitucional pelo guardião maior da Carta Política da República – o Supremo Tribunal Federal –, descabe o deslocamento previsto no artigo 97 do referido Diploma maior. O julgamento de plano pelo órgão fracionado homenageia não só a racionalidade, como também implica interpretação teleológica do artigo 97 em comento, evitando a burocratização dos atos judiciais no que nefasta ao princípio da economia e da celeridade. A razão de ser do preceito está na necessidade de evitar-se que órgãos fracionados apreciem, pela vez primeira, a pecha de inconstitucionalidade arguida em relação a um certo ato normativo.[31]

Orientação semelhante vem de ser reiterada em decisão na qual se explicitou que "o acórdão recorrido deu aplicação ao decidido pelo STF nos RREE 150.755-PE e 150.764-PE", não havendo necessidade, por isso, de a questão ser submetida ao Plenário do Tribunal.[32]

Em acórdão de 22 agosto de 1997, houve por bem o Tribunal ressaltar, uma vez mais, que a reserva de plenário da declaração de inconstitucionalidade de lei ou ato normativo funda-se na presunção de constitucionalidade que os protege, somada a razões de segurança jurídica. Assim sendo, "a decisão plenária do Supremo Tribunal declaratória de inconstitucionalidade de norma, posto que incidente, sendo pressuposto necessário e suficiente a que o Senado lhe confira efeitos *erga omnes*, elide a presunção de sua constitucionalidade; a partir daí, podem os órgãos parciais dos outros tribunais acolhê-la para fundar a decisão de casos concretos ulteriores, prescindindo de submeter a questão de constitucionalidade ao seu próprio plenário".[33]

Esse entendimento marca uma evolução no sistema de controle de constitucionalidade brasileiro, que passa a equiparar, praticamente, os efeitos das decisões proferidas nos processos de controle abstrato e concreto. A decisão do Supremo Tribunal Federal, tal como colocada, antecipa o efeito vinculante de seus julgados em matéria de controle de constitucionalidade incidental, permitindo que o órgão fracionário se desvincule do dever de observância da decisão do Pleno ou do Órgão Especial do Tribunal a que se encontra vinculado. Decide-se autonomamente com fundamento na declaração de inconstitucionalidade (ou de constitucionalidade) do Supremo Tribunal Federal proferida *incidenter tantum*.

---

[30] RE nº 190.728, Relator para o Acórdão Min. Ilmar Galvão, *Diário de Justiça*, [S. l.], 30 maio 1997.
[31] AgRegAI nº 168.149, Relator: Ministro Marco Aurélio, *Diário de Justiça*, [S. l.], 4 ago. 1995. (p. 22.520).
[32] Ag.RegAI nº 167.444, Relator: Ministro Carlos Velloso, *Diário de Justiça*, [S. l.], 15 set. 1995. (p. 29.537).
[33] RE nº 191.898, Relator: Ministro Sepúlveda Pertence, *Diário de Justiça*, [S. l.] 22 ago. 1997. (p. 38.781).

IV A suspensão de execução da lei pelo Senado e mutação constitucional

Todas essas reflexões e práticas parecem recomendar uma releitura do papel do Senado no processo de controle de constitucionalidade.

Quando o instituto foi concebido no Brasil, em 1934, dominava uma determinada concepção da divisão de poderes, há muito superada. Em verdade, quando da promulgação do texto de 1934, outros países já atribuíam eficácia geral às decisões proferidas em sede de controle abstrato de normas, tais como o previsto na Constituição de Weimar de 1919 e no modelo austríaco de 1920.

A exigência de que a eficácia geral da declaração de inconstitucionalidade proferida pelo Supremo Tribunal Federal fique a depender de uma decisão do Senado Federal, introduzida entre nós com a Constituição de 1934 e preservada na Constituição de 1988, perdeu grande parte do seu significado com a introdução do controle abstrato de normas. Se a intensa discussão sobre o monopólio da ação por parte do Procurador-Geral da República não levou a uma mudança na jurisprudência consolidada sobre o assunto, é fácil constatar que ela foi decisiva para a alteração introduzida pelo constituinte de 1988, com a significativa ampliação do direito de propositura da ação direta.

O constituinte assegurou o direito do Procurador-Geral da República de propor a ação direta de inconstitucionalidade. Este é, todavia, apenas um entre os diversos órgãos ou entes legitimados a propor a referida ação constitucional.

Nos termos do art. 103 da Constituição de 1988, dispõem de legitimidade para propor a ação de inconstitucionalidade: o Presidente da República, a Mesa do Senado Federal, a Mesa da Câmara dos Deputados, a Mesa de uma Assembleia Legislativa, o Governador do Estado, o Procurador-Geral da República, o Conselho Federal da Ordem dos Advogados do Brasil, os partidos políticos com representação no Congresso Nacional e as confederações sindicais ou entidades de classe de âmbito nacional.

Com isso satisfez o constituinte apenas parcialmente a exigência daqueles que solicitavam fosse assegurado o direito de propositura da ação a um grupo de, *v. g.*, dez mil cidadãos ou que defendiam até mesmo a introdução de uma ação popular de inconstitucionalidade.

Tal fato fortalece a impressão de que, com a introdução desse sistema de controle abstrato de normas, com ampla legitimação e, particularmente, a outorga do direito de propositura a diferentes órgãos da sociedade, pretendeu o constituinte reforçar o controle abstrato de normas no ordenamento jurídico brasileiro como peculiar instrumento *de correção* do sistema geral incidente.

Não é menos certo, por outro lado, que a ampla legitimação conferida ao controle abstrato, com a inevitável possibilidade de se submeter qualquer questão constitucional ao Supremo Tribunal Federal, operou uma mudança substancial – ainda que não desejada – no modelo de controle de constitucionalidade até então vigente no Brasil.

O monopólio de ação outorgado ao Procurador-Geral da República no sistema de 1967/69 não provocou uma alteração profunda no modelo incidente ou difuso. Este continuou predominante, integrando-se a representação de inconstitucionalidade a ele como um elemento ancilar, que contribuía muito pouco para diferençá-lo dos demais sistemas "difusos" ou "incidentes" de controle de constitucionalidade.

A Constituição de 1988 reduziu o significado do controle de constitucionalidade incidental ou difuso ao ampliar, de forma marcante, a legitimação para propositura da ação direta de inconstitucionalidade (CF, art. 103), permitindo que, praticamente, todas as controvérsias constitucionais relevantes fossem passíveis de submissão ao Supremo Tribunal Federal mediante processo de controle abstrato de normas.

Convém assinalar que, tal como já observado por Anschütz (1930) ainda no regime de Weimar, toda vez que se outorga a um Tribunal especial atribuição para decidir questões constitucionais, limita-se, explícita ou implicitamente, a competência da jurisdição ordinária para apreciar tais controvérsias.

Portanto, parece quase intuitivo que, ao ampliar, de forma significativa, o círculo de entes e órgãos legitimados a provocar o Supremo Tribunal Federal, no processo de controle abstrato de normas, acabou o constituinte por restringir, de maneira radical, a amplitude do controle difuso de constitucionalidade.

Assim, se era cogitado, no período anterior a 1988, um *modelo misto* de controle de constitucionalidade, é certo que o forte acento residia, ainda, no amplo e dominante sistema difuso de controle. O controle direto continuava a ser algo acidental e episódico dentro do sistema difuso.

A Constituição de 1988 alterou, de maneira radical, essa situação, conferindo ênfase não mais ao sistema *difuso* ou *incidental*, mas ao modelo *concentrado*, uma vez que as questões constitucionais passaram a ser veiculadas, fundamentalmente, mediante ação direta de inconstitucionalidade perante o Supremo Tribunal Federal.

A ampla legitimação, a presteza e a celeridade desse modelo processual, dotado inclusive da possibilidade de se suspender imediatamente a eficácia do ato normativo questionado, mediante pedido de cautelar, fazem com que as grandes questões constitucionais sejam solvidas, na sua maioria, mediante a utilização da ação direta, típico instrumento do controle concentrado. Assim, se continuamos a ter um modelo misto de controle de constitucionalidade, a ênfase passou a residir não mais no sistema difuso, mas no de perfil concentrado.

Essa peculiaridade foi destacada por Sepúlveda Pertence no voto que proferiu na ADC nº 1, *verbis*:

(...) Esta ação é um momento inevitável na prática da consolidação desse audacioso ensaio do constitucionalismo brasileiro – não apenas, como nota Cappelletti, de aproximar o controle difuso e o controle concentrado, como se observa em todo o mundo – mas, sim, de convivência dos dois sistemas na integralidade das suas características. Esta convivência não se faz sem uma permanente tensão dialética na qual, a meu ver, a experiência tem demonstrado que será inevitável o reforço do sistema concentrado, sobretudo nos processos de massa; na multiplicidade de processos que inevitavelmente, a cada ano, na dinâmica da legislação, sobretudo da legislação tributária e matérias próximas, levará, se não se criam mecanismos eficazes de decisão relativamente rápida e uniforme, ao estrangulamento da máquina judiciária, acima de qualquer possibilidade de sua ampliação e, progressivamente, ao maior descrédito da Justiça, pela sua total incapacidade de responder à demanda de centenas de milhares de processos rigorosamente idênticos, porque reduzidos a uma só questão de direito.

Por outro lado (...), o ensaio difícil de convivência integral dos dois métodos de controle de constitucionalidade do Brasil só se torna possível na medida em que se acumularam, no Supremo Tribunal Federal, os dois papéis, o de órgão exclusivo do sistema concentrado e o de órgão de cúpula do sistema difuso.

De tal modo, o peso do Supremo Tribunal, em relação aos outros órgãos de jurisdição, que a ação declaratória de constitucionalidade traz é relativo, porque, já no sistema de convivência dos dois métodos, a palavra final é sempre reservada ao Supremo Tribunal

Federal, se bem que, declarada a inconstitucionalidade no sistema difuso, ainda convivamos com o anacronismo em que se transformou, especialmente após a criação da ação direta, a necessidade da deliberação do Senado para dar eficácia erga omnes à declaração incidente.[34]

Assinale-se, outrossim, que a interpretação que se deu à suspensão de execução da lei pela doutrina majoritária e pela própria jurisprudência do Supremo Tribunal Federal contribuiu decisivamente para que a afirmação sobre a teoria da nulidade da lei inconstitucional restasse sem concretização entre nós.

Nesse sentido, constatou Lúcio Bittencourt que os constitucionalistas brasileiros não lograram fundamentar nem a eficácia *erga omnes,* nem a chamada retroatividade *ex tunc* da declaração de inconstitucionalidade proferida pelo Supremo Tribunal Federal.

É o que se lê na seguinte passagem de seu magno trabalho:

> (...) as dificuldades e problemas surgem, precisamente, no que tange à eficácia indireta ou colateral da sentença declaratória da inconstitucionalidade, pois, embora procurem os autores estendê-la a situações jurídicas idênticas, considerando indiretamente anulada a lei, porque a 'sua aplicação não obteria nunca mais o concurso da justiça', não têm, todavia, conseguido apresentar fundamento técnico, razoavelmente aceitável, para justificar essa extensão.
>
> Não o apontam os tratadistas americanos – infensos à sistematização, que caracteriza os países onde se adota a codificação do direito positivo –, limitando-se a enunciar o princípio, em termos categóricos: a lei declarada inconstitucional deve ser considerada, para todos os efeitos, como se jamais, em qualquer tempo, houvesse possuído eficácia jurídica – is to be regarded as having never, at any time, been possessed of any legal force.
>
> Os nossos tratadistas também não indicam a razão jurídica determinante desse efeito amplo. Repetem a doutrina dos escritores americanos e as afirmações dos tribunais, sem buscar-lhes o motivo, a causa ou o fundamento. Nem o grande Rui, com o seu gênio estelar, nem os que subsequentemente, na sua trilha luminosa, versaram o assunto com a proficiência de um Castro Nunes.
>
> É que, em face dos princípios que orientam a doutrina de coisa julgada e que são comumente aceitos entre nós, é difícil, senão impossível, justificar aqueles efeitos que, aliás, se verificam em outras sentenças como, por exemplo, as que decidem matéria de estado civil, as quais, segundo entendimento geral, prevalecem erga omnes.[35]

Em verdade, ainda que não pertencente ao universo específico da *judicial review,* o instituto do *stare decisis* desonerava os constitucionalistas americanos, pelo menos em parte, de um dever mais aprofundado de fundamentação na espécie. Como esse mecanismo assegura efeito vinculante às decisões das Cortes Superiores, em caso de declaração de inconstitucionalidade pela Suprema Corte tinha-se a segurança de que, em princípio, nenhum tribunal haveria de conferir eficácia à norma objeto de censura. Assim, a ausência de mecanismo processual assemelhado à "força de lei" (*Gesetzeskraft*) do direito alemão não impediu que os autores americanos sustentassem a nulidade da lei inconstitucional.[36]

---

[34] *Revista do Tribunal de Justiça,*[S. l.], [199-?]. (p. 389-390).

[35] BITTENCOURT, 1997, p.140-141.

[36] A doutrina constitucional alemã há muito vinha desenvolvendo esforços para ampliar os limites objetivos e subjetivos da coisa julgada no âmbito da jurisdição estatal (*Staatsgerichtsbarkeit*). Importantes autores

Sem dispor de um mecanismo que emprestasse *força de lei* ou que, pelo menos, conferisse caráter vinculante às decisões do Supremo Tribunal Federal para os demais Tribunais tal como o *stare decisis* americano,[37] contentava-se a doutrina brasileira em ressaltar a evidência da nulidade da lei inconstitucional[38] e a obrigação dos órgãos estatais de se absterem de aplicar disposição que teve a sua inconstitucionalidade declarada pelo Supremo Tribunal Federal.[39] A suspensão da execução pelo Senado não se mostrou apta a superar essa incongruência, especialmente porque se emprestou a ela um sentido substantivo que talvez não devesse ter. Segundo entendimento amplamente aceito,[40] esse ato do Senado Federal conferia eficácia *erga omnes* à declaração de inconstitucionalidade proferida no caso concreto.[41]

Ainda que se aceite, em princípio, que a suspensão da execução da lei pelo Senado retira a lei do ordenamento jurídico com eficácia *ex tunc*, esse instituto, tal como foi interpretado e praticado, entre nós, configura, antes, a negação do que a afirmação da teoria da nulidade da lei inconstitucional. A não aplicação geral da lei depende exclusivamente da vontade de um órgão eminentemente político, e não dos órgãos judiciais incumbidos da aplicação cotidiana do direito. Tal fato reforça a ideia de que,

---

sustentaram, sob o império da Constituição de Weimar, que a *força de lei* não se limitava à questão julgada, contendo, igualmente, uma proibição de reiteração (*Wiederholungsverbot*) e uma imposição para que normas de teor idêntico, que não foram objeto da decisão judicial, também deixassem de ser aplicadas por força da *eficácia geral*. Essa concepção refletia, certamente, a ideia dominante à época de que a decisão proferida pela Corte teria não as *qualidades de lei* (*Gesetzeseigenschaften*), mas, efetivamente, a *força de lei* (*Gesetzeskraft*). Afirmava-se inclusive que o Tribunal assumia, nesse caso, as atribuições do Parlamento ou, ainda, que se cuidava de uma *interpretação autêntica*, tarefa típica do legislador. Em se tratando de interpretação autêntica da Constituição, não se cuidaria de simples legislação ordinária, mas, propriamente, de legislação ou reforma constitucional (*Verfassungsgesetzgebung; Verfassungsänderung*) ou de decisão com hierarquia constitucional (*Entscheidung mit Verfassungsrang*). A força de lei está prevista no art. 9º da Lei Fundamental e no §31(2) da Lei orgânica da Corte Constitucional, aplicando-se às decisões proferidas nos processos de controle de constitucionalidade. A convicção de que *força de lei* significava apenas que a decisão produziria efeitos semelhantes aos de uma lei (*gesetzähnlich*) (mas não poderia ser considerada ela própria como uma lei em sentido formal e material) parece ter levado a doutrina a desenvolver instituto processual destinado a dotar as decisões da Corte Constitucional de qualidades outras não contidas nos conceitos de coisa julgada e de *força de lei*. Observe-se que o instituto do efeito vinculante, contemplado no §31, I, da Lei do *Bundesverfassungsgericht*, não configura novidade absoluta no direito alemão do pós-guerra. Antes mesmo da promulgação da Lei Orgânica da Corte Constitucional e, portanto, da instituição do *Bundesverfassungsgericht*, algumas leis que disciplinavam o funcionamento de Cortes Constitucionais estaduais já consagravam expressamente o efeito vinculante das decisões proferidas por esses órgãos. Embora o conceito de *Bindungswirkung* (*efeito vinculante*) corresponda a uma tradição do direito alemão, tendo sido também adotado por diversas leis de organização de tribunais constitucionais estaduais aprovadas após a promulgação da Lei Fundamental, não se pode afirmar que se trate de um instituto de compreensão unívoca pela doutrina. Não são poucas as questões que se suscitam a propósito desse instituto, seja no que concerne aos seus limites objetivos, seja no que respeita aos seus limites subjetivos e temporais (MENDES, Gilmar Ferreira. O efeito vinculante das decisões do Supremo Tribunal Federal nos processos de controle abstrato de normas. *Revista Jurídica Virtual*, v. 1, n. 4, ago. 1999. Disponível em: <http://geocities.yahoo.com.br/profpito/oefeitovinculantegilmar.html>).

[37] Cf., sobre o assunto, a observação de Rui Barbosa a propósito do direito americano: "(...) se o julgamento foi pronunciado pelos mais altos tribunais de recurso, a todos os cidadãos se estende, imperativo e sem apelo, no tocante aos princípios constitucionais sobre o que versa". Nem a legislação "tentará contrariá-lo, porquanto a regra *stare decisis* exige que todos os tribunais daí em diante o respeitem como *res judicata* (...)" (Cf. *Comentários Constituição Federal Brasileira*, coligidos por Homero Pires, v. IV, p. 268). A propósito, anotou Lúcio Bittencourt que a regra *stare decisis* não tinha o poder que lhe atribuíra Rui, muito menos o de eliminar a lei do ordenamento jurídico (BITTENCOURT, 1997, p. 143, nota 17).

[38] BITTENCOURT, 1997, p. 140-141.
[39] NUNES, 1943, p.592; BITTENCOURT, 1997, p.144.
[40] Cf. item *Considerações Preliminares* deste artigo.
[41] FERREIRA FILHO, 2003, p.35; SILVA, 2003, p.52.

embora tecêssemos loas à teoria da nulidade da lei inconstitucional, consolidávamos institutos que iam de encontro à sua implementação. Assinale-se que, se a doutrina e a jurisprudência entendiam que lei inconstitucional era *ipso jure* nula, deveriam ter defendido, de forma coerente, que o ato de suspensão a ser praticado pelo Senado destinava-se exclusivamente a conferir publicidade à decisão do STF.

Essa foi a posição sustentada, isoladamente, por Lúcio Bittencourt (1997, p. 145-146):

> Se o Senado não agir, nem por isso ficará afetada a eficácia da decisão, a qual continuará a produzir todos os seus efeitos regulares que, de fato, independem de qualquer dos poderes. O objetivo do art. 45, IV, da Constituição – a referência é ao texto de 1967 – é apenas tornar pública a decisão do tribunal, levando-a ao conhecimento de todos os cidadãos. Dizer que o Senado 'suspende a execução' da lei inconstitucional é, positivamente, impropriedade técnica, uma vez que o ato, sendo 'inexistente' ou 'ineficaz', não pode ter suspensa a sua execução.

Tal concepção afigurava-se absolutamente coerente com o fundamento da nulidade da lei inconstitucional. Uma orientação dogmática minimamente consistente haveria de encaminhar-se nesse sentido, até porque a atribuição de funções substantivas ao Senado Federal era a própria negação da ideia de nulidade da lei devidamente declarada pelo órgão máximo do Poder Judiciário.

Não foi o que se viu inicialmente. Como apontado, a jurisprudência e a doutrina acabaram por conferir significado *substancial* à decisão do Senado, entendendo que somente o ato de suspensão do Senado mostrava-se apto a conferir efeitos gerais à declaração de inconstitucionalidade proferida pelo Supremo Tribunal Federal, cuja eficácia estaria limitada às partes envolvidas no processo.

De qualquer sorte, a ampliação do controle abstrato de normas, inicialmente realizada nos termos do art. 103 e, posteriormente, com o advento da ADC, alterou significativamente a relação entre o modelo difuso e o modelo concentrado. Assim, passou a dominar a eficácia geral das decisões proferidas em sede de controle abstrato (ADIn e ADC).

A disciplina processual conferida à Arguição de Descumprimento de Preceito Fundamental – ADPF, que constitui instrumento subsidiário para solver questões não contempladas pelo modelo concentrado – ADIn e ADC – revela, igualmente, a inconsistência do atual modelo. A decisão do caso concreto proferida em ADPF, por se tratar de processo objetivo, será dotada de eficácia *erga omnes;* a mesma questão resolvida no processo de controle incidental terá eficácia *inter partes*.

No que se refere aos recursos especial e extraordinário, a Lei nº 8.038, de 1990, havia concedido ao Relator a faculdade de negar seguimento a recurso manifestamente intempestivo, incabível, improcedente ou prejudicado, ou, ainda, que contrariasse Súmula do Supremo Tribunal Federal ou do Superior Tribunal de Justiça. O Código de Processo Civil de 1973, por sua vez, em caráter ampliativo, incorporou disposição que autoriza o relator a dar provimento ao recurso se a decisão recorrida estiver em manifesto confronto com súmula ou com a jurisprudência dominante do respectivo tribunal, do Supremo Tribunal Federal, ou de Tribunal Superior (CPC/73, art. 557, §1º-A, acrescentado pela Lei nº 9.756, de 1998), disposição essa também reproduzida no diploma processual de 2015 (CPC/2015, art. 932, V, alíneas "a" e "b").

Tem-se, pois, que, com o advento dessa nova fórmula, passou-se a admitir não só a negativa de seguimento de recurso extraordinário, nas hipóteses referidas, mas também o provimento do aludido recurso nos casos de manifesto confronto com a jurisprudência do Supremo Tribunal, mediante decisão unipessoal do relator.

Também aqui parece evidente que o legislador entendeu possível estender de forma geral os efeitos da decisão adotada pelo Tribunal, tanto nas hipóteses de declaração de inconstitucionalidade incidental de determinada lei federal, estadual ou municipal – hipótese que estaria submetida à intervenção do Senado – quanto nos casos de fixação de uma dada interpretação constitucional pelo Tribunal.

Ainda que a questão pudesse comportar outras leituras, é certo que o legislador ordinário, com base na jurisprudência do Supremo Tribunal Federal, considerou legítima a atribuição de efeitos ampliados à decisão proferida pelo Tribunal, até mesmo em sede de controle de constitucionalidade incidental.

Observe-se, ainda, que, nas hipóteses de declaração de inconstitucionalidade de leis municipais, o Supremo Tribunal Federal tem adotado uma postura significativamente ousada, conferindo efeito vinculante não só à parte dispositiva da decisão de inconstitucionalidade, mas também aos próprios fundamentos determinantes. É que são numericamente expressivos os casos em que o Supremo Tribunal tem estendido, com base no art. 932, IV, alíneas "a" e "b", e art. 932, V, alíneas "a" e "b" do Código de Processo Civil, a decisão do plenário que declara a inconstitucionalidade de norma municipal a outras situações idênticas, oriundas de municípios diversos. Em suma, tem-se considerado dispensável, no caso de modelos legais idênticos, a submissão da questão ao Plenário.

Nesse sentido, Maurício Corrêa, ao julgar o RE nº 228.844/SP,[42] no qual se discutia a ilegitimidade do IPTU progressivo cobrado pelo Município de São José do Rio Preto, no Estado de São Paulo, valeu-se de fundamento fixado pelo Plenário deste Tribunal, em precedente oriundo do Estado de Minas Gerais, no sentido da inconstitucionalidade de lei do Município de Belo Horizonte, que instituiu alíquota progressiva do IPTU.

Também Nelson Jobim, no exame da mesma matéria (progressividade do IPTU), em recurso extraordinário interposto contra lei do Município de São Bernardo do Campo, aplicou tese fixada em julgamentos que apreciaram a inconstitucionalidade de lei do Município de São Paulo.[43]

Ellen Gracie utilizou-se de precedente oriundo do Município de Niterói, Estado do Rio de Janeiro, para dar provimento a recurso extraordinário no qual se discutia a ilegitimidade de taxa de iluminação pública instituída pelo Município de Cabo Verde, no Estado de Minas Gerais.[44]

Carlos Velloso aplicou jurisprudência de recurso proveniente do Estado de São Paulo para fundamentar sua decisão no AI nº 423.252,[45] em que se discutia a inconstitucionalidade de taxa de coleta e limpeza pública do Município do Rio de Janeiro, convertendo-o em recurso extraordinário (art. 544, §§3º e 4º, do CPC/73) e dando-lhe provimento.

---

[42] RE nº 228.844-SP, Relator Min. Maurício Corrêa, *Diário de Justiça*, [S. l.], 16 jun. 1999.
[43] RE nº 221.795, Relator Min. Nelson Jobim, *Diário de Justiça*, [S. l.], 16 nov. 2000.
[44] RE nº 364.160, Relatora Min. Ellen Gracie, *Diário de Justiça*, [S. l.], 7 fev. 2003.
[45] AI nº 423.252, Relator Min. Carlos Velloso, *Diário de Justiça*, [S. l.], 15 abr. 2003.

Sepúlveda Pertence lançou mão de precedentes originários do Estado de São Paulo para dar provimento ao RE nº 345.048,[46] no qual se arguia a inconstitucionalidade de taxa de limpeza pública do Município de Belo Horizonte.

Celso de Mello, ao apreciar matéria relativa à progressividade do IPTU do Município de Belo Horizonte, conheceu e deu provimento a recurso extraordinário tendo em conta diversos precedentes oriundos do Estado de São Paulo.[47]

Tal procedimento evidencia, ainda que, de forma tímida, o efeito vinculante dos fundamentos determinantes da decisão exarada pelo Supremo Tribunal Federal no controle de constitucionalidade do direito municipal. Evidentemente, semelhante orientação somente pode vicejar caso se admita que a decisão tomada pelo Plenário seja dotada de eficácia transcendente, sendo, por isso, dispensável a manifestação do Senado Federal.

Outro argumento igualmente relevante diz respeito ao controle de constitucionalidade nas ações coletivas. Aqui, somente por força de uma compreensão ampliada ou do uso de uma figura de linguagem pode-se falar em decisão com eficácia *inter partes*.

Como sustentar que uma decisão proferida numa ação coletiva, numa ação civil pública ou em um mandado de segurança coletivo, que declare a inconstitucionalidade de uma lei determinada, terá eficácia apenas entre as partes?

Nesses casos, a suspensão de execução da lei pelo Senado, tal como vinha sendo entendida até aqui, revela-se, para dizer o mínimo, completamente inútil caso se entenda que ela tem outra função que não a de atribuir publicidade à decisão declaratória de ilegitimidade.

Recorde-se, a propósito, que o Supremo Tribunal Federal, em decisão unânime de 7 de abril de 2003, julgou prejudicada a ação direta de inconstitucionalidade nº 1.919 (Relatora Min. Ellen Gracie), proposta contra o Provimento nº 556/97, editado pelo Conselho Superior da Magistratura Paulista. A referida resolução previa a destruição física dos autos transitados em julgado e arquivados há mais de cinco anos em primeira instância. A decisão pela prejudicialidade decorreu do fato de o Superior Tribunal de Justiça, em mandado de segurança coletivo[48] impetrado pela Associação dos Advogados de São Paulo (AASP), ter declarado a nulidade daquele ato.

Em outros termos, o Supremo Tribunal Federal acabou por reconhecer eficácia *erga omnes* à declaração de ilegitimidade do ato normativo proferida em mandado de segurança pelo STJ. *Quid juris*, então, se a declaração de inconstitucionalidade for proferida pelo próprio Supremo Tribunal Federal em sede de ação civil pública?

Se a decisão proferida nesses processos tem eficácia *erga omnes* (Lei nº 7.347, de 24.07.1985 – art. 16), afigura-se difícil justificar a necessidade de comunicação ao Senado Federal. A propósito, convém recordar que, em alguns casos, há uma quase confusão entre o objeto da ação civil pública e o pedido de declaração de inconstitucionalidade. Nessa hipótese, não há como cogitar de uma típica decisão com eficácia *inter partes*.[49]

---

[46] RE nº 345.048, Relator Min. Sepúlveda Pertence, *Diário de Justiça*, [S. l.], 8 abr. 2004.
[47] RE nº 384.521, Relator Min. Celso de Mello, *Diário de Justiça*, [S. l.], 30 maio 2003.
[48] ROMS nº 11.824, Rel. Min. Francisco Peçanha Martins, *Diário de Justiça*, [S. l.], 27 maio 2002.
[49] RE nº 197.917, Rel. Min. Maurício Corrêa, *Diário de Justiça*, [S. l.], 31 mar. 2004 (inconstitucionalidade de lei municipal que fixa número de vereadores), e Rcl MC nº 2537, Relator Min. Cezar Peluso, *Diário de Justiça*, [S. l.], 29 dez. 2003, a propósito da legitimidade de lei estadual sobre loterias, atacadas, simultaneamente, mediante ação civil pública, nas instâncias ordinárias, e ADIn, perante o STF.

O tema foi decidido pelo Plenário do Supremo Tribunal Federal, em março de 2014, com o julgamento da Rcl nº 4.335, ajuizada pela Defensoria Pública da União, em face de ato de juiz do Estado do Acre. A reclamante alegou o descumprimento da decisão do Supremo Tribunal Federal no HC nº 82.959, da relatoria do Ministro Marco Aurélio, quando a Corte afastou a vedação de progressão de regime aos condenados pela prática de crimes hediondos, ao considerar inconstitucional o art. 2º, §1º, da Lei nº 8.072/1990 (Lei dos Crimes Hediondos).

Com base nesse julgamento, a Defensoria solicitou fosse concedida progressão de regime a determinados apenados, tendo o juiz de direito da Vara de Execuções Penais indeferido o pedido, fazendo afixar, nas dependências do fórum, aviso do seguinte teor: "Comunico aos senhores reeducandos, familiares, advogados e comunidade em geral que a recente decisão Plenária do Supremo Tribunal Federal proferida nos autos do '*Habeas Corpus*' n. 82.959, a qual declarou a inconstitucionalidade do dispositivo da Lei dos Crimes Hediondos que vedava a progressão de regime prisional (art. 2º, §1º, da Lei 8.072/90), somente terá eficácia a favor de todos os condenados por crimes hediondos ou a eles equiparados que estejam cumprindo pena, a partir da expedição, pelo Senado Federal, de Resolução suspendendo a eficácia do dispositivo de lei declarado inconstitucional pelo Supremo Tribunal Federal, nos termos do art. 52, inciso X, da Constituição Federal".

Naquela oportunidade, reafirmei posição no sentido de que a fórmula relativa à suspensão de execução da lei pelo Senado há de ter simples efeito de publicidade, ou seja, se o Supremo, em sede de controle incidental, declarar, definitivamente, que a lei é inconstitucional, essa decisão terá eficácia *erga omnes*, fazendose a comunicação àquela Casa legislativa para que publique a decisão no Diário do Congresso. Dessa forma, votei pela procedência da Reclamação, por entender que foi desrespeitada a eficácia *erga omnes* da decisão proferida no HC nº 82.959, no que fui acompanhado por Eros Grau. Divergiram dessa posição os Ministros Sepúlveda Pertence, Joaquim Barbosa, Ricardo Lewandowski e Marco Aurélio. Já os Ministros Teori Zavascki e Roberto Barroso acompanharam o relator quanto à procedência da reclamação, embora dele discordassem em alguns aspectos relacionados à atribuição de efeitos *erga omnes* à decisão em HC (calcaram-se, para o juízo de procedência, na superveniência da Súmula Vinculante nº 26).

Como se vê, embora a Reclamação tenha sido julgada procedente pela maioria dos Ministros, a divisão quanto aos fundamentos desse aresto, e a própria alteração na composição da Corte, após alguns votos já terem sido prolatados, indicavam que outros julgados ainda poderiam lançar mais luz sobre a controvérsia.

O julgamento foi concluído quando o Supremo Tribunal Federal, por fim, conheceu da Rcl nº 4.335, após o voto-vista do Ministro Teori Zavascki, seguido pelos Ministros Celso de Mello, Rosa Weber e Luís Barroso. O Ministro acolheu o entendimento externado em meu voto, no sentido de que as decisões do Supremo Tribunal Federal, mesmo em sede de controle concreto, em anos recentes têm sido investidas de eficácia expansiva. Ademais, aferiu que a edição da Súmula Vinculante nº 26 pela Corte, apesar de superveniente à propositura da ação, não pode ser ignorada e torna flagrante o desrespeito à jurisprudência que enseja a reclamação constitucional.

Recentemente, outra decisão tomada pelo Supremo Tribunal Federal pareceu ratificar terminantemente a mudança interpretativa experimentada pelo art. 52, X, da Constituição Federal.

Com efeito, ao apreciar as ADIs nºs 3.406/RJ e 3.470/RJ, o Supremo Tribunal Federal declarou ser constitucional a Lei nº 3.579/2001, do Estado do Rio de Janeiro, a qual proibia a fabricação e comercialização de materiais feitos com amianto, bem como a extração do referido minério.

À decisão, proferida em sede de controle abstrato de constitucionalidade, foram reconhecidos efeito vinculante e eficácia *erga omnes*, proibindo-se, assim, que as demais unidades da federação adotassem leis que permitissem o uso de amianto na fabricação de produtos. No julgamento das referidas ações diretas, ademais, a Corte declarou incidentalmente a inconstitucionalidade do art. 2º da Lei Federal nº 9.055/1995, que regulava a utilização e comercialização de umas das variedades do amianto. Essa lei federal, portanto, permitia expressamente a produção de materiais com amianto em suas composições e contrariava o que estava disposto na lei estadual do Rio de Janeiro.

Entendeu o Plenário do STF que, ao se valorizar a proteção à vida, deveria ser declarado inconstitucional o art. 2º da Lei Federal nº 9.055/1995, uma vez que as pesquisas científicas mostravam-se uníssonas quanto à nocividade desse insumo. Com efeito, o amianto é comprovadamente cancerígeno e, assim como salientado pelo Ministro Dias Toffoli, o dispositivo que permitia sua extração passou a ser inconstitucional, à luz do consenso científico firmado.

Ocorre que, muito embora a declaração de inconstitucionalidade do art. 2º da Lei nº 9.055/1995 tenha ocorrido de forma incidental – hipótese na qual não se deveria conferir eficácia *erga omnes* automática à decisão, sendo necessária a suspensão da execução da lei pelo Senado Federal, segundo a interpretação primitiva conferida ao art. 52, X, da CF/88 – o STF dispensou a referida exigência da suspensão senatorial e, de maneira expressa, declarou incidentalmente a inconstitucionalidade do art. 2º da Lei nº 9.055/1995, com eficácia *erga omnes* e efeito vinculante. Torna-se perceptível, assim, a mudança interpretativa ao qual foi submetido o art. 52, X, da Constituição Federal.

Com efeito, a leitura a ser conferida ao referido dispositivo que mais se coaduna com a teoria da nulidade da lei inconstitucional e com o atual modelo constitucional brasileiro é aquela que caminha no sentido de que, caso o Supremo Tribunal Federal, em sede de controle incidental, declare definitivamente a inconstitucionalidade de determinada lei, essa decisão deverá ter eficácia *erga omnes*, de modo que o Senado Federal seja comunicado apenas para que se publique a decisão no Diário do Congresso Nacional.

V Conclusão

Conforme destacado, a ampliação do sistema concentrado, com a multiplicação de decisões dotadas de eficácia geral, acabou por modificar radicalmente a concepção que dominava entre nós sobre a divisão de poderes, tornando comum no sistema a decisão com eficácia geral, que era excepcional sob a Emenda Constitucional nº 16/65 e sob a Carta de 1967/69.

No sistema constitucional de 1967/69, a ação direta era apenas uma idiossincrasia no contexto de um amplo e dominante modelo difuso. A adoção da ADI, posteriormente, conferiu perfil diverso ao nosso sistema de controle de constitucionalidade, que continuou a ser um modelo misto. A ênfase passou a residir, porém, não mais no modelo difuso, mas nas ações diretas. O advento da Lei nº 9.882/99 conferiu conformação à ADPF, admitindo a impugnação ou a discussão direta de decisões judiciais das instâncias ordinárias perante o Supremo Tribunal Federal. Tal como estabelecido na referida lei (art. 10, §3º), a decisão proferida nesse processo há de ser dotada de eficácia *erga omnes* e de efeito vinculante. Ora, resta evidente que a ADPF estabeleceu uma ponte entre os dois modelos de controle, atribuindo eficácia geral a decisões de perfil incidental.

Vê-se, assim, que a Constituição de 1988 modificou, de forma ampla, o sistema de controle de constitucionalidade, sendo inevitáveis as reinterpretações ou releituras dos institutos vinculados ao controle incidental de inconstitucionalidade, especialmente da exigência da maioria absoluta para declaração de inconstitucionalidade e da suspensão de execução da lei pelo Senado Federal.

O Supremo Tribunal Federal percebeu que não poderia deixar de atribuir significado jurídico à declaração de inconstitucionalidade proferida em sede de controle incidental, ficando o órgão fracionário de outras Cortes exonerado do dever de submeter a declaração de inconstitucionalidade ao plenário ou ao órgão especial, na forma do art. 97 da Constituição. Não há dúvida de que o Tribunal, nessa hipótese, acabou por reconhecer efeito jurídico transcendente à sua decisão. Embora na fundamentação desse entendimento fale-se em quebra da presunção de constitucionalidade, é certo que, em verdade, a orientação do Supremo acabou por conferir à sua decisão algo assemelhado a um efeito vinculante, independentemente da intervenção do Senado. Esse entendimento está hoje consagrado na própria legislação processual civil (CPC/2015, art. 949, parágrafo único).

Essa é a orientação que parece presidir o entendimento que julga dispensável a aplicação do art. 97 da Constituição por parte dos Tribunais ordinários, se o Supremo já tiver declarado a inconstitucionalidade da lei, ainda que no modelo incidental. Na oportunidade, ressaltou o redator para o acórdão, Ilmar Galvão, no já mencionado RE nº 190.728, que o novo entendimento estava "em perfeita consonância não apenas com o princípio da economia processual, mas também com o da segurança jurídica, merecendo, por isso, todo encômio, como procedimento que vem ao encontro da tão desejada racionalização orgânica da instituição judiciária brasileira, ressaltando que se cuidava "de norma que não deve ser aplicada com rigor literal, mas, ao revés, tendo-se em mira a finalidade objetivada, o que permite a elasticidade do seu ajustamento às variações da realidade circunstancial".[50]

E ela também demonstra que, por razões de ordem pragmática, a jurisprudência e a legislação têm consolidado fórmulas que retiram do instituto da "suspensão da execução da lei pelo Senado Federal" significado substancial ou de especial atribuição de efeitos gerais à decisão proferida no caso concreto.

Como se vê, as decisões proferidas pelo Supremo Tribunal Federal em sede de controle incidental acabam por ter eficácia que transcende o âmbito da decisão, o que indica que a própria Corte vem fazendo uma releitura do texto constante do art. 52, X, da Constituição de 1988, que, como já observado, reproduz disposição estabelecida, inicialmente, na Constituição de 1934 (art. 91, IV) e repetida nos textos de 1946 (art. 64) e de 1967/69 (art. 42, VIII).

Portanto, é outro o contexto normativo que se coloca para a suspensão da execução pelo Senado Federal no âmbito da Constituição de 1988.

---

[50] RE nº 190.728, Relator para o acórdão Min. Ilmar Galvão, *Diário de Justiça*, [S. l.], 30 maio 1997.

Ao se entender que a eficácia ampliada da decisão está ligada ao papel especial da jurisdição constitucional e, especialmente, se considerarmos que o texto constitucional de 1988 alterou substancialmente o papel desta Corte, que passou a ter uma função preeminente na guarda da Constituição a partir do controle direto exercido na ADIn, na ADC e na ADPF, não há como deixar de reconhecer a necessidade de uma nova compreensão do tema.

A aceitação das ações coletivas como instrumento de controle de constitucionalidade relativiza enormemente a diferença entre os processos de índole objetiva e os processos de caráter estritamente subjetivo. É que a decisão proferida na ação civil pública, no mandado de segurança coletivo e em outras ações de caráter coletivo, não mais poderá ser considerada uma decisão *inter partes*.

De qualquer sorte, a natureza idêntica do controle de constitucionalidade, quanto às suas finalidades e aos procedimentos comuns dominantes para os modelos difuso e concentrado, não mais parece legitimar a distinção quanto aos efeitos das decisões proferidas no controle direto e no controle incidental.

Somente essa nova compreensão parece apta a explicar o fato de o Tribunal ter passado a reconhecer efeitos gerais à decisão proferida em sede de controle incidental, independentemente da intervenção do Senado. O mesmo há de se dizer das várias decisões legislativas que reconhecem *efeito transcendente* às decisões do STF tomadas em sede de controle difuso.

Esse conjunto de decisões judiciais e legislativas revela, em verdade, uma nova compreensão do texto constitucional no âmbito da Constituição de 1988.

É possível, sem qualquer exagero, falar-se aqui de uma autêntica mutação constitucional em razão da completa reformulação do sistema jurídico e, por conseguinte, da nova compreensão que se conferiu à regra do art. 52, X, da Constituição de 1988. Valendo-nos dos subsídios da doutrina constitucional a propósito da mutação constitucional, poder-se-ia cogitar aqui de uma autêntica *reforma da Constituição sem expressa modificação do texto*.[51]

Em verdade, a aplicação que o Supremo Tribunal Federal vem conferindo ao disposto no art. 52, X, CF, indica que o referido instituto mereceu uma significativa reinterpretação a partir da Constituição de 1988. É possível que a configuração emprestada ao controle abstrato pela nova Constituição, com ênfase no modelo abstrato, tenha sido decisiva para a mudança verificada, uma vez que as decisões com eficácia *erga omnes* passaram a se generalizar.

A multiplicação de processos idênticos no sistema difuso – notória após 1988 – deve ter contribuído, igualmente, para que a Corte percebesse a necessidade de atualização do aludido instituto. Nesse contexto, assume relevo a decisão que afirmou a dispensabilidade de se submeter a questão constitucional ao Plenário de qualquer Tribunal se o Supremo Tribunal já se tiver manifestado pela inconstitucionalidade do diploma. Tal como observado, essa decisão acaba por conferir uma eficácia mais ampla – talvez até mesmo certo efeito vinculante – à decisão do Plenário do Supremo Tribunal no controle incidental. Essa orientação está devidamente incorporada ao direito positivo (CPC/2015, art. 949, parágrafo único). No mesmo contexto situa-se a decisão que outorgou ao Relator a possibilidade de decidir, monocraticamente, os recursos extraordinários

---

[51] FERRAZ, 1986, p. 64 et seq, 102 et seq; JELLINEK, 1991, p. 15-35; HSÜ, 1998, p. 68 et seq.

vinculados às questões já resolvidas pelo Plenário do Tribunal (CPC/2015, art. 932, V, alíneas "a" e "b").

De fato, é difícil admitir que a decisão proferida em ADIn ou ADC e na ADPF possa ser dotada de eficácia geral e a decisão proferida no âmbito do controle incidental – esta muito mais morosa, porque em geral tomada após tramitação da questão por todas as instâncias – continue a ter eficácia restrita entre as partes.

Explica-se, assim, o desenvolvimento da nova orientação a propósito da decisão do Senado Federal no processo de controle de constitucionalidade, no contexto normativo da Constituição de 1988.

A prática dos últimos anos, especialmente após o advento da Constituição de 1988, parece dar razão, pelo menos agora, a Lúcio Bittencourt (1997, p. 145), para quem a finalidade da decisão do Senado era, desde sempre, "apenas tornar pública a decisão do tribunal, levando-a ao conhecimento de todos os cidadãos".

Sem adentrar o debate sobre a correção desse entendimento no passado, não parece haver dúvida de que todas as construções que se vêm fazendo em torno do efeito transcendente das decisões pelo Supremo Tribunal Federal e pelo Congresso Nacional, com o apoio, em muitos casos, da jurisprudência da Corte,[52] indicam a significativa mudança interpretativa experimentada pelo art. 52, X, da Constituição Federal ao decorrer do tempo.

Parece legítimo entender que, hodiernamente, a fórmula relativa à suspensão de execução da lei pelo Senado Federal há de ter simples efeito de publicidade. Dessa forma, se o Supremo Tribunal Federal, em sede de controle incidental, chegar à conclusão, de modo definitivo, de que a lei é inconstitucional, esta decisão terá efeitos gerais, fazendo-se a comunicação ao Senado Federal para que este publique a decisão no Diário do Congresso. Tal como assente, não é (mais) a decisão do Senado que confere eficácia geral ao julgamento do Supremo. A própria decisão da Corte contém essa força normativa. Parece evidente ser essa a orientação nas diversas decisões judiciais e legislativas acima referidas. Assim, o Senado não terá a faculdade de publicar ou não a decisão, uma vez que se não cuida de uma decisão substantiva, mas de simples dever de publicação, tal como reconhecido a outros órgãos políticos em alguns sistemas constitucionais (Constituição austríaca, art. 140,5 – publicação a cargo do Chanceler Federal, e Lei Orgânica da Corte Constitucional Alemã, art. 31,(2) publicação a cargo do Ministro da Justiça). A não publicação não terá o condão de impedir que a decisão do Supremo assuma a sua real eficácia.

Essa solução resolve de forma superior uma das tormentosas questões da nossa jurisdição constitucional. Superam-se, assim, também, as incongruências cada vez mais marcantes entre a jurisprudência do Supremo Tribunal Federal e a orientação dominante na legislação processual, de um lado, e, de outro, a visão doutrinária ortodoxa e – permita-nos dizer – ultrapassada do disposto no art. 52, X, da Constituição de 1988.

---

[52] MS nº 16.512 (Rel. Min. Oswaldo Trigueiro), RTJ 38(1):23; RMS nº 17.976 (Rel. Min. Amaral Santos) RDA, 105:111(113); AgRegAI nº 168.149 (Rel. Ministro Marco Aurélio), DJ de 04.08.1995; Ag.RegAI nº 167.444, (Rel. Min. Carlos Velloso), DJ de 15.09.1995; RE nº 190.728 (Rel. Min. Celso de Mello), DJ 30.05.1997; RE nº 191.898 (Rel. Min. Sepúlveda Pertence), DJ de 22.08.1997; RE nº 228.844-SP (Rel. Min. Maurício Corrêa), DJ 16.06.1999; RE nº 221.795 (Rel. Min. Nelson Jobim), DJ 16.11.2000; RE nº 364.160 (Rel. Min. Ellen Gracie), DJ 07.02.2003; AI nº 423.252 (Rel.Min.Carlos Velloso), DJ 15.04.2003; RE 345.048 (Rel. Min. Sepúlveda Pertence), DJ 08.04.2003; RE nº 384.521 (Celso de Mello), DJ 30.05.2003; ADI nº 1919 (Relator Min. Ellen Gracie), DJ 01.08.2003.

Referências

ALENCAR, Ana Valderez Ayres Neves de. A competência do Senado Federal para suspender a execução dos atos declarados inconstitucionais. *Revista de Informação Legislativa,* Brasília, ano 15, n. 57, p. 234-237, jan./mar. 1978.

ANSCHÜTZ, Gerhard. *Die verfassung des deutschen reichs.* 2. ed. Berlim: [s. n.], 1930.

ARAÚJO, Castro. *A nova constituição brasileira.* Rio de Janeiro: Freitas Bastos, 1935.

BARBOSA, Ruy. *O direito do Amazonas ao Acre septentrional.* Rio de Janeiro: Jornal do Commercio, 1910. 2 v.

BARBOSA, Ruy. Os atos inconstitucionais: do Congresso e do Executivo perante a Justiça Federal. In: BARBOSA, Ruy. *Trabalhos jurídicos.* Rio de Janeiro: Ministério da Edu- cação e Cultura, 1958. v. 20. t. 5.

BASTOS, Celso Ribeiro. *Curso de direito constitucional.* São Paulo: Celso Bastos, 2002.

BITTENCOURT, C. A. Lúcio. *O controle jurisdicional de constitucionalidade das leis.* Brasília: Ministério da Justiça, 1997. (Arquivos do Ministério da Justiça).

BRASIL. Congresso. Senado Federal. Parecer nº 154, de 1971. Relator: Senador Accioly Filho, *Revista de Informação Legislativa,* Brasília, ano 12, n. 48, p. 266-268, out./dez 1975.

BRASIL. Constituição (1946). Emendas. *Emendas à constituição de 1946 número 16:* reforma do poder judiciário. Brasília: Câmara dos Deputados, 1968. 189 p.

BROSSARD, Paulo. O Senado e as leis inconstitucionais. *Revista de Informação Legislativa,* Brasília, ano 13, n. 50, p. 55-64, abr./jun. 1976.

BUZAID, Alfredo. *Da ação direta de constitucionalidade no direito brasileiro.* São Paulo: Saraiva, 1958.

CAMPOS, Francisco Luiz da Silva. *Direito constitucional.* Rio de Janeiro: Freitas Bastos, 1956. v. 1.

CAVALCANTI, Themístocles Brandão. *Do controle de constitucionalidade.* Rio de Janeiro: Forense, 1966.

FERRAZ, Anna Cândida da Cunha. *Processos informais de mudança da constituição.* São Paulo: Max Limonad, 1986.

FERREIRA FILHO, Manoel Gonçalves. *Curso de direito constitucional.* 30. ed. rev. e atual. São Paulo: Malheiros, 2003.

HSÜ, Dau-Lin. *Mutación de la constitución.* Tradução de Christian Förster e Pablo Lucas Verdú. Bilbao: [s. n.], 1998.

JELLINEK, Georg. *Reforma y mutacion de la constitu- cion.* Tradução de Christian Förster. Madri: Centro de Estudios Constitucionales, 1991. 91 p.

MARINHO, Josaphat. O artigo 64 da constituição e o papel do Senado. *Revista de Informação Legislativa,* Brasília, ano 1, n. 2, p. 5-12, abr./jun. 1964.

MELLO, Oswaldo Aranha Bandeira de. *A teoria das constituições rígidas.* 2. ed. São Paulo: J. Bushasky, 1980.

MENDES, Gilmar Ferreira. O efeito vinculante das decisões do Supremo Tribunal Federal nos processos de controle abstrato de normas. *Revista Jurídica Virtual,* Brasília, v. 1, n. 4, ago. 1999. Disponível em: <http://geocities.yahoo.com.br/profpito/ oefeitovinculantegilmar.html>. Acesso em: [2003?].

NUNES, José de Castro. *Teoria e prática do poder judiciário.* Rio de Janeiro: Revista Forense, 1943. 698 p.

SILVA, José Afonso da. *Curso de direito constitucional positivo.* São Paulo: Malheiros, 2003.

Informação bibliográfica deste texto, conforme a NBR 6023:2002 da Associação Brasileira de Normas Técnicas (ABNT):

MENDES, Gilmar Ferreira. O papel do Senado no controle de constitucionalidade: a interpretação a ser conferida ao art. 52, X, da Constituição Federal. In: ARABI, Abhner Youssif Mota; MALUF, Fernando; MACHADO NETO, Marcello Lavenère (Coord.). *Constituição da República 30 anos depois:* uma análise prática da eficiência dos direitos fundamentais. Estudos em homenagem ao Ministro Luiz Fux. Belo Horizonte: Fórum, 2019. p. 27-49. ISBN 978-85-450-0598-8.

O *HABEAS CORPUS* COLETIVO

RICARDO LEWANDOWSKI

1 Introdução

O art. 5º, LXVIII, da Constituição Federal de 1988, na esteira das cartas políticas anteriores, estatuiu, de forma clara e unívoca, que "conceder-se-á *habeas corpus* sempre que alguém sofrer ou se achar ameaçado de sofrer violência ou coação em sua liberdade de locomoção, por ilegalidade ou abuso de poder".

A clareza de tal dispositivo não permite que se extraia qualquer limitação ao manejo desse tradicional *writ* de defesa do *status libertatis* das pessoas, embora alguns tribunais, quiçá desenvolvendo uma "jurisprudência defensiva", venham estabelecendo crescentes restrições ao seu emprego, como, por exemplo, proibindo que seja utilizado contra liminares ou como substitutivo de recursos ou, ainda, para rever decisões penais condenatórias transitadas em julgado.

Não obstante, recentemente, o Plenário do Supremo Tribunal Federal (STF), ao conhecer do HC nº 152.752/PR, em que figurava como paciente Luiz Inácio Lula da Silva, embora indeferindo o *writ*, reafirmou, por maioria de votos, tratar-se o *habeas corpus* de um remédio constitucional do mais amplo espectro, que não poderia sofrer qualquer espécie de constrangimento. Mesmo assim, algumas cortes ainda persistem em estabelecer limitações ao *mandamus*, relutando em dele conhecer quando impetrado em prol de uma coletividade de pessoas. Só admitem aqueles de cunho individual.

O primeiro *habeas corpus* coletivo que teve êxito no Supremo Tribunal Federal recebeu o número 143.641/SP, tendo sido impetrado por Eloísa Machado de Almeida, Bruna Soares Angotti, André Ferreira, Nathalie Fragoso e Hilem Oliveira, integrantes do *Coletivo de Advogados em Direitos Humanos*, em favor de todas as mulheres presas preventivamente, que ostentavam a condição de gestantes, puérperas ou mães de crianças sob sua responsabilidade, bem como em prol dos próprios menores encarcerados, cabendo ao autor deste artigo relatá-lo.

2 Alegações dos impetrantes e intervenientes

Os impetrantes afirmaram que a prisão preventiva, ao confinar tais mulheres em estabelecimentos prisionais precários, subtraindo-lhes o acesso a programas de saúde pré-natal, assistência regular na gestação e no pós-parto, e, ainda, privando as crianças de condições adequadas ao seu desenvolvimento, constitui tratamento desumano, cruel e degradante, que afronta os dispositivos constitucionais relacionados à individualização da pena, à vedação de sanções cruéis e, ainda, ao respeito à integridade física e moral das pessoas sob a guarda do Estado.

Asseveraram que a política criminal responsável pelo expressivo encarceramento feminino é discriminatória e seletiva, impactando de forma desproporcional as mulheres pobres e suas famílias.

Enfatizaram o cabimento de *habeas corpus* coletivo na defesa da liberdade de locomoção de certos grupos de pessoas, em geral hipossuficientes do ponto de vista econômico, com fulcro na garantia de acesso à Justiça, considerado o caráter sistemático de práticas que resultam em violação maciça de direitos. Nesse sentido, invocaram o art. 25, I, da Convenção Americana de Direitos Humanos, que garante o emprego de um instrumento processual simples, rápido e efetivo para tutelar direitos fundamentais lesados ou ameaçados de lesão.

Salientaram o caráter sistemático das violações, no âmbito da prisão cautelar a que estão sujeitas as gestantes e mães de crianças, em razão de falhas estruturais que dificultam o acesso à Justiça, consubstanciadas em obstáculos econômicos, sociais e culturais.

Aduziram que a competência para julgamento do feito, no caso, seria do Supremo Tribunal Federal, tanto pela abrangência do pedido quanto pelo fato de o Superior Tribunal de Justiça figurar entre as autoridades coatoras.

Ressaltaram que os estabelecimentos prisionais não estão preparados de forma adequada para atender à mulher presa, especialmente à gestante e a que é mãe.

Relataram que, com a entrada em vigor da Lei nº 13.257/2016, a qual alterou o Código de Processo Penal, para possibilitar a substituição da prisão preventiva pela domiciliar para gestantes e mães de crianças, o Poder Judiciário vem sendo provocado a decidir sobre a substituição da restrição da liberdade por medidas alternativas, nos casos especificados pela legislação processual, porém, em aproximadamente metade dos casos, o pedido foi indeferido.

Informaram que as alegações empregadas para o indeferimento estariam relacionadas à gravidade do delito supostamente praticado pelas detidas e também à necessidade de prova da inadequação do ambiente carcerário no caso concreto.

Aduziram que esses argumentos não têm consistência, uma vez que a gravidade do crime não pode ser, por si só, motivo para manutenção da prisão, e que, além disso, o Supremo Tribunal Federal já reconheceu o estado de coisas inconstitucional do sistema prisional brasileiro.

Disseram que se faz necessário reconhecer a condição especial da mulher no cárcere, sobretudo da mulher pobre, a qual, privada de acesso à Justiça, vê-se também impedida de pleitear o direito à substituição da prisão preventiva pela domiciliar.

Insistiram em que essa soma de privações acaba por gerar um quadro de exagerado encarceramento preventivo de mulheres pobres, as quais, sendo gestantes ou mães de criança, fariam jus à substituição prevista em lei ou a outros benefícios.

A limitação do alcance da atenção pré-natal, que já rendeu ao Brasil uma condenação pelo *Comitê para a Eliminação de todas as Formas de Discriminação contra a Mulher* (caso Alyne da Silva Pimentel *versus* Brasil), conforme asseveraram, atinge em nosso sistema prisional níveis dramáticos, ferindo direitos não só da mulher, mas também de seus dependentes, além de impactar o quadro geral de saúde pública. E mais: infringe o direito à proteção integral da criança constitucionalmente estabelecido, que lhe confere prioridade absoluta em termos de cuidados por parte do Estado.

Citaram casos graves de violações dos direitos das gestantes e de seus filhos, realçando que esses males poderiam ser evitados, porque muitas das pessoas presas preventivamente no Brasil são, ao final, absolvidas, ou têm a pena privativa de liberdade substituída por penas alternativas.

Acrescentaram que, segundo dados oficiais, faltam berçários e centros materno-infantis e que, em razão disso, as crianças se ressentem da falta de condições propícias para seu desenvolvimento, o que não só afeta sua capacidade de aprendizagem e de socialização, como também vulnera gravemente seus direitos constitucionais, convencionais e legais.

Arguiram que, embora a Lei de Execução Penal (LEP) determina como obrigatória, nos estabelecimentos penitenciários, a presença de instalações para atendimento a gestantes e crianças, essas disposições legais vêm sendo sistematicamente desrespeitadas.

Argumentaram que, embora a substituição da prisão preventiva pela domiciliar não seja direito subjetivo da gestante e da mãe, elas têm outros direitos que estão sendo desrespeitados, não se podendo penalizá-las pela falta de estrutura estatal adequada para fazê-los valer.

Nesses casos, disseram, é o direito de punir, e não o direito à vida, à integridade e à liberdade individual que deve ser mitigado, como se decidiu quando a Suprema Corte declarou ser inadmissível que presos cumpram pena em regime mais gravoso do que aquele ao qual foram condenados, ou até mesmo em contêineres, como tem ocorrido, aduzindo que, em tais casos, a ordem de *habeas corpus* foi estendida a todos os presos na mesma situação.

Requereram, por fim, a concessão da ordem para revogação da prisão preventiva decretada contra todas as gestantes, puérperas e mães de crianças ou sua substituição pela prisão domiciliar.

A Defensoria Pública do Estado do Ceará pleiteou seu ingresso como *custos vulnerabilis* ou, subsidiariamente, como *amicus curiae*.

Enfatizou ser órgão interveniente na execução penal para a defesa das pessoas presas, que formam um grupo extremamente vulnerável, e que sua atuação, como guardiã dos vulneráveis, tem por fundamento o art. 134 da Constituição e o art. 4º, XI, da Lei Complementar nº 80/1994.

Afirmou que, caso assim não se entenda, deve ser aceita para atuar como *amicus curiae*, na medida em que o referido *habeas corpus* é coletivo.

No mérito, postulou a aplicação do princípio da intranscendência, segundo o qual a pena não pode passar da pessoa do condenado, e do postulado da primazia dos direitos da criança, asseverando que tais axiomas têm sido violados sistematicamente pela manutenção de prisão preventiva de mulheres e de suas crianças em ambiente inadequado e superlotado.

Insistiu em que a leitura correta da Lei nº 13.257/2016 é a de que não há necessidade de satisfazer-se outras condições, salvo as expressas na própria lei, para a substituição da prisão preventiva pela domiciliar.

3 Instrução do feito

A Procuradoria-Geral da República opinou pelo não conhecimento do *writ*, sob alegação de que seria manifestamente incabível o *habeas corpus* coletivo, ante a impossibilidade de concessão de ordem genérica, sem individualização de seus beneficiários e de expedição de salvo-conduto a um número indeterminado de pessoas.

Destacou, ainda, que não cabe ao Supremo Tribunal o julgamento do feito, haja vista não terem sido indicados atos coatores específicos imputáveis ao Superior Tribunal de Justiça.

Depois, houve nova manifestação da Defensoria Pública do Estado do Ceará juntando documentos que permitem identificar, no que tange às presas do Instituto Penal Feminino Desembargadora Auri Moura Costa, aquelas que são mães de crianças e que estão detidas provisoriamente em unidade superlotada.

Persistiu assentando que deve ser superado o prisma individualista do *habeas corpus* por meio de uma leitura constitucional e sistêmica, de modo a admitir-se a identificação das beneficiárias da ordem durante a tramitação do *writ* ou de seu julgamento ou, até mesmo, na oportunidade do cumprimento da ordem, tendo em consideração a transitoriedade da condição de presas preventivas e a fim de garantir-lhes tratamento isonômico.

O acolhimento do HC, tal como impetrado, ponderou, ensejará economia de recursos e maior celeridade para o julgamento de feitos criminais e ampliará o espectro de abrangência de tal instrumento, permitindo que se evite a multiplicação de processos semelhantes.

Citou exemplos de *writs* que tramitaram no Supremo Tribunal Federal nos quais não houve a identificação dos pacientes e que nem por isso tiveram seu andamento interrompido ou suspenso (*Habeas Corpus* nº 118.536 MC/SP e o *Habeas Corpus* nº 119.753/SP), bem como aqueles em que a ordem foi estendida a outras pessoas que sofriam idêntica coação ilegal.

Asseverou ser inequívoca a competência do Supremo Tribunal Federal para o julgamento do feito, diante da existência de inúmeros acórdãos proferidos pelo Superior Tribunal de Justiça em que aquela Corte exigiu o cumprimento de requisitos outros, além dos constantes do art. 318 do Código de Processo Penal, para a substituição da prisão preventiva pela domiciliar. Listou como exemplificativos dessa postura do Superior Tribunal de Justiça os *Habeas Corpus* nºs 352.467, 399.760, 397.498, em que figuram como pacientes presas preventivas devidamente identificadas.

Ressaltou que, no Supremo Tribunal Federal, também estaria firmando-se a tese segundo a qual a mera inocorrência dos requisitos do art. 312 do Código de Processo Penal seria suficiente para deferimento da substituição.

Acrescentou que o acolhimento desse *habeas corpus* coletivo constituiria uma possibilidade para repensar-se e dar aplicabilidade ao caráter democrático dessa alteração legislativa, a qual concretiza, em especial, as diretrizes constitucionais de proteção à infância.

Na sequência, peticionou a Defensoria Pública do Estado do Paraná, requerendo sua habilitação nos autos como *custos vulnerabilis* ou, subsidiariamente, como *amicus curiae*.

Invocou a aplicação de dispositivos constitucionais e convencionais que justificariam o acolhimento dos pleitos do *habeas corpus*, requerendo ao final a concessão da ordem, bem assim a intimação do Defensor Público-Geral Federal de maneira a provocar sua atuação como guardião das pessoas vulneráveis.

Na qualidade de relator, determinei a expedição de ofício ao Departamento Penitenciário Nacional (DEPEN) para que: (i) indicasse, dentre a população de mulheres presas preventivamente, quais se encontravam em gestação ou eram mães de crianças e (ii) informasse, com relação às unidades prisionais onde estariam custodiadas, que dispunham de escolta para garantia de cuidados pré-natais, assistência médica adequada, inclusive pós-parto, berçários e creches, e quais delas estariam funcionando com número de presas superior à sua capacidade.

Deferi, na mesma oportunidade, a intimação do Defensor Público-Geral Federal para que esclarecesse sobre seu interesse em atuar neste feito.

A Defensoria Pública da União ingressou no feito, ponderando ser essencial sua participação, quer pelos reflexos da decisão nos direitos de um grupo vulnerável, quer por sua *expertise* nos temas objeto do citado *habeas corpus*.

Quanto às questões de fundo, sustentou, primeiramente, a possibilidade de impetração de *habeas corpus* coletivo, invocando para tanto o histórico da doutrina brasileira do *HC*, como a existência do mandado de segurança e do mandado de injunção coletivos, ressaltando a legitimação ativa da Defensoria Pública para a propositura deste último, tudo a demonstrar: (i) a caminhada das ações constitucionais em direção às soluções coletivas e (ii) o reconhecimento da representatividade desse órgão para ingressar em juízo com tais ações.

Acrescentou que, embora seja indiscutível que várias situações tuteláveis por *habeas corpus* dependam de análises individuais pormenorizadas, outras há em que os conflitos podem ser resolvidos coletivamente. Citou como exemplo o caso do *Habeas Corpus* nº 118.536, em cujo bojo a Procuradoria-Geral da República ofertou parecer pelo conhecimento do *writ* e pela concessão da ordem.

Ademais, defendeu o direito que assiste às mães de crianças sob sua responsabilidade e às gestantes de não se verem recolhidas à prisão preventiva, ressaltando ser comum a situação de mulheres detidas cautelarmente que são, ao final, condenadas a penas restritivas de direito, o que impede a reversão dos irreparáveis danos sofridos por elas e pelas crianças.

Enfatizou que são vários os precedentes do Supremo Tribunal Federal em prol da tese constante da inicial, requerendo sua admissão para atuar no feito, pleiteando, por derradeiro, no mérito, a concessão da ordem.

O Departamento Penitenciário do Estado do Paraná apresentou os dados de mulheres presas na Penitenciária Feminina daquele Estado, cumprindo a decisão anterior de minha lavra.

A seguir, afirmei o cabimento do *habeas corpus* coletivo, mas estabeleci algumas premissas para o seu conhecimento, mormente no que tange à legitimação ativa, que entendi, por analogia à legislação referente ao mandado de injunção coletivo, ser da Defensoria Pública da União, por tratar-se de ação cujos efeitos apresentam abrangência nacional.

O DEPEN, por sua vez, apresentou parte das informações que lhe foram requisitadas por mim em 27 de junho de 2017.

A Procuradoria-Geral da República, voltando a manifestar-se, reiterou sua manifestação anterior no sentido de não conhecimento do *habeas corpus*.

As Defensorias Públicas de São Paulo, Bahia, Distrito Federal, Espírito Santo, Minas Gerais, Pernambuco, Rio de Janeiro, Rio Grande do Sul e Tocantins requereram a respectiva habilitação na qualidade de *amici curiae*. Já a Defensoria Pública do Estado de Mato Grosso pleiteou sua admissão no processo como *custos vulnerabilis* ou, subsidiariamente, como assistente.

Em seguida, por analogia ao art. 80 do Código de Processo Penal, determinei o desmembramento do feito quanto aos Estados do Amapá, Ceará, Espírito Santo, Goiás, Maranhão, Pará, Paraíba, Pernambuco, Piauí, Rio Grande do Norte, Rondônia, Roraima, Rio Grande do Sul, Sergipe, São Paulo e Tocantins, tendo em conta que estes ainda não haviam prestado as informações requisitadas quanto às mulheres, gestantes e mães detidas, dando origem ao *Habeas Corpus* nº 149.521/SP. Na mesma oportunidade, acolhi a argumentação das Defensorias Públicas Estaduais para atribuir-lhes a condição de *amici curiae* nesses autos.

A Procuradoria-Geral da República apresentou parecer final, em que insistiu no descabimento do *habeas corpus* coletivo, por cuidar-se de direitos de coletividades indeterminadas e indetermináveis, com reflexos, inclusive, futuros, bem como pela imprescindibilidade de exame da eventual situação de constrangimento no caso concreto.

Argumentou que o *habeas corpus* destina-se à proteção direta e imediata do direito individual à liberdade de locomoção, não podendo ser concedido de forma genérica, sob pena de converter-se em súmula vinculante ou instrumento de política pública criminal.

Asseverou, mais, que não foi apontado ato concreto da corte *ad quem* e que o Superior Tribunal de Justiça não pode ser considerado autoridade coatora apenas pelo fato de haver negado, no passado, o benefício a algumas mulheres, enfatizando que este tem apreciado cada pedido de forma individualizada, inclusive com o deferimento de inúmeros pedidos de cumprimento de prisão em regime domiciliar, com fundamento no Estatuto da Primeira Infância.

Aduziu, ainda, que a maternidade não pode ser uma garantia contra a prisão, porque o art. 318 do Código de Processo Penal não estabelece direito subjetivo automático à domiciliar, afirmando que o objetivo da norma é tutelar direitos da criança, e não os da mãe, cuja liberdade pode até representar um risco para esta.

Também o *Instituto Alana* requereu sua admissão como *amicus curiae*, enfatizando a importância desse *habeas corpus* coletivo para assegurar os interesses dos menores, especialmente para dar concreção à norma que confere prioridade absoluta aos direitos de crianças e adolescentes, na medida em que o art. 227 da Constituição dever ser compreendido como norma de eficácia plena e aplicabilidade imediata.

Defendeu a procedência do pedido inicial, bem como a "a concessão, de ofício, de *habeas corpus* às adolescentes que estão em situação análoga, ou seja, gestantes ou mães internadas provisoriamente, para colocá-las em liberdade, uma vez que as violações impostas aos direitos das crianças são essencialmente as mesmas".

O Instituto de Defesa do Direito de Defesa – Márcio Thomaz Bastos também requereu sua admissão como *amicus curiae*, pugnando pela concessão da ordem.

4 Exame da preliminar

Antes de adentrar no mérito da questão apresentada pelos impetrantes, assentei que os argumentos que envolvem a preliminar de não conhecimento de *habeas corpus* coletivo têm sido objeto de reflexão nesta Casa e na própria Procuradoria-Geral da República.

Segundo constatei no Recurso Extraordinário nº 612.043/PR, os distintos grupos sociais, atualmente, vêm se digladiando, em defesa de seus direitos e interesses, cada vez mais, com organizações burocráticas, sejam elas estatais ou não estatais.[1] Dentro desse quadro, a ação coletiva emerge talvez o único instrumento viável para garantir o efetivo acesso destes à Justiça, em especial das comunidades mais vulneráveis do ponto de vista social e econômico.

De forma coerente com essa realidade, o Supremo Tribunal Federal tem admitido, com crescente generosidade, os mais diversos institutos que logram lidar, mais adequadamente, com situações em que os direitos e interesses de determinadas coletividades estão sob risco de sofrer lesões graves. A título de exemplo, vem permitindo a ampla utilização da Ação de Descumprimento de Preceito Fundamental (ADPF), assim como do Mandado de Injunção coletivo. Este último, convém lembrar, foi aceito pioneiramente por esta Corte já em 1994, muito antes, portanto, de sua expressa previsão legal, valendo lembrar o Mandado de Injunção nº 20/DF, de relatoria do Ministro Celso de Mello, em que este afirmou:

A orientação jurisprudencial adotada pelo Supremo Tribunal Federal prestigia [...] a doutrina que considera irrelevante, para efeito de justificar a admissibilidade de ação injuncional coletiva, a circunstância de inexistir previsão constitucional a respeito [...].

Por isso entendi que seria de bom alvitre autorizar o emprego do *writ* coletivo, dado o fato de tratar-se de um instrumento simples e expedito, que se presta a salvaguardar um dos bens mais preciosos do homem que, depois da vida, certamente, é a liberdade. Com isso, ademais, estar-se-ia honrando a venerável tradição jurídica pátria, consubstanciada na doutrina brasileira do *habeas corpus*, a qual confere a maior amplitude possível ao remédio heroico, e que encontrou em Ruy Barbosa, quiçá, o seu maior defensor. Segundo essa doutrina, se existe um direito fundamental violado, há de existir no ordenamento jurídico um remédio processual à altura da lesão.

E, a toda a evidência, quando o bem jurídico ofendido é o direto de ir e vir, quer pessoal, quer de um grupo de pessoas determinado, o instrumento processual para resgatá-lo é o *habeas corpus* individual ou coletivo.

Isso porque, na sociedade contemporânea, burocratizada e massificada em que vivemos, as lesões a direitos, cada vez mais, assumem um caráter coletivo, sendo conveniente, inclusive por razões de política judiciária, disponibilizar-se um remédio célere e eficaz para a proteção dos segmentos por elas atingidos, usualmente desprovidos de mecanismos de defesa adequados.

Como o processo de formação das demandas é complexo, já que composto por diversas fases – nomear, culpar e pleitear, na ilustrativa lição da doutrina norte-americana –,[2] é razoável supor que muitos direitos deixarão de ser reivindicados porque

---

[1] FISS, O. *Um novo processo civil*: estudos norte-americanos sobre jurisdição, Constituição e sociedade. São Paulo: Editora Revista dos Tribunais, 2004.
[2] Cf. FELSTINER, W. L. F.; ABEL, R. L.; SARAT, A. The Emergence and Transformation of Disputes: Naming, Blaming, Claiming. *Law & Society Review*, v. 15, n. 3/4, 1980.

os grupos mais vulneráveis – entre os quais estão os das pessoas presas – não saberão reconhecê-las nem tampouco vocalizá-los.

Foi com semelhante dilema que se deparou a Suprema Corte argentina no famoso "Caso Verbitsky". Naquele país, assim como no Brasil, inexiste previsão constitucional expressa de *habeas corpus* coletivo, mas essa omissão legislativa não impediu o conhecimento desse tipo de *writ* pelo mais alto Tribunal da nação vizinha. No julgamento em questão, o *habeas corpus* coletivo foi considerado, pela maioria dos membros do Supremo Tribunal, como sendo o remédio mais compatível com a natureza dos direitos a serem tutelados, os quais, tal como na presente hipótese, diziam respeito ao direito de pessoas presas em condições insalubres.

É importante destacar que a Suprema Corte argentina recorreu não apenas aos princípios constitucionais da dignidade da pessoa humana e do acesso universal à Justiça, como também ao direito convencional, sobretudo às *Regras Mínimas das Nações Unidas para o Tratamento de Presos*, de maneira a fundamentar a decisão a que chegou, na qual determinou tanto aos tribunais que lhe são hierarquicamente inferiores, como aos Poderes Executivo e Legislativo, a tomada de medidas para sanar a situação de inconstitucionalidade e inconvencionalidade a que estavam sujeitos os presos.

Vale ressaltar que, para além de tradições jurídicas similares, temos com a República Argentina também um direito convencional comum, circunstância que deveria fazer, a meu juízo, com que o STF chegasse também a conclusões análogas às daquela Corte de Justiça, de modo a excogitar remédios processuais aptos a combater as ofensas maciças às normas constitucionais e convencionais relativas aos direitos das pessoas, sobretudo aquelas que se encontram presas sob custódia do Estado.

No Brasil, ao par da já citada doutrina brasileira do *habeas corpus*, que integra a épica história do instituto em questão, e mostra o quanto ele pode ser maleável diante de lesões a direitos fundamentais, existem ainda dispositivos legais que encorajam a superação do posicionamento que defende o não cabimento do *writ* na forma coletiva.

Nessa linha, destaquei o art. 654, §2º, do Código de Processo Penal, que preconiza a competência de juízes e os tribunais para expedir, de ofício, ordem de *habeas corpus*, quando, no curso de um processo, verificarem que alguém sofreu ou está na iminência de sofrer coação ilegal. A faculdade de concessão do *writ*, ainda que de ofício, revela o quanto o remédio heroico é flexível e estruturado para combater, de forma rápida e efetiva, as ameaças e lesões a direitos relacionados ao *status libertatis*.

Indispensável destacar, ainda, que o art. 580 do Código de Processo Penal autoriza que a ordem pode ser estendida a todos que se encontram na mesma situação de pacientes beneficiados com o *writ*.

A impetração coletiva, de resto, vem sendo conhecida e provida em outras instâncias do Poder Judiciário, tal como ocorreu no *Habeas Corpus* nº 1080118354-9, do Tribunal de Justiça do Rio Grande do Sul, e nos *Habeas Corpus* nºs 207.720/SP e 142.513/ES, ambos do Superior Tribunal de Justiça. Neste último, a extensão da ordem a todos os que estavam na mesma situação de certo paciente transformou o *habeas corpus* individual em legítimo instrumento processual coletivo, por meio do qual se determinou a substituição da prisão em um contêiner – pasme-se – pela domiciliar.

A existência de outras ferramentas disponíveis para suscitar a defesa coletiva de direitos, notadamente, a ADPF, não deve ser óbice ao conhecimento do *habeas corpus* coletivo. Isso porque o rol de legitimados de ambos os instrumentos não é o mesmo, sendo consideravelmente mais restrito naquela ação de cunho objetivo. Além disso, o acesso à Justiça em nosso país, sobretudo das mulheres presas e pobres (talvez um dos grupos mais oprimidos), por ser notoriamente hipossuficiente, não pode prescindir da atuação dos mais diversos segmentos da sociedade civil em sua defesa.

Nesse diapasão, pincei dados da pesquisa "Panorama de Acesso à Justiça no Brasil, 2004 a 2009",[3] os quais demonstram que, abaixo de determinado nível de escolaridade e renda, o acesso à Justiça praticamente não se concretiza.

Tal pesquisa, entre outras revelações, mostra o quanto esse acesso, como direito de primeira grandeza, tem encontrado dificuldades para realizar-se no Brasil, esbarrando, sobretudo, no desalento desencadeado pelas dificuldades relacionadas a custo, distância e desconhecimento, que impedem que as pessoas mais vulneráveis logrem obter a prestação jurisdicional de que necessitam.

Por isso, assentei que se deve extrair do *habeas corpus* o máximo de suas potencialidades, para dar concreção ao efetivo acesso à Justiça, previsto não apenas em nossa Constituição de 1988 como também no Pacto de São José da Costa Rica.

Entendi que não poderia vingar a alegação da Procuradoria-Geral da República no sentido de que as pacientes são indeterminadas e indetermináveis. Tal assertiva, ademais, ficou superada com a apresentação, pelo DEPEN, e por outras autoridades estaduais, de listas contendo nomes e dados das mulheres presas preventivamente, que são gestantes ou mães de crianças sob sua guarda. A alegação de que a ordem, acaso concedida, venha a ser estendida a todas aquelas que se encontram em idêntica situação não traz nenhum acento de excepcionalidade ao desfecho do julgamento do *habeas corpus*. Ao contrário, tal resultado constitui uma das consequências normais desse instrumento.

Diante da listagem das presas, submetidas a um sistemático descaso pelo Estado, responsável por sua custódia, não cuidava mais de um grupo de pessoas indeterminadas ou indetermináveis como assentou a PGR, mas em face de uma situação em que era possível discernir **direitos individuais homogêneos** – para empregar um conceito hoje positivado no art. 81, parágrafo único, III, do Código de Defesa do Consumidor –, quer dizer, perfeitamente identificáveis e "cujo objeto é divisível e cindível", para empregar a conhecida definição de Nelson Nery Júnior e Rosa Maria de Andrade Nery.

Considerei fundamental, ademais, que o Supremo Tribunal Federal assumisse a responsabilidade que tem com relação aos mais de 100 milhões de feitos em tramitação no Poder Judiciário, a cargo de pouco mais de 16 mil juízes, e às dificuldades estruturais de acesso à Justiça, passando a adotar e fortalecer remédios processuais de natureza abrangente, sempre que os direitos em perigo disserem respeito às coletividades socialmente mais vulneráveis. Assim, não apenas para conferir maior isonomia às partes envolvidas nos litígios, como também permitirá que lesões a direitos potenciais ou atuais de determinadas coletividades sejam sanadas mais celeremente. Além disso, contribuirá para diminuir o enorme acervo de processos sob responsabilidade dos magistrados brasileiros.

Por essas razões, somadas ao reconhecimento, pela Corte, na ADPF nº 347 MC/DF, de que nosso sistema prisional encontra-se em um estado de coisas inconstitucional e, ainda, diante da existência de inúmeros julgados das distintas instâncias judiciais,

---

[3] Brasília: Conselho Nacional de Justiça, Jul. 2011.

nas quais foram dadas interpretações dissonantes sobre o alcance da redação do art. 318, IV e V, do Código de Processo Penal (*v.g.*, veja-se, no Superior Tribunal de Justiça: HC nº 414.674, HC nº 403.301, HC nº 381.022), entendi que não havia como deixar de reconhecer a competência do Supremo Tribunal Federal para o julgamento de *writ* coletivo, sobretudo tendo em conta a relevância constitucional da matéria.

Reconheci, assim, o cabimento do *habeas corpus* coletivo em questão, e a competência da Suprema Corte para julgá-lo, assentando certos parâmetros no tocante à legitimidade ativa para o ingresso de feitos análogos, como, aliás, é a regra em se tratando de ações de natureza coletiva.

Nessa esteira, asseverei que, apesar de ser digna de encômios, a iniciativa do *Coletivo de Advocacia em Direitos Humanos* e dos impetrantes Eloísa Machado de Almeida, Bruna Soares Angotti, André Ferreira, Nathalie Fragoso e Hilem Oliveira, que trouxeram à apreciação do STF os fatos narrados na inicial, pareceu-me que a legitimidade ativa deve ser reservada aos atores listados no art. 12 da Lei nº 13.300/2016, por analogia ao que dispõe a legislação referente ao mandado de injunção coletivo.

Entendi que incidiria, na espécie, o referido dispositivo legal, de maneira a reconhecer-se a legitimidade ativa da Defensoria Pública da União, por tratar-se de ação de abrangência nacional, admitindo-se os demais impetrantes como *amici curiae*. Concluí que, dessa forma, estariam adequadamente representados os interesses da coletividade.

5 Fundamentos da decisão

Superada a questão do conhecimento do *habeas corpus* coletivo, parti para o exame do mérito da impetração.

Para tanto, constatei, primeiramente, que havia, de fato, uma deficiência de caráter estrutural no sistema prisional que fazia com que mulheres grávidas e mães de crianças, bem como as próprias crianças (entendido o vocábulo aqui em seu sentido legal, como a pessoa de até doze anos de idade incompletos, nos termos do art. 2º do Estatuto da Criança e do Adolescente – ECA) estivessem experimentando a situação retratada na exordial. Ou seja, verifiquei que tais mulheres estão efetivamente sujeitas a situações degradantes na prisão, em especial por estarem privadas de cuidados médicos pré-natal e pós-parto, bem como em razão da falta de berçários e creches para as crianças.

Logo concluí que a resposta, nesse aspecto, era lamentavelmente afirmativa, tal como deflui do julgamento da ADPF nº 347 MC/DF, na qual os fatos relatados no presente *habeas corpus* – retratando gravíssima deficiência estrutural, especificamente em relação à situação da mulher presa – foi expressamente abordada.

Transcrevi, então, os trechos mais relevantes daquele julgado, que extraí do voto do Relator, Ministro Marco Aurélio, e que devem ser necessariamente levados em consideração para análise do caso *sub judice*:

> A ausência de medidas legislativas, administrativas e orçamentárias eficazes representa falha estrutural a gerar tanto a violação sistemática dos direitos, quanto a perpetuação e o agravamento da situação. A inércia, como dito, não é de uma única autoridade pública – do Legislativo ou do Executivo de uma particular unidade federativa –, e sim do funcionamento deficiente do Estado como um todo. Os poderes, órgãos e entidades federais e estaduais, em conjunto, vêm se mantendo incapazes e manifestando verdadeira falta de vontade em buscar superar ou reduzir o quadro objetivo de inconstitucionalidade. Faltam sensibilidade legislativa e motivação política do Executivo.

É possível apontar a responsabilidade do Judiciário no que 41% desses presos, aproximadamente, estão sob custódia provisória. Pesquisas demonstram que, julgados, a maioria alcança a absolvição ou a condenação a penas alternativas, surgindo, assim, o equívoco da chamada 'cultura do encarceramento'.
[...]
Com relação aos problemas causados pela chamada 'cultura do encarceramento', do número de prisões provisórias decorrente de possíveis excessos na forma de interpretar-se e aplicar-se a legislação penal e processual, cabe ao Tribunal exercer função típica de racionalizar a concretização da ordem jurídico-penal de modo a minimizar o quadro, em vez de agravá-lo, como vem ocorrendo.
A forte violação de direitos fundamentais, alcançando a transgressão à dignidade da pessoa humana e ao próprio mínimo existencial justifica a atuação mais assertiva do Tribunal. Trata-se de entendimento pacificado, como revelado no julgamento do aludido Recurso Extraordinário nº 592.581/RS, da relatoria do ministro Ricardo Lewandowski, no qual assentada a viabilidade de o Poder Judiciário obrigar a União e estados a realizarem obras em presídios para garantir a integridade física dos presos, independentemente de dotação orçamentária. Inequivocamente, a realização efetiva desse direito é elemento de legitimidade do Poder Público em geral.
Há mais: apenas o Supremo revela-se capaz, ante a situação descrita, de superar os bloqueios políticos e institucionais que vêm impedindo o avanço de soluções, o que significa cumprir ao Tribunal o papel de retirar os demais Poderes da inércia, catalisar os debates e novas políticas públicas, coordenar as ações e monitorar os resultados. (grifei)

Existia, como foi reconhecido no voto, referendado por todos os ministros da Corte, uma falha estrutural que agravava a "cultura do encarceramento", vigente entre nós, a qual se revela pela imposição exagerada de prisões provisórias a mulheres pobres e, consequentemente, mais vulneráveis. Tal decorre, como já aventado por diversos analistas dessa problemática, seja por um proceder mecânico, automatizado, de certos magistrados, assoberbados pelo excesso de trabalho, seja por uma interpretação acrítica, matizada por um ultrapassado viés punitivista da legislação penal e processual penal, cujo resultado leva a situações que ferem a dignidade humana de gestantes e mães submetidas a uma situação carcerária degradante, com evidentes prejuízos para as respectivas crianças.

As evidências do que se afirmou na prefacial são várias.

Inicialmente, cabe ressaltar que, segundo o Levantamento Nacional de Informações Penitenciárias – INFOPEN Mulheres, "a população absoluta de mulheres encarceradas no sistema penitenciário cresceu 567% entre os anos 2000 e 2014", incremento muito superior ao da população masculina, que ainda assim aumentou exagerados 220% no mesmo período, a demonstrar a tendência geral de aumento do encarceramento no Brasil.[4]

Especificamente no tocante à prisão provisória, "enquanto 52% das unidades masculinas são destinadas ao recolhimento de presos provisórios, apenas 27% das unidades femininas têm esta finalidade", apesar de 30,1% da população prisional feminina ser provisória.[5]

---

[4] Brasília: Departamento Penitenciário Nacional – Ministério da Justiça, Jun. 2017, p. 10.
[5] *Idem*, p. 18-19.

Mais graves, porém, são os dados sobre infraestrutura relativa à maternidade no interior dos estabelecimentos prisionais, sobre os quais cabe apontar que:

(i) nos estabelecimentos femininos, apenas 34% dispõem de cela ou dormitório adequado para gestantes, apenas 32% dispõem de berçário ou centro de referência materno infantil e apenas 5% dispõem de creche;[6]

(ii) nos estabelecimentos mistos, apenas 6% das unidades dispõem de espaço específico para a custódia de gestantes, apenas 3% dispõem de berçário ou centro de referência materno infantil e nenhum dispõe de creche.[7]

Esses números são ainda mais preocupantes se considerarmos que 89% das mulheres presas têm entre 18 e 45 anos,[8] ou seja, em idade em que há grande probabilidade de serem gestantes ou mães de crianças. Infelizmente, o INFOPEN Mulheres não informa quantas apresentam, efetivamente, tal condição.

Outro dado de fundamental interesse diz respeito ao fato de que 68% das mulheres estão presas por crimes relacionados ao tráfico de entorpecentes, delitos que, na grande maioria dos casos, não envolvem violência nem grave ameaça a pessoas, e cuja repressão recai, não raro, sobre a parcela mais vulnerável da população, em especial sobre os pequenos traficantes, quase sempre mulheres, vulgarmente denominadas de "mulas do tráfico".[9] Nesses casos, quase sempre, como revelam os estudos especializados, a prisão preventiva mostra-se desnecessária, já que a prisão domiciliar prevista no art. 318 pode, com a devida fiscalização, impedir a reiteração criminosa.

Conforme constou da inicial,

> O encarceramento provisório de mulheres no Brasil, com suas nefastas consequências, nada tem, assim, de excepcional. Selecionadas a este modo para o cárcere brasileiro, elas possuem baixa escolaridade, originam-se de extratos sociais economicamente desfavorecidos e, antes da prisão, desempenhavam atividades de trabalho no mercado informal (INFOPEN Mulheres – Junho de 2014).
>
> O retrato que ora se vai delineando em tudo coincide com os documentos produzidos no âmbito do sistema universal de direitos humanos sobre o tema (Vide, em especial, o texto destinado a orientar os trabalhos da Força-Tarefa do Sistema ONU sobre o Crime Organizado e o Tráfico De Drogas, como Ameaças à Segurança e Estabilidade). UN Women. *A gender perspective on the impact of drug use, the drug trade, and drug control regimes*, 2014): o envolvimento das mulheres no uso e tráfico de drogas reflete seu déficit de oportunidades econômicas e status político.
>
> Quando se engajam em atividades ilícitas são relegadas às mesmas posições vulneráveis que pavimentaram o caminho deste engajamento. Quando alvos da persecução penal, deparam-se com um sistema judiciário que desacredita seus testemunhos e com a atribuição de penas ou medidas cautelares que negligenciam suas condições particulares como mulheres (UN Women, 2014, p. 34-35).

Todas essas informações são especialmente inquietantes se levarmos em conta que o Brasil não tem sido capaz de garantir cuidados relativos à maternidade nem

---

[6] *Idem, loc.cit.*
[7] *Idem, loc.cit.*
[8] *Idem,* p. 20
[9] V. SOARES, B. M. e ILGENFRITZ, I. *Prisioneiras:* vida e violência atrás das grades. Rio de Janeiro: Garamond, 2002.

mesmo às mulheres que não estão em situação prisional. Nesse sentido, relembre-se o "Caso Alyne Pimentel", que representou a "primeira denúncia sobre mortalidade materna acolhida pelo Comitê para a Eliminação de todas as Formas de Discriminação contra a Mulher [...] incumbido de monitorar o cumprimento pelos Estados-parte da Convenção relativa aos Direitos das Mulheres, adotada pelas Nações Unidas em 1979", tratando-se da "única 'condenação' do Estado brasileiro proveniente de um órgão do Sistema Universal de Direitos Humanos".[10]

Foram 7 as recomendações feitas ao Brasil naquele pronunciamento, sendo 6 delas de caráter geral. Dessas, 5 disseram respeito a políticas públicas de saúde, conforme segue:

> i. "assegurar o direito da mulher à maternidade saudável e o acesso de todas as mulheres a serviços adequados de emergência obstétrica;"
> ii. "realizar treinamento adequado de profissionais de saúde, especialmente sobre direito à saúde reprodutiva das mulheres;"
> iii. "reduzir as mortes maternas evitáveis, por meio da implementação do Pacto Nacional para a Redução da Mortalidade Materna e da instituição de comitês de mortalidade materna;"
> iv. "assegurar o acesso a remédios efetivos nos casos de violação dos direitos reprodutivos das mulheres e prover treinamento adequado para os profissionais do Poder Judiciário e operadores do direito;"
> v. "assegurar que os serviços privados de saúde sigam padrões nacionais e internacionais sobre saúde reprodutiva".[11]

Uma última referia-se à responsabilização de pessoas envolvidas com a problemática, nos seguintes termos: (vi) "assegurar que sanções sejam impostas para profissionais de saúde que violem os direitos reprodutivos das mulheres".[12]

Convém ressaltar que o cuidado com a saúde materna é considerado como uma das prioridades que deve ser observada pelos distintos países no que concerne ao seu compromisso com a promoção de desenvolvimento, conforme consta do Objetivo de Desenvolvimento do Milênio – ODM nº 5 (melhorar a saúde materna) e do Objetivo de Desenvolvimento Sustentável – ODS nº 5 (alcançar a igualdade de gênero e empoderar todas as mulheres e meninas), ambos documentos subscritos no âmbito da Organização das Nações Unidas.

Aliás, a reiteração da ênfase conferida pela ONU sobre o tema foi reforçada nos ODSs justamente porque, durante o tempo em que vigeram os ODMs (2000-2015), foi possível constatar "a falta de avanço em algumas áreas, particularmente aquelas relacionadas com saúde materna, neonatal e infantil e saúde reprodutiva".[13]

---

[10] ALBUQUERQUE, Aline S. de Oliveira; BARROS, Julia Schirmer. Caso Alyne Pimentel: uma análise à luz da abordagem baseada em direitos humanos. *Revista do Instituto Brasileiro de Direitos Humanos*, Fortaleza, n. 12, jul. 2016, p. 11.
[11] CEDAW/C/BRA/CO/6.
[12] Idem.
[13] MACHADO FILHO, H. União Europeia, Brasil e os desafios da agenda do desenvolvimento sustentável. In: *Dos objetivos do milênio aos objetivos do desenvolvimento sustentável*: lições aprendidas e desafios. Rio de Janeiro: Konrad Adenauer Stiftung, 2016, p. 88.

Ao tutelarem a saúde reprodutiva da mulher, tais objetivos corroboram o pleito inicial, reforçando a importância de, num crescente cenário de uma maior igualdade de gênero, conferir-se atenção especial à saúde reprodutiva das mulheres.

O Brasil, ademais, na medida em que dá concretude a tais compromissos, honra o lugar de destaque que ocupou nos últimos grandes eventos internacionais voltados à promoção do desenvolvimento social, notadamente no Congresso Rio + 20, bem como os compromissos assumidos ao subscrever os supramencionados Objetivos Globais, que se voltam especialmente à tutela das mulheres e crianças em situação de maior vulnerabilidade.

Na verdade, nada mais estará fazendo do que dar concreção ao que a Constituição, em sua redação original, já determinava:

> i. art. 5º, "II – ninguém será submetido a tortura nem a tratamento desumano ou degradante;"
> ii. art. 5º, "XLI – a lei punirá qualquer discriminação atentatória dos direitos e liberdades fundamentais;"
> iii. art. 5º, "XLV – nenhuma pena passará da pessoa do condenado;"
> iv. art. 5º, "L – às presidiárias serão asseguradas condições para que possam permanecer com seus filhos durante o período de amamentação;"
> v. art. 5º, "XLVIII – a pena será cumprida em estabelecimentos distintos, de acordo com a natureza do delito, a idade e o sexo do apenado;"
> vi. art. 5º, "XLIX – é assegurado aos presos o respeito à integridade física e moral [...]".

Além disso, demonstrará o devido respeito à Lei nº 11.942/2009, que promoveu mudanças na Lei de Execução Penal, a qual prevê:

> i. acompanhamento médico à mulher, principalmente no pré-natal e no pós-parto, extensivo ao recém-nascido.
> ii. os estabelecimentos penais destinados a mulheres serão dotados de berçário, onde as condenadas possam cuidar de seus filhos, inclusive amamentá-los, no mínimo, até 6 (seis) meses de idade. e
> iii. a penitenciária de mulheres será dotada de seção para gestante e parturiente e de creche para abrigar crianças maiores de 6 (seis) meses e menores de 7 (sete) anos, com a finalidade de assistir a criança desamparada cuja responsável estiver presa", inclusive à presa provisória (art. 42 da LEP).

Não obstante, nem a Constituição nem a citada lei, passados tantos anos da respectiva edição, vem sendo respeitadas pelas autoridades responsáveis pelo sistema prisional, conforme registra o próprio DEPEN nas informações que constam do já referido INFOPEN Mulheres – 2014.

O cuidadoso trabalho de pesquisa de Eloísa Machado de Almeida, Bruna Soares Angotti, André Ferreira, Nathalie Fragoso e Hilem Oliveira, constante da inicial, revela, inclusive por meio de exemplos, a duríssima – e fragorosamente inconstitucional – realidade em que vivem as mulheres presas, a qual já comportou partos em solitárias sem nenhuma assistência médica ou com a parturiente algemada ou, ainda, sem a comunicação e presença de familiares. A isso somam-se a completa ausência de cuidado pré-natal (acarretando a transmissão evitável de doenças graves aos filhos, como sífilis, por exemplo), a falta de escolta para levar as gestantes a consultas médicas, não sendo raros partos em celas, corredores ou nos pátios das prisões, sem contar os abusos no ambiente hospitalar, o isolamento, a ociosidade, o afastamento abrupto de mães e filhos, a manutenção das crianças em celas, entre outras atrocidades. Tudo isso de forma absolutamente incompatível com os avanços civilizatórios que se espera tenham se concretizado neste século XXI.

Vale transcrever, nesse sentido, mais um trecho da contundente exordial:

> Para além da incapacidade de oferecer um ambiente confortável, alimentação adequada e viabilizar outros fatores condicionantes de um desenvolvimento gestacional saudável, estudos dedicados à investigação das condições de maternidade no cárcere constataram ainda que as mulheres experimentam – e denunciam – gestações ora mal, ora completamente desassistidas.
>
> Tome-se, por exemplo, o impacto desta privação no tocante à sífilis, enfermidade à qual as mulheres privadas de liberdade estão especialmente vulneráveis, conforme os dados do INFOPEN já mencionados (Consta do levantamento que, das 1.204 mulheres com agravos transmissíveis, 35% são portadoras de sífilis. Cf. do Levantamento Nacional de Informações Penitenciárias – Infopen – junho de 2014). A bactéria causadora da doença é capaz de atravessar a barreira placentária. Em consequência, fica a criança vulnerável à sífilis congênita, cuja incidência tem aumentado nos últimos anos (4,7 para cada 1.000 nascidos vivos em 2013, segundo o Ministério da Saúde); incrementa-se o risco de abortamentos precoces, tardios, trabalhos de parto prematuros e do óbito da criança (O índice de mortalidade infantil por sífilis congênita no Brasil cresceu de 2,2 a cada 100.000 nascidos vivos em 2004 para 5,5 em 2013). As crianças sobreviventes ainda podem desenvolver malformações cerebrais, alterações ósseas, cegueira e lábio leporino.
>
> Os partos de mulheres sob custódia do Estado, realizados nas celas ou nos pátios prisionais, são expressão máxima da indiferença do sistema prisional aos direitos reprodutivos de mulheres presas. Parto, afinal, não é acidente ou evento incerto. Entretanto, o sistema de justiça criminal, em aparente estado de negação, desconsidera as condições do cárcere na determinação de prisões preventivas a gestantes, bem como as necessidades inescapáveis destas. O sistema prisional, por sua vez, falha persistentemente no reconhecimento, planejamento e no encaminhamento tempestivo de suas demandas. O Estado, portanto, cria e incrementa o perigo, a potencialidade de dano, a previsibilidade de perdas às mulheres e seus filhos. Não são menores os desafios enfrentados após o nascimento das crianças.
>
> O período de garantia do aleitamento não é uniforme nas diferentes unidades federativas. Em tese, após o parto e como garantia do convívio e do aleitamento materno, o recém-nascido permanece junto à mãe por um período mínimo de seis meses. Esse padrão não é, no entanto, obedecido em todos os estabelecimentos prisionais. Em algumas unidades, o prazo mínimo de seis meses é desrespeitado, noutras converte-se em parâmetro máximo.
>
> Quanto à saída da criança do cárcere, seu elemento mais problemático é o caráter abrupto, o descompromisso com um período de adaptação e a desconsideração de seus impactos sobre a saúde psicológica das mulheres encarceradas. Após um período de convívio com suas crianças, durante o qual permanecem isoladas dos demais espaços de convivência das unidades de privação de liberdade, dedicando-se exclusivamente ao cuidado dos recém-nascidos, mães e filhos são bruscamente apartados. BRAGA e ANGOTTI denominam hiper-hipo-maternidade este constructo da disciplina prisional, caracterizado por uma intensa e regulada convivência, seguida de uma brusca e cruel separação. Importante ainda mencionar que, caso não seja bem-sucedida a tentativa de contato com a família ou não haja familiares dispostos a assumir o cuidado da criança durante o período de privação de liberdade da mãe, as crianças são encaminhadas a um abrigo. Não raro, são adotadas e as mães são destituídas de poder familiar sem que tenham tido oportunidade de se

manifestar e defender-se amplamente diante do Juizado da Infância e Juventude (Conectas. 'Penitenciárias são feitas por homens para homens'. Disponível em:http://carceraria.org.br/wpcontent/uploads/2012/09/relatorio-mulherese-presas_versaofinal1.pdf).

Outro persistente obstáculo, incidente nos casos das crianças que ficam com parentes e poderiam prestar visitas às mães, mantendo assim, ainda que precariamente, os vínculos afetivo-familiares, consiste na sujeição das crianças e seus guardiões à prática da revista íntima vexatória.

Em 2015, o Ministério da Justiça e o IPEA promoveram uma pesquisa sobre a maternidade na prisão em seis Estados da Federação.[14] A realidade que descrevem é, em geral, de indiferença estatal para com a maternidade no cárcere. Especificamente no Estado de São Paulo, chama a atenção o fato de que a Secretaria de Administração Penitenciária não autorizou o ingresso das pesquisadoras nas novas unidades que seriam "projetadas especialmente para atendimento das necessidades das mulheres" e,[15] mesmo em unidades cuja visita foi autorizada, como no Centro Hospitalar do Sistema Penitenciário, a pesquisa foi severamente restringida, o que levou as pesquisadoras a indagar: "se nós, professoras universitárias (com o aval do Ministério da Justiça e autorização do Secretário de Administração Penitenciária) estávamos recebendo aquele tratamento por parte do pessoal penitenciário, imagina as pessoas presas e suas famílias?"[16]

Constatou-se ainda a precariedade do acesso à Justiça das mulheres presas, separação precoce de mães e filhos, internação das crianças mesmo quando há família extensa disponível, concluindo-se que:

> Uma das saídas desse (falso) paradoxo, entre institucionalizar a criança ou separá-la da mãe, seria a prisão domiciliar, essa opção choca com a cultura do encarceramento e a priorização do 'combate ao crime' presente nos discursos e práticas do sistema de justiça. O aumento do encarceramento feminino, e logo do número de gestantes, puérperas e mães encarceradas demonstra que o sistema de justiça criminal vem ignorando recomendações de organizações internacionais contra o uso de prisão para essas mulheres.
>
> Concluímos que uma melhor possibilidade de exercício de maternidade ocorrerá sempre fora da prisão e, se a legislação for cumprida, tanto em relação à excepcionalidade da prisão preventiva como no tangente à aplicação da prisão domiciliar, grande parte dos problemas que afetam a mulher no ambiente prisional estarão resolvidos.[17]

Recentemente, o Conselho Nacional de Justiça (CNJ) noticiou em seu sítio eletrônico na Internet dados sobre a "Saúde materno-infantil nas prisões", que corroboram os dramáticos relatos citados:

> A vulnerabilidade social do grupo das mulheres presas, especialmente as mães que tiveram filhos na cadeia, também foi constatada pelo fato de 30% delas chefiarem suas famílias – 23% delas tinham famílias chefiadas pelas próprias mães. Praticamente metade delas

---

[14] *Dar a luz na sombra:* condições atuais e possibilidades futuras para o exercício da maternidade por mulheres em situação de prisão. Brasília: Ministério da Justiça, Secretaria de Assuntos Legislativos, IPEA, 2015.
[15] *Idem*, p. 64.
[16] *Idem*, p. 66.
[17] *Idem, loc. cit.*

(48%) não tinha concluído o ensino fundamental, ou seja, uma em cada duas mulheres presas entrevistadas estudou sete anos ou menos.

De acordo com os resultados do estudo, a vulnerabilidade social delas foi agravada durante a experiência da parição. Embora a maioria delas (60%) tenha sido atendida em até meia hora após o início do trabalho de parto, apenas 10% das famílias das presas foram avisadas. Uma em cada três mulheres foi levada ao hospital em viatura policial. A estadia na maternidade também foi problemática, uma vez que 36% das mulheres ouvidas relataram que foram algemadas em algum momento da internação. Maus-tratos ou violência – verbal e psicológica – foram praticados por profissionais da saúde em 16% dos casos e por agentes penitenciários em 14% dos relatos.

Sete mulheres das 241 ouvidas (8% do total) alegaram ter sido algemadas enquanto davam à luz. Apenas 3% das mulheres entrevistadas tinham acompanhantes na sala de operação e as visitas pós-nascimento foram autorizadas em somente 11% dos casos. De acordo com os relatos colhidos durante a pesquisa, a intimidade das mulheres parturientes foi respeitada por 10,5% dos profissionais de saúde e por 11,3% dos agentes prisionais.

Para analisar a experiência pré-parto e o atendimento prestado às gestantes, foi considerada recomendação do Ministério da Saúde, segundo a qual o pré-natal adequado tem de ser iniciado antes da 16ª semana da gestação. A distribuição das consultas é trimestral: uma no primeiro trimestre, duas no segundo e três, no terceiro. **Apenas 32% das mulheres ouvidas tiveram um atendimento pré-natal adequado.**[18] (grifei)

As narrativas acima evidenciam que há um descumprimento sistemático de regras constitucionais, convencionais e legais referentes aos direitos das presas e de seus filhos. Por isso, não restam dúvidas de que cabia "ao Tribunal exercer função típica de racionalizar a concretização da ordem jurídico-penal de modo a minimizar o quadro" de violações a direitos humanos que vem se evidenciando, na linha do que já se decidiu na ADPF nº 347, bem assim em respeito aos compromissos assumidos pelo Brasil no plano global relativos à proteção dos direitos humanos e às recomendações que foram feitas ao país.

A atuação do Tribunal, nesse ponto, mostra-se plenamente condizente com os textos normativos que integram o patrimônio mundial de salvaguarda dos indivíduos colocados sob a custódia do Estado, tais como a *Declaração Universal dos Direitos Humanos, o Pacto Internacional de Direitos Civis e Políticos, a Convenção Americana de Direitos Humanos, os Princípios e Boas Práticas para a Proteção de Pessoas Privadas de Liberdade nas Américas, a Convenção das Nações Unidas contra Tortura e Outros Tratamentos ou Penas Cruéis, Desumanos ou Degradantes e as Regras Mínimas para o Tratamento de Prisioneiros (Regras de Mandela).*

Essa posição é consentânea, ainda, com o entendimento do Supremo Tribunal Federal em temas correlatos, como o revelado na Repercussão Geral de nº 423, por meio do julgamento do RE nº 641.320/RS, de relatoria do Ministro Gilmar Mendes, no qual o Plenário desta Casa assentou que a falta de estabelecimento penal adequado não autoriza a manutenção do condenado em regime prisional mais gravoso. A tese ficou assim redigida:

---

[18] Disponível em: <http://www.cnj.jus.br/index.php?option=com_ content&view=article&id=85402:jovem-negra-e-mae-solteira-a-dramatica-situacao-de-quem-da-a-luz-na-prisao&catid=813: cnj&Itemid=4640>. Acesso em: 12 nov. 2017.

I – A falta de estabelecimento penal adequado não autoriza a manutenção do condenado em regime prisional mais gravoso;

II – Os juízes da execução penal poderão avaliar os estabelecimentos destinados aos regimes semiaberto e aberto, para qualificação como adequados a tais regimes. São aceitáveis estabelecimentos que não se qualifiquem como 'colônia agrícola, industrial' (regime semiaberto) ou 'casa de albergado ou estabelecimento adequado' (regime aberto) (art. 33, §1º, alíneas 'b' e 'c');

III – Havendo déficit de vagas, deverá determinar-se:

(i) a saída antecipada de sentenciado no regime com falta de vagas;

(ii) a liberdade eletronicamente monitorada ao sentenciado que sai antecipadamente ou é posto em prisão domiciliar por falta de vagas;

(iii) o cumprimento de penas restritivas de direito e/ou estudo ao sentenciado que progride ao regime aberto.

Até que sejam estruturadas as medidas alternativas propostas, poderá ser deferida a prisão domiciliar ao sentenciado.

Existem, mais, as *Regras das Nações Unidas para o Tratamento de Mulheres Presas e Medidas não Privativas de Liberdade para Mulheres Infratoras*, também conhecidas como *Regras de Bangkok*, que, durante minha gestão como Presidente do Conselho Nacional de Justiça, fiz questão de ver traduzidas e publicadas na Série "Tratados Internacionais de Direitos Humanos", com o intuito de promover maior vinculação à pauta de combate à desigualdade e violência de gênero.[19]

Na apresentação das referidas Regras, tive a oportunidade de afirmar que:

Historicamente, a ótica masculina tem sido tomada como regra para o contexto prisional, com prevalência de serviços e políticas penais direcionados para homens, deixando em segundo plano as diversidades que compreendem a realidade prisional feminina, que se relacionam com sua raça e etnia, idade, deficiência, orientação sexual, identidade de gênero, nacionalidade, situação de gestação e maternidade, entre tantas outras nuanças. Há grande deficiência de dados e indicadores sobre o perfil de mulheres em privação de liberdade nos bancos de dados oficiais governamentais, o que contribui para a invisibilidade das necessidades dessas pessoas.

O principal marco normativo internacional a abordar essa problemática são as chamadas Regras de Bangkok – Regras das Nações Unidas para o tratamento de mulheres presas e medidas não privativas de liberdade para mulheres infratoras. Essas Regras propõem olhar diferenciado para as especificidades de gênero no encarceramento feminino, tanto no campo da execução penal, como também na priorização de medidas não privativas de liberdade, ou seja, que evitem a entrada de mulheres no sistema carcerário.

Apesar de o Governo Brasileiro ter participado ativamente das negociações para a elaboração das Regras de Bangkok e a sua aprovação na Assembleia Geral das Nações Unidas, até o momento elas não foram plasmadas em políticas públicas consistentes, em nosso país, sinalizando, ainda, o quanto carece de fomento a implementação e a internalização eficaz pelo Brasil das normas de direito internacional dos direitos humanos.

E cumprir esta regra é um compromisso internacional assumido pelo Brasil.

---

[19] *Regras de Bangkok*: regras das Nações Unidas para o tratamento de mulheres presas e medidas não privativas de liberdade para mulheres infratoras. Brasília: Conselho Nacional de Justiça/Departamento de Monitoramento e Fiscalização do Sistema Carcerário e do Sistema de Execução de Medidas Socioeducativas, 2016.

Embora se reconheça a necessidade de impulsionar a criação de políticas públicas de alternativas à aplicação de penas de prisão às mulheres, é estratégico abordar o problema primeiramente sob o viés da redução do encarceramento feminino provisório. De acordo com as Regras de Bangkok, deve ser priorizada solução judicial que facilite a utilização de alternativas penais ao encarceramento, principalmente para as hipóteses em que ainda não haja decisão condenatória transitada em julgado.

Algumas regras específicas merecem especial destaque, por exemplo:

6.23.1. Nos estabelecimentos penitenciários para mulheres devem existir instalações especiais para o tratamento das reclusas grávidas, das que tenham acabado de dar à luz e das convalescentes. Desde que seja possível, devem ser tomadas medidas para que o parto tenha lugar num hospital civil. Se a criança nascer num estabelecimento penitenciário, tal fato não deve constar do respectivo registro de nascimento.
6.23.2. Quando for permitido às mães reclusas conservar os filhos consigo, devem ser tomadas medidas para organizar um berçário dotado de pessoal qualificado, onde as crianças possam permanecer quando não estejam ao cuidado das mães.
6.b.10. Serão oferecidos às presas serviços de atendimento médico voltados especificamente para mulheres, no mínimo equivalentes àqueles disponíveis na comunidade.
7.c.24. Instrumentos de contenção jamais deverão ser usados em mulheres em trabalho de parto, durante o parto e nem no período imediatamente posterior.
56. As autoridades competentes reconhecerão o risco específico de abuso que enfrentam as mulheres em prisão cautelar e adotarão medidas adequadas, de caráter normativo e prático, para garantir sua segurança nessa situação.
57. As provisões das Regras de Tóquio deverão orientar o desenvolvimento e a implementação de respostas adequadas às mulheres infratoras. Deverão ser desenvolvidas, dentro do sistema jurídico do Estado membro, opções específicas para mulheres de medidas despenalizadoras e alternativas à prisão e à prisão cautelar, considerando o histórico de vitimização de diversas mulheres infratoras e suas responsabilidades de cuidado.
58. Considerando as provisões da regra 2.3 das Regras de Tóquio, mulheres infratoras não deverão ser separadas de suas famílias e comunidades sem que se considere devidamente a sua história e laços familiares. Formas alternativas de lidar com mulheres infratoras, tais como medidas despenalizadoras e alternativas à prisão, inclusive à prisão cautelar, deverão ser empregadas sempre que apropriado e possível.
59. Em geral, serão utilizadas medidas protetivas não privativas de liberdade, como albergues administrados por órgãos independentes, organizações não governamentais ou outros serviços comunitários, para assegurar proteção às mulheres que necessitem. Serão aplicadas medidas temporárias de privação da liberdade para proteger uma mulher unicamente quando seja necessário e expressamente solicitado pela mulher interessada, sempre sob controle judicial ou de outras autoridades competentes. Tais medidas de proteção não deverão persistir contra a vontade da mulher interessada.

A jurisprudência da Suprema Corte tem sido firme na observância do amplo cabedal normativo ora citado, como pode ser visto nos HCs nºs 147.322-MC/SP, 142.279/CE, 130.152-MC/SP, todos de relatoria do Ministro Gilmar Mendes; 134.979/DF, 134.130/DF, 133.179/DF e 129.001/SP, de relatoria do Ministro Roberto Barroso; 133.532/DF, de relatoria do Ministro Marco Aurélio; e 134.734-MC/SP, de relatoria do Ministro Celso de Mello, entre muitos outros.

Os cuidados que devem ser dispensados à mulher presa direcionam-se também aos seus filhos, que sofrem injustamente as consequências da prisão da mãe, em flagrante contrariedade ao art. 227 da Constituição, que estabelece a prioridade absoluta na consecução dos direitos destes:

> Art. 227. É dever da família, da sociedade e do Estado assegurar à criança, ao adolescente e ao jovem, com absoluta prioridade, o direito à vida, à saúde, à alimentação, à educação, ao lazer, à profissionalização, à cultura, à dignidade, ao respeito, à liberdade e à convivência familiar e comunitária, além de colocá-los a salvo de toda forma de negligência, discriminação, exploração, violência, crueldade e opressão.

Aqui, não é demais relembrar, por oportuno, que o nosso Texto Magno estabelece, taxativamente, em seu art. 5º, XLV, que "nenhuma pena passará da pessoa do condenado", sendo escusado anotar que, no caso das mulheres presas, a privação de liberdade e suas nefastas consequências estão sendo estendidas às crianças que portam no ventre e àquelas que geraram.

São evidentes e óbvios os impactos perniciosos da prisão da mulher, e da posterior separação de seus filhos, no bem-estar físico e psíquico das crianças. Recentemente, a revista Época publicou reportagem sobre o tema, que bem ilustra o tipo de dano a que estão sujeitas as crianças:

> O estrondo do portão de ferro que se fecha marca o fim de mais um dia. Na cela, com não mais de 10 metros quadrados, apertam-se objetos cobertos por mantas, uma cama protegida por um mosquiteiro e um guarda-roupa aberto com roupas de bebê dobradas. Adesivos infantis decoram a parede e mantas em tons pastel ocultam as grades de ferro. Ali, na ala da amamentação na Penitenciária Feminina de Pirajuí, em São Paulo, dormem Rebeca, de 7 meses, e sua mãe, Jaquelina Marques, de 23 anos. *A menina só vê o mundo exterior – árvores, carros, cachorros, homens – ao ser levada para consultas pediátricas.* Normalmente, passa o tempo todo com a mãe, ocupante temporária de uma das 12 celas no pavilhão.
> [...]
> Os sintomas da separação se manifestaram nas crianças. Midiã, quando saiu da cadeia com poucos meses, não aceitava mais ser amamentada. *O irmão dela, Adryan, estava aprendendo a falar quando a mãe foi presa pela segunda vez. Simplesmente parou no meio do caminho. Com 3 anos, ele se expressa mais com acenos de cabeça do que com palavras.*
> Na primeira visita à mãe, colocou o braço no rosto para tapar os olhos – e nada o fez mudar de ideia. 'Não me deu um abraço. Fui tentar pegar e ele bateu em mim. Não quis ficar comigo de jeito nenhum', diz Jaquelina. Agora em regime semiaberto, ela visita a família no interior, a cerca de duas horas de Pirajuí, durante a 'saidinha' nos feriados. Aos poucos, reaproximou-se dos filhos. Em uma dessas saídas, ao terminar a visita à família, despediu-se do filho. O menino correu atrás dela – queria ir junto. 'Ele ficou chorando tanto que deu dó. Fiquei com a cabeça atordoada de deixar ele daquele jeito', diz.
> [...]
> Em 30 de novembro, o Seminário Nacional sobre Crianças e Adolescentes com Familiares Encarcerados inaugurou uma articulação nacional, a fim de promover apoio a esse grupo. A articulação, que reúne ONGs, associações, movimentos e redes, fez contato com 200 crianças e adolescentes nessa situação. Apenas 36 aceitaram participar. *Detectou-se um quadro previsível e trágico. A prisão de familiares (geralmente mãe ou pai) acarreta fragilidade econômica e social. As crianças muitas vezes precisam assumir tarefas domésticas e ganhar dinheiro. Seis apresentaram depressão.* (grifei)[20]

---

[20] Presos ao nascer, *Época*, 18 de dezembro de 2017.

Em sua manifestação como *amicus curiae*, o Instituto Alana, cujo ingresso nessa condição foi admitido, apontou as incontáveis violações a que estão sujeitas as crianças que nascem no cárcere, a demonstrar que as violações a seus direitos começam antes mesmo do nascimento:

> É fundamental ter em mente que o período gestacional e o momento do nascimento refletem no desenvolvimento infantil: 'O embrião ou feto reage não só às condições físicas da mãe, aos seus movimentos psíquicos e emocionais, como também aos estímulos do ambiente externo que a afetam. O cuidado com o bem-estar emocional da mãe repercute no ser que ela está gestando. [...] Quando a mulher grávida recebe apoio emocional e material do parceiro e de outros que lhe são próximos durante todo o processo, seus sentimentos de bem-estar comunicam-se ao embrião e ao feto, favorecendo o desenvolvimento saudável do bebê' (SANTOS, Marcos Davi dos et al. *Formação em pré-natal, puerpério e amamentação: práticas ampliadas*. São Paulo: Fundação Maria Cecilia Souto Vidigal, 2014, p. 19).
>
> Assim, é importante considerar a relevância da atenção pré-natal e do cuidado com o parto, para além do acompanhamento pediátrico, e entender que violações aos direitos da mulher gestante, parturiente e mãe violam também os direitos de crianças. É preciso destacar também que, nos casos de separação entre a criança e a mãe, há impactos na saúde decorrentes desse rompimento, os quais se agravam em casos de institucionalização [...] Um dos principais fatores responsáveis por esse dano é o estresse tóxico, fruto de situações que envolvem um sofrimento grave, frequente, ou prolongado, no qual a crianças não têm o apoio adequado da mãe, pai ou cuidadores. No caso de crianças com mães encarceradas, o estresse tóxico decorre do ambiente prisional, que não é capaz de acolher a criança, e da situação precária que a mulher encarcerada vivencia. Também nos casos de separação da mãe e consequente institucionalização, o rompimento do vínculo gera estresse à criança.

Professores da Universidade de Harvard demonstraram que a privação, na infância, de suporte psicológico e das experiências comuns às pessoas produz danos ao desenvolvimento da criança.[21]

Conforme explicam, existe uma "experiência compartilhada" pela qual todos os seres humanos devem passar. E tal experiência é de suma importância para o desenvolvimento sensorial e emocional. Sem ela, os órgãos, assim como o sistema nervoso, podem, sobretudo em épocas críticas do desenvolvimento infantil, sofrer danos permanentes. A consistência do afeto que recebem é da máxima relevância para a formação de pessoas saudáveis e capazes de estabelecer relações sociais profundas.

Trazendo tais reflexões para o caso concreto, não restam dúvidas de que a segregação, seja nos presídios, seja em entidades de acolhimento institucional, terá grande probabilidade de causar dano irreversível e permanente às crianças filhas de mães presas.

Nos cárceres, habitualmente estão limitadas em suas experiências de vida, confinadas que estão à situação prisional. Nos abrigos, sofrerão com a inconsistência do afeto, que, numa entidade de acolhimento, normalmente, restringe-se ao atendimento das necessidades físicas imediatas das crianças.

Finalmente, a entrega abrupta delas à família extensa, como regra, em seus primeiros meses de vida, retirando-as subitamente da mãe, que até então foi uma de suas únicas referências afetivas, é igualmente traumática. Ademais, priva-as do aleitamento materno numa fase em que este é enfaticamente recomendado pelos especialistas.

---

[21] NELSON, Charles A., FOX, Nathan A. e ZEANAH, Charles H. *Romania's Abandoned Children: Deprivation, Brain Development, and the Struggle for Recovery*. Cambridge: Harvard University Press, 2014.

Por tudo isso, é certo que o Estado brasileiro vem falhando enormemente no tocante às determinações constitucionais que dizem respeito à prioridade absoluta dos direitos das crianças, prejudicando, assim, seu desenvolvimento pleno, sob todos os aspectos, sejam eles físicos ou psicológicos.

Pesquisas empíricas realizadas no Brasil vêm corroborando o que se consignou acima. Uma delas, realizada na casa de acolhimento *Nova Semente*, extensão do complexo Penitenciário situado na cidade de Salvador – BA, revelou que "com relação ao desenvolvimento infantil e seus aspectos cognitivo, motor, afetivo e social, todas as crianças apresentavam seu desenvolvimento comprometido, o que foi revelado no atraso em desenvolver a leitura, contagem de numerais, identificação de cores, além do atraso social".[22]

As privações narradas, além das inaceitáveis consequências pessoais que provocam, prejudicam a sociedade como um todo. Não se ignora, aliás, que, para desenvolver-se plenamente, é preciso, antes de tudo, priorizar o bem-estar de suas crianças. Neste sentido, James Heckman, prêmio Nobel de Economia, ressalta que os menores que nascem em ambientes desvantajosos apresentam maiores riscos de não se desenvolverem adequadamente, além de enfrentarem mais problemas do que outras pessoas ao longo das respectivas vidas, sendo grande a possibilidade de virem a cometer crimes.[23] Para ele, as principais habilidades cognitivas e socioemocionais dependem do ambiente que encontram na primeira infância.

Essa é a razão pela qual, acrescenta, políticas públicas voltadas à correção precoce desses problemas podem redundar em melhores oportunidades para as pessoas e no incremento de sua qualidade de vida. Disso resultará, finaliza, uma economia mais robusta e uma sociedade mais saudável.

Em suma, quer sob o ponto de vista da proteção dos direitos humanos, quer sob uma ótica estritamente utilitarista, nada justificava manter a situação prevalecente de privação a que estavam sujeitas as mulheres presas e suas crianças, as quais, convém ressaltar, não haviam perdido a cidadania, em razão da deplorável situação em que se encontravam.

É importante sublinhar, também, que o legislador tem se revelado sensível a essa triste realidade. Não por acaso, recentemente foi editado o Estatuto da Primeira Infância (Lei nº 13.257/2016), que modificou alguns aspectos do Estatuto da Criança e do Adolescente, o qual trazia implicações da maior relevância para o julgamento do *writ*. A redação atual dos dispositivos que interessam é a seguinte:

> Art. 7º A criança e o adolescente têm direito a proteção à vida e à saúde, mediante a efetivação de políticas sociais públicas que permitam o nascimento e o desenvolvimento sadio e harmonioso, em condições dignas de existência.
> Art. 8º É assegurado a todas as mulheres o acesso aos programas e às políticas de saúde da mulher e de planejamento reprodutivo e, às gestantes, nutrição adequada, atenção humanizada à gravidez, ao parto e ao puerpério e atendimento pré-natal, perinatal e pós-natal integral no âmbito do Sistema Único de Saúde.
> §1º O atendimento pré-natal será realizado por profissionais da atenção primária.

---

[22] SANTOS, Denise *et al. Crescimento e desenvolvimento de crianças na casa de acolhimento no contexto prisional.* 6º Congresso Ibero-Americano de Pesquisa Qualitativa em Saúde.
[23] HECKMAN, J. *Giving kids a fair chance.* Cambridge: MIT Press, 2013.

§2º Os profissionais de saúde de referência da gestante garantirão sua vinculação, no último trimestre da gestação, ao estabelecimento em que será realizado o parto, garantido o direito de opção da mulher.

§3º Os serviços de saúde onde o parto for realizado assegurarão às mulheres e aos seus filhos recém-nascidos alta hospitalar responsável e contrarreferência na atenção primária, bem como o acesso a outros serviços e a grupos de apoio à amamentação.

§4º Incumbe ao poder público proporcionar assistência psicológica à gestante e à mãe, no período pré e pós-natal, inclusive como forma de prevenir ou minorar as consequências do estado puerperal.

§5º A assistência referida no §4º deste artigo deverá ser prestada também a gestantes e mães que manifestem interesse em entregar seus filhos para adoção, bem como a gestantes e mães que se encontrem em situação de privação de liberdade.

§6º A gestante e a parturiente têm direito a 1 (um) acompanhante de sua preferência durante o período do pré-natal, do trabalho de parto e do pós-parto imediato.

§7º A gestante deverá receber orientação sobre aleitamento materno, alimentação complementar saudável e crescimento e desenvolvimento infantil, bem como sobre formas de favorecer a criação de vínculos afetivos e de estimular o desenvolvimento integral da criança.

§8º A gestante tem direito a acompanhamento saudável durante toda a gestação e a parto natural cuidadoso, estabelecendo-se a aplicação de cesariana e outras intervenções cirúrgicas por motivos médicos.

§9º A atenção primária à saúde fará a busca ativa da gestante que não iniciar ou que abandonar as consultas de pré-natal, bem como da puérpera que não comparecer às consultas pós-parto.

§10º Incumbe ao poder público garantir, à gestante e à mulher com filho na primeira infância que se encontrem sob custódia em unidade de privação de liberdade, ambiência que atenda às normas sanitárias e assistenciais do Sistema Único de Saúde para o acolhimento do filho, em articulação com o sistema de ensino competente, visando ao desenvolvimento integral da criança.

Art. 9º O poder público, as instituições e os empregadores propiciarão condições adequadas ao aleitamento materno, inclusive aos filhos de mães submetidas a medida privativa de liberdade.

§1º Os profissionais das unidades primárias de saúde desenvolverão ações sistemáticas, individuais ou coletivas, visando ao planejamento, à implementação e à avaliação de ações de promoção, proteção e apoio ao aleitamento materno e à alimentação complementar saudável, de forma contínua.

§2º Os serviços de unidades de terapia intensiva neonatal deverão dispor de banco de leite humano ou unidade de coleta de leite humano.

O Estatuto da Primeira Infância regulou, igualmente, no âmbito da legislação interna, aspectos práticos relacionados à prisão preventiva da gestante e da mãe encarcerada, ao modificar o art. 318 do Código de Processo Penal, que assim ficou redigido:

Art. 318. Poderá o juiz substituir a prisão preventiva pela domiciliar quando o agente for: [...]
IV – gestante;
V – mulher com filho de até 12 (doze) anos de idade incompletos [...].

Diante desse teor normativo, era de perguntar-se: quais deveriam ser os parâmetros para a substituição de que trata a lei?

A resposta, segundo as autoras e as *amici curiae*, estava em que o "poderá", constante do *caput* do artigo deveria ser lido como "deverá", para evitar que a discricionariedade do magistrado seja, na prática, usada de forma a reforçar a cultura do encarceramento.

Já para a Procuradoria-Geral da República, a resposta haveria de ser formulada caso a caso, sempre à luz da particularidade do feito em análise. Essa abordagem, contudo, parece ignorar as falhas estruturais de acesso à Justiça que existem no país.

Em face dessas conclusões díspares, e para evitar tanto a arbitrariedade judicial quanto a sistemática supressão de direitos, típica de sistemas jurídicos que não dispõem de soluções coletivas para problemas estruturais, a melhor saída no feito submetido ao exame do STF consistia em conceder a ordem, estabelecendo parâmetros que deveriam ser observados, sem maiores dificuldades, pelos juízes, quando se depararem com a possibilidade de substituir a prisão preventiva pela domiciliar.

6 Concessão da ordem e outras determinações

A Segunda Turma do Supremo Tribunal Federal, como se sabe, concedeu a ordem, por maioria de votos (vencido o Ministro Edson Fachin, que entendeu que o *habeas corpus* somente poderia ser deferido mediante o exame de cada caso em particular), determinando a substituição da prisão preventiva pela domiciliar – sem prejuízo da aplicação concomitante das medidas alternativas previstas no art. 319 do CPP – de todas as mulheres presas, gestantes, puérperas ou mães de crianças e deficientes, nos termos do art. 2º do ECA e da Convenção sobre Direitos das Pessoas com Deficiências (Decreto Legislativo nº 186/2008 e Lei nº 13.146/2015), relacionadas no processo pelo DEPEN e por outras autoridades estaduais, enquanto perdurasse tal condição, excetuados os casos de crimes praticados por elas mediante violência ou grave ameaça, contra seus descendentes ou, ainda, em situações excepcionalíssimas, as quais deveriam ser devidamente fundamentadas pelos juízes que denegarem o benefício.

Estendeu-se a ordem, de ofício, às demais mulheres presas, gestantes, puérperas ou mães de crianças e de pessoas com deficiência, bem assim às adolescentes sujeitas a medidas socioeducativas em idêntica situação no território nacional, observadas as restrições previstas no parágrafo anterior.

Estabeleceu-se ainda que, quando a detida fosse tecnicamente reincidente, o juiz deveria proceder em atenção às circunstâncias de cada situação concreta, mas sempre tendo por norte os princípios e as regras acima enunciadas, observando, ademais, a diretriz de excepcionalidade da prisão.

Assentou-se, também, que se o juiz entender que a prisão domiciliar mostrar-se inviável ou inadequada em determinadas situações, poderá substituí-la por medidas alternativas arroladas no já mencionado art. 319 do CPP.

Para apurar a situação de guardiã dos filhos da mulher presa, a decisão consignou que se deveria, como regra, dar credibilidade à palavra da mãe. No entanto, facultou ao juiz, sem prejuízo de cumprir, desde logo, a determinação, que requisitasse a elaboração de laudo social para eventual reanálise do benefício. Assentou-se, de resto, que, na hipótese de constatar-se a suspensão ou destituição do poder familiar por outros motivos que não a prisão, a ordem de *habeas corpus* não se aplicaria.

Determinou-se, em adendo, a imediata comunicação da decisão aos Presidentes dos Tribunais estaduais e federais, inclusive da Justiça Militar estadual e federal, para que prestassem informações e, no prazo máximo de 60 dias a contar da publicação do acórdão, implementassem, de modo integral, as determinações estabelecidas no julgamento, à luz dos parâmetros nele enunciados.

E, com vistas a conferir maior agilidade, sem prejuízo da medida determinada acima, ordenou-se, também, que fosse oficiado ao DEPEN para que comunicasse aos estabelecimentos prisionais a decisão, cabendo a estes, independentemente de outra provocação, informar aos respectivos juízos a condição de gestante ou mãe das presas preventivas sob sua custódia.

Ordenou-se, igualmente, a expedição de ofício ao Conselho Nacional de Justiça, para que, no âmbito de atuação do Departamento de Monitoramento e Fiscalização do Sistema Carcerário e do Sistema de Execução de Medidas Socioeducativas, avaliasse o cabimento de intervenção nos termos preconizados no art. 1º, §1º, II, da Lei nº 12.106/2009, sem prejuízo de outras medidas de reinserção social para as beneficiárias dessa decisão.

Autorizou-se o CNJ a atuar, no contexto do Projeto Saúde Prisional, nas esferas competentes para que o protocolo de entrada no ambiente prisional seja precedido de exame apto a verificar a situação de gestante da mulher. Tal diretriz está de acordo com o Eixo 2 do referido programa, que prioriza a saúde das mulheres privadas de liberdade.

Orientou-se, ainda, os juízes responsáveis pela realização das audiências de custódia, bem como aqueles perante os quais se processam ações penais em que há mulheres presas preventivamente, para que procedessem à análise do cabimento da prisão, à luz das diretrizes firmadas no *habeas corpus* coletivo, de ofício.

Esclareceu-se que, embora a provocação por meio de advogado não estivesse vedada, ela seria dispensável para o cumprimento da decisão, pois o que se almejava era, justamente, suprir falhas estruturais de acesso à Justiça da população presa. Afirmou-se que caberia ao Judiciário adotar postura ativa ao dar pleno cumprimento a esta ordem judicial.

Asseverou, finalmente, que, nas hipóteses de descumprimento da decisão, a ferramenta a ser utilizada seria o recurso, e não a reclamação, como explicitado na ADPF nº 347.

7 Considerações finais

Vale ressaltar, por derradeiro, que a decisão pioneira da Segunda Turma do Supremo Tribunal Federal, apesar de suscetível de críticas e passível de aperfeiçoamentos técnicos, representou inegavelmente um extraordinário avanço no tocante à defesa dos direitos fundamentais, com destaque para a liberdade de ir e vir de um grupo de pessoas claramente carente, ao incluir no arsenal de instrumentos, os quais poderão ser manejados para esse fim, o *habeas corpus* coletivo, sobretudo no mundo contemporâneo, em que as lesões massivas a tais direitos vêm crescendo em escala exponencial.

Informação bibliográfica deste texto, conforme a NBR 6023:2002 da Associação Brasileira de Normas Técnicas (ABNT):

LEWANDOWSKI, Ricardo. O *habeas corpus* coletivo. In: ARABI, Abhner Youssif Mota; MALUF, Fernando; MACHADO NETO, Marcello Lavenère (Coord.). *Constituição da República 30 anos depois*: uma análise prática da eficiência dos direitos fundamentais. Estudos em homenagem ao Ministro Luiz Fux. Belo Horizonte: Fórum, 2019. p. 51-75. ISBN 978-85-450-0598-8.

ACESSO À JUSTIÇA NA CONSTITUIÇÃO DE 1988 E MÉTODOS ADEQUADOS DE RESOLUÇÃO DE CONFLITOS NO BRASIL

JOSÉ ANTONIO DIAS TOFFOLI

1 Introdução

O aniversário de 30 anos da Constituição de 1988 é momento propício para se avaliar o grau de concretização desse diploma fundador, o qual simboliza, mais do que um rompimento com a ordem normativa anterior, um compromisso com a instauração de um novo país, mais democrático, livre, justo, solidário e igualitário.

Nesse contexto, trago à reflexão o tema do acesso à justiça como via de efetivação de direitos constitucionalmente assegurados e, por conseguinte, do projeto de sociedade instituído na Carta de 1988.

A Constituição de 1988 elevou a inafastabilidade da jurisdição à categoria de direito fundamental, conforme previsão do art. 5º, inciso XXXV. O preceito contém um comando aos Poderes Públicos para que proporcionem ao cidadão lesado ou ameaçado em seus direitos as condições para que seu pleito seja efetivamente analisado pelo Poder Judiciário.

Tendo em vista os desafios atuais à instauração de um processo judicial efetivo e célere no Brasil, o presente texto propugna uma interpretação alargada da aludida garantia constitucional, de modo que se entenda como direito de todos não somente o acesso ao Poder Judiciário, mas também a obtenção de soluções adequadas para os conflitos, tendo em vista o alcance da efetiva pacificação social.

Deve-se assegurar o acesso à justiça sem descurar de que a Justiça incorpore e valorize formas de solução das demandas que permitam maior aproximação das partes e melhor equacionamento dos conflitos. O processo será tão mais efetivo quanto mais pacificadora for a solução por ele encontrada.

Conforme bem elucidou Kazuo Watanabe, numa sociedade tão complexa como a brasileira, na qual os conflitos se multiplicam, assumindo as mais diversas formas e tônicas, é preciso que haja meios adequados para a resolução das diferentes espécies de contendas, o que compreende não só o processo judicial contencioso – muitas vezes inapto a alcançar a efetiva pacificação –, mas soluções extrajudiciais que privilegiem a autocomposição.

Por tais razões, por ocasião desse novo decênio da Constituição de 1988, me proponho a realizar uma crítica construtiva a respeito do grau de efetividade do processo judicial contencioso como via de resolução de conflitos no Brasil, para, em seguida, traçar um panorama do desenvolvimento dos sistemas alternativos de resolução de conflitos e de sua importância, em especial, a partir dos recentes regramentos normativos acerca do tema.

2 O acesso à Justiça na Constituição de 1988

Tendo sido aprovada sob os influxos dos mais diversos pleitos sociais, a Constituição de 1988 contém um rol significativamente alargado de direitos, que abrange, além dos tradicionais direitos individuais e sociais, os direitos supraindividuais (coletivos). Seu texto consegue alcançar, em maior ou menor medida, todos os setores da vida social. Ao assim dispor, a Carta de 1988 também disponibiliza ao cidadão os meios para fazer valer esses direitos.

Dentre as ferramentas previstas para garantir a efetividade dos direitos individuais, sociais e coletivos, destaca-se a previsão do art. 5º, inciso XXXV, segundo a qual a "lei não excluirá da apreciação do Poder Judiciário lesão ou ameaça a direito". Trata-se do princípio da inafastabilidade da jurisdição, que corresponde, em nossa ordem jurídico-constitucional, à "principal garantia dos direitos subjetivos", como pontua José Afonso da Silva.[1] O aludido princípio foi primeiramente previsto no ordenamento constitucional pátrio na Constituição de 1946 – que determinava que "a lei não poderá excluir da apreciação do Poder Judiciário qualquer lesão de direito individual" (art. 141, §4º) –, tendo sido mantido na Constituição de 1967 e na Emenda Constitucional de 1969.[2]

A Constituição de 1988 manteve a referida garantia, elevando-a, no entanto, topograficamente, ao patamar de direito fundamental. Seu escopo também foi textualmente ampliado, passando a abranger não apenas a lesão, mas também a ameaça de lesão a direito. Ou seja, o acesso ao Poder Judiciário pode ocorrer antes mesmo da concretização do agravo.

Ademais, o texto constitucional atual não se refere mais a "direito individual", passando a falar tão somente em lesão ou ameaça a "direito", restando incluído no âmbito de proteção da norma também os direitos sociais e coletivos.[3]

Ao mesmo tempo que ampliou a moldura normativa do princípio da inafastabilidade da jurisdição, a Constituição de 1988 instituiu meios para efetivá-lo. A ampla proclamação de direitos foi acompanhada da criação de instrumentos que fizessem valer judicialmente essas intenções positivas, conferindo-se ao Judiciário papel fundamental na consolidação desse novel Estado Democrático e na salvaguarda dos direitos e garantias fundamentais dos indivíduos e da coletividade.

---

[1] SILVA, José Afonso da. *Curso de Direito Constitucional*. 39. ed. São Paulo: Malheiros, 2016, p. 433.
[2] ZANFERDINI, Flávia de Almeida Montingelli. Desjudicializar conflitos: uma necessária releitura do acesso à justiça, *Revista NEJ* – Eletrônica, v. 17, n. 2, p. 237-253, maio/ago. 2012.
[3] SILVA, José Afonso da. *Curso de Direito Constitucional*. 39. ed. São Paulo: Malheiros, 2016. p. 434.

A Constituição, no entanto, não apostou apenas no Poder Judiciário. Sabiamente, foram fortalecidas as Funções Essenciais à Justiça, com a previsão de um Ministério Público com poderes extraordinários, como não há em lugar nenhum do mundo, a criação da Advocacia-Geral da União e das Defensorias Públicas e a atribuição de dignidade constitucional à advocacia privada.

Com efeito, o constituinte fixou, como direito fundamental, o dever de o Estado prestar assistência jurídica integral e gratuita aos que comprovarem insuficiência de recursos (art. 5º, inciso LXXIV). A par disso, tornou a defensoria pública essencial à função jurisdicional do Estado, atribuindo-lhe a função de orientação jurídica e a defesa, em todos os graus, dos necessitados (art. 134).

Essa instituição se fortaleceu nesses 30 (trinta) anos da Constituição, tendo sido determinante, nesse processo, o reconhecimento de sua autonomia funcional, administrativa e orçamentária pela Emenda Constitucional nº 45/2004. Ressalte-se, ainda, a Emenda Constitucional nº 80/2014, que ampliou, no nível normativo-constitucional, o âmbito de atuação do órgão, para abranger a defesa de direitos supraindividuais.

Vale destacar, ainda, o desenho institucional conferido ao Ministério Público, que também passou a figurar como instituição essencial à atividade jurisdicional do Estado, na qualidade de defensor da ordem jurídica, do regime democrático e dos interesses sociais e individuais indisponíveis. O *parquet*, sobretudo por meio da ação civil pública, atua como principal tutor dos direitos difusos e coletivos – ao lado, agora, da defensoria pública, que atua especificamente na defesa desses direitos quando afetos a interesses dos necessitados.

A Advocacia-Geral da União também foi alçada à categoria de função essencial à Justiça. Como tal, a par de ter a missão de representar a União, judicial e extrajudicialmente, cabendo-lhe, ainda, as atividades de consultoria e assessoramento jurídico do Poder Executivo Federal, a AGU possui papel decisivo na prevenção ou na resolução de lides, inclusive as que se estabelecem entre a União e as demais entidades da Federação brasileira.

Ademais, a Constituição de 1988 coloca à disposição da sociedade brasileira uma variedade de instrumentos processuais destinados à tutela de direitos fundamentais individuais, individuais homogêneos, difusos e coletivos, como o *habeas corpus*, o *habeas data*, o mandado de segurança, o mandado de segurança coletivo, o mandado de injunção, a ação popular, a ação civil pública e as ações de controle concentrado de constitucionalidade.

A partir da Emenda Constitucional nº 45/2004 (Reforma do Poder Judiciário), também resta preconizada, como direito fundamental (art. 5º, inciso LXXVIII), a duração razoável dos processos judiciais e administrativos, mediante o uso de instrumentos que garantam a celeridade de tramitação. Não basta que o cidadão consiga obter uma sentença judicial. A resposta estatal deve vir tempestivamente, sob pena de resultar inócua.

Como fica claro por esse espectro normativo, a Constituição 1988 procura viabilizar o acesso de todos ao Poder Judiciário, para a defesa de direitos de qualquer natureza – individuais, coletivos, difusos ou individuais homogêneos –, fornecendo, para tanto, os meios necessários (ações judiciais e órgãos de representação ou substituição processual em juízo). Ademais, é pungente a preocupação com a efetividade do processo, sendo necessário que a decisão final seja proferida tempestivamente.

Ao fim e ao cabo, o principal escopo desse arcabouço normativo é auxiliar na materialização do projeto instituído em 1988 de construir um país mais democrático, livre, justo, solidário e igualitário, o que torna imperioso refletir acerca dos limites dessa sistemática, para, a partir disso, pensar em soluções para a efetivação da garantia do acesso à justiça.

3 Desafios à efetividade da Justiça no Brasil

Não obstante a Constituição de 1988 tenha colocado à disposição da sociedade vários artefatos que viabilizam que seja levado à análise do Poder Judiciário todo tipo de lesão ou ameaça a direito, a aplicação prática desse arcabouço normativo-constitucional, de forma tal que se atinja seu principal escopo – efetivamente corrigir ou prevenir lesões a direitos –, tem revelado uma série de desafios, que vão desde a dificuldade de se promover verdadeira universalização do acesso ao Poder Judiciário[4] até a de se julgarem os processos judiciais que de fato realizem o direito na vida do cidadão.

No que tange à busca por um processo judicial efetivo, revela-se pertinente a observação de Ada Pellegrini Grinover de que "ao extraordinário progresso científico do direito processual não correspondeu o aperfeiçoamento do aparelho judiciário e da administração da Justiça".[5] De fato, não obstante todos os esforços no sentido de se imprimir maior efetividade e celeridade ao processo judicial – por meio do aperfeiçoamento dos institutos do direito processual, seguido da incorporação dessas soluções na legislação e nas políticas públicas para o Poder Judiciário –, ainda há muito a se avançar.

Ainda temos um Judiciário com sobrecarga de processos judiciais e execuções extremamente morosas, conforme evidenciam os números levantados pelo Conselho Nacional de Justiça na pesquisa "Justiça em Números 2017: ano-base 2016".

No final de 2016, havia 79,7 milhões de processos em tramitação aguardando solução definitiva no Poder Judiciário brasileiro. Não obstante tenha sido observado um índice de atendimento à demanda da ordem de 100,3% – foram iniciados 29,4 milhões de processos, ao passo que cerca de 29,4 milhões foram baixados –, houve crescimento no estoque de processos de 3,6% (incremento de 2,7 milhões). Na série histórica de 2009 a 2016, observou-se um crescimento acumulado de 31,2% (18,9 milhões).[6]

---

[4] Apesar do papel determinante da defensoria pública na universalização do acesso à justiça, o IV Diagnóstico da Defensoria Pública no Brasil, referente ao ano de 2014, revelou que, naquele ano, apenas quatro Estados da Federação tinham defensoria pública instalada em todas as comarcas. No piso da lista, estavam Bahia e Maranhão. Na Bahia, apenas 10% das comarcas figuravam como atendidas pela assistência judiciária gratuita; no Maranhão, esse percentual caia para 5%. Segundo o estudo, em 2014 faltavam defensores públicos em 61% das comarcas brasileiras. Fonte: <https://www.anadep.org.br/wtk/pagina/materia?id=25830>. Acesso em: 26 jun. 2018.

[5] GRINOVER, Ada Pellegrini. Os fundamentos da Justiça conciliativa. *Revista de Arbitragem e Mediação*, Ano 4, n. 14, jul./set. 2007.

[6] O aumento no volume de processos, não obstante o índice de atendimento à demanda da ordem de 100,3%, justifica-se, segundo o relatório do CNJ, nos seguintes aspectos: "Observe-se que podem existir situações em que autos já baixados retornam à tramitação sem figurar como caso novo. São os casos de sentenças anuladas na instância superior, de remessas e retornos de autos entre tribunais em razão de questões relativas à competência ou de devolução dos processos à instância inferior para aguardar julgamento em matéria de recursos repetitivos ou de repercussão geral. Tais fatores ajudam a entender o porquê de, apesar de se verificar um número de processos baixados quase sempre equivalente ao número de casos novos, o estoque de processos no Poder Judiciário (79,7 milhões) continua aumentando desde o ano de 2009, conforme demonstra a Figura 40".

A pesquisa também revela grande desproporção entre o volume anual de processos pendentes de julgamento e o volume de processos que ingressam na Justiça. Na Justiça estadual, o estoque corresponde a 3,2 vezes a demanda, ao passo que, na Justiça Federal, a razão é de 2,6 vezes. No relatório, observa-se que, analisando o Judiciário como um todo, "mesmo que o Poder Judiciário fosse paralisado sem o ingresso de novas demandas e mantida a produtividade dos magistrados e dos servidores, seriam necessários aproximadamente 2 anos e 8 meses de trabalho para zerar o estoque".[7]

De 2009 a 2016, o Poder Judiciário nacional apresentou altas taxas de congestionamento – "percentual de processos que ficaram represados sem solução, comparativamente ao total tramitado no período de um ano"[8] – sempre acima de 70%.

Para receber uma sentença do Poder Judiciário, leva-se, em média, 1 ano e 4 meses, na fase de conhecimento, e 4 anos e 6 meses, na fase de execução.[9] Paradoxalmente, a fase de conhecimento, que envolve atividades de cognição e dilação probatória, é mais célere do que a fase de execução, que visa a concretizar o direito já reconhecido na decisão judicial ou no título extrajudicial.

Para evidenciar ainda mais esse cenário, note-se que, em 1988 – ano da promulgação de nossa Constituição –, o Supremo Tribunal Federal recebeu em torno de 20 mil processos. Em 2017, recebemos 103.650 mil novos processos. No final do ano passado, o estoque era de mais de 41 mil processos.

Esse cenário induz diversas reflexões, dentre as quais destaco a relativa aos meios pelos quais se torna possível realizar a pacificação social, para além da obtenção de uma tutela judicial, o que coloca em pauta a discussão acerca da necessidade de fomento à utilização de mecanismos adequados de resolução de conflitos.

Não se renega a importância da Jurisdição para a garantia da pacificação social. O monopólio jurisdicional é, inegavelmente, uma conquista histórica, mas não se deve atribuir ao método adversarial a condição de rota principal ou única de resolução das lides.

4 Acesso à ordem jurídica justa e mecanismos adequados de resolução de conflitos

O quadro descrito no tópico anterior revela um cenário de intensa judicialização. Diversos fatores parecem contribuir para isso.

Destaco, primeiramente, a grande conflitualidade existente no país, em um contexto de uma sociedade cada vez mais complexa e massificada,[10] que cria uma demanda por justiça muito superior à capacidade de pronta resposta pelo Poder Judiciário atual.

Ademais, o próprio desenho normativo-constitucional instituído em 1988 propicia a referida realidade. Roberto Barroso nota que, "sob a Constituição de 1988, aumentou de maneira significativa a demanda por justiça na sociedade brasileira". Em

---

[7] Justiça em Números 2017 – ano-base 2016, p. 63.
[8] Justiça em Números 2017 – ano-base 2016, p. 78.
[9] Justiça em Números 2017 – ano-base 2016, p. 133.
[10] Nesse sentido: WATANABE, Kazuo. Acesso à justiça e sociedade moderna. In: GRINOVER, Ada Pellegrini; DINAMARCO, Cândido Rangel; WATANABE, Kazuo (Coord.). *Participação e Processo*. São Paulo: Revista dos Tribunais; GRINOVER, Ada Pellegrini. Os fundamentos da Justiça conciliativa. *Revista de Arbitragem e Mediação*. Ano 4, n. 14, jul.-set. 2007; e ZANFERDINI, Flávia de Almeida Montingelli. Desjudicializar conflitos: uma necessária releitura do acesso à justiça, *Revista NEJ* – Eletrônica, v. 17, n. 2, p. 237-253, mai-ago 2012.

primeiro lugar, porque se tem, após 1988, uma sociedade muito mais consciente de seus direitos. Em segundo lugar, porque a nova Carta estabeleceu uma larga lista de direitos, conferindo diversos meios pelos quais se tornou possível o exame, pelo Poder Judiciário, de qualquer espécie de conflito.[11]

Não se nega que a Constituição de 1988 garante a todo e qualquer cidadão a possibilidade de obter um pronunciamento do Poder Judiciário acerca dos conflitos que se desenham na vida cotidiana. Por ordem constitucional, os Poderes Públicos precisam, de fato, propiciar o acesso de todos à proteção judicial.

No entanto, o retrato atual do Poder Judiciário, descrito no tópico anterior – de congestionamento e morosidade –, nos leva a refletir sobre os limites da via judicial contenciosa de resolução de conflitos em face da enorme demanda por justiça existente no país. É necessário superar definitivamente a mentalidade que associa o acesso à justiça à obtenção de uma sentença judicial.[12]

Nesse contexto se insere o debate acerca da necessidade de incentivo à utilização de mecanismos de resolução de conflitos alternativos à instauração de um processo judicial contencioso. Como adverte Roberta Rangel,

> a epidemia de judicialização que avassala o Brasil impõe, não só o debate, mas o estímulo à adoção de métodos extrajudiciais de solução de controvérsias, em nome da paz social. Hoje, se verifica a formação de um consenso sobre a necessidade de não mais colocar o Poder Judiciário como único protagonista da resolução de conflitos.[13]

Sobre esse tema, destaco o protagonismo de Kazuo Watanabe na defesa de uma profunda reforma de mentalidade no que tange ao acesso à Justiça. Segundo o jurista, é preciso incluir, no âmbito desse conceito, outros métodos de resolução de conflitos, tendo-se como fim último o acesso ao que chamou de "ordem jurídica justa".[14]

Esclarecem Juliana Demarchi e Michel Betenjane Romano que o conceito de "ordem jurídica justa" contém, em sua essência, a ideia de *adequação* "da ordem jurídica à realidade econômico-social; dos instrumentos processuais à efetiva tutela de direitos; e da organização das instituições judiciárias e atuação dos operadores do direito à sua realização".[15]

De fato, Kazuo Watanabe assinala que a organização do sistema de justiça deve considerar a realidade socioeconômica do país e as peculiaridades próprias dos diversos

---

[11] BARROSO, Luís Roberto. *O novo direito constitucional brasileira*: contribuições para a construção teórica e prática da jurisdição constitucional no Brasil. Belo Horizonte: Fórum, 2013. p. 227.

[12] WATANABE, Kazuo. Acesso à justiça e sociedade moderna. In: GRINOVER, Ada Pellegrini; DINAMARCO, Cândido Rangel; WATANABE, Kazuo (Coord.). *Participação e Processo*. São Paulo: Revista dos Tribunais; GRINOVER, Ada Pellegrini. *Os fundamentos da Justiça conciliativa*. Revista de Arbitragem e Mediação. Ano 4, n. 14, jul.-set./2007; e ZANFERDINI, Flávia de Almeida Montingelli. *Desjudicializar conflitos: uma necessária releitura do acesso à justiça*, Revista NEJ – Eletrônica, Vol. 17 – n. 2 – p. 237-253 / mai-ago 2012.

[13] RANGEL, Roberta Maria. *As regras da Lei da Mediação (Lei nº 13.140/15) para a Administração Pública*.

[14] WATANABE, Kazuo. Acesso à justiça e sociedade moderna. In: GRINOVER, Ada Pellegrini; DINAMARCO, Cândido Rangel; WATANABE, Kazuo (Coord.). *Participação e Processo*. São Paulo: Revista dos Tribunais, p. 128. Com efeito, o aludido jurista sustenta: "a problemática do acesso à Justiça não pode ser estudada nos acanhados limites do acesso aos órgãos judiciais já existentes. Não se trata apenas de possibilitar o acesso à Justiça enquanto instituição estatal, e sim de viabilizar o acesso à ordem jurídica justa".

[15] DEMARCHI, Juliana; ROMANO, Michel Betenjane. O acesso à ordem jurídica justa: em busca do processo adequado. In: *As grandes transformações do Processo Civil Brasileiro*: homenagem ao Professor Kazuo Watanabe. São Paulo: Quartier Latin, 2009, p. 590.

tipos de conflito. O aludido jurista incentiva-nos a pensar em soluções para os problemas da Justiça brasileira a partir da consciência acerca da realidade de nossas instituições – o que inclui a ciência das suas limitações – e da conflitualidade presente no país.

À vista das diversas formas e tônicas que os conflitos podem assumir numa sociedade tão complexa como a brasileira, nota-se que nem sempre o processo judicial contencioso se revela o meio mais adequado para suas resoluções. Ainda que existam casos para os quais o processo judicial contencioso seja a única via de solução pacífica do litígio, há uma infinidade de outros em que esse mecanismo se mostra inadequado, por não conseguir apreender toda a complexidade envolvida no fenômeno social.

Kazuo Watanabe menciona, por exemplo, que, para os conflitos surgidos em relações jurídicas continuativas – como as de vizinhança, família e locação – a mediação e a conciliação seriam os mecanismos mais recomendáveis, por não somente solucionarem o conflito, mas também trazerem pacificação às relações.[16]

Portanto, o acesso à ordem jurídica justa corresponde, no sentido amplo, ao acesso ao meio mais adequado à solução do conflito.[17]

A Constituição garante o acesso ao Poder Judiciário como meio de efetivação de direitos e, consequentemente, de acesso à cidadania. No entanto, se esses direitos puderem ser (mais bem) efetivados por outros mecanismos, não necessariamente por um processo judicial, estará, de todo modo, satisfeito o escopo do inciso XXXV do art. 5º.

A partir dessa perspectiva, tem-se um conceito amplo de "acesso à justiça", entendido não somente como acesso ao Poder Judiciário, mas também como promoção da pacificação social. Trata-se de visão que, em vez de enfraquecer o aludido conceito, o fortalece. Daí a advertência de Kazuo Watanabe de que o princípio do acesso à justiça previsto no referido preceito constitucional

> não assegura apenas acesso formal aos órgãos judiciários, e sim um acesso qualificado que propicie aos indivíduos o acesso à ordem jurídica justa, no sentido de que cabe a todos que tenham qualquer problema jurídico, não necessariamente um conflito de interesses, uma atenção por parte do Poder Público, em especial do Poder Judiciário.[18]

Portanto, revela-se necessário se desenvolverem mecanismos consensuais de resolução de conflitos e se incentivar sua utilização. Dessa forma, estará sendo amplificada a própria garantia de acesso à Justiça.

O Brasil tem dado passos significativos nessa direção nos últimos anos, dentre os quais, destaco: a (1) Política Judiciária Nacional de tratamento adequado dos conflitos de interesses no âmbito do Poder Judiciário, instituída pelo CNJ, (2) o tratamento do tema no novo Código de Processo Civil e (3) a nova Lei de Mediação.

---

[16] WATANABE, Kazuo. Acesso à justiça e sociedade moderna. In: GRINOVER, Ada Pellegrini; DINAMARCO, Cândido Rangel; WATANABE, Kazuo (Coord.). *Participação e Processo*. São Paulo: Revista dos Tribunais.

[17] DEMARCHI, Juliana; ROMANO, Michel Betenjane. O acesso à ordem jurídica justa: em busca do processo adequado. In: *As grandes transformações do Processo Civil Brasileiro*: homenagem ao Professor Kazuo Watanabe. São Paulo: Quartier Latin, 2009, p. 594.

[18] WATANABE, Kazuo. Política Pública do Poder Judiciário Nacional para tratamento adequado dos conflitos de interesses. Disponível em: <https://api.tjsp.jus.br/Handlers/Handler/FileFetch.ashx?codigo=29045>. Acesso em: 25 mar. 2017.

5 Meios adequados de resolução de conflitos no Brasil: recentes avanços

5.1 Antecedentes

Desde o período colonial, vigoraram no país leis prevendo a solução conciliatória de conflitos.[19] No entanto, somente a partir da década de noventa começou a surgir um movimento de maior estímulo à adoção de métodos alternativos de solução de controvérsias.

Com efeito, inspirado no *Small Claims Courts* de Nova York, em 1995 foi editada a Lei nº 9.099, que criou o sistema de juizados especiais, com ênfase na conciliação.

Em 1996, entrou em vigor a Lei nº 9.307, que regulamentou a arbitragem, a qual, atualmente, constitui parte integrante de nossa cultura jurídica, notadamente nas áreas comercial e societária, embora sua utilização ainda esteja muito aquém de sua utilização pelos norte-americanos, sua fonte de inspiração.

Outras leis processuais se seguiram, especialmente, com o objetivo de estabelecer a prática da conciliação como mecanismo para a obtenção da autocomposição. No entanto, tais esforços não surtiram muito efeito na cultura do litígio imperante no país.

Na prática, a atividade conciliatória era realizada pelo juiz – sem qualquer formação especial nas técnicas de conciliação e mediação – e, muitas vezes, limitava-se à famosa indagação: "Há acordo?". Diante do silêncio das partes, se concluía pela ausência de acordo, dando-se sequência à audiência. Como apontava Kazuo Watanabe, "era imperioso o estabelecimento pelo próprio Poder Judiciário de uma política pública de tratamento adequado dos conflitos de interesses, estimulando e mesmo induzindo uma ampla utilização, em nível nacional, dos meios consensuais de solução dos conflitos".[20]

Esse quadro começou a mudar a partir da criação do Conselho Nacional de Justiça (CNJ) pela Emenda Constitucional nº 45, o qual assumiu, então, o papel de formulador de políticas públicas nacionais de resolução consensual dos conflitos, surgindo, a partir de então, um novo horizonte para a superação da cultura do litígio no Brasil.

Em 2006, o Conselho promoveu o Movimento pela Conciliação, com encontros e debates sobre o tema, e lançou a Semana Nacional da Conciliação, campanha anual de mobilização envolvendo todos os tribunais brasileiros. Nessa semana, os tribunais selecionam os processos que tenham possibilidade de acordo e intimam as partes envolvidas para solucionarem o conflito.

Entretanto, a medida mais significativa adotada pelo órgão, na matéria ora em análise, foi a formulação de uma política global de estímulo à solução consensual

---

[19] Durante o Brasil Colônia, as Ordenações Filipinas estabeleciam que o juiz, no início da demanda judicial, chamaria as partes para tentar um acordo. Nota-se, portanto, que a preocupação com a solução consensual dos conflitos antecede a própria formação do Estado brasileiro. No Império, a Constituição de 1824 estabeleceu a obrigatoriedade da tentativa de conciliação antes de se iniciar o processo judicial. Em cumprimento à Constituição, o Regulamento 737, de 1850, estabelecia que nenhum juízo contencioso seria iniciado sem que previamente se tivesse tentado o meio da conciliação, por ato judicial, ou por comparecimento voluntário das partes. Com a Proclamação da República, o governo provisório editou o Decreto 359, de 1890, e revogou todas as leis que exigiam a tentativa de conciliação prévia. A conciliação voltou a ter previsão no ordenamento jurídico brasileiro em 1943, com a Consolidação das Leis do Trabalho.

[20] WATANABE, Kazuo. Política Pública do Poder Judiciário Nacional para tratamento adequado dos conflitos de interesses. Disponível em: <https://api.tjsp.jus.br/Handlers/Handler/FileFetch.ashx?codigo=29045>. Acesso em: 25 mar. 2017.

dos conflitos, a Política Judiciária Nacional de tratamento adequado dos conflitos de interesses no âmbito do Poder Judiciário, instituída por meio da Resolução nº 125/2010.

5.2 Política judiciária nacional de tratamento adequado dos conflitos de interesses no âmbito do Poder Judiciário

Em 2010, teve início um novo e importante capítulo na história dos mecanismos alternativos de resolução de conflitos no país. O Conselho Nacional de Justiça editou a Resolução nº 125, que instituiu a Política Judiciária Nacional de tratamento adequado dos conflitos de interesses no âmbito do Poder Judiciário.

Cumpre destacar que a referida política tem por inspiração o direito ao "acesso à ordem jurídica justa", a partir de uma leitura ampla do art. 5º, inciso XXXV, da Constituição de 1988.[21] Seguindo a linha já antecipada por Kazuo Watanabe, o objetivo era instituir, no Poder Judiciário, uma política pública nacional e permanente de tratamento adequado dos conflitos por meios consensuais de solução de litígios, em especial a mediação e a conciliação.

O *Manual de Mediação Judicial do Conselho Nacional de Justiça* denomina essa política pública de "Resolução Adequada de Disputas" (RAD), pois ela pressupõe a "escolha consciente de um processo ou método de resolução de conflitos, entre vários possíveis, considerando o contexto fático da disputa".[22] Ou seja, pouco importa a nomenclatura a ser atribuída ao processo. O essencial é a efetiva e adequada resolução do conflito; "o acesso à ordem jurídica justa", para usar a expressão de Kazuo Watanabe.

Esse programa tem forte inspiração no *Multi-door Courthouse System* norte-americano, idealizado pelo professor da Harvard Law School Frank Sander, e apresentado por ele, em 1976, na "The Pound Conference: Perspectives on Justice in the Future". Frank Sander idealizava o *Multi-door Courthouse System* nos seguintes termos:

> One might envision by the year 2000, not simply a courthouse but a Dispute Resolution Center, where the grievant would first be channelled through a screening clerk who would then direct him to the process (or sequence of processes) most appropriate to his type of case. The room directory in the lobby of such a center might read as follows:
> Screening Clerk Room 1
> Mediation Room 2
> Arbitration Room 3
> Fact Finding Room 4
> Malpractice Screening Panel Room 5
> Superior Court Room 6
> Ombudsman Room 7.[23]

---

[21] É o que se extrai das considerações da Resolução nº 125/2010 do CNJ, vide: "CONSIDERANDO que o direito de acesso à Justiça, previsto no art. 5º, XXXV, da Constituição Federal além da vertente formal perante os órgãos judiciários, implica acesso à ordem jurídica justa e a soluções efetivas;".

[22] BRASIL. CONSELHO NACIONAL DE JUSTIÇA. AZEVEDO, Andrè Gomma (org.). *Manual de Mediação Judicial*. 6 ed. Brasília/DF: CNJ, 2016. Disponível em: <http://www.cnj.jus.br/files/conteudo/arquivo/2016/07/f247f5ce60df2774c59d6e2dddbfec54.pdf>. Acesso em: 24 mar. 2017.

[23] SANDER, Frank E. A. *The Multi-Door Courthouse: Settling disputes in the year 2000*. HeinOnline: 3 Barrister 18, 1976.

Frank Sander indicava, então, as *Alternatives Dispute Resolution* (ADR) como instrumentos de solução de conflitos no curso do processo ou mesmo antes de seu ajuizamento.

No Brasil, com inspiração no *Multi-door Courthouse System*, a Resolução nº 125/2010 do Conselho Nacional de Justiça determinou aos tribunais a instalação dos centros judiciários de solução de conflitos e cidadania (Centros ou Cejuscs), que são, preferencialmente, responsáveis pela realização e gestão das audiências pré-processuais e judiciais de conciliação e mediação, bem como pelo atendimento e pela orientação aos cidadãos.

A resolução também demonstra forte preocupação com a capacitação dos servidores, mediadores e conciliadores. Esse, com certeza, é um dos maiores desafios da implementação da política, sendo, conforme expresso na resolução, fundamental para a qualidade dos serviços e para a disseminação da cultura da pacificação social.[24]

Essa política pública inaugurada e incentivada pelo Conselho Nacional de Justiça reflete o movimento atual do Poder Judiciário brasileiro de buscar, cada vez mais, a consensualização e a autocomposição como solução prioritária para os conflitos de interesses.

Sob a mesma inspiração, o Poder Legislativo prestigiou a Resolução nº 125 do Conselho Nacional de Justiça e utilizou-a como base para as alterações normativas a respeito do tema que se seguiram, com a edição do Novo Código de Processo Civil e da Lei da Mediação.

5.3 O novo Código de Processo Civil e a Lei de Mediação

O novo Código de Processo Civil aponta, de modo expressivo, para o caminho da busca consensual de resolução de conflitos. São inúmeras – e substanciosas – as disposições do Diploma Processual acerca dos mecanismos a serem utilizados pela Jurisdição para a tentativa da conciliação entre as partes. De fato, a previsão normativa aponta para um crescente aprofundamento no uso das técnicas de solução consensual em âmbito judicial e mesmo extrajudicial.

Com efeito, o diploma inova ao elevar os métodos de solução consensual de conflitos à condição de norma fundamental do processo civil (art. 3º, §3º, do NCPC). Permite, ainda, a arbitragem, na forma da lei, e prescreve que o "Estado promoverá, sempre que possível, a solução consensual dos conflitos" (art. 3º, §§1º e 2º, NCPC).

Segundo o código, a conciliação, a mediação e outros métodos de solução consensual de conflitos deverão ser estimulados por juízes, advogados, defensores públicos e membros do Ministério Público, inclusive no curso do processo judicial.[25] Nesse contexto, o conciliador e o mediador funcionam como auxiliares da Justiça.[26]

---

[24] Resolução nº 125/2010, CNJ: "Art. 2º Na implementação da política Judiciária Nacional, com vista à boa qualidade dos serviços e à disseminação da cultura de pacificação social, serão observados: (...) II – adequada formação e treinamento de servidores, conciliadores e mediadores"; "Art. 9º (...) §2º Os Tribunais de Justiça e os Tribunais Regionais Federais deverão assegurar que nos Centros atue ao menos 1 (um) servidor com dedicação exclusiva, capacitado em métodos consensuais de solução de conflitos, para a triagem e encaminhamento adequado de casos. §3º O treinamento dos servidores referidos no parágrafo anterior deverá observar as diretrizes estabelecidas pelo CNJ conforme Anexo I desta Resolução."

[25] Art. 3º, §3º, Lei nº 13.105/2015.

[26] Art. 149, Lei nº 13.105/2015.

Dando continuidade à política pública de tratamento adequado dos conflitos, criada pelo Conselho Nacional de Justiça, o novo código determinou que os tribunais devem criar centros judiciários de solução consensual de conflitos, responsáveis pela realização de sessões e audiências de conciliação e mediação e pelo desenvolvimento de programas destinados a auxiliar, orientar e estimular a autocomposição.[27]

O código determina o encaminhamento à conciliação ou à mediação como primeira etapa do processo judicial, antes da formação da lide. Nesse caso, se a petição inicial preencher os requisitos essenciais e não for o caso de improcedência liminar do pedido, o juiz designará audiência de conciliação ou de mediação.

A audiência só não será realizada se ambas as partes manifestarem, expressamente, desinteresse na composição consensual ou se for inadmissível a autocomposição. O não comparecimento injustificado à audiência de conciliação é considerado ato atentatório à dignidade da Justiça e deve ser sancionado com multa, revertida em favor da União ou do Estado.[28]

O legislador estabeleceu como princípios da conciliação e da mediação a independência, a imparcialidade, a autonomia da vontade, a confidencialidade, a oralidade, a informalidade e a decisão informada.[29]

Partindo da diferenciação mais difundida no direito brasileiro dos institutos da conciliação e a da mediação – questão tormentosa na doutrina nacional e internacional –, o código estabeleceu que o conciliador atuará, preferencialmente, nos casos em que não houver vínculo anterior entre as partes, bem como que ele poderá sugerir soluções para o litígio, sendo vedada a utilização de qualquer tipo de constrangimento ou intimidação para que as partes conciliem.[30]

Já o mediador atuará, preferencialmente, nos casos em que houver vínculo anterior entre as partes, cabendo a ele auxiliar os interessados a compreender as questões e os interesses em conflito, de modo que eles possam, pelo restabelecimento da comunicação, identificar, por si próprios, soluções consensuais que gerem benefícios mútuos.[31]

Foi assegurado às partes, também, o direito de escolher, de comum acordo, o conciliador, o mediador ou a câmara privada de conciliação ou mediação.[32]

Há, ainda, determinação expressa de que os entes da Federação brasileira (assim entendidos: União, estados, Distrito Federal e municípios) criem câmaras de mediação e conciliação, com atribuições relacionadas à solução consensual de celeumas no âmbito administrativo (art. 174, NCPC).

A previsão de criação de câmaras em âmbito administrativo guarda uma razão muito especial: é a Administração Pública a responsável por significativo percentual das demandas judiciais em curso no país.

Em verdade, a previsão legal se inspira em modelos já consolidados de câmaras de conciliação da administração pública, como é o caso da Câmara de Conciliação e Arbitragem da Administração Federal (CCAF), criada em minha gestão como

---

[27] Art. 165, Lei nº 13.105/2015.
[28] Art. 334, Lei nº 13.105/2015.
[29] Art. 166, Lei nº 13.105/2015.
[30] Art. 165, §2º, Lei nº 13.105/2015.
[31] Art. 165, §3º, Lei nº 13.105/2015.
[32] Art. 168, Lei nº 13.105/2015.

sAdvogado-Geral da União, por meio do Ato Regimental nº 5, de 27 de setembro de 2007, e da Portaria AGU nº 1.281, de 27 de setembro de 2007.

O referido órgão tem por finalidade o deslinde, em sede administrativa, de dois tipos de controvérsias de natureza jurídica (Decreto nº 7.392, de 13 de dezembro de 2010):[33] i) entre órgãos e entidades da Administração Federal; e ii) entre a Administração Pública Federal e a Administração Pública dos estados, do Distrito Federal e dos municípios.

Em 2007, um levantamento da AGU identificou 147 processos no STF e 400 processos no STJ envolvendo disputas entre a União, seus órgãos e autarquias federais. Era irracional que órgãos e entidades integrantes da mesma unidade da federação litigassem entre si. Desperdício de tempo e de dinheiro público.

Foram realizadas, naquele período, 200 câmaras de conciliação para resolver os litígios que tramitavam na Suprema Corte e no Superior Tribunal de Justiça. Elas ajudaram a desafogar um pouco o Poder Judiciário e geraram economia de mais de R$2 bilhões, evitando gastos com tramitação de processos e otimizando o tempo dos advogados públicos com relação a outros processos.

Passados dez anos da sua criação, a CCAF consolidou-se como uma instância extrajudicial de solução de controvérsias entre entes públicos. Ela evita a judicialização dos conflitos e, principalmente, assegura maior celeridade e efetividade na concretização de políticas públicas, muitas vezes paralisadas por divergências em âmbito administrativo.

Exemplo maior é o acordo relativo à controvérsia sobre os planos econômicos intermediado pela AGU, em 2018, através da Câmara de Conciliação. O histórico acordo coletivo celebrado entre representantes de poupadores e de instituições financeiras, envolvendo a reposição de perdas causadas pela forma de correção de aplicações adotadas durante a vigência de planos econômicos das décadas de 1980 e 1990 (Bresser, Verão e Collor II), foi homologado pelo Supremo Tribunal Federal[34] para pacificar disputa que há décadas se arrastava na Justiça. Como ressaltou a Advogada-Geral da União, Grace Mendonça:

> A homologação do acordo por parte do Supremo Tribunal Federal premia o esforço feito pelas partes e pela Advocacia-Geral da União para que fosse encontrada uma solução que assegurasse o direito dos poupadores e, ao mesmo tempo, mantivesse a segurança jurídica e a higidez do sistema monetário nacional. Ela é, também, o reconhecimento de

---

[33] A estrutura da CCAF está definida pelo Decreto nº 7.392, de 13 de dezembro de 2010, que teve sua redação alterada pelo Decreto nº 7.526, de 15 de julho de 2011. O art. 18 estabelece suas competências: "Art. 18. À Câmara de Conciliação e Arbitragem da Administração Federal compete: I – avaliar a admissibilidade dos pedidos de resolução de conflitos, por meio de conciliação, no âmbito da Advocacia-Geral da União; II – requisitar aos órgãos e entidades da Administração Pública Federal informações para subsidiar sua atuação; III – dirimir, por meio de conciliação, as controvérsias entre órgãos e entidades da Administração Pública Federal, bem como entre esses e a Administração Pública dos Estados, do Distrito Federal e dos Municípios; IV – buscar a solução de conflitos judicializados, nos casos remetidos pelos Ministros dos Tribunais Superiores e demais membros do Judiciário, ou por proposta dos órgãos de direção superior que atuam no contencioso judicial; V – promover, quando couber, a celebração de Termo de Ajustamento de Conduta nos casos submetidos a procedimento conciliatório; VI – propor, quando couber, ao Consultor-Geral da União o arbitramento das controvérsias não solucionadas por conciliação; e VII – orientar e supervisionar as atividades conciliatórias no âmbito das Consultorias Jurídicas nos Estados".

[34] RE nº 591797 e RE nº 626307, Rel. Min. Dias Toffoli, DJe 1º/02/2018; RE 631363 e RE 632212, Rel. Min. Gilmar Mendes, DJe 08/02/2018; ADPF nº 165, Rel. Min. Ricardo Lewandowski, Pleno, Julgado em 1º/3/2018.

que a AGU e as demais instituições fizeram a escolha certa ao optarem pela conciliação, que quando promovida com zelo, responsabilidade e lealdade, é um instrumento eficaz de promoção da Justiça e da paz social.[35]

Em suma, a orientação trazida pelo Código de Processo Civil de 2015 é clara: o processo civil, em que pese, como regra, se originar de um conflito, não deve ser conduzido pela via da litigância, mas, ao contrário, deve sempre – e em todo o curso do procedimento – se orientar no rumo da composição.

Por fim, o novo código expressamente estabelece que suas disposições não excluem outras formas de conciliação e mediação extrajudiciais vinculadas a órgãos institucionais ou realizadas por intermédio de profissionais independentes, as quais poderão ser regulamentadas por lei específica.[36]

Esse incentivo ao desenvolvimento de formas variadas de resolução de conflitos, norteadas pela perspectiva conciliária, corresponde ao reflexo, na legislação nacional, da ideia de que, para cada conflito, existe um mecanismo mais adequado de solução, sendo louvável e até recomendável que as instituições sejam engenhosas e se engajem na formulação de soluções para a conflitualidade que lhes é inerente.

Também em 2015, foi editada a Lei nº 13.129, que regulamentou a mediação entre particulares como meio de solução de controvérsias, tanto no âmbito extrajudicial como no judicial, bem como a autocomposição de conflitos no âmbito da administração pública.

A Lei da Mediação estabeleceu que o termo final de mediação, na hipótese de celebração de acordo, constitui título executivo extrajudicial e, quando homologado judicialmente, título executivo judicial.

No caso da mediação judicial, essa lei repetiu as leis anteriores e determinou que os tribunais devem criar centros judiciários de solução consensual de conflitos, os quais são responsáveis pela realização de sessões e audiências de conciliação e mediação, pré-processuais e processuais, e pelo desenvolvimento de programas destinados a auxiliar, orientar e estimular a autocomposição.[37]

Interessante inovação foi a previsão de que a mediação poderá ser feita pela internet ou por outro meio de comunicação que permita a transação à distância, desde que as partes estejam de acordo,[38] inclusive quando a parte estiver domiciliada no exterior.

Em 2016, o Conselho Nacional de Justiça lançou o sistema público e gratuito de mediação digital, que permite acordos, celebrados de forma virtual, entre partes que estejam distantes fisicamente. Se as partes considerarem necessário, o acordo pode ser homologado judicialmente. Caso não se chegue a um acordo, é marcada uma mediação presencial nos já mencionados centros judiciários de solução de conflitos e cidadania (Cejuscs).[39]

A ferramenta *on-line* disponível na internet, ao alcance de todo cidadão pelo *smartphone*, *tablet* ou computador, traz dinamicidade, agregando um novo pensar em

---

[35] Disponível em: <http://www.agu.gov.br/page/content/detail/id_conteudo/646010>. Acesso em: 22 abr. 2018.
[36] Art. 175, Lei nº 13.105/2015.
[37] Art. 24 da Lei nº 13.140/2015.
[38] Art. 46 da Lei nº 13.140/2015.
[39] Informações disponíveis em: <http://www.cnj.jus.br/programas-e-acoes/conciliacao-e-mediacao-portal-da-conciliacao>.

termos de prestação jurisdicional. Uma forma rápida, eficiente e sem custos de resolução dos conflitos. Tudo isso sem necessidade de sair de casa ou de ir ao fórum.

Para fazer frente à realidade da Era Digital, do processo eletrônico e de uma "sociedade em rede", o Judiciário também precisa ser dinâmico, flexível e interativo. A mediação como uma "estratégia do agir comunicativo" não pode estar dissociada dessa nova realidade de inclusão digital.

6 Considerações finais

O art. 5º, inciso XXXV, da Constituição de 1988 contém uma ordem aos poderes públicos para que propiciem a todos que tenham seus direitos lesados ou ameaçados a submissão de seus pleitos ao exame do Poder Judiciário. Mais do que isso, a Constituição prima por um processo judicial efetivo, que é aquele que realmente concretiza a justiça na vida das pessoas.

Os números recentes acerca da atuação do Poder Judiciário nacional revelam que a via tradicional de resolução de controvérsias – o processo judicial contencioso – não tem dado conta da enorme conflitualidade existente no país. Esse contexto nos leva a refletir a respeito da importância de se fomentar a utilização de mecanismos alternativos de resolução de conflitos, os quais, muitas vezes, se revelam mais adequados à pacificação social.

Reconhece-se que o Brasil tem avançado nessa seara. A orientação trazida pela política adotada nos últimos anos pelo Conselho Nacional de Justiça e pelos novos regramentos processuais é clara: o processo não deve ser conduzido pela via da litigância; ao contrário, deve sempre – e em todo seu curso – se orientar no rumo da autocomposição. Mais do que isso, busca-se estimular não apenas a conciliação e a mediação judicial, mas também outras formas extrajudiciais de solução de conflitos.

Contudo, apesar dos progressos da última década, os mecanismos extrajudiciais de resolução de conflitos ainda têm muito a evoluir no Brasil.

Segundo dados do Conselho Nacional de Justiça, em 2016, apenas 11,9% dos processos judiciais foram solucionados por meio de acordo. A Justiça que mais faz conciliação é a Justiça Trabalhista, que consegue solucionar 25,8% de seus casos de forma consensual. Nos juizados especiais, o índice de conciliação é de apenas 16%. Na execução, o índice é bem menor: 5%. Nos tribunais (segunda instância), a conciliação é praticamente inexistente e representam apenas 0,4% dos processos julgados[40].

Esses números mostram que a cultura da sentença ainda é predominante no Brasil. Nas palavras de Kazuo Watanabe, precisamos substituir a cultura da sentença pela cultura da pacificação.

O grande desafio é conscientizar todos os envolvidos e capacitar juízes, membros do ministério público, advogados, defensores públicos, mediadores e conciliadores. Por força da arraigada cultura do litígio, aparentemente os operadores do Direito veem o Judiciário como a única e natural via de enfrentamento de conflitos.

Os advogados, por exemplo, acreditam que a realização de acordo e a velocidade com a qual a mediação e a conciliação encerram os conflitos os fazem perder dinheiro,

---

[40] Justiça em Números 2017 – ano-base 2016, p. 126.

pois seus honorários podem ser reduzidos. Em razão disso, não recomendam e até desencorajam seus clientes a buscar um acordo.

A ordem dos advogados tem relevante papel nessa mudança cultural. Nesse sentido, em 2016, o Novo Código de Ética da Ordem dos Advogados do Brasil vedou, expressamente, a diminuição dos honorários contratados em decorrência da solução do litígio por qualquer mecanismo adequado de solução extrajudicial.

Também é fundamental mudar a formação acadêmica dos operadores do Direito, hoje voltada para a ideia de que os conflitos devem ser resolvidos pelo Judiciário mediante sentença. Os estudantes são treinados para o método da disputa judicial e não para formas consensuais. É preciso que as faculdades de Direito capacitem os estudantes em meios consensuais de conflitos, tornando-os capazes de atuar na orientação, na prevenção e na pacificação dos conflitos.

Enfim, o incentivo normativo e institucional à utilização dos métodos adequados de resolução de conflitos é o caminho ideal para transformar a visão míope de "Justiça como instância que decide processos" em "Justiça como instância que encontra soluções adequadas para conflitos entre pessoas".

O foco não deve ser ganhar ou perder, quem está certo e quem está errado, mas a pacificação do conflito da forma que melhor atenda os interesses de todos os envolvidos. Precisamos de um Judiciário menos judicatório e mais humanizador. Precisamos de um Judiciário que seja um instrumento de harmonização social.

Precisamos, acima de tudo, construir uma cultura na qual a conflitualidade presente em nosso país seja enfrentada por meio de mecanismos adequados, que privilegiem a pacificação. Parece-me ser esse um passo fundamental para concretizarmos o país que projetamos na Constituição de 1988.

Referências

BARROSO, Luís Roberto. *O novo direito constitucional brasileiro*: contribuições para a construção teórica e prática da jurisdição constitucional no Brasil. Belo Horizonte: Fórum, 2013.

BRASIL. CONSELHO NACIONAL DE JUSTIÇA. AZEVEDO, André Gomma (Org.). *Manual de Mediação Judicial*. 6 ed., Brasília/DF: CNJ, 2016. Disponível em: <http://www.cnj.jus.br/files/conteudo/arquivo/2016/07/f247f5ce60df2774c59d6e2dddbfec54.pdf>. Acesso em: 24 mar. 2017.

DEMARCHI, Juliana; ROMANO, Michel Betenjane. O acesso à ordem jurídica justa: em busca do processo adequado. In: *As grandes transformações do processo civil brasileiro*: Homenagem ao Professor Kazuo Watanabe. São Paulo: Quartier Latin, 2009.

GRINOVER, Ada Pellegrini. Os fundamentos da Justiça conciliativa. *Revista de Arbitragem e Mediação*. Ano 4, n. 14, ju.-set./2007.

GRINOVER, Ada Pellegrini. Os fundamentos da Justiça conciliativa. *Revista de Arbitragem e Mediação*. Ano 4, n. 14, jul.-set. 2007;

RANGEL, Roberta Maria. *As regras da Lei da Mediação (Lei nº 13.140/15) para a Administração Pública*.

SANDER, Frank E. A. *The Multi-Door Courthouse*: Settling disputes in the year 2000. HeinOnline: 3 Barrister 18, 1976.

SILVA, José Afonso da. *Curso de Direito Constitucional*. 39. ed. São Paulo: Malheiros, 2016.

WATANABE, Kazuo. Acesso à justiça e sociedade moderna. In: GRINOVER, Ada Pellegrini; DINAMARCO, Cândido Rangel; WATANABE, Kazuo (Coord.). *Participação e processo*. São Paulo: Revista dos Tribunais.

WATANABE, Kazuo. Política pública do Poder Judiciário Nacional para tratamento adequado dos conflitos de interesses. Disponível em: <https://api.tjsp.jus.br/Handlers/Handler/FileFetch.ashx?codigo=29045>. Acesso em: 25 mar. 2017.

ZANFERDINI, Flávia de Almeida Montingelli. Desjudicializar conflitos: uma necessária releitura do acesso à justiça. *Revista NEJ* – Eletrônica, v. 17, n. 2, p. 237-253, maio/ago. 2012.

Informação bibliográfica deste texto, conforme a NBR 6023:2002 da Associação Brasileira de Normas Técnicas (ABNT):

TOFFOLI, José Antonio Dias. Acesso à justiça na Constituição de 1988 e métodos adequados de resolução de conflitos no Brasil. In: ARABI, Abhner Youssif Mota; MALUF, Fernando; MACHADO NETO, Marcello Lavenère (Coord.). *Constituição da República 30 anos depois*: uma análise prática da eficiência dos direitos fundamentais. Estudos em homenagem ao Ministro Luiz Fux. Belo Horizonte: Fórum, 2019. p. 77-92. ISBN 978-85-450-0598-8.

ESTADO E DIREITO ENTRE CATIVOS E CIDADÃOS

LUIZ EDSON FACHIN
FERNANDA BERNARDO GONÇALVES

Senhor Deus dos desgraçados!

Dizei-me vós, senhor Deus,
Se eu deliro... ou se é verdade
Tanto horror perante os céus?!...
Ó mar, por que não apagas,
Co'a esponja de tuas vagas
Do teu manto este borrão?
(Castro Alves, Navio Negreiro)

1 Nota de entrada

Desafio íngreme que se tem ao verter em palavras incursões sobre aspectos históricos que nuançam ou não raro caracterizam mesmo tempos de barbarismo é o de evitar reducionismos e enredos meramente retóricos. Por isso, as primeiras observações, neste singelo texto de anseios tão só acadêmicos, estão adstritas a um percurso contido em elementos já conhecidos, e desse modo almejam obstar capturas de fenômenos históricos amortizados a experiências ou a instituições que integraram uma dada ordem social. Intenta, unicamente, situar-se num arco que pode haurir o conceito que, na estação contemporânea, elevou a direito fundamental o alçar-se à cidadania, o que é incompatível com qualquer forma de aniquilamento, de *Versachilichung* ou 'reificação', de trabalho escravo, e também com prisões degradantes ou com banimentos.

Está situado, de tal forma, no campo do discurso e da prática da normatividade; não se guia por discernimentos morais subjetivos nem protagoniza despreocupação com imparcialidade. A narrativa, assim metodologicamente concebida, vigia a si mesma para não perpetrar mais injustiça sob as vestes teóricas de algo *serviable*, obsequioso ao cultivo do objeto e do encolher os ombros aos fatos.

Eis a razão pela qual o pilar inicial deste estudo procura captar aqueles que foram excluídos pela escravidão do *mundo dos sujeitos*, reduzidos a *coisa*, a objeto sob valor (como propriedade) ou sob preço (como instrumento de trabalho). Essa *morte* mais que civil deportou pessoas, sem liberdade, sem direitos políticos, transformando-os numa legião de pertences. O processo de reconquista do estatuto humano repta a refletir sobre o que, a rigor, é irrepresentável discursivamente, compondo, nada obstante, o sentido de humanidade possível, até porque "estamos sempre a caminho de ser".[1]

Longe da força poética vibrante em Castro Alves, o essencial do que segue presta homenagem ao código normativo constitucional brasileiro que, em 1988, abriu portas para essa dimensão que realiza inclusões e rechaça exclusões.

Nessa narrativa, percorre-se, mediante juízo de realidade, fato e ideias sobre um tema de indiscutível relevo, ao longo dos séculos. Trata-se da questão da cidadania, que ocupa a teoria política e os estudos jurídicos. De fato, saber quem figura como detentor dos direitos reconhecidos, e em que medida seu exercício está assegurado, faz parte das teorizações dos mais diversos pensadores.

Sem exageros, desde Aristóteles, passando pelos clássicos como Hobbes, Rousseau, Stuart Mill, Tocqueville, Benjamin Constant, já se problematizou a temática dos direitos inatos àqueles que fossem reconhecidos como integrantes da comunidade política, bem como acerca da origem do poder exercido pelos governantes e da possibilidade de interferência de pessoas previamente reconhecidas como capazes de participar do exercício desse poder sobre os demais.

Sumariando essas preocupações, na perspectiva que esta narrativa toma, sem exclusão de outros baldrames filosóficos diversos ou até mesmo antagônicos, toma-se o que escreveu Isaiah Berlin, autor que se insere já numa perspectiva liberal no século XX, no artigo "Two concepts of liberty", ao traduzir a diferenciação entre a *liberdade negativa*, caracterizadora da modernidade liberal, e a *liberdade positiva*, que impele à participação política das pessoas. Berlin retoma a conhecida distinção já realizada por Benjamin Constant entre a liberdade dos antigos – como Rousseau a defendia sob a necessidade de autogoverno pelos cidadãos[2] – e a liberdade dos modernos – aquela que os liberta da indevida invasão estatal em suas vidas mediante a proteção e defesa dos direitos individuais.[3]

---

[1] SOUZA CRUZ, Álvaro Ricardo de; WYKROTA, Leonardo Martins. Nos corredores do direito. In: SOUZA CRUZ, Álvaro Ricardo de (Coord.). *(O) outro (e) (o) Direito*. Belo Horizonte: Arraes Editores, 2015. v.1. p. 27.

[2] BERLIN, Isaiah. Two concepts of liberty. In: *Four essays on liberty*. London: Oxford Paperbacks, 1969, p. 131: "The 'positive' sense of the word 'liberty derives from the wish on the part of individual to be his own master. I wish my life and decisions to depend on myself, not on external forces of whatever kind. I wish to be the instrument of my own, not of other men's acts of will. I wish to be a subject, not an object; to be moved by reasons, by conscious purposes, which are my own, not by causes which affect me, as it were, from outside. I wish to be somebody; a doer – deciding, not being decided for, self-directed and not acted upon by external nature or by other men as if I were a thing, or na animal, or a slave, incapable of playing a human role, that is, of conceiving goals and policies of my own and realizing them."

[3] *Idem*, p. 122: "I am normally said to be free to the degree to which no man or body of men interferes with my activity. Political liberty in this sense is simply the area within which a man can art unobstructed by others. If I am prevented by others from doping what I could otherwise do, I am to that degree unfree; and if this area is contracted by other man beyond a certain minimum, I can be described as being coerced, or, it may be, enslaved."

Esse embate entre a chamada liberdade negativa e a liberdade positiva vem sendo o ponto central dos muitos teóricos que estudam a questão da cidadania, os quais propõem diferentes soluções ou mesmo composições temporárias a esse conflito.

Muito já se controverteu em alusão à trajetória da cidadania; uma questão quiçá mereça atenção ainda maior: a demanda dentro das sociedades ocidentais, inclusive depois que se tornaram democráticas. De fato, a escravidão de povos negros africanos fez-se presente em toda a Europa e em suas colônias americanas. No entanto, mesmo após a progressiva abolição da escravatura nesses países, a cidadania plena dos negros viu-se condicionada a obstáculos, muitos deles contidos em leis e em entendimentos jurisprudenciais.

No Brasil, a dificuldade em assegurar a negros e pardos a igualdade plena no exercício de todo o plexo de direitos assegurados à condição de cidadão brasileiro também se fez presente. A Lei Áurea de 13 de maio de 1888 não foi suficiente para incluir os negros como partícipes ativos da sociedade política da época, e mesmo após a Constituição da República de 05 de outubro de 1988, persistem desafios na busca por essa igualdade material.

Neste presente artigo, esse é o fio condutor da narrativa que segue: as questões acerca do exercício tanto da chamada liberdade negativa – aquela que diz respeito à área de preservação de uma individualidade posta à salvo da interferência estatal – quando da denominada liberdade positiva – referente aos direitos de participação política na comunidade – não se situaram da mesma forma que em relação à população livre, ante o fato da escravidão.

Desde logo, afirma-se que houve um papel assumido pelo Direito nesse longo caminho em busca da cidadania plena a todos aqueles considerados formalmente aptos a exercê-la, entretanto faticamente tolhidos tanto no gozo desses direitos fundamentais, como na participação nos destinos da comunidade política à qual passaram a pertencer após a abolição.

Principiaremos a análise sob um olhar à experiência norte-americana, a fim de diferenciar a forma como aquela sociedade política, por meio de suas instituições jurídicas, lidou com a questão da escravidão dos negros e com a abolição da escravatura, bem como com a problemática da garantia da cidadania aos afro-americanos por meio da teoria do *separate but equal*.

A seguir, abre-se um tópico para analisar de que maneira a nossa sociedade política tratou de semelhante tema, desde as circunstâncias que resultaram na assinatura da Lei Áurea em 1888, até os desdobramentos da luta por reconhecimento pelos movimentos negros no Brasil.

Num terceiro momento, analisa-se a tarefa emancipatória à qual se alçou nosso regime constitucional vigente, concretizado por meio de diversos compromissos internacionais e leis internas, bem como de importantes decisões do Supremo Tribunal Federal para condições de exercício de cidadania.

2 Elementos sobre a experiência dos Estados Unidos da América

Nos Estados Unidos, assim como no Brasil, a escravidão dos negros ocorreu, deixada como herança da colonização britânica, e praticada efetivamente nos chamados Estados do Sul, nos quais a economia dependia fortemente da produção de insumos agrícolas que dependiam da mão de obra escravizada como base da produção.

A organização política das treze ex-colônias, declaradas independentes da Inglaterra em 1776, ressaltava as competências amplas dos agora treze Estados, unidos por um poder central com atributos reduzidos, situação está que teve grande influência no tratamento da questão dos escravos naquele país.

Se, por um lado, é certo que a Constituição aprovada em 1787 não autenticava expressamente a escravidão nos Estados Unidos,[4] de outra parte, ela não a proibia e reconhecia, em alguns de seus artigos, a existência de escravos no território norte-americano. Como descreve Gilberto Bercovici:

> Uma série de compromissos firmados entre os convencionais da Filadélfia fizeram com que a escravidão fosse protegida constitucionalmente por vários dispositivos inseridos no texto, limitando, inclusive, os poderes da União, mas sem ser jamais mencionada explicitamente. Apesar de a Constituição norte-americana não a mencionar diretamente, a *'peculiar institution'* da escravidão perpassa todo o texto (Waldstreicher, 2009, pp. 57-105. Um exemplo é a chamada 'cláusula dos três quintos', prevista no artigo I, seção 2, que trata da representação dos Estados no Congresso Nacional. Segundo o texto constitucional de 1787, o número de representantes por Estado na Câmara dos Deputados, assim como a eventual tributação direta por parte da União, seria calculado a partir do número de pessoas livres, incluindo os vi cuidadosa serviços compulsórios (como servidão) e mais três quintos de *'all other persons'*, excluindo-se os índios. *'All other persons'* eram os escravos, obviamente. A Constituição de 1787, portanto, não apenas admitia a existência de pessoas que não fossem livres, como beneficiava os proprietários de escravos e os Estados escravocrata, pois teriam um número maior de representantes, contabilizados também a partir de três quintos do número total de escravos. Outro dispositivo constitucional também vinculado à preservação da escravidão foi o da restrição imposta ao poder do Congresso Nacional de regular o comércio com outras nações e entre os Estados. De acordo com o artigo I, seção 9, o Congresso não poderia legislar sobre ou restringir a importação de pessoas (leia-se o tráfico de escravos) por um prazo de vinte anos, ou seja, até 1808 (Fehrenbacher, 2005, pp. 28-47; Waldstreicher, 2009, pp. 3-10).[5]

Daí se depreende que, a despeito da ausência de previsão expressa autorizando a escravidão no texto constitucional original norte-americano, a Suprema Corte dos Estados Unidos, ao interpretá-lo, conferiu diversas decisões no sentido de manter intacto o regime escravocrata nos Estados nos quais ele existia, tendo, no mais rumoroso desses casos, negado a cidadania a todos os negros e seus descendentes no território dos Estados Unidos.

Trata-se da decisão proferida pela Corte no Caso *Dred Scott v. Sandford* – 60 U.S. 393 (1856). Dred Scott era um escravo que pertencia ao Dr. Emerson, médico do Exército que residia no Estado do Missouri, no qual a escravidão era legal. Em razão do trabalho, mudou-se para o Estado do Illinois, e posteriormente para o território de Minnesota, e em ambos a escravidão era proibida. Retornando posteriormente ao Estado

---

[4] Nesse sentido, cf. SUNSTEIN, Cass R. *Dred Scott v. Sandford* and its legacy. In: GEORGE, Robert P. (ed) *Great cases in Constitutional Law*. Princeton University Press: Princeton, 1997, p. 65: "Let me now identify the great myths involving *Dred Scott*. The first and perhaps most important one was created by the Dred Scott case itself: The myth is that the original Constitution protected, supported, and entrenched slavery. On this view, the Constitution was emphatically pro-slavery. As a legal matter, this is a myth in the simple sense that it is false: the Constitution does not support or entrench slavery".

[5] BERCOVICI, Gilberto. A Constituição invertida: a Suprema Corte americana no combate à ampliação da democracia. *Revista Lua Nova*, São Paulo, n. 89, 2013, p. 115-117.

do Missouri com o proprietário, e agora já casado e com duas filhas, Dred Scott requereu judicialmente sua liberdade, com base em legislação federal que vedava a escravidão nos territórios federais, bem como no entendimento de que o ingresso de um escravo em território livre consistiria em sua libertação dessa condição.

Tendo intentado a demanda primeiramente em face de seu proprietário, teve a decisão favorável reformada por uma corte superior estadual, ingressando novamente com a ação perante uma corte federal, tendo sua pretensão denegada uma vez mais, chegando o caso à decisão da Suprema Corte.

No ano de 1853, a Corte chega a uma decisão por maioria, com dois votos dissidentes, no sentido de que um negro não poderia ostentar a condição de cidadão no território dos Estados Unidos, pois esta não fora a vontade dos constituintes, não tendo direito sequer a peticionar perante uma corte federal.

O voto do *Chief Justice* Roger Taney deixa explícita essa orientação:

> The question is simply this: Can a negro, whose ancestors were imported into this country, and sole as slaves, become a member of the political community formed and brought into the existence by the Constitution of the United States, and as such become entitled to all the rights, and privileges, and immunities, guarantied by that instrument to the citizen? One of which rights is the privilege of suing in a court of the United States in the cases specified in the Constitution.
>
> (...)
>
> The words 'people of the United States' and 'citizens' are synonymous termos, and means the same thing. They both describe the political body who, according to our republican institutions, from the sovereignty, and who hold the power and conduct the Government throught their representatives. They are what we familiarly call the 'sovereign people', and every citizen is one of this people, and a constituent member of this sovereignty. The question before us is, whether the class of persons described in the plea abatement, compose a portion of this people, and are constituent members of this sovereignty? We think they are not, and that they are not included, and were not intended to be included, under the word 'citizens' in the Constitution, and can therefore claim none of the rights and privileges which that instrument provides for and secures to citizens of the United States. On the contrary, they were at the time considered as a subordinatr and inferior class of beings, who had been subjugated by the dominant race, and, whether emancipated or not, yet remained subject to their authority, and had no rights or privileges, but such as those who held the power and the Government might choose to grant them.[6]

Essa decisão enquadra-se à realidade escravista e de defesa do direito de propriedade vigente à época, dentro da qual se incluía o direito a possuir escravos.

Nada obstante, com a Guerra Civil que eclodiu entre os Estados escravistas do Sul, que pretendiam obter a secessão em face do governo da União, e os Estados livres do Norte, que permaneciam leais ao governo federal, entre os anos de 1861 e 1865, a vitória da União trouxe como uma de suas primeiras consequências a abolição da escravatura em todo o território norte-americano, por meio da Décima Terceira Emenda à Constituição, ratificada já em 1865. Por sua vez, a Décima Quarta Emenda, entre outras disposições, conferiu a cidadania a todos aqueles nascidos nos Estados, aí incluídos os ex-escravos e seus descendentes, tendo sido ratificada pelos governos

---

[6] 60 U.S. 393 (1856).

estaduais em 1868, e sepultando o entendimento firmado pela Suprema Corte no caso *Dred Scott*.[7] Finalmente, em 1870 foi ratificada a Décima Quinta Emenda, atribuindo o direito de voto a todos os cidadãos, sem discriminação de raça ou cor, ou pela prévia condição de servidão.

As referidas emendas constitucionais representaram um enorme avanço no sentido da atribuição da cidadania formal aos negros, o primeiro passo ao exercício pleno dos direitos inerentes à essa condição. Nada obstante, por si sós, não asseguraram a modificação das condições materiais necessárias à equiparação entre os brancos naquele país, que sempre foram livres, e os ex-escravos e seus descendentes. Ademais, os juízes da Suprema Corte, apegados a uma interpretação originalista do texto constitucional, permaneciam dificultando à população negra a obtenção de uma igualdade real em relação à população branca.

Esse entendimento deduz-se do julgado da Corte no Caso *Plessy v. Ferguson* – 163 U.S. 537 (1896) – no qual a doutrina do *separate but equal* foi consagrada como constitucional pelos juízes da Suprema Corte. No caso, Homer Plessy, um cidadão de origem afro-americana, comprou uma passagem de trem num vagão de primeira classe no Estado de Louisiana, mas antes de iniciar a viagem foi convidado a mudar de vagão pelo condutor do trem, pois aquele era um vagão destinado exclusivamente a pessoas brancas.

No julgamento do caso, nos termos da *opinion* proferida pelo *Justice* J. Brown, a legislação do Estado da Louisiana, ao determinar a segregação dos negros em vagões ou outros estabelecimentos, dos brancos, não violava a Décima Quarta Emenda, uma vez que os mesmos serviços eram prestados a todas as pessoas, ressaltando-se que, ausente a contrariedade ao texto constitucional, não havia autorização para que o Congresso pudesse invalidar uma lei estadual que regulava, a sua maneira, a alegada equiparação entre as raças.[8]

Em outras decisões posteriores, essa posição foi reforçada, mas gradualmente inicia-se um questionamento acerca dessa igualdade que determina a separação das raças sob o argumento de que a convivência poderia gerar danos sociais irreparáveis.

No campo da educação pública, surge o caso que irá determinar a revisão de entendimento da Suprema Corte, já em 1952, questionando a separação entre estudantes negros e brancos nas escolas públicas ensejada por meio de leis estaduais, ao argumento dos efeitos deletérios que a segregação patrocinada institucionalmente causa nas crianças e jovens negros, levando ao sentimento de inferioridade e ao rebaixamento no *status*

---

[7] "Amendment XIV: Section 1. All persons born or naturalized in the United States, and subject to the jurisdiction thereof, are citizens of the United States and of the state therein they reside. No state shall make or enforce any law, which shall abridge the privileges or immunities of citizens of the United States; nor shall any state deprive any person of life, liberty or property, without due process of law; nor to deny any person within its jurisdiction the equal protector of the laws."

[8] Da referida *opinion*, extrai-se o seguinte excerto: "So far, then, as a conflict with the Fourteenth Amendment is concerned, the case reduces itself to the question whether the statute of Louisiana is a reasonable regulation, and, with respect to this, there must necessarily be a large discretion on the part of the legislature. In determining the question of reasonableness, it is at liberty to art with reference to the established usages, customs, and traditions of the people, and with a view to the promotion of their comfort and the preservation of the public peace and good order. Gauged by this standard, we cannot say that a law which authorizes or even requires the separation of the two races in public conveyances is unreasonable, or more obnoxious to the Fourteenth Amendment than the acts of Congress requiring separate schools for colored children in the District of Columbia, the constitutionality of which does not seem to have been questioned, or the corresponding acts of state legislatures".

social dessas pessoas, situação que estaria em desacordo com os ditames da Décima Quarta Emenda.

Trata-se do caso *Brown v. Board of Education of Topeka* – 347 U.S. 483 (1954) – cuja decisão foi a responsável pelo *overruling* da decisão do caso *Plessy*, consignando a inconstitucionalidade do tratamento sectário conferido aos negros pelos Estados norte-americanos. Em verdade, a decisão prolatada nesse caso pelo *Chief Justice* Earl Warren aplicou-se a outros quatro casos, envolvendo a mesma questão de fundo, qual seja, a contrariedade ao tratamento igualitário por meio da separação entre escolas para negros e escolas para brancos.

Ainda no ano de 1952, começaram as audiências para julgamento dos casos, determinando a Corte no ano de 1953 a realização de novas audiências com os representantes das partes, a fim de que respondessem a questões previamente formuladas sobre as origens e o alcance da citada Emenda constitucional. Em maio de 1954, o *Justice* Warren – nomeado no curso do processamento dos feitos – prolatou a decisão unânime dos juízes, ressaltando a relevância do serviço público de educação, declarou a inaplicabilidade da teoria do *separate but equal* aos casos analisados:

> We come then to the question presented: Does segregation of children in public schools solely on the basis of race, even though the physical facilities and other 'tangible' factors may be equal, deprive the children of the minority group of equal educational opportunities? We believe that it does.
> (...)
> We conclude that, in the field of public education, the doctrine of 'separate but equal' does not take place. Separate educational facilities are inherently unequal. Thefefore we hold the plaintiffs and others similarly situated for whom the actions have been brouhgt are, by reason of the segregation complained of, deprived of the equal protection of the laws guaranteed by the Fourteenth Amendment.[9]

Referida decisão, umas das mais importantes da história norte-americana, representou o maior questionamento de uma política institucionalizada de discriminação racial, que por décadas foi aceita pela Corte, a despeito das evidências históricas de perpetuação da condição de inferioridade dos negros naquele país. Se, por um lado, a transformação social necessária demanda mais que decisões da Suprema Corte para ser atingida[10] – haja vista os recentes protestos nos Estados Unidos contra o contínuo assassinato de jovens negros pela polícia –, não há dúvidas de que a conclusão do caso *Brown v. Board of Education of Topeka* insere-se no contexto de luta do movimento negro do país, que desaguou na assinatura, em 1964, do *Civil Rights Act*, e em 1965 do *Voting Rights Act*, a proibir a discriminação racial no solo norte-americano e assegurar o direito de voto aos afro-americanos, resultado de contínuas lutas dos negros pelos direitos de cidadania naquele país, capitaneados por nomes como Martin Luther King.

---

[9] 347 U.S. 483 (1954).

[10] Nesse sentido, ver MALTZ, Earl. *Brown v. Board of Education* and Originalism. In: GEORGE, Robert P. *Op. cit* ., p. 159: "Despite this innovations, the practical impact of *Brown* and its progeny on educational opportunities for African Americans has been less profound than some might have hoped. More than forty years after the decision, many African Americans continue to be educated in schools that are segregated in face if not by law, many of which are chronically underfunded and neste by problems of violence and poverty".

3 O Brasil em meio a heranças

A escravidão também quebrantou o Brasil, iniciando-se quando ainda era colônia de Portugal e perdurando até o final do Império, perfazendo um período de quase quatrocentos anos, tendo sido um dos últimos países do Ocidente a abolir a prática.

José Murilo de Carvalho bem ensarta a dimensão do problema no que se refere à temática específica da cidadania:

> O fator mais negativo para a cidadania foi a escravidão. Os escravos começaram a ser importados na segunda metade do século XVI. A importação continuou ininterrupta até 1850, 28 anos após a independência. Calcula-se que até 1822 tenham sido introduzidos na colônia cerca de 3 milhões de escravos. Na época da independência, numa população de cerca de 5 milhões, incluindo uns 800 mil índios, havia mais de 1 milhão de escravos. Embora concentrados nas áreas de grande agricultura exportadora e de mineração, havia escravos em todas as atividades, inclusive urbanas. Nas cidades eles exerciam várias tarefas dentro das casas e na rua. Nas casas, as escravas faziam o serviço doméstico, amamentavam os filhos das sinhás, satisfaziam a concupiscência dos senhores. Os filhos dos escravos faziam pequenos trabalhos e serviam e montaria nos brinquedos dos sinhozinhos. Na rua, trabalhavam para os senhores ou eram por eles alugados. Em muitos casos, eram a única fonte de renda de viúvas. Trabalhavam de carregadores, vendedores, artesãos, barbeiros, prostitutas. Alguns eram alugados para mendigar. Toda pessoa com algum recurso possuía um ou mais escravos. O Estado, os funcionários públicos, as ordens religiosas, os padres, todos eram proprietários de escravos. Era tão grande a força da escravidão que os próprios libertos, uma vez livres, adquiriram escravos. A escravidão penetrava em todas as classes, em todos os lugares, em todos os desvãos da sociedade: a sociedade colonial era escravista de alto a baixo.[11]

Os portugueses já traficavam escravos de suas colônias portuguesas antes da divisada do território brasileiro, e diante da dificuldade de escravização dos indígenas que aqui viviam, teve início o transporte dos escravos vindos da África para trabalhar nas lavouras exportadoras.

Com a independência do Brasil em 1822, a prática da escravidão não se modificou no país, ainda que nenhuma lei do novo governo imperial a tenha estabelecido expressamente.[12] Nem mesmo a Constituição do Império de 1824 prévia expressamente a existência autorizada de escravos no Brasil,[13] contudo, a escravidão e o tráfico continuaram a existir como base da economia nacional.

---

[11] CARVALHO, José Murilo de. *Cidadania no Brasil:* o longo caminho. 22. ed. Rio de Janeiro: Civilização Brasileira, 2016, p. 25-26.

[12] Nesse sentido, ver PENA, Eduardo Spiller. *Pajens da casa imperial:* jurisconsultos, escravidão e a lei de 1871. Campinas: Editora da Unicamp, 2001. O Autor demonstra a existência de lacunas no ordenamento jurídico brasileiro imperial no que tange às questões derivadas da escravidão dos negros em nosso país, utilizando-se os jurisconsultos pátrios o Direito Romano, as ordenações portuguesas e mesmo os Códigos recém-promulgados nos países europeus, para colmatá-las e influenciar as decisões à época.

[13] Nesse sentido, cf. ANDRADE, Bruno; FERNANDES, Bruno Diniz; CARLI, Caetano de. O fim do escravismo e o escravo sem fim: colonialidade, direito e emancipação social no Brasil. *Revista Direito & Práxis*, Rio de Janeiro, v. 16, n. 10, 2015, p. 567-568: "Às sustentações do escravismo no Direito oitocentista brasileiro partem da premissa na constituição de 1824, do direito à propriedade. Mesmo considerando o cativo uma propriedade, o sistema jurídico te e que se debruçar, principalmente em escala local, com uma série de fatores particulares que representavam a instituição de direitos reduzidos aos cativos. A inclusão de peque os mecanismos, tendo em vista regular a relação senhor e escravo sob um regime mínimo de humanidade partia do medo de uma haitinização do regime escravocrata brasileiro. (...) A escravidão não era institucionalizada diretamente na carta constitucional brasileira, mas sim indiretamente, através do direito à propriedade".

A Carta de 1824 também excluía os escravos da condição de cidadão brasileiro, uma vez que em seu artigo 6, inciso I, confere esse *status* apenas aos ingênuos e libertos nascidos no Brasil. Estabelecia, ainda, o voto censitário, ao exigir determinada quantia de renda líquida para o exercício do voto, e outra maior para o exercício dos mandatos de deputados e senadores, afastando os mais pobres e, obviamente, os escravos, do direito de escolher seus representantes e de participar do governo, consagrando assim o direito de propriedade como direito máximo tutelado pelo texto constitucional. É relevante mencionar, ainda, que o artigo 94, inciso I, vedava o direito de voto aos libertos, tornando a prerrogativa de eleição de representantes exclusiva à maioria branca.

Ao contrário do que ocorrera nos Estados Unidos, o caminho até a abolição completa da escravatura teve decisiva influência externa, capitaneada pela proibição ao tráfico negreiro pela Inglaterra, somada aos movimentos abolicionistas nacionais influenciados pelos ideais republicanos que vinham da Europa.

A primeira lei que pretendeu combater o tráfico de escravos no país data de 1831, mas como mesmo em sua vigência os escravos continuaram sendo trazidos ao Brasil, foi promulgada a Lei Eusébio de Queiroz no ano de 1850 para dar fim à entrada de negros a serem escravizados no território brasileiro.

Outras duas leis se seguiram, como a Lei do Ventre Livre, de 1871, que previu a liberdade aos filhos de escravos nascidos após a data de promulgação da lei, além de possibilitar a aquisição da própria liberdade pelo cativo mediante o pagamento de uma soma em dinheiro, e de estabelecer a obrigatoriedade de que o proprietário efetuasse a matrícula do escravo.[14] Posteriormente, veio a lume a Lei Saraiva-Cotegipe ou Lei dos Sexagenários, de 1885, que libertou os escravos maiores de sessenta anos de idade.

Referidas leis consistiram no paulatino resultado de lutas dos escravos e libertos pela obtenção de alforria ao maior número possível de escravizados. Como bem ressaltou Eduardo Spiller Pena:

> Ao lado das reações mais violentas, toda uma rede de atitudes e estratégias de negociação, que abarcou até o âmbito público da segurança e da lei imperiais, foi tecida pelos escravos na defesa do que consideravam ser os seus direitos. Dessa maneira, além dos assassinatos, os roubos, a organização odos quilombos, o cultivo das roças autônomas, o tempo livre para a caça e a pesca, as 'fugas reivindicatórias' (para as igrejas, no período colonial, e para as delegacias de polícia, a partir de meados do século XIX), os processos jurídicos em defesa da liberdade e outras evidências vem sendo sistematicamente levantados e analisados pelos historiadores, mostrando ter havido um espaço de autonomia e ação por parte dos escravos e libertos na defesa de costumes e direitos alcançados, diante das exigências desmedidas ou da defesa intransigente do direito de propriedade por parte dos senhores.[15]

Por um lado, é fato que a aplicação de referidas leis encontrava na força do direito de domínio daqueles que dispenderam montantes pelos escravos um contraponto de grande relevância.[16] Contudo, é interessante ressaltar que, de outra parte, esse arcabouço

---

[14] Ver SÁ, Gabriela Barreto de. História do Direito no Brasil, escravidão e arquivos judiciais: análise da ação de liberdade de Anacleta. *Justiça & História*, v. 10, n. 19-20, p. 81-82.
[15] PENA, Eduardo Spiller. *Op. cit.*, p. 27.
[16] Cf. CASTRO, Alexandre de; VASCONCELLOS JÚNIOR, Antonio. Cidadania negra: entre o jurídico e o sociológico. *Educação em Revista*, Marília, v. 11, n. 1, jan./jun. 2010, p. 70-71: "Contudo, a campanha abolicionista

legal acabou por se tornar fundamento para as chamas ações civis de liberdade, intentadas pelos negros a fim de obter, judicialmente, sua libertação.

Nas palavras de Gabriela Barreto de Sá:

> A vigência das Ordenações Filipinas e a ausência de legislação que regulasse a matéria de modo satisfatório possibilitavam as brechas legais que favoreciam as ações cíveis de liberdade. Vários foram os fundamentos jurídicos utilizados para respaldar tais ações. Dentre os tipos de ações mais recorrentes, destacamos as que apresentavam os seguintes fundamentos: tráfico ilegal; liberdade mediante pecúlio; fundo de emancipação; ausência de matrícula; manutenção da liberdade. Importante destacar que os referidos argumentos guardavam relação com as diversas leis referentes à escravidão, editadas no século XIX, mais notadamente a partir da década de cinquenta, com o crescimento do número de simpatizantes à causa abolicionista.[17]

Em 13 de maio de 1888, a Princesa Isabel assina a Lei Áurea, cujo artigo primeiro declara abolida a escravidão no Brasil, e o artigo segundo revoga as disposições em sentido contrário. A singeleza de referidas disposições encerra formalmente o ciclo da negação de dignidade aos negros escravizados no país, mas não teve o condão de extinguir as condições que dificultariam o exercício da cidadania plena aos agora ex-escravos.

Se, de uma parte, ao contrário do que aparentemente ocorreu nos Estados Unidos, o Estado brasileiro jamais editou leis institucionalizando um tratamento sectário aos negros e mulatos, por outro lado o preconceito racial levou à segregação social dos ex-escravos.

Com a Proclamação da República no ano seguinte, a Constituição de 1891, ao abolir o voto censitário, conferiu aos negros o *status* formal de cidadania, juntamente com todos os demais brasileiros, mas vedava o direito de voto – e, portanto, de participação política, dadas as condições da época – à grande maioria da população, incluindo os recém-libertos, já que o alistamento eleitoral era proibido aos analfabetos,[18] condição na qual viviam quase todos aqueles libertados pela Lei Áurea.

No entanto, uma vez libertos e seus descendentes já nascendo livres dentro da República, a população negra brasileira também se organizou de modo a formar um

---

não cessou com o fim do tráfico, continuando no plano interno. As propostas de erradicação da escravidão de uma só vez não prosperaram: a estratégia foi de uma abolição da escravidão que permitisse a viabilização de interesses dos senhores proprietários, '[...] que o processo de emancipação fosse lentamente encaminhado. [...]' (MENDONÇA, 1999, p. 291).

Essa estratégia seguiu com a Lei do Ventre Livre, de e setembro de 1871 (...). Tal lei continha em si um problema a ser resolvido, com respeito a esses filhos livres. Quem cuidaria do recém-liberto, já que sua genitora continuava na condição de escrava. A solução foi colocar '[...] As crianças [...] sob o domínio exclusivo dos senhores de suas mães e obrigadas a prestar-lhes serviços até aos 21 anos [...]' (MENDONÇA, 1999, p. 102).

Para a definitiva erradicação do trabalho servil e a conquista da liberdade, por parte dos escravos, ainda faltava remover o empecilho desse tipo de trabalho, que se agarrava a um argumento do direito romano. (...)

O projeto vencedor, transformado em lei em setembro de 1885, resolveu a querela da propriedade contida na Constituição, prevendo uma indenização ao [...] fazendeiro que quisesse substituir o trabalho escravo pelo livre [...]' (QUEIROZ, 1999, p. 71), ou obrigando os escravos com mais de sessenta anos a prestar serviços gratuitamente aos seus senhores , como forma de indenização de sua futura alforria, até completarem os sessenta e cinco anos".

[17] SÁ, Gabriela Barreto de. *Ob. cit.*, p. 80.

[18] Circunstância essa somente modificada pela Emenda Constitucional nº 25, de 15 de maio de 1985, que possibilitou o voto, em caráter facultativo, aos analfabetos.

movimento, o qual, nas palavras do historiador Petrônio José Domingues, "vem empreendendo, dinamicamente, diversas estratégias de luta a favor da população negra".[19]

O mesmo autor define o movimento negro como "a luta dos negros na perspectiva de resolver seus problemas na sociedade abrangente, em particular os provenientes dos preconceitos e das discriminações raciais, que os marginalizam no mercado de trabalho, no sistema educacional, político, social e cultural".[20] Identifica, nesse ínterim, três distintos momentos do movimento negro brasileiro.

Uma primeira fase se verifica no período entre a abolição da escravatura e o começo do Estado Novo de Getúlio Vargas, iniciando-se timidamente com a formação de grêmios culturais e artísticos e com o surgimento dos primeiros jornais voltados ao público negro,[21] e iniciando a busca por influência política por meio da Frente Negra Brasileira – FNB, fundada em 1931 na cidade de São Paulo. Essa primeira fase se inseria num paradigma de crença na existência de uma *democracia racial*, na qual negros e brancos conviveriam de forma pacífica, miscigenação sem reflexos do racismo observado em outras sociedades políticas. Como consequência, "o movimento social negro brasileiro, nessa primeira fase, teria como por principal característica a busca pela inclusão do negro na sociedade, com um caráter 'assimilacionista', sem a busca pela transformação da ordem social; outra característica era a existência de um nacionalismo declarado pela Frente Negra Brasileira e por outras organizações da época".[22]

Com um viés distinto daquele que chegava a assemelhar-se às propostas mais próximas aos integralistas em termos de visão da sociedade, após a repressão política do Estado Novo, inicia-se uma segunda fase do movimento negro no Brasil, no seio da redemocratização, representada principalmente pela União dos Homens de Cor, em Porto Alegre, e na criação do Teatro Experimental do Negro no Rio de Janeiro, responsável este último grupo pela realização das Convenções Nacionais do Negro e do I Congresso do Negro Brasileiro, com grande influência dos movimentos descolonialistas africanos e das lutas travadas nos Estados Unidos.[23]

No ensejo da ditadura militar de 1964, inicia-se a terceira fase do movimento negro no país, descrita por Petrônio José Domingues no seguinte sentido:

> A reorganização política da pugna anti-racista apenas aconteceu no final da década de 1970, no bojo do ascenso dos movimentos populares, sindical e estudantil. Isso não significa que – no interregno de recrudescimento da ditadura – os negros não tenham realizado algumas ações. (...). Entretanto, tais iniciativas, além de fragmentadas, não tinham um sentido político de enfrentamento com o regime. Só em 1978, com a fundação do Movimento Negro Unificado (MNU), tem-se a volta à cena política do país do movimento negro organizado. Mas, afinal, como ocorreu esse processo?

---

[19] DOMINGUES, Petrônio José. Movimento Negro Brasileiro: alguns apontamentos históricos. *Revista Tempo*, Universidade Federal Fluminense, v. 23, 2007, p. 101.

[20] *Idem*.

[21] *Idem*, p. 103-105.

[22] PEREIRA, Amílcar Araújo. A Lei 10.639/03 e o movimento negro: aspectos da luta pela 'reavaliação do papel do negro na história do Brasil'. *Cadernos de História*, Belo Horizonte, v. 12, n. 17, 2011, p. 31.

[23] Cf. *Idem*, p. 35: "Da mesma forma que na fase anterior, como podemos perceber nos trechos citados acima, a inclusão da população negra na sociedade brasileira, tal como ela se apresentava, continuava sendo uma característica importante do movimento. Mas, por outro lado, a valorização de experiências vindas do exterior, principalmente da África e dos Estados Unidos, aparece com frequência em fontes das décadas de 1940 e 1950".

No plano externo, o protesto negro contemporâneo se inspirou de um lado, na luta a favor dos direitos civis dos negros estadunidenses, (...) e, de outro, nos movimentos de libertação dos países africanos, sobretudo de li rua portuguesa, como Guiné Bissau, Moçambique e Angola. Tais influências externas contribuíram para o Movimento Negro Unificado ter assumido um discurso radicalizado contra a discriminação racial.[24]

De acordo com Petrônio Domingues, essa fase do movimento negro defende que somente dentro de uma sociedade mais igualitária seria possível combater o racismo e a pobreza. Nesse sentido, o MNU atuou em diversas frentes, tais como a revisão dos parâmetros de educação, pela inclusão de conteúdos relacionados à história da África e ao combate à discriminação; pela inclusão do dia 20 de novembro como Dia da Consciência Negra; pelo abandono da ideia de assimilação do negro na sociedade branca, lutando, ao revés, pelo reconhecimento de uma identidade étnica negra.[25]

A evolução de todos esses movimentos revela a importância do questionamento do mito da democracia racial no Brasil, e essa nova abordagem da temática acabou por influenciar a elaboração do texto constitucional vigente.

4 A Constituição Federal de 1988 e sua perspectiva

A Constituição da República, promulgada a 5 de outubro de 1988, denominada por Ulisses Guimarães como "Constituição cidadã", efetivamente, não ignora a existência de discriminação racial no território brasileiro, propondo à sociedade política brasileira seu enfrentamento e eliminação.

De fato, desde 1969, encontra-se em vigor no Brasil a Convenção Internacional sobre a Eliminação de todas as Formas de Discriminação Racial, aprovada pela Organização das Nações Unidas no ano anterior, cujo artigo 1º assim dispõe:[26]

Artigo 1º
§1. Para fins da presente Convenção, a expressão "discriminação racial" significará toda distinção, exclusão, restrição ou preferência baseada em raça, cor, descendência ou origem nacional ou étnica que tenha por objeto ou resultado anular ou restringir o reconhecimento, gozo ou exercício em um mesmo plano (em igualdade de condição) de direitos humanos e liberdades fundamentais nos campos político, econômico, social, cultural ou em qualquer outro campo da vida pública.

Se, por um lado, desde 1969 o Brasil assumia perante a Comunidade Internacional um compromisso de luta permanente contra a discriminação racial e, de consequência, contra a negação dos direitos inerentes à cidadania a qualquer cidadão, por motivo relacionado à sua raça, de outra parte tratava-se do alto da repressão política no país, a dificultar sobremaneira as reivindicações de direitos por parte de toda a população.

---

[24] DOMINGUES, Petrônio. *Ob. cit.*, p. 112.
[25] *Idem*, p. 112-116.
[26] Ressalte-se que apenas por meio do Decreto Legislativo nº 57, de 26 de abril de 2002, o Brasil reconheceu a competência do Comitê Internacional para a Eliminação da Discriminação Racial para receber e analisar denúncias de violação dos direitos humanos assegurados pela Convenção, declaração esta promulgada pelo Decreto nº 4.738, de 12 de junho de 2003.

Com a redemocratização, e a elevação do combate ao preconceito e à discriminação racial como objetivo fundamental da República (art. 3º, inciso IV), além do posicionamento da imprescritibilidade do crime de racismo no rol de direitos fundamentais do artigo 5º, em seu inciso XLII, é possível atribuir ao texto constitucional uma perspectiva de direitos de cidadania aos negros, mais do que quaisquer das Cartas anteriores.

Ademais, as manifestações culturais afro-brasileiras foram expressamente protegidas pelo Estado brasileiro, nos termos do artigo 215, §1º, e suas formas de expressão e modos de criar, fazer e viver recebem a tutela de patrimônio cultural brasileiro, conforme disposto no artigo 216, incisos I e II da Constituição. Ainda, o artigo 68 do Ato das Disposições Constitucionais Transitórias confere a propriedade das terras ocupadas pelos remanescentes das comunidades de quilombos, um reconhecimento da importância dessa coletividade à formação do povo brasileiro.

No bojo desses 30 anos de vigência da Constituição da República, é fato que diversas foram as leis que se propuseram a encaminhar o processo de gozo pleno dos direitos de cidadania pelos negros e pardos brasileiros, tais como: Lei nº 7.716, de 5 de janeiro de 1989, que define os crimes resultantes de preconceito de raça ou cor; Lei nº 10.639, de 9 de janeiro de 2003, que determina a inclusão no currículo oficial da Rede de Ensino a obrigatoriedade da temática "História e Cultura Afro-Brasileira"; Decreto nº 4.887, de 20 de novembro de 2003, que disciplina o procedimento para identificação, reconhecimento, delimitação, demarcação e titulação das terras ocupadas pelos remanescentes das comunidades quilombolas, de que trata o artigo 68 do ADCT; Estatuto da Igualdade Racial, instituído pela Lei nº 12.288, de 20 de julho de 2010; Lei nº 12.711, de 29 de agosto de 2012, que regulamenta o ingresso nas universidades federais e nas instituições federais de ensino técnico de nível médio; e a Lei nº 12.990, de 9 de junho de 2014, que dispõe sobre a reserva de vagas aos negros em concursos públicos para provimento de cargos efetivos e empregos públicos na administração pública federal, autarquias, fundações públicas, empresas públicas e sociedades de economia mista controladas pela União.

De outra parte, o Supremo Tribunal Federal já foi instado a debater a constitucionalidade de alguns desses diplomas legais, tendo assentado em suas decisões a compatibilidade das medidas ao texto da Constituição. Foi o caso das Leis nºs 12.711/2012 e 12.990/2014, restando assentada a ausência de mácula às políticas afirmativas de acesso ao ensino superior federal e aos cargos públicos, como se depreende das seguintes ementas:

> Ementa: ARGUIÇÃO DE DESCUMPRIMENTO DE PRECEITO FUNDAMENTAL. ATOS QUE INSTITUÍRAM SISTEMA DE RESERVA DE VAGAS COM BASE EM CRITÉRIO ÉTNICO-RACIAL (COTAS) NO PROCESSO DE SELEÇÃO PARA INGRESSO EM INSTITUIÇÃO PÚBLICA DE ENSINO SUPERIOR. ALEGADA OFENSA AOS ARTS. 1º, CAPUT, III, 3º, IV, 4º, VIII, 5º, I, II XXXIII, XLI, LIV, 37, CAPUT, 205, 206, CAPUT, I, 207, CAPUT, E 208, V, TODOS DA CONSTITUIÇÃO FEDERAL. AÇÃO JULGADA IMPROCEDENTE. I – Não contraria – ao contrário, prestigia – o princípio da igualdade material, previsto no caput do art. 5º da Carta da República, a possibilidade de o Estado lançar mão seja de políticas de cunho universalista, que abrangem um número indeterminados de indivíduos, mediante ações de natureza estrutural, seja de ações afirmativas, que atingem grupos sociais determinados, de maneira pontual, atribuindo a estes certas vantagens, por um tempo limitado, de modo a permitir-lhes a superação de desigualdades decorrentes de situações históricas particulares. II – O modelo constitucional

brasileiro incorporou diversos mecanismos institucionais para corrigir as distorções resultantes de uma aplicação puramente formal do princípio da igualdade. III – Esta Corte, em diversos precedentes, assentou a constitucionalidade das políticas de ação afirmativa. IV – Medidas que buscam reverter, no âmbito universitário, o quadro histórico de desigualdade que caracteriza as relações étnico-raciais e sociais em nosso País, não podem ser examinadas apenas sob a ótica de sua compatibilidade com determinados preceitos constitucionais, isoladamente considerados, ou a partir da eventual vantagem de certos critérios sobre outros, devendo, ao revés, ser analisadas à luz do arcabouço principiológico sobre o qual se assenta o próprio Estado brasileiro. V – Metodologia de seleção diferenciada pode perfeitamente levar em consideração critérios étnico-raciais ou socioeconômicos, de modo a assegurar que a comunidade acadêmica e a própria sociedade sejam beneficiadas pelo pluralismo de ideias, de resto, um dos fundamentos do Estado brasileiro, conforme dispõe o art. 1º, V, da Constituição. VI – Justiça social, hoje, mais do que simplesmente redistribuir riquezas criadas pelo esforço coletivo, significa distinguir, reconhecer e incorporar à sociedade mais ampla valores culturais diversificados, muitas vezes considerados inferiores àqueles reputados dominantes. VII – No entanto, as políticas de ação afirmativa fundadas na discriminação reversa apenas são legítimas se a sua manutenção estiver condicionada à persistência, no tempo, do quadro de exclusão social que lhes deu origem. Caso contrário, tais políticas poderiam converter-se benesses permanentes, instituídas em prol de determinado grupo social, mas em detrimento da coletividade como um todo, situação – é escusado dizer – incompatível com o espírito de qualquer Constituição que se pretenda democrática, devendo, outrossim, respeitar a proporcionalidade entre os meios empregados e os fins perseguidos. VIII – Arguição de descumprimento de preceito fundamental julgada improcedente. (ADPF nº 186, Relator(a): Min. RICARDO LEWANDOWSKI, Tribunal Pleno, julgado em 26/04/2012, ACÓRDÃO ELETRÔNICO DJe-205 DIVULG 17-10-2014 PUBLIC 20-10-2014)

Ementa: Direito Constitucional. Ação Direta de Constitucionalidade. Reserva de vagas para negros em concursos públicos. Constitucionalidade da Lei nº 12.990/2014. Procedência do pedido. 1. É constitucional a Lei nº 12.990/2014, que reserva a pessoas negras 20% das vagas oferecidas nos concursos públicos para provimento de cargos efetivos e empregos públicos no âmbito da administração pública federal direta e indireta, por três fundamentos. 1.1. Em primeiro lugar, a desequiparação promovida pela política de ação afirmativa em questão está em consonância com o princípio da isonomia. Ela se funda na necessidade de superar o racismo estrutural e institucional ainda existente na sociedade brasileira, e garantir a igualdade material entre os cidadãos, por meio da distribuição mais equitativa de bens sociais e da promoção do reconhecimento da população afrodescendente. 1.2. Em segundo lugar, não há violação aos princípios do concurso público e da eficiência. A reserva de vagas para negros não os isenta da aprovação no concurso público. Como qualquer outro candidato, o beneficiário da política deve alcançar a nota necessária para que seja considerado apto a exercer, de forma adequada e eficiente, o cargo em questão. Além disso, a incorporação do fator "raça" como critério de seleção, ao invés de afetar o princípio da eficiência, contribui para sua realização em maior extensão, criando uma "burocracia representativa", capaz de garantir que os pontos de vista e interesses de toda a população sejam considerados na tomada de decisões estatais. 1.3. Em terceiro lugar, a medida observa o princípio da proporcionalidade em sua tríplice dimensão. A existência de uma política de cotas para o acesso de negros à educação superior não torna a reserva de vagas nos quadros da administração pública desnecessária ou desproporcional em sentido estrito. Isso porque: (i) nem todos os cargos e empregos públicos exigem curso superior; (ii) ainda quando haja essa exigência, os beneficiários da ação afirmativa no serviço público podem não ter sido beneficiários das cotas nas universidades públicas; e (iii) mesmo que o concorrente tenha ingressado em curso de ensino superior por meio de cotas, há outros fatores que impedem os negros de competir em pé de igualdade nos concursos públicos, justificando a política de ação afirmativa instituída pela Lei nº 12.990/2014. 2. Ademais, a fim de garantir a efetividade da política em questão, também é constitucional a instituição de mecanismos para evitar fraudes pelos candidatos. É legítima a utilização, além da autodeclaração, de critérios subsidiários de heteroidentificação (e.g., a exigência de autodeclaração presencial perante a comissão do concurso), desde que respeitada a dignidade da pessoa humana e garantidos o contraditório e a ampla defesa. 3. Por fim, a administração pública deve atentar para os seguintes parâmetros: (i) os percentuais de reserva de vaga devem valer para todas as fases dos concursos; (ii) a reserva deve ser aplicada em todas as vagas oferecidas no concurso público (não apenas no edital de abertura); (iii) os concursos não podem fracionar as vagas de acordo com a especialização exigida para burlar a política de ação afirmativa, que só se aplica em concursos com mais de duas vagas; e (iv) a ordem classificatória obtida a partir da aplicação dos critérios de alternância e proporcionalidade na nomeação dos candidatos aprovados deve produzir efeitos durante toda a carreira funcional do beneficiário da reserva de vagas. 4. Procedência do pedido, para fins de declarar a integral constitucionalidade da Lei nº 12.990/2014. Tese de julgamento: "É constitucional a reserva de 20% das vagas oferecidas nos concursos públicos para provimento de cargos efetivos e empregos públicos no âmbito da administração pública direta e indireta. É legítima a utilização, além da autodeclaração, de critérios subsidiários de heteroidentificação, desde que respeitada a dignidade da pessoa humana e garantidos o contraditório e a ampla defesa. (ADC 41, Relator(a): Min. ROBERTO BARROSO, Tribunal Pleno, julgado em 08/06/2017, PROCESSO ELETRÔNICO DJe-180 DIVULG 16-08-2017 PUBLIC 17-08-2017).

Registre-se, ainda, a recente decisão da Corte, prolatada em 08 de fevereiro de 2018, que declarou a constitucionalidade do Decreto nº 4.887/2003, que regulamenta o procedimento de identificação e titulação de terras ocupadas por remanescentes de comunidades quilombolas, no julgamento da Ação Direta de Inconstitucionalidade nº 3.239, cujo acórdão ainda não foi publicado, sendo redatora para o acórdão a Ministra Rosa Weber.

Evidentemente, nem a enunciação de direitos formulada no texto constitucional, nem os reforços operados pelas leis e decretos regulamentadores e decisões judiciais, mostram-se suficientes para a extirpação do racismo presente na sociedade brasileira, bem como para a erradicação dos males daí decorrentes, tais como a marginalização e os preocupantes índices de desenvolvimento humano da população negra em nosso País.

No ano de 2016, a relatora sobre Direitos de Minorias da ONU apresentou ao Conselho de Direito Humanos um relatório acerca da situação brasileira no tema, e as conclusões obtidas no que concerne ao retrato dos negros e pardos no Brasil mostra o tamanho do desafio que ainda aguarda solução:

> 89. However with regard to Afro-Brazilians, despite more than two decades of targeted policies and actions designed to advance their rights, there has been a failure to address the entrenched discrimination, exclusion, and poverty faced by these communities, particularly those living in favelas, periferias, and Quilombos, as well as other traditional communities. The statistical data reveals the disproportionate poverty and poor social and economic conditions experienced by many Afro-Brazilians. In key areas such as education, employment, health care and housing, Afro-Brazilians remain at the bottom of the socioeconomic ladder.
> 90. Racism and structural discrimination have a significant impact on the lives and opportunities available to Afro-Brazilians. They are a cause of marginalization and

poverty and are directly linked to vulnerability and violence. While Brazilian society faces extraordinarily high levels of violence, regrettably this violence also has a clear racial dimension. Of further concern is that many deaths are perpetrated by arms of the State, including the military police, often with complete impunity.

91. In this connection, the Special Rapporteur also remains concerned about the increasing criminalization of Afro-Brazilians, as evidenced by their disproportionately high incarceration rates. This has been compounded by the "war on drugs", which has led to a sharp rise in the incarceration of Afro-Brazilians, and the mainstream media, which present stereotypical images of Afro-Brazilians, often in connection with crime.

92. Significant efforts are also needed to ensure that Quilombo communities are able to have their lands demarcated, in accordance with the constitution. Furthermore, there is an apparent lack of full harmonization of the Government's priorities for economic development with its commitments to the rights of Quilombo communities as well as other traditional peoples. This problem is manifested by the absence of adequate prior consultation and lack of implementation of the principle of free prior and informed consent in the planning and execution of major development projects such as dams, infrastructure projects, agribusiness crop production and natural resource extraction activities on the lands of these traditional communities.

93. With regard to religious minorities, Brazil remains a diverse society with a high degree of religious tolerance. One exception, however, are the reports of growing numbers of attacks against religious communities of African origin, such as Candomblé and Umbanda. Incidents include the burning of temples, the desecration of Afro-religious symbols, and discrimination against peoples wearing traditional Afro-religious dress, including children in schools. Further efforts are needed to combat this phenomenon, and to ensure that Afro-religions are recognized and respected.[27]

O ordenamento constitucional que emerge após 1988 aponta caminhos e soluções às questões que a demanda por igualdade apresenta. No entanto, o campo de tensões e reconfigurações que permeia a concretização dos ditames da Constituição permanece aberto, e esse papel de viés emancipatório introduzido pela Carta Magna também se apresenta em constante construção; são palavras de Dora Lúcia de Lima Bertúlio:

> Os estudos sobre os novos direitos que especificam as diversas condições humanas para além dos direitos civis, sociais e políticos, estão propostos nessa nova apreensão – quais direitos devem ser buscados e explicitados dentro daquela generalidade para, apreendidos, somarem-se ao seu conjunto. O exercício é o de desmembrar para incluir, como condição necessária à adequada constituição humana, os direitos raciais.[28]

Passados já 130 anos da promulgação da Lei Áurea, entre avanços e retrocessos, o porvir ainda remanesce repleto de reptos em busca da democracia racial, especialmente se se trata a *justiça dos homens* como *justiça restaurativa*.[29]

---

[27] ONU. *Report of the Special Rapporteur on minority issues on her mission to Brazil*. Disponível em: <https://documents-dds-ny.un.org/doc/UNDOC/GEN/G16/021/35/PDF/G1602135.pdf?OpenElement>. Acesso em: 24 mar. 2017.

[28] BERTÚLIO, Dora Lúcia de Lima. O "Novo" Direito Velho: Racismo e Direito. In: WOLKMER, Antônio Carlos; LEITE, José Rubens Morato (Org.). *Os "novos" direitos no Brasil*: natureza e perspectivas: uma visão básica das novas conflituosidades jurídicas. 3. ed. São Paulo: Saraiva, 2016, p. 129.

[29] SOUZA CRUZ, Álvaro Ricardo de; WYKROTA, Leonardo Martins. Nos corredores do direito. In: SOUZA CRUZ, Álvaro Ricardo de (Coord.). *(O) outro (e) (o) Direito*. Belo Horizonte: Arraes Editores, 2015. v. 1. p. 49.

5 Nota de fecho

Nesta breve narrativa não se propôs nota de definitividade, nem testemunho ou confluência de parcialidade; o desígnio foi o de apresentar o longo caminhar em busca da efetivação de uma cidadania plena, por meio da igualdade racial. A despeito da abolição da escravatura, precedida por leis que intentaram diminuir o número de escravos no país, bem como de uma Constituição de feição progressista, somada a diversas leis e compromissos internacionais assumidos pelo Brasil, perdura o desafio de promoção de uma cidadania plena.

A ausência de políticas públicas e de leis protetivas aos direitos do recém-libertos, já desde o final do período imperial, consistiu em embaraço à superação entre a pobreza e a miserabilidade. A melhora das condições econômicas e sociais também não teve o condão de debelar os dilemas que o racismo produziu, ao estabelecer dentro do imaginário social um lugar para o negro, a obstacularizar o pleno gozo dos direitos de cidadania fixados em nossas Cartas ao longo desses cento e trinta anos.

Retomando a conceituação de cidadania exposta no introito a este trabalho, ao se conjugar as dimensões da liberdade negativa e da liberdade positiva – na proposta de Isaiah Berlin –, esta breve incursão sobre a questão da cidadania do negro no período pós-escravidão intentou demonstrar que, mesmo dentro de sociedades democráticas, a fruição por completo dos direitos fundamentais e daqueles relativos à participação política não se concretizou de imediato, tão somente com a transposição dessa população à condição de livres no território brasileiro.

Verificou-se, ainda, que a luta pela igualdade assumiu papel primordial a possibilitar a equiparação real de direitos entre brancos e negros e que, ainda que o Direito em nosso país não tenha se proposto explicitamente a fomentar a segregação entre distintas raças e etnias, como na experiência norte-americana, tanto lá como aqui, o preconceito dificultou a aplicação de leis e políticas públicas voltadas à redução das desigualdades de fundo racial.

Revela-se, porém, esse paradoxo aparente entre a essencialidade e a insuficiência do Direito na concretização dos ideais de cidadania plena a todos, e sobreleva de importância ao se constatar que, se o arcabouço jurídico não trouxe o fim das questões acima colocadas, de outra parte a ausência desses mecanismos de sindicabilidade de direitos é o que sinaliza, dentro de uma sociedade democrática, a possibilidade de inclusão dos direitos raciais dentro do debate aberto que caracteriza as sociedades plurais.

Ao contemplarmos a trajetória dos negros e pardos, de cativos a cidadãos, as garantias fundamentais obtidas em mais de dois séculos permitem apontar um caminho que, embora longe de representar o ponto final, serve de apoio no aplacar do borrão sonhado por Castro Alves. Aqui, expungir nódoas não é desvanecer pechas ou cicatrizes, pois memória se verte, acima de tudo, em responsabilidade, sob os limites e as possibilidades contidas no espaço normativo de sociedade juridicamente organizada nas balizas constitucionais da democracia.

Referências

ANDRADE, Bruno; FERNANDES, Bruno Diniz; DE CARLI, Caetano. O fim do escravismo e o escravismo sem fim: colonialidade, direito e emancipação social no Brasil/The end of slavery and endless slavery. Coloniality, law and social emancipation in abolitionist Brazil. *Revista Direito e Práxis*, [S.l.], v. 6, n. 1, p. 551-597, mar. 2015. ISSN 2179-8966. Disponível em: <http://www.e-publicacoes.uerj.br/index.php/revistaceaju/article/view/15415>. Acesso em: 31 jan. 2018.

BERCOVICI, Gilberto. A Constituição invertida: a Suprema Corte americana no combate à ampliação da democracia. *Revista Lua Nova*, São Paulo, n. 89, 2013, p. 103-137. Disponível em: <http://www.scielo.br/scielo.php?script=sci_arttext&pid=S0102-64452013000200005&lng=en&nrm=iso>. Acesso em: 08 fev. 2018.

BERLIN, Isaiah. Two concepts of liberty. In: *Four essays on liberty*. London: Oxford Paperbacks, 1969.

BERTÚLIO, Dora Lúcia de Lima. O "Novo" Direito Velho: Racismo e Direito. In: WOLKMER, Antônio Carlos; LEITE, José Rubens Morato (Org.). *Os "novos" direitos no Brasil*: natureza e perspectivas: uma visão básica das novas conflituosidades jurídicas. 3. ed. São Paulo: Saraiva, 2016, p. 127-163.

CARVALHO, José Murilo de. *Cidadania no Brasil:* o longo caminho. 22. ed. Rio de Janeiro: Civilização Brasileira, 2016.

CASTRO, Alexandre de; VASCONCELLOS JÚNIOR, Antonio. Cidadania negra: entre o jurídico e o sociológico. *Educação em Revista*, Marília, v. 11, n. 1, jan./jun. 2010, p. 65-76.

DOMINGUES, Petrônio. Movimento negro brasileiro: alguns apontamentos históricos. *Tempo*, Niterói, v. 12, n. 23, p. 100-122, 2007. Disponível em: <http://www.scielo.br/scielo.php?script=sci_arttext&pid=S1413-77042007000200007&lng=en&nrm=iso>. Acesso em: 09 fev. 2018..

MALTZ, Earl. Brown v. Board of Education and Originalism. In: GEORGE, Robert P. (Ed.). *Great cases in Constitutional Law*. Princeton University Press: Princeton, 1997.

ONU. *Report of the Special Rapporteur on minority issues on her mission to Brazil*. Disponível em: <https://documents-dds-ny.un.org/doc/UNDOC/GEN/G16/021/35/PDF/G1602135.pdf?OpenElement>. Acesso em 24 mar. 2017.

PENA, Eduardo Spiller. *Pajens da casa imperial:* jurisconsultos, escravidão e a lei de 1871. Campinas: Editora da Unicamp, 2001.

PEREIRA, Amílcar Araújo. A Lei 10.639/03 e o movimento negro: aspectos da luta pela "reavaliação do papel do negro na história do Brasil". *Cadernos de História*, Belo Horizonte, v. 12, n. 17, p. 25-45, out. 2011. Disponível em: <http://periodicos.pucminas.br/index.php/cadernoshistoria/article/view/P.2237-8871.2011v12n17p25>. Acesso em: 09 fev. 2018.

SÁ, Gabriela Barreto de. História do Direito no Brasil, escravidão e arquivos judiciais: análise da ação de liberdade de Anacleta. *Justiça & História*, v. 10, n. 19-20, p. 77/96, 2010.

SOUZA CRUZ, Álvaro Ricardo de (Coord.). *(O) outro (e) (o) Direito*. V. I. Belo Horizonte: Arraes Editores, 2015. 212 p.

SUNSTEIN, Cass R. Dred Scott v. Sandford and its legacy. In: GEORGE, Robert P. (Ed.). *Great cases in Constitutional Law*. Princeton University Press: Princeton, 1997.

Informação bibliográfica deste texto, conforme a NBR 6023:2002 da Associação Brasileira de Normas Técnicas (ABNT):

FACHIN, Luiz Edson; GONÇALVES, Fernanda Bernardo. Estado e Direito entre cativos e cidadãos. In: ARABI, Abhner Youssif Mota; MALUF, Fernando; MACHADO NETO, Marcello Lavenère (Coord.). *Constituição da República 30 anos depois*: uma análise prática da eficiência dos direitos fundamentais. Estudos em homenagem ao Ministro Luiz Fux. Belo Horizonte: Fórum, 2019. p. 93-110. ISBN 978-85-450-0598-8.

ESTADO LAICO E A CONSTITUCIONALIDADE DO ENSINO RELIGIOSO DE MATRÍCULA FACULTATIVA

ALEXANDRE DE MORAES

I Introdução

A questão da possibilidade de ensino religioso em escolas públicas foi amplamente discutida pelo STF na ADI nº 4.439. Conforme salientei no julgamento, uma das premissas básicas para a análise do tema é entender a importância da interdependência e complementariedade das noções de Estado Laico e Liberdade de Crença e de Culto. O campo de discussão é amplo, pois alcança a própria Liberdade de Expressão de pensamento sob a luz da *tolerância e diversidade de opiniões*.

Tolerância que vem sendo defendida pelo Supremo Tribunal Federal, relacionada à liberdade de manifestação de concepções políticas, ideológicas, de gênero, a partir da *diversidade de opiniões em sala de aula* sobre os mesmos fenômenos, em inúmeras ações promovidas pelo Ministério Público e com a participação de várias entidades da sociedade civil.

Estranhamente, pretendeu-se transformar essa correta *tolerância* e *defesa da diversidade de opiniões em sala de aula*, defendida para todas as demais manifestações de pensamento, em *censura prévia à livre manifestação de concepções religiosas em sala de aula, mesmo em disciplinas com matrícula facultativa*, transformando o ensino religioso em uma disciplina neutra, com conteúdo imposto pelo Estado, em desrespeito à liberdade religiosa.

Podemos concordar ou não com uma ou mais concepções religiosas, mas não há como negar que o pedido da presente ação pretende limitar o *legítimo direito subjetivo constitucional* do aluno que já possui religião ou de seu pai/responsável em matricular-se no *ensino religioso* de sua própria confissão, em verdadeira tentativa de tutela à livre manifestação de vontade e, consequentemente, de restrição à liberdade religiosa, uma vez que:

(a) a Constituição Federal, em texto constituinte originário, determina a implantação do ensino religioso;

(b) 92% da população brasileira (censo IBGE, 2010) tem uma determinada crença religiosa;
(c) a matrícula é facultativa, para proteção não só dos demais 8%, mas também de parcela dos 92% que, eventualmente, não tenham interesse em matricular-se.

Ora, diriam alguns grupos: a maioria das crenças religiosas tem ideias conservadoras em relação a temas importantes às minorias, consequentemente, é perigoso que possam propagar suas ideias em salas de aula, mesmo sendo para aqueles que voluntariamente optaram em cursar a disciplina.

Paradoxal que pareça, alguns grupos que auxiliaram as minorias a conquistar legítima e corretamente o direito de liberdade de expressão de suas ideias e convicções, inclusive em salas de aula e dentro de currículos de matérias de matrícula obrigatória, pretendem impor forte censura prévia às opiniões religiosas diversas, ao pleitearem um conteúdo neutro e meramente descritivo de religiões, em uma impensável "doutrina religiosa oficial", criada artificialmente pelo Poder Público, mesmo que em disciplinas de matrícula facultativa; confundindo a proibição de um Estado Confessional com a determinação constitucional para que o nosso Estado Laico garanta, em igualdade de condições, o ensino religioso no ensino fundamental das escolas públicas somente para aqueles que queiram.

A liberdade de expressão constitui um dos fundamentos essenciais de uma sociedade democrática e compreende não somente as informações consideradas como inofensivas, indiferentes ou favoráveis, mas também as que possam causar transtornos, resistência, inquietar pessoas, pois a Democracia somente existe baseada na consagração do pluralismo de ideias e pensamentos – políticos, filosóficos, religiosos – e da tolerância de opiniões e do espírito aberto ao diálogo.

Portanto, a partir do respeito ao Estado Laico, da interpretação da singularidade da previsão constitucional do ensino religioso e em respeito à liberdade religiosa, a definição do núcleo de seu próprio conceito baseado nos *"dogmas da fé"*, inconfundível com outros ramos do conhecimento científico, como história, filosofia ou ciência das religiões, é inegável que:

> O Poder Público, observado o binômio *Laicidade do Estado* (CF, art. 19, I)/*Consagração da Liberdade religiosa* (CF, art. 5º, VI), deverá atuar na regulamentação integral do cumprimento do preceito constitucional previsto no artigo 210, §1º, autorizando na rede pública, em igualdade de condições (CF, art. 5º, *caput*), o oferecimento de ensino confessional das diversas crenças, mediante requisitos formais previamente fixados pelo Ministério da Educação. Dessa maneira, será permitido aos alunos, que expressa e voluntariamente se matricularem, o pleno exercício de seu *direito subjetivo* ao *ensino religioso* como disciplina dos horários normais das escolas públicas de ensino fundamental, ministrada de acordo com os princípios de sua confissão religiosa, por integrantes da mesma, devidamente credenciados a partir de *chamamento público* e, preferencialmente, sem qualquer ônus para o Poder Público.

II Estado laico e liberdade de crença

A relação entre o Estado e as religiões, histórica, jurídica e culturalmente, é um dos mais importantes temas estruturais do Estado. A interpretação da Carta Magna brasileira, que manteve nossa tradição republicana de ampla liberdade religiosa, ao consagrar a inviolabilidade de crença e cultos religiosos, deve ser realizada em sua dupla acepção: (a) proteger o indivíduo e as diversas confissões religiosas de quaisquer intervenções ou mandamentos estatais; (b) assegurar a laicidade do Estado, prevendo total liberdade de atuação estatal em relação aos dogmas e princípios religiosos.

A presente hipótese deve partir da análise das razões excepcionais que levaram o legislador constituinte a estabelecer – de maneira única e singular em relação a qualquer outro ramo do conhecimento – um dispositivo constitucional determinando a inclusão de *ensino religioso, de matrícula facultativa, como disciplina dos horários normais das escolas públicas*.

Ressalte-se que não há possibilidade entre implementação ou não do ensino religioso, pois essa opção foi definida pelo legislador constituinte de 1988.

O *ensino religioso* previsto constitucionalmente é um *direito subjetivo individual e não um dever imposto pelo Poder Público*. A definição do núcleo imprescindível do *ensino religioso* como sendo os *dogmas de fé, protegidos integralmente pela liberdade de crença*, de cada uma das diversas confissões religiosas, demonstra que não há possibilidade de neutralidade ao se ministrar essa disciplina, que possui seus próprios dogmas estruturantes, postulados, métodos e conclusões que o diferenciam de todos os demais ramos do saber jurídico e deverá ser oferecida segundo a confissão religiosa manifestada voluntariamente pelos alunos, sem qualquer interferência estatal, seja ao impor determinada crença religiosa, seja ao estabelecer *fictício conteúdo misturando diversas crenças religiosas, em desrespeito à singularidade de cada qual*, ou confundindo o *ensino religioso* com o estudo de história, filosofia ou ciência das religiões.

A tensão existente entre Estado Laico e Confessional não se coloca na presente hipótese exatamente porque é vedado ao Estado impor, optar ou ser conivente com uma única e determinada crença religiosa no ensino público em detrimento de todas as demais.

Igualmente, a liberdade religiosa está consagrada na medida em que o texto constitucional:
a) expressamente garante a *voluntariedade da matrícula para o ensino religioso*;
b) implicitamente impede que o Poder Público crie ficta e artificialmente sua própria "religião", com um determinado conteúdo para essa disciplina, com a somatória de diversos preceitos religiosos e exclusão de outros, gerando uma *verdadeira miscelânea religiosa estatal*, que estaria ignorando os diferentes e, não poucas vezes, contraditórios dogmas e postulados das diversas religiões.

Não se pode, portanto, confundir Estado Confessional com um Estado laico que garanta o ensino religioso ministrado de acordo com os princípios da confissão religiosa do aluno, independentemente de sua crença.

O respeito ao binômio *Laicidade do Estado/Consagração da Liberdade Religiosa*, na implantação do *ensino religioso de matrícula facultativa*, somente será atingido com o afastamento do *dirigismo estatal* na imposição prévia de conteúdo, que significaria *verdadeira censura à liberdade religiosa*, e com a observância do Poder Público, tanto da livre e voluntária opção do aluno ou de seus pais e responsáveis na indicação de determinada crença religiosa, quanto da autonomia e autossuficiência das organizações religiosas em oferecerem as disciplinas de acordo com a confissão religiosa do aluno, em igualdade de condições.

A abrangência do preceito constitucional é ampla, pois, sendo a religião o complexo de princípios que dirigem os pensamentos, ações e adoração do homem para com Deus, deuses ou entidades, acaba por compreender a crença, o dogma, a moral, a liturgia e o culto, bem como o direito de duvidar, não acreditar ou professar nenhuma fé, consagrando, inclusive o dever do Estado de absoluto respeito aos agnósticos e ateus.

A coerção à pessoa humana, de forma a constrangê-la a renunciar sua fé ou obrigá-la a professar determinada crença, representa o desrespeito à diversidade democrática de ideias, filosofias e à própria diversidade espiritual, pois a proclamação constitucional da liberdade religiosa é a verdadeira consagração de maturidade do reconhecimento à liberdade de pensamento e livre manifestação de expressão, como salientado por Themistocles Brandão Cavalcanti (*Princípios gerais de direito público*. 3. ed. Rio de Janeiro: Borsoi, 1966. p. 253), garantindo-se a ideia fundamental de tolerância religiosa e a vedação a qualquer tipo de imposição estatal, seja impondo uma religião oficial em ferimento ao foro íntimo individual (Estado confessional), seja impondo um determinado conteúdo programático multifacetário diverso e não adotado pelas diversas crenças.

A plena liberdade religiosa deve assegurar o respeito à diversidade dos dogmas e crenças, sem a hierarquização de interpretações bíblicas e religiosas de um ou mais grupos em detrimento dos demais, que vem acarretando tantos sofrimentos desde as cruzadas e guerras santas até os atos de terrorismo em nome da fé. O respeito à fé alheia ou a ausência de qualquer crença religiosa é primordial para a garantia de segurança de nossa própria fé, pois a verdadeira liberdade religiosa consagra a pluralidade, como bem lembrado por Thomas More em sua grande obra, ao narrar que "as religiões, na Utopia, variam não unicamente de uma província para outra, mas ainda dentro dos muros de cada cidade, estes adoram o Sol, aqueles divinizam a Lua ou outro qualquer planeta. Alguns veneram como Deus supremo um homem cuja glória e virtudes brilharam outrora de um vivo fulgor".

O respeito a esse direito fundamental consagrado como garantia formalmente prevista pelas diversas constituições democráticas, lamentavelmente, ainda, não se transformou em uma realidade universal, mas se mantém no campo da utopia como um mandamento fundamental, conforme também lembrado por Thomas More: "os utopianos incluem no número de suas mais antigas instituições a que proíbe prejudicar uma pessoa por sua religião".

Assim, a Constituição Federal, ao consagrar a inviolabilidade de crença religiosa, está também assegurando plena proteção à liberdade de culto e às suas liturgias (FINOCCHIARO, Francesco. Il fenomeno religioso. I rapporti trà Stato e Chiesa cattolica. I culti non cattolici. *Manuale di diritto pubblico*. Bolonha: Il Molino, 1994. p. 943-964).

Um Estado *não consagra verdadeiramente a liberdade religiosa sem absoluto respeito aos seus dogmas, suas crenças, liturgias e cultos*. O direito fundamental à liberdade religiosa não exige do Estado concordância ou parceria com uma ou várias religiões; *exige, tão somente, respeito*; impossibilitando-o de *mutilar dogmas religiosos de várias crenças, bem como de unificar dogmas contraditórios sob o pretexto de criar uma pseudoneutralidade no "ensino religioso estatal"*.

O Estado deve respeitar todas as confissões religiosas, bem como a ausência delas, e seus seguidores, mas jamais sua legislação, suas condutas e políticas públicas devem ser pautadas por quaisquer dogmas ou crenças religiosas ou por concessões benéficas e privilegiadas a determinada religião.

O Poder Público tem a obrigação constitucional de garantir a plena liberdade religiosa, mas, em face de sua laicidade, não pode ser subserviente, ou mesmo conivente com qualquer dogma ou princípio religioso que possa colocar em risco sua própria laicidade ou a efetividade dos demais direitos fundamentais, entre eles, o princípio isonômico no tratamento de todas as crenças e de seus adeptos, bem como dos agnósticos e ateus.

É essa a ótica que deve garantir a efetividade da determinação constitucional do ensino religioso, de matrícula facultativa, como disciplina dos horários normais das escolas públicas de ensino fundamental (CF, art. 210, §1º), pautada pela análise da *excepcional e singular previsão constitucional do tema;* pelo *binômio Laicidade do Estado/ Consagração da Liberdade Religiosa* e pelo respeito ao *princípio da igualdade entre todas as crenças religiosas.*

III Singularidade da previsão constitucional do ensino religioso baseado nos dogmas da fé

A *singularidade da previsão constitucional do ensino religioso,* com todos os seus reflexos históricos e jurídicos decorrentes do relacionamento entre Estado/Religião, bem como em relação à evolução da liberdade religiosa, que passou a abarcar a ampla proteção de todas as crenças e cultos, o agnosticismo e o ateísmo, somada à *voluntariedade de sua matrícula* – que corresponde a um *direito subjetivo individual, e não a um dever imposto pelo Poder Público* –, o diferencia de qualquer outra disciplina ou matéria, por mais importante e relevante que seja, inclusive, como a Filosofia, História ou Ciência das Religiões.

Tanto *constitucionalmente,* quanto *epistemologicamente,* o *ensino religioso* não se confunde com nenhuma outra matéria, pois tem seus próprios postulados, métodos e conclusões que o diferenciam dos demais ramos do saber científico, apresentando diferentes trajetórias evolutivas e paradigmas estruturais.

Constitucionalmente, tanto o texto do artigo 210, §1º, da atual Constituição Federal, quanto o tratamento histórico das Cartas anteriores demonstram histórica e sistematicamente que o alcance do conteúdo da expressão *ensino religioso* é singular, não se confundindo com nenhum outro ramo do conhecimento e, plenamente, compatível com a *laicidade* do Estado.

Não faria sentido garantir a *frequência facultativa* às aulas de ensino religioso se esse se limitasse a enunciar, de maneira absolutamente descritiva e neutra, princípios e regras gerais das várias crenças. A descrição do fenômeno religioso pelos enfoques histórico, sociológico ou filosófico não ensejaria *nenhum motivo para a dispensa de comparecimento,* cabendo lembrar que há disciplinas de diversos cursos de ciências humanas, inclusive do Direito e Ciências Jurídicas, em que tais abordagens são corriqueiras e até imprescindíveis, sem que jamais se cogitasse da possibilidade de algum aluno eximir-se de frequentá-las.

O argumento histórico e sistemático empresta pleno respaldo a tais conclusões.

Sistematicamente, os constituintes de 1988 não se limitaram simplesmente a proclamar a laicidade do Estado e a liberdade religiosa, consagrando um inter-relacionamento e complementariedade entre ambos. Já no Preâmbulo invocaram a "proteção de Deus" e, ao longo de todo o texto da Carta Magna, demonstraram sua preocupação com o tema, estabelecendo amplo leque de vedações, direitos e garantias para assegurar a ampla *liberdade de crença e culto:*

a) determinou-se a prestação de assistência religiosa nas entidades civis e militares de internação coletiva (art. 5º, inciso VII);
b) foi expressamente proibida a privação de direitos por motivo de crença religiosa, salvo quando esta for invocada como motivo para eximir-se de obrigação legal a todos imposta (art. 5º, inciso VIII);
c) vedou-se ao Estado estabelecer ou subvencionar cultos religiosos ou igrejas, bem como embaraçar seu funcionamento (art. 19, inciso I);
d) possibilitou-se aos alistados no serviço militar que alegarem imperativo de consciência, decorrente de crença religiosa, convicção filosófica ou política, a prestação de serviço alternativo diverso das atividades essencialmente militares (art. 143, §1º);
e) ficou estabelecida a imunidade tributária aos "templos de qualquer culto" (art. 150, inciso VI, "b");
f) foram atribuídos efeitos civis ao casamento religioso (art. 226, §2º).

Nesse sentido, ao analisar o inciso VII do art. 5º da Constituição, o Professor José Afonso da Silva indica a existência desses *pontos de contato* entre Estado e Religião:

> O Estado Brasileiro é um Estado laico. A norma-parâmetro dessa laicidade é o art. 19, I, que define a separação entre Estado e Igreja. Mas como veremos ao comentá-lo, adota-se uma separação atenuada, ou seja, uma separação que permite pontos de contato, tais como a previsão de ensino religioso (art. 210, §1º), o casamento religioso com efeitos civis (art. 226, §2º) e a assistência religiosa nas entidades oficiais, consubstanciada neste dispositivo. Enfim, fazem-se algumas concessões à confessionalidade abstrata, porque não referida a uma confissão religiosa concreta, se bem que ao largo da história do país o substrato dessa confessionalidade é a cultura haurida na prática do Catolicismo. (*Comentário Contextual à Constituição*. 7. ed. Malheiros, p. 97, grifo nosso)

É nesse contexto que deve ser compreendida a previsão do ensino religioso: trata-se de aproveitar a estrutura física das escolas públicas – tal como amplamente existente no espaço público de hospitais e presídios, que já são utilizados em parcerias – para assegurar a livre disseminação de crenças e ideais de natureza religiosa àqueles que professam da mesma fé e voluntariamente aderirem à disciplina, mantida a neutralidade do Estado nessa matéria.

É importante ressaltar que a separação entre Estado e as igrejas, proclamada no art. 19, inciso I, da vigente Constituição – tal como em todas as Cartas do período republicano –, não prejudica a colaboração do Poder Público com entidades religiosas, como aquele mesmo dispositivo ressalva.

Citem-se, como exemplo, as parcerias do Poder Público nas áreas da saúde com as Santas Casas de Misericórdia (católicas) e com a Sociedade Beneficente Israelita Brasileira Albert Einstein, que tanto contribuem para a saúde no Brasil.

Houve, portanto, de maneira sistemática, a intenção constitucional de garantir o inter-relacionamento e a complementariedade entre a laicidade do Estado e a liberdade religiosa. O mesmo percebemos do ponto de vista histórico.

Limitando-me ao período republicano – uma vez que a unidade entre Estado e a Igreja no regime monárquico não oferece parâmetros adequados de comparação, visto que consagrava o Estado confessional com liberdade de crença, porém com restrições em relação aos cultos religiosos –, verifica-se que o ensino religioso facultativo nas escolas foi inicialmente previsto no Decreto nº 19.941, de 30 de abril de 1931, durante o Governo Provisório instaurado pela Revolução de 1930; seguido pela Constituição democrática de 1934, que estabeleceu, em seu art. 153 ("O ensino religioso será de frequência facultativa e ministrado de acordo com os princípios da confissão religiosa do aluno, manifestada pelos pais ou responsáveis, e constituirá matéria dos horários nas escolas públicas primárias, secundárias, profissionais e normais"), pela primeira vez no texto constitucional, o *ensino religioso,* mantendo em sua plenitude a *laicidade* do Estado.

Essa observação é importante, pois desde essa primeira previsão constitucional, o *ensino religioso* baseia-se no imprescindível respeito ao binômio *Laicidade do Estado* – ao não permitir que o Poder Público imponha como dever uma disciplina sobre determinada crença religiosa – e *Consagração da Liberdade Religiosa* – ao garantir a facultatividade da disciplina, em respeito aos agnósticos e ateus e o *direito subjetivo* dos alunos de, voluntariamente, por si ou pelos pais/responsáveis, ter ministrada a matéria de acordo com os princípios de sua própria confissão religiosa, e não por conteúdo imposto pelo Poder Público.

O respeito ao binômio *Laicidade do Estado/Consagração da Liberdade Religiosa* na previsão do *ensino religioso* foi mantido em nosso Direito Constitucional democrático. A Constituição de 1946 também adotou expressamente o mesmo modelo de ensino religioso, prevendo em seu artigo 168, inciso V, que "o ensino religioso constitui disciplina dos horários das escolas oficiais, *é* de matrícula facultativa e será ministrado de acordo com a confissão religiosa do aluno, manifestada por ele, se for capaz, ou pelo seu representante legal ou responsável".

Nossas duas Constituições de inspiração indiscutivelmente democrática previram explicitamente *o ensino religioso ministrado de acordo com a crença do aluno e de matrícula facultativa*. Vale notar que, mesmo durante o período ditatorial do Estado Novo, foi mantida a possibilidade – não a obrigatoriedade – de ser ministrado o ensino religioso confessional "como matéria do curso ordinário das escolas primárias, normais e secundárias", em caráter facultativo" (art. 133 da Carta de 1937).

A consagração do *ensino religioso,* segundo o binômio *Laicidade do Estado/ Consagração da Liberdade Religiosa,* garantiu o *direito subjetivo* à matrícula em disciplina ministrada de acordo com a confissão religiosa do voluntariamente interessado, em um ensino plurirreligioso – assim entendido como o oferecimento de ensinos confessionais correspondentes à crença dos diferentes alunos, a fim de não se favorecer determinada religião, em respeito ao princípio da igualdade –, como bem destacado pelo mestre Pontes e Miranda:

> O art. 168, V, da Constituição de 1946 instituiu o ensino religioso nas escolas, ministrado de acordo com os princípios da confissão religiosa do aluno, manifestada por ele, ou pelos pais, ou pelos responsáveis, e constitui matéria dos horários das escolas públicas. É o sistema do ensino religioso incluso nos horários escolares que é o do Estado de tipo alemão de 1919, pluri-religioso. (*Comentários à Constituição de 1946.* 3. ed. tomo VI. Borsoi, 1960, p. 216/217)

Outro de nossos grandes constitucionalistas, e também antigo integrante desta Corte, Themistocles Brandão Cavalcanti, há mais de meio século já enfrentava o cerne da presente questão. Após elogiar a decisão do constituinte de 1946 em adotar o ensino religioso facultativo nas escolas públicas, teceu pertinentes e sempre atuais considerações:

> (...) a laicidade absoluta é uma forma de intervenção do Estado nas consciências, porque contribui para a formação do espírito leigo, hostil a qualquer manifestação de natureza religiosa. (...) Em matéria religiosa o Estado deve ser neutro. Nada justifica sua intervenção, nem no sentido da religião oficial, nem da laicidade absoluta, porque são ambas formas extremas. Ambas são processos de intervenção. O Estado leigo não é o Estado anticlerical, mas o que respeita a crença e a religiosidade dos que nele vivem. O ensino religioso não deve, por isso, ser proibido, mas facultado, e, antes, facilitado como processo educacional, respeitadas as convicções religiosas dos pais ou mesmo da criança, quando já em estado de compreensão. (...). A mesma razão política ou filosófica que justifica a abolição do ensino religioso obrigatório justifica a abolição do ensino obrigatoriamente leigo. (...) A educação religiosa ou o sentido religioso a ser dado à educação constituem sem dúvida sólida base para a formação moral e intelectual das massas, porque tem fundamentos profundos e obedece a uma disciplina que não se encontra na educação inteiramente leiga. Mas isto não se poderia obter com uma errônea compreensão da liberdade de religião, que venha a cortar o livre desenvolvimento das ideias religiosas e de sua divulgação sob diversas formas, por iniciativa particular. (*A Constituição Federal Comentada*. 3. ed. J. Konfino – Editor, 1959, p. 101/105 – destaquei).

O constituinte de 1967 manteve o modelo confessional de ensino, no art. 168, inciso IV da Carta, também com referência expressa à facultatividade e à sua inclusão nos "horários normais das escolas de grau primário e médio", enunciado que permaneceu na Carta de 1969 (art. 176, §3º, inciso V).

O constituinte de 1987-1988, após longa e detalhada discussão, manteve o modelo histórico de *ensino religioso* baseado no citado binômio *Laicidade do Estado/Consagração da Liberdade Religiosa*, conforme se verifica nos Anais da Assembleia Nacional Constituinte.

A proposta relativa ao *ensino religioso* aparece desde a fase inicial dos trabalhos constituintes, na Comissão temática de Educação (art. 363 do primeiro anteprojeto). Nessa oportunidade, a proposta de sua supressão, formulada pelo constituinte Roberto Freire (Emenda CS01765-0), foi rejeitada liminarmente pelo presidente da Comissão de Sistematização, Senador Afonso Arinos, com apoio no parecer do relator-geral, Deputado Bernardo Cabral (decisão de 9.07.1987, v. 225 dos Anais da Assembleia Nacional Constituinte). Tal rejeição, saliente-se, fez-se com base no art. 19, §1º, do Regimento da Assembleia, que autorizava tal tratamento às propostas dissonantes das linhas mestras decorrentes do trabalho dos constituintes.

Na Comissão de Sistematização, o *ensino religioso* constou inicialmente do art. 277, parágrafo único do Substitutivo 1, divulgado em 26.08.1987. Esse primeiro esboço – e este ponto é de suma importância – indicava claramente para o ensino de natureza não confessional, afastando a tradição constitucional brasileira: "O ensino religioso, sem distinção de credo, constituirá disciplina facultativa".

Paralelamente, porém, já estava sendo considerada a proposta de Emenda PE-4, de iniciativa popular, contando com 66.637 assinaturas e que assim dispunha:

> A educação religiosa será garantida pelo Estado no ensino de 1º e 2º grau como elemento integrante da oferta curricular, respeitando a pluralidade cultural e a liberdade religiosa.

Essa proposta de Emenda PE-4, de iniciativa popular, indicava a supressão desse caráter não confessional do ensino e foi objeto de discussão na 10ª e na 15ª Reuniões Ordinárias da Comissão de Sistematização, em 23.07 e 1.09.1987 (Diário da Assembleia Nacional Constituinte, edições de 22.08.1987, Suplemento nº 132, p. 247/252, de 27.01.1988, Suplemento B, p. 476/479).

Após debates e votações, os constituintes rejeitaram:
a) o ensino religioso não confessional, sem distinção de credo, contida com todas as letras no Substitutivo 1;
b) a previsão de que essa disciplina seria "garantida pelo Estado"; substituindo pela consagração de sua facultatividade, em virtude de ser ministrado de acordo com a crença do optante (ensino confessional).

As exclusões foram mantidas em todas as fases seguintes (Projeto A, 24.11.1987; Projeto B, 5.07.1988; Projeto C, 15.09.1988; e Projeto D, 21.09.1988, este na Comissão de Redação Final) e, em conclusão, foi divulgado em 18.09.1987 o Substitutivo 2 da Comissão de Sistematização, cujo §2º do art. 236 trazia a redação que hoje vigora no texto constitucional.

Manteve-se, portanto, a tradição constitucional brasileira de *ensino religioso ministrado de acordo com a confissão religiosa do aluno, que, voluntariamente, se inscrever para a disciplina, respeitando-se dessa maneira a plena liberdade religiosa e não permitindo ao Estado escolher o conteúdo da matéria, em desrespeito as várias crenças existentes.*

Da mesma maneira que *constitucionalmente* a opção brasileira foi pelo ensino religioso de matrícula facultativa, ministrado segundo a confissão religiosa do aluno, *epistemologicamente*, o *ensino religioso* também não se confunde com nenhuma outra matéria, pois tem seus próprios dogmas estruturantes, postulados, métodos e conclusões que o diferenciam dos demais ramos do saber científico.

Não há dúvidas sobre a possibilidade de diversas crenças e religiões poderem ser estudadas de maneira meramente descritiva ou sob o ponto de vista neutro, histórico, filosófico, sociológico, antropológico, político, sociocultural e, mesmo, do ponto de vista jurídico; assim como esses diversos ramos da ciência humana estudam outros importantes temas; mas jamais se confundirão com o conteúdo específico e singular do "estudo religioso".

Tomemos como exemplo três importantíssimos ramos das ciências humanas, *história, filosofia e ciência das religiões*, cujas importâncias são indiscutíveis para o conhecimento e desenvolvimento da humanidade, mas que não se confundem com o *ensino religioso*.

A *história* é a ciência que estuda e investiga os acontecimentos relevantes ocorridos no passado da humanidade, tendo por objeto central o estudo do "homem", pois, como definido pelo historiador francês, Marc Léopold Benjamin Bloch, um dos fundadores da Escola dos Annales, "o objetivo da História é por natureza o homem", porque, segundo o também historiador britânico Robin George Collingwood, "A história é uma pesquisa que nos ensina o que o homem fez, portanto, o que é o homem". Não há dúvidas de que o estudo histórico das religiões teria por objetivo o estudo do próprio "homem" e, consequentemente, não se confunde e não pode substituir de maneira aceitável a determinação constitucional do oferecimento do "ensino religioso".

Mesmo em suas principais concepções filosóficas, o estudo da História não se confunde com o ensino religioso, pois, como exemplo, na *concepção idealista* (Friederich Hegel), a *razão e as ideias* têm o principal papel na evolução da humanidade; na *concepção cíclica* (Giambattista Vico), o progresso da humanidade se desenvolve em grandes ciclos repetitivos, independentemente da vontade do homem; *pela concepção psicológica-social* (Wilhelm Wundt), o desenvolvimento histórico decorre do estado psicológico predominante nos diversos agrupamentos sociais e, *na concepção materialista* (Karl Marx e Friederich Engels), o desenvolvimento histórico está relacionado ao fator econômico, aos meios de produção e à luta de classes.

Por sua vez, sendo a *filosofia* o "amor pela sabedoria", seu objeto de estudo é a natureza da existência humana, o conhecimento, a verdade, os valores morais, porém, sempre *com base na argumentação racional*, e, portanto, o inverso da religião, que se baseia nos *dogmas da fé*.

Nem mesmo a disciplina "ciência da religião", reconhecida como ramo das ciências humanas entre 1850 e 1870, por iniciativa do alemão Friederich Max Miller, se confunde com o *ensino religioso*, pois essa disciplina realiza uma análise neutra e é dividida em história das religiões (ramo empírico de pesquisa científica) e religiões comparadas (ramo sistemático de pesquisa de várias culturas religiosas), não abrangendo o objeto principal e primordial do *ensino religioso: os dogmas da fé*.

O ensino de *"Filosofia"*, *"História das Religiões"* ou mesmo *"Ciência das Religiões"* jamais atingiria o núcleo básico do *ensino religioso*, que consiste nos *dogmas da fé*, por meio da denominada *"Teologia revelada"*, ou seja, a transmissão e aceitação de informações que dependem de um assentimento de vontade pertencente ao *domínio exclusivo da fé*, inexplicável pela argumentação racional filosófica ou pelo estudo dos acontecimentos relevantes ocorridos no passado histórico da humanidade (CHIGNELL, Andrew; PEREBOOM, Derk. *Natural Theology and Natural Religion*, The Stanford Encyclopedia of Philosophy, Spring 2017, Edward N. Zalta).

São Tomás de Aquino, no século XIII, ao analisar os dogmas da fé, na *Suma contra os Gentios*, já apontava essa peculiaridade do estudo religioso, ao afirmar que é "evidentíssimo que existem verdades referentes a Deus e que excedem totalmente a capacidade da razão humana (...) Há, portanto, alguns atributos inteligíveis de Deus acessíveis *à* razão humana; outros, porém, que excedem totalmente a capacidade dessa mesma razão" (Livro I, capítulo III. Tradução de D. Odilão Moura baseada em parte na tradução de D. Ludgero Jaspers, EST-UCS-Sulina, Porto Alegre, 1990, v. 1, p. 22.)

Tomo, como exemplo dessa singularidade do ensino religioso, o mistério da Santíssima Trindade, constante no *Catecismo da Igreja Católica*:

> O mistério da Santíssima Trindade é o mistério central da fé e da vida cristã. É o mistério de Deus em si mesmo. E, portanto, a fonte de todos os outros mistérios da fé e a luz que os ilumina. É o ensinamento mais fundamental e essencial na «hierarquia das verdades da fé». «Toda a história da salvação não é senão a história do caminho e dos meios pelos quais o Deus verdadeiro e único, Pai, Filho e Espírito Santo, Se revela, reconcilia consigo e Se une aos homens que se afastam do pecado». (*Catecismo da Igreja Católica*, §234).

Não se trata de um ensinamento filosófico ou histórico, que pode ser ministrado religiosamente de maneira neutra. É uma questão de crença religiosa. É uma questão de fé.

Os alunos que, voluntariamente, pretendam ter o *ensino religioso católico*, querem aprender e absorver esse tópico – o *mistério da Santíssima Trindade* – da "Teologia revelada", por uma questão de fé; não lhes bastando a mera exposição descritiva de maneira neutra. Essa neutralidade anula totalmente a ideia de *ensino religioso*. Por outro lado, aqueles que professam a *crença islâmica*, igualmente, não devem – em uma aula neutra e multifacetária – ser submetidos a essa mesma exposição descritiva ou não, pois estará em conflito com sua própria crença.

As diversas confissões religiosas defendem a ideia de diálogo com as demais crenças, porém sempre reafirmam o *dogma da fé como princípio básico de seu ensino religioso*. Vejamos alguns exemplos:

> A IGREJA PRESBITERIANA aponta como sua visão "dedicar-se às ciências divinas e humanas, caracterizar-se pela busca continua da excelência no ensino e na pesquisa e primar pela formação integra do ser humano, em ambiente de fé", apontando como missão "educar o ser humano criado à imagem de Deus para o exercício consciente e crítico da cidadania e dignidade" (sme.mackenzie.br).
> A IGREJA EVANGÉLICA DE CONFISSÃO LUTERANA NO BRASIL – IECLB entende a educação como "compromisso fundamental da Igreja", defendendo que "a igreja deve estar a serviço da educação, zelando para que todos tenham acesso à educação, *à educação religiosa e à educação na fé*" e afirmando que toda sua ação educacional "deve ter com elemento fundante a base confessional evangélico-luterana." (www.luteranos.com.br)
> O ENSINO RELIGIOSO JUDAICO compreende o Torá, Avodah e Gemilut Hasadim. Estudo, adoração e atos de amor e gentileza formam a estrutura em que os judeus constroem a sua relação de fé com Deus, consigo e com o mundo. A partir disso, também passam a estudar a Tanach, o Talmude e a Midrash. (templeisrael.com)
> A IGREJA ANGLICANA tem como um dos seus objetivos "habilitar os alunos a encontrar o Cristianismo como a religião que moldou a cultura e a herança britânicas." (www.oxford.anglican.org)
> No caso das COMUNIDADES ISLÂMICAS, também o atributo da "fé" é essencial na caracterização da religiosidade, afirmando a Conferência Islâmica da Alemanha que "no caso do Islã, o reconhecimento do Corão e da Suna como a base da fé é suficiente." (www.deutschislamkonferenz.de)

A *neutralidade não existe no ensino religioso de qualquer confissão que se baseia, fundamentalmente, em dogmas de fé, protegidos integralmente pela liberdade de crença,* conforme decisão do Primeiro Senado do Tribunal Constitucional Federal Alemão, de 19 de outubro de 1971 (1 BvR 387/65. *Cinquentas anos de jurisprudência do Tribunal Constitucional Alemão.* Konrad Adenauer Stiftung. Coletânea original: Jürgen Schwabe).

Não há dúvidas de que professores de história poderiam ministrar aulas do surgimento e desenvolvimento cronológico das religiões e professores de filosofia poderiam percorrer alguns dos conceitos teológicos que a tradição filosófica admite que podem ser discutidos racionalmente; porém, nenhum deles saberia como lidar com a denominada "comunicação das verdades da fé", objeto estrito da revelação cuja inteligência não se deixaria captar pelo esforço exclusivo da razão humana. Para o núcleo principal do *ensino religioso* há necessidade de professores engajados na respectiva confissão religiosa.

E não se trata de permitir *proselitismo religioso*, que tem por objetivo a *conversão* de determinada pessoa para que adira a uma religião, pois o requisito constitucional primordial é a matrícula facultativa do aluno que já professa a crença objeto da disciplina.

Em conclusão, quem, exemplificadamente, pretender ter um *ensino religioso cristão*, obrigatoriamente, precisará ter acesso à *Bíblia*, cuja interpretação católica, luterana, calvinista, anglicana, pentecostal não é absolutamente idêntica; caso seja Espírita, também precisará extrair ensinamento do *Livro dos Espíritos* e ao *Evangelho Segundo o Espiritismo*, ambos de Allan Kardec. Por outro lado, esses textos serão substituídos pelo estudo judaico do *Torá;* ou pela análise do *Corão* no islamismo. Se for adepto de uma das Religiões de Matriz Africana, precisará estudar o culto aos orixás, o "jogo de búzios" ou "ifá", caso adote o Candomblé; ou o estudo dos rituais dos espíritos de Caboclos, Pretos-Velhos, Baianos, Exus, Pombagiras, caso adote a Umbanda.

Em todas essas hipóteses, e no ensino das demais confissões religiosas, a *neutralidade não existe, pois os ensinamentos e o aprendizado se baseiam, fundamentalmente, nos dogmas de fé,* que não podem ser substituídos por narrativas gerais, meramente descritivas, neutras e contraditórias.

Todas as demais ciências, por óbvio, são importantíssimas, tanto que obrigatórias no currículo escolar, inexistindo qualquer grau de hierarquia intelectual entre elas, mas cada qual apresenta seus postulados, métodos e conclusões que as definem como determinado ramo do saber científico, diferenciadas do *ensino religioso.*

Exatamente por não se confundirem com o ensino religioso, não houve necessidade de previsão específica da Constituição Federal e podem ser ministradas livremente com matrícula obrigatória.

O Poder Judiciário não pode substituir a legítima escolha que o legislador constituinte originário fez pelo *ensino religioso de matrícula facultativa* pelo ensino de filosofia, história ou ciência das religiões; sem, logicamente, a possibilidade de essas matérias serem ministradas paralelamente, com matrícula obrigatória.

De igual maneira, ao disciplinar o conteúdo do *ensino religioso,* será vedada ao poder público a adoção de qualquer das duas vertentes do *dirigismo estatal,* sob pena de desrespeito ao binômio *Laicidade do Estado/Consagração da Liberdade Religiosa.*

O *dirigismo estatal,* no sentido de optar pelo conteúdo programático de uma única crença, concedendo-lhe o monopólio do *ensino religioso uniconfessional,* configuraria flagrante privilégio e desrespeito ao *Estado Laico,* em clara inconstitucionalidade por desrespeito ao artigo 19, I, da Constituição Federal.

Da mesma maneira, o *dirigismo estatal,* no sentido de elaborar um conteúdo único e oficial para a disciplina *ensino religioso,* resumindo nesta disciplina alguns aspectos descritivos, históricos, filosóficos e culturais que entendesse principais de várias religiões e assumindo a responsabilidade de ministrá-la, configuraria um duplo desrespeito à *Consagração da Liberdade Religiosa,* pois simultaneamente estaria mutilando diversos dogmas, conceitos e preceitos das crenças escolhidas e ignorando de maneira absoluta o conteúdo das demais; bem como estaria obrigando alunos de uma determinada confissão religiosa a ter contato com crenças, dogmas e liturgias alheias à sua própria fé, em desrespeito ao artigo 5º, VI, da Constituição Federal. Essa opção poderia acarretar a inexequibilidade do dispositivo constitucional, pois, como salientado pelo Juiz Jackson, no famoso caso *West Virginia State Board Education v. Barnette,* 319, U.S 624 (1943), em que se reconheceu a ampla liberdade religiosa aos "Testemunhas de Jeová", "quem começa a eliminar coercitivamente as discordâncias logo a seguir está exterminando os que discordam. A unificação compulsória de opiniões só consegue a unanimidade do túmulo".

A interpretar o dispositivo da Lei de Diretrizes e Bases da Educação Nacional, o eminente Ministro Célio Borja, que já honrou esta Corte, apontou que:

O legislador não autorizou os sistemas de ensino a definir conteúdos da educação religiosa, mas a regulamentar os procedimentos mediante os quais serão eles estabelecidos pelos titulares da liberdade de religião – os indivíduos e suas famílias, as igrejas e cultos, expressamente contemplados no inciso I, do artigo 19, da Constituição. (*Revista de Direito*, v. 2, n. 4, 1998, p. 25-27)

Em sentido semelhante, decidiu o Primeiro Senado do Tribunal Constitucional Federal Alemão, em 16 de outubro de 1968 (1 BvR 241/66), que o Estado, apesar de laico, estaria violando a liberdade religiosa de determinada confissão, se não respeitasse sua esfera de autoentendimento, apontando que:

> É certo que o Estado laico tenha, em princípio, que interpretar os conceitos constitucionais a partir de aspectos neutros, universais, válido abstratamente e não vinculados confessional ou ideologicamente. Porém, numa sociedade pluralista, onde a ordem jurídica pressupõe justamente o auto entendimento religioso e ideológico, como ocorre com a liberdade de culto, o Estado violaria a autonomia e autossuficiência das igrejas e organizações religiosas e filosóficas em sua própria esfera, garantidas pela *Grundgesetz*, se ele não considerasse, na interpretação do exercício da religião resultante de uma determinada confissão religiosa ou ideológica o seu respectivo auto entendimento. (*Cinquentas anos de jurisprudência do Tribunal Constitucional Alemão*. Konrad Adenauer Stiftung. Coletânea original: Jürgen Schwabe)

O Estado, portanto, observado o binômio *Laicidade do Estado (CF, art. 19, I)/Consagração da Liberdade religiosa (CF, art. 5º, VI)* e o *princípio da igualdade (CF, art. 5º, caput)*, deverá atuar na regulamentação do cumprimento do preceito constitucional previsto no artigo 210, §1º, autorizando na rede pública, em igualdade de condições, o oferecimento de ensino confessional das diversas crenças, mediante requisitos formais e objetivos previamente fixados pelo Ministério da Educação. Dessa maneira, será permitido aos alunos que voluntariamente se matricularem o pleno exercício de seu *direito subjetivo* ao *ensino religioso* como disciplina dos horários normais das escolas públicas de ensino fundamental, ministrada de acordo com os princípios de sua confissão religiosa, por integrantes da mesma, devidamente credenciados e, preferencialmente, sem qualquer ônus para o Poder Público.

Analisando situação semelhante, o Tribunal Constitucional Português fez a diferenciação entre o Estado adotar determinada religião como oficial nas escolas públicas e a plena possibilidade de um Estado Laico garantir a todas as crenças, em igualdade de condições, a possibilidade de ministrarem o ensino religioso de acordo com a confissão do aluno, mediante matrícula facultativa:

> Seguramente que a Constituição veda toda e qualquer orientação religiosa do ensino púbico, assim como proíbe que as escolas públicas possam funcionar como agentes do ensino religioso. Mas não proíbe nem impede que o Estado possa facultar às diversas igrejas, em condições de igualdade, a possibilidade de estas ministrarem ensino da religião nas escolas públicas (cf. Gomes Canotilho e Vital Moreira. *Constituição da República Portuguesa Anotada*, 1º vol., 2ª ed., pp. 256 e 257). Os princípios constitucionais serão afrontados quando o Estado, quebrando a neutralidade que deve guardar nesta matéria, autoriza que as suas escolas ministrem o ensino de uma qualquer religião, outro tanto não sucedendo já quando o mesmo Estado, enquanto dinamizador dos valores e interesses socialmente legítimos que deve garantir e desenvolver, permite que nas escolas públicas esse ensino seja ministrado pelas confissões religiosas. (Acórdão nº 423/87 *in* Jorge Miranda. *Jurisprudência constitucional escolhida*. v. I. Universidade Católica Editora)

Dessa maneira, a dupla perspectiva dos direitos fundamentais, nas lições de Canotilho, estará alcançada, pois constituem "num plano jurídico-objectivo, normas de competência negativa para os poderes públicos, proibindo fundamentalmente as ingerências destes na esfera jurídica individual" (previsão da facultatividade da matrícula); quanto por implicarem "num plano jurídico-subjectivo, o poder de exercer positivamente direitos fundamentais (liberdade positiva) e de exigir omissões dos poderes públicos, de forma a evitar agressões lesivas por parte dos mesmos (liberdade negativa)" (a vedação à intervenção do Estado na elaboração de um currículo religioso oficial em dissonância com a crença religiosa do aluno) (*Direito constitucional*. Coimbra: Almedina, 1993, p. 541).

IV Conclusão

Competirá ao Estado, em observância ao *princípio da igualdade*, estabelecer regras administrativas gerais que permitam a realização de parcerias voluntárias sem transferências de recursos financeiros, em regime de mútua cooperação com todas as confissões religiosas que demonstrarem interesse, para a consecução do dispositivo constitucional, em termos semelhantes aos previstos na Lei nº 13.204, de 14 de dezembro de 2015.

Não se diga que a realização dessas parcerias voluntárias é inexequível, pois bastará às respectivas Secretarias de Educação realizarem prévio *chamamento público* para cadastrarem as confissões religiosas interessadas. Posteriormente, no período de matrícula da rede pública, deverão ser ofertadas as diversas possibilidades para que os alunos ou seus pais/responsáveis legais, facultativamente, realizem expressamente sua opção entre as várias confissões ofertadas ou pela não participação no ensino religioso. Com a demanda definida, o Poder Público poderá estabelecer os horários, preferencialmente nas últimas aulas do turno, para que haja a liberação daqueles que não pretendam participar, utilizando-se, inclusive, de rodízios de períodos, se assim for necessário.

Observe-se que já existe essa atuação do Poder Público como regulador na relação de parcerias com as religiões, tanto na área da saúde, quanto na área penitenciária.

Hipótese semelhante já ocorre em relação à execução do preceito constitucional da *assistência religiosa* prevista no inciso VII do art. 5º ("é assegurada, nos termos da lei, a prestação de assistência religiosa nas entidades civis e militares de internação coletiva"), que, da mesma maneira que o *ensino religioso*, encerra um direito subjetivo daquele que se encontra internado em estabelecimento coletivo, a ser exercitado voluntariamente em face da liberdade religiosa (BERISTAIN, Antonio. Asistencia religiosa. Derechos religiosos de los sancionados a penas privativas de libertad. *Revista de Informação Legislativa*, Brasília: Senado Federal, ano 24, n, 94, p. 296, abr./jun. 1987; OLIVEIRA, Marina Marigo Cardoso de. A religião nos presídios. *Justitia – Órgão do Ministério Público de São Paulo*, n, 97, p. 31).

Ao Estado coube a materialização das condições para a prestação dessa assistência religiosa, também plurirreligiosa, ou seja, de tantos credos quanto aqueles solicitados pelos internos e ministrados de acordo com os princípios de sua confissão religiosa.

Trata-se de uma norma constitucional de eficácia limitada, cuja regulamentação em relação às Forças Armadas foi dada pela Lei nº 6.923/1981, parcialmente alterada pela Lei nº 7.672, de 23.09.1988, ambas recepcionadas pela nova ordem constitucional. No tocante aos estabelecimentos prisionais, a Lei nº 7.210/1984 (Lei das Execuções Penais), igualmente recepcionada, em seu art. 24, estabelece que a assistência religiosa, com liberdade de culto, será prestada aos presos e aos internados, permitindo-lhes a participação nos serviços organizados no estabelecimento penal, bem como a posse de livros de instrução religiosa. Além disso, prevê-se que, no estabelecimento prisional, haverá local apropriado para os cultos religiosos e que nenhum preso ou internado poderá ser obrigado a participar de atividades religiosas.

O Conselho Nacional de Política Criminal e Penitenciária editou a Resolução nº 8/2011, assegurando o ingresso de representantes autorizados de "todas as religiões" em estabelecimentos prisionais, em "igualdade de condições" (art. 1º, incisos I e II, c.c. art. 9º), mediante prévio cadastramento de todas as organizações religiosas interessadas em prestar tal assistência, desde que legalmente constituídas há mais de um ano (art. 8º, §1º).

Da mesma maneira que o *ensino religioso* ministrado com absoluto respeito ao referido binômio *Estado Laico/Consagração da Liberdade Religiosa*, a prestação da assistência religiosa nesses estabelecimentos compatibiliza a existência do Estado laico e a previsão, como direito subjetivo individual do preso ou internado à sua liberdade religiosa, mediante a prestação de assistência religiosa e preservando-se, igualmente, a plena liberdade daqueles que não professam nenhuma crença religiosa.

É, portanto, constitucional e compatível com a laicidade do Estado o ensino religioso confessional como disciplina facultativa dos horários normais das escolas públicas de ensino fundamental.

Informação bibliográfica deste texto, conforme a NBR 6023:2002 da Associação Brasileira de Normas Técnicas (ABNT):

MORAES, Alexandre de. Estado Laico e a Constitucionalidade do Ensino Religioso de Matrícula Facultativa. In: ARABI, Abhner Youssif Mota; MALUF, Fernando; MACHADO NETO, Marcello Lavenère (Coord.). *Constituição da República 30 anos depois*: uma análise prática da eficiência dos direitos fundamentais. Estudos em homenagem ao Ministro Luiz Fux. Belo Horizonte: Fórum, 2019. p. 111-125. ISBN 978-85-450-0598-8.

AS LIBERDADES PÚBLICAS E O SUPREMO: 30 ANOS DE UMA NOVA HISTÓRIA CONSTITUCIONAL

ABHNER YOUSSIF MOTA ARABI

1 Introdução

A Constituição da República Federativa do Brasil de 1988 foi editada após cenas cinzentas da história brasileira. Se, de um lado, sabe-se que sob a égide da ditadura militar viveram-se momentos de rejeição e retrocesso dos direitos fundamentais; por outro, não se sabe ao certo, até hoje, grande parcela do que de fato ocorreu durante tal período. A condução da vida pública a partir da repressão às liberdades individuais e coletivas demonstrava práticas de governo autoritárias e antidemocráticas, muitas delas validadas por normas então integrantes do ordenamento jurídico brasileiro.

Em busca de uma superação a tal cenário, já desde sua elaboração, depositava-se na "Constituição cidadã" grandes esperanças em relação à instauração de novos paradigmas estruturantes do Direito, do Estado e da sociedade em nosso país. A partir da assunção da dignidade da pessoa humana como fundamento expresso da República, privilegiou-se o estabelecimento expresso de diversos direitos fundamentais ao longo das disposições constitucionais, contexto em que as liberdades públicas assumiram especial posição privilegiada.

Com efeito, ainda que não se conceba estabelecer uma hierarquia abstrata entre os diversos direitos fundamentais – apesar de muitos atribuírem uma posição de *sobredireito* –, pode-se dizer que as liberdades públicas (tais como as de expressão, de informação e de imprensa) assumem no conflito de direitos fundamentais posição preferencial (*preferred position*) na estruturação das garantias constitucionais. Quer-se com isso dizer que deve ser excepcional o seu afastamento, posição que atrai um elevado ônus argumentativo decisional, sem prejuízo das medidas de responsabilização *a posteriori* daqueles que extrapolarem os limites legítimos de seu exercício.

A partir dessa perspectiva, defere-se às liberdades públicas uma concepção de destaque no regime constitucional democrático, já que seu conteúdo jurídico representa, além de finalidades em si mesmas, valores instrumentais à realização de outros direitos fundamentais. Com efeito, por meio do exercício livre da informação, da expressão, do pensamento, de imprensa, da manifestação artística, de opinião, de protesto, de associação, entre outras, que se permite o exercício mais consciente e informado dos direitos políticos,[1] por exemplo, a partir de uma construção mais ampla de conhecimentos, que possibilite um maior fluxo de informações entre os que integram o ente soberano titular do poder: o *povo*.

Com maiores informações, adquiridas e compartilhadas de forma livre, fortalece-se também o debate público sobre questões de interesse social em uma determinada comunidade democrática, qualificando as possibilidades de resolução dos problemas que se apresentam. Ao mesmo tempo, possibilita-se a formação de uma identidade coletiva do corpo social, a partir da construção e manutenção de laços culturais e históricos de uma nação. Ainda, sob a perspectiva individual, a manutenção de liberdades públicas possibilita o desenvolvimento dos planos existenciais e autônomos de vida, conteúdo essencial para uma maior valorização da dignidade humana.

Dessa forma, sob o pretexto de uma análise prática da eficiência dos direitos fundamentais nesses 30 anos de Constituição, eixo temático comum da presente obra coletiva, entende-se que especial atenção deve-se atribuir às liberdades públicas constitucionais, que se revelam presentes no texto constitucional nos aspectos individual e também coletivo. Assim, o artigo se conduzirá por duas partes principais: na primeira, buscar-se-á expor os principais contornos do regime constitucional das liberdades e a sua importância para o novo projeto de sociedade inaugurado em 1988; na segunda, ter-se-á por objeto elucidar alguns célebres casos em que o Supremo Tribunal Federal se pôs a debater sobre este regime, especialmente quando em situação de conflito concreto com outros direitos fundamentais constitucionais.

Nesse sentido, serão abordados aspectos relativos à não recepção da Lei de Imprensa pela ordem constitucional de 1988, os limites das liberdades frente ao discurso de ódio (*hate speech*), seus contornos frente ao proselitismo e à liberdade religiosa, além do caso em que se assentou a possibilidade das biografias não autorizadas. Ademais, serão também apontados alguns temas do futuro, que certamente virão ao debate judicial perante os próximos anos de Constituição, tais como o direito ao esquecimento, as notícias falsas (*fake news*), os limites de exercício das liberdades nas redes sociais e também da liberdade de manifestação pública.

E, sobre o tema, destaca-se que o Ministro Fux, jurista merecidamente homenageado nesta obra coletiva, é um grande defensor das liberdades públicas, como instrumentos indispensáveis ao desenvolvimento de uma sociedade efetivamente democrática. Não de forma absoluta, já que, segundo seu pensamento, também este direito fundamental pode ser topicamente limitado em proteção a outras garantias constitucionais.

Neste ano de 2018, o homenageado exerceu também a Presidência do Tribunal Superior Eleitoral (TSE), conduzindo todo o processo de preparação e realização das eleições gerais, cuja ocorrência restou especialmente permeada por fortes debates públicos relativos às notícias falsas (*fake news*) e seus impactos no livre exercício do

---

[1] Relativamente à instrumentalidade do direito à informação para a efetividade de outros direitos, inclusive os políticos, Konrad Hesse assenta: "O equivalente necessário para a liberdade de manifestação da opinião é a liberdade de informação, como base de formação da opinião democrática. (...) Porque a liberdade de informação é pressuposto da publicidade democrática; somente o cidadão informado está em condições de formar um juízo próprio e de cooperar, na forma intentada pela Lei Fundamental, no processo democrático" (HESSE, Konrad. *Elementos de direito constitucional na República Federal da Alemanha*. Tradução de Luís Afonso Heck. Porto Alegre: Sergio Antonio Fabris Editor, 1998, p. 304-305).

direito ao voto. Trata-se de tema que envolve de forma direta e imediata os direitos de liberdades e os limites de seu alcance legítimo.

Nesses 30 anos de Constituição, Luiz Fux foi e tem sido membro do Poder Judiciário em todos eles: como juiz de direito, desembargador, Ministro do Superior Tribunal de Justiça e, desde 2011, Ministro do Supremo Tribunal Federal. Ao longo de sua atuação, primou sempre pela eficácia prática das normas constitucionais, especialmente aquelas que dizem respeito aos direitos fundamentais, que buscam concretizar no plano da vida real a dignidade da pessoa humana. Justa, portanto, a homenagem!

2 O regime constitucional das liberdades públicas

A liberdade é um valor marcante ao longo de todo o texto constitucional, estando tal vetor axiológico presente desde seus fundamentos, até suas disposições finais e transitórias. Fala-se, assim, em livre iniciativa como fundamento da República (arts. 1º, IV); na construção de uma sociedade livre como objetivo fundamental (art. 3º, I); no direito à liberdade (art. 5º, *caput*); na livre manifestação do pensamento (art. 5º, IV); na liberdade de consciência e de crença e no livre exercício dos cultos religiosos (art. 5º, VI); na livre expressão da atividade intelectual, artística, científica e de comunicação, independentemente de censura ou licença (art. 5º, IX); no livre exercício de trabalho, ofício ou profissão (art. 5º, XIII); na livre locomoção no território nacional (art. 5º, XV); na liberdade de reunião e de associação (art. 5º, XVI e XVII); na livre associação profissional ou sindical (arts. 8º e 37, VI); na liberdade partidária (art. 17); na livre iniciativa e livre concorrência como princípios da ordem econômica (art. 170, *caput* e IV); na liberdade de aprender, ensinar, pesquisar e divulgar o pensamento, a arte e o saber como princípio do ensino (art. 206, II); na plena liberdade de informação jornalística (art. 220, §1º), em meio a outras ocorrências. Dentre essas várias liberdades, individuais e coletivas, destacam-se algumas de especial natureza público-democrática, que serão objeto de maior atenção deste artigo, como a liberdade de expressão, de informação e de imprensa.

Em tal contexto, atribui-se amplo alcance à liberdade de expressão, cujo âmbito de proteção alberga, a princípio, todo tipo de opinião, convicção, comentário ou avaliação sobre qualquer tema ou indivíduo, não cabendo atribuir a qualquer órgão estatal quaisquer análises ou crivos prévios, seja quanto à (im)possibilidade da manifestação, seja quanto à (im)pertinência de seu conteúdo, seja qualquer outro. Em regra, eventuais excessos a penas podem ser valorados após o efetivo exercício da liberdade de manifestação ou informação, não se admitindo juízos prévios, cuja existência consubstanciaria odiosa censura.[2] Presume-se, neste momento, que devem prevalecer

---

[2] Como afirmava Alexis de Tocqueville, "num país onde reina ostensivamente o dogma da soberania do povo, a censura não é apenas um perigo, mas ainda, um grande absurdo" (TOCQUEVILLE, Alexis de. *A democracia na América*. 4. ed. Tradução de Neil Ribeiro da Silva. Belo Horizonte: Itatiaia, 1998, p. 141). Com efeito, se o povo é o titular soberano do poder político exercido de um corpo democrático, não se pode excluir de forma apriorística a possibilidade de seu conhecimento sobre o conteúdo da manifestação ou expressão que se quer fazer, a qual é presumivelmente albergada pelas liberdades públicas condicionais. O ponto é também destacado de forma semelhante pelo Ministro Gilmar Mendes e Paulo Gustavo Gonet Branco, que em sede doutrinária assinalam: "A liberdade de expressão, enquanto direito fundamental, tem, sobretudo, um caráter de pretensão a que o Estado não exerça censura. Não é o Estado que deve estabelecer quais as opiniões que merecem ser tidas como válidas e aceitáveis; essa tarefa cabe, antes, ao público a que essas manifestações se dirigem. Daí a garantia do art. 220 da Constituição brasileira. Estamos, portanto, diante de um direito de índole marcadamente defensiva – direito a uma abstenção pelo Estado de uma conduta que interfira sobre a esfera de liberdade do indivíduo" (MENDES, Gilmar

as liberdades públicas constitucionais, cuja ilegitimidade ou excesso apenas poderão ser avaliados após a exteriorização de seu conteúdo. Entender de outro modo seria validar uma desfiguração de seu núcleo essencial, além de frustrar o caráter instrumental que as liberdades públicas possuem para ensejar as condições materiais de exercício de outros direitos individuais e coletivos.[3] Ofender as liberdades democráticas, portanto, é não apenas violá-las, mas também agredir diversos outros direitos fundamentais.

Apesar dessa posição de relevo, que faz nascer a afirmação de que possuem *posição preferencial* no regime constitucional de tutela aos direitos fundamentais, não se confere a essas liberdades públicas caráter absoluto, de modo que seu exercício imoderado pode ensejar responsabilização e limitações, advindas do próprio texto constitucional. Assim é que a liberdade de manifestação do pensamento é acompanhada da vedação do anonimato (art. 5º, IV), como a finalidade de possibilitar a responsabilização reparatória *posterior*; assegura-se, ao lado da devida indenização, o direito de resposta (art. 5º, V);[4] a possibilidade de classificação indicativa de diversões públicas e de programas de rádio e televisão (art. 21, XVI);[5] limitação à veiculação de publicidade de determinados produtos nocivos à saúde humana (art. 220, §4º).[6]

Além dessas restrições expressas, há diversas situações em que, na análise de um caso concreto, as liberdades públicas revelam-se conflitantes com outros valores igualmente constitucionais, situações em que se deve buscar uma interpretação conciliatória entre os princípios conflitantes. Nesse ponto, grandes embates se erigem, especialmente em relação à intimidade, à vida privada, à honra e à imagem das pessoas, direitos fundamentais também expressamente albergados pelo texto constitucional de 1988 (art. 5º, X).

Ferreira; BRANCO, Paulo Gustavo Gonet. *Curso de direito constitucional*. São Paulo: Saraiva, 2015, p. 264-265).

[3] Sobre o ponto, Thommas Jefferson, um dos *founding fathers* do sistema constitucional norteamericano afirmava que "a liberdade de falar e escrever protege nossas outras liberdades" (JEFFERSON, Thommas. *Jefferson on Freedom*: wisdom, advice, and hints on freedom, democracy, and the american way. New York: Skyhorse Publishing, 2011, p. 104, tradução livre de: "*The liberty of speaking and writing guards our other liberties*"). Ressaltava-se, já desde então e além de sua importância própria intrínseca, o valor instrumental das liberdades democráticas.

[4] O tema é objeto tratamento específico pela Lei nº 13.188/2015, que dispõe sobre o direito de resposta ou retificação do ofendido em matéria divulgada, publicada ou transmitida por veículo de comunicação social. Outro exemplo de aplicação direta do direito de resposta é o processo de propagandas eleitorais
Em que se assegurava tal direito "a candidato, partido ou coligação atingidos, ainda que de forma indireta, por conceito, imagem ou afirmação caluniosa, difamatória, injuriosa ou sabidamente inverídica, difundidos por qualquer veículo de comunicação social" (art. 58 da Lei nº 9.504/1997).

[5] Sobre o tema, por exemplo, o Supremo Tribunal Federal declarou a inconstitucionalidade da expressão "em horário diverso do autorizado", do artigo 254 do Estatuto da Criança e do Adolescente (Lei nº 8.069/1990). O dispositivo previa infração administrativa, à qual se atribuía a sanção de multa, a transmissão, por meio de rádio ou televisão, de espetáculo em horário diverso do autorizado ou sem aviso de sua classificação indicativa. Entendeu-se que a expressão declarada incompatível com a Constituição poderia significar a inadmissível possibilidade de censura pela Administração Pública. Nesse sentido, a classificação de programas para a sua exibição nos horários recomendados ao público infantil, apenas pode ter caráter indicativo, não mandamental (ADI nº 2.404, rel. Min. Dias Toffoli, Tribunal Pleno, julgamento em 31.08.2016, *DJe* de 01.08.2017).

[6] A Lei nº 9.294/1996 estabelece, por exemplo, limitações à propaganda de bebidas alcoólicas, entendidas como tais aquelas potáveis com teor alcoólico superior a treze graus Gay Lussac (art. 1º, parágrafo único). O dispositivo foi impugnado perante o Supremo Tribunal Federal mediante Ação Direta de Inconstitucionalidade, em que a Procuradoria-Geral da República alegava a existência de omissão legislativa parcial consistente na ausência de regulamentação das propagandas de bebidas de teor alcoólico inferior aos referidos 13 graus. Entretanto, em deferência às legítimas escolhas legislativas, entendeu-se não caber ao Tribunal estabelecer novas restrições à liberdade de publicidade, julgando-se improcedente o pedido (ADO nº 22, rel. Min. Cármen Lúcia, Tribunal Pleno, julgamento em 22.04.2015, *DJe* de 03.08.2015).

Com efeito, reconhecidas as liberdades públicas como princípios estruturantes do regime democrático, admitidos estes como espécies de normas jurídicas, sua aplicação concreta em situações de conflito pode revelar temperamentos em sua aplicação, a partir do sopesamento entre os direitos constitucionais colidentes.[7] A partir dessa constatação, chega-se à relevância que a atuação judicial possui na proteção das liberdades públicas e na definição do seu âmbito de proteção.

Entretanto, na análise desses casos, também a atuação judicial não deve se revelar como restrições prévias ou censuráveis ao exercício livre dos direitos de manifestação, informação e expressão. Quando provocado, o crivo jurisdicional deve se dar também posteriormente, já que a publicização de informações e manifestações em uma sociedade democrática se sujeita não apenas a limites jurídicos, mas também éticos, epistemológicos e valorativos, não se validando qualquer conteúdo por elas veiculado. Nesse sentido, outros importantes fundamentos constitucionais passam a fazer frente às liberdades públicas, não para afastá-las ou impedi-las, mas para lhe impor limites. É o caso, por exemplo, da dignidade da pessoa humana, que parece albergar em si diversos outros preceitos constitucionais relevantes, constituindo simultaneamente parcela fundamental do conteúdo das liberdades públicas, mas também de seus limites legítimos.

A partir desses vetores simultâneos, revela-se possível combater os desvios e excessos discursivos, como quando se quer promover o discurso de ódio (*hate speech*), cujo intuito principal não é veicular informações socialmente relevantes, mas apenas desqualificar de forma indigna aquele que é diferente, sem revelar qualquer noção de alteridade ou solidariedade democrática.[8] A posição preferencial não veda a atribuição de consequências jurídicas àquilo que se expressou, mas antes reforça a sua possibilidade, a partir da valorização do exercício responsável das liberdades constitucionais.

Nesse ponto, exsurge outra interessante perspectiva da proteção das liberdades e da impossibilidade de censura prévia, ainda que possível a adequada responsabilização posterior. Trata-se de oportunizar espaços discursivos e de debate para as ideias minoritárias em uma sociedade, veiculando mais um exemplo da função contramajoritária a ser fomentada pelo Direito,[9] inclusive no âmbito do exercício da jurisdição constitucional.[10]

---

[7] ALEXY, Robert. *Teoria dos direitos fundamentais*. Tradução de Virgílio Afonso da Silva. São Paulo: Editora Malheiros, 2011.

[8] A partir dessa constatação é que se permite, por exemplo, expungir discursos de conteúdos eminentemente racistas, misóginos ou que se voltem contra a dignidade de outras pessoas humanas diversas daquele que emite a mensagem. Em abstrato, essas práticas não podem ser consideradas compatíveis com o regime constitucional das liberdades públicas, variando o alcance de sua repressão conforme o próprio conteúdo manifestado no caso concreto.

[9] DWORKIN, Ronald. *Taking rights seriously*. Cambridge, Massachusetts: Harvard University Press, 2002.

[10] Como em outra oportunidade já se afirmou: "Em meio a um quadro de grande multiplicidade e diversidade nas sociedades contemporâneas, é preciso zelar também pelos grupos minoritários, para que estes não acabem sendo vítimas de atos de exclusão social e de intolerância, e para que se garanta o respeito para com o diferente. Nessa perspectiva o Estado Constitucional e Democrático de Direito ainda é o melhor, senão o único, modo pelo qual sejam garantidos os direitos de tais minorias. Nessas democracias, importante papel tem tido o Judiciário com seu traço contramajoritário, e o desenvolvimento, dentro de tal paradigma de Estado, de um modelo jurídico-político capaz de se adequar a diferentes contextos e a distintas realidades étnicas, culturais, regionais e religiosas, o que contribui para uma maior justiça social, bem como para um maior reconhecimento efetivo de camadas da população que, *a priori*, se encontrariam excluídas em muitas das esferas sociais" (ARABI, Abhner Youssif Mota. *A tensão institucional entre o Judiciário e o Legislativo*: controle de constitucionalidade, diálogo e a legitimidade da atuação do Supremo Tribunal Federal. Curitiba: Prismas, 2015, p. 34-35).

Com efeito, os discursos majoritários, que por si sós já contam com o apoio da maior parcela dos membros de um corpo democráticos, sustentam-se a si mesmos, oportunizando-lhes espaços de veiculação a partir da própria adesão ampla que possuem. Entretanto, uma concepção constitucionalizada de democracia não se sustenta apenas a partir do respeito às maiorias, mas, igualmente, de respeito à diferença e consideração também das vozes minoritárias, as quais devem ter, com especial relevância, resguardadas as suas formas livres de expressão.

Ademais, ainda relativamente às disposições constitucionais, há que se atentar para a existência da previsão de princípios setoriais relativamente à regulação normativa da comunicação social. Nesse âmbito, que abrange a manifestação do pensamento, a criação, a expressão e a informação, sob qualquer forma, processo ou veículo, não se permite a imposição de restrições nem mesmo por via legal, erigindo-se o princípio setorial de vedação à censura de qualquer natureza, seja ela política, ideológica ou artística (art. 220, §§1º e 2º).

Todos esses pontos aqui elencados relativamente ao regime constitucional de tutela das liberdades públicas evidenciam a sua destacada importância para a realização do projeto de sociedade reinaugurado em 1988, calcado, entre outros fundamentos, na dignidade da pessoa humana. Em razão dessa importância, as situações que coloquem esses direitos fundamentais sob ameaça ou violação devem ser alvo de uma atuação concreta direcionada ao seu afastamento, ponto em que exsurge essencial o entendimento da atuação judicial. Por isso é que, nesse intuito de análise dos direitos fundamentais, dedica-se maior espaço a elencar decisões relevantes sobre o tema proferidas pelo Supremo Tribunal Federal nesses 30 anos de Constituição.

3 As liberdades públicas perante o STF: casos de destaque

Nesses 30 anos de Constituição, diversos casos de destaque relativamente às liberdades públicas foram levados à apreciação do Supremo Tribunal Federal. A partir da notoriedade que tiveram e dos conflitos que se erigiram em relação a outros princípios constitucionais, apontam-se as situações da inconstitucionalidade da Lei de Imprensa; os limites das liberdades frente ao discurso de ódio (*hate speech*), seus contornos frente ao proselitismo e à liberdade religiosa, além do caso das biografias não autorizadas. Ademais, serão também apontados alguns temas do futuro para os próximos anos de Constituição, tais como o direito ao esquecimento, as notícias falsas (*fake news*), os limites de exercício das liberdades nas redes sociais e também da liberdade de manifestação pública.

3.1 ADPF nº 130: não recepção da Lei de Imprensa

Em 1967, ainda no início do regime militar, editou-se a Lei nº 5.250/1967, que tinha por objetivo a regulação da liberdade de manifestação do pensamento e de informação. Como sinal de sua triste época, tal ato normativo estabelecia, ainda que de forma velada, severas restrições ao exercício dessas liberdades, cuja limitação era crucial para o prolongamento do regime político que ali se iniciava.

Nesse sentido é que, apesar de seu artigo inicial assegurar a livre manifestação do pensamento e de informações independentemente de censura e sem prejuízo de posterior responsabilização, formulavam-se alguns limites sob cláusulas gerais de conteúdo indeterminado, possibilitando a ampla restrição dessas condutas que pretensamente se afirmavam livres. Vedava-se, por exemplo, a promoção de "processos de subversão da ordem política e social", cuja indeterminação representava elevado subjetivismo para repressão de manifestações que se opusessem aos interesses dos que então compunham o poder político. De modo semelhante, afirmava-se a expressa sujeição a censura prévia os "espetáculos e diversões públicas", ou mesmo situações em que essa atividade restritiva se estendia aos jornais e periódicos, por exemplo. Procurava-se não apenas limitar o exercício individual de manifestação de pensamento, mas também a liberdade de informação e de imprensa, que eram reguladas sob cabresto e rédeas curtas. Afirmava-se uma falsa liberdade, na qual algumas ideias eram mais *livres* que outras.

Em 19.02.2008, a referida lei foi impugnada perante o Supremo Tribunal Federal pelo Partido Democrático Trabalhista (PDT), mediante a Arguição de Descumprimento de Preceito Fundamental (ADPF) nº 130, distribuída à relatoria do Ministro Carlos Ayres Britto. Em 30.04.2009, o Plenário da Corte assentou a não recepção da norma impugnada pela nova ordem constitucional, a partir de premissas cujo destaque se impõe.

O caso envolvia, de modo mais próximo, a proteção jurídica à liberdade de imprensa, ali tratada como sinônimo da liberdade de informação jornalística (art. 220, §1º, da CRFB/88). Esse direito constitucional foi expressamente considerado pelo Tribunal como um instrumento de reforço e sobretutela de outras liberdades (de manifestação do pensamento, de informação, de expressão artística, científica, cultural etc.), a ensejar a referência à imprensa como uma *instituição-ideia*. Destacou-se, assim, seu essencial valor democrático, não apenas para a formação das convicções individuais ou da opinião pública, mas também como meio não estatal de explicação pública dos fatos relevantes para o interesse público e social, o que também atrai a necessidade de pluralização das fontes de informação, sem que sobre qualquer delas se exerça controle estatal.

Reconhecendo sua umbilical decorrência da dignidade democrática da pessoa humana e com o atingimento de um *status* civilizatório que se quer alcançar, afirmou-se uma precedência abstrata dos direitos de liberdade em relação a outros direitos fundamentais de mesma estatura constitucional – o que aqui se denominou de posição preferencial.[11] Com efeito, é possível identificar um conflito potencial entre dois blocos de direitos de personalidade fundamentais: de um lado, as liberdades públicas, composta por diversos vetores aqui já enunciados; de outro, um segundo bloco, integrado pelos direitos à vida privada, à intimidade, à honra e à imagem. Nesse confronto, entendeu a Corte por uma precedência do primeiro bloco, incidindo o segundo apenas em um momento posterior, quando verificada a ocorrência de abuso ou dano a partir

---

[11] Conforme trecho da ementa do julgado, a Corte chegou a afirmar que "os direitos que dão conteúdo à liberdade de imprensa são bens de personalidade que se qualificam como sobre direitos. Daí que, no limite, as relações de imprensa e as relações de intimidade, vida privada, imagem e honra são de mútua excludência, no sentido de que as primeiras se antecipam, no tempo, às segundas; ou seja, antes de tudo prevalecem as relações de imprensa como superiores bens jurídicos e natural forma de controle social sobre o poder do Estado, sobrevindo as demais relações como eventual responsabilização ou consequência do pleno gozo das primeiras".

do exercício de um direito de liberdade.[12] Tratar-se-ia, até mesmo, de uma precedência temporal quanto aos momentos de incidência de cada um desses blocos constitucionais.

E essa posição preferencial decorre não de uma posição interpretativa subjetiva ou de um mero voluntarismo judicial, mas de um cotejo estabelecido desde as próprias normas constitucionais explícitas. É que na Constituição se afirma a plena liberdade[13] de informação jornalística em qualquer veículo de comunicação social, em relação a cujo exercício é vedada *toda e qualquer* censura de natureza política, ideológica e artística.

Desde essa preferência e radical proteção constitucional, a Corte reconheceu como decorrência direta que apenas outras disposições constitucionais expressas podem servir como limitação ao exercício *pleno* das liberdades públicas.[14] Em relação à liberdade de imprensa, indicou-se a necessidade de que o controle dos abusos que dela podem decorrer tenham lugar em momento posterior ou a partir de regulações não estatais de seu exercício, seja a partir de uma atuação própria do setor – a partir da comprovação da inveracidade de uma determinada informação, por exemplo –, ou mesmo por um filtro social, cuja existência apenas se torna possível mediante um elevado fluxo de informações, a partir do qual se consiga distinguir as informações fidedignas das duvidosas.

Ao final, o Tribunal assentou não apenas a incompatibilidade material da norma com a Constituição de 1988, mas também a incoerência lógica, a partir dos ditames constitucionais, da existência de uma *Lei de Imprensa*, como norma infraconstitucional destinada a regulamentar aspectos irregulamentáveis de liberdades constitucionais.[15] Dessa forma, expungiu-se qualquer tentativa de conciliação hermenêutica entre a norma impugnada e o ordenamento jurídico constitucional, em razão de suas absolutas e intrínsecas incompatibilidades, impossibilitando sua convivência.

---

[12] A precedência foi expressa no seguinte excerto da ementa do julgado: "PONDERAÇÃO DIRETAMENTE CONSTITUCIONAL ENTRE BLOCOS DE BENS DE PERSONALIDADE: O BLOCO DOS DIREITOS QUE DÃO CONTEÚDO À LIBERDADE DE IMPRENSA E O BLOCO DOS DIREITOS À IMAGEM, HONRA, INTIMIDADE E VIDA PRIVADA. PRECEDÊNCIA DO PRIMEIRO BLOCO. INCIDÊNCIA A POSTERIORI DO SEGUNDO BLOCO DE DIREITOS, PARA O EFEITO DE ASSEGURAR O DIREITO DE RESPOSTA E ASSENTAR RESPONSABILIDADES PENAL, CIVIL E ADMINISTRATIVA, ENTRE OUTRAS CONSEQUÊNCIAS DO PLENO GOZO DA LIBERDADE DE IMPRENSA. PECULIAR FÓRMULA CONSTITUCIONAL DE PROTEÇÃO A INTERESSES PRIVADOS QUE, MESMO INCIDINDO A POSTERIORI, ATUA SOBRE AS CAUSAS PARA INIBIR ABUSOS POR PARTE DA IMPRENSA".

[13] Essa é uma de apenas duas ocorrências constitucionais em que o substantivo *liberdade* é acompanhado do adjetivo *plena*, nos termos do art. 220, §1º, que dispõe: "Nenhuma lei conterá dispositivo que possa constituir embaraço à plena liberdade de informação jornalística em qualquer veículo de comunicação social, observado o disposto no art. 5º, IV, V, X, XIII e XIV". A outra situação diz respeito à liberdade de associação, em que o art. 5º, XVII prevê: "é plena a liberdade de associação para fins lícitos, vedada a de caráter paramilitar".

[14] Conclusão semelhante é alcançada pelos clássicos ensinamentos de José Afonso da Silva: "As formas de comunicação regem-se pelos seguintes princípios: (a) observado o disposto na Constituição, não sofrerão qualquer restrição qualquer que seja o processo ou veículo por que se exprimam; (b) nenhuma lei conterá dispositivo que possa constituir embaraço à plena liberdade de informação jornalística; (c) é vedada toda e qualquer forma de censura de natureza política, ideológica e artística; (d) a publicação de veículo impresso de comunicação independe de licença de autoridade [...]" (SILVA, José Afonso da. *Curso de direito constitucional positivo*. 38. ed. São Paulo: Malheiros, 2015, p. 245).

[15] Na ementa do julgado, consignou-se: "Óbice lógico à confecção de uma lei de imprensa que se orne de compleição estatutária ou orgânica. A própria Constituição, quando o quis, convocou o legislador de segundo escalão para o aporte regratório da parte restante de seus dispositivos (art. 29, art. 93 e §5º do art. 128). São irregulamentáveis os bens de personalidade que se põem como o próprio conteúdo ou substrato da liberdade de informação jornalística, por se tratar de bens jurídicos que têm na própria interdição da prévia interferência do Estado o seu modo natural, cabal e ininterrupto de incidir. Vontade normativa que, em tema elementarmente de imprensa, surge e se exaure no próprio texto da Lei Suprema".

Após esse julgamento, a temática tem sido recorrente no Tribunal na via processual da Reclamação, em que se colocam situações relativas a alegadas violações ao direito à honra, à intimidade ou à imagem, as quais seriam decorrentes de notícias e matérias jornalísticas, cujos fatos narrados, verdadeiros ou inverídicos, representariam excesso do exercício de liberdade à comunicação. Por vezes, ante decisões judiciais em que se tenha determinado a retirada do ar de determinada notícia jornalística por alegada violação de outros direitos fundamentais por sua publicação, intenta-se Reclamação junto ao Supremo Tribunal Federal, alegando a desobediência à autoridade do que decidido na aludida ADPF nº 130. Em tais casos, pode-se apontar uma tendência pela prevalência da viabilidade das publicações, ratificando a presunção de primazia da livre e plena manifestação da informação, sem prejuízo de eventuais medidas judiciais reparatórias de eventuais lesões ocorridas.[16]

3.2 HC nº 82.424: liberdade de expressão e o discurso de ódio

Outro caso de destaque sobre o tema das liberdades públicas foi o HC nº 84.424, conhecido como o *caso Ellwanger*. Nesse caso, colocou-se de forma mais próxima a discussão relativa aos limites da liberdade de expressão, relativamente à veiculação de discurso racista ou de ódio contra determinada categoria de pessoas e à (im)possibilidade de responsabilização penal em tal situação.

Tratava-se de *habeas corpus* impetrado em favor de Siegfried Ellwanger, autor e editor de livros[17] que veiculavam conteúdo antissemita, discriminatório e preconceituoso, incitando ódio e desprezo contra o povo de origem judaica, ao qual se imputava o crime de racismo (art. 20 da Lei nº 7.783/1989), cuja pretensão punitiva é constitucionalmente definida como imprescritível (art. 5º, XLII). Apesar de a impetração embasar-se majoritariamente na alegação de inadequação da adequação penal típica – a ensejar a ocorrência de prescrição e a consequente extinção da punibilidade –, o caso ofereceu a oportunidade para que a Corte se pronunciasse sobre os limites às liberdades em tais casos, aspecto que aqui mais interessa.

A relatoria era do Min. Moreira Alves, que afirmou em seu voto o entendimento de que os judeus não constituiriam raça,[18] pelo que não se preenchiam os elementos

---

[16] Cita-se o exemplo da Rcl nº 22.328, rel. Min. Roberto Barroso, Primeira Turma, julgamento em 06.03.2018, *DJe* de 10.05.2018, de cuja ementa sobressaem os seguintes excertos, que de forma sintética e didática exprimem alguns atributos de seu redator: "1. O Supremo Tribunal Federal tem sido mais flexível na admissão de reclamação em matéria de liberdade de expressão, em razão da persistente vulneração desse direito na cultura brasileira, inclusive por via judicial. 2. No julgamento da ADPF 130, o STF proibiu enfaticamente a censura de publicações jornalísticas, bem como tornou excepcional qualquer tipo de intervenção estatal na divulgação de notícias e de opiniões. 3. A liberdade de expressão desfruta de uma posição preferencial no Estado democrático brasileiro, por ser uma pré-condição para o exercício esclarecido dos demais direitos e liberdades. 4. Eventual uso abusivo da liberdade de expressão deve ser reparado, preferencialmente, por meio de retificação, direito de resposta ou indenização. Ao determinar a retirada de matéria jornalística de sítio eletrônico de meio de comunicação, a decisão reclamada violou essa orientação".

[17] Segundo relato constante do voto proferido pelo Min. Maurício Corrêa no caso, Siegfried Ellwanger "publicou os livros 'O Judeu Internacional', de Henry Ford; 'A história Secreta do Brasil' e 'Brasil Colônia de Banqueiros', ambos de Gustavo Barroso; 'Os Protocolos dos Sábios de Sião', 'Hitler–culpado ou inocente?', de Sérgio Oliveira; 'Os Conquistadores do Mundo - os verdadeiros criminosos de guerra', de Louis Marschalko; 'Holocausto judeu ou alemão? Nos bastidores da mentira do século', este de sua autoria, publicado sob o pseudônimo de S.E. Castan".

[18] Extrai-se do voto então pronunciado pelo Min. relator o seguinte excerto sintetizador: "Não sendo, pois, os judeus uma raça, não se pode qualificar o crime por discriminação pelo qual foi condenado o ora paciente como

descritos no tipo penal. Entretanto, após pedido de vista formulado pelo Min. Maurício Corrêa é que o caso ganhou maiores contornos, por se introduzir a discussão relativa às decorrências que as liberdades constitucionais de expressão e pensamento – que não eram fundamentos da impetração – acarretariam ao caso.

Segundo a posição que defendeu o Min. Maurício Corrêa, que restou majoritária ao final do caso, esses direitos de liberdades não são absolutos, de forma que não incluem em seu âmbito de proteção qualquer tipo de conteúdo. Destacou-se que o próprio texto constitucional, ao assegurar a liberdade de manifestação do pensamento, de criação, de expressão e de informação, destacaria de forma expressa a necessidade de observar o que disposto em seu próprio teor (artigo 220). Ao final, afirmou-se que em tal situação de potencial conflito de valores constitucionais "devem preponderar os direitos de toda a parcela da sociedade atingida com a publicação das obras sob a responsabilidade do paciente, sob pena de colocar-se em jogo a dignidade, a cidadania, o tratamento igualitário, e até mesmo a própria vida dos que se acham sob a mira desse eventual risco". Note-se, porém, que se estava a tratar da possibilidade de responsabilização penal por uma publicação já realizada e não exatamente a impossibilidade prévia e abstrata da própria publicação em si, ainda que tenha havido manifestações que indicavam ratificar entendimento diverso.

Com efeito, há, no longo acórdão, excertos que indicam a adoção parcial do entendimento de que a própria publicação de conteúdo odioso não seria albergada pela liberdade de expressão,[19] ainda que aqui se defenda a necessidade de que esse controle se dê sempre *a posteriori*, em avaliação dos abusos cometidos e dos danos causados. Não que aqui se afirme a existência de um eventual *direito à incitação do* ódio, mas é que a análise prévia ou abstrata do que seja ou não *discurso de* ódio pode abrir espaços a *odiosas* censuras e limitações a conteúdos contramajoritários que podem possuir interesse e relevância social.

Mais recentemente, a temática foi objeto de novas discussões pelas duas Turmas do Supremo Tribunal Federal, indicando a posição de sua composição atual. Em um primeiro caso,[20] cuidava-se de recurso ordinário em *habeas corpus* proveniente do Superior Tribunal de Justiça, que veiculava a discussão sobre a (im)possibilidade de imputação de crime de racismo a padre autor de livro[21] em que se incitaria comunidade religiosa à salvação de adeptos do espiritismo, sob o fundamento de alegada superioridade da-

---

delito de racismo, e, assim, imprescritível a pretensão punitiva do Estado". Diversamente, quanto a esse aspecto do julgamento, o Min. vistor assentou que "as condutas imputadas ao paciente caracterizam prática de racismo, seja porque o conceito de raça não pode resumir-se à semelhança de características físicas, devendo ser adotada em suas mais diversas formas, especialmente como definição de comportamento social, seja porque, como é notório, a doutrina nazista defendida e incentivada pelas publicações, não só reputa os judeus uma raça, como baseia todo o seu segregacionismo nessa convicção".

[19] A propósito, destaca-se o seguinte trecho da ementa do julgado: "3. Liberdade de expressão. Garantia constitucional que não se tem como absoluta. Limites morais e jurídicos. O direito à livre expressão não pode abrigar, em sua abrangência, manifestações de conteúdo imoral que implicam ilicitude penal. 14. As liberdades públicas não são incondicionais, por isso devem ser exercidas de maneira harmônica, observados os limites definidos na própria Constituição Federal (CF, artigo 5º, §2º, primeira parte). O preceito fundamental de liberdade de expressão não consagra o 'direito à incitação ao racismo', dado que um direito individual não pode constituir-se em salvaguarda de condutas ilícitas, como sucede com os delitos contra a honra. Prevalência dos princípios da dignidade da pessoa humana e da igualdade jurídica".

[20] RHC nº 134.682, rel. Min. Edson Fachin, Primeira Turma, julgamento em 29.11.2016, *DJe* de 29.08.2017.

[21] Segundo informações do acórdão, tratava-se do livro *Sim, sim, não, não reflexões de cura e libertação*.

quela primeira religião sobre essa última. Buscava-se, ali, o trancamento de ação penal em curso, sob o fundamento de ausência de justa causa para o seu processamento.

Mais uma vez, colocavam-se em jogo os limites da liberdade de expressão e de sua posterior responsabilização penal. Nesse caso, porém, a Primeira Turma do Supremo Tribunal Federal, sob a condução do voto relator do Min. Edson Fachin – que também honra este livro coletivo com contribuição de destaque –, privilegiou o exercício pleno das liberdades públicas, ainda que se tenha ressalvado a discordância com o conteúdo manifestado.[22] Segundo os termos do próprio acórdão, apesar de se considerá-la "intolerante, pedante e prepotente", a conduta imputada ao paciente não desbordaria do proselitismo religioso e do embate entre doutrinas espirituais distintas, erigindo-se sem qualquer alusão a práticas violentas, de dominação ou subjugação daqueles considerados pelo discurso impugnado espiritualmente inferiores.

Posteriormente, conclusão diferente restou deliberada pela Segunda Turma da Corte, diante de novas peculiaridades do caso que se enfrentava.[23] Curiosamente, tratava-se novamente de processo de relatoria do Min. Edson Fachin, ainda que ali seu entendimento tenha restado vencido.

Nessa outra situação, uma vez, imputava-se a autoridade religiosa a prática do crime de racismo, em razão da publicação de conteúdo ofensivo a membros e seguidores de outras religiões, imputando fatos denegridores a seus líderes e devotos.[24] Buscava-se a modificação de condenação penal que já havia ocorrido em primeira instância.

Em coerência à manifestação que anteriormente fizera – e que havia sido acolhida pela Primeira Turma da Corte –, o Ministro-relator propunha o reconhecimento da atipicidade penal dos fatos narrados, ainda que tenham apresentado conteúdo reprovável. Destacou, na ocasião, que "ainda que, eventualmente, os dizeres do paciente possam sinalizar animosidade, não se explicita conduta direcionada à escravização,

---

[22] Pela clareza, relevância e síntese dos diversos conflitos envolvidos, destaca-se o seguinte excerto da ementa do julgado: "3. A liberdade religiosa e a de expressão constituem elementos fundantes da ordem constitucional e devem ser exercidas com observância dos demais direitos e garantias fundamentais, não alcançando, nessa ótica, condutas reveladoras de discriminação. 4. No que toca especificamente à liberdade de expressão religiosa, cumpre reconhecer, nas hipóteses de religiões que se alçam a universais, que o discurso proselitista é da essência de seu integral exercício. De tal modo, a finalidade de alcançar o outro, mediante persuasão, configura comportamento intrínseco a religiões de tal natureza. Para a consecução de tal objetivo, não se revela ilícito, por si só, a comparação entre diversas religiões, inclusive com explicitação de certa hierarquização ou animosidade entre elas. 5. O discurso discriminatório criminoso somente se materializa após ultrapassadas três etapas indispensáveis. Uma de caráter cognitivo, em que atestada a desigualdade entre grupos e/ou indivíduos; outra de viés valorativo, em que se assenta suposta relação de superioridade entre eles e, por fim; uma terceira, em que o agente, a partir das fases anteriores, supõe legítima a dominação, exploração, escravização, eliminação, supressão ou redução de direitos fundamentais do diferente que compreende inferior. 6. A discriminação não libera consequências jurídicas negativas, especialmente no âmbito penal, na hipótese em que as etapas iniciais de desigualação desembocam na suposta prestação de auxílio ao grupo ou indivíduo que, na percepção do agente, encontrar-se-ia em situação desfavorável".

[23] RHC nº 146.303, rel. Min. Edson Fachin, redator para o acórdão Min. Dias Toffoli, julgamento em 06.03.2018, acórdão ainda não publicado até o fechamento deste texto.

[24] A título de ilustração, no voto proferido pelo Min. Fachin, faz-se referência a trecho da sentença condenatória de primeiro grau, em que consignado: "O laudo de exame audiográfico [...] relata o conteúdo de um vídeo no qual o acusado [...] exibe os livros 'guia das ciências ocultas', 'Wicca', 'Feitiçaria Antiga', 'Dogma' e 'Ritual de Alta Magia' e 'São Cipriano, o Bruxo', afirmando que: (1) irão para o lixo e que não os rasgaria para não sujar o estúdio. (2) aduz que seu ministério é superior às religiões pagãs onde pessoas sofrem, padecem, são estupradas, violentadas, vivem em medo, em angústia, em aflição. (3) Acrescenta que satanismo não é religião, que lugares onde as pessoas são destruídas e marionetadas a seguir caminhos de podridão, não são religião. (4) Afirma ainda que o conteúdo dos referidos livros ensina enganos, a roubar, a furtar, a dominar o sentimento dos outros. (5) Diz, por fim, se tratar de pilantragem e hipocrisia, e que é uma religião assassina como o Islamismo".

exploração ou eliminação violenta das pessoas adeptas a crenças diversa".[25] Portanto, segundo seu entendimento, seria de se privilegiar a liberdade de expressão.

Entretanto, restou prevalecente posição diversa capitaneada pelo Min. Dias Toffoli, que entendia possível a continuidade da persecução penal no caso analisado. Segundo decidiu majoritariamente a Segunda Turma, verificava-se, em diversas passagens do conteúdo publicado, o intuito de incitação ao ódio e à violência contra pessoas que possuíam crenças diversas, em contramão aos deveres de solidariedade social e tolerância com o diferente. Em referência expressa ao *caso Ellwanger*, entendeu-se que tais conteúdos não estariam alcançados pela liberdade de expressão ou de religião, representando abuso, subversão e exagero de tal direito constitucional fundamental.

Dessa forma, a partir de uma análise conjunta dos três casos aqui narrados, parece prevalecer historicamente junto ao Supremo Tribunal Federal a posição de que o discurso de ódio (*hate speech*) não é alcançado pela liberdade de expressão, ainda que em todos esses casos o pronunciamento da Corte tenha se dado no âmbito de responsabilização posterior ao conteúdo já publicado. Em todo caso, trata-se de mais outra face importante das liberdades públicas, para cujas conformações o Tribunal representou influência relevante nesses 30 anos de história constitucional recente, marcando-se como casos paradigmas dentro da temática proposta.[26]

3.3 ADI nº 4.815: as biografias não autorizadas

Há outro caso de relevo que não poderia ser olvidado, este julgado mais recentemente. Trata-se da Ação Direta de Inconstitucionalidade nº 4.815,[27] ajuizada pela Associação Nacional dos Editores de Livros – ANEL, em que se requeria a declaração da inconstitucionalidade parcial, sem redução de texto, dos arts. 20 e 21 do Código Civil brasileiro (Lei nº 10.406/2002),[28] a fim de que se estabelecesse interpretação segundo a qual seria desnecessário, para a publicação de obras biográficas (literárias ou audiovisuais) o consentimento da pessoa biografada, ou de outras pessoas referidas em seu conteúdo. A controvérsia ganhou maior destaque após a prolação de diversas decisões judiciais Brasil afora, pelas quais se afirmava a inviabilidade de tais publicações sem expressa

---

[25] Trecho do voto proferido pelo Min. Edson Fachin no referido julgamento.

[26] Ainda sobre esses contornos limítrofes entre a liberdade de expressão, houve ainda outro caso bastante recente em que discutida a (in)constitucionalidade de dispositivo da Lei nº 9.612/1198, que vedava, no âmbito da programação das emissoras de radiodifusão comunitária, o proselitismo de qualquer natureza (ADI nº 2.566, rel. Min. Alexandre de Moraes, redator para o acórdão o Min. Edson Fachin, Tribunal Pleno, julgamento em 16.05.2018, acórdão ainda não publicado até o fechamento do presente texto). Por ampla maioria, julgou-se inconstitucional a previsão legislativa, já que "a liberdade de pensamento inclui o discurso persuasivo, o uso de argumentos críticos, o consenso e o debate público informado e pressupõe a livre troca de ideias e não apenas a divulgação de informações" (trecho do informativo de jurisprudência nº 902/STF), sem que se admita, a qualquer título, o estímulo à violência, a discriminação ou ao ódio contra o próximo.

[27] ADI nº 4.815, rel. Min. Cármen Lúcia, Tribunal Pleno, julgamento em 10.06.2015, *DJe* de 01.02.2016.

[28] Os dispositivos são assim redigidos: "Art. 20. Salvo se autorizadas, ou se necessárias à administração da justiça ou à manutenção da ordem pública, a divulgação de escritos, a transmissão da palavra, ou a publicação, a exposição ou a utilização da imagem de uma pessoa poderão ser proibidas, a seu requerimento e sem prejuízo da indenização que couber, se lhe atingirem a honra, a boa fama ou a respeitabilidade, ou se se destinarem a fins comerciais. Parágrafo único. Em se tratando de morto ou de ausente, são partes legítimas para requerer essa proteção o cônjuge, os ascendentes ou os descendentes. Art. 21. A vida privada da pessoa natural é inviolável, e o juiz, a requerimento do interessado, adotará as providências necessárias para impedir ou fazer cessar ato contrário a esta norma".

autorização das pessoas envolvidas, determinando, por vezes, o recolhimento das obras já publicadas.

O feito foi distribuído à relatoria da Min. Cármen Lúcia e foi julgado à unanimidade pelo Supremo Tribunal Federal para assentar a inexigibilidade de "autorização de pessoa biografada relativamente a obras biográficas literárias ou audiovisuais, sendo também desnecessária autorização de pessoas retratadas como coadjuvantes (ou de seus familiares, em caso de pessoas falecidas ou ausentes)".[29] E as premissas que serviram de fundamento a tal conclusão foram justamente as liberdades públicas, no sentido de que a vedação constitucional à censura abrange não apenas órgãos oficiais do Estado, mas também os particulares, ainda que se trate de conteúdo que veicule informações a seu respeito.

Consignou-se que a liberdade de informação abrange a possibilidade de informar, de ser informado e de se autoinformar. Dessa forma, entender-se pela necessidade da prévia autorização seria ratificar a possibilidade de censura particular a conteúdo de valor histórico e, possivelmente, de interesse social, em oposição aos ideais democráticos e livres da Constituição de 1988. Nesse aspecto, a assunção da possibilidade de decisões que determinassem o recolhimento de obras publicadas ou que impedissem a sua veiculação representaria reconhecer a viabilidade de censura judicial, fenômeno não albergado pela ordem constitucional.

Dessa forma, como aqui se tem defendido, eventuais abusos cometidos, inverdades publicadas ou danos causados por tais obras devem ser atribuídos aos seus responsáveis segundo os procedimentos e normas previstos pelo próprio ordenamento jurídico, em que se busque a reparação de injustiças e a possibilidade de exercício do direito de resposta. Dessa forma, a partir dessas premissas constitucionais, não se poderia admitir que interpretação concebida de normas infraconstitucionais (o Código Civil) veiculasse limitação ou condicionamentos a direitos que a Constituição afirma serem plenos.[30] Portanto, valeu-se, ao final, da técnica de interpretação conforme a Constituição, para determinar esse sentido interpretativo como o único compatível com o regime de proteção às liberdades públicas e de vedação à censura.

3.4 Os temas do futuro

Para além dessa análise pretérita dos trinta últimos anos da Constituição brasileira e de sua interpretação pelo Supremo Tribunal Federal, esse marco de comemoração é também uma oportunidade para lançar olhos para discussões futuras que, certamente, exsurgirão.

No âmbito das liberdades públicas, são diversos os temas novos que têm surgido. Destacam-se, aqui, alguns que certamente serão objeto de deliberação no STF nos

---

[29] Trata-se de trecho da ementa que sintetiza a tese conclusiva do julgamento.

[30] A questão da ponderação entre o exercício das liberdades e outros direitos fundamentais individuais foi novamente veiculada no caso. Com efeito, consta na ementa do caso: "7. A liberdade é constitucionalmente garantida, não se podendo anular por outra norma constitucional (inc. IV do art. 60), menos ainda por norma de hierarquia inferior (lei civil), ainda que sob o argumento de se estar a resguardar e proteger outro direito constitucionalmente assegurado, qual seja, o da inviolabilidade do direito à intimidade, à privacidade, à honra e à imagem. 8. Para a coexistência das normas constitucionais dos incs. IV, IX e X do art. 5º, há de se acolher o balanceamento de direitos, conjugando-se o direito às liberdades com a inviolabilidade da intimidade, da privacidade, da honra e da imagem da pessoa biografada e daqueles que pretendem elaborar as biografias".

próximos anos, para os quais se chama atenção. Temas como os limites de sua expressão nas redes sociais, as influências da sociedade digital sobre seus contornos, o direito ao esquecimento, as notícias falsas (*fake news*) e seus impactos eleitorais, entre outros, revelam a complexidade da discussão, que se renova constantemente. Sob esse viés, passa-se a elencar casos em que tais controvérsias podem ser julgadas.

Quanto ao direito ao esquecimento, há recurso extraordinário de relatoria do Min. Dias Toffoli com repercussão geral já reconhecida (Tema 786, RE nº 1.010.606), no qual se discute, à luz dos arts. 1º, III, 5º, *caput*, III e X, e 220, §1º, da CRFB/88, a possibilidade de invocação da aplicação desse direito na esfera civil, a partir de uma análise harmônica entre os princípios constitucionais da liberdade de expressão e do direito à informação com a proteção da dignidade da pessoa humana, de sua honra e de sua intimidade. Sob o âmbito de tal processo, chegou-se a realizar audiência pública em junho de 2017, ocasião em que diversos órgãos, pessoas e entidades interessadas puderam expor suas impressões sobre o tema, agregando pluralidade e maior legitimidade participativa ao debate.

Quanto à liberdade nas redes sociais e ao marco civil da internet, tem-se, por exemplo, caso de repercussão geral (Tema 987, RE nº 1.037.396, rel. Min. Dias Toffoli) em que se discute a constitucionalidade do art. 19 da Lei nº 12.965/2014. Tal dispositivo, invocando de forma expressa a liberdade de expressão na internet e a vedação constitucional à censura, prevê que apenas ordem judicial específica será possível a responsabilização civil do provedor de aplicações por danos decorrentes de conteúdo gerado por terceiros, quando passará a ter o dever de empreender os esforços técnicos a seu alcance e dentro do prazo assinalado para tornar indisponível o conteúdo ofensivo.

Há, também, a discussão relativa ao alcance de compensação por danos morais decorrente da liberdade de expressão exercida mediante matéria jornalística, temática em relação à qual o plenário virtual do STF recentemente reconheceu a existência de repercussão geral (maio de 2018). No caso paradigma (Tema 995, RE nº 1.075.412, rel. Min. Marco Aurélio), cuida-se de ação ajuizada por Deputado Federal contra veículo de notícias que teria veiculado publicação na qual lhe era imputada a prática de ato ilícito.

Sobre a liberdade de manifestação pública e seus limites de proporcionalidade e razoabilidade, há outra repercussão geral em que discutida sobre a (im)possibilidade de utilização de máscaras em sua realização. A controvérsia ganhou maiores repercussão e relevo a partir das práticas de grupos conhecidos como *black blocks*, que mediante a utilização de máscaras e roupas que dificultam sua identificação promovem atos de violência e depredação no âmbito de manifestações.

4 Conclusões

A liberdade é um valor pelo qual devemos zelar e esta foi uma das preocupações que moveu a fixação de direitos fundamentais e suas garantias pela Constituição de 1988. Sobretudo após os dramas vividos sob a égide do regime militar, passa-se a valorizar mais aquilo que não se tinha, já que a falta de liberdades revelou, de modo penoso e efetivo, a importância de sua existência.

Partindo dessa inquestionável premissa essencial, o presente artigo se guiou por duas perspectivas principais. Inicialmente, buscou-se evidenciar os traços fundamentais do regime constitucional das liberdades públicas, reinaugurado em 1988, quando esses valores passaram a assumir elevada importância para o novo projeto de sociedade que ali se declarava desejar. Na sequência, a partir destas determinações normativas, procurou-se apontar como se deu sua interpretação pelo Supremo Tribunal Federal nesses 30 anos de Constituição, apontando alguns célebres casos em que a Corte se pôs a debater sobre esse regime, seus alcances e limites, especialmente quando em situação de conflito concreto com outros direitos fundamentais constitucionais.

No plano constitucional, identifica-se uma concepção de destaque deferida às liberdades públicas, não apenas pela essencialidade de seu valor intrínseco, mas também pela importância instrumental que possui a realização de outros direitos fundamentais. Nesse sentido é que se destacou que apenas mediante o exercício, a produção, a circulação, a transmissão e a busca livres da informação, da expressão, do pensamento, de imprensa, da manifestação artística, de opinião, de protesto, de associação, entre outras, que se permite o exercício mais consciente e informado de diversos outros, como os políticos, por exemplo, a partir de uma construção mais ampla de conhecimentos, que possibilite um maior fluxo de informações entre os cidadãos, que titularizam o poder soberano exercido. Ademais, a própria construção da identidade social, política e cultural de um povo perpassa pela necessidade de produção e transmissão de conhecimentos plurais e livres.

A partir dessas preocupações, o texto constitucional de 1988 afirmou de forma taxativa a vedação a qualquer forma de censura, de forma que não apenas a atuação administrativa, mas também a judicial não pode representar o estabelecimento de restrições prévias ou censuráveis ao exercício livre desses direitos. Não se nega que as liberdades podem sofrer restrições pontuais a partir de outros direitos fundamentais constitucionais, ou mesmo frente a limites também éticos, epistemológicos e valorativos, não se validando qualquer conteúdo por elas veiculado. Entretanto, as medidas que daí decorram devem ser necessariamente excepcionais e adotadas *a posteriori*, isto é, depois de já publicada a informação.

Sob essa perspectiva, a garantia da liberdade de expressão representa, também, a oportunidade de veiculação de espaços de fala a ideias tidas por minoritárias em uma sociedade, assumindo uma verdadeira função discursiva contramajoritária. Com efeito, se os discursos majoritários se sustentam a si mesmos, é preciso que em uma concepção constitucionalizada de democracia se promova igual oportunidade de fala também às ideias diferentes ou minoritárias, as quais devem ter, com especial relevância, resguardadas as suas formas livres de expressão.

A partir de todo esse cenário é que exsurge possível afirmar que as liberdades públicas assumem uma posição preferencial entre as garantias fundamentais garantidas pelo ordenamento jurídico constitucional. Apesar de não se tratar de postulado absoluto, o exercício livre de ideias deve ser a regra, presume-se a existência de liberdade, a qual apenas excepcional, pontual e posteriormente poderá ser mitigada em uma situação concreta.

Do ponto de vista jurisprudencial, o Supremo Tribunal Federal, como órgão de cúpula do Poder Judiciário e ao qual se atribui a guarda da Constituição, parece ter procurado assumir, ao longo desses 30 anos, um papel de guardião das liberdades públicas. Como forma de elucidação da postura adotada pela Corte nesse tempo, foram apontados alguns casos de destaque, nos quais, em diferentes momentos, os Ministros foram chamados a se pronunciar sobre o alcance e os limites das liberdades públicas em diversas situações.

Partindo-se do notório caso em que assentada a não recepção da Lei de Imprensa pela nova ordem constitucional (ADPF nº 130), passou-se a situações em que se questionava a existência de abusos no exercício de liberdades (como no *caso Ellwanger*), seus confrontos com a manifestação de discurso de ódio (*hate speech*), com a possibilidade, ou não, de realização de proselitismo religioso em dadas ocorrência ou com a (des)necessidade de prévia autorização do biografado e demais pessoas retratadas para a veiculação de obras biográficas. Além desses casos mais marcantes, foram apontados também os desdobramentos mais recentes desses entendimentos. Na sequência, foram indicados alguns temas do futuro, em relação aos quais têm se centrado os debates relativos aos limites e possibilidades das liberdades Públicas, entendendo-se ser iminente a pronunciação do Supremo Tribunal Federal sobre eles. São os casos das situações que envolvem o direito ao esquecimento, as notícias falsas (*fake news*), a liberdade de manifestação pública, as redes sociais e o marco civil da internet. Tentou-se, nesse aspecto, realizar não apenas um olhar retrospectivo sobre os 30 anos passados, mas também lançar uma análise em perspectiva dos novos desafios constitucionais que as liberdades públicas demandam do sistema jurídico e de sua interpretação jurisprudencial.

Todos esses pontos aqui elencados relativamente ao regime constitucional de tutela das liberdades públicas, bem como seus traços jurisprudenciais, evidenciam a sua destacada importância para a realização do projeto de sociedade reinaugurado em 1988, calcado, dentre outros fundamentos, na dignidade da pessoa humana. Em razão dessa importância, as situações que coloquem esses direitos fundamentais sob ameaça ou violação devem ser alvo de uma atuação concreta direcionada ao seu afastamento, à luz da vedação constitucional da censura e da promoção de outros objetivos normativos determinados pela Constituição.

É impossível, portanto, falar de direitos fundamentais sem dedicar especial atenção às liberdades públicas, que são em si mesmas fundamentais e também instrumentais para tantos outros. As liberdades foram conquistas muito caras, de modo que, ainda quando inconvenientes, são módicos os preços que se deve pagar para mantê-las – e potencializá-las – em nossa ordem democrática constitucional.

Referências

ALEXY, Robert. *Teoria dos direitos fundamentais*. Tradução de Virgílio Afonso da Silva. São Paulo: Malheiros, 2011.

ARABI, Abhner Youssif Mota. *A tensão institucional entre o Judiciário e o Legislativo:* controle de constitucionalidade, diálogo e a legitimidade da atuação do Supremo Tribunal Federal. Curitiba: Prismas, 2015.

ARABI, Abhner Youssif Mota. A teoria argumentativa de Robert Alexy e o princípio da proporcionalidade: uma análise do balanceamento de princípios e sua aplicação no Supremo Tribunal Federal. *Revista da Faculdade de Direito da UERJ*, v. 2, p. 1-11, 2012.

CANARIS, Claus-Whilhelm. *Direitos fundamentais e direito privado*. Tradução de Ingo Wolfgang Sarlet e Paulo Mota Pinto. Coimbra: Almedina, 2003.

CANOTILHO, J. J. Gomes. *Direito constitucional e teoria da constituição*. 7. ed. Coimbra: Almedina.

DWORKIN, Ronald. *Taking rights seriously*. Cambridge, Massachusetts: Harvard University Press, 2002.

HESSE, Konrad. *Elementos de direito constitucional na República Federal da Alemanha*. Tradução de Luís Afonso Heck. Porto Alegre: Sergio Antonio Fabris Editor, 1998.

JEFFERSON, Thommas. *Jefferson on Freedom*: wisdom, advice, and hints on freedom, democracy, and the american way. New York: Skyhorse Publishing, 2011.

MENDES, Gilmar Ferreira; BRANCO, Paulo Gustavo Gonet. *curso de direito constitucional*. São Paulo: Saraiva, 2015.

SARLET, Ingo Wolfgang. *A eficácia dos direitos fundamentais*: uma teoria geral dos direitos fundamentais na perspectiva constitucional. Porto Alegre: Livraria do Advogado, 2015.

SARMENTO, Daniel. *Dignidade da pessoa humana*: conteúdo, trajetórias e metodologia. Belo Horizonte: Fórum, 2016.

SILVA, José Afonso da. *Curso de direito constitucional positivo*. 38. ed. São Paulo: Malheiros, 2015.

TOCQUEVILLE, Alexis de. *A democracia na América*. 4. ed. Tradução de Neil Ribeiro da Silva. Belo Horizonte: Itatiaia, 1998.

Informação bibliográfica deste texto, conforme a NBR 6023:2002 da Associação Brasileira de Normas Técnicas (ABNT):

ARABI, Abhner Youssif Mota. As Liberdades Públicas e o Supremo: 30 anos de uma nova história constitucional. In: ARABI, Abhner Youssif Mota; MALUF, Fernando; MACHADO NETO, Marcello Lavenère (Coord.). *Constituição da República 30 anos depois*: uma análise prática da eficiência dos direitos fundamentais. Estudos em homenagem ao Ministro Luiz Fux. Belo Horizonte: Fórum, 2019. p. 127-143. ISBN 978-85-450-0598-8.

A ENTREVISTA PESSOAL DO PRESO COM O DEFENSOR PÚBLICO SOB ENFOQUE DOS DIREITOS FUNDAMENTAIS

ALDO JOSÉ BARROS BARATA DE OLIVEIRA

O direito de defesa, não raras vezes, faz exsurgir controvérsias, especialmente quando confrontado com demais direitos e deveres também elencados no Texto Constitucional.

O tema que aqui se apresenta, da mesma forma, tem ensejado certa discussão no âmbito da doutrina e dos Tribunais, e diz com o direito de entrevista do preso com seu defensor público sob o enfoque dos direitos e garantias constitucionais, em especial o *due process of law*, o contraditório e a ampla defesa, insertos nos incisos LIV[1] e LV[2] do artigo 5º da Constituição Federal, além da vedação ao retrocesso de direitos e garantias fundamentais reconhecidos pela Ordem Jurídica.

Ainda, há que se destacar que o direito à defesa tutela legítimo interesse encartado também como direito fundamental, sendo certo que, nas palavras do professor Nilo Batista, "a defesa é órgão da administração da justiça e não mero representante dos interesses do acusado. Isso porque ela se exerce, substancialmente, para a preservação e tutela de valores e interesses do corpo social, sendo, assim, garantia de proteção da própria sociedade".[3]

Por fim, não menos importante, a Constituição Federal prevê, como dever do Estado, a prestação de assistência jurídica integral e gratuita aos que comprovarem insuficiência de recursos (art. 5º, LXXIV[4]).

Assim, o direito de entrevista do acusado com seu defensor consagra-se como um dos desdobramentos de todos os direitos e garantias aludidos. Inclusive, a lei que organiza a Defensoria Pública da União, do Distrito Federal e dos Territórios, a Lei

---

[1] "LIV – ninguém será privado da liberdade ou de seus bens sem o devido processo legal;"
[2] "LV – aos litigantes, em processo judicial ou administrativo, e aos acusados em geral são assegurados o contraditório e ampla defesa, com os meios e recursos a ela inerentes;"
[3] BATISTA, Nilo. Defesa deficiente. *Revista de Direito Penal*, p. 169.
[4] "LXXIV – o Estado prestará assistência jurídica integral e gratuita aos que comprovarem insuficiência de recursos;"

Complementar nº 80, de 12 de janeiro de 1994, veda qualquer forma de renúncia ao direito de entrevista do assistido, *in verbis*:

> **Dos Defensores Públicos dos Estados**
> Art. 108. Aos membros da Defensoria Pública do Estado incumbe, sem prejuízo de outras atribuições estabelecidas pelas Constituição Federal e Estadual, pela Lei Orgânica e por demais diplomas legais, a orientação jurídica e a defesa dos seus assistidos, no âmbito judicial, extrajudicial e administrativo.
> Parágrafo único. *São, ainda, atribuições dos Defensores Públicos Estaduais:*
> I – atender às partes e aos interessados;
> II – participar, com direito a voz e voto, dos Conselhos Penitenciários;
> III – certificar a autenticidade de cópias de documentos necessários à instrução de processo administrativo ou judicial, à vista da apresentação dos originais;
> IV – atuar, nos estabelecimentos prisionais, policiais, de internação e naqueles reservados a adolescentes, visando ao atendimento jurídico permanente dos presos provisórios, sentenciados, internados e adolescentes, competindo à administração estadual reservar instalações seguras e adequadas aos seus trabalhos, franquear acesso a todas as dependências do estabelecimento independentemente de prévio agendamento, *fornecer apoio administrativo, prestar todas as informações solicitadas e assegurar o acesso* à *documentação dos assistidos, aos quais não poderá, sob fundamento algum, negar o direito de entrevista com os membros da Defensoria Pública do Estado.* (grifo nosso)

Ainda nesse viés, a disposição constante do parágrafo 5º do artigo 185 do Código de Processo Penal, na redação dada pela Lei nº 11.900/09, assegura ao acusado o direito de entrevistar-se, prévia e reservadamente, com seu defensor antes da realização do interrogatório, em qualquer modalidade, abarcando aquelas descritas nos §§1º e 2º,[5] com o fim de subsidiá-lo com elementos técnicos para a formulação da sua defesa. Assim dispõe o dispositivo legal:

> Art. 185. O acusado que comparecer perante a autoridade judiciária, no curso do processo penal, será qualificado e interrogado na presença de seu defensor, constituído ou nomeado.
> [...]
> §5º Em qualquer modalidade de interrogatório, o juiz garantirá ao réu o direito de entrevista prévia e reservada com o seu defensor; se realizado por videoconferência, fica também garantido o acesso a canais telefônicos reservados para comunicação entre o defensor que esteja no presídio e o advogado presente na sala de audiência do Fórum, e entre este e o preso.

---

[5] §1º O interrogatório do réu preso será realizado, em sala própria, no estabelecimento em que estiver recolhido, desde que estejam garantidas a segurança do juiz, do membro do Ministério Público e dos auxiliares bem como a presença do defensor e a publicidade do ato.
2º Excepcionalmente, o juiz, por decisão fundamentada, de ofício ou a requerimento das partes, poderá realizar o interrogatório do réu preso por sistema de videoconferência ou outro recurso tecnológico de transmissão de sons e imagens em tempo real, desde que a medida seja necessária para atender a uma das seguintes finalidades:
I – prevenir risco à segurança pública, quando exista fundada suspeita de que o preso integre organização criminosa ou de que, por outra razão, possa fugir durante o deslocamento;
II – viabilizar a participação do réu no referido ato processual, quando haja relevante dificuldade para seu comparecimento em juízo, por enfermidade ou outra circunstância pessoal;
III – impedir a influência do réu no ânimo de testemunha ou da vítima, desde que não seja possível colher o depoimento destas por videoconferência, nos termos do art. 217 deste Código;
IV – responder à gravíssima questão de ordem pública."

Por fim, a Lei Processual Penal, em capítulo diverso, por força do mandamento constitucional, é categórica em determinar que:

> Art. 261. Nenhum acusado, ainda que ausente ou foragido, será processado ou julgado sem defensor.
> Parágrafo único. A defesa técnica, quando realizada por defensor público ou dativo, será sempre exercida através de manifestação fundamentada. (Incluído pela Lei nº 10.792, de 1º.12.2003)

No ponto, cabe abrir parênteses para uma breve menção aos verbetes sumulares oriundos do Supremo Tribunal Federal, os quais demonstram a preocupação da Corte em resguardar os direitos da defesa. O teor do Enunciado nº 707 refere-se à constatação de nulidade na ocasião em que o denunciado não recebe a regular intimação para oferecer contrarrazões ao recurso interposto contra a decisão de rejeição da denúncia. E ao que importa ao presente tema, especialmente por tratar da relação entre o acusado e seu defensor, continua o verbete enunciando que a ausência da intimação não resta suprida pela mera nomeação de defensor dativo. Na mesma linha, é o Enunciado nº 708 da Súmula do STF que estabelece a nulidade do julgamento do recurso de apelação na hipótese de o réu não ser intimado para constituir outro defensor, quando houver manifestação nos autos da renúncia do primeiro encarregado.

Insta salientar que todas as positivações e entendimentos jurisprudenciais citados representam verdadeira concretização daqueles direitos fundamentais assegurados na Carta Magna. E se faz necessário evocar que o conceito de direitos fundamentais da Constituição Federal não se limita a um conceito formal, tendo que alçar, continuamente, uma dimensão material. Nesse sentido, vale a pena conferir os ensinamentos do nobre doutrinador Ingo Sarlet:[6]

> [...] que a crise de efetividade que atinge os direitos sociais, diretamente vinculada à exclusão social e falta de capacidade por parte dos Estados em atender as demandas nesta esfera, acaba contribuindo como elemento impulsionador e como agravante da crise dos demais direitos, do que dão conta e bastariam tais exemplos para comprovar a assertiva os crescentes níveis de violência social, acarretando um incremento assustador dos atos de agressão a bens fundamentais (como tais assegurados pelo direito positivo), como é o caso da vida, integridade física, liberdade sexual, patrimônio, apenas para citar as hipóteses onde se registram maior número de violações, isto sem falar nas violações de bens fundamentais de caráter transindividual como é o caso do meio ambiente, o patrimônio histórico, artístico, cultural, tudo a ensejar uma constante releitura do papel do Estado democrático de Direito e das suas instituições, também no tocante às respostas para a criminalidade num mundo em constante transformação.
> A partir destes exemplos e das alarmantes estatísticas em termos de avanços na criminalidade, percebe-se, sem maior dificuldade, que à crise de efetividade dos direitos fundamentais corresponde também uma crise de segurança dos direitos, no sentido do flagrante déficit de proteção dos direitos fundamentais assegurados pelo poder público, no âmbito dos seus deveres de proteção (...). Por segurança no sentido jurídico (e, portanto, não como equivalente à noção de segurança pública ou nacional) compreendemos aqui

---

[6] SARLET, Ingo Wolfgang. Constituição e proporcionalidade: o direito penal e os direitos fundamentais entre proibição de excesso e de insuficiência. *Revista de Estudos Criminais*, ano 3, n. 12, 2003, p. 86.

na esteira de Alessandro Baratta um atributo inerente a todos os titulares de direitos fundamentais, a significar, em linhas gerais (para que não se recaia nas noções reducionistas, excludentes e até mesmo autoritárias, da segurança nacional e da segurança pública) a efetiva proteção dos direitos fundamentais contra qualquer modo de intervenção ilegítimo por parte de detentores do poder, quer se trate de uma manifestação jurídica ou fática do exercício do poder.

O Ministro Gilmar Ferreira Mendes,[7] com muito maestria, debruça-se sobre o tema da ampla defesa e do contraditório aplicada ao processo penal:

> No processo penal, o princípio da ampla defesa e o do contraditório têm, por razões óbvias, aplicação significativa e analítica. Entende-se que não só não pode haver condenação sem defesa, como também que, na falta de defensor do réu, defensor dativo deve ser designado para o patrocínio da causa (art. 263 do CPP).
> O Supremo Tribunal entende que a realização do direito de defesa por parte do advogado, dativo ou não, envolve a apresentação de trabalho idôneo para a finalidade, devendo ser considerada nula a defesa que não arroste os elementos básicos da acusação.
> É pacífico, igualmente, que todo e qualquer ato processual há de ser acompanhado pelo defensor do réu. Garantia que foi estendida, por força da Súmula Vinculante 14 [...].
> O Supremo Tribunal tem assentado que 'os poderes inquisitivos do juiz encontram limite no princípio do contraditório que impõe à autoridade judiciária – qualquer que seja o grau de jurisdição que atue – o dever jurídico-processual de assegurar às partes o exercício das prerrogativas inerentes à bilateralidade do juízo'.
> Assim, considera-se imprescindível, no processo penal, em atenção ao art. 396 do CPP, a citação do acusado para oferecer resposta no prazo de 10 dias.
> Acrescente-se que, nos termos do §2º do art. 396-A do CPP, incluído pela Lei n. 11.719, de 2008, 'não apresentada a resposta no prazo legal, ou se o acusado, citado, não constituir defensor, o juiz nomeará defensor para oferecê-la, concedendo-lhe vista dos autos por 10 (dez) dias'.
> Preconiza-se também a estrita igualdade entre acusação e defesa, de modo que se assegure um justo equilíbrio na relação processual penal. Esse elemento é denominado pela doutrina processualista penal como princípio da igualdade de partes ou da paridade de armas.
> Em razão da aplicação do princípio do contraditório e da ampla defesa, a jurisprudência do Tribunal assentou a necessidade de que se cientifique da sentença condenatória não só o defensor constituído ou dativo do réu, mas também o próprio acusado.
> Não é preciso muito esforço para perceber que a proteção ao devido processo legal passa a envolver, também nessa seara, a materialização do princípio do contraditório.
> O Código de Processo Penal, com as alterações introduzidas pela Lei n. 11.719/2008, amplia as possibilidades de defesa do réu, na medida em que determina a sua inquirição após a produção de todas as provas que devam ser realizadas em audiência.
> O art. 400 §1º do Código de Processo Penal estabelece o princípio da unicidade da audiência, determinando a concentração dos atos que devam ser praticados oralmente. A utilização do novo procedimento da audiência – perguntas efetuadas diretamente pelas partes, sem a intervenção do magistrado, e o registro dos atos por gravação magnética ou digital conforme o art. 405 §1º – articulado com o direito ao acesso às provas produzidas nos autos resulta na realização do direito de ampla defesa.

---

[7] MENDES, Gilmar Ferreira. BRANCO, Paulo Gustavo Gonet. *Curso de direito constitucional*. 10. ed. ver. e atual. São Paulo: Saraiva, 2015, p. 455-459.

O interrogatório logo após o próprio réu tomar conhecimento de todo o conjunto probante contra ele articulado permite que a sua oitiva seja tomada como meio de defesa, não como ato de produção de prova.

Com efeito, na prática, especialmente no âmbito processual, não sobrevindo a entrevista com o preso, esta acaba por se realizar tão somente em sede da primeira audiência.

Todavia, atento à alteração pela Lei nº 11.719/2018, é de se ressaltar que, em ato anterior a tal audiência, estabelece o art. 396 do CPP que haja citação do acusado "para responder à acusação, por escrito, no prazo de 10 (dez) dias". E continua o art. 396-A do mesmo diploma fixando que "na resposta, o acusado poderá arguir preliminares e alegar tudo o que interesse à sua defesa, oferecer documentos e justificações, especificar as provas pretendidas e arrolar testemunhas, qualificando-as e requerendo sua intimação, quando necessário". Dessa forma, apenas após o exame de recebimento da peça acusatória é que se sucede a designação para da audiência do interrogatório, oportunidade na qual se dará, finalmente, o primeiro contato entre o acusado e seu defensor público, nos termos do artigo 399 do Código de Processo Penal.

Entretanto, em que pese esse farto conjunto de normas e interpretações jurisprudenciais e doutrinárias, no intuito de sistematizar e incorporar à ordem jurídica aquilo que consta dos mandamentos constitucionais *(Gebot optimaler Verwirklichung der Norm)*, há entes federativos que insistem na malversação do direito tutelado. No Estado do Rio de Janeiro, tem ocorrido fenômeno que se revela exemplo de tal afronta. Com efeito, as instâncias inferiores da justiça do estado têm indeferido pedidos de requisição para entrevista pessoal com o defensor público, com fundamento no artigo 1º da Resolução TJ/OE/RJ nº 45/2013, o qual prescreve:

> Art. 1º É vedada a requisição de presos, na qualidade de parte, testemunha ou informante, por órgãos do Poder Judiciário a qualquer unidade de custódia, salvo para realização de audiências.

Para fins de contextualização, importante rememorar que a norma de regência da entrevista de réu preso com a Defensoria Pública do Estado do Rio de Janeiro anteriormente era o Ato Normativo Conjunto nº 10/2013, que previa a reserva de espaço da carceragem do Fórum Central do Rio de Janeiro para tal fim, da mesma forma como ocorria com os advogados privados. Contudo, a partir de 07.01.2014 passou a vigorar a Resolução nº 45/2013, que proibiu a requisição de réus presos, salvo para a realização de audiências.

Destarte, a dispensa da entrevista por Resolução da Corte Estadual em desfavor do acusado, quando não viabilizada por outro meio, caracteriza ofensa ao texto constitucional e aos dispositivos legais em análise, que restaram positivados justamente para dar a máxima efetividade aos princípios constitucionais da ampla defesa e do contraditório. Na lição do ilustre Professor da Faculdade de Direito de Coimbra J. J. Gomes Canotilho:[8]

---

[8] Canotilho, José Joaquim Gomes. *Direito Constitucional e Teoria da Constituição*. 7. ed. Coimbra: Almedina, p. 1.201.

Concretizar a constituição traduz-se, fundamentadamente, no processo de densificação de regras e princípios constitucionais. A concretização das normas constitucionais implica um processo que vai do texto da norma (do seu enunciado) para uma norma concreta – norma jurídica – que, por sua vez, será apenas um resultado intermédio, pois só com a descoberta da norma de decisão para a solução dos casos jurídico-constitucionais teremos o resultado final da concretização. Esta <<concretização normativa>> é, pois, um trabalho técnico-jurídico; é, no fundo, o lado <<técnico>> do procedimento estruturante da normatividade. A concretização, como se vê, não é igual à interpretação do texto da norma; é sim, a construção da norma jurídica.

Vale dizer que, em situações como essas, não se sustenta qualquer argumentação no sentido de que os cânones do contraditório e da ampla defesa remanescem intactos. Mas o oposto, mormente em razão de serem ofendidos em seu núcleo essencial. Note-se que, conforme anotado, em momento anterior ao interrogatório, em conformidade com o art. 396-A do CPP, o acusado poderá arguir preliminares e alegar tudo o que interesse à sua defesa. Ocorre que esta postura tem o condão de acarretar até mesmo a absolvição sumária do réu, nos termos do artigo 397 da lei processual.[9]

Nesse contexto, a alheação do Defensor em relação aos esclarecimentos na versão do próprio acusado, em virtude da inviabilidade de sua entrevista prévia, denota, indubitavelmente, uma defesa deficiente. É dizer, o mero cumprimento de uma formalidade legal, por meio de peça processual sem muitos subsídios, não resguarda a adequada intervenção atribuída ao patrono público.

No ponto, frise-se que o ordenamento deve se ocupar, precipuamente, em alcançar a garantia de igualdade material. A preocupação com a igualdade formal, no sentido de que todos devem ser tratados pelas normas do Estado de modo idêntico, não espelha tratamento bastante à redução das desigualdades sociais. Para tanto é que se apregoa, sob o olhar aristotélico, que todos devem ser igualmente tratados na medida de suas desigualdades, ainda que se careça de tratamento diferenciado.

A propósito, a doutrina de Ingo Sarlet se orienta no sentido de que o princípio da igualdade fundamenta os direitos de grupos estigmatizados (SARLET, Wolfgang Ingo. *Dignidade da pessoa humana e direitos fundamentais na Constituição da República de 1988*. Porto Alegre: Livraria do Advogado, 2002).

Desse modo, acaso não se garanta nem mesmo o contato prévio, não se pode concluir que àqueles que são assistidos pela Defensoria lhes é oferecido o mesmo cuidado processual, sobretudo quando comparados aos que possuem condições financeiras para constituírem advogado particular. Além do que a acusação, na maioria das vezes, encontra-se nas mãos do *parquet*, órgão legitimado, de vasta estrutura, o que espelha a ausência de paridade de armas entre acusação e defesa. Por conseguinte, tais incompatibilidades encerram reflexos diretos no direito fundamental à liberdade.

Impende considerar que viabilizar a entrevista do réu com seu defensor não é somente manter indene uma garantia, mas dedicar igualmente a devida atenção ao Pacto de São José da Costa Rica, que preconiza em seu artigo 8º, *verbis*:

---

[9] "Art. 397. Após o cumprimento do disposto no art. 396-A, e parágrafos, deste Código, o juiz deverá absolver sumariamente o acusado quando verificar:
I – a existência manifesta de causa excludente da ilicitude do fato;
II – a existência manifesta de causa excludente da culpabilidade do agente, salvo inimputabilidade;
III – que o fato narrado evidentemente não constitui crime; ou
IV – extinta a punibilidade do agente."

Pacto de São José da Costa Rica:
Art. 8º – Garantias judiciais:
2. Toda pessoa acusada de um delito tem direito a que se presuma sua inocência, enquanto não for legalmente comprovada sua culpa. Durante o processo, toda pessoa tem direito, em plena igualdade, às seguintes garantias mínimas:
(...)
d) direito do acusado de defender-se pessoalmente ou de ser assistido por um defensor de sua escolha e de comunicar-se, livremente e em particular, com seu defensor;

Destarte, a presença do defensor trata-se de formalidade essencial, corolário dos princípios em foco. Cabe ressaltar que o princípio da ampla defesa se manifesta na defesa técnica e na autodefesa. A concretização de tal princípio demanda a garantia ao defensor do exercício da defesa técnica e específica. O acusado, por sua vez, exercita a autodefesa ou defesa material ao longo do processo, fazendo-a pessoalmente, a exemplo da sua fala apta a influenciar o convencimento do juiz, ou ainda, quando é entrevistado previamente pelo seu defensor, antes mesmo da resposta preliminar. Portanto, ambas compõem a ampla defesa. E é também nessa seara que se encontra a importância da entrevista com o defensor, por oportunizar o alinhamento entre a autodefesa e a defesa técnica, momento em que o defensor poderá ouvi-lo, elucidar-lhe o teor da acusação e indicar-lhe uma estratégia de defesa, devendo, ainda, instruí-lo acerca dos seus direitos, notadamente o de permanecer calado. A propósito, veja-se a nobre exposição do Ministro Gilmar Mendes:[10]

> [...] o direito de defesa constitui pedra angular do sistema de proteção dos direitos individuais e materializa uma das expressões do princípio da dignidade da pessoa humana. Como se sabe, na sua acepção originária, este princípio proíbe a utilização ou transformação do homem em objeto dos processos e ações estatais. O Estado está vinculado ao dever de respeito e proteção do indivíduo contra exposição a ofensas ou humilhações. A propósito, em comentários ao art. 1º da Constituição alemã, afirma Günther Dürig que a submissão do homem a um processo judicial indefinido e sua degradação como objeto do processo estatal atenta contra o princípio da proteção judicial efetiva ('*rechtliches Gehör*') e fere o princípio da dignidade humana ['*Eine Auslieferung des Menschen an ein staatliches Verfahren und eine Degradierung zum Objekt dieses Verfahrens wäre die Verweigerung des rechtlichen Gehörs.*'] (MAUNZ-DÜRIG, Grundgesetz Kommentar, Band I, München, Verlag C.H.Beck, 1990, 1I 18).

Não se pode olvidar da atribuição constitucional entregue à Defensoria Pública insculpida no artigo 134 do Texto Constitucional, o qual determina que "[a] Defensoria Pública é instituição permanente, essencial à função jurisdicional do Estado, incumbindo-lhe, como expressão e instrumento do regime democrático, fundamentalmente, a orientação jurídica, a promoção dos direitos humanos e a defesa, em todos os graus, judicial e extrajudicial, dos direitos individuais e coletivos, de forma integral e gratuita, aos necessitados, na forma do inciso LXXIV do art. 5º desta Constituição Federal".

Ocorre que a Defensoria Pública, ainda que alçada ao patamar de instituição de imensurável relevância, foi recentemente criada, porquanto restou delineada a partir

---

[10] HC nº 85.294, Rel. Ministro Gilmar Mendes, Segunda Turma, *DJe* de 15.06.2007.

da Constituição Federal de 1988. E especialmente por essa razão ainda enfrenta uma infinidade de obstáculos à concretização de seu papel constitucional.

A Corte Suprema, no julgamento das ADIs nºs 4.163 e 4.270, teve a oportunidade de identificar a deficiência na estrutura da instituição em entes diversos da Federação. No julgamento das ações constitucionais, o Tribunal reconheceu, inclusive, a situação de inconstitucionalidade a caminho de uma "constitucionalidade progressiva", de modo que, até que se alcance a ideal estrutura das instituições, há que se viabilizar ferramentas paliativas, a exemplo da requisição do preso, objetivando não sacrificar ainda mais interesses de desabrigados.

E sob esse enfoque, há que se afirmar que a omissão do Estado acerca do cumprimento de seus deveres positivos, encartados no Texto Constitucional, assume comportamento negativo, seja no campo político, seja no campo jurídico. Restam marginalizados, assim, direitos fundamentais e, ao mesmo tempo, princípios canonizados na Magna Carta.

Portanto, o que se pode perceber é que, quando se volta certa medida de preocupação a essa instituição, em verdade, o espírito dessa inquietação está mais atento aos interesses envolvidos, e sua respectiva proteção, do que ao próprio órgão em si, já que interesses de indivíduos ainda mais vulneráveis podem estar sujeitos a um retraimento.

E com esse foco é que se invoca um exame mais detido acerca da situação que aqui se apresenta, no sentido de que se não há a devida estrutura a amparar direito fundamental garantido a presos, alternativas devem ser oferecidas a fim de implementar soluções paralelas a viabilizarem o seu exercício, como anódino atinente à problemática. No caso, se a defensoria não possui efetivo suficiente ao atendimento sincronizado dos assistidos, o remédio não é outro senão a permissão à requisição de réu preso para ser entrevistado reservadamente com seu defensor, em claro respeito ao direito de defesa.

Em outras palavras, o quadro que se apresenta é de uma instituição encarregada de promover direitos humanos e a defesa dos necessitados, mostrando-se, contudo, incapacitada de exercer seu institucionalizado papel, à medida que se mostram desautorizadas medidas alternativas à plena orientação jurídica e à integral assistência judiciária, em clara ausência de diálogo com os demais poderes políticos no trato de tais direitos.

Por conseguinte, causa perplexidade o cenário que se instala, posto que desmedidas as graves consequências aos direitos do preso, alvo de manifestos acometimentos a princípios de envergadura não apenas constitucional, mas também reconhecidos no âmbito internacional.

Portanto, ao intérprete da norma ressoa inequívoco reconhecer o prejuízo à defesa ao verificar que não foi permitida a entrevista do acusado com seu defensor. E quanto às razões para essa falta, pode-se afirmar que são inúmeras, sendo indene de dúvida que a principal delas se deve à carência de recursos. Contudo, é certo que a (des)estrutura da instituição, com todas as suas dificuldades e evidências empíricas a inviabilizar a presença de seus membros em todos estabelecimentos prisionais, não pode refletir no âmbito da defesa.

Propõe-se aqui focar naquele que se mostra sujeito de direitos, pois se um órgão diz não ter estrutura adequada para manter seus órgãos em todos os estabelecimentos penais, ou nos tribunais e, por outro lado, o Poder Judiciário relega tal responsabilidade àquele órgão, não é o cidadão que responderá, com sua liberdade, diante desse "jogo de empurra". Portanto, não há justeza no entendimento de que o dever de visitar os assistidos presos é da Defensoria Pública, sob o fundamento da ausência de previsão legal que autorize o órgão defensor transferir esse ônus ao Poder Judiciário.

Demais disso, é ínsito à natureza da própria atividade do Estado – que tem o dever de garantir a segurança pública –, por vezes, lançar mão de recursos financeiros e logísticos, para realizar sua atividade de forma eficiente. Não se mostra viável, portanto, impedir a entrevista no local em que se encontra, sob o argumento da reserva do possível, ou de que é deveras dispendioso para o Estado promover o transporte de presos, excepcionando-se, assim, garantias constitucionais tão caras ao processo penal e, por consectário, à manutenção do estado democrático de direito (CRFB, art. 1º, *caput*[11]).

Por conseguinte, se a lei assegura ao acusado o direito a ser entrevistado reservadamente com seu defensor antes de ser interrogado, bem como a comunicação direta do defensor público, a sua inobservância faz concluir pela violação a todas "normas princípios" e "normas regras" voltadas à defesa, o que tem o condão, inclusive, de pôr em xeque o postulado da dignidade da pessoa humana.

Nesta senda, subtrair o direito à entrevista com o seu defensor, considerando-se a realidade vivida pela instituição, viola o princípio do contraditório e da ampla defesa, caracterizando-se ainda inaceitável retrocesso de um direito fundamental. Portanto, aqui se faz mister invocar o efeito *cliquet* face à redução arbitrária do grau de concretização legislativa de um direito fundamental, de forma que os direitos conquistados somente podem avançar, nunca retroceder. A doutrina especializada de Ingo Sarlet[12] observa que é o núcleo essencial dos direitos que vincula atividade estatal:

> Com efeito, sem que se vá aqui aprofundar as razões que vedam o reconhecimento de uma proibição de retrocesso com feições absolutas, ou seja, impeditivas de qualquer redução nos níveis de proteção social, importa destacar, em apertada síntese, que uma proibição absoluta não apenas implica a afetação substancial da necessária possibilidade de revisão que é peculiar à função legislativa, mas também desconsidera a indispensável possibilidade (e necessidade) de reavaliação global e permanente das metas da ação estatal e do próprio desempenho na consecução de tais metas, ou seja, a reavaliação mesmo dos meios utilizados para a realização dos fins estatais, com destaque para a efetivação dos direitos fundamentais.

Dessa forma, construção de premissas contrárias implica desobediência evidente à proibição de retrocesso aos direitos já alcançados, uma vez que a tentativa de suprimir conquista já realizada revela-se patente.

Argumentar que o Estado não possui o dever de promover o seu deslocamento do presídio para outro local, sobretudo pelos gastos dele derivados, vai de encontro com outro dever do Estado. Isso porque a Defensoria Pública deveria estar presente nos estabelecimentos penitenciários, acaso houvesse preocupação em atender os cânones constitucionais, bem como aquilo que alvitra a Lei Complementar nº 80/1994. Somente nessa toada é que se mostraria possível preservar uma ampla defesa do acusado, em pleno respeito à dimensão material dos direitos fundamentais.

---

[11] "Art. 1º A República Federativa do Brasil, formada pela união indissolúvel dos Estados e Municípios e do Distrito Federal, constitui-se em Estado Democrático de Direito e tem como fundamentos: [...]."

[12] SARLET, Ingo Wolfgang. *A eficácia dos direitos fundamentais*: uma teoria geral dos direitos fundamentais na perspectiva constitucional. Porto Alegre: Livraria do Advogado, 2009, p. 445.

Com esse cenário, preservar-se-iam os princípios da igualdade entre réus soltos e presos, assim como entre réus assistidos por advogados privados e pela Defensoria Pública.

É exatamente o núcleo de alguns direitos fundamentais que se pretende manter incólume, diga-se o contraditório e a ampla defesa. Assim sendo, o reconhecimento do risco de violação a tais princípios implica necessária reflexão acerca do tema de alta sensibilidade.

Portanto, guiado pelos ditames da liberdade, da dignidade, da democracia, da justiça social e de outros tantos valores homenageados pela Constituição da República, bem como diante da constatação de que a Defensoria Pública ainda não se encontra suficientemente munida de elementos para cumprir sua função institucional, há que se reconhecer o direito de entrevista pessoal do preso com o defensor público. O seu fundamental ofício, consagrado como expressão e instrumento do regime democrático, revela-se imprescindível à concreção dos direitos dos quais são titulares, da mesma forma, os necessitados. O melhor caminho, portanto, é fomentar um diálogo permanente e profícuo entre a Defensoria Pública e os poderes institucionais em prol da preservação de direitos fundamentais.

Informação bibliográfica deste texto, conforme a NBR 6023:2002 da Associação Brasileira de Normas Técnicas (ABNT):

OLIVEIRA, Aldo José Barros Barata de. A entrevista pessoal do preso com o defensor público sob enfoque dos direitos fundamentais. In: ARABI, Abhner Youssif Mota; MALUF, Fernando; MACHADO NETO, Marcello Lavenère (Coord.). *Constituição da República 30 anos depois*: uma análise prática da eficiência dos direitos fundamentais. Estudos em homenagem ao Ministro Luiz Fux. Belo Horizonte: Fórum, 2019. p. 145-154. ISBN 978-85-450-0598-8.

LIBERDADE DE EXPRESSÃO E DE MANIFESTAÇÃO NAS REDES SOCIAIS

ANA PAULA DE BARCELLOS
FELIPE MENDONÇA TERRA

I Da utopia ao desencanto

O homem que grita falsamente "fogo!" em um teatro lotado. A reunião de cidadãos na prefeitura para discussão de assuntos de interesse da comunidade. Ou a figura do "mercado de ideias": a sociedade em que os indivíduos escolhem e debatem livremente as ideias que irão defender, devendo prevalecer sempre a verdade. A ideia da liberdade de expressão construiu, ao longo de sua evolução doutrinária e jurisprudencial, uma retórica poderosa.[1] Esse robusto aparato teórico, conquanto tenha solidificado, em tribunais no mundo todo, uma teoria consistente da liberdade de expressão, parece especialmente desencontrado com algumas das principais questões envolvendo a liberdade de expressão hoje em dia: os provedores de internet devem responder por ilícitos praticados por usuários na internet? Qual deve ser o limite da tolerância com discursos radicais nas redes sociais? Discursos ácidos contra políticos, ou mesmo notícias falsas, que possam influir no processo eleitoral, devem ser removidos das redes? Essas, como se sabe, tornaram-se questões cotidianas nas democracias contemporâneas que passam, necessariamente, pela análise da liberdade de expressão.

Não é de hoje que se sabe que a internet iria modificar, profundamente, a forma como se dão as interações sociais nas sociedades democráticas. Não por outra razão, muitos apostaram no fim ou decadência de outras formas de comunicação de massa consagradas até o século XXI – como a imprensa escrita e as telecomunicações – com o advento e a expansão global do uso da internet. Hoje, o cenário mais plausível é o de que, ainda que os meios de comunicação de massa continuem a sobreviver, a internet também passou a ser um aliado e instrumento importante para tal: jornais impressos

---

[1] Exemplos extraídos de SHIFRRIN, Steven H. *The First Amendment, democracy and romance*. Princeton: Princeton University Press, 1990, p. 86.

importantes passaram a ser lidos *on-line* com a divulgação de notícias em tempo real, e redes de televisão investem cada vez mais no *streaming* pela internet.

Essa realidade, contudo, não afasta a mudança causada pela "revolução digital" nas formas de interação social. O ponto se tornou ainda mais evidente após a popularização e expansão das redes sociais, que criaram um espaço permanente de divulgação de opiniões, ideais e informações sob os mais variados meios: textos escritos, vídeos divulgados em redes de compartilhados, *podcasts* e imagens. Com a expansão global do acesso a essas tecnologias, especialmente por meio de dispositivos móveis, a internet e as redes sociais, em particular, deixaram de ser um espaço específico, ao qual os indivíduos dedicavam uma parte do seu tempo, para tornarem-se um aspecto fundamental da vida contemporânea: os cidadãos estão a todo o tempo mergulhados na internet, e as informações e opiniões trocadas no dia a dia – desde o grupo da família no *WhatsApp* ou uma discussão sobre política ou moda no *Facebook* – influenciam decisivamente no nosso comportamento e na nossa formação de convicções.

Evidentemente, esse *boom* de comunicações e trocas de informações produz enorme impacto sobre o direito fundamental da liberdade de expressão. Como anotou Jack Balkin em influente trabalho, as novas tecnologias digitais não mudam o que a liberdade de expressão é; mas elas colocam uma nova luz sobre ela. Essas tecnologias criam uma forma de participação cultural e interatividade inéditas na história da humanidade, de modo que a "revolução digital" traz à tona diversos aspectos da liberdade de expressão que antes se encontravam ocultos ou eram convenientemente ignorados.[2] De forma específica, anota o autor, as novas tecnologias digitais influenciam a liberdade de expressão ao: (i) diminuir os custos de copiar e distribuir informações; (ii) facilitar que as informações atravessem barreiras culturais e geográficas; (iii) diminuir os custos de inovação; e (iv) democratizar o discurso: as tecnologias da informação são colocadas nas mãos de um número cada vez maior de pessoas e de diversos segmentos da sociedade, que passam a ter um meio de divulgar suas opiniões e ideias.[3]

A verdade é que nunca houve tanto fluxo de informações, com oportunidades acessíveis e baratas de comunicação para os emissores de mensagens e ideias, bem como um auditório que os ouça – um grupo de amigos ou milhões de seguidores em um aplicativo de rede social. Por que, então, o tema da liberdade de expressão – como se vê dos questionamentos, meramente exemplificativos, apontados acima – continua gerando tanto polêmica e os próprios fundamentos subjacentes a esse direito fundamental continuam amplamente contestados? Afinal, um livre fluxo de ideias e o contínuo debate público, sobre os assuntos de interesse da sociedade, não é, rigorosamente, o que sempre pregou a doutrina e jurisprudência sobre a liberdade de expressão?

É que, no corrente estado da arte da evolução tecnológica – em que esses fenômenos da revolução digital evoluíram e se expandiram de forma muito mais rápida do que qualquer teoria jurídica jamais seria capaz –, vive-se um verdadeiro *desencontro* no entendimento da liberdade de expressão. A teoria tradicional, especialmente a desenvolvida e consagrada no decorrer do século XX, não mais sobrevive ou explica de forma satisfatória a realidade multifacetada de um universo que, ao promover a liberdade de expressão aos seus limites, também expõe todos seus dilemas e agruras.

---

[2] BALKIN, Jack. *Digital speech and democratic culture*: a theory of freedom of expression for the information society. *New Youk University Law Review*, v. 79, n. 1, 2004, p. 2-3.

[3] *Idem*, p. 6-9.

De fato, como já anotava Jack Balkin, "as exatas mesmas características da era digital que empoderam os cidadãos comuns – baixos custos de distribuição e facilidade de cópia e transformação – empoderam negócios também", transformando também as informações em novas mercadorias.[4] Mais do que isso, as novas tecnologias, e as redes sociais de forma específica, pareceram trazer à tona o que de mais indesejável havia na liberdade de expressão: não o debate, informado, produtivo e razoável dos assuntos de interesse público, mas, em seu lugar, desinformação, agressividade e radicalismo nas redes.

É desse desencontro que reside, de um lado, a *utopia* dos ideais teóricos que floresceram sobre a democracia – e, em particular, a liberdade de expressão – e, de outro lado, o *desencanto* com as reais experiências advindas das redes sociais. Passa-se a tratar, objetivamente, de cada um desses lados da moeda.

A *utopia* está relacionada com o papel que a liberdade de expressão foi imaginada para desempenhar em uma democracia, a partir da doutrina tradicional sobre o tema. Ao longo do tempo, muitas teorias foram apresentadas para justificar a proteção constitucional à liberdade de expressão.[5] A liberdade de expressão pode ser vista como um meio para a realização da autonomia pessoal:[6] é vista como um bem intrínseco, um fim em si mesmo – ela existe para que o indivíduo possa realizar-se, permitindo a cada ser humano, no exercício da sua autonomia, escolher aquelas ideias (políticas, religiosas, culturais e artísticas) que mais lhe agradam.

Em outra concepção, a liberdade de expressão também foi tradicionalmente associada com a *busca pela verdade:*[7] um bem social destinado à revelação da verdade. Tal qual na visão clássica do liberalismo econômico, em que o mercado de bens deve ser preservado da ação estatal, uma vez que os próprios atores do mercado ("a mão invisível") irão regular a oferta e a demanda de modo a proporcionar um funcionamento ideal, também o mercado de ideias deve permitir que todas as todas as versões e opiniões, fatos e argumentos fluam livremente na sociedade, de modo que as eventualmente as ideias ruins ou falsas serão derrotadas pelas boas e verdadeiras, fazendo prevalecer a verdade.

No entanto, a defesa da liberdade de expressão que mais encontrou eco no decorrer do século XX[8] foi a da *realização do governo democrático*. Ao permitir a ampla circulação de ideias, a liberdade de expressão permite que os cidadãos tomem as decisões sobre os rumos da sociedade melhores informados, bem como que a deliberação democrática flua livre, sem restrição ou opressão. Trata-se, em sua versão pura, de uma visão instrumental da liberdade de expressão, na medida em que a proteção da liberdade de expressão

---

[4] *Ib*, p. 12-13.
[5] Sobre o tema, v., por todos, BARENDT, Eric. *Freedom of speech*. 2nd Ed. Oxford: Oxford University Press, 2007, p. 13 e ss. Na doutrina brasileira, v. CHEQUER, Claudio. *A liberdade de expressão como direito fundamental preferencial prima facie*: análise crítica e proposta de revisão ao padrão jurisprudencial brasileiro. Rio de Janeiro: Lumen Juris, 2011; SCHREIBER, Simone. *Liberdade de expressão*: justificativa teórica e a doutrina da posição preferencial no ordenamento jurídico. In: BARROSO, Luís Roberto (Org.). *A reconstrução democrática do direito público no Brasil*. Rio de Janeiro: Renovar, 2007, p. 217-258.
[6] EMERSON, Thomas. Toward a general theory of the First Amendment. *The Yale Law Journal*, v. 72, 1963, p. 879-880; DWORKIN, Ronald. *Freedom's Law*: the moral reading of the American Constitution. Oxford: Oxford University Press, 1996.
[7] STUART MILL, John. *On liberty*. Kitchener: Batoche Books Limited, 2001 (edição original de 1859). A visão clássica foi originalmente explorada em MILTON, John. *Areopagitica* (edição original de 1644).
[8] Nesse sentido, BALKIN, Jack. *Digital speech and democratic culture, Op. cit.*, p. 27.

pelas sociedades contemporâneas serve a um fim específico: garantir o exercício da democracia. A liberdade de expressão não é vista como um trunfo individual contra a intervenção do Estado e de terceiros, mas um elemento que poderia ser até mesmo suprimido e comprometido se for necessário para o desenvolvimento da democracia.[9] Não por outra razão, a relação entre a liberdade de expressão e a democracia tem sido amplamente explorada pela jurisprudência constitucional para garantir a proteção central da liberdade de expressão aos discursos de natureza política, sem prejuízo de outros tipos de discursos, não diretamente políticos, serem também objeto de proteção constitucional em razão da mesma associação com o regime democrático.[10]

Essa concepção está ainda relacionada a outra vertente teórica que também floresceu no século XX: a da *democracia deliberativa*. Em contraposição do modelo agregativo de democracia – baseado no somatório das vontades da maioria –, o modelo deliberativo substitui o foco no voto por um foco no diálogo, enfatizados os processos comunicativos de opinião e a formação da vontade que antecede qualquer decisão.[11] Essa concepção buscou estudar as ideias de deliberação, i.e., o debate destinado a produzir opiniões mais razoáveis e melhores informadas, e em que os cidadãos podem discutir e rever suas preferências a partir dos apontamentos feitos pelos demais participantes, favorecendo a tomada de melhores decisões no processo democrático. Evidentemente, essa corrente sempre esteve amplamente atrelada à proteção da liberdade de expressão: descrita como uma tentativa de "reconciliar democracia e direitos",[12] a teoria deliberativa da democracia põe enorme peso na garantia das liberdades comunicativas que permitam a realização do debate público – aí entendidas não apenas como a proteção formal da liberdade de expressão e de imprensa, mas elementos não institucionais, como como a influência da sociedade e das experiências compartilhadas de vida.[13]

A expansão da internet e o surgimento das redes sociais pareceram – e ainda parecem – criar o ambiente perfeito para implementar todas essas proposições: um espaço livre de discussão, relativamente barato e acessível, em que os cidadãos podem ser informar de múltiplas formas e possuem um espaço permanente para expor e defender suas opiniões e pontos de vistas sobre assuntos variados. Tratava-se, justamente, da concretização de ideias caras à teoria da liberdade de expressão: o debate livre e permanente de assuntos de interesse da sociedade, o mercado de ideias permitindo que, do livre trânsito de informações, os cidadãos tomem escolhas mais bem informados e escolham aquelas propostas que melhor servirão ao interesse público e ao regime democrático.

Notando o potencial desencontro entre a teoria tradicional da liberdade de expressão e as virtudes e dificuldades desse novo ambiente propiciado pela "revolução digital", Jack Balkin buscou apresentar uma nova visão da liberdade de expressão nesse contexto: a implementação de uma *cultura democrática*. Isso significa expandir a visão prevalecente da liberdade de expressão como instrumento da deliberação democrática

---

[9] BARENDT, Eric. *Op. cit.*, p. 19.
[10] Idem, p. 21.
[11] CHAMBERS, Simone. Deliberative democratic theory. *Annual Review of Political Science*, n. 6, 2003, p. 308. Sobre o tema, na doutrina brasileira, v. *Teoria constitucional e democracia deliberativa*. Rio de Janeiro: Renovar, 2006.
[12] CHAMBERS, Simone. *Op. cit.*, p. 309-310. Tradução livre.
[13] OFFE, Claus. Crisis and innovation of liberal democracy: can deliberation be institutionalized?. *Czech Sociological Review*, v. 47, 2011.

e de assuntos de interesse público para entender a democracia da forma mais larga possível: uma cultura em que pessoas comuns possam participar, de forma individual e coletiva, da criação, elaboração e discussão de significados culturais daquilo que as constitui como indivíduos. Trata-se de um ambiente que não limita a democracia ao exercício do voto ou a discussão da coisa pública, mas que empodera indivíduos a participar da sociedade, redefinindo instituições e práticas e desenhando seu próprio futuro.[14]

A internet, expõe o autor, propicia esse tipo de ambiente ao: (i) refletir a cultura e o entusiasmo populares, permitindo o livre discurso não apenas de assuntos de interesse público, mas, em verdade, de qualquer tipo de expressão: discursos frívolos, fofocas, filosóficos, culturais, etc.; (ii) permitir que as pessoas se expressem de forma inovadora, ao invés de serem meros sujeitos passivos da evolução cultural; (iii) permitir que as pessoas se expressem e inovem sobre material tecnológico já existente; (iv) criar um ambiente participativo e interativo: as pessoas não apenas assistem ou ouvem conteúdo (como nos outros meios de comunicação), mas efetivamente podem, além de criar seu próprio conteúdo, compartilhar, comentar ou adicionar sobre o conteúdo alheio; e (v) unir as pessoas com interesses comuns e criar novas comunidades, culturas e subculturas.[15] Nesse contexto, a liberdade de expressão passa a ter outros valores e garantir a proteção de muitos outros tipos de discursos que anteriormente eram negligenciados pela teoria democrática tradicional, sobretudo discursos de natureza não-política, a cultura popular e a participação individual.

Conquanto muitas dessas constatações empíricas – a interatividade, a inovação, a troca constante de experiências e pontos de vistas – tenham de fato se observado na evolução das redes sociais, a verdade é que o rápido avanço da tecnologia não propiciou, até o momento, a revolução no entendimento sobre a liberdade de expressão e sobre o regime democrático que muitos haviam prometido. A consequência para muitos é o *desencanto* com a real experiência extraída das redes sociais: como já se adiantou acima, as redes sociais são cada vez com mais frequência acusadas da deterioração da privacidade e da própria liberdade, desinformando e dividindo as pessoas. Com agilidade, esses problemas deixaram de ser questões específicas restritas ao universo da internet para se tornarem questões de Estado ou dificuldades que tocam o próprio coração do sistema democrático.

Qualquer enunciação sobre a problemática advinda das experiências das redes sociais seria incompleta e ficaria potencialmente datada, diante da constante evolução da matéria. De todo modo, e sem pretensão de esgotar o assunto, é possível apontar, no presente estado de arte, duas principais questões decorrentes das redes sociais que se aproximam de problemáticas jurídicas. A *primeira* delas é o crescente e potencial poder divisor das redes sociais: com o uso de algoritmos e *hashtags*, as redes sociais tendem a criar bolhas (no vocabulário inglês, *echo chambers*) em que os usuários somente são expostos a informações e opiniões que lhes interessam. Isso pode ocorrer de forma espontânea – o usuário somente segue em determinada rede social as pessoas, *hashtags* (geralmente referências a determinados assuntos) e veículos de imprensa que lhe agradam ou interessam – ou automatizada: por meio de algoritmos, as redes sociais

---

[14] BALKIN, Jack. *Digital speech and democratic culture. Op. cit.* p. 33 e ss.
[15] Idem, p. 31-2.

coletam as preferências dos usuários e selecionam ou priorizam o conteúdo de seu desejo.

Embora úteis para personalizar a experiência do usuário e até mesmo direcionar publicidade, esses mecanismos não deixam de gerar implicações sobre a liberdade de expressão e a democracia. Em substituição ao ideal do "mercado de ideias" e do amplo debate público que produza melhores opiniões com o contraste de opiniões, as redes sociais podem promover o contrário: cidadãos que não são expostos a outros pontos de vistas e assuntos que não aqueles que já defendem ou lhes interessam, o que apenas tende a reforçar suas próprias convicções sem debater ou estar exposto a outras visões de mundo ou experiências. Não por acaso, esse fenômeno tendo sido frequentemente associado com a chamada "polarização da política", tendência observada em muitas das democracias ocidentais, e, em alguns casos, com a radicalização e expansão da violência política – verbal ou física.

Como aponta Cass Sunstein, o regime democrático, para ser funcional, requer mais do que a proteção contra censura estatal e o respeito às liberdades individuais, tal como o pensamento tradicional pressuponha. Um sistema saudável de liberdade de expressão, para o autor, também requer: (i) que as pessoas sejam expostas a materiais e conteúdos que não teriam escolhido com antecedência: tópicos, pontos de vistas e opiniões que, por não lhe interessarem (ou até mesmo por não concordarem inicialmente), elas teriam optado por não consumir; e (ii) que a maioria dos cidadãos possuam experiências compartilhadas. O cenário das "bolhas" frustra essas duas expectativas: os cidadãos não são expostos a outros pontos de vistas e visões de mundo que não aqueles que lhes interessem e, ao mesmo tempo, passam a se dividir em pequenas comunidades restritas pelas mesmas posições e opiniões, deixando de compartilhar experiências com os demais cidadãos.[16]

Uma *segunda* preocupação diz respeito ao crescente florescimento das notícias falsas (*fake news*). A preocupação com a divulgação das notícias falsas por meio da internet, bem como o estudo das razões por trás disso, não é assunto novo.[17] Se, durante o século XX, uma das principais preocupações da doutrina da liberdade de expressão foi a democratização dos meios de comunicação, a internet reduziu substancialmente essa preocupação: é relativamente fácil e barato criar um *blog*, ou *site*, ou página em rede social.

O fenômeno, no entanto, veio acompanhado com a facilidade de propagação de notícias falsas, especialmente nas redes sociais, que facilitaram os mecanismos de compartilhamento e divulgação de informações. As notícias são muitas vezes divulgadas por *sites* e mesmo movimentos políticos que se especializaram nisso, muitas vezes com a ajuda de *bots* – contas falsas em redes sociais que potencializam o alcance das notícias, tornando-as virais. Com agilidade, a divulgação das notícias falsas tornou-se mais uma arma a serviço de campanhas políticas, especialmente como mecanismo de atacar ou difamar candidatos opositores. De assunto de menor importância e impacto – notícias limitadas divulgadas por robôs em redes sociais – as notícias falsas tornaram-se assunto central da governança eleitoral, diante da constatação de sua profunda influência no

---

[16] SUNSTEIN, Cass R.. #*Republic:* divided democracy in the age of social media. Princeton: Princeton University Press, 2018. Edição Kindle, posição 273/7172

[17] SUSTEIN, Cass. *On rumors*: how falsehoods spread, why we believe them, what can be done. New York: Farrar, Straus and Giroux, 2009.

eleitorado em eleições recentes em vários países. O ponto será retomado adiante, no tópico específico sobre propaganda eleitoral nas redes sociais.

Qual é o papel do Direito – em particular, da teoria da liberdade de expressão – nesse panorama? Como lembra Balkin, "a internet não é uma decisão da Suprema Corte".[18] As novas tecnologias englobadas no âmbito da internet envolvem muito mais do que uma teoria jurídica da democracia ou liberdade de expressão: não raro, elas envolvem aparatos institucionais e regulatórios que terão profundo impacto na forma como se darão as comunicações no âmbito das redes sociais e até mesmo na capacidade de inovação e reformulação dessas tecnologias.[19] O autor menciona, como exemplos, os debates sobre a neutralidade da rede – derrubada em 2017 nos Estados Unidos por um órgão não jurisdicional, a agência reguladora FCC[20] – e a extensão da responsabilidade dos provedores de internet. Todas essas questões não eram, até pouco tempo, debates dentro da teoria da liberdade de expressão: por si só, a liberdade de expressão não produz respostas a essas problemáticas. Mas, ao mesmo tempo, essas mesmas questões produzem sérias repercussões sobre a manutenção da liberdade de manifestação dos usuários na internet.

Como aconteceu em outros cenários e em outros contextos, a tecnologia evoluiu de forma muito mais rápida do que qualquer teoria jurídica. As teses do Direito podem demorar anos para amadurecer dentro da academia e, a partir disso, talvez décadas para se tornarem doutrinas consistentes e precedentes jurisprudenciais. Atravessamos, nesse momento, ainda uma fase de limbo entre essa desconexão entre a expansão das redes sociais – e os problemas com elas trazidos – e a capacidade do Direito de oferecer respostas consistentes: não por acaso, os problemas parecem muitos e as soluções escassas.

De fato, algumas das problemáticas existentes não precisam ser supervalorizadas. A questão das "bolhas", conquanto levante preocupações diversas com o regime democrático e o próprio exercício da liberdade dos usuários nas redes sociais, também pode ser vista sob uma ótica mais otimista. Outra vertente tradicional para a explicação da liberdade de expressão, desenvolvida em outro contexto pelo filósofo Joseph Raz, é a da liberdade de expressão como forma de identificação pessoal.[21] A liberdade de expressão serviria para validar uma forma de vida – dentre outras coisas, confirmar, para as pessoas que vivem sob uma determinada forma de vida, que outros indivíduos compartilham dos seus ideais, dividindo suas experiências e problemas. As redes sociais, em grande escala, permitiram aproximar e reunir pessoas com projetos comuns e ideais afins. É o caso, por exemplo, de grupos minoritários e movimentos sociais que, sem representação parlamentar ou voz nos meios de comunicação tradicionais, encontraram na internet e nas redes sociais um meio propício para defender e divulgar suas pautas.

---

[18] BALKIN, Jack. The future of free expression in a digital age. *Pepperdine Law Review*, v. 3, p. 4416, 2008-2009. Tradução livre.

[19] *Idem*, p. 428: "[I]n the twenty-first century, the values of freedom of expression will become subsumed under an even larger set of concerns that I call knowledge and information policy".

[20] A neutralidade da internet significa, em síntese, que os provedores de acesso a internet não podem fazer discriminação quanto ao conteúdo acessado pelos usuários – o mero acesso a uma rede de internet deve dar ao usuário o acesso a todo conteúdo da internet, sem que o provedor restrinja ou privilegie determinados conteúdos. A Federal Communications Commission, em 2017, por três votos a dois, decidiu derrubar as regras sobre neutralidade da rede nos Estados Unidos.

[21] RAZ, Joseph. Free expression and personal identification. *Oxford Journal of Legal Studies*, v. 11, 1991.

Nesse cenário, é possível e desejável crer que existem formas de minimizar os ônus e assimetrias decorrentes das novas tecnologias sem deixar de incentivar ou promover os pontos favoráveis à liberdade dos usuários nas redes sociais. Mesmo nesse cenário desalentador já descrito, Sunstein lembra que "as atuais tecnologias de comunicação criam oportunidades extraordinárias e crescentes para a exposição de diversos pontos de vistas, e de fato criam oportunidades para o compartilhamento de experiências e discussões".[22] O autor, por exemplo, sugere mecanismos institucionais e tecnológicos que, sem romper com as atuais experiências das redes sociais, poderiam promover um debate público mais aberto, quebrando o esquema das "bolhas": possibilidade de os usuários optarem por ver opiniões diferentes em suas *timelines* nas redes sociais; políticas de autorregulação mais robustas e transparentes por parte dos provedores da internet; criação e fomento de "domínios deliberativos" em que vários tipos de assuntos seriam debatidos pelos usuários segundo regras pré-estabelecidas de civilidade, etc.

Mesmo fora dos planos dos ideais e propostas, é certo também que esse período de transição do pensamento jurídico tradicional para as novas tecnologias não opera, necessariamente, em um vazio normativo. No Brasil e também no mundo, os tribunais enfrentam novos dilemas sobre a utilização da internet e das redes sociais a cada dia, não raro envolvendo questões de liberdade de expressão. O próximo tópico passa a sintetizar, de forma objetiva, alguns dos desenvolvimentos em duas matérias que já alcançaram certo grau de maturação jurídica envolvendo redes sociais: (i) a remoção de conteúdo na internet, especialmente após a edição do Marco Civil da Internet; e (ii) a disciplina da propaganda eleitoral na internet.

II Controle da liberdade de expressão nas redes sociais: o Marco Civil da Internet e a remoção de conteúdo

A expansão e a popularização da utilização das redes sociais no Brasil na última década vieram acompanhadas também de uma nova fronteira de litigância judicial. Em alguns anos, os tribunais passaram a ter de decidir questões que, até pouco tempo, eram estranhas às funções jurisdicionais: em que hipóteses um conteúdo publicado por um usuário numa rede social pode ser removido da internet e qual o grau de responsabilidade do provedor que disponibiliza o acesso às redes sociais (provedor de aplicações) pelo conteúdo postado pelos usuários.

Embora em um primeiro momento se tenha visto uma escalada de decisões judiciais em diversos sentidos, a matéria encontra-se relativamente sedimentada após a edição do Marco Civil da Internet (Lei nº 12.965/2014), que buscou justamente consolidar uma orientação sobre as principais matérias controvertidas na jurisprudência. Em particular, é possível destacar a consolidação, pela lei e também pela jurisprudência do Superior Tribunal de Justiça, quanto à: **(i)** necessidade de decisão judicial para remoção de conteúdo na internet, com a individualização da página a ser removida através da URL; **(ii)** responsabilidade civil subjetiva dos provedores de aplicações somente em caso de descumprimento de decisão judicial; e **(iii)** ausência de controle prévio das publicações e de dever de monitoramento do conteúdo.

---

[22] SUNSTEIN, Cass R.. *#Republic*, op. cit, posição 3632/7172. Tradução livre.

Em primeiro lugar, o art. 19 do Marco Civil da Internet prevê que, "com o intuito de assegurar a liberdade de expressão e impedir a censura", a remoção de conteúdo da internet deve ser precedida de decisão judicial com "identificação clara e específica do conteúdo apontado como infringente, que permita a localização inequívoca do material" (§1º). O Marco Civil, de fato, erigiu a garantia da liberdade de expressão como um dos principais fundamentos do uso na internet no Brasil (art. 3º, I), sem prejuízo de outros como a preservação da privacidade e a proteção dos dados pessoais. Coerente a essa lógica, o ordenamento jurídico brasileiro afastou, como regra geral, o regime do *notice and takedown*; i.e, aquele em que o usuário interessado apenas notifica, extrajudicialmente, o provedor de aplicações requerendo a remoção de conteúdo.

A jurisprudência consolidou também o entendimento de que a *identificação clara e específica do conteúdo* faz-se através da URL (Uniform Resource Locator) do conteúdo a ser removido (página, publicação em rede social, imagem, vídeo, etc.). O STJ chegou a entender, anteriormente ao Marco Civil, que não seria necessária a indicação de URL por parte do ofendido para a remoção de conteúdo.[23] Com o art. 19, §1º, do Marco Civil da Internet, a Corte já consolidou o entendimento de que a exigência de individualização faz-se precisamente através da URL, indicada de forma "clara e específica".[24] Para o STJ, trata-se de "obrigação do requerente" necessária para (a) preservar a liberdade de expressão na internet, impedindo que as ordens de remoção alcancem conteúdos que não foram reputados ilícitos; e (b) conferir precisão às ordens judiciais, evitando dúvidas quanto ao seu cumprimento pelos provedores.[25]

O próprio Marco Civil da Internet prevê, no art. 21, uma exceção à regra geral da necessidade de decisão judicial para remoção de conteúdo: trata-se dos casos de "divulgação, sem autorização de seus participantes, de imagens, de vídeos ou de outros materiais contendo cenas de nudez ou de atos sexuais de caráter privado". Nessa hipótese, basta ao interessado a notificação (mesmo extrajudicial) ao provedor de hospedagem para que este tenha o dever de indisponibilizar o conteúdo, sem necessidade de decisão judicial. Trata-se, por excelência, dos casos de *pornografia de vingança* (*revenge porn*), embora a dicção do dispositivo legal abranja qualquer caso de divulgação de nudez de forma não consensual.[26] Com efeito, o legislador já realizou nesse caso uma ponderação entre uma forma de violação grave da privacidade e intimidade – divulgação de nudez não consentida – e a ausência de proteção da liberdade de expressão a esse tipo de conteúdo, justificando um tratamento diferenciado.

---

[23] STJ, *DJ* 20 set. 2011, REsp nº 1175675/RS, Rel. Min. Luís Felipe Salomão.

[24] STJ, *DJ* 13 abr. 2016, REsp nº 1568935/RJ, Rel. Min. Ricardo Villas Bôas Cueva: "4. A jurisprudência do STJ, em harmonia com o art. 19, §1º, da Lei nº 12.965/2014 (Marco Civil da Internet), entende necessária a notificação judicial ao provedor de conteúdo ou de hospedagem para retirada de material apontado como infringente, com a indicação clara e específica da URL - Universal Resource Locator".

[25] STJ, *DJ* 25 ago. 2017, REsp nº 1629255/MG, Relª. Minª. Nancy Andrighi: "4. Necessidade de indicação clara e específica do localizador URL do conteúdo infringente para a validade de comando judicial que ordene sua remoção da internet. O fornecimento do URL é obrigação do requerente. Precedentes deste STJ. 5. A necessidade de indicação do localizador URL não é apenas uma garantia aos provedores de aplicação, como forma de reduzir eventuais questões relacionadas à liberdade de expressão, mas também é um critério seguro para verificar o cumprimento das decisões judiciais que determinarem a remoção de conteúdo na internet. 6. Em hipóteses com ordens vagas e imprecisas, as discussões sobre o cumprimento de decisão judicial e quanto à aplicação de multa diária serão arrastadas sem necessidade até os Tribunais superiores".

[26] SOUZA, Carlos Afonso; LEMOS, Ronaldo; BOTTINO, Celina. *Marco Civil da Internet*: jurisprudência comentada. São Paulo: Revista dos Tribunais, 2017, p. 145

Em segundo lugar, decorre também do art. 19 do Marco Civil da Internet que a responsabilidade do provedor de aplicações na internet somente se configura quando não toma as providências para remover o conteúdo após a notificação da decisão judicial. Trata-se de corolário lógico do primeiro ponto: sendo necessária, como regra, decisão judicial para a remoção de conteúdo, o provedor somente passa a responder civilmente quando não atende à ordem judicial. Trata-se de hipótese de responsabilidade subjetiva condicionada ao descumprimento de decisão judicial.

Com essa previsão, o Marco Civil afastou o entendimento, que predominava em alguns julgados, de que a responsabilidade civil do provedor de aplicações seria subjetiva após o recebimento de notificação extrajudicial. De fato, muito embora tenha considerado que não seria necessária a fiscalização prévia pelo provedor do teor do conteúdo postado nas redes sociais, o STJ chegou a entender que o provedor estava obrigado a remover conteúdo ao tomar conhecimento de sua ilicitude por meio de notificação extrajudicial.[27] Com o Marco Civil, o STJ consolidou o entendimento de que "embora a Lei n. 12.965/2014 tenha reafirmado a regra da responsabilidade civil subjetiva dos provedores de aplicações de internet, exigiu ordem judicial específica para que eles tornem indisponíveis conteúdos gerados por terceiros e violadores de direitos, cuja inércia, aí sim, rende ensejo à responsabilidade civil".[28] Essa orientação, para o STJ, seria aplicável mesmo para os casos anteriores ao Marco Civil da Internet, diante da necessidade de uniformizar a jurisprudência sobre a matéria.[29]

Dessas mesmas premissas decorre, *em terceiro lugar*, que os provedores de aplicações de redes sociais não possuem o dever de controle prévio ou monitoramento das atividades dos seus usuários. A orientação era aplicada pelo STJ antes do Marco Civil da Internet[30] e reforçada com a sua edição. Segundo a Corte, esse tipo de controle, além das implicações para a liberdade de manifestação dos usuários – verdadeira censura prévia –, equivaleria a uma quebra de sigilo das comunicações, vedada pelo art. 5º, XII, da Constituição Federal, além de representar "enorme retrocesso ao mundo virtual, a ponto de inviabilizar serviços que hoje estão amplamente difundidos no cotidiano de milhares de pessoas".[31]

Sem prejuízo disso, note-se que as redes sociais geralmente possuem termos de uso que os usuários concordam ao se cadastrar nela – o que pode incluir a vedação de determinados tipos de mensagens ou postagem de conteúdos específicos. Dessa forma, ainda que não possuam o dever de monitoramento das atividades nas redes sociais, o ambiente virtual nessas redes não se desenvolve à míngua de qualquer regra.

---

[27] STJ, *DJ* 2 dez. 2013, REsp nº 1338214/MT, Relª. Minª. Nancy Andrighi; STJ, *DJ* 18 jun. 2014, AgRg no REsp nº 1402104/RJ, Rel. Min. Raul Araújo.

[28] STJ, *DJ* 5 ago. 2015, REsp nº 1512647/MG, Rel. Min. Luis Felipe Salomão.

[29] *Idem.*

[30] STJ, *DJ* 2 dez. 2013, REsp nº 1338214/MT, Relª. Minª. Nancy Andrighi.

[31] STJ, *DJ* 14 fev. 2017, REsp nº 1342640/SP, Relª. Minª. Nancy Andrighi: "Além disso, não há no ordenamento jurídico qualquer dispositivo legal que obrigue o recorrente a realizar um "monitoramento" das informações e conteúdos que serão disponibilizados pelo extinto ORKUT ou por qualquer outra aplicação oferecida pelo recorrente. Aliás, na hipótese dos autos, esse chamado monitoramento nada mais é que a imposição de **censura prévia** à livre manifestação em redes sociais. Conforme entendimento desta Corte, o controle editorial prévio do conteúdo das informações se equipara à quebra do sigilo da correspondência e das comunicações, vedada pelo art. 5º, XII, da CF/88. Não bastasse isso, a avaliação prévia do conteúdo de todas as informações inseridas na web eliminaria um dos maiores atrativos da internet, que é a transmissão de dados em tempo real" (negrito no original).

Os provedores podem impor – e geralmente o fazem – regras de conduta, podendo tomar atitudes (remoção de conteúdo ou exclusão de página ou usuário) ao notarem ou serem notificados de desvios aos seus regramentos internos.[32] Evidentemente, abusos de quaisquer das partes quanto à preservação da liberdade de expressão nessas redes continuam podendo ser levados à apreciação do Poder Judiciário.

Como se vê, essas questões – a responsabilidade dos provedores, a decisão judicial e o dever de monitoramento de redes sociais – também possuem repercussões óbvias sobre a liberdade de expressão. Ao comentar previsão similar no direito norte-americano (artigo 230 do *Communications Decency Act*), Balkin registra que essas regras não chegam a ser, rigorosamente, uma exigência da doutrina tradicional da liberdade de expressão ou da Constituição. Mas elas estão diretamente ligadas ao desenvolvimento de uma cultura de liberdade de expressão na internet que não existiria caso os provedores respondessem pelas publicações dos seus usuários: é justamente a ausência desse tipo de responsabilidade que torna possível a inovação e a criação de espaços de ampla comunicação como as redes sociais.[33]

Mais do que isso, esse regime de responsabilidade preserva a liberdade na internet ao atribuir ao Poder Judiciário a decisão final sobre o conflito entre a liberdade de expressão e outro direito relevante em jogo, como a honra, imagem ou privacidade – isentando, assim, os provedores de realizarem por si só esse tipo de juízo, por critérios subjetivos que extrapolam os seus termos de uso.[34] O risco, aqui, é de gerar um cenário de *censura colateral*: para evitar a sua responsabilidade, os provedores tenderiam a limitar substancialmente a comunicação dos usuários, removendo qualquer tipo de conteúdo que possa ser minimamente controvertido.[35] De fato, a alternativa – o sistema do *notice and takedown* – tem sido referido como um potencial incentivador de remoção arbitrária de conteúdo, permitindo abusos frequentes quanto aos pedidos (extrajudiciais) de remoção de conteúdo.[36] Não por acaso, um dos principais fundamentos das orientações do Superior Tribunal de Justiça acima identificadas é, precisamente, a ausência de exigência que os provedores determinem, fora do âmbito de seus termos de uso, o que é ou não abusivo na internet.[37]

---

[32] SOUZA, Carlos Afonso; LEMOS, Ronaldo; BOTTINO, Celina. *Op. cit.*, p. 109-110: "Já que não existe para os provedores de aplicações de Internet o dever de monitoramento prévio, a notificação, como uma denúncia na rede social – prática costumeira na rede para reportar a existência de materiais eventualmente danosos –, atua como um alerta para que eles possam averiguar a procedência de um suposto dano e analisar a viabilidade da remoção do conteúdo questionado. Caso decidam remover o conteúdo por ser contrário aos termos de uso da plataforma, os provedores não ofenderão o Marco Civil da Internet, visto que a Lei não proíbe a exclusão de conteúdo nesses termos. A Lei nº 12.965/14 não impede que os provedores de aplicações possam determinar requisitos para a remoção direta de conteúdo em seus termos e políticas de uso e atendam possíveis notificações extrajudiciais enviadas (...)".

[33] BALKIN, Jack. *The future of free expression in a digital age. Op. cit.*, p. 434.

[34] SOUZA, Carlos Afonso; LEMOS, Ronaldo; BOTTINO, Celina. *Op. cit*, p. 110.

[35] BALKIN, Jack. *The future of free expression in a digital age. Op. cit.*, p. 435.

[36] LEONARDI, Marcel. Liberdade de expressão na era digital. In: Fernando L. Schüler; Patricia Blanco (Org.). *Pensadores da liberdade*: em torno de um conceito. São Paulo: Instituto Palavra Aberta, 2014, v. 1, p. 92-3: "[P]ossibilidade de remoção sumária de informações online, mediante simples reclamação do interessado, sem ordem judicial, cria espaço para que reclamações frívolas, infundadas ou até mesmo ilegais, que jamais seriam acolhidas pelo Judiciário, sejam necessariamente atendidas pelas plataformas online, que ficariam obrigadas a fazê-lo para se isentar de responsabilidade. Esta situação incentiva a remoção arbitrária de conteúdo, atribuindo a uma requisição privada o mesmo poder de uma medida liminar, sem o necessário devido processo legal".

[37] STJ, *DJ* 13 abr. 2016, REsp nº 1568935/RJ, Rel. Min. Ricardo Villas Bôas Cueva.

III Propaganda eleitoral e redes sociais

A internet como um meio de realização da propaganda política e eleitoral trouxe uma mudança radical na teoria política tradicional a respeito da propaganda eleitoral. De fato, tradicionalmente, a principal preocupação envolvendo a regulação da propaganda eleitoral dizia respeito aos mecanismos de acesso aos meios de comunicação de massa: o rádio e a televisão. Tratando-se de meios muitas vezes de propriedade do Poder Público e objeto de concessões públicas, as redes de rádio e televisão são mídias limitadas – não estão disponíveis a todos – e não possuem maior interatividade entre o anunciante e a audiência: a mensagem é aquela que vier a ser passada pela emissora. A despeito disso, tais redes passaram a ser, especialmente na segunda metade do século XX, a principal fonte de informação da população e, também, de veiculação da propaganda política.

Diante disso, a preocupação da teoria tradicional se concentrou em garantir meios para que os partidos e candidatos políticos tenham acessos às emissoras de rádio e televisão, impedindo que essas pudessem utilizar-se também de sua posição para privilegiar determinadas correntes políticas em detrimento de outras. No Brasil, essa imposição é de ordem constitucional (art. 17, §3º, da Constituição Federal), complementada com a previsão da Lei nº 9.504/97 (Lei das Eleições) de que as redes de rádio e TV não podem veicular propaganda paga (art. 44) – apenas aquela no espaço disciplinado pelo Poder Público ("horário eleitoral gratuito") –, além de estarem sujeitas a deveres especiais de neutralidade em matéria eleitoral (art. 45),[38] visto que não podem favorecer nem privilegiar correntes e partidos políticos. Esse dever de neutralidade, por sua vez, contrapõe-se ao regime da imprensa escrita, à qual é tradicionalmente conferida a possibilidade de se posicionar em matéria político-eleitoral.[39]

A propaganda eleitoral no âmbito da internet somente passou a ter uma previsão legislativa mais específica a partir da minirreforma eleitoral de 2009 (Lei nº 12.034/2009), que adicionou os arts. 57-A e seguintes à Lei das Eleições. Anteriormente, o art. 45, §3º, da lei (revogado) afirmava que se aplicava aos *sites* de empresas de comunicação social na internet o mesmo tratamento dado às emissoras de rádio e televisão (por exemplo, vedação de posicionar-se em matérias políticas e de ridicularizar candidatos, etc.). Essa equiparação era de todo desencontrada: não apenas, do ponto de vista técnico, os *sites* da internet em nada se igualam com as redes de rádio e televisão (não são concessionárias do Poder Público, não precisam de autorização, etc.), como a própria forma de veiculação da propaganda eleitoral é diferente. A rigor, o acesso é amplo e permitido a todos os partidos e candidatos, diminuindo a preocupação com o acesso aos meios de comunicação. Além disso, a visualização da propaganda é, em tese, opção do eleitor, ao contrário da propaganda por rádio e TV, que invade de forma compulsória

---

[38] De todo modo, há delimitações impostas pelo STF no julgamento da medida cautelar da ADI nº 4.451 (*DJ* 1º jul. 2011, Rel. Min. Ayres Britto). Na ocasião, o STF suspendeu a eficácia do inciso II do art. 45 (fazer trucagem ou montagem que ridicularize candidato), bem como a expressão "*ou difundir opinião favorável ou contrária a candidato*" do inciso III. Embora tenha considerado que as emissoras de rádio e televisão têm um dever de imparcialidade e de equidistância no processo eleitoral, a Corte entendeu que os incisos impunham restrições excessivas à liberdade de expressão e de imprensa desses meios de comunicação, notadamente no que concerne à possibilidade de realização de humor, sátiras, charges e caricaturas com os candidatos.

[39] TSE, *DJ* 21 mar. 2017, AI nº 131312/PA, Rel. Min. Gilmar Mendes: "Em relação à imprensa escrita, este Tribunal Superior tem dado dimensão ainda maior ao princípio da liberdade de imprensa, admitindo, inclusive, que o meio de comunicação assuma posição na disputa eleitoral. Precedentes".

a programação normal daqueles veículos, sem possibilidade de interação por parte do usuário.

A edição da referida legislação, de toda forma, passou a garantir um regime de maior liberdade na internet – e, por consequência, nas redes sociais. O art. 57-D, §3º, da Lei nº 9.504/97, permite, também no que diz respeito à propaganda eleitoral, que a Justiça Eleitoral determine a retirada de conteúdo irregular, por solicitação do ofendido, inclusive em redes sociais. A previsão apenas disciplina, no âmbito eleitoral, as diretrizes consagradas pelo Marco Civil da Internet, vistas acima, que somente permitem a responsabilização do provedor de aplicações caso este não tenha tomado providências para retirar o conteúdo após a notificação da decisão judicial. Isto é: via de regra, e também no que diz respeito à propaganda eleitoral, o provedor não realiza controle sobre a publicações dos usuários nem é obrigado a retirar o conteúdo por mera notificação da parte interessada, exigindo-se decisão judicial.

Esses parâmetros foram consolidados pelo Tribunal Superior Eleitoral na Resolução nº 23.551/2017, que disciplina a propaganda eleitoral para as Eleições de 2018. A minirreforma eleitoral de 2017 passou a incluir, na Lei das Eleições, previsão específica para que o TSE regulamente a propaganda na internet "de acordo com o cenário e as ferramentas tecnológicas existentes em cada momento eleitoral" (art. 57-J, adicionado pela Lei nº 13.477/2017). Nesse aspecto, a resolução do TSE destaca que "atuação da Justiça Eleitoral em relação a conteúdos divulgados na internet deve ser realizada com a menor interferência possível no debate democrático" (art. 33), bem como que "as ordens judiciais de remoção de conteúdo divulgado na internet serão limitadas às hipóteses em que, mediante decisão fundamentada, sejam constatadas violações às regras eleitorais ou ofensas a direitos de pessoas que participam do processo eleitoral" (art. 33, §1º). O ato normativo também prevê a necessidade de indicação da URL pela ordem judicial que determinar a remoção de conteúdo (art. 33, §3º).

A despeito do regime de maior liberdade para propaganda na internet, a Lei nº 9.504/97 também proíbe a realização de propaganda paga na internet. Essa vedação é complementada com a proibição de realização de propaganda eleitoral, mesmo gratuita, nos *sites* de pessoas jurídicas e também em sítios oficiais ou hospedados por órgãos ou entidades da Administração Pública direta ou indireta (art. 57-C). O art. 57-B, por sua vez, prevê as formas lícitas de realização de propaganda eleitoral pelos partidos e candidatos na internet: (i) a propaganda em sítio próprio do candidato, ou em sítio do partido ou da coligação (*sites* com domínio ".can.br" ou ".com.br"), devidamente informados à Justiça Eleitoral e que devem ser hospedados em provedor estabelecido no Brasil; (ii) por meio de mensagens eletrônicas aos endereços cadastrados previamente – aí estão incluídas propaganda por meio de *e-mail*, SMS, e outros meios de comunicação instantânea; (iii) por meio de *blogs*, redes sociais, sítios de mensagens instantâneas (*chats*) e assemelhados, seja pelos próprios candidatos, partidos e coligações, como também por qualquer pessoa, que, espontaneamente, publicar conteúdo favorável a candidato.

De todo modo, a minirreforma eleitoral de 2017 alterou razoavelmente esse regime ao prever outra forma de propaganda eleitoral na internet: o impulsionamento pago de conteúdo pelo provedor de aplicações de internet, "desde que identificado de forma inequívoca como tal e contratado exclusivamente por partidos, coligações e candidatos e seus representantes" (art. 57-C). Trata-se de exceção à regra da vedação à propaganda paga na internet. Por esse mecanismo, candidatos e partidos podem contratar com provedores de aplicações na internet – *sites*, redes sociais, e também provedores de busca (art. 26, §2º, da Lei das Eleições) – a "promoção" de mensagens originalmente gratuitas para que sejam visualizadas por mais usuários. O impulsionamento somente pode ser utilizado "com o fim de promover ou beneficiar candidatos ou suas agremiações". Isto é: o impulsionamento não pode ser utilizado para fazer propaganda negativa – aquele que exerce algum juízo depreciativo sobre candidato, político, partido ou grupo político –, mas apenas propaganda positiva.

A despeito da vedação da propaganda negativa no direito brasileiro, a jurisprudência vem buscando atribuir maior liberdade de expressão na internet, especialmente no âmbito das redes sociais, tendo destacado que "as opiniões políticas divulgadas nas novas mídias eletrônicas, sobretudo na internet, recebem proteção especial, em virtude da garantia constitucional da livre manifestação do pensamento".[40] Além disso, a Lei das Eleições também possui previsão específica para o direito de resposta na internet (art. 57-D e arts. 58 e ss.), tratando-se de mecanismo próprio em caso de veiculação de propaganda eleitoral negativa que deve ter preferência em relação à remoção de conteúdo.

A propaganda eleitoral na internet, portanto, vem seguindo um regime de crescente liberdade e, mais do que isso, relevância. Do seu uso tímido há poucos anos atrás, com as campanhas eleitorais focadas ainda na propaganda na rádio e televisão, a internet, e especialmente as redes sociais, tornou-se nos últimos anos um dos mais disputados palcos da corrida política. As redes sociais não apenas se destacaram nesse contexto por permitirem que os usuários discutam assuntos políticos e eleitorais com grande frequência, mas também por servirem de um novo instrumento de divulgação de propaganda e mensagens por parte de governantes e por candidatos políticos.

Esse cenário, no entanto, vem padecendo das dificuldades já identificadas anteriormente. Em especial, as notícias falsas (*fake news*) divulgadas e espalhadas com a ajuda das redes sociais vêm assombrando e preocupando a legitimidade de pleitos eleitorais. A preocupação cresce diante da constatação de que diversas eleições em outros países foram afetadas pela proliferação de notícias falsas, especialmente dedicadas a prejudicar ou enaltecer determinados candidatos. Se a teoria política tradicional já reconhece que os eleitores em geral não tomam decisões de forma inteiramente racional – muitas vezes sendo influenciados por mensagens passionais ou sentimentos (ódio, rancor, medo) criados pelas propagandas políticas[41] –, as notícias falsas embaralharam ainda mais essa percepção. Tratando-se de informações que, compartilhadas em larga escala, são encaradas pelos eleitores como verdadeiras, as *fake news* podem de fato influenciar as eleições ao deturpar a vontade do eleitor, que deixa de tomar decisões políticas de forma razoavelmente racional e informada para decidir com base em inverdades, quase sempre criadas para criar estados mentais (medo, repulsa, dentre outros) que mobilizem os eleitores em suas escolhas políticas.

O fenômeno é de preocupação crescente e, tal como muitos outros temas discutidos no presente artigo, encontra-se no processo de ser compreendido pela

---

[40] TSE, *DJ* 25 abr. 2016, Agravo Regimental em Recurso Especial Eleitoral nº 9.266/PB, Rel. Min. Luciana Christina Guimarães Lóssio.

[41] Sobre o tema, v. SILVEIRA, Flávio Eduardo. A dimensão simbólica da escolha eleitoral. In: FIGUEIREDO, Rubens (Org.). *Marketing político e persuasão eleitoral*. 2. ed. Rio de Janeiro: Fundação Konrad Adenauer, 2002.

sociedade e pelo Direito. De todo modo, desde logo é possível fazer três observações a partir dos debates travados até o presente momento. *Em primeiro lugar*, é certo que a divulgação de notícias falsas no âmbito de campanhas eleitorais não é, a rigor, tema novo nem desconhecido da legislação brasileira. Em verdade, essa tem sido uma das tônicas de nossas eleições: ao longo do tempo, as campanhas têm visto a divulgação de panfletos apócrifos em desfavor de determinados candidatos, discursos políticos desencontrados da realidade, campanhas mentirosas promovidas com a ajuda de veículos da imprensa escrita, etc. As redes sociais, naturalmente, trouxeram uma nova arena para esse cenário, facilitada pela ampla inserção da internet na vida das pessoas e na capacidade rápida e sem precedentes de divulgação de informações.

É certo, nesse cenário, que o Direito brasileiro já havia construído figuras como o abuso de poder político, econômico ou de uso dos meios de comunicação para sancionar candidatos e partidos que fizessem utilização desses expedientes. Além disso, a legislação eleitoral desde sempre tem coibido a divulgação de afirmação "sabidamente inverídica" (art. 58 da Lei das Eleições) – termo que inclui, evidentemente, as *fake news*. Isto é: certamente o fenômeno da proliferação das notícias falsas na internet impõe desafios à Justiça Eleitoral no que diz respeito à amplitude e escala, mas o Direito brasileiro já prevê mecanismos suficientes para que esse tipo de informação seja combatida ou que não interfira de forma dramática nos pleitos eleitorais.

Em segundo lugar, as *fake news*, para que sejam inequivocamente identificadas como tal, violam padrões mínimos de responsabilidade jornalística que são tradicionalmente utilizados no controle da liberdade de expressão. Com efeito, são informações que não costumam fazer referência a qualquer fonte ou dado real, geralmente divulgadas em tom alarmista ou sensacionalista. A doutrina[42] e a jurisprudência[43] da liberdade de expressão têm destacado, como um dos principais critérios para a proteção da liberdade de expressão e de imprensa em caso de conflito com outros direitos, a verificação da verdade subjetiva – i.e., se o veículo de imprensa empregou critérios jornalísticos básicos de investigação e responsabilidade na divulgação de determinada notícia, independentemente de se tratar de notícia verdadeira ou não (verdade objetiva).

As notícias falsas divulgadas atualmente pela internet, pela sua própria natureza, falham minimamente em atender quaisquer desses critérios de seriedade jornalística. Trata-se, evidentemente, de material não protegido pela liberdade de expressão. Nesse cenário, a utilização desse critério – a busca pela verdade subjetiva pelos veículos de imprensa – tende a ser reforçada nesse contexto, permitindo que juízes e tribunais busquem separar o joio do trigo: combater as *fake news*, mas buscando-se preservar a liberdade de imprensa de outros veículos de comunicação.

Nesse mesmo contexto, e *em terceiro lugar*, é preciso que não se confundam as notícias falsas com propaganda eleitoral negativa. Como visto, uma das formas previstas na legislação de propaganda eletiva negativa é a divulgação de informações "sabidamente inverídicas", o que abarca as *fake news*. A propaganda negativa, contudo, também se configura em caso de críticas e ataques no âmbito das campanhas políticas,

---

[42] Nesse sentido, v. BARROSO, Luís Roberto. Liberdade de expressão *versus* direitos da personalidade: colisão de direitos fundamentais e critérios de ponderação. In: *Temas de direito constitucional*, Tomo III. Rio de Janeiro: Renovar, 2005.

[43] A título de exemplo, o caso paradigmático julgado pela *House of Lords* no Reino Unido, *Reynolds v. Times Newspaper Ltd and Others* (2001).

que não necessariamente devem ser tratadas como se *fake news* fossem. Não por outra razão, a jurisprudência tem construído, ao longo dos anos, hipóteses de propaganda eleitoral negativa que podem ser admitidas, tais como a crítica de natureza política-comunitária,[44] a opinião desfavorável, mesmo exagerada ou agressiva,[45] a comparação entre governos,[46] etc.

Não é necessário aprofundar o ponto, mas esse tipo de discurso político, ainda que considerado não desejável, possui relevância do ponto de vista da liberdade de expressão e mesmo para viabilizar a competição eleitoral – até porque a vedação da propaganda negativa não se destina apenas a partidos e candidatos, mas também aos cidadãos em geral, inclusive qualquer tipo de manifestação em rede social. Tratando-se de fenômenos distintos, inclusive do ponto de vista da proteção constitucional, o combate às *fake news*, assim, não serve de pretexto para se alterar o tratamento que deve ser dado à propaganda eleitoral negativa.

IV Conclusão

As novas tecnologias e, em especial, as redes sociais têm imposto novos desafios ao regime democrático e ao Direito. Uma alternativa seria lamentar todas as dificuldades trazidas pela internet e sugerir o retorno a algum tipo de passado utópico e romântico em que as comunicações fluíram melhor, as pessoas eram mais bem informadas e a sociedade era mais unida. Ou, em seu lugar, explorar as potencialidades desses novos territórios ao mesmo tempo em que se preserve a liberdade dos cidadãos, coibindo abusos e desvios.

A internet e as redes sociais podem fornecer muito de relevante ao regime democrático e à liberdade de expressão. Os tópicos acima demonstram que a teoria jurídica brasileira já vem tentando, em ritmo não tão lento, lidar com diversas das dificuldades e problemáticas advindas das experiências das redes sociais, inclusive com a consolidação de parâmetros pelos Tribunais Superiores e a edição de legislação para lidar com o tema na seara eleitoral.

Nem a utopia, nem o desencanto: que o Direito possa dar respostas aos problemas reais que surgirem com as novas tecnologias, mas sempre tendo em vista o horizonte, também real, dos valores consagrados pela Constituição Federal de 1988, que, mais do que preservados, devem ser promovidos: a ampla liberdade de expressão e a manifestação e opção pela democracia, eleitos como únicos caminhos possíveis pela nossa ordem constitucional.

Informação bibliográfica deste texto, conforme a NBR 6023:2002 da Associação Brasileira de Normas Técnicas (ABNT):

BARCELLOS, Ana Paula de; TERRA, Felipe Mendonça. Liberdade de Expressão e de Manifestação nas Redes Sociais. In: ARABI, Abhner Youssif Mota; MALUF, Fernando; MACHADO NETO, Marcello Lavenère (Coord.). *Constituição da República 30 anos depois*: uma análise prática da eficiência dos direitos fundamentais. Estudos em homenagem ao Ministro Luiz Fux. Belo Horizonte: Fórum, 2019. p. 155-170. ISBN 978-85-450-0598-8.

---

[44] TSE, *DJ* 24 nov. 2014, Rp nº 37337/DF, Rel. Min. João Otávio de Noronha.
[45] TSE, *DJ* 24 set. 2002, Rp nº 482/DF, Rel. Min. Gerardo Grossi.
[46] TSE, *DJ* 19 out. 2010, Rp nº 347691/DF, Rel. Min. Joelson Costa Dias

A CULPA DEVE SER DO SOL: ALGUMAS CONSIDERAÇÕES SOBRE AS COTAS RACIAIS NO BRASIL

ANDRÉA MAGALHÃES

1 Introdução

Homenagear a Constituição é uma honra. Nem mesmo a alcunha de Carta Magna faz jus à sua envergadura. Em seu aniversário, comemoram-se a longevidade do Estado Democrático e a consolidação de um paradigma progressista e consciente. A força das promessas constitucionais se impõe a todas as relações, irradiando-se muito além do Direito em cada ramo ou da pacificação social. Aos 30 anos, a Constituição merece todos os parabéns: é generosa, forte e poderosa.

No que se refere à igualdade racial, proporcionou avanços consideráveis. O constituinte impôs o dever de promoção do bem de todos, sem preconceitos de raça, e a igualdade de todos perante a lei. O legislador estabeleceu políticas públicas de combate à discriminação. O Executivo as implementou, muitas vezes colocando-se na vanguarda de ações afirmativas inclusivas. O Judiciário chancelou a constitucionalidade das cotas raciais, em precedentes paradigmáticos. Como resultado, a milhares de negros se descortinou o futuro que há séculos lhes foi roubado.

Ainda assim, há muito mais a ser feito. Os números impressionam negativamente.

É um desafio tratar de cotas raciais sem cair em redundâncias ou militâncias. Quase tudo já foi dito. É, então, que a proposta da obra ajuda: uma análise prática da eficiência, sugere o título. Sob esse enfoque, os dados se lançam como aliados valiosos na delimitação do problema e, consequentemente, na busca do aprimoramento das estratégias de combate à discriminação racial.

Na pretensão de contribuir para esse debate, o presente artigo se subdivide em três partes. Na primeira, a discriminação racial é demonstrada como um problema grave e atual, ofuscado pelo mito da neutralidade racial e pela relação promíscua entre pobreza e racismo. Na segunda, a unanimidade da chancela do Supremo Tribunal Federal às cotas raciais se justifica por um controle conglobante das ações afirmativas, em que a contribuição judicial mais efetiva decorre de respostas tão firmes quanto foscas. Na terceira, o ajuste fino das políticas públicas de cunho racial responde à revisão periódica de sua eficácia, aproveitando-se dos dados existentes para o esboço de algumas sugestões.

2 Uma triste realidade: há racismo no Brasil e as cotas raciais ainda são muito necessárias

Enquanto um branco recebe remuneração média de R$2.814,00 por mês, um preto faz jus a R$1.570,00. Quando considerados os rendimentos-hora, em todos os grupos de anos de estudo, os brancos aparecem favorecidos. A Pesquisa Nacional por Amostra de Domicílios, PNAD Contínua, divulgada em 2017, revela, ainda, que negros, incluídos pretos e pardos, só não respondem por um índice de desocupação maior que brancos em quatro dos dez grupos de atividade pesquisados: agricultura, construção, serviços de alojamento e alimentação e, principalmente, serviços domésticos.[1]

É inegável que há uma correlação direta entre raça e renda, relegados os negros a posições de pobreza e vulnerabilidade social. Pretos e pardos são maioria numérica na população brasileira,[2] mas se encontram em posições de desvantagem não apenas no mercado de trabalho, mas também em acesso a serviços públicos básicos, como saneamento, saúde, educação infantil e segurança pública.

Essa disparidade econômico-social entre brancos e negros reflete ações pretéritas, que se perpetuam silenciosamente. Séculos de escravidão deixaram fortes cicatrizes na sociedade brasileira, que, embora já não negue a alma aos negros, pouco fez para a sua inclusão em postos de prestígio e dominância social. Ao contrário, sob uma crença falaciosa e cruel na igualdade de oportunidades, passou-se a ocultar um racismo estrutural que legitima o preconceito em "afinidades" e "coincidências".

Já é hora de superar a falácia que traveste o racismo em mera discriminação econômica, sob as vestes do mito da democracia racial, ainda tão arraigado no ideário popular. São quase pretos de tão pobres, mas os dados do mercado de trabalho demonstram uma causalidade diversa e ainda mais perversa. Ao se submeter a questão racial à econômica, "relativiza-se a avaliação sobre o papel que o racismo historicamente exerceu como elemento estruturante da desigualdade no país".[3]

A discriminação racial por si só merece ser combatida. Ainda que dissociada da pobreza, acarreta graves lesões íntimas e sociais, que se retroalimentam negativamente. A falta de reconhecimento repercute na participação econômica e política do sujeito, contribuindo para sua integral marginalização. Essa simbiótica correlação entre reconhecimento e participação política e econômica foi bastante desenvolvida pela filósofa política Nancy Fraser. Se as demandas de grupo em geral são bidimensionais, associando-se tanto ao reconhecimento quanto à redistribuição, as políticas identitárias de raça, em especial, são também essencialmente bivalentes. Isso significa que há

---

[1] IBGE. *Rendimento de todas as fontes 2017*. Pesquisa Nacional por Amostra de Domicílios Contínua, 2018.

[2] IBGE *Características Gerais dos Domicílios e dos Moradores 2017*. Pesquisa Nacional por Amostra de Domicílios Contínua A participação percentual de negros na população do país em 2016 era de 54,9%, somados pardos (46,7%) e pretos (8,2%).

[3] SILVA, Tatiana Dias; SILVA, Josenilton Marques da. Nota Técnica; *Reserva de vagas para negros em concursos públicos: uma análise a partir do Projeto de Lei 6.738/2013*. nº 17. Brasília: IPEA, 2014. p. 15.

uma mútua influência entre a discriminação (*misrecognition*) e a má distribuição (*maldistribution*), gerando uma injustiça que é inextrincavelmente sociocultural e econômica.[4]

A discriminação racial compromete a autoestima e estigmatiza o sujeito, que, por decorrência, tende a ser posto à margem. O efeito catalisador dessa exclusão é facilmente vislumbrável em uma sociedade marcada pela competitividade. Dessa forma, acirra-se a desigualdade econômica, que por si só é motivo de exclusão social. As esferas do reconhecimento e da redistribuição de bens se relacionam e se confundem, portanto.

É essencial reconhecer que o racismo se opera tanto nas relações interpessoais de atitudes preconceituosas, a exemplo das injúrias raciais puníveis criminalmente, quanto de uma forma difusa, sub-reptícia e desidentificada. Essa segunda forma de discriminação – o racismo institucional – instaura-se no cotidiano organizacional e gera desigualdades e iniquidades de largo alcance, que são igualmente condenáveis em nosso ordenamento. A grande contribuição desse conceito corresponde à separação entre as manifestações individuais e conscientes que marcam o racismo e a discriminação racial.

Também chamado de estrutural ou sistêmico, esse racismo assim opera nas instituições, como conjuntos organizados de normas sociais que naturalizam, ocultam e perpetuam a hierarquia racial, a partir dos padrões sociais reconhecidos como legítimos. Quando os mecanismos discriminatórios operam no inconsciente coletivo, o racismo ocorre à revelia da vontade dos agentes individuais. Verifica-se essa discriminação "de forma difusa no funcionamento cotidiano de instituições e organizações, que operam de forma diferenciada na distribuição de serviços, benefícios e oportunidades aos diferentes grupos raciais".[5]

A desigualdade material decorre de um racismo institucional, mas é possível identificar outras concausas que respondem pelo desnível de oportunidades. O coordenador de Trabalho e Rendimento do IBGE, Cimar Azeredo, aponta problemas estruturais e baixa escolaridade como algumas justificativas para a maior dificuldade enfrentada por negros e pardos no mercado de trabalho: "as pessoas pretas e pardas estão sempre em desvantagem no mercado de trabalho, desde a inserção a depois de se inserir".[6]

O reconhecimento de que há racismo no Brasil constitui o primeiro passo para a compreensão da produção e reprodução das desigualdades raciais. O segundo consiste na adoção de uma postura ativa do Estado, que promova a efetiva isonomia. A neutralidade estatal em relação à raça demonstra, em última análise, uma opção pela manutenção do *status quo*, perpetuando as desigualdades. Deve-se romper esse ciclo por meio de medidas institucionais de promoção da igualdade racial, como as ações afirmativas e outras políticas públicas.

Nesse cenário, as cotas raciais se mostram como um remédio bastante oportuno para minimizar o alcance da discriminação racial no Brasil. A doutrina especializada identifica três justificativas para as ações afirmativas de cunho racial: a reparação, a justiça social e a diversidade. Pode-se acrescer à lista a igualdade material e o desenvolvimento econômico nacional. É o que se verá a seguir, na ordem.

---

[4] FRASER, Nancy. *Redistribution or Recognition?*, p. 68. Antevê, ainda, a possibilidade de identificar um terceiro modo, a não representação, como injustiça política.

[5] IPEA. Igualdade racial. In: *Políticas Sociais: acompanhamento e análise*, nº 14, 2007, p. 216.

[6] G1. 63,7% dos desempregados no Brasil são pretos ou pardos, aponta IBGE. 17/11/2017.

Pelo argumento da reparação, as ações afirmativas raciais se legitimam no passado escravocrata. De forte apelo moral, a justificativa encontra eco em muitas vozes pelo mundo. Em 1965, o presidente norte-americano Lyndon B. Johnson discursara aos formandos da Howard University. Ao comentar a abolição da escravidão naquele país, Johnson observou: "não se apaga de repente cicatrizes de séculos proferindo simplesmente: agora você é livre" e complementou "você não pega uma pessoa que, durante anos, foi atada a correntes e a libera, levando-a à linha de partida de uma corrida e, então, diz 'você é livre para competir com os outros' e ainda acredita que foi completamente justo".[7]

No Brasil, o paradigma liberal sob o qual se assentam muitas das nossas instituições jurídico-políticas é muito centrado no indivíduo, rompendo o vínculo jurídico havido com os ancestrais. A correlação se dificulta, ainda, pela intensa miscigenação do povo. Por isso, há uma tendência de superação da concepção de que medidas afirmativas de cunho racial são tão-somente compensações pela discriminação histórica, pelos anos de escravidão. São sim, mas não só. As raízes históricas deixaram reflexos atuais na sociedade brasileira em geral.

Surge, então, o segundo fator de legitimação das ações afirmativas raciais: o argumento da justiça social. A discriminação racial constitui uma realidade ainda hoje. Basta constatarmos que no Brasil a variável raça/cor é responsável por uma grande desigualdade socioeconômica, para podermos justificar a criação de políticas que visem promover aqueles que são desfavorecidos.[8]

A par de compensar as distorções sociais historicamente consolidadas, as ações afirmativas de cunho racial visam a construir prospectivamente uma realidade diferente da atual. Em especial, a reserva de vagas instrumentaliza o grupo estigmatizado para que ele mesmo construa uma realidade socialmente mais inclusiva, ao lhe oportunizar o acesso a postos mais prestigiados, bem remunerados e, sobretudo, poderosos. É o caso de cargos políticos e públicos, a quem cabe desenhar, interpretar e executar as diretrizes nacionais imperativas.

O terceiro argumento legitimador consiste na promoção da pluralidade. Há duas concepções acerca da diversidade. A concepção essencialista pressupõe a correlação entre raça e cultura, como se branco e negro se comportassem profissionalmente de maneira substancialmente diferente, o que configura uma presunção arriscada. Já pela concepção pragmática, atende-se à complexidade social pelo só fato de as pessoas se beneficiarem das experiências de vida compartilhadas. Nesse sentido, a existência de um ícone negro midiático – seja ministro do Supremo, âncora de telejornal, seja protagonista de novela – contribui para uma sociedade mais plural, porque expõe a diversidade.

Há, ainda, um benefício auxiliar na inclusão do negro nos altos postos do mercado de trabalho. É o impacto da inserção profissional no desenvolvimento econômico e social do país, que legitima uma postura firme do Estado nessa matéria. A má alocação de talento entre brancos e negros nas ocupações altamente qualificadas gera enormes perdas de produtividade para a economia.

---

[7] JOHNSON, Lyndon B. 301 – Commencement Address at Howard University: To Fulfill These Rights. June 4, 1965 (tradução livre).

[8] FERES JÚNIOR, João. Comparando justificações das políticas de ação afirmativa: Estados Unidos e Brasil. *Estudos Afro-Asiáticos*, v. 29, n. 1-3, p. 63-84, 2007. p. 16.

Em estudo recente, coautores das universidades de Chicago e Stanford demostraram que investimentos em capital humano da população negra resultaram em um aumento expressivo do PIB norte-americano entre 1960 e 2010.[9] Embora um pouco menor, as políticas públicas de redução da discriminação do mercado de trabalho também impactaram positivamente o crescimento.[10] Essas são as duas principais causas do desperdício de talentos dos negros, segundo o estudo, sendo que a barreira de acumulação de capital humano inclui diferenças na qualidade da escola entre bairros negros e brancos, diferenças na riqueza dos pais e níveis de escolaridade dos pais que alteram a custo de investir na educação de seus filhos.

Os ganhos coletivos desses investimentos para o crescimento do país se perpetuam no tempo. A publicação *The Persistence Effects of Temporary Affirmative Action* comprova que uma política temporária de ação afirmativa pode mudar o comportamento de empresas e gerar efeitos permanentes. Ao avaliar os impactos, cinco anos depois, da Ordem Executiva 11246, que obrigava firmas com 50 ou mais trabalhadores, que tivessem contratos com o governo federal de pelo menos US$50 mil, a identificar e contratar minorias, verificou-se que houve um aumento significativo na proporção de negros empregados pelas firmas. Esse resultado se manteve mesmo depois de a empresa deixar de transacionar com o governo, quando, consequentemente, já não se lhes alcança a obrigação de empregar trabalhadores negros.[11]

Diversas hipóteses podem justificar esses efeitos de longo prazo. A par de gerentes e diretores de empresas aprendem sobre a habilidade de trabalhadores negros ao longo do tempo e reduzirem a discriminação e preconceito na contratação, é possível, ainda, que o acesso ao trabalho em empresas antes inalcançáveis "gera investimentos em capital humano e qualificação, e uma melhoria das aptidões de trabalhadores negros ao longo do tempo".[12] Essa externalidade positiva demonstra também a complementariedade das políticas inclusivas.

Outro argumento legitimador consiste na promoção da igualdade material, em oposição à crítica de que ações afirmativas seriam anti-isonômicas. A isonomia pressupõe a adoção de uma estratégia igual para situações equivalentes. Especificamente quanto ao mercado de trabalho, a realidade brasileira demonstra que os negros, então incluídos pretos e pardos, não desfrutam de igualdade material. É o que corrobora o relatório "Síntese de indicadores sociais: uma análise das condições de vida da população brasileira 2008", produzido pelo IBGE: "comparando os rendimentos por cor ou raça dentro dos grupos com igual nível de escolaridade, consegue-se perceber a persistência do efeito racial, com o rendimento-hora dos brancos até 40% mais elevado que o de pretos e pardos, no grupo com 12 ou mais anos de estudo".[13]

---

[9] HSIEH, Chang-Tai et al. *The allocation of talent and us economic growth* (Working paper), 2018. No estudo, utilizou-se o modelo Roy de escolha ocupacional, segundo o qual, em uma alocação eficiente, a escolha da ocupação converge para a que mais valoriza o conjunto de talentos que cada um possui desde o nascimento.

[10] Os dados, que incluem discriminação do mercado de trabalho por gênero, revelam 24% e 6% de aumento do PIB, respectivamente por aumento do capital humano e por redução da discriminação implícita no mercado de trabalho.

[11] MILLER, Conrad. The persistent effect of temporary affirmative action. *American Economic Journal: Applied Economics*, v. 9, n. 3, p. 152-90, 2017.

[12] FERRAZ, Claudio. Como reduzir nossas desigualdades raciais? *Nexo*. Jun. 2018.

[13] IBGE. *Síntese de indicadores sociais*: uma análise das condições de vida da população brasileira 2008. Rio de Janeiro, 2008. p. 212-213. Gráficos 8.4 e 8.5.

Diversos outros dados demonstram a desigualdade quanto à cor. Em resposta à pergunta "em sua opinião, no Brasil, a vida das pessoas é influenciada por sua cor ou raça?", 63,7% responderam afirmativamente. Essa percepção da discriminação racial varia regional, econômica e socialmente. O pior índice de reconhecimento foi no Rio Grande do Sul, onde 39,7% dos entrevistados responderam negativamente. Segundo o Relatório do IBGE, a partir da Pesquisa das Características Étnico-raciais da População 2008, "esse resultado parece indicar a existência de um contradiscurso cujo objetivo seja afirmar como prescindível a implantação e/ou a continuidade das políticas de ação afirmativa nesse estado".[14]

Há uma tendência da população total de apresentar os maiores valores de reconhecimento nas camadas etárias mais jovens, o que o relatório atribuiu ao espaço que a temática das relações étnico-raciais tem conquistado na mídia e nas instituições escolares. Em todas as unidades da federação, os menores índices de reconhecimento da influência da cor ou raça na vida das pessoas pertenceram aos entrevistados com até 4 anos de estudo, em oposição aos maiores percentuais, obtidos pelos entrevistados com 12 anos ou mais de estudo. Quanto menor o grau de escolaridade mais baixo o índice de percepção do racismo.

A influência da cor ou raça no mundo do trabalho, na sua relação com a justiça e com a polícia, no convívio social e na escola é perceptível sobretudo para os discriminados. São verificados, em relação aos negros, critérios mais exigentes nos processos de admissão nas empresas, diferenças de remuneração ou processos mais dificultosos de ascensão a cargos de poder e processos mais rápidos de demissão. Até mesmo o setor público reproduz a hierarquia constatada na análise agregada das ocupações em relação aos rendimentos, especialmente nas carreiras de melhor remuneração.

A estreita correlação entre o princípio da isonomia e o princípio majoritário impõe o reconhecimento de que os direitos fundamentais condicionam a formação democrática da opinião e da vontade, traduzindo-se em critério de inclusão no Estado Democrático de Direito. Essa constatação é importante para também atribuir à igualdade material uma importância funcional, ao viabilizar a inclusão social e política das minorias postas à margem.

O combate ativo a essa desigualdade constitui objetivo fundamental da República Federativa do Brasil e foi positivado expressamente no Estatuto da Igualdade Racial como dever do Estado, instituído pela Lei nº 12.888/2010.[15] O estatuto estabelece que é de responsabilidade do poder público a implementação de políticas voltadas para a inclusão da população negra no mercado de trabalho.[16]

---

[14] IBGE *Classificações e identidades*: mudanças e continuidades nas definições de cor ou raça. 2013. p. 69.

[15] "Art. 20 É dever do Estado e da sociedade garantir a igualdade de oportunidades, reconhecendo a todo cidadão brasileiro, independentemente da etnia ou da cor da pele, o direito à participação na comunidade, especialmente nas atividades políticas, econômicas, empresariais, educacionais, culturais e esportivas, defendendo sua dignidade e seus valores religiosos e culturais."

[16] "Art. 38. A implementação de políticas voltadas para a inclusão da população negra no mercado de trabalho será de responsabilidade do poder público, observando-se: (...)"

3 O Supremo e a constitucionalidade conglobante das ações afirmativas

A ação afirmativa em prol de minorias é sempre necessária. Inerente ao conceito de minoria está sua incapacidade de fazer frente aos grupos majoritários na disputa por bens escassos, em igualdade formal de condições. A igualdade material pressupõe certa ingerência do poder público, o que pode corresponder a uma ação afirmativa.

Quando se trata de cotas raciais, a necessidade se demonstra pela existência de discriminação entre negros e brancos. Como já exposto à exaustão, há racismo no Brasil, o que torna necessárias as políticas públicas que combatem a desigualdade racial e promovam a inclusão de minorias estigmatizadas.

Isso, no entanto, não basta para legitimar a política pública. Esse dever do Estado carece, ainda, ser desempenhado de modo adequado e sem violar substancialmente outro bem jurídico de estatura comparável. A análise desses outros dois elementos, para além da necessidade, considera o desenho normativo específico de cada política pública.

Entre as experiências identificadas de ação afirmativa para inclusão de negros, há a que combina critérios raciais com outros considerados sociais, como baixa renda. Há também a que estabelece uma bonificação sobre a nota, submetida ao mesmo corte geral.[17] Outras instituem a nomeação alternada entre cotistas e não cotistas, respeitada a proporcionalidade entre o número de vagas destinadas a candidatos de ampla concorrência e os beneficiados de cotas. Há a que determina que as vagas reservadas para cotas raciais sejam calculadas na proporção da participação de pretos e pardos na população de cada unidade federativa.[18] Há, ainda, a que faculta a desistência da autoidentificação aos que assim desejarem, bem como a migração para a listagem da ampla concorrência, caso tenham obtido nota suficiente.[19]

Duas ações afirmativas de cunho racial que merecem destaque, por sua repercussão jurídica e social. São as políticas públicas de reserva de vagas para candidatos negros em universidades e em concursos públicos, que serão analisadas mais detidamente. Apesar de possuírem objetos específicos, ambas perseguem o propósito de contornar a discrepância no acesso ao mercado de trabalho.

A baixa escolaridade é o principal obstáculo à inserção e à ascensão social dos negros, justificando a política de cotas nas universidades públicas. No entanto, o tratamento desigual entre negros e brancos com o mesmo grau de escolaridade demonstra que o diploma universitário não protege os negros contra as práticas racistas. É, então, que tais políticas públicas se mostram complementares, como a reserva de vagas em concursos públicos, contribuindo para a conquista de postos mais qualificados no mercado de trabalho.

É bem verdade que a discriminação profissional se faz ainda mais direta em ambientes privados, não sendo os servidores públicos representantes *pari passu* da diversidade racial do Brasil. No entanto, nas instituições integrantes da Administração Pública, sejam públicas sejam privadas, os agentes públicos "presentam" o Estado.

---

[17] Modelo adotado pela USP até 2017.

[18] Lei nº 12.711, de 29 de agosto de 2012.

[19] Agravo de Instrumento nº 0008535-95.2015.4.02.0000, TRF 2ª Região. Decisão Monocrática de 21.08.2015, Relator Desembargador Marcus Abraham.

Sem adentrar em debates quanto à livre iniciativa ou à eficácia horizontal de direitos fundamentais, a intervenção mais incisiva na promoção do pluralismo em setores públicos se justifica pela representatividade social inerente à coisa pública.

Ainda que inicialmente direcionada ao setor público, as cotas reduzem o fosso absoluto de inclusão dos negros no mercado de trabalho em geral. Isso é feito de três formas. A uma, as ações afirmativas possuem elevado potencial de incentivar a adoção de ações semelhantes no setor privado.[20] A duas, a medida populariza a figura do negro ocupante de cargos de prestígio, de modo que, no longo prazo, a redução do preconceito produza efeitos positivos também na iniciativa privada. A três, ainda que eventualmente se restrinjam à esfera pública, as vagas reservadas descortinam por si só novas oportunidades profissionais ao negro.

Não se pretende, a toda a evidência, impor aos negros e outras minorias que se limitem ao nicho do setor público. Trata-se de uma oportunidade, em oposição a tantas que lhe foram tolhidas. Hipoteticamente, caso preferissem outras iniciativas, como o empreendedorismo ou o mercado privado, possivelmente a administração pública continuaria não refletindo a diversidade existente na população brasileira, mas o propósito da política pública teria evidentemente se concretizado. Essa hipótese tende a ser gradativamente menos utópica à medida que se verifiquem os reflexos sociais decorrentes das cotas.

A constitucionalidade das reservas de vaga foi submetida ao Supremo Tribunal Federal, dando origem a dois casos paradigmáticos: a Arguição de Descumprimento de Preceito Fundamental nº 186, *leading case* de ações afirmativas raciais, e a Ação Declaratória de Constitucionalidade nº 41, julgada no ano passado.

Na arguição, o Partido Democratas questionou atos administrativos do Conselho de Ensino, Pesquisa e Extensão da Universidade de Brasília que determinaram a reserva de vagas para negros e índios no vestibular. O partido alegou que a política de cotas violava princípios da dignidade da pessoa humana, de repúdio ao racismo, da igualdade e o direito universal à educação.

Por unanimidade, os ministros julgaram constitucional a política de cotas da Universidade de Brasília, seguindo o voto do relator, ministro Ricardo Lewandowski. Em suas razões, assentou que as políticas de ação afirmativa estabelecem um ambiente acadêmico plural e diversificado, contribuem para superar distorções sociais historicamente consolidadas. O julgamento, com sua relevância e completude, contemplou cumulativamente os três argumentos expostos acima, sabidamente: a reparação, a justiça social e a diversidade.

A função reparadora das ações afirmativas foi destacada pelo Ministro Luiz Fux, ao tratar dos danos pretéritos do país em relação aos negros. Esse fundamento também foi lembrado no voto do Ministro Gilmar Mendes, apontando que o reduzido número de negros nas universidades é resultado de um processo histórico, decorrente do modelo escravocrata de desenvolvimento.

Já a diversidade foi o mote do voto da ministra Rosa Weber, ao destacar que as experiências obtidas pelas universidades nos anos anteriores demonstraram que o sistema de cotas raciais tem conseguido ampliar a diversidade do ensino superior,

---

[20] Justificativa apresenta na tramitação do projeto de lei de que origem à Lei 12.990/2014.

tornando-o mais plural e democrático. A ministra abordou igualmente outros fundamentos, ao aduzir que cabe ao Estado "adentrar no mundo das relações sociais e corrigir a desigualdade concreta para que a igualdade formal volte a ter o seu papel benéfico".

A justiça social foi a principal razão do voto da Ministra Cármen Lúcia e do Ministro Joaquim Barbosa. A ministra apontou que as ações afirmativas fazem parte da responsabilidade social e estatal para que se cumpra o princípio da igualdade, enquanto o ministro destacou a necessidade de se combater, no plano doméstico, "uma política de exclusão em relação a uma parcela expressiva da sua população".

Ano passado, o Plenário do Supremo foi novamente instado a se manifestar sobre política de cotas raciais, dessa vez para acesso a cargos e empregos públicos. A Ação Declaratória de Constitucionalidade nº 41 tinha por objeto a Lei nº 12.990/2014, que reservou 20% das vagas oferecidas em concursos públicos para provimento de cargos efetivos e empregos públicos no âmbito da administração pública federal direta e indireta, no âmbito dos Três Poderes.

Dentre as finalidades pretendidas com a edição do diploma normativo em questão, sobressai o objetivo de democratizar o acesso aos concursos públicos federais, com vistas à formação de uma sociedade efetivamente plural. É como exposto na justificativa que acompanha o projeto que deu origem à Lei nº 12.990/2014, segundo a qual "a adoção de tal medida vem ao encontro do entendimento acerca da necessidade de diversidade na administração pública, considerando seu papel na formulação e implantação de políticas públicas voltadas para todos os segmentos da sociedade".

Ao votar pela constitucionalidade da norma, o relator, ministro Luís Roberto Barroso, destacou o dever de reparação histórica decorrente da escravidão e de um racismo estrutural existente na sociedade brasileira. Foi, então, acompanhado, pelos ministros Alexandre de Moraes, Edson Fachin, Rosa Weber, Luiz Fux e Cármen Lúcia, que destacou que "andamos bem ao tornar visível o que se passa na sociedade".

Ao defender as políticas de inclusão, o Ministro decano salientou que de nada valeriam os direitos e de nenhum significado seriam revestidas as liberdades se os fundamentos em que esses direitos e liberdades se apoiam, além de desrespeitados pelo Poder Público ou eventualmente transgredidos por particulares, também deixassem de contar com o suporte e o apoio de mecanismos institucionais, como os proporcionados pelas políticas de ações afirmativas.

Ao final, a ação afirmativa foi chancelada pela Corte, por unanimidade.

Tanto na ação declaratória de constitucionalidade, quanto na arguição de descumprimento de preceito fundamental, o Supremo Tribunal Federal declarou a constitucionalidade das políticas de cotas raciais *por unanimidade*. Isso não significa que tenha havido consenso sobre todos os aspectos práticos das ações afirmativas em xeque.

Os requisitos básicos, considerados suficientes para o Supremo reconhecer a proporcionalidade das normas analisadas foram a obrigatoriedade de realização de provas, a definição de um percentual de vagas tido por razoável e a limitação no tempo. Houve, no entanto, diversas ressalvas pontuais.

O Ministro Gilmar Mendes criticou o critério exclusivamente racial, que poderia permitir que negros de boa condição socioeconômica e de estudo se beneficiassem das cotas. Já os Ministros Marco Aurélio e Ricardo Lewandowski destacaram a importância da temporariedade. Diversos ministros discutiram sobre o critério de identificação para gozo do benefício. Todas essas controvérsias são fulcrais na análise das políticas públicas. Tome-se a autoidentificação como exemplo.

No julgamento da ADPF nº 186, o Plenário do Supremo Tribunal Federal explicitou a admissibilidade de se conjugar a autodeclaração com outros critérios. Em sentido contrário, o Ministro Gilmar Mendes defendeu a autodeclaração como critério único, com base na experiência da Universidade de Brasília, cuja adoção de critério misto ensejou avaliações contraditórias e muitas críticas: "Não se pode negar, portanto, que a existência desse tipo de comissão avaliadora acaba por anular a autodeclaração alçada a critério base desse modelo". Caso constatada a falsidade da declaração, hipótese de difícil concretização, o beneficiado seria eliminado do certame ou ficaria sujeito à anulação da sua admissão.

Embora a questão não tenha sido suscitada na ADC nº 41, a teoria da causa de pedir aberta permitiu o debate. Argumentou-se nos autos que, ao estabelecer o critério de autodeclaração como pretos ou pardos no ato de inscrição no concurso, "conforme o quesito cor ou raça utilizado pela Fundação Instituto Brasileiro de Geografia e Estatística – IBGE", a Lei nº 12.990/2014 não vedaria outros critérios de identificação. A abertura da norma permitiria diversas soluções.

O ponto é de extrema relevância. É consenso que a identificação racial deve dispensar comprovações objetivas ou genéticas. A utilização do critério da autodeclaração se baseia no caráter sociocultural da discriminação racial, que não se coaduna com nenhum critério objetivo de classificação racial, como a ancestralidade. A norma não persegue a indenização pela escravidão vivida pelos avós, mas, ao contrário, reflete como o indivíduo reconhece e percebe a si mesmo.[21] Deve ser sempre prestigiado o critério da autodeclaração, sem que a identidade possa ser uma imposição exógena.

No entanto, *a predominância* do critério individual subjetivo (autodeclaração) não descarta sua complementação por uma avaliação exógena (heteroidentificação). Esse critério misto se justifica por dois argumentos: (i) a discriminação racial constitui um fenômeno social, subjetivo, mas externo e coletivo; e (ii) desvirtuado o sistema, pela abertura indiscriminada, os negros novamente serão alijados de oportunidades então legalmente conferidas.

A reserva de vagas não constitui tão somente uma política identitária, mas uma ação afirmativa que visa a mitigar os reflexos sociais e profissionais do racismo, indissociável do olhar do outro. A valorização da carga psicológica para a luta por reconhecimento social é controvertida, mas nos dizeres de Nancy Fraser: "uma sociedade cujas normas institucionalizadas impedem a paridade da participação é moralmente indefensável, quer distorçam ou não a subjetividade dos oprimidos".[22]

Há mecanismos para assegurar a eficácia da heteroidentificação, como aquele que exige a fundamentação das decisões; sua ampla recorribilidade para outro colegiado; a diversidade na composição do comitê avaliador, considerados raça, classe econômica, orientação sexual e gênero; e a realização de entrevistas por grupos de autoidentificação preto-preto e pardo-pardo.[23] Estudos apontam um grau de consistência entre o critério fenotípico e a ancestralidade no patamar de 79%.[24]

---

[21] BAUMAN, Zygmunt. *Identidade:* entrevista a Benedetto Vecchi. Rio de Janeiro: Zahar, 2005. p. 44.

[22] FRASER, Nancy. *Redistribution or Recognition?,* p. 32 (tradução livre). Em sentido contrário: HONNETH, Axel. Recognition or redistribution?. *Theory, Culture & Society,* v. 18, n. 2-3, p. 43-55, 2001.

[23] PENA, Sérgio DJ; BIRCHAL, Telma S. A inexistência biológica versus a existência social de raças humanas: pode a ciência instruir o etos social?. *Revista USP,* n. 68, p. 10-21, 2006.

[24] IKAWA, Daniela. Ações Afirmativas em Universidades. São Paulo: Lumen Juris, 2008, p. 129-130.

Some-se que é necessário coibir possíveis fraudes na identificação no intuito de delinear o direito à redistribuição da forma mais justa possível. Não à toa a heteroidentificação costuma integrar a pauta de reivindicações das entidades em defesa da igualdade racial.[25]

Nem a calorosa discussão em Plenário, nem a relevância do tema para a efetividade da política inclusiva, impediram um acompanhamento unânime do voto do Ministro Relator. Em decisão salomônica, concluiu-se que tanto a autoidentificação, quanto a heteroidentificação, "ou ambos os sistemas de seleção combinados, desde que observem, o tanto quanto possível, os critérios acima explicitados e jamais deixem de respeitar a dignidade pessoal dos candidatos, são, a meu ver, plenamente aceitáveis do ponto de vista constitucional".

A força perversa do *status quo* sistemicamente discriminatório impõe uma resposta judicial contundente. É o que justifica a adoção de uma postura mais progressista do Supremo na defesa de direitos fundamentais de minorias subrepresentadas.

As ressalvas pontuais não comprometem a unanimidade, nem impedem a política pública de ser declarada constitucional, mas indicam que talvez a medida não sobrevivesse ao escrutínio da proporcionalidade em uma análise mais detida. A excepcional inocuidade do apontamento dos vícios da norma corresponde a um excesso jurisprudencial plenamente tolerável nesses casos.

É sabido que o princípio da proporcionalidade constitui razão suficiente para inquinar a norma de vício de inconstitucionalidade, havendo inúmeros precedentes em que a Suprema Corte se amparou nesse único fundamento. No entanto, há uma sutileza no presente caso.

A extrema relevância do bem jurídico em jogo, sabidamente o direito ao reconhecimento de uma minoria historicamente marginalizada e numericamente muito expressiva, impõe ao Supremo um controle de constitucionalidade *conglobante*. Em vez do desenho normativo em detalhes ou de cada dispositivo impugnado, em casos como esses, cabe ao Poder Judiciário sinalizar positivamente aos demais poderes quanto à diretriz em questão, porquanto atua como um poder eminentemente político.

A identificação da discriminação racial como um problema, assim como a submissão de um caso à apreciação do Supremo como uma janela de oportunidade, constitui um pilar necessário para a inserção da política pública na agenda política.[26] Para completar o tripé legitimador da formação de políticas públicas, falta a análise da política pública em si, compreendida como o desenho normativo capaz de solucionar o problema em dado contexto. No caso, a política corresponde às normas cuja constitucionalidade se discute na ADPF nº 186 e na ADC nº 41.

Eventual declaração de inconstitucionalidade parcial poderia enfraquecer politicamente a ação afirmativa. Feitas as necessárias ressalvas quanto às diferenças que caracterizam a discriminação racial nos Estados Unidos e no Brasil, foi o que parece ter ocorrido nos Estados Unidos da América, onde as cotas raciais para acesso a universidades foram reiteradamente consideradas inconstitucionais, embora a Suprema

---

[25] A exemplo da EDUCAFRO, que ingressou como *amicus curiae* na ADC nº 41.
[26] KINGDOM, John. *Agendas, Alternatives, and Public Policies*, 1984. p. 205-215.

Corte tenha prestigiado ações afirmativas que estimulem a diversidade racial do corpo discente.[27]

Em 1978, a Suprema Corte norte-americana declarou a constitucionalidade de ações afirmativas de cunho racial, mas invalidou o uso de cotas, no caso Bakke, em que analisava a alegada preterição de um candidato branco pela faculdade de medicina da Universidade da Califórnia, que reservava 16% das vagas para minorias, como parte do programa de ação afirmativa da universidade. Foi uma decisão fragmentada que contou com 6 votos em apartado e um placar de 5 a 4.

Embora a decisão tenha legalizado o uso de ação afirmativa, nas décadas subsequentes, vários estados dos EUA proibiram programas de ação afirmativa baseados em raça. A Universidade da Califórnia adotou como estratégia a busca de maior aproximação com as escolas de ensino médio, com atividades de recrutamento e formação, realizadas por intermédio de seleção e avaliação dos alunos baseadas em critérios socioeconômicos, mas os resultados não foram tão promissores. Segundo aponta Sabrina Moehlecke, "até 2000, os alunos negros continuavam sub-representados em níveis muito inferiores aos de 1997. Com o fim da utilização de critérios raciais, a porcentagem de alunos negros retornou àquela dos anos de 1960".[28]

O paradoxo da unanimidade de votos em Plenário, em relação a um tema que provoca reações sociais tão díspares, é apenas aparente. A relevância da função contramajoritária do Supremo em defesa de direitos fundamentais de minorias suplanta eventuais excessos que, em *obiter dicta*, passam a ser lidados pelo legislativo. À semelhança do *small step* de que trata Cass Sunstein, o controle conglobante deixa as minúcias da política pública para um segundo momento.[29]

A postura conglobante corresponde a uma estratégia de segunda ordem do Supremo Tribunal Federal, que responde aos elevados custos de decisão e de erro, em casos de grande envergadura social. A abordagem apropriada à ação afirmativa pode ser especialmente difícil, dados os problemas colocados pela discordância, pela intensidade variável da preferência e pelos problemas de agregação. Tais dificuldades, que o autor atribui ao Congresso, também se aplicam ao Supremo.[30] Os custos de decisão, no caso, incluem a pressão exercida por grupos de interesse, como a militância negra, e a comunidade jurídica. Os custos de erro, por sua vez, correspondem à perpetuação de um *status quo* altamente discriminatório.

A divergência pontual dos ministros quanto às especificidades das políticas públicas não é irrelevante. Ao contrário. Esses apontamentos sinalizam ajustes a serem oportunamente considerados pelos poderes eleitos, a quem cabe a formulação de políticas públicas por excelência. Assim, cada ressalva específica de um ministro quanto a um ou outro aspecto da norma possui grande valia para esses agentes políticos. Não se trata de efeito vinculante, já que a parte dispositiva foi unânime em declarar a

---

[27] Regents of University of California v. Bakke, 438 U.S. 265 (1978); Grutter v. Bollinger, 539 U. S. 306, e Gratz v. Bollinger, 539 U. S. 244 (2003); Fisher v. University Of Texas at Austin 579 U.S. (2016).

[28] MOEHLECKE, Sabrina. Ação afirmativa no ensino superior: entre a excelência e a justiça racial. *Educação & Sociedade*, v. 25, n. 88, 2004.

[29] SUNSTEIN, Cass. Second Order Decisions *Chicago Working Paper in Law and Economics*. 1998. p. 11. O autor, no entanto, exemplifica como estratégia de segunda ordem a adoção de um primeiro passo mais tímido e reversível.

[30] SUNSTEIN. *Op. cit.* p. 14.

constitucionalidade pura e simples da norma, mas de um diálogo sutil e harmonioso entre os poderes públicos.

Não é preciso muita imaginação para comprovar que efetivamente houve um diálogo, dado que a correlação cronológica é bastante clara. Em 26 de abril de 2012, dez anos depois de a Universidade do Estado do Rio de Janeiro estabelecer cotas raciais em seu vestibular, o Supremo chancelou por unanimidade a política de cotas étnico-raciais instituída por ato administrativo de uma universidade federal. Em 29 de agosto de 2012, o governo federal institui uma política de cotas universitárias de alcance nacional.

Em 08 de junho de 2017, o Plenário declara a constitucionalidade da Lei de Cotas no serviço público federal, expressamente aduzindo ser legítima a utilização, além da autodeclaração, de critérios subsidiários de heteroidentificação, a despeito de a lei questionada não dispor a respeito, nem o requerente ter suscitado a questão nos autos. Em 6 de abril de 2018, o governo federal institui um procedimento de heteroidentificação complementar à autodeclaração dos candidatos negros e as universidades estudam complementar o critério com meios alternativos.

Havia, como ainda há, uma demanda forte do movimento negro em prol da heteroidentificação complementar. Isso sugere que, considerados os efeitos reflexos das políticas de reserva de vagas em universidades públicas, que incluem as muitas fraudes, possivelmente será revista a autodeclaração como critério único. É razoável supor que eventual norma nesse sentido será tida por constitucional.

4 Análise prática da eficiência das cotas raciais: dados e propostas

Diversos ministros demonstraram preocupações com a efetividade das ações afirmativas de cunho racial, em especial as instrumentalizadas nas políticas sob análise. Ao julgar a ADPF nº 186, o Ministro decano destacou a dificuldade de a ação afirmativa alcançar os objetivos colimados: "o desafio não é apenas a mera proclamação formal de reconhecer o compromisso em matéria dos direitos básicos da pessoa humana, mas a efetivação concreta no plano das realizações materiais dos encargos assumidos". Na mesma linha, o Ministro Marco Aurélio orientou que o sistema de cotas deveria ser extinto tão logo as diferenças fossem eliminadas, enquanto o Ministro relator fundamentava o voto condutor na transitoriedade da medida.

Além de prestigiar o princípio da proporcionalidade, tendo em vista os outros interesses individuais contrapostos e suprimidos, a temporariedade corresponde a uma demanda de diversos setores especializados. Destaca-se a ressalva final contida na Convenção Internacional sobre a Eliminação de Todas as Formas de Discriminação Racial, internalizada pelo Decreto nº 65.810, de 8.12.1969: "Essas medidas não deverão, em caso algum, ter como consequência a manutenção de direitos desiguais ou separados para diferentes grupos raciais, depois de alcançados os objetivos em razão dos quais foram tomadas".[31]

---

[31] "2) Os Estados Partes tomarão, se as circunstâncias o exigirem, nos campos social, econômico, cultural e outros, as medidas especiais e concretas para assegurar como convier o desenvolvimento e a proteção de certos grupos raciais ou de indivíduos pertencentes a estes grupos com o objetivo de garantir-lhes, em condições de igualdade, o pleno exercício dos direitos do homem e das liberdades fundamentais."

Toda ação afirmativa se pretende temporária. Não se trata de uma postura maniqueísta em que se é contra ou a favor das cotas, mas de se obter um resultado ótimo de inclusão social. O caráter transitório da política pública, no entanto, não constitui um fim em si mesmo. Tratando-se de questão racial, tanto a diversidade quanto a justiça social se alcançam pela superação de um racismo sistêmico, quando então já não será necessária qualquer intervenção estatal para assegurar a igualdade material. Quando efetiva, a política se extingue e seus efeitos perduram.

A previsão legal dessa precariedade não é, de modo algum, redundante. Impõe uma revisão periódica da efetividade das medidas, o que viabiliza correções de rotas e de estratégias. Caso, findo o prazo legal de dez anos, não se observe os resultados pretendidos, não se deve abandonar a política, mas pesquisar as razões do erro e desenhar um modelo mais adequado. Quando inefetiva, a política se reestrutura, para que a ineficácia não perdure.

Retomado o debate em Plenário cinco anos depois, faltou à ADC nº 41 uma avaliação dos resultados obtidos com a ADPF nº 186 e demais medidas afirmativas de cunho racial, submetidas ou não ao Supremo. Ainda que a análise conglobante resulte em uma leitura impressionista da política pública, os debates contribuem para o aperfeiçoamento das estratégias pelos poderes políticos. A submissão da matéria a Plenário representa uma oportunidade de realizar um balanço sobre a efetividade da medida. Quais os efeitos atingidos até então pela promoção do acesso de negros às universidades públicas na inclusão social e no mercado de trabalho? Como poderia ser aprimorado o método, a fim de que houvesse uma participação ainda mais efetiva?

O resultado mais evidente e imediato da reserva de vagas corresponde ao incremento expressivo na presença de pretos e pardos nas universidades federais. Se em 2003 pretos representavam 5,9% dos alunos e pardos 28,3%, em 2014 esses números aumentaram para 9,8% e 37,7%, respectivamente – no agregado, o total de alunos negros passou a 47,57%.[32] Embora esses dados pouco falem sobre a efetividade de longo prazo das ações afirmativas, acenam aos jovens negros a possibilidade de um futuro mais promissor de ingresso no ensino superior. Isso já é muito.

Uma constatação lateral, embora positiva, consiste na inexistência de prejuízos substanciosos a terceiros candidatos, em resposta aos críticos. Pesquisadores do INSPER, a partir de dados do Enem e do Censo da Educação Superior, quantificaram estimativas do impacto causado pela política sobre a distribuição de notas nos vestibulares.[33] Os resultados mostraram que a maior diversidade nas universidades federais introduzida pelas cotas não acarreta ingresso de alunos com notas significativamente menores quando comparado com o cenário sem cotas. Isso ocorre devido à alta competitividade entre os cotistas. A existência de alunos elegíveis para as modalidades de cotas com boas notas e em número suficiente permite que não haja redução da nota média.

O estudo demostrou, ainda, a possibilidade de a modalidade de cota aplicada a um grupo promover maior acesso também a outro grupo, benefício auxiliar que

---

[32] ANDIFE Associação Nacional dos Dirigentes das Instituições Federais de Ensino Superior. IV Pesquisa do perfil socioeconômico e cultural dos estudantes de graduação das instituições federais de ensino superior brasileiras. Uberlândia, julho 2016. p. 244.

[33] MENEZES FILHO, Naercio, Lara Vilela, Thiago Tachibana. As cotas nas universidades públicas diminuem a qualidade dos alunos selecionados?: simulações com dados do ENEM .*Policy Paper INSPER* n. 17. Junho, 2016.

chamam de "impacto cruzado das cotas". A inclusão de qualquer modalidade de cota eleva o percentual de participação de todos os grupos que são contemplados pelas cotas: negros, pobres e egressos de escola pública. Assim, mesmo no Rio Grande do Sul, em que negros correspondem a 19% da população, houve uma variação de apenas 3,8% na nota média do vestibular.[34]

Aos resultados positivos, some-se que a reprovação por falta ocorreu em menor proporção entre os cotistas. Os estudantes beneficiados pela reserva de vagas estiveram menos sujeitos à reprovação por falta em 63,6% dos cursos.[35]

Nem tudo são flores. Entre os desafios a serem enfrentados pelos formuladores de políticas públicas estão a implementação das políticas já existentes e o aprimoramento das estratégias para maior igualdade racial. Veja-se em ordem.

A análise do impacto de determinada política setorial pode contribuir para a elaboração de outras políticas, além do aperfeiçoamento daquela inicial. É desejável que assim seja. Tendo isso em vista, pesquisadores do Grupo de Estudos Multidisciplinares da Ação Afirmativa (GEMAA) analisaram os impactos da política das ações afirmativas de cunho racial no ano de 2015, contrastando com os resultados do levantamento realizado em 2013, primeiro ano de implementação da Lei 12.711/2012,[36] e com o perfil da ação afirmativa no Brasil em 2012.[37]

A lei determina que, em cada universidade federal, as vagas serão preenchidas em proporção ao total de vagas no mínimo igual à proporção respectiva de negros na população da respectiva unidade da Federação, essa prática não tem sido observada. Isso significa que, em estados em que mais da metade da população é negra, cerca de 50% das vagas reservadas deve se destinar a cotas raciais. No entanto, a pesquisa realizada pelo GEMAA identificou que essa correlação não tem sido observada em nenhuma região, sendo a disparidade ainda maior na região sudeste.[38]

Verificou-se, ainda, um desequilíbrio entre o desempenho das universidades no Índice Geral de Cursos e os percentuais de vagas ofertadas pelas ações afirmativas, situação identificada em 2012 e mantida em 2015. O IGC é um indicador da qualidade da instituição no tocante ao corpo docente, infraestrutura, programa pedagógico e desempenho dos concluintes elaborado pelo Instituto Nacional de Estudos e Pesquisas Educacionais Anísio Teixeira (INEP), do Ministério da Educação.

Quanto mais elevado o IGC das instituições, menos vagas eram reservadas para alunos cotistas e menos ainda para cotas raciais. Em 2015, o percentual médio de cotas para pretos, pardos e indígenas em uma universidade com IGC 5 era de 22,3%, enquanto a de IGC 3 era de 33,7%. Ainda que tenha havido aumento gradual ano a ano, a variação

---

[34] MENEZES FILHO. *Op. cit*. A nota mínima, apesar de sofrer mais alterações, também tem uma variação baixa.

[35] SANTOS, Jocélio Teles dos. Ações afirmativas e educação superior no Brasil: um balanço crítico da produção. *Revista Brasileira de Estudos Pedagógicos – RBEP* Brasília, v. 93, n. 234, p. 401-422, maio/ago. 2012. p. 414.

[36] A Lei Federal 12.711 tornou obrigatória a reserva de vagas para pretos, pardos, indígenas, alunos de escola pública e de baixa renda nas instituições federais de ensino superior e técnico. Em seu conjunto, as políticas em funcionamento antes da aprovação da lei contemplavam uma diversidade de tipos de beneficiários: alunos egressos de escolas públicas, pretos, pardos, indígenas, deficientes físicos, quilombolas, pessoas de baixa.

[37] GEMAA – Grupo de Estudos Multidisciplinares da Ação Afirmativa. *Evolução da Lei nº 12.711 nas universidades federais (2015)* Levantamento das políticas de ação afirmativa. Dez 2016.

[38] GEMAA. *Op. cit*. p. 21. Na região sudeste, PPI respondem por 43,9% da população, mas se beneficiam de 18,1% das vagas. Isso corresponde a um índice de inclusão de 0,41 em oposição aos 0,82 da região Sul.

também foi menor nas escolas mais bem avaliadas. Entre 2013 e 2015, as instituições de conceito 5 aumentaram 8,4% o percentual destinado a cotas raciais, enquanto as de conceito 3 aumentaram 13,2%. Como a lei prevê que, em caso de não preenchimento das vagas sob tal critério, as remanescentes do total de 50% serão completadas por estudantes egressos de escolas públicas, as instituições com melhores conceitos são as que mantêm maiores reservas de recorte social em relação às de recorte racial.[39]

Tanto no que se refere ao percentual de vagas raciais proporcionais à população de cada estado, quanto à distribuição das cotas de acordo com a qualidade da instituição de ensino, a eficácia da previsão legal restou comprometida. Nesses casos, a solução parece estar no *enforcement* da regra, a partir de uma gestão unificada que estabeleça o percentual e o imponha a todas as universidades, o que se facilita por a legislação possuir alcance restrito às universidades federais.

Há mecanismos para tanto. O artigo 16 da Lei nº 12.288/2010, que institui o Estatuto da Igualdade Racial, estabelece que o Poder Executivo federal acompanhará e avaliará os programas de educação, por meio dos órgãos responsáveis pelas políticas de promoção da igualdade e de educação. Desde então foi criada a Secretaria Especial de Políticas de Promoção da Igualdade Racial (SEPPIR), mas há muito mais a se fazer para análise do impacto das ações afirmativas e consequente aprimoramento.

A par das soluções já observadas nas políticas em vigor, há outros desafios que exigem certa dose de criatividade ou a adaptação do modelo atual. São reflexos sociais e colaterais das ações afirmativas de cunho racial, que obstaculizam a obtenção do resultado pretendido de igualdade real de oportunidades e combate à discriminação. É o que se verifica em três situações: o caso da inclusão social entre cotistas e não cotistas, o aproveitamento dos alunos cotistas e as fraudes na identificação dos beneficiados.

Considerando as faculdades privadas, que não instituíram reserva de vagas, a inclusão social do aluno negro no ambiente universitário tem se mostrado vergonhosa. Treze anos depois de torcidas adversárias terem apelidado de "Congo" a Universidade do Estado do Rio de Janeiro, que adota as cotas raciais desde o vestibular de 2002, a história se repete. Notícias recentes denunciam episódios discriminatórios cometidos por alunos da Pontifícia Universidade Católica do Rio, durante os Jogos Jurídicos Estaduais de 2018. Em diferentes ocasiões do mesmo evento, integrantes da torcida da PUC-Rio jogaram casca de banana na direção a um atleta negro da UCP; imitaram macacos diante dos torcedores negros da UERJ e chamaram uma atleta de handebol da UFF de macaca.[40]

A culpa não é do Sol. Os episódios colocam uma pá de cal na falácia que associa racismo a critérios socioeconômicos. Além disso, sugerem que medidas de estímulo à adoção de ações afirmativas por agentes privados podem ser bem-vindas. Sem afrontar a livre iniciativa, há alternativas de *soft regulation* que se justificariam por ser educação um serviço público, a exemplo de pontuação da Coordenação de Aperfeiçoamento de Pessoal de Nível Superior (CAPES), de repasse do Programa de Financiamento Estudantil (FIES) ou de concessão de bolsas pelo Conselho Nacional de Desenvolvimento Científico e Tecnológico (CNPQ).

---

[39] GEMAA. *Op. Cit.* p. 18

[40] JOTA. PUC-Rio é suspensa dos Jogos Jurídicos após acusações de racismo, 05/06/2018.

Um estudo desenvolvido na Universidade do Estado do Rio de Janeiro indica que os reflexos na inclusão social do negro cotista foram positivos. A pesquisa considerou alunos cotistas e não cotistas, em diversos cursos da UERJ, inscritos no exercício de 2008.[41] Embora o reduzido espectro abordado na pesquisa impeça conclusões definitivas, os critérios adotados são bastante interessantes. A pesquisa utilizou o sistema de Moreno, técnica que consiste em perguntar a cada membro do grupo que outros membros ele escolheria, ou rejeitaria, para desenvolver alguma tarefa conjunta (atividades de lazer, de trabalho, de estudo), bem como para ser líder. Essa sociometria avalia a atração-repulsão entre os membros do grupo, mas não controla para escolhas dentro do próprio grupo (cotista/cotista e não cotista/não cotista).

Proporcionalmente, quando considerado o percentual de cotistas e não cotistas por curso, o segmento dos cotistas obteve um número maior de votos nos cursos de Administração, Engenharia Química e Odontologia. Entre esses, o curso de Odontologia apresentou resultados maiores também em termos absolutos, já que foram escolhidos 12 cotistas e 11 não cotistas, correspondendo aos percentuais de 46% e 34% respectivamente do total de alunos. No entanto, nos cursos de Direito e Medicina, os alunos não cotistas foram mais votados, sendo que no Direito verificou-se o pior resultado em termos absolutos, foram escolhidos 20 cotistas em oposição a 31 não cotistas. Faltam pesquisas mais abrangentes sobre esse reflexo social.

A África do Sul encontrou uma solução bastante inusitada para obter maior inclusão social no ambiente universitário. A política consiste em obrigar negros e brancos a dividirem quartos nos alojamentos das universidades. A evidência mais imediata foi a redução do preconceito de brancos, traduzido em uma tendência mais geral de cooperação e participação em atividades de voluntariado.[42]

Além de colorir a universidade, é necessário evitar a formação de guetos, que perpetuam o estigma social e impedem a formação de uma rede de relacionamentos, tão necessária para fins afetivos e profissionais. Os professores poderiam contribuir para a inclusão substituindo-se aos alunos na escolha de líderes, formação de grupos de pesquisa e de estudos ou composição de mesas de debates.

A conclusão mais interessante na experiência das universidades sul-africanas é quanto aos efeitos da inclusão social sobre os resultados acadêmicos. Alunos negros que dividem quarto com os não negros melhoram significativamente seu coeficiente de rendimento, são aprovados em mais exames e têm maior probabilidade de continuar na universidade. Esse efeito positivo se intensifica quanto menor o grau de preconceito do companheiro de quarto e já controla para sua capacidade acadêmica.

No Brasil, o aproveitamento dos alunos cotistas ao final do curso ainda preocupa. Uma pesquisa realizada pela *Folha de São Paulo* analisou o desempenho no ENADE de 252 mil estudantes, de 2014 a 2016. Em 37 de 64 cursos, as notas dos cotistas raciais têm uma média inferior a 5% do que a dos não cotistas. Além disso, o desempenho dos cotistas que entraram por reserva racial é inferior ao dos demais cotistas, sendo que em 22 cursos, eles tiveram média ao menos 10% inferior.[43]

---

[41] BEZERRA, Teresa; GURGEL, Claudio. A Política Pública de cotas em Universidades, desempenho acadêmico e inclusão social. *Sustainable Business International Journal – SBIJ* N. 09, ago 2011.

[42] BURNS, Justine; CORNO, Lucia; LA FERRARA, Eliana. *Interaction, prejudice and performance. Evidence from South Africa.* (Working paper) 2015.

[43] FOLHA. Cotista tem nota boa na universidade, mas recua em cursos com matemática. 10/12/2017.

A variação média, no entanto, não é muito expressiva, demonstrando que essa situação talvez possa ser revertida com algumas adaptações. Uma estratégia seria a maior inclusão social, como no exemplo sul-africano, outra a adoção de programas de acolhimento ou apoio social. A maioria das universidades já possui atendimento a alunos carentes, mas aulas de reforço em matérias específicas não são tão difundidas.

O reforço é especialmente necessário na área de exatas. Entre os 31 cursos que os alunos de ação afirmativa tiveram média ao menos 5% inferior, 13 são de exatas. Em nenhum curso de exatas, cotistas obtiveram desempenho melhor que não cotistas, incluída a cota racial. Isso se deve à defasagem em matemática dos alunos das escolas públicas, que se evidencia desde o ensino básico, já que apenas 4% desses alunos se formam com desempenho adequado.[44]

Por fim, outro capítulo de polêmicas corresponde às denúncias de fraudes na ocupação de vagas destinadas a negros. Algumas universidades adotavam, na origem, bancas de verificação dos inscritos, que usavam fotos ou videoconferência com os candidatos para identificar "à distância" quem tinha direito às vagas reservadas. A partir da Lei nº 12.711/2012, a medida foi suspensa, já que a autodeclaração passou a ser prevista expressamente como critério único para universidades e cursos técnicos.

Nem o documento de autodeclaração, no qual o candidato se reconhece como preto ou pardo, nem a exigência de envio de fotos revelou-se eficaz em garantir a transparência nos processos seletivos. Os fraudadores estavam dispostos a manipular as imagens por computador, escurecer a pele com bronzeamento artificial e até mesmo falsear penteados para simular o pertencimento ao público-alvo.

Nesse contexto, as bancas de verificação surgem como uma terceira via. Servidores, professores e ativistas são responsáveis por fazer entrevistas presenciais com os cotistas antes da matrícula, a partir de seu perfil fenotípico. Embora esse procedimento de heteroidentificação complementar à autodeclaração dos candidatos negros seja contrário ao critério claramente estabelecido em Lei nº 12.711/2012, que elege a autoidentificação como elemento único e suficiente, têm sido aventadas outras alternativas.

Não à toa, logo após o julgamento da ADC nº 41, a heteroidentificação complementar, no âmbito da política de inclusão racial em cargos e empregos públicos. foi regulamentada pela Portaria Normativa nº 4/2018 A norma institui que, ao se autodeclarar negro, o candidato que se submete a um concurso público deve passar, obrigatoriamente, por uma comissão avaliadora. No que se refere ao ensino superior, há notícias de que o governo federal decidiu reativar um grupo de trabalho que deve finalizar um documento para dar base a comissões de aferição de autodeclaração da etnia dos estudantes em todas as universidades federais do País.

Enquanto isso, uma em cada três universidades federais do País já investigou a matrícula de estudantes por suspeita de terem fraudado o sistema de cotas raciais. Foi o que o *Estadão* verificou, a partir de processos administrativos instaurados pelas instituições.[45] Do total, há 595 estudantes investigados em 21 instituições de ensino. A maioria já teve a matrícula indeferida, mas parte conseguiu reverter liminarmente.

---

[44] Idem.

[45] TOLEDO, Luiz Fernando. 1/3 das universidades federais tem denúncia em cota racial: governo quer avaliação visual. ESTADÃO, 12/01/2018.

Se considerados aqueles alunos meramente investigados, somente a UnB apura cem casos de suposta fraude em cotas raciais, denunciadas por grupos de ativistas e pelos próprios alunos.[46] Por sua vez, feito o recorte de calouros que ingressaram em 2017, a UFMG analisou 61 denúncias de fraudes e, após dez deles se desligaram da instituição, anunciou a abertura de processo administrativo disciplinar contra 34 alunos. Entre os calouros da UFRGS, em 2017, foram recebidas denúncias envolvendo 334 alunos, dos quais 239 tiveram sua declaração indeferida.

Não há gente tão insana. Não há. Não há.

Informação bibliográfica deste texto, conforme a NBR 6023:2002 da Associação Brasileira de Normas Técnicas (ABNT):

MAGALHÃES, Andréa. A culpa deve ser do sol: algumas considerações sobre as cotas raciais no Brasil. In: ARABI, Abhner Youssif Mota; MALUF, Fernando; MACHADO NETO, Marcello Lavenère (Coord.). *Constituição da República 30 anos depois*: uma análise prática da eficiência dos direitos fundamentais. Estudos em homenagem ao Ministro Luiz Fux. Belo Horizonte: Fórum, 2019. p. 171-189. ISBN 978-85-450-0598-8.

---

[46] G1. UnB apura cem casos de suposta fraude em cotas raciais apontada por alunos, 29/12/2017.

O PRINCÍPIO DA MORALIDADE NAS ELEIÇÕES: OS CASOS FICHA LIMPA

ANDRÉ RAMOS TAVARES

A Ficha Limpa é a lei do futuro,
é a aspiração legítima da nação brasileira
(Ministro Luiz Fux, voto no RE nº 633.703)

1 Demanda popular pela moralidade na política: os casos ficha limpa

A chamada Lei da Ficha Limpa, Lei Complementar nº 135/2010, foi introduzida em um contexto de mobilização popular em busca de moralização da política e republicanismo. Esse movimento popular expandiu-se para outros âmbitos, tendo alcançado inclusive o Poder Judiciário, que compreende essas exatas razões da lei. Por isso é importante analisar também o papel desse Poder na construção mais recente de nossa democracia, estabelecendo limites, condicionamentos e imposições gerais.

Mais especificamente falando, referida lei resultou de campanha do Movimento de Combate à Corrupção Eleitoral (MCCE), integrado por 43 entidades da sociedade brasileira, que culminou em um Projeto de Lei de Iniciativa Popular com mais de 2 milhões de assinaturas.[1] E, como salientei acima, esse movimento social será, mais adiante, reforçado por uma ação (ou movimento) dos tribunais.[2]

A proposta legislativa significou também engajamento na discussão, propositura e confecção de novas leis para o país com a indicação de temas e orientações a serem devidamente debatidas e deliberadas pelo Parlamento. A lei pode ser considerada um exemplo raro desse movimento participativo, na processualística legislativa, que foi

---

[1] Conferir PL nº 518/09 no *site* da Câmara dos Deputados, disponível em <http://www.camara.gov.br/proposicoesWeb/fichadetramitacao?idProposicao=452953>, acesso em 15.05.2018.

[2] O engajamento de um Poder na luta pela Democracia (ou por uma melhor Democracia) assume papel muito diverso das históricas reivindicações de maior engajamento social nas Democracias modernas.

atendido de maneira satisfatória pela classe política e vem sendo respeitado pelo Poder Judiciário. O respeito judicial à Lei da Ficha Limpa é importante componente de nossa democracia atual.

O Ministro Luiz Fux já destacava essa fundamental característica da Lei da Ficha Limpa, um incomum episódio democrático, cuja experiência merece ser enaltecida:

> Cumpre-nos, nesse afã prefacial, destacar que a Lei da Ficha Limpa representa um dos mais belos espetáculos democráticos experimentados após a Carta de 1988, porquanto lei de iniciativa popular com o escopo de purificação do mundo político, *habitat* dos representantes do povo. (voto do Min. Luiz Fux – RE 633.703/MG, Rel. Min. Gilmar Mendes, j. 23.03.2011)

Em complemento, o Ministro Luiz Fux e Carlos Eduardo Frazão lembram a necessidade de reconhecer essa vontade popular diferenciada por ocasião de proceder ao processo interpretativo da lei:

> [...] a necessidade de prestigiar a moralidade e probidade ao interpretar as normas eleitorais [...] a Lei da Ficha Limpa resultou de intensa mobilização da sociedade civil organizada. Daí por que os magistrados, ao se depararem com discussões envolvendo a aplicação das hipóteses nela versadas, não podem fixar exegeses dissonantes dessa axiologia que presidiu a elaboração da Lei da Ficha Limpa. (Fux, Frazão, 2016, p. 20-21)

Esses projetos de iniciativa popular têm de ser assinados por, no mínimo, um por cento do eleitorado nacional, distribuído por pelo menos cinco Estados. Cada um dos Estados participantes deve recolher assinaturas de, no mínimo, três décimos por cento de seus eleitores. Depois do recolhimento das assinaturas o projeto deve ser submetido à Câmara dos Deputados. Esse trâmite já denota a iniciativa popular em prol de certos temas. O projeto de Lei Complementar nº 518/2009, que deu origem à Lei da Ficha Limpa, foi apresentado ao Congresso em 29.09.2009 e sua relatoria foi atribuída ao Deputado Antonio Carlos Biscaia.[3]

Como é do conhecimento geral, a Lei da Ficha Limpa acrescentou hipóteses de inelegibilidade[4] ampliando o espectro de impedimentos ao registro da candidatura. Dentre as novas hipóteses, a lei impediu, por exemplo, a candidatura de político que:

---

[3] Referido Projeto foi anexado ao antigo Projeto de Lei Complementar nº 168/93, que havia sido proposto pelo Presidente da República. O projeto, aprovado em 4 de julho de 2010 (publicação *DOU* 7.6.2010), resultou na Lei Complementar nº 135/2010, que alterou a Lei Complementar nº 64/1990. O trâmite, contudo, apenas aproveitou a iniciativa popular, pois a suposta falta de estrutura para checar as assinaturas fez com que o Projeto fosse encampado como um projeto parlamentar "comum". Em situação semelhante, no ano de 2017 o Ministro Luiz Fux suspendeu a tramitação e determinou a devolução à Câmara dos Deputados, do Pacote de Combate à Corrupção, elaborado pelo Ministério Público e apresentado formalmente ao Congresso Nacional como Projeto de Iniciativa Popular, mas que estava já no Senado Federal como se fosse projeto parlamentar, após ter recebido na Câmara diversas emendas modificativas polêmicas. Trata-se do fenômeno de "adoção" de um Projeto de iniciativa popular por algum parlamentar (tornando-se projeto de iniciativa parlamentar), ou mesmo pelo Presidente da República, de maneira a superar o óbice estrutural da conferência das assinaturas. O fenômeno, porém, não tem amparo constitucional, representando um descaso para com institutos democráticos em vigor, institutos que, ademais, criam pontes entre Parlamento e sociedade que permitem ao primeiro reforçar sua legitimidade.

[4] A elegibilidade ou eventual inelegibilidade dos candidatos deve ser verificada exatamente no momento do registro da candidatura.

a) tenha determinadas condenações judiciais de órgão colegiado, mesmo sem trânsito em julgado; b) tenha rejeitada prestação de contas relativas ao exercício de cargos ou funções públicas; c) tenha sido excluído do exercício de profissão por decisão de órgão profissional em virtude de infração ético-profissional; d) tenha renunciado a mandato[5] na pendência de representação ou petição capaz de autorizar a abertura de processo por infringência a dispositivo da Constituição do Brasil, da Constituição Estadual, da Lei Orgânica do Distrito Federal ou da Lei Orgânica do Município.

Mas é importante também frisar que a Lei da Ficha Limpa foca na aptidão do candidato para o cargo e não na caça aos chamados "ficha-suja". Nesse sentido, o Ministro Ricardo Lewandowski destaca que:

> [...] em Roma antiga os candidatos a cargos eletivos trajavam uma toga branca como forma de identificá-los e distingui-los dos demais cidadãos. Nesse sentido, destaquei que a palavra 'candidato' vem do latim *candidatus*, que significa 'aquele que veste roupa branca', representando a pureza, a honestidade, a idoneidade moral para o exercício do cargo postulado. (voto no julgamento conjunto das Ações Declaratórias de Constitucionalidade de números 29 e 30 e rejeitando a ADI nº 4.578, j. 16.02.2012)

Assim, o foco da lei é selecionar aqueles candidatos que se apresentam como aptos para a candidatura e, mais do que isso, como aptos a realizarem plenamente a democracia e exercerem a República. O aspecto predominante é a defesa das eleições, não o punitivismo, até porque muitos dos ficha suja já foram punidos em decisões colegiadas.

Um importante pressuposto do Direito Eleitoral brasileiro assumido, desde logo, na época da aprovação da lei, foi no sentido de haver, efetivamente, a abertura legislativa, pela Constituição, para fins de contemplarem-se essas hipóteses em modalidade normativa "reforçada", representada pela lei complementar em análise.

Nessa análise constitucional deve-se verificar, igualmente, se essa opção legislativa concretiza de *maneira adequada* o preceito da "moralidade para o exercício do mandato" previsto no art. 14, §9º, da Constituição do Brasil. Ainda considerando os aspectos constitucionais da questão, qualquer restrição do *jus honorum* deve ser analisada sob os auspícios da ampla liberdade de candidatura e da disputa eleitoral, em face do preceito democrático que exige amplitude da representatividade eleitoral.

2 Eleições justas: entre amplitude de participação e moralidade

A previsão de eleições democráticas exige a mais ampla participação, assegurando uma vasta gama de escolha aos eleitores.

Esse regime democrático abrangente e inclusivo está presente desde o art. 1º, parágrafo único, da Constituição do Brasil: "[t]odo o poder emana do povo, que o exerce por meio de representantes eleitos ou diretamente, nos termos desta Constituição". Em linha de refinamento, a opção pela amplitude da representatividade eleitoral foi adotada

---

[5] Válido para Presidente da República, o Governador de Estado e do Distrito Federal, o Prefeito, membros do Congresso Nacional, das Assembleias Legislativas, da Câmara Legislativa e das Câmaras Municipais.

pelo art. 14, *caput*, da Constituição, cujo texto impõe o exercício da soberania popular[6] "pelo sufrágio universal e pelo voto direto e secreto com valor igual para todos".

A representatividade democrática[7] e a própria legitimidade da democracia dependem de eleições livres e justas. Eleições só podem ser consideradas livres e justas quando houver ampla possibilidade de participação (as chamadas eleições disputadas).[8]

Acerca das eleições livres e justas, o festejado André Hauriou nos recorda que:

> En los diversos países occidentales, se ha ido evolucionado en lo que concierne a la técnica de las elecciones disputadas cuyo sentido general es de introducir una mayor medida de claridad, regularidad, libertad y equidad en sus diversos operaciones. (HAURIOU, 1971, p. 262, original não destacado)

Em sentido semelhante, as insuperáveis lições do grande mestre Maurice Duverger:

> La définition la plus simple et plus réaliste de la démocratie est la suivante: régime dans lequel les gouvernants sont choisis par les gouvernés, au moyen d'élections sincères et libres. (DUVERGER, 1954, p. 388)

A importância histórica da amplitude do *ius honorum*, cuja restrição pode ser utilizada como uma forma de cerceamento da própria democracia, é bem destacada pelo Ministro Luiz Fux no julgamento acerca da aplicabilidade da Lei da Ficha Limpa às eleições de 2010 (RE nº 633.703/MG, j. 23.03.2011):

> Destarte, inequívoco que as normas de inelegibilidade atingem *o quadro subjetivo dos competidores no processo eleitoral*, elemento *essencial e principal do processo eleitoral*, em torno do qual todos os demais giram. (original não destacado)

Qualquer restrição à habilitação eleitoral é, na Constituição de 1988, uma *exceção ao princípio constitucional da liberdade de candidatura*. Trata-se de diretriz inerente à

---

[6] A soberania popular é uma conquista histórica associada à revolução francesa, cujo paradigma vem substituir a soberania como privilégio de uma família ou classe. Nesse sentido António Cândido Ribeiro da Costa explica em obra clássica: "Ser soberano [..] é estar de cima, é governar, é mandar; ser soberana uma sociedade vale o mesmo que governar-se ella, mandar ella em si, dirigir ella própria os seus destinos.
Porque é soberana a sociedade de hoje, e não se dizia soberana, nem se tinha por tal a sociedade de ha um seculo? Porque as sociedades anteriores à revolução franceza, fosse qual fosse a sua instituição e a fórma de seu governo, faziam da soberania privilégio d'uma família ou d'uma classe, e não o direito de todos os homens independentemente dos accidentes da riqueza, do nascimento ou da posição" (COSTA, 1998, reimpressão de 1878, p. 80 – mantive a grafia original).

[7] No atual modelo representativo eleitoral a representatividade demanda a elegibilidade: "La rappresentanza politica è una rappresentanza elettiva. Esiste un'antica massima, di origine romano-canonica, che sintetizzava assai benne la logica operativa del regime democratico 'quod omnes tangit ab omnibus probari debit' " (FISICHELLA, 2.008. p. 22).

[8] André Hauriou ressalta a importância do que chama de "elecciones disputadas": "Se entiende por elecciones disputadas aquellas que implican *elección real y libre* por parte de los electores, tanto con respecto a las personas como a los programas o a los partidos que puedan pertenecer los candidatos, etc.
"[...] se trata de elecciones, en cuya ocasión un *cierto número de candidatos diferentes, con programas diferentes* e vinculados a diferentes partidos políticos, se presentan todos ellos ante los electores; discuten sus propios méritos o los de sus partidos respectivos y entran en competencia para obtener los sufragios de los ciudadanos" (HAURIOU, 1971., p. 251, original não destacado).

democracia plena. Nesse sentido, André Hauriou já alertava que "el principio de libertad de candidatura [...] es la regla general" (1971, p. 262).

A própria hipótese constitucional brasileira bem conhecida da inelegibilidade dos analfabetos chega a sofrer relativização em virtude da realidade educacional brasileira e da igualdade de acesso ao pleito, de maneira a não colocar em dúvida nossa real democracia:

> 'São inelegíveis os inalistáveis e os analfabetos' (art. 14, §4º, da CF/88).
>
> "A leitura de referido preceito não pode ocorrer de forma dissociada do cenário social e político de nosso País, indeferindo-se, indistintamente, todo e qualquer registro de candidatura que em tese se enquadre nessa hipótese, sob pena de incompatibilidade de ordem absoluta com o quadro valorativo principiológico que orienta o texto da Constituição Federal de 1988.
>
> "A cidadania e a dignidade da pessoa humana constituem princípios fundamentais da República Federativa do Brasil – art. 1º, II e III, da CF/88 – e devem compreender, como uma de suas acepções, *inserção plena na vida política*.
>
> [...]
>
> "Os grupos minoritários existentes em nosso País, que ainda são, de forma sistêmica e contínua, excluídos dos mais diversos setores [...]
>
> "No tocante, de modo específico, à causa de inelegibilidade do art. 14, §4º, da CF/88, seu exame em conjunto com os valores constitucionais acima retratados levam a concluir que *analfabetismo de natureza educacional não pode e nem deve, em nenhuma hipótese, significar analfabetismo para vida política*, sob pena de nova exclusão das minorias – desta vez do direito ao exercício do *jus honorum*" (RESPE nº 8.941/PI, Relator designado Min. Herman Benjamin, j. 27.09.2016, original não grifado).

Assim, mesmo cláusulas constitucionais que limitam o direito de participação *recebem leitura redutora* para evitar uma aplicação subjetivamente muito ampla de seu rigoroso comando restritivo. Um dos pontos que devemos reforçar aqui, a partir dessa transcrição, é o papel central que o Supremo Tribunal Federal, a Justiça eleitoral (braço especializado) e o Poder Judiciário brasileiro em geral têm desempenhado na construção da Democracia brasileira.[9] Em parte, este trabalho, ao alocar decisões jurisprudenciais, pretende revelar essa realidade e sua importância para o processo democrático brasileiro.

Do ponto de vista constitucional, essas mesmas cláusulas constitucionais são caracterizadas como exceções constitucionais, *não como verbalização de diretrizes, de quadros gerais, justamente porque são opostos* à *abertura e amplitude da democracia*.

A presença constitucional das inelegibilidades não vai ao ponto de autorizar, em nome da moralidade, um decaimento dos preceitos que mantêm íntegra e funcional nossa democracia de bases constitucionais. Deve-se redobrar a cautela na leitura das

---

[9] Nesse sentido, cf. a análise crítica de Tom Gerald Daly, *The Alchemists* (2017), com ampla referência ao caso brasileiro e à suposta democracia da própria decisão aberta ao público adotada pelo STF. Por outro lado, também é possível assumir um tom crítico, na medida em que em muitas ocasiões as cortes têm substituído as instâncias políticas por suas decisões, assumindo o que Katharine Young denomina como "cortes supremacistas", que emitem decisões impositivas sobre temas sociais (Young, p. 194-6), a exemplo da Colômbia e Brasil. Em obra como esta que analisa a eficiência prática dos direitos fundamentais não deixa de ser marcante o posicionamento que o STF assume quando atende a um chamado que se arvora na defesa de direitos fundamentais, quando precisa decidir sobre pedidos que invocam o papel contramajoritário da Corte, na linha histórica defendida por Kelsen para os tribunais constitucionais.

normas eleitorais principalmente porque, como já adverti em outra oportunidade, "[a] crise política pela qual passa o país gera busca por soluções apressadas e muitas vezes irrefletidas dirigidas ao sistema político" (TAVARES, 2016a, p. 49).

3 Limitações do preceito da moralidade como exceção à ampla elegibilidade

A moralidade no âmbito constitucional é um acréscimo à legalidade. Sabe-se, todavia, que o conceito é "vago, abstrato, merecendo ser, em cada caso concreto, elucidado à luz das disposições constitucionais e da busca da ética pública" (TAVARES, 2018, p. 1.120).

Essa necessidade de concretização insere-se no atual paradigma do constitucionalismo em que se entende o direito como construído "a *partir de* e *para* situações concretas especialmente determinadas" (TAVARES, 2006, 41).

É sob esse delineamento teórico que deve ser analisada a norma do parágrafo nono do art. 14 da Constituição que invoca expressamente a "probidade administrativa, a moralidade para exercício de mandato", e impõe que seja considerada a "vida pregressa do candidato, e a normalidade e legitimidade das eleições contra a influência do poder econômico ou o abuso do exercício de função, cargo ou emprego na administração direta ou indireta", como bases para a lei complementar que cria novas hipóteses de inelegibilidade. Tenho por certo que esses preceitos devem se articular com a excepcionalidade das inelegibilidades, evitando-se subjetivismos decisórios e vedações arbitrárias ao *jus honorum*, evitando transformar a moralidade constitucional no império das moralidades individuais e incontroláveis de cada julgador.

Sem desconsiderar essas ressalvas, afirmo que Lei da Ficha Limpa surge como busca pela concretização da moralidade no Direito Eleitoral, pois "materializa [...] a vontade do constituinte [...] no afã de salvaguardar a probidade administrativa, a moralidade para o exercício do mandato" (FUX; FRAZÃO, 2016, p. 122).

No que diz respeito aos aspectos materiais da lei, no julgamento conjunto da ADC nº 29, o STF declarou constitucional a Lei da Ficha Limpa, acolhendo as Ações Declaratórias de Constitucionalidade nºs 29 e 30 e rejeitando a ADI nº 4.578.

As principais questões analisadas no referido julgamento conjunto foram: a) a polêmica em torno da suposta aplicação "retroativa" da lei, quando a hipótese de inelegibilidade tenha ocorrido antes da publicação da LC nº 135/2010; b) a ocorrência da inelegibilidade por renúncia quando pendente contra o renunciante representação ou petição capaz de autorizar a abertura de processo por infringência a dispositivo da Constituição do Brasil, da Constituição Estadual, da Lei Orgânica do Distrito Federal ou da Lei Orgânica do Município (ou seja, a inelegibilidade mesmo sem a existência de processo, sem que tenha sido sequer recebida a petição ou representação); c) a hipótese de inelegibilidade de possível candidato que tenha condenação de órgão colegiado, mesmo sem trânsito em julgado; d) o longo período de inelegibilidade (considerado excessivo em certos casos), que pode culminar em uma sanção equivalente à perda de direitos políticos; e) a hipótese de inelegibilidade por exclusão da possibilidade de exercer profissão por decisão do órgão profissional, em virtude de infração ético-profissional.

4 Hipóteses objetivas de limitações ao *jus honorum*: a opção pelos candidatos com ficha limpa

Diante da íntima conexão, acima relembrada, entre a democracia e a ampla possibilidade de participação nos certames eleitorais, é necessário ter cautela em qualquer tipo de intervenção supostamente moralizante, evitando, assim, comprometer o próprio cerne democrático das eleições.

Nesse sentido, em repúdio à atuação de Câmara Municipal que resultou em não aplicação de norma constitucional eleitoral, o Ministro Luiz Fux, atuando perante o TSE, alertou, em seu voto, acerca dos perigos desse tipo de flexibilização (negativa) com relação às regras eleitorais, por meio de técnicas duvidosas que geram uma interpretação duvidosa e perigosa da democracia desenhada constitucionalmente:

> *parâmetros objetivos* repudiam eventuais voluntarismos decisórios, materializados em juízos de proporcionalidade e de razoabilidade desprovidos de qualquer desenvolvimento analítico e metodológico, recaindo, bem por isso, em achismos travestidos de fundamentação jurídica. A consequência inescapável é desastrosa, por ocasionar mais insegurança e injustiças aos envolvidos, e, no limite, por comprometer a própria credibilidade da Justiça Eleitoral, que terá decisões conflitantes em situações bastante assemelhadas. (TSE, RESPE nº 58895, Relator Min. Luiz Fux, j. 01/12/2016, original não destacado)

O que busca a chamada Lei da Ficha Limpa é justamente criar hipóteses "objetivas", nos termos do ficou declarado pelo Ministro Luiz Fux no voto acima transcrito. Não se trata, pois, de lei ou de hipóteses constitucionais que convidem ao exercício arbitrário dos individualismos.

Essa leitura não pode desconsiderar que a lei complementar em comento foi aprovada depois de ampla discussão democrática e com uma peculiaridade que lhe confere especial legitimidade, a de ser originada de iniciativa popular, exemplo raro na história constitucional brasileira. Nas palavras do Ministro Luiz Fux esse movimento representou "um dos mais belos espetáculos democráticos experimentados após a Carta de 1988" (voto no RE nº 633.703, Relator Min. Luiz Fux, j. 16.02.2012).

Ademais, a lei não consigna hipóteses de inelegibilidade fundadas em uma abstrata reprovabilidade social, nem autoriza que se colha uma vaga e incerta moral vigente. Sua base são condenações concretas do Poder Judiciário (ainda que não sejam definitivas), rejeições de contas, decisões administrativas e impedimentos ético-profissionais bem determinados. Nesse sentido, explica o Ministro Luiz Fux, em seu voto como relator no julgamento conjunto das ADCs nºs 29 e 30 e ADI nº 4.578:

> Questiona-se, então: é razoável a expectativa de candidatura de um indivíduo já condenado por decisão colegiada? A resposta há de ser negativa. Da exigência constitucional de moralidade para o exercício de mandatos eletivos (art. 14, §9º) se há de inferir que uma condenação prolatada em segunda instância ou por um colegiado no exercício da competência de foro por prerrogativa de função, a rejeição de contas públicas, a perda de cargo público ou o impedimento do exercício de profissão por violação de dever ético-profissional excluirão a razoabilidade da expectativa. A rigor, há de se inverter a avaliação: é razoável entender que um indivíduo que se enquadre em tais hipóteses qualificadas não esteja, *a priori*, apto a exercer mandato eletivo.[10]

---

[10] STJ. Plenário. Relator Ministro Luiz Fux. Julgamento 16.02.2012. Publicação *DJe* 29.06.2012.

Entretanto, não se pode perder de vista que, por se tratarem de limitações à possibilidade de ampla participação no certame eleitoral, esse tipo de "restrição aos direitos fundamentais" deve ocorrer da maneira "menos gravosa possível" (voto do Ministro Luiz Fux no julgamento conjunto das ADCs nºs 29 e 30 e ADI nº 4.578). Nesse sentido, é que se ressalta o notável cuidado da lei ao eleger como critério fundamental da colegialidade visando privilegiar os seguintes vetores: "(i) reforço da cognição judicial, (ii) garantia da independência dos membros julgadores, (iii) contenção do arbítrio individual" (voto do Ministro Luiz Fux no julgamento conjunto das ADCs nºs 29 e 30 e ADI nº 4.578).

Trata-se de conjugar a necessidade de "limpeza" na política com os "valores" constitucionais, de maneira a preservar nosso pacto maior, a Constituição, sem a qual sucumbiríamos ao arbítrio, ao decisionismo puro, por mais esclarecidos, elevados e consensuais que pudessem ser seus desígnios atuais.

Por isso é importante registrar que a Lei da Ficha Limpa encontra-se em ponto de equilíbrio constitucional, distante de uma ruptura total e radicalização máxima. Os candidatos ficha limpa que atualmente podem tanto se candidatar como também exercer mandatos não se inserem em um conceito idealizado e extremado de "ficha limpa". Podem permanecer exercendo cargos políticos, por exemplo, pessoas condenadas em primeira instância com condenação ainda sem trânsito em julgado.

No que concerne às condenações judiciais criminais que implicam inelegibilidades, a lei também primou pela mínima restrição, atendendo à proposta democrática de ampla disputa na Constituição. Além da exigência de decisão colegiada, o Ministro Luiz Fux ressalta que "o legislador também foi prudente ao admitir a imposição da inelegibilidade apenas na condenação por crimes dolosos, excluindo expressamente as condenações, mesmo que transitadas em julgado, pela prática de crimes na modalidade culposa" (voto do Ministro Luiz Fux no julgamento conjunto das ADCs nºs 29 e 30 e ADI nº 4.578).

Ainda, no caso de perda de cargo público, as decisões obedecem à já ressaltada exigência de colegialidade, mesmo que em decisões administrativas. Ademais, em caso de demissão de servidores efetivos "cuidou o legislador de prever expressamente a possibilidade de o Poder Judiciário anular ou suspender a demissão" (voto do Ministro Luiz Fux no julgamento conjunto das ADCs nºs 29 e 30 e ADI nº 4.578).

Cumpre ressaltar, ainda, a possibilidade de ampla defesa e acesso às instâncias judiciais cabíveis contra a inelegibilidade, com a previsão de medida acautelatória que incide, ainda, em outras hipóteses da Lei da Ficha Limpa. É o que ocorre, por exemplo, no caso do artigo 26-C da LC nº 64/90, cujo texto determina que as hipóteses de inelegibilidade por decisão judicial colegiada podem ser suspensas pelo "órgão colegiado ao qual couber a apreciação do recurso [...] sempre que existir a plausibilidade da pretensão recursal e desde que a providência tenha sido expressamente requerida".

Outra causa de inelegibilidade da Lei da Ficha Limpa questionada no STF foi a da inelegibilidade por exclusão do exercício da profissão em virtude de decisão de órgão profissional, como punição por infração ético-profissional. O STF considerou constitucional essa causa de inelegibilidade, entendendo que a restrição é *razoável*. Mas destaco que também nessa hipótese existe a possibilidade de suspensão judicial da inelegibilidade.

Portanto, como qualquer restrição ao *jus honorum*, excepcional que é ela em um ambiente democrático, as hipóteses de inelegibilidade da Lei da Ficha Limpa só se sustentam por seus cuidados no restringir ou vedar candidaturas e manter sempre aberta a possibilidade de apreciação judicial das instâncias superiores, que podem acautelar o *jus honorum* diante da "plausibilidade" da pretensão recursal.

Da mesma forma, mereceu atenção o dilatado período de inelegibilidade em alguns casos. Com relação aos casos que estabeleçam condenação criminal, o resultado da aplicação da Lei da Ficha Limpa é a inelegibilidade desde a condenação por órgão colegiado até o transcurso do prazo de 8 (oito) anos após o cumprimento da pena.

Isso porque alguém que sofra os efeitos da condenação criminal transitada em julgado tem os direitos políticos suspensos, nos termos do artigo 15, III, da CB, o que implica, também, a impossibilidade de ser votado. Essa inelegibilidade também ocorre nos casos em que haja condenação específica à suspensão dos direitos políticos, por exemplo, por improbidade administrativa. Em ambas as hipóteses, a aplicação da Lei da Ficha Limpa poderia levar à conclusão de que a inelegibilidade permaneceria desde a condenação (ainda sem trânsito em julgado) até oito anos depois do cumprimento total da pena. Como se sabe, é possível que após a condenação de órgão colegiado o processo leve muitos anos para ter seu desfecho.

De acordo com o Ministro Luiz Fux, que ficou vencido nesse ponto, em alguns casos o período de inelegibilidade pode ser extremamente dilatado, resultando praticamente em cassação de direitos políticos:

> Em alguns casos concretos, nos quais os indivíduos sejam condenados, por exemplo, à pena de trinta anos, a impossibilidade de concorrer a cargos públicos eletivos pode estender-se em tese por mais de quarenta anos, como disse o Ministro Gilmar Mendes, o que certamente poderia equiparar-se, para efeitos práticos, à cassação de direitos políticos, vedado expressamente pelo artigo 15 da Constituição da República. (pronunciamento em discussões transcrito no Acórdão do julgamento conjunto das conjunto das ADCs nºs 29 e 30 e ADI nº 4.578)

As considerações do Ministro Luiz Fux assumem central importância no desenvolvimento doutrinário do tema. Há que se fixar limites para as hipóteses e regime de inelegibilidade que podem ser introduzidas por lei complementar. Não se pode criar hipóteses que, pelo prazo ou abrangência da inelegibilidade, aproximem-se de uma cassação, ainda que "parcial", de direitos políticos. A Constituição desautoriza essa interpretação.

Desse modo, a previsão do artigo 14, §9º, da Constituição do Brasil que permite a introdução de novas inelegibilidades por lei complementar *não permite a invasão do campo do art. 15*, da Carta, que veda a cassação de direitos políticos.

5 A presunção de não culpabilidade e a ficha limpa

No que diz respeito à hipótese de inelegibilidade por condenação de órgão colegiado, sem trânsito em julgado, o Supremo avaliou se essa hipótese seria inconstitucional por ofender o preceito da presunção de inocência (ou não culpabilidade).

Ficou decidido que não se trata de violação a essa norma, mas de um requisito para a candidatura (elegibilidade), não uma sanção punitiva em termos de direito criminal. Essa discussão tornou-se menos relevante no debate jurisprudencial, ainda que persista no âmbito doutrinário, desde que o STF passou a admitir a execução da pena logo com a decisão criminal em segunda instância.

De qualquer maneira, a diferença entre as esferas eleitoral e criminal fica marcada no julgamento conjunto das ADCs nºs 29 e 30 e ADI nº 4.578, conforme o voto do Relator Ministro Relator Luiz Fux:

> Não cabe discutir, nestas ações, o sentido e o alcance da presunção constitucional de inocência (ou a não culpabilidade, como se preferir) no que diz respeito à esfera penal e processual penal. Cuida-se aqui tão-somente da aplicabilidade da presunção de inocência especificamente para fins eleitorais, ou seja, da sua irradiação para ramo do Direito diverso daquele a que se refere a literalidade do art. 5º, LVII, da Constituição de 1988.

Portanto, a fixação das ressalvas ora reproduzidas sobre a presunção de não culpabilidade, exclusiva para o direito eleitoral e com as circunstâncias próprias da Lei da Ficha Limpa (como, *eg.*, a possibilidade de efeito suspensivo), deveria ter sido suficiente para evitar uma intepretação extensiva dessa relativização no âmbito do Direito Criminal. Entretanto, em recentes julgados como no HC nº 126.292, j. 17.02.2016, utiliza-se, de maneira que me parece imprópria, o precedente ora comentado para relativizar a presunção de não culpabilidade na esfera punitiva propriamente criminal.

6 A garantia de segurança jurídica na Lei da Ficha Limpa

6.1 Hipótese de retrospectividade

As normas que dizem respeito ao processo eleitoral devem assegurar aos candidatos, ao povo e à Justiça eleitoral a possibilidade de preverem o pleito e para ele se planejarem de maneira adequada e segura, sem surpresas emanadas do Estado no momento do exercício da democracia. Como já tive oportunidade de observar:

> Dois são, [...] os axiomas estruturalmente incorporados no Estado de Direito pelo viés da confiança na estabilidade mínima da ordem jurídica: (a) a *estabilidade das ações estatais*, de tal modo que as decisões públicas não sejam arbitrariamente modificadas, transgredindo normas constitucionais; (b) *previsibilidade das ações estatais*, ciosa na exigência de certeza e calculabilidade por parte dos cidadãos, em relação aos efeitos jurídicos dos atos normativos. (TAVARES, 2016b, p. 36)

A estabilidade e, sobretudo, a previsibilidade dessas normas assumem especial configuração no que tange ao direito de ser candidato.[11]

É importante relembrar que a amplitude do direito a ser candidato não diz respeito apenas ao direito subjetivo a ser votado, mas *atinge diretamente as opções dos eleitores*, traduzindo-se em *uma questão de interesse geral*, que afeta a própria amplitude da democracia e a legitimidade da representação. Reduzir o universo de candidatos pode significar uma influência terrível na representação, deslegitimando candidatos eleitos e a própria democracia direta pode ser questionada. Essa influência pode ser verificada ainda que não se trate de afetar um enorme contingente de potenciais candidatos.

---

[11] Nesse sentido, *cf.* HAURIOU, 1971, p. 262.

Sabemos bem que a democracia não se exerce em abstrato, descolada de uma realidade histórica de candidatos já conhecidos pelo eleitorado, em torno dos quais, em maior ou menor medida, giram as expectativas desse mesmo eleitorado.

O Ministro Luiz Fux, pronunciando-se no julgamento da Lei da Ficha Limpa, explicou que a proibição de mudança abrupta no processo eleitoral incide sobre "todas [...] espécies normativas [...] capazes de atingir a segurança e a estabilidade de que devem gozar as eleições, posto garantir direito político fundamental *pro* eleitor e *pro* candidato" (voto no RE nº 633.703/MG, j. 23.01.2011). Nessa medida, como bem destacado nesse pronunciamento, a previsibilidade das eleições interessa a toda a sociedade e também individualmente, por certo, aos possíveis candidatos.

A previsibilidade[12] de que estou tratando aqui, ou seja, a previsibilidade no processo eleitoral – especificação da cláusula constitucional da segurança jurídica e que inclui a proteção à confiança ou *confiança legítima*,[13] na expressão utilizada pelo Supremo Tribunal Federal[14] – é inerente ao próprio Estado Democrático de Direito.[15] O tema, pois, insisto, configura-se como eminentemente constitucional.

Ademais, no caso específico da Lei da Ficha Limpa, o STF decidiu[16] que não houve afronta à irretroatividade, pois a lei estabelece o que o relator chamou de "retrospectividade",[17] admitida pelo ordenamento jurídico, já que a aplicação da lei se deu depois de sua promulgação (eleições de 2012 em diante), mesmo que seja em relação a fatos caracterizados antes de sua vigência (causas de inelegibilidade podem ter se implementado antes da promulgação da LC nº 135). Essa chamada "retrospectividade" ou "retroatividade inautêntica" foi considerada como plenamente constitucional.

Da mesma forma, decidiu-se que não há ofensa ao direito adquirido. Isso porque, para o Supremo Tribunal Federal, o direito a ser candidato no futuro não se incorpora ao patrimônio jurídico dos cidadãos.

Entretanto, faço uma ressalva em relação a essa possibilidade de "retroação", no que tange a uma das hipóteses da lei. Foi avaliada positivamente pelo STF a hipótese de inelegibilidade por renúncia. A LC nº 135, que inseriu a alínea "k" ao artigo 1º da LC nº 64/90, tornando causa de inelegibilidade a renúncia de certos cargos, "desde o

---

[12] "Como [...] 'densificação' do princípio da segurança jurídica tem-se [...] a calculabilidade, quer dizer, a possiblidade de conhecer de antemão, as consequências pelas atividades e pelos atos adotados" (TAVARES, 2018, p. 640).

[13] Segurança jurídica e a confiança legítima decorrem da própria existência do Estado de Direito. Isso, aliás, ficou evidenciado pelo voto do Ministro Cezar Peluso na Ação Cível Ordinária 79 (Plenário, Rel. Min. Cezar Peluso, j. 15.03.2012, publicação em 28.05.2012): o "Estado de Direito é sobremodo Estado de confiança". No mesmo sentido o Ministro Gilmar Mendes entende que o Estado de Direito exige segurança jurídica (voto na ADI nº 4.578/AC, Tribunal Pleno, Relator Ministro Luiz Fux, Julgamento 16.02.2012, publicação 29.06.2012).

[14] *Cf.*: RE nº 608.482/RN, Tribunal Pleno, Teori Zavascki, J. 07.08.2014, Publicação 30.10.2014; MS nº 31.271/DF, Primeira Turma, Relator Min. Luiz Fux, J. 20.05.2014. Publicação 05.06.2014; Agr. em MS nº 28.469, Primeira Turma, Relator Min. Luiz Fux, J 19.02.2013, Publicação 10.05.2013; Agr. REG em RE nº 704.882/RJ, Primeira Turma. Relator Min. Luiz Fux, j. 18.12.2012, Publicação 19.02.2013; MS nº 24.781/DF, Tribunal Pleno, Relatora Min. Ellen Gracie, Relator para o acórdão Min. Gilmar Mendes, j. 02.03.2011, Publicação 09.06.2011.

[15] A esse respeito *cf*. TAVARES, 2018, p. 640.

[16] O voto de referência aqui utilizado é o do Ministro relator Luiz Fux, que ficou vencido, apenas na declaração parcial de inconstitucionalidade, sem redução de texto, do artigo 1º, alínea "e", da Lei das Inelegibilidades, com a redação conferida pela Ficha Limpa "para a interpretação conforme (...)" no sentido de "admitir a dedução do prazo de oito anos de inelegibilidade, posteriores ao cumprimento da pena do prazo de inelegibilidade decorrido entre a condenação e o seu trânsito em julgado." O Tribunal considerou a Lei integralmente constitucional.

[17] De acordo com o relator, *retrospectividade* ou *retroatividade inautêntica* ocorre quando "a norma jurídica atribui efeitos futuros a situações ou relações jurídicas já existentes".

oferecimento de representação ou petição capaz de autorizar a abertura de processo por infringência a dispositivo" da Constituição do Brasil, da Constituição Estadual, da Lei Orgânica do Distrito Federal ou da Lei Orgânica do Município.

Nessa hipótese, como essa prática não era vedada anteriormente pelo regime jurídico, poderia se considerar uma verdadeira reprimenda a algo que era permitido, mas mal visto de maneira geral. No exato entendimento do STF, essa prática nunca teria sido plenamente válida, representando mesmo um "abuso de direito à renúncia" (cf. a ementa do julgamento conjunto das ADCs nºs 29 e 30 e ADI nº 4.578).

No entanto, mesmo reconhecendo que a moralidade, veda o "uso de meios lícitos para alcançar fins não previstos no direito" (TAVARES, 2018, p. 1.119-1.120), entendo que esse preceito não deve servir validamente como escudo genérico para impor inelegibilidades em casos específicos nos quais a conduta não era previamente vedada de forma expressa pelo direito, diante da configuração abrangente do *jus honorum* e da exigência de previsibilidade nos certames democráticos.

Nesse sentido, teria sido mais acertado que o STF declarasse que para uma adequada leitura constitucional, essa norma, constante na alínea "k" do artigo 1º da LC nº 64/90, introduzida pela LC nº 135/2010, haveria de abranger somente as renúncias ocorridas após sua vigência. Prevaleceu, contudo, certa equiparação da perda do cargo por condenação de outras instâncias com a perda decorrente de escolha pessoal, pela "renúncia".

6.2 Posição inicial pela aplicabilidade da Lei às eleições de 2010 no TSE

No Recurso Ordinário nº 4524-25.2010.6.13.0000/MG,[18] discutiu-se a respeito da possibilidade de aplicação da Lei da Ficha Limpa às eleições ocorridas em 2010, considerando, especialmente, o disposto no artigo 16 da Constituição do Brasil:

> Art. 16. A lei que alterar o *processo eleitoral* entrará em vigor na data de sua publicação, não se aplicando à eleição que ocorra até um ano da data de sua vigência. (Redação dada pela Emenda Constitucional nº 4, de 1993. Original não grifado).

O voto vencido do Ministro Marco Aurélio sustentava a impossibilidade de aplicação da Lei da Ficha Limpa ao pleito de 2010. Para o Ministro, ao tratar de inelegibilidades, a lei repercutiria no processo eleitoral, o que significa surpreender os interessados e o eleitorado em geral não apenas com novas normas, mas com normas restritivas e redutoras do universo de competidores.

Entretanto, o voto do Ministro Ricardo Lewandowski, que prevaleceu naquele julgamento (vencidos os Ministros Marco Aurélio e Marco Ribeiro), lembrou que a Lei Complementar nº 135/2010 entrou em vigor antes das convenções partidárias, não havendo que se falar em alteração do processo eleitoral. Sustentou, ainda, que não haveria qualquer casuísmo ou rompimento na "paridade de armas", inexistindo deformação no processo eleitoral.

Para o Min. Lewandowski, as novas causas de inelegibilidade não violam a igualdade das condições de disputa, "ocorrendo, simplesmente, o surgimento de novo

---

[18] Julgamento 14.12.2010. Relator Ministro Marco Aurélio; relator para o acórdão Ministro Ricardo Lewandowski.

regramento legal, de caráter linear, ou seja, de disciplina que atinge igualmente a todos os aspirantes a cargos eletivos".

A mesma posição, pela aplicabilidade da lei às eleições de 2010, pode ser verificada na resposta do TSE às consultas nºs 1147-09.2010.600.0000[19] e 1120-26.2010.600.0000.[20] Assim o TSE decidiu que a lei se aplicaria às eleições de 2010. Os ministros voltariam a sustentar suas posições no STF, quando há, porém, uma inversão do entendimento majoritário do TSE.

Um importante fator considerado na época dessas intensas discussões era o caráter de definitividade das decisões do TSE em temática eleitoral. Como se trata, efetivamente, da última instância (decisão final) sobre assuntos de Direito Eleitoral, apenas a superação deste entendimento, pela presença da chamada "questão constitucional" permitiria uma retomada da discussão pelo STF.

6.3 Posição do STF: inaplicabilidade da Lei da Ficha Limpa às eleições de 2010

O tema, considerado constitucional desde o início, por força da invocação, dentre outros, do art. 16 da Constituição, permitiu que o Supremo Tribunal Federal emitisse entendimento diverso do TSE. Nos termos do voto do relator do RE nº 633.703,[21] Min. Gilmar Mendes, a referida lei teria, sim, interferido no processo eleitoral, pois publicada depois do prazo máximo para os candidatos: a) requererem a inscrição eleitoral ou transferência para o domicílio eleitoral em que vão concorrer; b) estarem filiados ao partido pelo qual serão candidatos. Assim, a lei teria incidido na chamada fase *pré-eleitoral*, considerada como integrante do processo eleitoral. Portanto, em conclusão, a alteração das causas de inelegibilidade em questão teria violado a necessária anterioridade eleitoral (artigo 16 da CB) e, também, a igualdade de chances entre os partidos e candidatos.

Nesses termos, o Supremo Tribunal Federal considerou, por apertada maioria, inaplicável a Lei da Ficha Limpa às eleições de 2010, invocando o artigo 16 da CB, sendo vencidos os Ministros Ricardo Lewandowski, Cármen Lúcia, Joaquim Barbosa, Ayres Britto e Elen Gracie.

Importante relembrar uma vez mais, aqui, que a *Lei Ficha Lima* (LC nº 135/2010), decorreu de projeto inicialmente de iniciativa popular, posteriormente incorporado ao processo legislativo comum, a fim de atender a um *clamor público* por mais moralidade na política. O texto legal previa a aplicação imediata das novas inelegibilidades representando o "anseio de parcela da população brasileira de aplicação" da Lei "às eleições de 2010" (voto do Min. Fux, RE nº 633.703).

Entretanto, o que prevaleceu no julgamento, nos termos do voto vencedor do Min. Fux, foi a "vontade de parcela substancial de cidadãos que elegeram os candidatos a serem prejudicados com o eventual efeito imediato da Lei da Ficha Limpa [...] vontade

---

[19] TSE. Relator Ministro Arnaldo Versiani Leite Soares. Acórdão de 17.06.2010. Publicação *DJe* 24.09.2010, p. 21.
[20] TSE. Relator Ministro Hamilton Carvalhido. Acórdão de 10.06.2010. Publicação DJE 30.09.2010, p. 20-1.
[21] STF. Plenário. Relator Min. Gilmar Mendes. Julgamento 23.02.2011. *DJe* nº 219, divulgação 17.11.2011, publicação 18.11.2011.

[...] aliada às expectativas legítimas dos candidatos de não serem surpreendidos com uma alteração súbita e inesperada do processo eleitoral brasileiro".

O desfecho do voto do Ministro Fux contém um libelo em defesa da estabilidade das normas constitucionais, já parcialmente transcrito acima, representado pela cláusula constitucional da proteção da confiança legítima, ao dispor que:

> A Ficha Limpa é a lei do futuro, é a aspiração legítima da nação brasileira, mas não pode ser um desejo saciado no presente, em homenagem à Constituição Brasileira, que garante a liberdade para respirarmos o ar que respiramos, que protege a nossa família desde o berço dos nosso filhos até o túmulo dos nossos antepassados.

Entretanto, por mais que essa posição do STF tenha se baseado na defesa da proteção da confiança, é necessário reforçar que, nesse julgamento, o Pretório Excelso contrariou a posição anterior já em voga no TSE a respeito da própria Lei da Ficha Limpa.[22] Além disso, essa decisão do STF foi "emitida tardiamente", em fevereiro de 2011, quando os eleitos nas eleições de 2010 já ocupavam seus cargos. Esse posicionamento ocasionou uma aplicação divergente da mesma norma em relação àqueles candidatos que não recorreram ao Supremo Tribunal Federal, gerando "disparidade sobre o direito válido e aplicado, na prática, para determinados candidatos" (TAVARES, 2014, p. 112 e 115). Examino esse assunto adiante.

6.4 Casos individuais em que a inelegibilidade permaneceu em 2010 por ausência de recurso ao Supremo Tribunal Federal

De acordo com o já exposto acima, a posição do TSE era pela aplicação da Lei da Ficha Limpa já nas eleições de 2010, contrariamente ao que, em momento posterior, seria definitivamente decidido no STF. Essa diferença na interpretação (e de momento de decisão) dos dois tribunais gerou, evidentemente, disparidade sobre o direito válido e aplicado, na prática, para determinados candidatos.

É de conhecimento geral que alguns candidatos não recorreram, tendo permanecido inelegíveis por decisão da Justiça Eleitoral de primeiro ou segundo grau, ou mesmo do TSE, em decisão judicial que, processualmente, quer dizer, para o caso concreto, tornou-se definitiva, embora materialmente, ou seja, quanto a seu sentido e alcance, foi provisória e temporalmente localizada, tendo sido superada, abstratamente falando, por entendimento posterior do STF.

Na prática, pois, os resultados aos quais se assistia na apuração dos votos da eleição representavam, em parte, incidência da Lei da Ficha Limpa, seja uma incidência inibidora (desestimulando possíveis candidatos, que enfrentariam o embate judicial com a "certeza provisória" do posicionamento contrário do TSE), seja pela imposição judicial da fase pré-STF, na qual não tenha havido interposição recursal adequada.

Na jurisprudência, é possível encontrar diversos casos concretos, dos quais destaco dois apenas a título ilustrativo. No primeiro caso, Maria Lúcia Soares de Mendonça, que

---

[22] Como já examinado acima, o TSE entendeu pela aplicabilidade da Lei já em 2010, considerando que os critérios de inelegibilidade não são considerados como normas de processo eleitoral, mas de direito eleitoral material, invocando, pois a clássica segmentação do Direito material e processual. (cf. TAVARES, 2014, p. 111).

pretendia ser candidata a deputada estadual em 2010, teve seu registro de candidatura indeferido pelo Tribunal Regional Eleitoral de Minas Gerais, por aplicação de nova hipótese de inelegibilidade trazida pela Lei da Ficha Limpa (artigo 1º, inciso I, alínea "j" da LC nº 64/90, inserido pela LC nº 135/2010[23]). Esse indeferimento foi mantido pelo TSE, que negou provimento ao Recurso Ordinário nº 4524-25.2010.6.13.0000,[24] determinando a aplicação da Lei da Ficha Limpa já nas eleições de 2010. Esse acórdão de 14.12.2010, do qual não houve recurso, transitou em julgado em 17.12.2010, permanecendo a inelegibilidade.

O mesmo ocorreu no caso do candidato a deputado federal Edilson Gurgel Noronha. O TSE manteve o indeferimento do registro da candidatura (decisão do TRE/AM), negando seguimento[25] ao Recurso Especial nº 280035.2010.604.0000.[26] A inelegibilidade decorreu da aplicação do artigo 1º, inciso I, alínea "l", da Lei Complementar nº 64/90, com a redação dada pela Lei Complementar nº 135/2010 (Lei da Ficha Limpa).[27] O relator Ministro Marcelo Ribeiro, apesar de ressalvar seu entendimento pessoal divergente, seguiu a posição do TSE aplicando a Lei da Ficha Limpa às eleições de 2010. Referida decisão, não recorrida, transitou em julgado em 06.11.2011.

Assim, em síntese, na prática jurídica brasileira, pelo menos para alguns casos, fez-se presente a LC nº 135/2010 já nas eleições do ano de sua edição.

7 Recentes mudanças jurisprudenciais com aceleração da incidência da Lei da Ficha Limpa

Apesar de não se tratar de assunto relacionado à ficha limpa, que, como visto, exerceu inovação no momento das candidaturas no Brasil, é preciso mencionar recentes novidades jurisprudenciais do STF que colaboram para acelerar a aplicação da Lei da Ficha Limpa. São decisões que, de alguma forma, encurtam o tempo para que eventualmente possa incidir a Lei da Ficha Limpa. No caso, eliminou-se o que era visto como entrave (embora norma legítima de constituições estaduais) para o processamento de governadores e eventual condenação judicial no STJ.

---

[23] "Art. 1º (...)
I –(...)
j) os que forem condenados, em decisão transitada em julgado ou proferida por órgão colegiado da Justiça Eleitoral, por corrupção eleitoral, por captação ilícita de sufrágio, por doação, captação ou gastos ilícitos de recursos de campanha ou por conduta vedada aos agentes públicos em campanhas eleitorais que impliquem cassação do registro ou do diploma, pelo prazo de 8 (oito) anos a contar da eleição;"

[24] TSE. Relator Originário Ministro Marco Aurélio; relator para o acórdão Ministro Ricardo Lewndowski. Julgamento Sessão de 14.12.2010.

[25] Nos termos do artigo 36, §6º do Regimento interno do TSE:
"Art. 36. (...)
§6º O relator negará seguimento a pedido ou recurso intempestivo, manifestamente inadmissível, improcedente, prejudicado ou em confronto com súmula ou com jurisprudência dominante do Tribunal, do Supremo Tribunal Federal ou de Tribunal Superior."

[26] Decisão Monocrática do Ministro Marcelo Ribeiro de 19.10.2010, publicada em 28.10.2010.

[27] "Art. 1º (...)
I – (...)
l) os que forem condenados à suspensão dos direitos políticos, em decisão transitada em julgado ou proferida por órgão judicial colegiado, por ato doloso de improbidade administrativa que importe lesão ao patrimônio público e enriquecimento ilícito, desde a condenação ou o trânsito em julgado até o transcurso do prazo de 8 (oito) anos após o cumprimento da pena;"

Em julgamento ocorrido em 03.04.2017, o Plenário do STF julgou a ADI nº 5.540 proposta pelo DEM, cujo relator foi o Ministro Edson Fachin. Nela, o STF decidiu, de maneira inovadora,[28] que não há necessidade de licença prévia da Assembleia Legislativa para o recebimento de denúncia ou queixa crime e respectiva instauração de ação penal contra governador de Estado. No caso específico, tratava-se da análise da Constituição do Estado de Minas Gerais (art. 92, §1º, I) em face da Constituição do Brasil.

Entendeu o STF que, diferentemente do que ocorre ao Presidente da República, que é Chefe de governo e de Estado, para processar o Governador não é necessária licença prévia de nenhuma Casa Parlamentar.

Nesse ponto o voto do relator foi acompanhado pelos Ministros Luiz Fux, Luís Roberto Barroso, Rosa Weber, Alexandre de Moraes, Gilmar Mendes, Ricardo Lewandowski e Marco Aurélio. Foram vencidos os Ministros Dias Toffoli e Celso de Mello, que entenderam que os estados podem repetir a exigência prévia da licença do Legislativo nos termos do art. 86 da CB.[29]

Esse entendimento ocorre no bojo de mudanças que afetam o equilíbrio entre os Poderes, impactam diretamente a previsibilidade jurídica e a estabilidade das decisões judiciais, especialmente porque essa mudança de orientação teve aplicação imediata.

No caso, a motivação usualmente vista é um suposto benefício maior em combater e apertar o cerco contra a corrupção, ainda que isso venha a ocorrer, em alguns momentos, ao alto custo de reduções indevidas e perigosas na autonomia dos Poderes eleitos, implantada na Constituição de 1988 e na estrutura do Estado Constitucional e Federal de Direito.

Reduzindo um pouco o impacto dessa mudança, o STF decidiu que em havendo o recebimento de denúncia pelo STJ (foro para julgar os governadores no caso), não há, porém, afastamento automático. O afastamento ou o não afastamento deve ser decidido pelo próprio STJ, em cada caso. O mero recebimento de denúncia, portanto, não gera o afastamento.

A tese fixada pelo STF foi a seguinte:

> Não há necessidade de prévia autorização da Assembleia Legislativa para o recebimento de denúncia ou queixa-crime e instauração de ação penal contra o governador de estado, por crime comum, cabendo ao STJ, no ato de recebimento da denúncia ou no curso do processo, dispor fundamentadamente sobre a aplicação de medidas cautelares penais, inclusive afastamento do cargo.

Nessa mesma linha, em que se eliminariam entraves ou dificuldades relacionadas às condenações céleres, poder-se-ia mencionar, ainda, a mudança na jurisprudência do STF sobre o foro por prerrogativa de função.

Na Ação Penal nº 937, julgada em 03.05.2018, o STF afastou a prerrogativa de foro para crimes cometidos antes do início do cargo ou não relacionados às funções desempenhadas, fixando as seguintes teses:

> i) O foro por prerrogativa de função aplica-se apenas aos crimes cometidos durante o exercício do cargo e relacionados às funções desempenhadas; e (ii) Após o final da

---

[28] Essa decisão já foi adotada, a seguir, na ADI 4764/AC, em 04.05.2017.
[29] "Art. 86: Admitida a acusação contra o Presidente da República, *por dois terços da Câmara dos Deputados,* será ele submetido a julgamento perante o Supremo Tribunal Federal, nas infrações penais comuns, ou perante o Senado Federal, nos crimes de responsabilidade" (original não grifado).

instrução processual, com a publicação do despacho de intimação para apresentação de alegações finais, a competência para processar e julgar ações penais não será mais afetada em razão de o agente público vir a ocupar outro cargo ou deixar o cargo que ocupava, qualquer que seja o motivo.

O entendimento geral era o de que o STF não tinha estrutura para atuar com a celeridade necessária, o que acabava por gerar alguma impunidade. Havia, ainda, a ideia, equivocada, de que prerrogativa de foro equivalia a um privilégio inaceitável, visão canhestra, que pressupõe estar o STF a serviço da não condenação dos corruptos. Muitos processos, porém, foram remetidos para a primeira instância,[30] atendendo a essa nova fórmula, e dependerão de chegarem a instâncias colegiadas para incidência da lei. Ainda assim o movimento foi comemorado pela mídia em geral como um grande avanço em termos de combate à corrupção.

8 Conclusões

O preceito constitucional da moralidade administrativa assume uma dimensão abstrata que demanda, no atual paradigma do Direito constitucional, uma especial integração interpretativa, considerando-se realidade e circunstâncias práticas para sua adequada concretização.

No Direito Eleitoral essa incidência deve considerar a abrangência dos preceitos democráticos, que orientam um sistema lastreado na ampla participação popular como pré-requisito de legitimação das decisões coletivas.

Nesse sentido, na realidade eleitoral – especialmente voltada às inelegibilidades –, a generalidade do preceito da moralidade assume importantes configurações específicas, principalmente em nome da amplitude máxima do *ius honorum* e da previsibilidade no certame.

Essas premissas estão presentes nos exames de nossos tribunais na análise da Lei da Ficha Limpa, que teve sua convalidação constitucional motivada pela restrição mínima do direito de acesso ao pleito eleitoral, além da possibilidade abrangente de uma suspensão acauteladora da inelegibilidade pelas instâncias judiciais mais elevadas, sempre que justificado.

Acrescenta-se que a lei complementar em comento originou-se de um projeto de iniciativa popular e passou por um processo de aprovação com ampla participação democrática, circunstâncias que passam a ser incindíveis da intepretação de seu conteúdo.

No entanto, a lógica de inelegibilidades da Lei da Ficha Limpa não autoriza a extensão *moralizante* a ponto de gerar efeitos próximos à cassação de direitos políticos, tampouco se permite que essas exatas fórmulas sirvam de justificativa para minar direitos de defesa do cidadão em outras esferas, como na esfera criminal.

A busca pelas eleições limpas, do ponto de vista subjetivo, com os melhores e mais confiáveis candidatos, requer um delicado equilíbrio dos posicionamentos moralizantes

---

[30] De acordo com o noticiado no site do STF, até o dia 11 de maio de 2018, baseando-se no decidido na AP 937, haviam sido remetidos à primeira instância ao menos 19 processos contra parlamentares. *Cf.* notícia: "Ministros determinam remessa de mais 19 processos contra parlamentares", disponível em <http://www.stf.jus.br/portal/cms/verNoticiaDetalhe.asp?idConteudo=378219>, acesso em 04.05.2018.

genéricos e radicais com os comandos constitucionais pela democracia ampla, com iguais direitos assegurados a todos.

A Lei da Ficha Limpa é instrumento para que a democracia reforce a si própria, às suas condições de pleno florescimento, sem constituir-se em elemento espúrio da igualdade, pluralidade, abertura e disputa ampla que deve haver. Bem por isso, não pode ser utilizada de maneira inversa, tendente a interferir e veladamente reduzir nossa democracia e seus pressupostos. A lisura geral das candidaturas e dos candidatos deve ser reforçada e compatibilizar-se, nas democracias, com os demais valores constitucionais. Esse exato ponto de equilíbrio vem sendo construído por leis e pela recente jurisprudência do STF. O cuidado e a atenção para não sucumbir a apelos populares momentâneos mais radicais, alguns de cunho autoritário, é essencial à democracia. As lições de nosso homenageado, o Professor e Ministro Luiz Fux, têm revelado essa tenção e têm servido, inclusive nesse tema específico, a esse mesmo propósito.

Referências

COSTA, António Cândido Ribeiro da. *Condições científicas do direito de sufrágio*. Coimbra: Coimbra Editora, 1998, reimpressão de Coimbra: Impressora da Universidade, 1878.

DALY, Tom Gerald. *The Alchemists*: questioning our faith in courts as democracy-builders. Cambridge: Cambridge University Press, 2017.

DUVERGER, Maurice. *Les Partis Politiques*, Paris: Libraire Armand Colin, 1954.

FISICHELLA, Domenico. *Elezioni e democrazia*. Bologna: Il Mulino, 2008.

FUX, Luiz; FRAZÃO, Carlos Eduardo. *Novos paradigmas do direito eleitoral*. Belo Horizonte: Fórum, 2016.

HAURIOU, André. *Derecho Constitucional e instituciones políticas*. Trad. José Antonio Gonçalves Casanova. Barcelona: Ediciones Ariel, 1971.

KELSEN, Hans. *I Primato del Parlamento*. A cura di Carmelo Geraci. Apresentação de Paolo Petta. Milano: Giuffrè, 1982. (Civiltà del Diritto, 44).

TAVARES, André Ramos. *Curso de direito constitucional*. 16. ed. São Paulo: Saraiva, 2018.

TAVARES, André Ramos. A jurisprudência sobre partidos políticos no STF. In: NORONHA, João Otavio de; PAE KIM, Richard (Coord.). *Sistema político e eleitoral brasileiros*: estudos em homenagem ao Ministro Dias Toffoli. São Paulo: Atlas, 2016a, p. 43-74.

TAVARES, André Ramos. Princípios constitucionais do processo eleitoral. *In*: TAVARES, André Ramos. AGRA, Walber de Moura; PEREIRA, Luiz Fernando (coord.). *O direito eleitoral e o novo Código de Processo Civil*. Belo Horizonte: Fórum, 2016b, p. 17-39.

TAVARES, André Ramos. O impacto da Lei da Ficha Limpa nos tribunais: breve relato e anotações. *In*: Monica Herman Caggiano (Org.). *Ficha Limpa*: impactos nos tribunais: tensões e confrontos. São Paulo: Revista dos Tribunais, 2014, v. 1, p. 109-116.

TAVARES, André Ramos. *Fronteiras da hermenêutica constitucional*. São Paulo: Método, 2006. (Col. Professor Gilmar Mendes).

YOUNG, Katharine. *Constituting Economic and Social Rights*. Oxford University Press, 2012.

Informação bibliográfica deste texto, conforme a NBR 6023:2002 da Associação Brasileira de Normas Técnicas (ABNT):

TAVARES, André Ramos. O princípio da moralidade nas eleições: os casos ficha limpa. In: ARABI, Abhner Youssif Mota; MALUF, Fernando; MACHADO NETO, Marcello Lavenère (Coord.). *Constituição da República 30 anos depois*: uma análise prática da eficiência dos direitos fundamentais. Estudos em homenagem ao Ministro Luiz Fux. Belo Horizonte: Fórum, 2019. p. 191-208. ISBN 978-85-450-0598-8.

ARBITRAGEM: JURISDIÇÃO, MISSÃO E JUSTIÇA[1]

CARLOS ALBERTO CARMONA
JOSÉ AUGUSTO BITENCOURT MACHADO FILHO

1 Introdução

A arbitragem comercial trilhou um longo e pedregoso caminho para o seu desenvolvimento (e amadurecimento) nos grandes centros do Brasil.

É inquestionável que o marco deflagrador desse percurso foi a promulgação da Lei nº 9.307/96, que conferiu operacionalidade e utilidade prática ao instituto; o segundo marco – não menos importante – foi o grande teste da confirmação da constitucionalidade no Supremo Tribunal Federal.[2] A partir de 2001, portanto, abriram-se as portas do sucesso para a arbitragem em nosso país: de expectadores do cenário internacional, passamos rapidamente a atores de primeira linha (e a Corte de Arbitragem da CCI que o diga, já que os brasileiros formam um dos maiores grupos de operadores na entidade!).

Entre as mais relevantes mudanças impostas pela Lei de Arbitragem, vem à mente (i) a plena eficácia da convenção de arbitragem para instituir o procedimento, (ii) a possibilidade de execução específica (e forçada) da cláusula compromissória (quando esta estiver eivada de vício que impeça a constituição automática de um órgão julgador), (iii) a consolidação do princípio *Kompetenz-Kompetenz*, (iv) a dispensa de homologação da sentença arbitral doméstica pelo Poder Judiciário (a sentença arbitral passou a ter plena equivalência em relação à sentença judicial), (v) o enquadramento da sentença arbitral condenatória como título executivo judicial, e, especialmente, (vi) a vedação estrutural do sistema a revisão do mérito das sentenças arbitrais. Tudo isso formou um forte sistema garantístico, de molde a assegurar que a vontade das partes seja respeitada e que o resultado processo seja honrado.

---

[1] Agradecemos aos senhores Abhner Youssif Mota Arabi, Fernando Del Picchia Maluf e Marcello Lavenère Machado Neto pelo honroso convite que estes nos fizeram para participar desta grandiosa obra coletiva em homenagem ao Ministro Luiz Fux. Agradecemos ainda a inestimável ajuda e dedicação de Pedro Parizotto nas pesquisas e na discussão do tema.

[2] STF; SE nº 5206; j. 12.12.2001 ; Min. Rel. Sepúlveda Pertence.

Muito já se debateu sobre a natureza da arbitragem. E hoje – mais de duas décadas após a promulgação da Lei de Arbitragem – a doutrina e a jurisprudência[3] nacionais consolidam o instituto, despindo-o de preconceitos cultivados ao longo de séculos, com o definitivo abandono da ideia de *monopólio da jurisdição* pelo Estado para reconhecer a natureza jurisdicional da arbitragem.

Com efeito, foi-se o tempo em que os doutrinadores procuravam "equiparar" (no molde *carneluttiano*) a arbitragem ao processo estatal, apontando um paralelismo entre os dois métodos de solução de controvérsias. Mesmo nossos mais renomados processualistas hesitavam em reconhecer a jurisdicionalidade da arbitragem,[4] na

---

[3] Vale citar pelo menos dois acórdãos recentes, que mostram de forma emblemática o *estado da arte* a respeito do tema:
"PROCESSO CIVIL. ARBITRAGEM. **NATUREZA JURISDICIONAL.** CONFLITO DE COMPETÊNCIA FRENTE A JUÍZO ESTATAL. POSSIBILIDADE. MEDIDA CAUTELAR DE ARROLAMENTO. COMPETÊNCIA. JUÍZO ARBITRAL. 1. **A atividade desenvolvida no âmbito da arbitragem tem natureza jurisdicional**, sendo possível a existência de conflito de competência entre juízo estatal e câmara arbitral. 2. O direito processual deve, na máxima medida possível, estar a serviço do direito material, como um instrumento para a realização daquele. Não se pode, assim, interpretar uma regra processual de modo a gerar uma situação de impasse, subtraindo da parte meios de se insurgir contra uma situação que repute injusta. 3. A medida cautelar de arrolamento possui, entre os seus requisitos, a demonstração do direito aos bens e dos fatos em que se funda o receio de extravio ou de dissipação destes, os quais não demandam cognição apenas sobre o risco de redução patrimonial do devedor, mas também um juízo de valor ligado ao mérito da controvérsia principal, circunstância que, aliada ao fortalecimento da arbitragem que vem sendo levado a efeito desde a promulgação da Lei nº 9.307/96, exige que se preserve a autoridade do árbitro como juiz de fato e de direito, evitando-se, ainda, a prolação de decisões conflitantes. 4. Conflito conhecido para declarar a competência do Tribuna Arbitral". (CC 111.230/DF; Rel. Min. Nancy Andrighi; Segunda Seção; j. 08.05.2013).
"CONFLITO DE COMPETÊNCIA POSITIVO. JUÍZO ARBITRAL E JUÍZO ESTATAL. POSSIBILIDADE, EM TESE, DE CONFIGURAÇÃO DE CONFLITO DE COMPETÊNCIA. ENTENDIMENTO SUFRAGADO PELA SEGUNDA SEÇÃO DO STJ. CONTRATO DE FRANQUIA, COM CLÁUSULA COMPROMISSÓRIA ARBITRAL. JUÍZO ESTATAL QUE DETERMINA, NO BOJO DE AÇÃO JUDICIAL, A EXCLUSÃO/EXTINÇÃO DE PROCEDIMENTO ARBITRAL ANTERIORMENTE INSTAURADO PARA O DESLINDE DE CONTROVÉRSIA ADVINDA DO MESMO CONTRATO (ENVOLVENDO AS MESMAS PARTES SIGNATÁRIAS, COM DISCUSSÃO SE HOUVE OU NÃO CESSÃO DE POSIÇÃO CONTRATUAL DE TERCEIRO FRANQUEADO). CONFLITO CONHECIDO PARA RECONHECER A COMPETÊNCIA DO JUÍZO ARBITRAL. 1. De acordo com o atual posicionamento sufragado pela Segunda Seção desta Corte de Justiça, compete ao Superior Tribunal de Justiça dirimir conflito de competência entre Juízo arbitral e órgão jurisdicional estatal, partindo-se, naturalmente, do **pressuposto de que a atividade desenvolvida no âmbito da arbitragem possui natureza jurisdicional**. 1.1 O conflito positivo de competência afigura-se caracterizado, não apenas quando dois ou mais Juízos, de esferas diversas, declaram-se simultaneamente competentes para julgar a mesma causa, mas também quando, sobre o mesmo objeto, duas ou mais autoridades judiciárias tecem deliberações excludentes entre si. 2. O Juízo da 2ª Vara Cível e Empresarial de Belém/PA, a despeito da existência de cláusula compromissória arbitral inserta no contrato de franquia estabelecido entre Partout Administração e To Be kids, a vincular, no mínimo, as partes signatárias (pairando, é certo, controvérsia sobre a ocorrência de cessão de posição contratual por parte de Toys), entendeu, diversamente do Juízo arbitral, pela não instauração da competência do Juízo arbitral, inclusive com a determinação de extinção do feito já iniciado. 3. Tem-se por configurado o conflito positivo de competência, na medida em que, sobre o mesmo objeto (no caso, a definição acerca da instauração da competência do Juízo arbitral), dois ou mais Juízos, de esferas distintas, tecem deliberações excludentes entre si, a considerar que, por lei, a questão deve ser precedentemente decidida por um deles (no caso, o Juízo arbitral). 4. É de se reconhecer a inobservância do art. 8º da Lei n. 9.307/1996, que confere ao Juízo arbitral a medida de competência mínima, veiculada no Princípio da Komptenz Komptenz, cabendo-lhe, assim, deliberar sobre a sua competência, precedentemente a qualquer outro órgão julgador, imiscuindo-se, para tal propósito, sobre as questões relativas à existência, à validade e à eficácia da convenção de arbitragem e do contrato que contenha a cláusula compromissória. 5. Conflito conhecido para declarar competente o Juízo arbitral". (CC nº 146.939/PA; Rel. Min. Marco Aurélio Bellizze; Segunda Seção; j. 23.11.2016).

[4] Candido Rangel Dinamarco, ao apresentar a edição comercial da tese de doutoramento do primeiro dos autores deste artigo, onde se defendia a jurisdicionalidade da arbitragem, não disfarçou certa desconfiança ao abordar o tema, sugerindo que se a arbitragem não representasse exercício de jurisdição, pelo menos haveria " grande aproximação dos institutos, em perspectiva teleológica" (prefácio à obra A Arbitragem no Processo Civil Brasileiro, Malheiros, S. Paulo, 1993, p. 8). Somente muitos anos depois, ao escrever sua obra seminal sobre a arbitragem, Dinamarco passou a afirmar de forma categórica que "(...) é imperiosa a inclusão da arbitragem

medida em que a jurisdição era sempre vista como poder, atividade e função do Estado.[5] Causava perplexidade nos anos 1980 afirmar que a arbitragem tinha efetivamente caráter jurisdicional. Mal sabiam os conservadores de plantão que, no terceiro milênio, Ada Pellegrini Grinover reconheceria jurisdicionalidade até mesmo na mediação e na conciliação, propondo uma completa renovação do conceito de jurisdição![6]

Hoje, superados estes primeiros debates – que soam antiquados – reconhece a doutrina mais atualizada que o árbitro exerce plena atividade jurisdicional, resolvendo e pacificando a lide com justiça ao dizer o direito no caso concreto.

Parece, pois, haver amplo reconhecimento de que a arbitragem é via adequada ao exercício da jurisdição, com legitimidade, vocacionada para solucionar disputas especiais e próprias; de que é, sim, uma forma justa e, às vezes, necessária, de acesso à justiça mediante prestação jurisdicional (que o Estado deve incentivar e apoiar, mesmo que abrindo mão de parcela de seu poder-dever-função; em verdade, reconhecendo que há o exercício desse poder-dever, emanado do povo, mas longe de seus domínios). Paralelamente a esse fortíssimo apoio da doutrina e da jurisprudência, vê-se a repetição de certos dogmas (alguns infundados) e *pré-conceitos* em torno da arbitragem que supervalorizam suas vantagens ou subestimam suas desvantagens, ignorando a verdadeira extensão de sua utilidade.

Referimo-nos a certas ideias que, surgidas em contexto em que muitos ainda viam a arbitragem de forma hostil, talvez tenham, com o intuito de proteger o instituto de ataques indevidos, simplificado a questão da jurisdição dos árbitros de forma a não captar todas as suas particularidades. A mais sintomática delas parece derivar da fórmula contida no art. 18 da Lei nº 9.307/96: "[O] árbitro é juiz de fato e de direito".

Essa regra consolidou-se como uma referência paradigmática ao argumento de que a arbitragem é uma via jurisdicional idêntica ao processo judicial. É dizer que, se o árbitro é juiz de fato e de direito – isto é, se têm poderes e responsabilidades idênticos ao juiz –, então ele naturalmente exercerá a jurisdição com as mesmas características, mesmos escopos e mesma intensidade que o juiz togado.[7]

---

na teoria geral do processo, considerando que ela contém em si um autêntico processo civil no qual se exerce um verdadeiro poder, a jurisdição, e que as atividades inerentes a esse exercício têm natureza inegavelmente processual. É pois natural que, destinando-se o processo arbitral a produzir efeitos sobre a esfera jurídica de dois ou mais sujeitos mediante a prolação de decisões proferidas por um outro (o árbitro), as atividades ali realizadas se submetam aos ditames contidos naquelas garantias superiores. A incidência daquelas garantias constitucionais sobre o processo arbitral é um ponto incontroverso em toda a doutrina, sendo a esse propósito explícita a própria lei de arbitragem (...) Indo além do que diz o próprio Carmona, hoje é imperioso entender que a jurisdicionalidade é inerente à própria arbitragem, prescindindo das vicissitudes da legislação ou mesmo das opções do legislador. O que há de fundamental é o reconhecimento da função de pacificar pessoas mediante a realização de justiça, exercida tanto pelo juiz togado quanto pelo árbitro. Talvez seja até lícito inverter os polos do raciocínio proposto por Carmona, para dizer que a equiparação dos efeitos do laudo ao da sentença judicial e a definição daquele como título executivo judicial sejam um imperativo ou um reflexo da natureza jurisdicional da arbitragem e não um fator dessa jurisdicionalidade". DINAMARCO, Cândido Rangel. *A arbitragem na teoria geral do processo*. Malheiros, São Paulo, 2013. Pp. 23 e 39.

[5] "Da jurisdição (...) podemos dizer que é uma das funções do Estado, mediante a qual este se substitui aos titulares dos interesses em conflito, para, imparcialmente, buscar a atuação da vontade do direito objetivo que rege a lide que lhe é apresentada em concreto para ser sulucionada (...)" (*Teoria geral do processo*, CINTRA, Antonio Carlos de Araújo; GRINOVER Ada Pellegrini; DINAMARCO, Cândido R. São Paulo: Revista dos Tribunais, 1976, p. 81).

[6] "Se, conforme nosso pensamento, a jurisdição compreende a justiça estatal, a justiça arbitral e a justiça consensual, é evidente que fica superado o conceito clássico de jurisdição" (, GRINOVER, Ada Pellegrini. *Ensaio sobre a processualidade*. Brasília: Gazeta Jurídica, 2016, p. 18).

[7] A título de exemplo, "É cediço que, hodiernamente, não se pode mais contestar a natureza jurisdicional da

Em momento no qual muitos ainda duvidavam da natureza jurisdicional da arbitragem, essa fórmula serviu como base legal para equiparação absoluta, quanto ao exercício de jurisdição, entre o árbitro e o juiz togado.

Hoje, no entanto, talvez estejamos prontos para nos despir dessa simplificação que, apesar de ser em grande parte verdadeira, não traduz todas as características da função jurisdicional dos árbitros. É necessário, portanto, marcar e reforçar as diferenças entre a jurisdição exercida no processo estatal e aquela exercida pela via arbitral, frisando as funções e deveres dos árbitros e dos juízes no exercício do poder jurisdicional. Dito de outro modo, é fundamental reconhecer que há uma distinção sistemática essencial entre a arbitragem e o processo estatal, embora ambos sejam exercício (legítimo) da atividade jurisdicional.

Partindo da premissa, pois, de que a arbitragem é, sim, atividade jurisdicional, será a jurisdição exercida pelo árbitro idêntica àquela exercida pelo juiz togado? Serão idênticos seus escopos aos apontados pela doutrina clássica, que tinha em mente a jurisdição exercida no processo estatal? Ou haveria tons sutis não captados pela simples equiparação?

Considerando que o árbitro exerce atividade jurisdicional, devemos cogitar da inserção de tal atividade no organograma do Poder Judiciário? E quanto à jurisprudência, que tipo de coerência deve existir entre as decisões arbitrais? E entre elas e as decisões judiciais? O que fazer com o sistema de precedentes que o Código de Processo estabeleceu (para o sistema estatal): é o árbitro obrigado a observar a vinculatividade apontada pelo estatuto de processo?

Antes de responder tantas questões é necessário revisitar algumas afirmativas que já se tornaram dogmas e que turvam a compreensão da exata utilidade da arbitragem e, consequentemente, dos deveres e funções dos árbitros. Com efeito, nem todas as vantagens classicamente atribuídas ao processo arbitral em relação ao estatal correspondem à realidade, tampouco a missão da arbitragem é "desafogar" o Poder Judiciário. A arbitragem é uma criatura à parte, um verdadeiro ornitorrinco jurídico: estranha, mas universal, amórfica, mas rígida em seus valores, e poderosa, mas frágil, se não o houver entendimento do tamanho de seu poder.

2 Arbitragem para quê? As reais vantagens do instituto

2.1 As vantagens tradicionalmente apontadas

A doutrina nacional adota, hoje, postura majoritariamente pró-arbitragem, enaltecendo o instituto e prestando-lhe o apoio necessário para que possa produzir os benefícios a que é apta. A mesma visão proativa é endossada pelo Superior Tribunal de Justiça, cujas decisões mostram o engajamento daquela Corte com a almejada implantação de um forte sistema multiportas para o Brasil.

---

atividade arbitral. Isso porque, a atuação do árbitro é autorizada e regulamentada pelo Estado, o que confere às decisões do árbitro valor e eficácia de atos jurisdicionais (LArb 32), podendo, inclusive, transitar em julgado e se tornar indiscutíveis. Tais decisões, entrementes, são executadas na jurisdição estatal, com o valor de decisões judiciais estatais (título executivo judicial – LArb 31; CPC 475-N IV). A própria lei [LArb 18] assegura natureza jurisdicional da arbitragem, dispondo que: "O árbitro é juiz de fato e de direito, e a sentença que proferir não fica sujeita a recurso ou a homologação pelo Poder Judiciário". NERY JR., Nelson. *Convenção de arbitragem e compromisso arbitral*: aplicabilidade do princípio. Kompetenz-Kompetenz. Revista dos Tribunais Online.

É inegável que a arbitragem possui, de fato, vantagens consideráveis. Se assim não fosse, não ostentaria o crescimento consistente que observamos no Brasil e mundo afora. Cabe indagar, no entanto, se os motivos que atraem os litigantes são de fato aqueles que geralmente são apontados pelos doutrinadores.

Um dos autores deste artigo já teve a oportunidade de escrever, antes mesmo de promulgada a Lei nº 9.307/96, que "[r]apidez, economia e segredo: eis os três motivos que levariam o litigante a usar o juízo arbitral ao invés do recurso ao juiz togado, segundo parcela considerável da doutrina".[8]

A assertiva segue verdadeira, sendo extremamente comum, entre doutrinadores nacionais, encontrar menção a tais características. Cremos, porém, que cabe análise mais detida acerca do tema.

Quanto à rapidez, dizem que a arbitragem é mais célere do que o processo estatal. É verdade. Mas a arbitragem nem sempre é veloz, pois a justiça, muitas vezes, necessita de tempo. Um processo arbitral certamente pode ser longo: em casos complexos, por vezes é necessário estender a duração do processo de forma a garantir a qualidade da cognição e do contraditório; é preciso gastar muito tempo e esforço para compreender a proporção da demanda e achar uma solução apropriada para o conflito (cuja dimensão nem sempre as partes conseguem intuir quando dão início a um procedimento).

Mesmo quando o conflito não apresenta grande complexidade, há outras circunstâncias que podem tornar um processo arbitral longo (nesses casos, desnecessariamente longos). A começar pela natureza da comunidade arbitral nacional, que ainda gira em torno de um seleto clube de árbitros.

A combinação entre a explosão no volume de arbitragens e a ausência de muitos profissionais qualificados e confiáveis resulta naquilo que pode ser descrito como a *country club nature* de nossa prática: um enorme volume de casos se concentra nas mãos de um pequeno grupo de árbitros e advogados experientes, que acabam, inevitavelmente, por conhecer uns aos outros, seja mediante experiências profissionais no campo, seja por frequentarem os mesmos eventos e congressos, seja por revezarem entre si (trocarem de posição) as funções de árbitros, advogados, *experts* ou pareceristas. Isto não é necessariamente um mal.

A vantagem dos *country clubs* é o autocontrole de mercado: os despreparados, desonestos, arrogantes ou tendenciosos (colocamos todos juntos, no nono círculo do inferno!) são rapidamente expulsos (e execrados) do *club*, garantindo-se, assim, a legitimidade e a seriedade dos processos arbitrais, evitando-se crise de confiança no sistema. A desvantagem é a demora nos julgamentos: o árbitro sério, honesto, competente, especialista e dedicado é certamente um profissional extremante ocupado, às vezes, assoberbado, que necessita de maior tempo para resolver a lide. O mesmo fenômeno se dá com os advogados especialistas em arbitragem.

Essa disparidade entre o número de árbitros e advogados experientes e a quantidade de casos leva, inevitavelmente, a certos inconvenientes, aptos a prolongar a duração da arbitragem. Basta pensar, a título de ilustração, na disponibilidade de datas para a realização de audiências (é sempre difícil conciliar agendas de árbitros e advogados especialistas). É bem verdade que a comunidade arbitral começa a encontrar os remédios para essa situação: crescem os escritórios (*boutiques*) dedicados à

---

[8] CARMONA, Carlos Alberto. *A arbitragem no processo civil brasileiro*. Malheiros, 1993, p. 71.

arbitragem; os advogados mais requisitados para funcionar como árbitros cercam-se de equipe dedicada a organizar os procedimentos; os tribunais estão cada vez mais utilizando secretários qualificados para agilizar os procedimentos; as câmaras arbitrais estão prestando serviços cada vez mais sofisticados; os estudantes recebem instrução de qualidade (já nas faculdades!), preparando-os para o exercício das mais variadas funções no processo arbitral (árbitros, advogados, assessores, secretários de tribunais, secretários de câmaras).

Seja como for, as dificuldades apontadas (árbitros e advogados assoberbados) podem ser intensificadas por outras circunstâncias. Basta lembrar alguns exemplos escabrosos para perceber a dificuldade do tema: há advogados que, por precaução, arrolam – desnecessariamente – dezenas de testemunhas sobre o mesmo tema, estendendo a duração das audiências, tudo resultando em transcrições de depoimentos em volumes avassaladores; muitos não se preparam convenientemente para a audiência, não sabendo inquirir convenientemente as testemunhas; há árbitros, por outro lado, que – por malemolência, incompetência ou despreparo (ou tudo isso junto!) – permitem a produção de provas desnecessárias, em detrimento à eficiência do processo arbitral.

As próprias partes (na verdade, seus experientes e também sobrecarregados advogados), por vezes, estabelecem prazos excessivos, ou vão ao Poder Judiciário em busca de *anti-arbitration injunctions*, o que, não raro, gera turbulências desnecessárias.

É justamente na capacidade de lidar com tais empecilhos que se encontram as *case management skills*, sem dúvida um dos grandes diferenciais de um bom árbitro, valendo lembrar, aqui, o truísmo de que *arbitration is only as good as its arbitrators*.[9]

Como dissemos mais acima, a arbitragem é mais célere que o processo estatal. Com efeito, o Poder Judiciário lida hoje com magistrados sobrecarregados, demandados por uma sociedade apegada à cultura da sentença,[10] e cercados pela falta de recursos básicos nos diversos prédios em que precariamente instalam-se – sem gala, sem pompa e sem cerimônia – os juízes brasileiros. A morosidade do processo judicial é tão presente no imaginário *(será mesmo imaginário?)* da população brasileira que a celeridade tem sido apontada como a principal vantagem da arbitragem.[11] Contudo, o Poder Judiciário, a despeito disso tudo, costuma ser sério e célere em suas decisões de urgência. O novo Código de Processo Civil, por outro lado, procurou resolver da melhor maneira possível a crise do processo, oferecendo mecanismos de agilização que começam agora a ser testados.

Em conclusão, a demora do Poder Judiciário no trato e na administração de seus processos não pode ser um fator de alavancamento da arbitragem.

---

[9] HACKING, Lord. Arbitration is Only as Good as its Arbitrators. In: Liber Amicorum Eric Bergsten, International Arbitration and International Commercial Law: Synergy, Convergence and Evolution, Kluwer Law International, 2011, p. 224.

[10] WATANABE, Kazuo. *Cultura da sentença e cultura da pacificação*: estudos em homenagem à professora Ada Pellegrini Grinover. São Paulo: DPJ, 2005, p. 639.

[11] Conforme dados de pesquisa empírica divulgada pelo Comitê Brasileiro de Arbitragem, 37% dos entrevistados apontaram, a celeridade como a maior vantagem da arbitragem. Disponível em: <http://www.cbar.org.br/PDF/Pesquisa_CBAr-Ipsos-final.pdf>. Acesso em: 30 maio 2018. Ironicamente, o cenário internacional é diverso: 36% dos entrevistados em pesquisa empírica da Universidade Queen Mary de Londres – porcentagem quase idêntica aos 37% em âmbito nacional – deram resposta oposta, apontando *"lack of speed"* como uma das principais desvantagens da arbitragem, tendo apenas 10% defendendo que a velocidade é uma de suas vantagens. Disponível em <http://www.arbitration.qmul.ac.uk/media/arbitration/docs/2015_International_Arbitration_Survey.pdf>. Acesso em: 30 maio 2018.

Do mesmo modo, na comparação da arbitragem com os demais meios de solução de controvérsia, resta certa a existência de outros métodos que, se bem-sucedidos, serão mais céleres que a arbitragem (e igualmente adequados e legítimos), como a mediação, a conciliação e a negociação.

No que toca à economia, dizem que a arbitragem é mais barata do que o processo judicial, pois, apesar de os custos serem mais concentrados, em razão do menor período de duração de um processo arbitral, estes (os custos) seriam menos relevantes se se considerar um processo de longa duração (principalmente, com a manutenção de advogado por vários anos). Haveria, portanto, um problema de fluxo de caixa na arbitragem e não de valor do custo do procedimento.

A afirmação talvez tenha sido indevidamente importada de jurisdições onde o acesso ao Poder Judiciário é mais custoso, ou mesmo de jurisdições onde a arbitragem se consolidou também como meio de resolução de disputas massificadas. Não é o caso, no entanto, do Brasil, em que a arbitragem tem se limitado a questões comerciais, societárias e contratuais mais sofisticadas, que exigem a contratação de especialistas caros e ocupados, que demandam um contraditório aprofundado a permitir a promulgação de decisão de qualidade técnica diferenciada, tudo isso com um custo elevado.

Mesmo havendo exceções exitosas de arbitragens no setor de franquia (e de experiências de arbitragens por meio exclusivamente digital), o que é feito a custo baixo, não nos parece adequado, no cenário nacional, apontar o custo como uma vantagem do processo arbitral em relação ao estatal.

Parece mais adequado, assim, falar na boa relação entre custo e benefício como uma vantagem. A relação entre o preço pago por um processo arbitral e a qualidade do serviço recebido nos parece superior à do processo estatal, particularmente nas disputas sofisticadas. Em outros termos: a arbitragem pode não ter o *menor preço*, mas parece, nos casos complexos a cuja resolução se presta como meio adequado, ter o *melhor preço*.

Por fim, quanto à confidencialidade, a doutrina tradicional sempre ressaltou o sigilo como uma vantagem absoluta da arbitragem. Há diversos casos aptos a ilustrá-la, valendo lembrar o desejo de não revelar ao mercado disputas no âmbito interno de uma sociedade por ações (o que, se disponível ao público, exporia a sociedade e seus acionistas a oscilações de preço causadas por especulação) ou o temor de que, ausente a confidencialidade, informações sensíveis (como, por exemplo, as relativas a segredo industrial) seriam vazadas ao público.

Tampouco aqui, porém, há vantagem absoluta. Na realidade, existe uma tendência internacional de que instituições arbitrais publiquem suas decisões. Mesmo quando isso é feito de forma a omitir a identidade das partes, a mera identificação do assunto do litígio pode já bastar para que outros agentes do mercado reconheçam o caso e tomem ciência de seu desfecho.

A confidencialidade, por outro lado, é vista como algo nefasto nas arbitragens que envolvem a administração pública, direta ou indireta, já que dificultaria a fiscalização e potencializaria a possibilidade de corrupção (não por acaso a recente reforma da Lei de Arbitragem, ao reforçar a admissibilidade do envolvimento da administração pública na arbitragem, determinou que em tais casos a publicidade é de rigor).

O caráter relativo dessa vantagem ainda é intensificado pela introdução, no ordenamento jurídico nacional, da figura do negócio jurídico processual. Isto é, nos termos do art. 190 do Código de Processo Civil de 2015, "[v]ersando o processo sobre direitos que admitam autocomposição, é lícito às partes plenamente capazes estipular mudanças no procedimento para ajustá-lo às especificidades da causa e convencionar sobre os seus ônus, poderes, faculdades e deveres processuais, antes ou durante o processo". Tal dispositivo permite, inequivocamente, que as partes convencionem, antes mesmo do surgimento de qualquer disputa, que eventual controvérsia será submetida ao Poder Judiciário e correrá sob segredo de justiça.[12] A confidencialidade, pois, já não pode ser colocada como vantagem exclusiva da via arbitral.

2.2 Para além das vantagens clássicas: virtudes ainda pouco reconhecidas

Acreditamos que as maiores vantagens da arbitragem são outras. Essas, embora também mencionadas pela doutrina, não são tão enaltecidas quanto aquelas. Conforme um dos autores deste artigo já teve a oportunidade de afirmar, "a ausência de formas solenes, a possibilidade de julgar por equidade ou de escolher livremente a lei a ser aplicada e ainda a neutralidade dos árbitros na solução de litígios envolvendo partes de nacionalidades diferentes, além da especialização técnica dos julgadores"[13] são as reais e principais vantagens da arbitragem, pois com elas as partes, ao mesmo tempo em que determinam e conformam os deveres e funções que atribuem aos julgadores, imprimem legitimidade e justiça ao processo arbitral.

Há legitimidade quando as partes podem escolher a forma de resolver seus litígios: estabelecer as regras do procedimento e as formas probatórias e, assim, participar ampla e ativamente na construção do convencimento do julgador também escolhido por elas (é o que se pode denominar de *participação na administração da justiça*). Mesmo as pequenas liberdades – tais como a comunicação por meios informais, o envio de

---

[12] Não é de conhecimento dos autores qualquer decisão apreciando a validade de negócio jurídico processual que, com fulcro no art. 190 do Código de Processo Civil de 2015, preveja que eventual processo correrá sob segredo de justiça. Nada obstante, o reconhecimento da validade de negócios jurídicos processuais versando sobre assuntos possivelmente mais sensíveis cria cenário promissor. A título de exemplo, há decisões reconhecendo a validade de negócio jurídico processual prevendo (i) a possibilidade de penhora e arresto de bens antes mesmo da citação do devedor; (ii) a possibilidade de se estipular, *a priori*, endereço para o recebimento válido de intimações e citações. Respectivamente:
"Agravo de instrumento – Execução de título extrajudicial – Instrumento particular de confissão de dívida – Cláusula contratual que prevê, em caso de novo inadimplemento, a possibilidade de penhora e arresto de bens antes mesmo da citação – Indeferimento da pretensão na origem, sob fundamento de inconstitucionalidade do art. 190 do CPC – Descabimento – A partir do advento do novo CPC, é possível às partes celebrarem negócio jurídico processual, amoldando as normas processuais de acordo com os seus interesses – Negócio jurídico celebrado entre partes plenamente capazes – Medidas constritivas autorizadas, fixando-se, todavia, a penhora de recebíveis de cartões de crédito e de ativos financeiros a 15% dos valores que vierem a ser encontrados, até quitação integral da dívida, para não inviabilizar a continuidade das atividades da empresa – Decisão reformada – Recurso parcialmente provido" (TJSP; Agravo de Instrumento 2002087-65.2018.8.26.0000; Rel. Sergio Gomes; j. 17.04.2018).
"AGRAVO DE INSTRUMENTO – AÇÃO MONITÓRIA – HOMOLOGAÇÃO DE ACORDO EXTRAJUDICIAL – CUMPRIMENTO DE SENTENÇA – Intimação para os fins do artigo 475-J do CPC/1973 – Ré executada sem advogado constituído nos autos – INTIMAÇÃO PESSOAL – DESNECESSÁRIO – Partes que estipularam mudança no procedimento para ajustá-lo a especificidade da demanda – NEGÓCIO JURÍDICO PROCESSUAL PREVISTO NO CPC/2015 – CABIMENTO – Intimações a serem realizadas no endereço declinado, ficando autorizado o recebimento de intimação por quaisquer terceiros que nele se encontrem. AUTOCOMPOSIÇÃO E CAPACIDADE PLENA DAS PARTES. DISPONIBILIDADE DOS INTERESSES A PERMITIR O NEGÓCIO JURÍDICO PROCESSUAL – Inteligência do art. 190, do CPC/2015. DECISÃO AGRAVADA REFORMA. AGRAVO PROVIDO" (TJSP; Agravo de Instrumento 2045753-87.2016.8.26.0000; Rel. Luis Fernando Nishi; j. 22.09.2016).

[13] CARMONA, Carlos Alberto. *A arbitragem no processo civil brasileiro*. Malheiros, 1993, p. 73.

documentos em forma digital e a flexibilidade em se organizar o cronograma de uma audiência – tornam o procedimento fluido e, ao fim e ao cabo, simplesmente *conveniente* às partes.

A possibilidade de escolha dos julgadores traz segurança aos litigantes, que poderão ser julgados por seus pares. Afinal, um dos grandes receios de partes estrangeiras litigando contra parte brasileira, perante cortes estatais nacionais (e o inverso também é verdadeiro), é a do possível viés do juiz nacional, o chamado *institutional bias*.

A ausência de formas solenes evita disputas transversais (sobre preclusões e tecnicalidades procedimentais), forçando os litigantes a concentrarem seus esforços no que interessa: a resolução do mérito.

A especialização técnica dos julgadores é uma vantagem digna de nota. O particular busca a arbitragem por diversos motivos, que podem ser resumidos num ponto: atender à necessidade de resolver bem e rapidamente conflitos complexos de campos legais específicos. É esse, talvez, o maior diferencial da arbitragem: a maior aptidão para captar as nuances de causas complexas e de campos legais específicos. Daí porque a missão do árbitro é única, específica e diferente da dos juízes togados, preocupados em dar o exemplo a terceiros, reafirmar o poder do estado e estabelecer a coerência do ordenamento jurídico (escopo social, político e jurídico do processo sob viés estatal).

3 Arbitragem para quem?

3.1 Desafogamento, sim, mas não do Poder Judiciário

O sucesso da experiência arbitral no país levou a um entusiasmo excessivo de certos grupos, que passaram a ver no instituto uma panaceia à crise do processo e à crise do Poder Judiciário. A tese era de que a arbitragem, ao lado de outros meios de resolução de disputas, poderia "desafogar" o Poder Judiciário, sabidamente soterrado por quantidade avassaladora de demandas.

A ideia não era nova: já em 1981 foi apresentado anteprojeto de lei de arbitragem, publicado no DOU de 27.05.1981, cuja justificativa se baseava na necessidade de desafogar o Poder Judiciário mediante o uso do instituto. Sintomático, inclusive, que o anteprojeto tenha sido apresentado pelo hoje extinto Ministério da Desburocratização.[14]

Como já expusemos, a arbitragem é adequada a casos complexos, repletos de nuances. Não são essas, no entanto, as características das disputas que ora abarrotam nossos tribunais. A realidade é, justamente, o contrário. Os litígios a afogar nossos magistrados são os de massa, reflexo de uma sociedade de consumo. São processos repetitivos, cuja dificuldade consiste não em destrinchar fatos e questões de alta indagação, mas sim em absorver tais demandas na quantidade avassaladora em que chegam, com observância, na medida do possível, dos critérios de justiça social (função social das relações jurídicas).

A arbitragem, ao menos na forma em que se desenvolveu e se consolidou no Brasil, não nos parece o meio mais adequado à resolução de tais disputas, pois o mecanismo não tem natureza generalista, mas é moldado sob medida para partes autossuficientes, eficientes e engajadas a manterem o controle de suas relações econômicas.

---

[14] CARMONA, Carlos Alberto. A arbitragem no Brasil: em busca de uma nova lei. *Revista dos Tribunais Online*, p. 3.

Parece claro que a arbitragem não servirá para "desafogar o Poder Judiciário". Então, qual o interesse público em permitir a arbitragem como meio de resolução de disputas? A arbitragem serve a um grupo seleto de disputas complexas, normalmente individuais, envolvendo operações razoavelmente sofisticadas e que requerem tempo e estudo para captação de suas nuances.[15] Dito de outro modo, não se trata de desafogar o Poder Judiciário, mas sim de resgatar algumas das disputas que hoje nele se afogam para resolvê-las de modo adequado.

3.2 A arbitragem em um sistema multiportas

O sistema multiportas de resolução de disputas, como dissemos, está sendo implantado no Brasil de modo irreversível. Cunhado pela doutrina estadunidense, o termo fazia referência a um sistema no qual uma instituição seria responsável por realizar triagem de disputas, para então encaminhá-las ao meio de resolução mais adequado para o caso, entre eles o acesso a cortes estatais, o encaminhamento à arbitragem ou o direcionamento a métodos autocompositivos, com assistência de terceiros, como a mediação e a conciliação.[16] Conforme colocado por Frank Sander, um dos expoentes do movimento, "[w]e lawyers have been far too single-minded when it comes to dispute resolution. We have tended to assume that the courts are the natural and obvious – and only – dispute resolvers. In fact there exists a rich variety of processes which may resolve conflicts far more effectively".[17]

---

[15] Nesse sentido, "Pois bem. No processo arbitral isso ocorrerá com a entrega de uma decisão de qualidade diferenciada da do processo estatal, (...) feita sob medida. (...) Daí não ser apropriado dizer que o processo arbitral seria uma alternativa à jurisdição estatal no sentido de desafoga-la. Não podemos ter tal expectativa, sob pena de uma enorme frustração. O perfil daquele que procura o processo arbitral não é e nem será o de quem afoga o Judiciário. Reconhecendo uma realidade, não nos parece que chegará o dia em que serão comuns processos arbitrais nos moldes dos que de fato abarrotam o Judiciário, sabidamente envolvendo relações massificadas ou o Estado litigante. E nisso há uma características da efetividade do processo arbitral: não será ele quem atrairá multidões, ou será a válvula de salvação do processo estatal diante de sua eficiência. Ele atrairá, isso sim, o público adequado a litigar em seu ambiente, com seus instrumentos próprios. Um público cônscio das características próprias de tal sistema. Maduro para enfrentar os ônus decorrentes da ampla disponibilidade. Que compreende que o tom processual é autonomia com responsabilidade. Apto a entender que processo arbitral não significa briga judicial". PARENTE, Eduardo de Albuquerque. *Processo arbitral e sistema*. 2009. Disponível em: <http://www.teses.usp.br/teses/disponiveis/2/2137/tde-02042013-165242/pt-br.php>. Acesso em: 28 maio 2018, p. 132-133.
E ainda: "A arbitragem não tem o condão de aliviar o acúmulo de trabalho de nosso Poder Judiciário. Não é verdade que a arbitragem seja um meio rápido, secreto e barato de resolver qualquer controvérsia: a arbitragem pode ser bastante demorada em causas complexas e que exijam produção de prova pericial; deixa de garantir segredo em todos os países que exigem a homologação do laudo arbitral ou em todas as hipóteses em que o laudo, condenatório, não é voluntariamente cumprido e tem de ser levado ao juiz togado para execução forçada; e por fim, o custo deste meio de solução de controvérsias pode ser igual ou superior ao do processo estatal (consulte-se, por exemplo, a tabela de tarifas da Chambre de Commerce International). A arbitragem tende a uma finalidade bastante específica: resolver problemas decorrentes do comércio, especialmente do comércio internacional, onde há necessidade de conhecimentos específicos tanto de direito internacional e comercial como de costumes e praxes do comércio". CARMONA, Carlos Alberto. Arbitragem e jurisdição. *Revista de Processo*, v. 58, §12, 1990.

[16] SANDER, Frank E. A. Alternative Methods of Dispute Resolution: An Overview. *University of Florida Law Review*, v. XXXVII, n. 1, p. 11-13, 1985.

[17] SANDER, Frank E. A. The Multi-Door Courthouse, Barrister, 3:18, 1976, p. 19. O mais velho dos autores deste artigo ainda se recorda das lições que ouvia de Kazuo Watanabe na década de 1970: Kazuo já pregava no Largo São Francisco as mesmas ideias que Sander desenvolvia na América?

Em uma sociedade complexa como a atual, há grande variedade de disputas; é natural, portanto, que um único método de resolução de conflitos não seja adequado a toda essa variedade. Como explicou a seu tempo Mauro Cappelletti, entre os obstáculos ao acesso à justiça está o processual: "[P]or 'obstáculo processual' entendo o fato de que, em certas áreas ou espécies de litígios, a solução normal – o tradicional processo litigioso em Juízo – pode não ser o melhor caminho para ensejar a vindicação efetiva de direitos".[18] E, como afirmado por Carlos Alberto de Salles, pela lógica inversa "[a] referida crise da jurisdição estatal reforça a necessidade de se lançar mão de mecanismos alternativos. Tal crise não é apenas relacionada ao grande número de feitos, mas também qualitativa, isto é, referida à adequação das soluções produzidas pelo sistema estatal".[19]

Toda essa construção (nacional e estrangeira) foi incorporada ao ordenamento nacional por força da Resolução nº 125 do Conselho Nacional de Justiça, que encampou o ideal de um *sistema multiportas* não para que o próprio Estado decida qual disputa será encaminhada a qual meio, mas sim para que o Estado disponibilize, apoie e incentive o acesso a diversos meios, cabendo às próprias partes a eleição do meio que lhes parecer adequado.[20] Pode-se dizer que o Brasil fez evoluir a ideia inicial de Sander, de modo que passamos de um *tribunal multiportas* para um *sistema multiportas*.

A arbitragem coloca-se, assim, como mais uma porta disponível à população para a resolução de suas disputas. É uma ferramenta a mais para o acesso adequado à Justiça e à resolução efetiva de disputas.[21] E, em uma sociedade complexa como a atual, decerto precisaremos de múltiplos caminhos para atingir a *ordem jurídica justa* (mais uma expressão de Kazuo Watanabe!) no que se refere à solução de disputas. O art. 5º, XXXV, da Constituição Federal de 1988 deve sofrer uma inevitável releitura (*rectius*, atualização) para estabelecer a garantia de que nenhuma matéria será subtraída à apreciação jurisdicional, não necessariamente do Poder Judiciário, respeitando-se o consenso e a liberdade das partes na escolha do método adequado para a resolução de seus conflitos.

---

[18] CAPPELLETTI, Mauro. Os métodos alternativos de solução de conflitos no quadro do movimento universal de acesso à justiça. *Revista de Processo*, ano 19, n. 74, p. 88, 1994.

[19] SALLES, Carlos Alberto de. O consenso nos braços do leviatã: os caminhos do Judiciário brasileiro na implantação de mecanismos adequados de solução de controvérsias. *Revista Jurídica Luso-Brasileira*, ano 4, n. 3, 2018. Disponível em: <http://www.cidp.pt/publicacoes/revistas/rjlb/2018/3/2018_03_0215_0241.pdf>. Acesso em: 28 maio 2018, p. 223.

[20] Resolução nº 125 do Conselho Nacional de Justiça: "Art. 1º Fica instituída a Política Judiciária Nacional de tratamento dos conflitos de interesses, tendente a assegurar a todos o direito à solução dos conflitos por meios adequados à sua natureza e peculiaridade. Parágrafo único. Aos órgãos judiciários incumbe, nos termos do art. 334 do Novo Código de Processo Civil combinado com o art. 27 da Lei de Mediação, antes da solução adjudicada mediante sentença, oferecer outros mecanismos de soluções de controvérsias, em especial os chamados meios consensuais, como a mediação e a conciliação, bem assim prestar atendimento e orientação ao cidadão.".

[21] "From this brief and fragmentary history, four goals of the alternatives movement emerge: 1) to relieve court congestion, as well as undue cost and delay; 2) to enhance community involvement in the dispute resolution process; 3) to facilitate access to justice; 4) to provide more "effective" dispute resolution. (...) Hence, it is essential to think clearly and precisely about the reasons for pursuing ADRMs. Considering the complex social conditions that have led to court congestion and concomitant delay," it seems specious to assume an appropriate use of alternatives can significantly affect court case loads. This is not to say that a cautious and informed use of ancillary mechanisms to screen court cases is not worth undertaking. On the contrary, such a program holds considerable promise. But the notion that a pervasive use of arbitration and mediation will solve "the court crisis" seems misguided. The principal promise of alternatives stems from the third and fourth goals set forth above". SANDER, Frank E. A. Alternative Methods of Dispute Resolution: An Overview. *University of Florida Law Review*, v. XXXVII, n. 1, p. 3, 1985.

4 A arbitragem é diferente

4.1 Escopos tradicionais da jurisdição

Analisadas as reais vantagens da arbitragem, bem como sua posição e sua finalidade em nosso sistema de resolução de disputas, retomamos o tema da comparação entre a jurisdição exercida no processo judicial e aquela exercida pela via arbitral.

Tratando da jurisdição sob a perspectiva do processo judicial, Cândido Rangel Dinamarco lhe atribuiu, em obra clássica, diversos escopos, quais sejam, o social (isto é, pacificação social com justiça[22] e educação da população sobre o que é agir conforme o direito[23]), o político (reafirmar o poder Estatal mediante a imposição de decisões com império, estabelecendo os limites de tal poder face às liberdades dos particulares,[24]) e o jurídico (qual seja, o objetivo eminentemente técnico de fazer atuar a vontade concreta do direito[25]).

São esses, em apertada síntese, os escopos tradicionalmente atribuídos ao exercício da jurisdição, que serve de ponto de partida para nossa reflexão comparatista.

4.2 Escopos da jurisdição aplicados à arbitragem

Poderiam tais escopos ser simplesmente transplantados para a seara da jurisdição arbitral? Concluímos pela negativa, donde a nossa crítica à fórmula, hoje demasiada simplista e inapta a captar nuances, de que "o árbitro é juiz de fato e de direito".

No que se refere ao escopo social de pacificação com justiça, não há ressalva a fazer: tal atividade é, de fato, exercida pelo árbitro da mesma forma que pelo juiz togado. O árbitro pacifica as partes, resolve-lhes a rixa, põe fim a um conflito determinado. Não se espera, porém, que o árbitro eduque a sociedade, ainda que tal finalidade seja atingida em relação às partes, que saberão como agir no futuro.

Reconhecemos que existe uma tendência à maior publicação de sentenças por instituições arbitrais, e tudo isso é certamente positivo e enriquecedor (discute-se hoje a existência de *jurisprudência arbitral*, que permitiria até a busca por alguma coerência entre as decisões dos particulares e efêmeros tribunais arbitrais). Mas isso não muda o fato de que tais decisões não são aptas a *formar verdadeira jurisprudência*, sendo certo que o árbitro, ao julgar, não se preocupa (como faria um juiz togado) com o precedente que sua decisão pode criar e com os efeitos sociais que sua sentença pode provocar.

---

[22] "Eliminar conflitos mediante critérios justos: eis o mais elevado escopo social das atividades jurídicas do Estado". DINAMARCO, Cândido Rangel. *A instrumentalidade do processo*. Malheiros, 2013, p. 191.

[23] "Outra missão que o exercício continuado e eficiente da jurisdição deve levar o Estado a cumprir perante a sociedade é a de conscientizar os membros desta para direitos e obrigações". DINAMARCO, Cândido Rangel. *A instrumentalidade do processo*. Malheiros, 2013, p. 191.

[24] "São, fundamentalmente, três aspectos. Primeiro, afirmar a capacidade estatal de decidir imperativamente (poder) (...); segundo, concretizar o culto ao valor liberdade, com isso limitando e fazendo observar os contornos do poder e do seu exercício (...); [e,] finalmente, assegurar a participação dos cidadãos". DINAMARCO, Cândido Rangel. *A instrumentalidade do processo*. Malheiros, 2013, p. 198.

[25] "A firmeza com que se sustenta a tese da atuação jurídica está, portanto, apoiada sempre na ideia de que se trata de um escopo (que, por definição, é mesmo um fim ideal) e não uma observação fenomênica. Cada sentença que se afaste dessa missão e produza resultados não queridos pelo direito está falhando ao escopo, (...) [m]as esses desvios e distorções não devem influir na determinação daquilo que se almeja e espera do processo e da espécie de relação que ele há de desenvolver com o direito objetivo material dentro do sistema jurídico global do país: sua fidelidade aos desígnios do direito objetivo é um valor em si mesma". DINAMARCO, Cândido Rangel. *A instrumentalidade do processo*. Malheiros, 2013, p. 248-249.

Ao contrário de cortes estatais, cuja existência é contínua e das quais se espera consistência na forma de decidir, cada tribunal arbitral é constituído para a resolução de uma disputa individual e específica, não havendo expectativa de que casos similares sejam decididos de forma semelhante, ainda que o procedimento seja administrado por uma mesma instituição arbitral (a não ser que se trate de questões procedimentais atinentes ao Regulamento ou às Regras da entidade, mas nem quanto a isso pode haver certeza da coerência).

Bem, se a arbitragem não é adequada a – e não tem o objetivo de – criar jurisprudência, parece que a jurisdição exercida pelo árbitro não compreende o escopo educativo, ao menos não na mesma medida que a jurisdição exercida pelo juiz togado, do qual se cobra – com direito! – decisões coerentes com as de seus pares ou seus superiores.

No que tange aos escopos políticos estruturados em torno dos atributos do exercício do poder, respeitando a liberdade e dando participação aos jurisdicionados, há apontamentos dignos de nota.

Parece inadequado atribuir à jurisdição privada a função de reafirmar o poder estatal mediante a imposição de decisões. Em princípio, o árbitro não representa o poder do Estado, sendo, na realidade, exemplo de jurisdição privada. A arbitragem é, em verdade, exemplo do reconhecimento, pelo Estado, de que seus agentes/órgãos não são os únicos aptos ao exercício da jurisdição (poder que emana do povo).

Ao depois, o árbitro não age com poder império: ele pacifica a disputa com justiça ao dizer o direito no caso concreto (*jurisdictio*) mediante função cognitiva (cria a regra concreta, portanto), restando a implementação da norma, quando houver resistência, ao juiz togado (*imperium*).

Cumpre apontar que o culto à liberdade e à participação das partes no processo estatal são tomados como balizamentos e freios ao Poder Estatal no exercício do escopo político. Na arbitragem, a liberdade é a regra. Em outras palavras, a liberdade e a participação dos litigantes no processo estatal estão inseridas no escopo político da jurisdição como forma de conter o poder do Estado-Juiz, que encontra nela a fronteira que o circunscreve. Tal fenômeno é diferente no contexto arbitral, pois a liberdade e a participação das jurisdicionados formam e conformam o processo arbitral segunda a vontade das partes. Ao contrário do que acontece no Poder Judiciário, o tribunal arbitral não terá nenhum poder salvo aquele que as partes houveram por bem conceder-lhe. Há a participação dos jurisdicionados na definição de diversos aspectos do procedimento (como a eleição pela arbitragem *ad hoc* ou a escolha de determinada instituição arbitral, bem como a referência a *soft laws* ou mesmo a incorporação destas como *hard law*[26]) e, especialmente, na composição do órgão julgador mediante a escolha de árbitro. Mais ainda: as partes podem delimitar o próprio modo de ser do processo, dando maior ou menor abrangência ao contraditório (embora não possam jamais eliminá-lo).

No que diz respeito ao escopo jurídico, acreditamos que na arbitragem há razoável diluição de tal objetivo, na medida em que não faz sentido falar na atividade jurisdicional

---

[26] Em pesquisa empírica realizada pela Universidade Queen Mary de Londres, por exemplo, mais de 70% dos entrevistados se declararam familiares com documentos de *soft law* – que podem ser incorporados como tal ou como *hard law* pela cláusula compromissória – como as *IBA Rules on the Taking of Evidence in International Arbitration* e as *IBA Guidelines on Conflicts of Interest*, e mais de 60% avaliaram tais documentos como positivos. Disponível em: <http://www.arbitration.qmul.ac.uk/media/arbitration/docs/2015_International_Arbitration_Survey.pdf>. Acesso em: 30 maio 2018.

do árbitro como atuação da vontade concreta do direito se é possível, às partes, eleger direito estrangeiro ou mesmo a equidade para reger o mérito da disputa.[27] Neste cenário, as sentenças arbitrais terão menor relevo social que as sentenças judiciais: enquanto as primeiras pacificarão as partes e servirão para decidir o caso concreto, as segundas terão o condão de reafirmar o direito estatal, firmando parâmetros e estabilizando condutas futuras.

Concluímos, pois, que, embora o árbitro seja "juiz de fato e de direito" no sentido de exercer, sim, atividade jurisdicional, não se pode olvidar que a jurisdição (atividade, poder e função) por ele exercida tem suas particularidades, não sendo, pois, idêntica àquela exercida pelo juiz togado, não tendo as mesmas funções e finalidades.

Tal afirmação de modo algum rebaixa a arbitragem, inferiorizando-a em relação ao processo estatal. As diferenças específicas entre os dois métodos de solução de litígios apenas provam que o poder de resolver conflitos pode estar sujeito a diversos *sistemas*, adequados para tipos diferentes de controvérsias, ambos igualmente jurisdicionais.

A experiência arbitral brasileira já adquiriu a maturidade necessária para que não mais seja necessário adotar equiparações demasiado simplistas de forma a proteger a arbitragem daqueles que a viam com preconceitos. Estamos prontos para nos despir de muletas e captar diferenças!

5 Arbitragem: uma criatura à parte

5.1 Considerações gerais

A jurisdição exercida pelo árbitro tem suas particularidades, muito embora certamente permaneça a natureza de ser um poder-dever-função. Nem poderia ser de outra forma, pois a arbitragem é microssistema autônomo e diferente do processo civil estatal,[28] compartilhando com estes princípios de matizes constitucionais, como o

---

[27] Em sentido semelhante, "Quem se ativesse a velhos conceitos vigentes até a primeira metade do século XX, animando-se ainda hoje a exaltar a instrumentalidade da jurisdição e de seu exercício ao direito material e proclamando que ela existe e é exercida com o exclusivo escopo de dar efetividade aos preceitos que este contém, sentiria muita resistência à inserção do processo arbitral nos quadros de jurisdição – porque o árbitro não tem todo aquele compromisso com a lei, que tem o juiz, mas acima de tudo com as realidades de cada caso e com a justiça das soluções que dele se esperam". DINAMARCO, Cândido Rangel. *A arbitragem na teoria geral do processo*. São Paulo: Malheiros, 2013, p. 37-38.

[28] Em sentido semelhante, "O significado do debate aqui desenvolvido é de pura natureza e não se limita a um mero enquadramento enciclopédico. Como qualquer tipo ou espécie de instituto conhecido, não se justifica retirar da arbitragem a pretensão de ser objeto de um tratamento autônomo, dela ser, ela mesma, um específico campo de estudo, sem muletas do Direito Processual ou do Direito Civil. A arbitragem não pode ser uma exceção à idéia de que também ela deveria passar pelo debate de ter uma explicação científica autônoma, de constituir objeto de um estudo próprio e específico, e não ser classificada como um saber científico ancilar, caudatário de um outro. Não se justifica que nenhuma especulação científica, divorciada das cartilhas dos estudiosos do Direito Processual e do Civil, possa existir. As importantes contribuições do pensamento jurídico no terreno arbitral, longe de serem relegadas ao esquecimento, devem ser altamente valorizadas, porque conservam a riqueza e a vitalidade do interminável debate. Serão os contrastes entre arbitragem e jurisdição, assim como arbitragem e contrato, que nos permitirão concluir pela necessidade e importância de uma autonomia própria e científica da arbitragem e de seus estudos". BASÍLIO, Ana Tereza Palhares e Fontes; André R. C. A teoria autonomista da arbitragem. *Revista de Arbitragem e Mediação*, v. 17, p. 49-53, 2008.
Ainda, PARENTE, Eduardo de Albuquerque. *Processo arbitral e sistema*, 2009. Disponível em <http://www.teses.usp.br/teses/disponiveis/2/2137/tde-02042013-165242/pt-br.php>. Acesso em: 28 maio 2018, p. 39-136.
Na mesma direção, a doutrina internacional: "Par rapport à un juge statuant au nom de l'ordre juridique dont émanent les normes hiérarchisées, l'arbitre international a une position doublement originale. Tout

contraditório, a igualdade das partes, a imparcialidade do julgador e seu livre conhecimento, nos termos do art. 21, §2º, da Lei de Arbitragem. Tais princípios são o núcleo duro do *due processo of law*, conforme nossos valores.

A relevância prática de se insistir na ideia de que a arbitragem é um microssistema autônomo importa para sustentar que um tribunal arbitral não está inserido no organograma hierárquico do Poder Judiciário. É dizer que um tribunal arbitral não é hierarquicamente superior ou inferior a nenhuma corte estatal, simplesmente porque não faz sentido comparar, hierarquicamente, órgãos que não pertencem a uma mesma estrutura.

Mas há conclusões práticas mais importantes, como a observação de caráter geral de que o Código de Processo Civil de 2015, cujo objeto é o processo perante o Poder Judiciário, não é aplicável à arbitragem[29] – a não ser, é claro, que as partes assim convencionem (e é melhor que não o façam!).

Partindo, pois, da premissa de que a arbitragem é um sistema à parte, de que não há hierarquia entre os sistemas arbitral e judicial e que as missões de árbitros são diferentes da dos juízes, vale perguntar se um tribunal arbitral (aplicando o direito brasileiro) está vinculado ao sistema de precedentes estabelecido no Código de Processo Civil de 2015.

5.2 Arbitragem e o – suposto – sistema de precedentes

Se interpretarmos o Código de Processo Civil de 2015 para concluir que o precedente foi alçado à categoria autêntica de fonte do direito, então o precedente, por definição, altera o próprio direito nacional em si, passando a dele fazer parte. Assim, o árbitro que aplica o direito brasileiro teria que observar o precedente, não por haver hierarquia entre o árbitro e o Poder Judiciário, mas sim devido ao fato de ao Poder

---

d'abord, il est extérieur à cet ordre juridique. Sauf disposition particulière expresse contraire, il n'est donc pas soumis aux règles ou aux principes qui régissent les conflits de normes dans l'ordre juridique concerné, qui, en revanche, s'imposent à tous les organes de cet ordre. Le conflit de normes lui-même n'est pas pour lui une donnée immédiate, comme elle l'est pour ces organes : encore faut-il qu'un mécanisme quelconque l'ait conduit à considérer comme pertinent l'ordre juridique en question, parmi tous ceux qui coexistent dans le monde. (…) L'arbitre, en tout cas international, est essentiellement libre, 365 sauf à respecter la mission qu'il a contractuellement acceptée. Dans toute la mesure, en général considérable, où les parties ne lui ont rien imposé, sa liberté n'est pas juridiquement bornée, ce qui ne veut pas dire qu'il puisse faire n'importe quoi. Son problème est alors de déterminer le meilleur usage possible de sa liberté, et pour cela son guide le plus général réside dans la conception qu'il se fait de sa " mission ", non pas en tant qu'elle est précisément définie par le contrat d'arbitre, mais en tant qu'elle est inhérente à la fonction même d'arbitre". Mayer, Pierre. L'arbitre international et la hiérarchie des normes. *Revue de l'arbitrage: Bulletin du Comité français de l'arbitrage* 2. 2011, p. 364-365.

[29] "Tenho insistido – para espanto de muitos, especialmente daqueles que mais estudam o Direito Processual com a necessária profundidade – que o Código de Processo Civil não se aplica à arbitragem. Parece heresia. Não é. Se os princípios do processo civil orientam e permeiam o processo arbitral (como também permeiam o processo constitucional, o processo administrativo, o processo tributário) o Código de Processo Civil tem utilização bem mais restrita e deve ser consultado no âmbito dos tribunais estatais. Princípio é uma coisa, lei é outra, de modo que os princípios gerais do processo são aplicáveis, é claro, a todos os processos, entre eles o arbitral, sem que haja necessidade de recorrer às normas processuais codificadas que regem o processo estatal. Isto significa que o processo arbitral encontra um ambiente aberto à flexibilidade, o que não acontece em nossas abafadas cortes estatais. Esta flexibilidade procedimental, como é natural, torna os árbitros muito menos engessados que o juiz togado, permitindo-lhes experimentar novos e variados meios de descobrir fatos e aumentar sua capacidade de entender o direito que devem aplicar". CARMONA, Carlos Alberto. Em torno do árbitro. *Revista Internacional de Arbitragem e Conciliação*. 2010. Disponível em: <https://edisciplinas.usp.br/pluginfile.php/286959/mod_resource/content/1/Artigo%20CAC%20-%20Em%20torno%20do%20%C3%A1rbitro.pdf>. Acesso em: 28 maio 2018, p. 9.

Judiciário ter sido conferido um novo protagonismo na criação do direito. Esse raciocínio violaria – como é fácil perceber – a tradicional divisão de poderes que sustenta o estado de direito, dando ao Poder Judiciário um protagonismo perigoso, com o desbalanceamento da saudável divisão de funções (poderes) que caracteriza a maior parte das democracias.

Se, por outro lado, entendermos que o precedente não é fonte geral do direito, mas sim ferramenta de organização e promoção de celeridade do Poder Judiciário que se vale de sua estrutura hierárquica para evitar – ou ao menos simplificar – discussões sobre assuntos já pacificados pelas instâncias superiores, o árbitro não poderia ser por ele vinculado. Afinal, se o efeito vinculante tiver fulcro na estrutura hierárquica do Poder Judiciário, não pode afetar o árbitro, que não se insere em tal estrutura e que não tem dever de coerência com a aplicação da lei pelo Estado.

A questão se resume, portanto, a saber se o precedente é, propriamente, uma fonte geral do direito, ou se se trata de ferramenta organizacional do Poder Judiciário, fonte restrita ao processo judicial.

O encaminhamento do tema já demonstra que acreditamos que a segunda hipótese é a única acertada.[30]

Afinal, a função de criar a lei pertence, em nosso ordenamento jurídico, ao Poder Legislativo, com alto grau de participação, é certo, do Poder Executivo. Certamente não pertence ao Poder Judiciário.

Para reforçar tal conclusão, é pertinente a análise do dispositivo relevante – incluindo interpretação sistemática à luz dos dispositivos que o cercam – qual seja, o art. 927 do Código de Processo Civil de 2015.[31] É esse o dispositivo que estabelece o rol de decisões que "os juízes e os tribunais observarão", isto é, o rol de decisões de cunho vinculante. A questão é determinar se tal comando refere-se a juízes e tribunais judiciais, ou também a tribunais arbitrais.

Para determinar o alcance do art. 927, mostra-se útil um exercício sistemático e análise do dispositivo que o antecede: observa-se que o art. 926 prescreve que "[o]s tribunais devem uniformizar sua jurisprudência e mantê-la estável, íntegra e coerente".

Já discutimos, neste trabalho, que a arbitragem não é apta a *(e nunca teve o objetivo de!)* criar jurisprudência. É certo que não há, nos escopos jurisdicionais da missão do árbitro, dever de coerência em relação ao ordenamento jurídico, ainda que a arbitragem seja de direito.

---

[30] Em sentido semelhante, "Em síntese, não há vinculação, ao menos da forma que estabelece o sistema judicial, das decisões e súmulas vinculantes à sentença arbitral. E isso, a partir das premissas traçadas supra, por 2 (dois) principais motivos: (1) a decisão e súmula vinculantes, embora constituam fonte de direito da lei brasileira, não produzem efeitos de vinculação além dos sistemas judicial e administrativo, ou seja, não alcançam o sistema arbitral, pois dizem respeito a regras e ritos específicos do sistema judicial; e (2) o sistema arbitral brasileiro não comporta essa vinculação, uma vez que, hoje, inexiste remédio que importe a vinculação forçada aos precedentes criados pelo Supremo Tribunal Federal". MARQUES, Ricardo Dalmaso. Inexistência de vinculação do árbitro às decisões e súmulas judiciais vinculantes do Supremo Tribunal Federal. *Revista Brasileira de Arbitragem*, v. X Issue 38, p. 126, 2013.

[31] Art. 927 do Código de Processo Civil de 2015: "Os juízes e os tribunais observarão: I – as decisões do Supremo Tribunal Federal em controle concentrado de constitucionalidade; II – os enunciados de súmula vinculante; III – os acórdãos em incidente de assunção de competência ou de resolução de demandas repetitivas e em julgamento de recursos extraordinário e especial repetitivos; IV – os enunciados das súmulas do Supremo Tribunal Federal em matéria constitucional e do Superior Tribunal de Justiça em matéria infraconstitucional; V – a orientação do plenário ou do órgão especial aos quais estiverem vinculados".

Resta claro, assim, que a única interpretação razoável para o termo *"tribunais"* – utilizado tanto no art. 926 quanto no art. 927 – é a que exclui, de sua abrangência, os tribunais arbitrais.

Cabe apontar, inclusive, que o art. 927 padece de grave atecnia, colocando, no mesmo rol, conceitos que de forma alguma pertencem à categoria supostamente enumerada, qual seja, a categoria dos precedentes. Isso porque precedente não é um comando ou um preceito. É, na realidade, um raciocínio: o que se torna precedente é a *ratio decidendi*, a fundamentação da decisão, e não seu dispositivo. Ora, as súmulas vinculantes e as súmulas, contidas no art. 927, II e IV do Código de Processo Civil de 2015, não contêm qualquer *ratio decidendi*, sendo despidas de fundamentação. São, na realidade, resumo de um conjunto de julgamentos, o que não se enquadra no conceito de precedente.

Como se vê, o sistema de precedentes judiciais (na verdade, o *suposto* sistema criado pelo novo Código) buscou apenas introduzir um artificial sistema de homogeneização de decisões para dar celeridade e segurança a julgamentos de teses massivas. O legislador, no entanto, olvidou-se que quem faz o precedente não é um órgão criador único; o real precedente emana naturalmente e cria-se pelas mãos de usuários que o reconhecem como tal e o aplicam de modo reiterado.

Diante disso, é importante ressaltar que a missão do árbitro é autônoma e diferente da dos magistrados. Não há qualquer dever de ser coerente com o ordenamento jurídico ou com o entendimento que os Tribunais Estatais dão a determinada norma jurídica. A missão do árbitro é resolver um litígio em específico e para tanto seus deveres e função são especiais. Ainda que o precedente seja tomado como norma de direito, sua não observância caracterizará, no limite, a má-aplicação do direito pelo árbitro, o que não comporta correção judicial nem expõe a sentença arbitral à demanda anulatória.

Não existe remédio no sistema arbitral para cassar decisões que apliquem o direito de forma supostamente incorreta ou contrária ao precedente. E isso tem uma razão de ser: não cabe ao Judiciário rever o mérito de sentenças arbitrais, pois o sistema arbitral protege a missão do árbitro de julgar e pacificar o caso que lhe for submetido pela vontade dos litigantes. Sua função é autônoma, independente e corre ao lado da jurisdição estatal, o que nos leva a sustentar, sem medo de errar, que, no sistema arbitral, não há vinculação aos precedentes estatais, que são um método posto para atender a jurisdição exercida pelo Estado, conforme suas finalidades e escopos.

6 Algumas palavras à guisa de conclusão

É inegável que a arbitragem é um meio adequado ao exercício da atividade jurisdicional (jurisdição essa com vantagens e escopos diversos da estatal) e que, como tal, apresenta-se como uma porta viável, mas sem qualquer pretensão de ser a única, de acesso à ordem jurídica justa, valor garantido constitucionalmente. Defender o acesso à arbitragem deve ser tomado hoje como uma garantia de ingresso a uma das vias possíveis da Justiça. Eis a correta e atual interpretação do art. 5º, XXXV, da Constituição Federal de 1988.

É meio adequado devido a atributos particulares do sistema arbitral, cabendo, no entanto, observar *cum grano salis* alguns atributos apontados pela doutrina tradicional – como a celeridade, a economia e o sigilo – dando mais ênfase a outros por ela menos valorizados, como a informalidade, a possibilidade de se eleger, livremente, as normas que regularão o mérito da disputa, a neutralidade dos árbitros, a especialização técnica dos julgadores e o poder de escolha das partes. A maior vantagem da arbitragem, no entanto, é autonomia concedida aos litigantes, que lhes confere uma gama variada de liberdades, o que impregna o sistema e o legitima.

Atingimos nestas mais de duas décadas de vigência da Lei de Arbitragem um ponto ótimo de maturidade, maturidade para reconhecer, sim, que a arbitragem não é uma panaceia apta a solucionar a crise do processo ou a crise do Poder Judiciário; maturidade para reconhecer, sem preconceitos, que a jurisdição exercida pelo árbitro tem peculiaridades – mas não inferioridade – em relação à exercida pelo juiz togado; maturidade para reconhecer que a jurisdição arbitral é autônoma, diferente e, por isso, necessária e útil para cumprir sua missão particular estabelecida no caso concreto pelas partes.

Informação bibliográfica deste texto, conforme a NBR 6023:2002 da Associação Brasileira de Normas Técnicas (ABNT):

CARMONA, Carlos Alberto; MACHADO FILHO, José Augusto Bitencourt. Arbitragem: jurisdição, missão e justiça. In: ARABI, Abhner Youssif Mota; MALUF, Fernando; MACHADO NETO, Marcello Lavenère (Coord.). *Constituição da República 30 anos depois*: uma análise prática da eficiência dos direitos fundamentais. Estudos em homenagem ao Ministro Luiz Fux. Belo Horizonte: Fórum, 2019. p. 209-226. ISBN 978-85-450-0598-8.

A (IM)POSSIBILIDADE CONSTITUCIONAL DE O ESTADO FORNECER MEDICAMENTOS DE ALTO CUSTO E/OU SEM REGISTRO NA ANVISA

CELSO XAVIER

AMANDA SAMPAIO

I Considerações preliminares

Tratar do regime jurídico-constitucional da saúde no Brasil é uma tarefa inegavelmente árdua, sequer pacificada nos tribunais brasileiros, incluindo nossa Corte Suprema. Não obstante, é de suma importância que se fomente o debate quanto à efetivação da saúde universal no Brasil, estabelecida com a criação do Sistema Único de Saúde, grande conquista obtida com o advento da Constituição Federal de 1988.

Ainda mais controversa é a discussão sobre a viabilidade do nosso sistema de saúde sob o ponto de vista econômico-orçamentário, em especial à luz do debate sobre intervenção estatal e a prática de políticas liberais sob o ponto de vista econômico (até mesmo libertárias), que tem se intensificado pela hodierna luta contra a corrupção e consequente crise política instalada no país.

Diante desse contexto, este trabalho se limitará a, de acordo com os ditames constitucionais, posicionar a saúde como direito das pessoas e dever do Estado, para então tratar da obrigação estatal em relação a tema específico: o polêmico fornecimento, pelo Estado *lato sensu*, de medicamentos de alto custo e de medicamentos sem registro na Anvisa, desconsiderando análises de viabilidade político-econômica.

Nessa mesma linha, o trabalho tomará uma forma prática de análise do problema, buscando atualizar o leitor no que tange ao posicionamento do Judiciário na efetivação do direito à saúde, que tem confirmado o seu caráter fundamental, social e prestacional.

II O regime jurídico do direito à saúde após a Constituição Federal de 1988

i) Regime constitucional: a saúde como direito fundamental da pessoa humana

Saúde básica universal tem se mostrado um claro objetivo de muitos países ao redor do mundo, inclusive de países subdesenvolvidos.[1] A razão é a comprovada contribuição que a saúde universal tem para o avanço de uma sociedade, não somente em termos de qualidade de vida da população, mas também em desenvolvimento econômico, como bem pondera o Nobel de Economia Amartya Sen.[2]

No Brasil, a Constituição Federal de 1988 foi a primeira na história do país a conceder efetivo tratamento constitucional à saúde, como fruto da participação popular oriunda do movimento de redemocratização pós-ditadura militar.

Com o *status* de direito social consagrado pelo artigo 6º da Carta,[3] a saúde é direito fundamental de segunda geração – corolário do direito à vida[4] – e dever do Estado, conforme o artigo 196 da Constituição Federal:

> Art. 196. A saúde é *direito de todos* e *dever do Estado*, garantido mediante políticas sociais e econômicas que visem à redução do risco de doença e de outros agravos e ao *acesso universal e igualitário às ações e serviços* para sua *promoção, proteção* e *recuperação*. (grifo nosso)

Como direito fundamental da pessoa humana, a saúde é revestida de fundamentalidade formal e material. Isso significa dizer que está formal e positivamente

---

[1] SEN, Amartya. Universal healthcare: the affordable dream. *The guardian*, 6 jan. 2015. Disponível em: <https://www.theguardian.com/society/2015/jan/06/-sp-universal-healthcare-the-affordable-dream-amartya-sen>. Acesso em: 13 maio 2018 ("Bons resultados em saúde universal sem levar a economia à falência – a bem da verdade levando ao oposto – podem ser encontrados na experiência de muitos outros países. Isso inclui as impressionantes conquistas da Tailândia, que tem tido na última década e meia um poderoso comprometimento do setor político em fornecer um sistema de saúde barato e confiável"). (Tradução livre)

[2] SEN, Amartya. *Development as Freedom*. Nova York: Anchor Books, 1999. Capítulo 5, Seção "Concluding Remarks", parágrafo 8º. (Loc 2771 a 2778 para leitura no Kindle), ("A expansão de cuidados com a saúde, educação, seguridade social, etc., contribuem diretamente com a qualidade de vida e sua prosperidade. Existem claras evidências que mesmo com uma baixa receita, um país que garante saúde e educação para todos pode atingir notáveis resultados em termos de extensão e qualidade de vida da população. A mão-de-obra intensiva dos setores de saúde e educação básica – e desenvolvimento humano em geral – faz deles comparativamente baratos nos primeiros estágios do desenvolvimento econômico, quando custos de trabalho são baixos. As recompensas do desenvolvimento humano vão, como vimos, além do aprimoramento direto da qualidade de vida, e incluem também o impacto na habilidade de produção da população e consequentemente no crescimento econômico de uma forma amplamente compartilhada") (Tradução livre)

[3] Constituição Federal. "Art. 6º. São direitos sociais a educação, a saúde, a alimentação, o trabalho, a moradia, o transporte, o lazer, a segurança, a previdência social, a proteção à maternidade e à infância, a assistência aos desamparados, na forma desta Constituição".

[4] O Supremo Tribunal Federal consagrou o direito à saúde como corolário indissociável do direito à vida em precedentes que interpretavam os artigos 5º, *caput* e 196 da Constituição Federal de 1988 (*Vide* STF, ARE 685.230, Relator Ministro Celso de Mello, DJe 25/03/2013 – "O direito à saúde – além de qualificar-se como direito fundamental que assiste a todas as pessoas – representa consequência constitucional indissociável do direito à vida. O Poder Público, qualquer que seja a esfera institucional de sua atuação no plano da organização federativa brasileira, não pode mostrar-se indiferente ao problema da saúde da população, sob pena de incidir, ainda que por censurável omissão, em grave comportamento inconstitucional").

descrita na ordem político-constitucional, bem como tem indiscutivelmente garantida sua relevância material como bem jurídico tutelado constitucionalmente. A fundamentalidade formal do direito social à saúde implica três outros elementos:[5] (i) ao lado dos demais direitos fundamentais, o direito à saúde se encontra no ápice hierárquico do ordenamento jurídico; (ii) por estar assim expressamente descrita na Constituição, a saúde também se encontra submetida aos limites formais e materiais da reforma constitucional (os primeiros relativos ao processo de tramitação de uma eventual reforma e, os segundos, ao limite substancial das cláusulas pétreas) e (iii) o direito à saúde tem aplicação imediata e vincula diretamente todos aqueles que o devem respeitar[6] e efetivar, uma vez que "as normas definidoras dos direitos e garantias fundamentais têm aplicação imediata".[7]

Para dar concretude a tal aplicação imediata das ações e serviços públicos de saúde, a Carta Constitucional também previu e estabeleceu as diretrizes para a criação de uma das maiores conquistas da história brasileira no período da redemocratização: o Sistema Único de Saúde (SUS). Para tanto, o artigo 198, II, garante que o SUS terá como diretriz o atendimento integral, nele considerados tanto os serviços assistenciais quanto as atividades preventivas, estas últimas com prioridade, como não poderia deixar de ser.

> Art. 198. As ações e serviços públicos de saúde integram uma rede regionalizada e hierarquizada e constituem um sistema único, organizado de acordo com as seguintes diretrizes:
> (...)
> II – *atendimento integral*, com prioridade para as atividades preventivas, *sem prejuízo dos serviços assistenciais*; (grifo nosso)

Na toada do movimento de participação popular da Constituição de 1988, referido "atendimento integral" foi regulamentado por lei infraconstitucional, conforme veremos no próximo tópico.

Como dito, a saúde é um direito fundamental de segunda geração,[8] junto com os demais direitos sociais. Os direitos fundamentais de segunda geração são assim chamados por terem surgido em um momento histórico posterior aos primeiros direitos

---

[5] SARLET, Ingo Wolfgang. Algumas considerações em torno do conteúdo, eficácia e efetividade do direito à saúde na Constituição de 1988. *Panóptica*, Vitória, ano 1, n. 4, dez. 2006, p 1-22, p. 3. Disponível em: <http://www.panoptica.org>. Acesso em: 23 maio 2018.

[6] O tema sobre a quem são oponíveis os direitos fundamentais da pessoa humana é de alta complexidade e não será abordado por este trabalho. Em especial porque, aqui, o foco é claro: tratar da oponibilidade, ao Estado, do direito social à saúde. Em outras palavras, este trabalho apenas tratará da eficácia vertical do direito à saúde. Porém, pode-se brevemente aduzir que, de acordo com a teoria da eficácia horizontal dos direitos fundamentais importada da Alemanha, o direito à saúde também deveria obrigar os demais particulares na sua dimensão negativa, na medida em que ninguém deverá agir para turbar ou obstar o direito de outrem à saúde. Tal teoria se mostra aceita no Brasil (*vide* STF, RE nº 201.819/RJ, Rel. Min. Ellen Gracie, Rel. para acórdão Min. Gilmar Mendes, j. em 11/10/2005, 2ª T., DJ 27.10.2006 e, mais recentemente e em Plenário, ADI nº 4.815/DF, Rel. Min. Cármen Lúcia, DJe 19.01.2016).

[7] Constituição Federal. Artigo 5º, §1º.

[8] Há quem prefira o termo "dimensão" ao invés de "geração", para denotar que a conquista de novos direitos é somada às conquistas anteriores, não se tratando de uma completa nova geração. Porém, porque trataremos aqui das dimensões positiva e negativa dos direitos fundamentais, preferimos nos ater ao termo "geração", sem apego técnico à palavra.

fundamentais reconhecidos pelo Estado, chamados de primeira dimensão (direitos de Liberdade, como o direito à vida).

Os direitos fundamentais de primeira geração foram conquistados com as lutas do século XVIII por liberdade, a exemplo da Revolução Francesa. Daí envolverem direitos com dimensão unicamente negativa, própria do Estado Liberal abstencionista que se buscava desenvolver.

Já os direitos fundamentais de segunda geração – os direitos sociais – foram conquistados ao longo do século XX e retratam o Estado Social, que é por definição interventor e garantidor do bem-estar da população, consubstanciado no direito de todos a um "mínimo social" ou "mínimo existencial".[9] Portanto, são revestidos não só de um caráter negativo, mas também de um caráter positivo-prestacional, que permite ao seu titular exigir prestações positivas por parte do Estado.

Em termos de direito à saúde, a sua dimensão negativa significa proteção contra repressões de terceiros – em especial do Estado. Logo, terceiros têm a obrigação de não engajar em atividade que possa onerar ou prejudicar a saúde de outrem.[10]

Com efeito, é inegável que a dimensão negativa do direito fundamental à saúde já implica, por si só, a efetivação – ainda que parcial – de tal direito, na medida em que protegê-lo constitucionalmente significa permitir a sua realização. É por essa razão que a efetividade dos direitos fundamentais de primeira geração é facilitada, por exigir apenas a abstenção do Poder Público.

Porém, em se tratando de um direito social, a sua efetivação não se dá somente por meio da sua proteção contra violações, ou mesmo da construção de um ambiente que permita a sua realização. A efetivação de um direito social implica concretizá-lo na prática, e não somente garantir a sua viabilização.

Logo, a dimensão positiva do direito fundamental à saúde implica direito do titular à prestação da saúde, impondo ao Estado a obrigação de desenhar e efetivar políticas públicas que garantam a sua realização. Isso significa dizer que os direitos sociais hão de ser reconhecidos como direitos subjetivos a políticas públicas que, se não atendidas – seja em razão de políticas não efetivadas ou mal implementadas –, comportam tutela específica por meio do Judiciário.[11]

Ademais, a não realização do direito à saúde impacta diretamente bens essenciais de maior proteção, como o direito à vida e à dignidade.

Durante os primeiros anos da atual Constituição – em especial na primeira década – enxergou-se o direito à saúde (assim como os demais direitos sociais) como normas programáticas, de eficácia contida.[12] Logo, teriam por objeto apenas estabelecer

---

[9] RAWLS, John. *Political Liberalism – Expanded Edition*. New York: Columbia University Press, 2005, p. 228.

[10] Reiteramos aqui a ressalva quanto à complexidade da discussão acerca dos destinatários das normas de direito fundamental.

[11] Em linha com o princípio da inafastabilidade jurisdicional calcado no artigo 5º, XXXV da Constituição Federal.

[12] Vide acórdão do Superior Tribunal de Justiça de 1996: "Constitucional. Administrativo. Mandado de Segurança. Direito liquido e certo. Inexistência. Direito líquido e certo, para efeito de concessão de segurança, é aquele reconhecível de plano e decorrente de lei expressa ou de preceito constitucional, que atribua, ao impetrante, um direito subjetivo próprio. Normas constitucionais meramente programáticas – ad exemplum, o direito à saúde – protegem um interesse geral, todavia, não conferem, aos beneficiários desse interesse, o poder de exigir sua satisfação – pela via do mandamus – eis que não delimitado o seu objeto, nem fixada a sua extensão, antes que o legislador exerça o munus de completá-las através da legislação integrativa. Essas normas (arts. 195, 196, 204 e 227 da cf) são de eficácia limitada, ou, em outras palavras, não têm força suficiente para desenvolver-se

determinados princípios, mas não o direito subjetivo propriamente dito. Em outras palavras, tais normas estabeleceriam as finalidades a serem alcançadas, mas não os meios a serem utilizados para a efetivação de tais finalidades. Tal visão nitidamente se alterou com o passar dos anos.

Na última década, o Poder Judiciário tem reconhecido o direito subjetivo do brasileiro à prestação de serviços de saúde, concedendo medicamentos e tratamentos em ações individuais.[13] Essa alteração na intepretação das normas de direitos sociais demonstra evolução positiva do Estado no reconhecimento dos direitos fundamentais de seus cidadãos.[14]

A propósito, sobre normas programáticas, a professora Sueli Ganfolfi Dallari bem pondera que o Professor José Afonso da Silva, na primeira edição da clássica obra *Aplicabilidade das normas constitucionais*, defendia que as normas programáticas não caracterizariam um autêntico direito atual. No entanto, na terceira edição da mesma obra, o professor aduz que "o fato de [as normas programáticas] dependerem de providências institucionais não quer dizer que não tenham eficácia. Ao contrário, sua imperatividade direta é reconhecida como imposição constitucional aos órgãos públicos".[15]

Logo, se a eficácia dos direitos sociais é imediata, a sua efetivação é garantida por meio de políticas públicas regulamentadas pela legislação infraconstitucional. Para tanto, as ações e os serviços em saúde – em outras palavras: o direito subjetivo à prestação estatal à saúde – foram especificamente estabelecidos por lei ordinária. Entre eles, a concessão gratuita à população de medicamentos e tratamentos pelo Poder Público.

---

integralmente, "ou não dispõem de eficácia plena", posto que dependem, para ter incidência sobre os interesses tutelados, de legislação complementar. Na regra jurídico-constitucional que dispõe "todos têm direito e o estado o dever" – dever de saúde – como afiançam os constitucionalistas, "na realidade todos não têm direito, porque a relação jurídica entre o cidadão e o estado devedor não se fundamenta em vinculum juris gerador de obrigações, pelo que falta ao cidadão o direito subjetivo público, oponível ao estado, de exigir em juízo, as prestações prometidas a que o estado se obriga por proposição ineficaz dos constituintes". No sistema jurídico pátrio, a nenhum órgão ou autoridade é permitido realizar despesas sem a devida previsão orçamentária, sob pena de incorrer no desvio de verbas. Recurso a que se nega provimento. Decisão indiscrepante" (STJ, RMS nº 6564/RS, Relator Ministro Demócrito Reinaldo, 1a Turma, j. em 23.05.1996)

[13] Expressamente, julgou o STF que *"a interpretação da norma programática não pode transformá-la em promessa constitucional inconsequente."* (Vide STF, ARE nº 685.230, Relator Ministro Celso de Mello, DJe 25.03.2013 "O Poder Público, qualquer que seja a esfera institucional de sua atuação no plano da organização federativa brasileira, não pode mostrar-se indiferente ao problema da saúde da população, sob pena de incidir, ainda que por censurável omissão, em grave comportamento inconstitucional. A INTERPRETAÇÃO DA NORMA PROGRAMÁTICA NÃO PODE TRANSFORMÁ-LA EM PROMESSA CONSTITUCIONAL INCONSEQUENTE. – O caráter programático da regra inscrita no art. 196 da Carta Política – que tem por destinatários todos os entes políticos que compõem, no plano institucional, a organização federativa do Estado brasileiro – não pode converter-se em promessa constitucional inconsequente, sob pena de o Poder Público, fraudando justas expectativas nele depositadas pela coletividade, substituir, de maneira ilegítima, o cumprimento de seu impostergável dever, por um gesto irresponsável de infidelidade governamental ao que determina a própria Lei Fundamental do Estado").

[14] SARMENTO, Daniel. Reserva do possível e mínimo existencial. In: *Comentários à Constituição Federal de 1988*. AGRA, Walber de Moura; BONAVIDES, Paulo; MIRANDA, Jorge. Rio de Janeiro: Forense, 2009, p. 371-388, p. 372.

[15] SILVA, J. A. Aplicabilidade das normas constitucionais. 1. e 3. ed. São Paulo: Revista dos Tribunais, 1998. *apud* DALLARI, Sueli G. A construção do direito à saúde no Brasil. *Revista de Direito Sanitário*, v. 9, n. 3, p. 9-34, São Paulo, nov. 2008/Fev. 2009, p. 11.

ii) Regime infraconstitucional: a efetivação do direito fundamental à saúde por meio da garantia ao acesso a medicamentos e tratamentos

Com o objetivo de regulamentar as normas constitucionais supramencionadas e, assim, dar vida ao sistema de saúde criado pelo artigo 198 da CF, foi publicada a Lei nº 8.080/90 ("Lei do SUS"). Com ela, o SUS nasceu de fato, confirmando o dever estatal de efetivar o direito fundamental à saúde via concessão de medicamentos. O artigo 6º da Lei do SUS traz a seguinte previsão:

> Art. 6º Estão incluídas ainda no campo de atuação do Sistema Único de Saúde (SUS):
> I – a execução de ações:
> (...)
> d) de *assistência terapêutica integral*, **inclusive farmacêutica**; (grifo nosso)

O acesso universal e igualitário (mencionado no Artigo 196 da CF) e o atendimento integral (mencionado no artigo 198 da CF) dão azo a princípios que são basilares na formação, desenvolvimento e manutenção do SUS. São eles o princípio da universalidade, da integralidade e da equidade. A Lei do SUS expressamente denomina esses princípios:

> Art. 7º As ações e serviços públicos de saúde e os serviços privados contratados ou conveniados que integram o Sistema Único de Saúde (SUS), são desenvolvidos de acordo com as diretrizes previstas no art. 198 da Constituição Federal, obedecendo ainda aos seguintes princípios:
> I – universalidade de acesso aos serviços de saúde em todos os níveis de assistência;
> II – integralidade de assistência, entendida como conjunto articulado e contínuo das ações e serviços preventivos e curativos, individuais e coletivos, exigidos para cada caso em todos os níveis de complexidade do sistema;
> (...)
> IV – igualdade da assistência à saúde, sem preconceitos ou privilégios de qualquer espécie;

O princípio da universalidade determina que é dever do Estado prover ações e serviços que garantam imediatamente, e a todos, o direito à saúde. Tais ações e serviços (que devem sempre priorizar as medidas preventivas) são consubstanciados, entre outros, no atendimento integral de que trata o artigo 198, II, da CF, gerador do princípio da integralidade.

O princípio da integralidade do SUS significa dizer que "a atenção à saúde deve levar em consideração as necessidades específicas de pessoas ou grupos de pessoas, ainda que minoritários em relação ao total da população".[16] Ou seja, a assistência terapêutica, nela incluída a farmacêutica, se dá em relação a todos, desde a complexidade mais básica à mais alta, o que deve incluir – e, de fato, inclui – medicamentos de alto custo unitário.

Já o princípio da equidade vai além do "tratamento igualitário" dos cidadãos. Significa que o Estado busca reduzir desigualdades sociais e regionais por meio das

---

[16] BRASIL. Ministério da Saúde. Secretaria Executiva. Sistema Único de Saúde (SUS): princípios e conquistas. Brasília: Ministério Saúde, 2000, p. 31. Disponível em: <http://bvsms.saude.gov.br/bvs/publicacoes/sus_principios.pdf> Acessado em 24 maio 2018.

ações e serviços em saúde. Isso ocorre quando, por exemplo, o Estado busca adequar os serviços de saúde às necessidades de cada região do país, no esforço de garantir qualidade de vida a todos de acordo com as suas especificidades.[17]

Até 2011, a dispensação de medicamentos não era detalhada pela Lei do SUS, mas tão somente protegida – pelo artigo 6º *supra* – como ação e serviço público de saúde. Foi então que entrou em vigor a Lei nº 12.401, de 28 de abril de 2011, para ampliar a Lei do SUS e regulamentar a entrega de fármacos e disponibilização de tratamentos.[18] [19] Com ela, o artigo 19-M especificou no que consiste a "assistência terapêutica integral" a que se refere o supracitado artigo 6º, I, "d":

> Art. 19-M. A assistência terapêutica integral a que se refere a alínea d do inciso I do art. 6º consiste em:
> I – *dispensação de medicamentos* e produtos de interesse para a saúde, cuja prescrição esteja **em conformidade com as diretrizes terapêuticas definidas em protocolo clínico** para a doença ou o agravo à saúde a ser tratado ou, na falta do protocolo, **em conformidade com o disposto no art. 19-P**; (grifo nosso)

O artigo 19-P, por sua vez, aduz que:

> Art. 19-P. Na **falta de protocolo clínico ou de diretriz terapêutica**, a dispensação será realizada:
> I – com base nas *relações de medicamentos instituídas pelo gestor federal do SUS*, observadas as competências estabelecidas nesta Lei, e a responsabilidade pelo fornecimento será pactuada na Comissão Intergestores Tripartite;
> II – no âmbito de cada Estado e do Distrito Federal, *de forma suplementar*, com base nas *relações de medicamentos instituídas pelos gestores estaduais do SUS*, e a responsabilidade pelo fornecimento será pactuada na Comissão Intergestores Bipartite;
> III – no âmbito de cada Município, *de forma suplementar*, com base nas *relações de medicamentos instituídas pelos gestores municipais do SUS*, e a responsabilidade pelo fornecimento será pactuada no Conselho Municipal de Saúde. (grifo nosso)

Em seguida, a norma conceitua protocolo clínico e diretriz terapêutica como o documento que "estabelece critérios para o diagnóstico da doença ou do agravo à saúde; o tratamento preconizado, com os medicamentos e demais produtos apropriados, quando couber; as posologias recomendadas; (...) a serem seguidos pelos gestores do SUS".[20] Ainda, a norma vedou expressamente a dispensação de medicamentos, nacionais ou importados, sem registro na Anvisa.[21]

---

[17] BRASIL. Ministério da Saúde. *Op. cit.*, p. 32.

[18] A Lei nº 12.401/2011 ampliou o texto da Lei do SUS ao incluir o capítulo VIII ("Da Assistência Terapêutica e da Incorporação de Tecnologia em Saúde") ao Título II ("Do Sistema Único de Saúde").

[19] Porque o objeto deste artigo é tratar de medicamentos "de alto custo" e de medicamentos sem registro na Anvisa, nossa análise da legislação aplicável se limitará às previsões relacionadas tão somente a medicamentos, sem discutir tratamentos clínicos, hospitalares, internações e afins.

[20] Lei nº 8.080/90, Art. 19-N, II.

[21] Lei nº 8.080/90, "Art. 19-T. São vedados, em todas as esferas de gestão do SUS: I – o pagamento, o ressarcimento ou o reembolso de medicamento, produto e procedimento clínico ou cirúrgico experimental, ou de uso não autorizado pela Agência Nacional de Vigilância Sanitária – ANVISA; II – a dispensação, o pagamento, o ressarcimento ou o reembolso de medicamento e produto, nacional ou importado, sem registro na Anvisa."

Em suma, por lei regulamentadora de obrigação constitucional, o Estado está obrigado a dispensar medicamentos, registrados no país, que estejam em conformidade com os documentos que guiam o SUS no diagnóstico, tratamento e verificação pós-tratamento de doenças. Tais documentos são criados e alterados pela Comissão Nacional de Incorporação de Tecnologias no SUS (CONITEC), incluindo a alteração da lista de medicamentos dispensados gratuitamente.[22]

Ocorre que as listas de medicamentos a serem dispensados pelo SUS – sejam as listas federais de medicamentos essenciais, sejam as estaduais ou municipais suplementares – não contêm todos os medicamentos comercializados no Brasil, e muitas vezes nem mesmo contêm tratamento para todas as moléstias existentes no país.

Essas ausências de cobertura podem se dar por motivos legítimos, a exemplo de quando o SUS já cobre tratamento adequado, eficaz, seguro e de custo-benefício favorável ao Poder Público e, portanto, opta por não cobrir outros tratamentos de competidores no mercado. Porém, muitas vezes a falta de cobertura se dá por ineficiência – seja do SUS em analisar e incorporar novos medicamentos, seja da Anvisa em analisar e registrar novos medicamentos no país que, por carecerem de registro, não podem ser dispensados pelo SUS.

Consequentemente, ações judiciais tornam-se cada vez mais frequentes com o objetivo de obter o fornecimento de medicamentos não dispensados pelo SUS e/ou não registrados perante a Anvisa. Esse fenômeno passou a ser chamado de "judicialização da saúde".

iii) A "judicialização da saúde" e o argumento da "reserva do possível"

É inegável que a saúde – assim como outros direitos e matérias definidas por meio de políticas públicas – vem sendo cada vez mais judicializada no Brasil. Sobre o tema, há quem diga que o ano de 2017 terminou com mais de 1,5 milhão de ações no Judiciário envolvendo pleitos por medicamentos e tratamentos a serem custeados pelo Estado *lato sensu*.[23]

Ocorre que, vale esclarecer, muitas dessas demandas tratam de medicamentos, produtos e/ou tratamentos que *estão* contemplados como disponibilizados pelo SUS, mas que, devido à ineficiência do sistema, foram expressa ou implicitamente negados aos autores[24] – diz-se implicitamente em referência a atrasos tamanhos na análise e aprovação da dispensação no caso concreto que se equiparam com a negativa, dado o caráter emergencial dos pedidos.

---

[22] Lei nº 8.080/90, "Art. 19-Q. A incorporação, a exclusão ou a alteração pelo SUS de novos medicamentos, produtos e procedimentos, bem como a constituição ou a alteração de protocolo clínico ou de diretriz terapêutica, são atribuições do Ministério da Saúde, assessorado pela Comissão Nacional de Incorporação de Tecnologias no SUS".

[23] De acordo com os números aduzidos pelo Dr. Clênio Jair Schulze, juiz federal e membro do Comitê de Saúde do Estado de Santa Catarina, em apresentação que realizou na Audiência Pública sobre a prestação jurisdicional em processos relativos à saúde organizada pelo Conselho Nacional de Justiça (CNJ) em 11 de dezembro de 2017. Disponível em: <http://www.cnj.jus.br/eventos-campanhas/evento/486-audiencia-publica-sobre-prestacao-da-jurisdicao-em-processos-relativos-a-saude>. Acesso em: 28 maio 2018.

[24] BRASIL, Tribunal de Contas da União (TCU), Auditoria Operacional Sobre Judicialização da Saúde (baseado no Relatório TC 009.253/2015-7) ("Outro achado desta auditoria foi a ocorrência significativa de judicialização de itens que, por estarem incorporados ao SUS, deveriam ser fornecidos regularmente, sem a necessidade de intervenção judicial"). Disponível em: <https://portal.tcu.gov.br/biblioteca-digital/auditoria-operacional-sobre-judicializacao-da-saude-1.htm>. Acesso em: 28 maio 2018.

Não obstante, e mais como consequência do fenômeno da judicialização da saúde e menos por hermenêutica constitucional, há quem não reconheça o direito fundamental à saúde como um direito subjetivo individual que implica direito positivo à prestação estatal. Parte-se da premissa de que o direito à saúde depende da alocação de recursos humanos e de capital, os quais são escassos por definição. Daí, parte-se para a conclusão de que a realização do direito à saúde dependeria da efetiva disponibilidade destes recursos. Como resultado, a efetivação do direito à saúde dependeria de uma "reserva do possível".

Esse racional também estaria contemplado pelo Pacto Internacional de Direitos Econômicos, Sociais e Culturais, adotado pela Assembleia Geral das Nações Unidas em 16 de dezembro de 1966 como parte integrante da Carta Internacional dos Direitos Humanos e ratificado pelo Brasil mediante o Decreto nº 591/1992. Além de prever as medidas que os Estados-Partes deveriam adotar para o pleno exercício do direito à saúde,[25] o Pacto também previu que tais medidas deveriam ser adotadas pelos Estados "até o máximo de seus recursos disponíveis".[26]

Parece certo que um Estado comprometido com saúde universal e integral dificilmente conseguirá cumprir com tais deveres para além dos seus recursos disponíveis, por uma razão de lógica simples: agir de modo contrário seria praticamente impossível dado que os recursos de qualquer Estado são, sim, escassos.[27]

No entanto, contexto completamente diverso é aquele em que um Estado não aloca adequadamente o seu orçamento em saúde e/ou age de modo ineficiente quanto à análise e registro de novos medicamentos e tratamentos, atrasando a disponibilização pública destes e gerando, por via de consequência, demandas judiciais que tornarão tal disponibilização ainda mais onerosa.

Este trabalho não tem a pretensão (dada a sua extensão tanto física quanto em termos de alcance de conteúdo) de discutir planejamento econômico e/ou orçamentário em quaisquer esferas governamentais e sob quaisquer perspectivas. Não obstante, fato é que o Estado brasileiro está constitucionalmente obrigado a realizar um planejamento econômico que é "determinante para o setor público".[28] Se princípios tais como o

---

[25] Decreto nº 591/1992, Artigo 12: "1. Os Estados Partes do presente Pacto reconhecem o direito de toda pessoa de desfrutar o mais elevado nível possível de saúde física e mental; 2. As medidas que os Estados Partes do presente Pacto deverão adotar com o fim de assegurar o pleno exercício desse direito incluirão as medidas que se façam necessárias para assegurar: a) A diminuição da mortinatalidade e da mortalidade infantil, bem como o desenvolvimento é das crianças; b) A melhoria de todos os aspectos de higiene do trabalho e do meio ambiente; c) A prevenção e o tratamento das doenças epidêmicas, endêmicas, profissionais e outras, bem como a luta contra essas doenças; d) A criação de condições que assegurem a todos assistência médica e serviços médicos em caso de enfermidade".

[26] Decreto nº 591/1992, Artigo 2º: "1. Cada Estado Parte do presente Pacto compromete-se a adotar medidas, tanto por esforço próprio como pela assistência e cooperação internacionais, principalmente nos planos econômico e técnico, até o máximo de seus recursos disponíveis, que visem a assegurar, progressivamente, por todos os meios apropriados, o pleno exercício dos direitos reconhecidos no presente Pacto, incluindo, em particular, a adoção de medidas legislativas".

[27] Sobre aceitar a escassez de recursos do Estado e a sua relação com os custos dos direitos fundamentais, veja-se HOLMES, Stephen; SUNSTEIN, Cass. *The cost of Rights: Why Liberty Depends on Taxes*. Nova York: W. W. Norton & Company. 1999.

[28] Constituição Federal. "Art. 174. Como agente normativo e regulador da atividade econômica, o Estado exercerá, na forma da lei, as funções de fiscalização, incentivo e planejamento, sendo este determinante para o setor público e indicativo para o setor privado".

da universalidade (atendimento à saúde a todos) e o da integralidade (atendimento integral à saúde, incluindo minorias e os mais diversos graus de complexidade) foram previstos pela Constituição e detalhes quanto à sua efetivação foram definidos por lei, torna-se obrigação constitucional do Estado planejar-se economicamente e da forma mais eficiente possível para efetivar tais obrigações.

Como muito já decidiram os tribunais brasileiros, o fato incontestável de os recursos do Estado serem escassos não significa isenção de um dever,[29] de modo que não pode ser aventado como justificativa para a não efetivação de um direito fundamental que, se não realizado, poderá violar direitos ainda mais valiosos, como o à dignidade e à vida.

iv) O Poder Judiciário como garantidor da efetivação das políticas públicas em saúde

O Poder Judiciário deve garantir o cumprimento das normas e, portanto, a efetivação dos direitos fundamentais. Logo, o Poder Judiciário deve garantir o acesso universal e integral à saúde.

Como visto acima, a Lei do SUS determinou que "acesso integral" significa acesso àquilo que está "em conformidade com" os documentos que guiam o SUS no diagnóstico, tratamento e verificação pós-tratamento de doenças.

Porém, a delimitação dada pela Lei do SUS não contradisse – até porque nem o poderia – a previsão constitucional. Também não significou que toda situação que não estivesse de acordo com a lei infraconstitucional (por exemplo, medicamentos fora das diretrizes do SUS) seria considerada automaticamente não abarcada pela Constituição Federal (ou seja, desprovidos de proteção constitucional na qualidade de direito à saúde). Em outras palavras: a proteção constitucional que garante o acesso integral à saúde não teve a sua integralidade limitada pela Lei do SUS, mas tão somente regulamentada para garantir organização e, em especial, análise de eficácia e segurança dos medicamentos, produtos e tratamentos pelo Estado antes da sua dispensação gratuita.

Portanto, a ausência de inclusão de um medicamento nos programas do SUS não significa que o tratamento não possa ser dispensado, até mesmo via demanda judicial. Ao contrário, significa que o Poder Executivo – via Ministério da Saúde – precisa ser informado da demanda por um fármaco não contemplado nas suas listas de dispensação para que passe a incorporá-lo, se esta for a sua conclusão após as análises que lhe cabem. Afinal, é razoável assumir que, se a comunidade médica brasileira prescreve

---

[29] Vide STF, ARE nº 639.337 AgR/SP, Relator Ministro Celso de Mello, DJe 14.09.2011 ("A cláusula da reserva do possível – que não pode ser invocada, pelo Poder Público, com o propósito de fraudar, de frustrar e de inviabilizar a implementação de políticas públicas definidas na própria Constituição – encontra insuperável limitação na garantia constitucional do mínimo existencial, que representa, no contexto de nosso ordenamento positivo, emanação direta do postulado da essencial dignidade da pessoa humana. Doutrina. Precedentes. – A noção de "mínimo existencial", que resulta, por implicitude, de determinados preceitos constitucionais (CF, art. 1º, III, e art. 3º, III), compreende um complexo de prerrogativas cuja concretização revela-se capaz de garantir condições adequadas de existência digna, em ordem a assegurar, à pessoa, acesso efetivo ao direito geral de liberdade e, também, a prestações positivas originárias do Estado, viabilizadoras da plena fruição de direitos sociais básicos, tais como o direito à educação, o direito à proteção integral da criança e do adolescente, o direito à saúde, o direito à assistência social, o direito à moradia, o direito à alimentação e o direito à segurança").

um medicamento ou tratamento para o qual há demanda específica[30] no país, deixar de incorporar tal medicamento ou tratamento para dispensação pública sem justificativa plausível[31] significa não efetivar o direito de acesso integral à saúde.

Ocorre que o princípio da inafastabilidade da jurisdição faz com que tais discussões sejam levadas ao conhecimento do Poder Judiciário[32] e, dada a urgência da maioria dos casos, seja necessário agir com brevidade. Nessas situações, garantir que a urgência da demanda seja atendida significa garantir o cumprimento dos direitos fundamentais e a efetivação das políticas públicas.[33]

Não obstante, o que se vê na prática é que o Poder Executivo é de fato informado da demanda pelo medicamento quase que na totalidade das vezes. Afinal, o primeiro passo do autor de uma demanda por fornecimento de medicamentos não é o ajuizamento da ação (ou ao menos não deveria ser), mas sim o comparecimento ao Posto de Saúde onde é registrado para receber atendimento e, assim, requerer o fornecimento do fármaco não contemplado. Essa realidade fática é mais um motivo para que o Poder Judiciário não se exima de decretar a obrigação de fornecimento quando preenchidos os requisitos para tanto.

---

[30] Por "demanda específica" queremos retratar situações em que outros métodos alternativos – que porventura sejam dispensados pela rede pública – não trarão os mesmos benefícios ao paciente.

[31] Aqui reitera-se que "justificativa plausível" não poderá ser a escassez de recursos, isoladamente. É necessário que a rede pública de saúde explique não somente por que motivos aquele tratamento específico *não será* dispensado, mas também por que motivos ele *não deve* ser dispensado. Hão de ser justificadas razões como ausência de comprovação de eficácia ou segurança, existência de método alternativo cientificamente comprovado como substituto, etc.

[32] Constituição Federal. Artigo 5º, XXXV ("a lei não excluirá da apreciação do Poder Judiciário lesão ou ameaça a direito").

[33] Sobre a possibilidade de intervenção do Poder Judiciário para a garantia de efetivação das políticas públicas relativas aos direitos sociais, veja-se precedente da Suprema Corte: STF, ARE nº 639.337 AgR/SP, Relator Ministro Celso de Mello, DJe 14.09.2011 ("DESCUMPRIMENTO DE POLÍTICAS PÚBLICAS DEFINIDAS EM SEDE CONSTITUCIONAL: HIPÓTESE LEGITIMADORA DE INTERVENÇÃO JURISDICIONAL. – O Poder Público – quando se abstém de cumprir, total ou parcialmente, o dever de implementar políticas públicas definidas no próprio texto constitucional – transgride, com esse comportamento negativo, a própria integridade da Lei Fundamental, estimulando, no âmbito do Estado, o preocupante fenômeno da erosão da consciência constitucional. Precedentes: ADI 1.484/DF, Rel. Min. CELSO DE MELLO, v.g.. – A inércia estatal em adimplir as imposições constitucionais traduz inaceitável gesto de desprezo pela autoridade da Constituição e configura, por isso mesmo, comportamento que deve ser evitado. É que nada se revela mais nocivo, perigoso e ilegítimo do que elaborar uma Constituição, sem a vontade de fazê-la cumprir integralmente, ou, então, de apenas executá-la com o propósito subalterno de torná-la aplicável somente nos pontos que se mostrarem ajustados à conveniência e aos desígnios dos governantes, em detrimento dos interesses maiores dos cidadãos. – A intervenção do Poder Judiciário, em tema de implementação de políticas governamentais previstas e determinadas no texto constitucional, notadamente na área da educação infantil (RTJ 199/1219-1220), objetiva neutralizar os efeitos lesivos e perversos, que, provocados pela omissão estatal, nada mais traduzem senão inaceitável insulto a direitos básicos que a própria Constituição da República assegura à generalidade das pessoas. Precedentes"); a respeito do papel da Corte Constitucional de, para além da efetivação de políticas públicas, garantir a efetivação dos avanços sociais, veja-se: BARROSO, Luís Roberto. *Curso de Direito Constitucional Contemporâneo*: os conceitos fundamentais e a construção do novo modelo. 6. ed. São Paulo: Saraiva, p. 120 ("(...) [N]o plano da interpretação e da jurisdição constitucional, cabe ao intérprete e ao Supremo Tribunal Federal, à medida que o texto da Constituição e a realidade social permitam, promover os avanços sociais que, por motivos diversos, ficaram represados no processo político majoritário").

III Necessária diferenciação entre medicamentos ainda não aprovados no Brasil (sem registro na Anvisa) e novos medicamentos ainda não testados pelo Sistema Único de Saúde (chamados "de alto custo")

Ao criar o Sistema Único de Saúde, a Constituição Federal atribuiu-lhe a execução das ações de vigilância sanitária,[34] que acabou definida pela Lei do SUS como "um conjunto de ações capaz de eliminar, diminuir ou prevenir riscos *à* saúde e de intervir nos problemas sanitários".[35] Posteriormente, a Lei nº 9.782/1999 (Lei da Anvisa), ao criar a Anvisa, atribuiu à agência a competência para exercer a vigilância sanitária de medicamentos.[36]

Para receber registro perante a Anvisa, um medicamento precisa (entre outros requisitos) ser reconhecido, através de comprovação científica e de análise, como seguro e eficaz para o uso a que se propõe, bem como possuir a identidade, atividade, qualidade, pureza e inocuidade necessárias.[37] Isso se dá por meio de um processo de Pesquisa & Desenvolvimento (P&D) que analisa a eficácia e a segurança do medicamento proposto mediante desenvolvimento farmacotécnico e, posteriormente, estudos pré-clínicos (em animais) e, finalmente, clínicos (em seres humanos).[38] A pesquisa clínica (em seres humanos) é consubstanciada pelas Fases I, II, III e muitas vezes IV.[39]

Só é possível solicitar o registro do medicamento após a realização destas etapas, cujos procedimentos e conclusões devem ser documentados e então submetidos à Anvisa para análise e aprovação do pedido de registro.

Portanto, a ausência de registro perante a Anvisa não é o mesmo que falta de eficácia e segurança. Na prática, um medicamento pode, por exemplo, ter sido aprovado em todas as fases de testes exigidas por renomadas agências reguladoras no exterior e assim ter recebido o registro perante tais entidades, mas ainda estar no aguardo da finalização do procedimento para receber o registro na Anvisa.

---

[34] Constituição Federal. "Art. 200. Ao sistema único de saúde compete, além de outras atribuições, nos termos da lei: I – controlar e fiscalizar procedimentos, produtos e substâncias de interesse para a saúde e participar da produção de medicamentos, equipamentos, imunobiológicos, hemoderivados e outros insumos; II – executar as ações de vigilância sanitária e epidemiológica, bem como as de saúde do trabalhador".

[35] Lei nº 8.080/90, Artigo 6º, §1º.

[36] Lei nº 9.782/99, "Art. 8º. Incumbe à Agência, respeitada a legislação em vigor, regulamentar, controlar e fiscalizar os produtos e serviços que envolvam risco à saúde pública. §1º Consideram-se bens e produtos submetidos ao controle e fiscalização sanitária pela Agência: I – medicamentos de uso humano, suas substâncias ativas e demais insumos, processos e tecnologias".

[37] *Vide* Artigo 16 da Lei nº 6.360, de 23 de setembro de 1976, que já dispunha sobre a vigilância sanitária dos medicamentos desde antes da criação da Anvisa.

[38] ANVISA. Disponível em: <http://portal.anvisa.gov.br/resultado-de-busca?p_p_id=101&p_p_lifecycle=0&p_p_state=maximized&p_p_mode=view&p_p_col_id=column-1&p_p_col_count=1&_101_struts_action=%2Fasset_publisher%2Fview_content&_101_assetEntryId=2863528&_101_type=content&_101_groupId=219201&_101_urlTitle=registro-de-medicamentos&inheritRedirect=true>. Acesso em: 28 maio 2018.

[39] Veja-se aqui breve descrição do objetivo e procedimento realizado em cada uma das fases. Fase I: avaliação inicial em seres humanos, que objetiva o conhecimento preliminar da evolução da segurança do medicamento; Fase II: denominada *estudo terapêutico piloto*, tem o objetivo de verificar a eficácia terapêutica e a dosagem recomendável; Fase III: denominada *estudo terapêutico ampliado*, em que as amostras de experimentação são significativamente maiores (maior quantidade de sujeitos de pesquisa). O objetivo é avaliar relação risco/benefício a curto e longo prazo, bem como outras características especiais do medicamento, em geral relacionadas a efeitos adversos; Fase IV: pesquisas realizadas após a obtenção de registro e comercialização do medicamento, objetivando a vigilância pós comercialização, e/ou a exploração para novas indicações, métodos de administração e associações do medicamento.

Porém, e como não poderia deixar de ser, o registro na Anvisa é necessário como regra geral. É com ele que o Estado garante que apenas medicamentos eficazes e seguros circularão pelo país, e com preços justos. Desde antes do advento da atual Constituição e, portanto, do nosso atual sistema de apoio à saúde (SUS e Anvisa) o registro no órgão regular responsável (à época, o Ministério da Saúde) já era obrigatório para que os medicamentos pudessem circular no país.[40] Nessa mesma linha, e como dito acima, a Lei do SUS foi alterada para que, dentre outras medidas, constasse tal obrigação.[41]

Já os chamados "medicamentos de alto custo" usualmente englobam medicamentos que não estão incluídos nas listas de dispensação gratuita pelo SUS – em outras palavras, nas *diretrizes terapêuticas definidas em protocolos clínicos*[42] e *relações de medicamentos* instituídas pelos gestores federal, estadual ou municipal.[43]

A organização das listas de dispensação, como visto acima, fica a cargo da CONITEC como órgão de assessoria do Ministério da Saúde.[44] [45] A incorporação de medicamentos à lista se dá por meio de instauração de processo administrativo perante a CONITEC, por iniciativa de qualquer interessado, seja pessoa física ou jurídica, ou o próprio Ministério da Saúde.

A despeito de comumente utilizada, a nomenclatura "alto custo" não é precisa. Há medicamentos de altíssimo custo, para tratamentos de doenças de alta complexidade e relativa baixa prevalência que são dispensados gratuitamente pela rede pública, em verdadeiro cumprimento ao princípio da integralidade aqui já discutido.[46]

Logo, por uma lógica de coerência, o alto custo de um medicamento não deveria ser usado como argumento isolado para a sua não dispensação gratuita pelo Estado.

Estabelecida essa premissa, as próximas páginas limitam-se a discutir medicamentos não registrados perante a Anvisa e medicamentos não constantes das listas de dispensação do SUS (que podem, ou não, ter registro perante a Anvisa e, via de regra, são "de alto custo").

IV A Suprema Corte e a busca por parâmetros em matéria de saúde

Como consequência do fenômeno da judicialização do direito à saúde, o Supremo Tribunal Federal, por iniciativa do Ministro Gilmar Mendes, à época Presidente da

---

[40] Lei nº 6.360/76, "Art. 12 – Nenhum dos produtos de que trata esta Lei, inclusive os importados, poderá ser industrializado, exposto à venda ou entregue ao consumo antes de registrado no Ministério da Saúde".

[41] Lei nº 8.080/90, Artigo 19-T.

[42] Lei nº 8.080/90, Artigo 19-M, I.

[43] Lei nº 8.080/90, Artigo 19-P, I, II e III.

[44] Lei nº 8.080/90, Artigo 19-Q.

[45] Para mais detalhes quanto à organização das listas de medicamentos dispensados pelo SUS, *vide* Decreto nº 7.508 de 28 de junho de 2011, que regulamenta a Lei do SUS para organizar e planejar a rede pública, em especial, considerando a articulação interfederativa.

[46] Há iniciativas de todas as esferas de governo, tais como o Componente Especializado da Assistência Farmacêutica (CEAF) organizado pelo Ministério da Saúde. Disponível em: <http://portalms.saude.gov.br/assistencia-farmaceutica/medicamentos-rename/componente-especializado-da-assistencia-farmaceutica-ceaf>. Acesso em: 29 maio 2018 e as Farmácias de Medicamentos Especializados, a exemplo do que se vê no Estado de São Paulo, com organização de acordo com as diretrizes dos Programas de Assistência Farmacêutica do Ministério da Saúde e Secretaria Estadual de Saúde. Disponível em: <http://fac.spdmafiliadas.org.br/>. Acesso em: 29 maio 2018.

Corte, organizou uma audiência pública nos meses de abril e maio de 2009, para que fossem ouvidas as opiniões, quanto ao tema, de operadores do Direito, especialistas em saúde, professores e usuários do SUS. O evento foi o primeiro passo significativo para a construção de parâmetros a serem seguidos pelo Poder Judiciário quando provocado com pedidos de fornecimento de medicamentos, bem como para dar início a um sério debate acerca da obrigação estatal quanto ao fornecimento de medicamentos não incorporados na rede pública e/ou não registrados na Anvisa.

Com base nas discussões havidas na Audiência Pública, o Ministro Gilmar Mendes decidiu por denegar os pedidos formulados em duas Suspensões de Tutela Antecipada, nºs 175 e 244, e, com isso, permitir a continuidade do fornecimento, pelo Estado, de medicamentos de altíssimo custo e não contemplados pelo SUS (Zavesca® e Naglazyme®, ambos para o tratamento de doenças genéticas raras de depósito lisossomal).[47] Os medicamentos, no entanto, já contavam com o registro perante a Anvisa.

Tomando por base a STA nº 175, o Ministro aduziu que, diante de uma demanda pelo fornecimento de medicamentos, o primeiro dado a ser analisado é a "existência, ou não, de política estatal que abranja a prestação de saúde pleiteada pela parte". Em havendo política estatal para aquele medicamento específico, é indiscutível a obrigação do Poder Judiciário de efetivar tal política, ordenando o fornecimento do fármaco pleiteado. Em não havendo tal política, o Ministro aduziu ser necessário distinguir entre situações em que (i) há omissão administrativa ou legislativa, (ii) há decisão administrativa quanto à não inclusão do medicamento na política estatal e (iii) a dispensação do fármaco é vedada por lei.

Quanto à vedação legal, o Ministro seguiu as definições da Audiência Pública de que é proibida a circulação de medicamentos não registrados na Anvisa, quando não haja a aprovação específica da mesma agência para tanto. Neste ponto, o ministro ressalvou que a importação de medicamento ainda não registrado poderá ser autorizada de acordo com a Lei da Anvisa, que prevê a possibilidade de dispensação de registro pela agência.[48]

Quanto à decisão do SUS de não incluir determinado medicamento na política estatal, o Ministro salientou duas situações relevantes que levam a conclusões distintas: *uma*, quando o SUS fornece tratamento alternativo e, *a outra*, quando não fornece tratamento algum para a moléstia do autor.

No primeiro cenário, restou definido que o tratamento disponibilizado pelo SUS deve ser priorizado "sempre que não for comprovada a ineficácia ou a impropriedade da política de saúde existente". Na mesma toada, o ministro ressalvou que tanto o Judiciário

---

[47] A decisão da STA n. 175 foi objeto de Agravo Regimental julgado pelo Tribunal Pleno do STF, cujo julgamento, pela manutenção da decisão do Ministro Gilmar Mendes, restou assim ementado: "Suspensão de Segurança. Agravo Regimental. Saúde pública. Direitos fundamentais sociais. Art. 196 da Constituição. Audiência Pública. Sistema Único de Saúde – SUS. Políticas públicas. Judicialização do direito à saúde. Separação de poderes. Parâmetros para solução judicial dos casos concretos que envolvem direito à saúde. Responsabilidade solidária dos entes da Federação em matéria de saúde. Fornecimento de medicamento: Zavesca (miglustat). Fármaco registrado na ANVISA. Não comprovação de grave lesão à ordem, à economia, à saúde e à segurança públicas. Possibilidade de ocorrência de dano inverso. Agravo regimental a que se nega provimento" (STF, STA nº 175 AgR/CE, Rel. Ministro GILMAR MENDES (Presidente), TRIBUNAL PLENO, DJe de 30.04.2010).

[48] Lei 9.782/99. "Art. 8º. Incumbe à Agência, respeitada a legislação em vigor, regulamentar, controlar e fiscalizar os produtos e serviços que envolvam risco à saúde pública. (...) §5º. A Agência poderá dispensar de registro os imunobiológicos, inseticidas, medicamentos e outros insumos estratégicos quando adquiridos por intermédio de organismos multilaterais internacionais, para uso em programas de saúde pública pelo Ministério da Saúde e suas entidades vinculadas".

quanto a própria Administração podem concluir pela dispensação de tratamento diverso daquele fornecido pelo SUS a "determinada pessoa que, por razões específicas do seu organismo, comprova que o tratamento fornecido não é eficaz no seu caso".

No segundo cenário, de ausência de tratamento pela rede pública, o Ministro ressaltou a importância de se considerar se o tratamento pleiteado é experimental (ou seja, sem comprovação científica da sua eficácia), ou se simplesmente ainda não foi testado pelo SUS e, por isso, não foi incorporado. Se o tratamento for experimental, restou definido que o Estado não pode ser condenado a fornecê-lo, com exceção das situações em que a importação é aprovada pela Anvisa para uso dos medicamentos em estudos clínicos no Brasil, programas de uso compassivo ou de acesso expandido. Já no caso de novos tratamentos ainda não testados pelo SUS, a decisão concluiu ser preciso interpretar quando há omissão administrativa na sua incorporação. Afinal, o conhecimento médico é de evolução rápida e, nas palavras do Ministro, "dificilmente suscetível de acompanhamento pela burocracia administrativa". Por fim, o Ministro fundamentou que a ausência de tratamento dispensado pelo SUS não pode significar violação ao princípio da integralidade.[49]

Quanto ao costumeiro argumento estatal de que o "alto custo" do medicamento não permite a sua dispensação sem o prejuízo dos demais cidadãos que fazem uso do SUS, o Ministro aduziu que o alto custo por si só não afasta a obrigação do Estado, pelos mesmos argumentos trazidos alhures neste trabalho.[50]

A despeito do reconhecível esforço do Ministro Gilmar Mendes em pacificar a matéria e criar critérios a serem analisados pelos tribunais brasileiros, é sabido que as decisões tanto em primeira quanto em segunda instância ainda não seguem quaisquer parâmetros.

Porém, à época em que este trabalho foi escrito (maio de 2018), tramitam dois importantes Recursos Extraordinários no Supremo Tribunal Federal, indubitavelmente dentre os recursos mais importantes daquela Corte atualmente. Os casos tratam das limitações à judicialização da saúde, ambos com repercussão geral reconhecida.

Um deles trata da concessão pelo SUS de medicamentos de alto custo (que, como antecipamos alhures e veremos adiante, reverteu-se na discussão quanto ao fornecimento gratuito de medicamentos não contemplados pelos programas de dispensação do SUS),[51] enquanto o outro trata da concessão gratuita de medicamentos sem registro na Anvisa.[52]

Cumpre-nos também, a despeito de tratar de matéria infraconstitucional, tecer breves linhas sobre o recente julgamento do Superior Tribunal de Justiça que, ao interpretar a Lei do SUS, definiu a questão da concessão de medicamentos não listados para distribuição na rede pública.[53]

---

[49] "Parece certo que a inexistência de Protocolo Clínico no SUS não pode significar violação ao princípio da integralidade do sistema, nem justificar a diferença entre as opções acessíveis aos usuários da rede pública e as disponíveis aos usuários da rede privada. Nesses casos, a omissão administrativa no tratamento de determinada patologia poderá ser objeto de impugnação judicial, tanto por ações individuais como coletivas."

[50] Na sua decisão monocrática que deu azo ao Agravo Regimental, o Ministro Gilmar Mendes asseverou "o alto custo do medicamento não é, por si só, motivo para o seu não fornecimento, visto que a Política de Dispensação de Medicamentos excepcionais visa a contemplar justamente o acesso da população acometida por enfermidades raras aos tratamentos disponíveis".

[51] Recurso Extraordináro nº 566.471/RN

[52] Recurso Extraordináro nº 657.718/MG

[53] Recurso Especial Repetitivo nº 1.657.156/RJ, Representativo de Controvérsia, Tema 106.

i) Medicamentos de "alto custo" ou, simplesmente não listados no SUS

Em 25 de abril de 2018, o Superior Tribunal de Justiça interpretou os artigos 19-M, I, 19-P, 19-Q e 19-R da Lei do SUS em sede de recurso repetitivo, para definir a concessão pelo poder público de medicamentos não listados para distribuição gratuita pelo SUS. Logo, independentemente de o fármaco ser de alto custo ou não; de estar registrado na Anvisa ou não.[54]

Por unanimidade, a 1ª Seção do Tribunal definiu que o governo tem a obrigação de fornecer medicamentos[55] que não estejam incorporados na lista do SUS, desde que três requisitos sejam preenchidos. São eles (i) a comprovação, por meio de laudo fundamentado e circunstanciado expedido por médico que assiste o paciente, seja ele da rede pública ou não, da (i.i) imprescindibilidade ou necessidade do medicamento pleiteado e (i.ii) ineficácia dos medicamentos similares fornecidos pelo SUS para a moléstia do requerente; (ii) a demonstração da hipossuficiência do paciente de modo que não possa arcar com o custo do medicamento prescrito sem comprometer a sua própria subsistência e/ou de seu grupo familiar e (iii) a aprovação e registro do fármaco pleiteado perante a Anvisa, conforme imposto pelo artigo 19-T, II da Lei do SUS.[56]

A Ministra Revisora Assusete Magalhães, que seguiu o voto do relator integralmente,[57] baseou significativa parte do seu voto na decisão da Suprema Corte na STA nº 175, sob a lavra do Ministro Gilmar Mendes, corroborando a importância de tal decisão para o tema em comento.

Como adiantado acima, o Supremo Tribunal Federal atualmente aguarda a definição do tema em julgamento histórico iniciado em setembro de 2016, já com votos do Ministro Relator Marco Aurélio de Mello e dos Ministros Luís Roberto Barroso e Edson Fachin.[58] A discussão envolve o fornecimento pelo poder público de medicamentos de

---

[54] O Relator Ministro Benedito Gonçalves ressalvou que os supramencionados Recursos Extraordinários no Supremo não obstariam o julgamento do Recurso Especial justamente porque aqueles tratam ou de "medicamentos não registrados na Anvisa", ou de "medicamentos de alto custo", enquanto este trata de tema mais abrangente: medicamentos não contemplados nas listas de dispensação do SUS. Porém, como veremos adiante, os primeiros votos no âmbito do Recurso Extraordinário nº 566.471/RN – ainda em elaboração, mas já individualmente liberados pelos seus respectivos prolatores – acabaram por abarcar "medicamentos não contemplados no SUS" independentemente de o seu custo ser elevado ou não. Nessa linha, os Ministros Luís Roberto Barroso e Edson Fachin ainda ressaltaram a atecnia do termo "medicamentos de alto custo", dado que a questão posta ao crivo da Suprema Corte na realidade trata da obrigação constitucional do Estado em fornecer medicamentos não cobertos pelos programas públicos de dispensação.

[55] Uma vez que a petição inicial pleiteava o fornecimento de medicamentos (especificamente de dois colírios para tratamento de glaucoma), a decisão não tratou de procedimentos terapêuticos – tais como internações – que não estejam incluídos em lista do SUS, mas tão somente de fornecimento de medicamentos conforme previsto no inciso I do artigo 19-M da Lei do SUS.

[56] Curioso mencionar que, em razão do alto impacto da decisão para o sistema de saúde e consequentemente à Fazenda Nacional, o Tribunal fez uso, pela primeira vez, da previsão do artigo 927, §3º do novo Código de Processo Civil para modular os efeitos da decisão oriunda de julgamento de casos repetitivos. Assim, os efeitos da decisão se aplicarão somente aos casos discutidos em processos que forem distribuídos a partir da conclusão do julgamento em questão (sem especificação quanto ao que seria a conclusão do julgamento: se seria o dia do julgamento final, da lavratura do acórdão, da publicação, ou mesmo após os julgamentos de Embargos de Declaração). Tal modulação é curiosa. Afinal, os processos sobrestados em virtude da afetação do REsp nº 1.657.156 não estarão sujeitos à decisão nele prolatada em sede de repetitivo.

[57] Apenas acrescentando à tese fixada a necessidade de demonstração, no laudo médico, de ineficácia da medicação disponibilizada pelo SUS à moléstia do paciente.

[58] A despeito de os três votos não terem sido disponibilizados pelo STF nos autos do processo, aparentemente cada ministro disponibilizou o seu voto na rede mundial de computadores, seja pelo próprio sítio do STF na internet,

alto custo que, consequentemente, não estão listados como de distribuição gratuita pelo SUS.

O Recurso Extraordinário nº 566.471 teve a repercussão geral reconhecida pelo Supremo Tribunal Federal, restando afetado como representativo da controvérsia atinente à (ausência de) obrigação, por parte do Estado (*lato sensu*) em fornecer medicamentos que não façam parte da lista de medicamentos dispensados pelo Sistema Único de Saúde.

No caso concreto paradigma, a autora ajuizou ação em face do Estado do Rio Grande do Norte almejando a concessão do fármaco Sildenafil 50 mg para tratamento de miocardiopatia isquêmica e hipertensão arterial pulmonar.

O Estado do Rio Grande do Norte interpôs o recurso para atacar acórdão do tribunal de origem que havia concedido a medicação, por concluir pela sua imprescindibilidade no caso concreto e pela hipossuficiência financeira da autora. O Estado alegou que o fornecimento de medicamento não inserto no Programa de Dispensação de Medicamentos implica desembolso de valores que extrapolam a previsão orçamentária, dado que nesses casos o custo fica a cargo unicamente do ente demandado, não havendo o regular rateio conforme versado na Constituição.

Antes de iniciar a fundamentação do seu voto,[59] o Ministro Marco Aurélio traçou importantes perguntas a fim de estabelecer a questão de direito debatida e, assim, fixar a tese em repercussão geral. Entre tais questões, de demasiada importância, está a que questiona "quais os limites e as possibilidades da interferência judicial sobre os deveres positivos do Estado quanto aos ditos direitos fundamentais de segunda geração?"

Para responder a essa pergunta, o voto discorre brevemente sobre a evolução dos modelos constitucionais: do foco nas liberdades do indivíduo (direitos contra o Estado, de dimensão negativa) aos direitos sociais (direitos por meio do Estado, de dimensão positiva prestacional) até as atuais constituições democráticas, que assentaram tais direitos num contexto de solidariedade, no qual o Ministro baseou o seu voto. Na linha do que explicitamos nos tópicos anteriores, o voto defende o caráter positivo do direito social à saúde, para além do seu caráter programático, como gerador do direito subjetivo ao mínimo existencial em matéria de saúde, como efetivação e manutenção do valor maior atinente à dignidade da pessoa humana.

Baseado na obra de Ricardo Lobo Torres,[60] o voto aduz que "[a] saúde, nela englobando o acesso a medicamentos, constitui bem vinculado à dignidade do homem" de modo que:

> Configurada ameaça ao mínimo existencial em casos particulares, com violação da dignidade humana e ausência de condições iniciais da liberdade, os direitos sociais apresentam-se como plenamente judicializáveis, merecedores de amplas garantias institucionais, independentemente de reservas orçamentárias.

---

por meio de sítios virtuais de notícias jurídicas ou sítios pessoais abertos ao público. Os autores tiveram acesso online a tais votos, os quais são aqui analisados, acompanhados da fonte de onde foram extraídos.

[59] O próprio STF disponibilizou o voto do Relator ao noticiar o início do julgamento do caso. Disponível em: <http://www.stf.jus.br/arquivo/cms/noticiaNoticiaStf/anexo/RE566471.pdf>. Acesso em: 23 maio 2018.

[60] *O direito ao mínimo existencial*. Rio de Janeiro: Renovar, 2009.

Para a fixação da tese, o voto sugere a análise de dois elementos, no caso concreto, para que o Judiciário conclua se está diante de um dever estatal de tutela do mínimo existencial e, portanto, passível de ordem judicial para efetivação do direito à saúde. O primeiro seria o elemento objetivo do mínimo existencial consubstanciado na imprescindibilidade do medicamento em questão, enquanto que o outro seria o elemento subjetivo do dever estatal de tutela do mínimo existencial, consubstanciado na incapacidade financeira do requerente para a aquisição do medicamento.

O elemento objetivo da imprescindibilidade é comprovado por meio de laudo médico atestando a adequação e necessidade do medicamento para sobrevida ou melhoria da qualidade de vida, cabendo prova em contrário do ente federativo no que tange à segurança e/ou eficácia do medicamento, possibilidade de substituição por outro de menor custo e mesma ou similar eficácia e, ainda, veracidade do laudo médico. Já quanto ao elemento subjetivo, o voto inova ao definir que o dever estatal ao fornecimento é subsidiário ao dever constitucional de solidariedade familiar, mais especificamente ao dever legal de alimentos naturais da família que, por ser específico, precederia o dever estatal.

No entanto, o Ministro Relator aditou tal voto. De acordo com a versão a que se teve acesso,[61] o Ministro por bem considerou o caráter emergencial da maciça maioria das ações judiciais em matéria de saúde e definiu que, na ausência de espontaneidade por parte da família, deve o Estado arcar com os custos em nome da coletividade. Nestes casos, fica ressalvado o direito de petição do Estado contra o familiar em regresso (o que poderá ser realizado na mesma oportunidade, com a realização da citação do familiar no mesmo processo judicial).

Dessa forma, a sugestão final de tese a ser fixada foi: *o reconhecimento do direito individual ao fornecimento, pelo Estado, de medicamento de alto custo, não incluído em política nacional de medicamentos ou em programa de medicamentos de dispensação em caráter excepcional, constante de rol dos aprovados, depende da demonstração da imprescindibilidade – adequação e necessidade –, da impossibilidade de substituição, da incapacidade financeira do enfermo e da falta de espontaneidade dos membros da família solidária em custeá-lo, respeitadas as disposições sobre alimentos dos artigos 1.649 a 1.710 do Código Civil e assegurado o direito de regresso.*

Em suma, o ente público é obrigado ao fornecimento de medicamentos não incorporados na lista do SUS, desde que a família não tenha condições de arcar com tais custos sem que outros direitos mínimos existenciais (próprios ou de outros familiares) sejam prejudicados. Em havendo tais condições, o Estado poderá requerer a citação do familiar e, em havendo recusa, deverá prover de imediato o medicamento e, posteriormente, atuar em regresso contra o familiar.

O próximo voto, que a despeito de ainda constar como "em elaboração", já se encontra disponível na internet,[62] foi o do Ministro Luís Roberto Barroso. Até o momento da redação deste trabalho, o voto havia aduzido que, em regra, o Estado não tem obrigação de fornecer medicamentos não listados no SUS, salvo em situações em que estejam comprovadas: (i) a incapacidade financeira do requerente (e não de sua família) para arcar com o custo do fármaco sem inviabilizar o atendimento de outras necessidades

---

[61] Disponível em: <http://www.migalhas.com.br/arquivos/2016/9/art20160928-04.pdf>. Acesso em: 22 maio 2018.

[62] Disponível em: <http://www.migalhas.com.br/arquivos/2016/9/art20160929-01.pdf>. Acesso em: 22 maio 2018

essenciais; (ii) a demonstração de que a não incorporação do medicamento não resultou de decisão expressa dos órgãos competentes; (iii) a inexistência de substituto terapêutico incorporado pelo SUS; (iv) a comprovação de eficácia do medicamento pleiteado à luz da Medicina Baseada em Evidências, e não somente em um único laudo ou prescrição médica; e (v) a propositura da demanda necessariamente em face da União, que é a entidade estatal competente para a incorporação de novos medicamentos ao sistema.

Ademais, ao propor a sua tese em repercussão geral, o Ministro Barroso determinou a observação de um parâmetro procedimental, qual seja, a realização de diálogo interinstitucional entre o Poder Judiciário e entes ou pessoas com expertise técnica na área da saúde. Tal diálogo serviria tanto para aferir a presença dos requisitos de dispensação do medicamento, quanto, no caso de deferimento judicial do fármaco, para determinar que os órgãos competentes avaliem a possibilidade de sua incorporação no âmbito do SUS.

O terceiro e último voto – até o momento em que este trabalho foi redigido – foi o do Ministro Edson Fachin. De acordo com resumo do voto divulgado pelo site de notícias Consultor Jurídico,[63] o Ministro teria votado no sentido de conferir ao Estado o dever excepcional de fornecimento de medicamento não dispensado pelo SUS, desde que comprovados: (i) o prévio requerimento administrativo junto à rede pública – que deve responder fundamentalmente e em prazo razoável –, podendo ser suprido pela oitiva, de ofício, do agente público; (ii) subscrição por médico da rede pública, ou a justificada impossibilidade; (iii) subscrição do fármaco via indicação do princípio ativo (por meio da Denominação Comum Brasileira ou, na falta desta, da Denominação Comum Internacional) ao invés do seu nome comercial; (iv) demonstração da inexistência de tratamento alternativo disponibilizado pela rede pública ou a sua inadequação para a moléstia do requerente e (v) laudo de autoria do médico subscritor do fármaco, atestando a sua necessidade, eficácia, segurança e efeitos, com base na Medicina Baseada em Evidências, bem como comparando-o com eventuais tratamentos alternativos fornecidos pelo SUS.

Vê-se que, até o momento, há unanimidade quanto à preferência por tratamento disponibilizado pelo SUS, de modo que eventual obrigação estatal só nascerá quando não houver substitutivo ou alternativo terapêutico no SUS que seja eficaz para o caso concreto. Da mesma forma, e como não poderia deixar de ser, os três votos exigiram comprovação da eficácia e adequação do fármaco pleiteado, divergindo no que tange à forma de tal comprovação – se via laudo médico simples ou com base em estudos performados de acordo com a Medicina Baseada em Evidências.

Sobre esse ponto de divergência, destaca-se que os votos não especificam exatamente como tal comprovação deveria se dar. Na maioria dos casos – se não em todos – os médicos apenas prescrevem medicamentos que já passaram por diversos testes empíricos, incluindo estudos pré-clínicos e clínicos, estes últimos envolvendo estudos de Fase IV, realizados após a obtenção do registro na agência competente e utilizando amplo grupo de sujeitos de pesquisa. Logo, é arguível que tais estudos cumpririam o requisito de comprovação da eficácia do fármaco pleiteado por meio da Medicina Baseada em Evidências.

---

[63] Disponível em: <https://www.conjur.com.br/dl/resumo-voto-fachin-re-566471.pdf.>. Acesso em: 23 maio 2018.

Após o voto do Ministro Edson Fachin, o Ministro Teori Zavascki havia pedido vista dos autos. Contudo, em razão de seu falecimento, não foi dado prosseguimento ao julgamento dos recursos até o momento em que este trabalho foi redigido.

ii) Medicamentos sem registro perante a Anvisa

O Supremo Tribunal Federal reconheceu a repercussão geral do tema discutido no Recurso Extraordinário nº 657.718/MG, o qual restou afetado como representativo da controvérsia atinente à (ausência de) obrigação, porta parte do Estado (*lato sensu*) em fornecer medicamentos que não tenham registro na Anvisa e, consequentemente, não sejam comercializados em território brasileiro.

Como dito acima, a ausência de registro na Anvisa não necessariamente significa que o medicamento ainda se encontra em fase experimental, mas sim que a agência de saúde brasileira ainda não atestou a eficácia, segurança e custo-efetividade de tal fármaco. Logo, um medicamento pode ter sido aprovado em todas as fases de pesquisa clínica e, ao final, ter obtido registro nas principais agências de saúde do mundo, mas ainda assim não ter recebido o registro perante a Anvisa por quaisquer outros motivos.

No caso concreto paradigma, a autora apresentou laudo médico atestando sofrer de doença renal crônica, a qual evoluiu para hiperparatireoidismo severo. A autora ajuizou, ainda no ano de 2009, ação em face do Estado de Minas Gerais pleiteando o fornecimento do fármaco Mimpara (Cinacalcet), o qual, à época, não detinha registro perante a Anvisa – embora já o detivesse perante as agências reguladoras dos Estados Unidos (*Food and Drug Administration*) e da União Europeia (*European Medicine Agency*).

A decisão que chegou ao STF havia denegado o fornecimento, sob o fundamento de que a importação de medicamento não registrado na Anvisa é proibida, de modo que a sua realização implicaria, na prática, crime de descaminho.

Num primeiro momento, o Ministro Relator Marco Aurélio de Mello proferiu voto negando provimento ao Recurso Extraordinário e propondo a fixação da seguinte tese para efeitos de repercussão geral: "o registro de medicamento na Agência Nacional de Vigilância Sanitária – Anvisa é condição inafastável, visando concluir pela obrigação do Estado ao fornecimento".

Como fundamento, o voto[64] havia se baseado na já mencionada Lei nº 6.360/76, que, ao dispor sobre a vigilância sanitária a que ficam sujeitos os medicamentos em território nacional, determina que nenhum medicamento poderá ser industrializado, exposto à venda ou entregue ao consumo sem o devido registro no Ministério da Saúde.[65]

No entanto, no aditamento ao voto mencionado alhures,[66] o Ministro Relator acabou por realizar acuradíssima interpretação do artigo 12 da Lei nº 6.360/76.

Uma vez que tal dispositivo exige o registro perante o Ministério da Saúde para que a circulação do fármaco em território nacional seja lícita, a interpretação atualizada foi de que tal exigência "sinaliza a necessidade de registro do remédio em

---

[64] Disponível em: <http://www.stf.jus.br/arquivo/cms/noticiaNoticiaStf/anexo/RE657718.pdf>. Acesso em: 31 maio 2018.

[65] Lei nº 6.360/76. Artigo 12.

[66] Disponível em: <http://www.migalhas.com.br/arquivos/2016/9/art20160928-04.pdf>. Acesso em: 22 maio 2018. A despeito de ter sido prolatado no âmbito do Recurso Extraordinário No. 566.471/RN, o aditamento também tratou de emendar o voto no caso em comento.

órgão público". À época da edição de tal legislação, a Anvisa não era a encarregada de realizar os registros. Logo, o Ministro aduziu necessário considerar outras formas de registro em órgãos públicos, como aquela descrita da RDC No. 8 da Anvisa. Tal norma prevê a excepcional inclusão de fármacos importados, sem registro na agência, em listas para uso estritamente hospitalar ou sob prescrição médica, quando a importação estiver vinculada a uma determinada entidade hospitalar ou civil ligada à área da saúde, para seu uso exclusivo, não se destinando à revenda ou ao comércio.

Ao analisar os critérios estabelecidos pela referida resolução para a inclusão de medicamentos na lista excepcional,[67] o voto vai além. Em estando presentes tais critérios no caso concreto, deve o Estado arcar com a importação do medicamento tido como órfão, independentemente de constar das listas dos órgãos públicos.

Portanto, como proposta da relatoria para fixação da tese em repercussão geral, até o momento em que este artigo foi escrito tem-se que: *O Estado está obrigado a fornecer medicamento registrado na Anvisa, como também o passível de importação, sem similar nacional, desde que comprovada a indispensabilidade para a manutenção da saúde da pessoa, mediante laudo médico, e tenha registro no país de origem.*

O próximo voto já disponibilizado,[68] mas ainda "em elaboração", foi novamente o do Ministro Barroso.

O voto aduziu que, como regra geral, o Estado não tem obrigação de fornecer medicamentos não registrados na Anvisa, dado que o registro perante a agência preza pela saúde dos brasileiros, garantindo não só a eficácia, mas também a segurança dos fármacos.

Porém, o Ministro excepcionou os casos em que a eficácia e a segurança do medicamento tenham sido comprovadas por meio de testes conclusivos; e o registro, embora solicitado perante a Anvisa, não tenha se perfectibilizado em razão de "irrazoável" mora da autarquia, o que se daria apenas com mais de 365 dias de atraso pela agência.

O voto ainda define que, mesmo na hipótese acima, o fornecimento só é permitido se forem comprovadas: (i) a existência do pedido de registro do medicamento no Brasil; (ii) a existência do registro do medicamento pleiteado em renomadas agências de regulação no exterior (expressamente exemplificadas as agências dos Estados Unidos, União Europeia e Japão) e (iii) a inexistência de substituto terapêutico registrado na Anvisa "mesmo quando os graus de eficácia dos tratamentos não sejam idênticos".

Ademais, dado que medicamentos sem registro na Anvisa necessariamente não fazem parte da lista de dispensação do SUS, à hipótese ora em análise aplica-se o requisito de comprovação de hipossuficiência do requerente adotado no caso de medicamentos não listados. Fundamenta o Ministro que a universalidade do SUS apenas pode alcançar aqueles fármacos listados como parte da política pública de saúde

---

[67] ANVISA. Resolução – RDC nº 8, de 8 de fevereiro de 2014. "Art. 3º. São critérios para inclusão de medicamentos na lista de medicamentos liberados para importação em caráter excepcional: I – Indisponibilidade do medicamento no mercado brasileiro; II – Ausência de opção terapêutica para a indicação(ões) pleiteada(s); III – Comprovação de eficácia e segurança do medicamento por meio de literatura técnico-científica indexada; IV – Comprovação de que o medicamento apresenta registro no país de origem ou no país onde esta sendo comercializado, na forma farmacêutica, via de administração, concentração e indicação(ões) terapêutica(s) requerida(s). Parágrafo único. Os medicamentos contantes na lista de medicamentos liberados para importação em caráter excepcional serão excluídos a partir do momento que não atenderem a qualquer um dos critérios de inclusão desta norma".

[68] Disponível em:<http://www.luisrobertobarroso.com.br/wp-content/uploads/2016/10/RE-657718-Medicamentos-sem-registro-Anvisa-versa%CC%83o-final.pdf>. Acesso em: 31 maio 2018.

definida pelo gestor federal, de modo que qualquer fornecimento fora desta política é excepcional e demanda comprovação de incapacidade financeira sem prejuízo de outras necessidades básicas de vida. Do contrário, a obrigação estatal resumir-se-á à viabilização da importação do fármaco, a ser custeado pelo requerente.

Por fim, uma vez embasadas na mora de autarquia federal (Anvisa), as ações que visem ao fornecimento de medicamento não registrado em tal agência também devem ser ajuizadas em face da União Federal, único ente que pode ser responsabilizado por tal demora e é apto para saná-la. Quanto aos medicamentos em fase experimental – logo, sem comprovação científica da sua eficácia e segurança por meio de pesquisas clínicas –, o Ministro Barroso votou que não há qualquer hipótese que obrigue o Estado a fornecê-los, ressalvados os fornecimentos via estudo clínico, uso compassivo e acesso expandido conforme regulamentação aplicável.

O terceiro e último voto a que se tem acesso,[69] ainda "em elaboração", é o do Ministro Edson Fachin. Para fixação da tese em repercussão geral, o Ministro propôs que "No *âmbito* da política de assistência *à* saúde, *é* possível ao Estado prever, como regra geral, a vedação da dispensação, do pagamento, do ressarcimento ou do reembolso de medicamento e produto, nacional ou importado, sem registro na Agência Nacional de Vigilância Sanitária – Anvisa".

Tem-se, portanto, até o momento, unanimidade quanto *à* regra geral de que não há obrigação estatal ao fornecimento de medicamentos não registrados na Anvisa em razão da proibição da sua circulação no país, excepcionadas as situações permitidas por lei ou regulamentação. Não obstante, a Suprema Corte parece reconhecer que a burocracia do sistema, aliada *à* rapidez com que o conhecimento em matéria de saúde se desenvolve, não pode afetar a universalidade e, em especial, a integralidade com que as políticas de saúde devem ser cumpridas, e menos ainda inviabilizar a efetivação do direito fundamental *à* saúde.

V Conclusão

O direito à saúde, consolidado como direito social na Constituição Federal de 1988, é indiscutivelmente um direito fundamental, chamado "de segunda geração" e, portanto, de dimensões negativa e positiva, esta realizada por meio de prestações por parte do Estado *lato sensu*.

Tais prestações devem se dar de modo universal, integral e equânime, garantindo a cobertura a todos independentemente do grau de complexidade e prevalência da moléstia, priorizando medidas preventivas que, consequentemente, *também* incluem políticas públicas de abrangência coletiva, tais como moradia, alimentação e saneamento básico. Em total acordo com tais princípios constitucionais, a integralidade do Sistema Único de Saúde foi regulamentada por lei específica que prevê a dispensação gratuita de medicamentos de acordo com as diretrizes e consequentes listas de aprovação organizadas pela rede pública.

Ocorre que tal regulamentação não se deu para limitar a integralidade prevista na Constituição, mas sim para garantir a eficácia e segurança dos tratamentos

---

[69] Disponível em: <http://www.migalhas.com.br/arquivos/2016/9/art20160929-02.pdf>. Acesso em: 22 maio 2018.

disponibilizados.[70] Em especial, o objetivo do controle pela rede pública é de cunho prático-orçamentário: garantir custo-efetividade para o orçamento público, de modo que deve ser sempre priorizado o tratamento mais eficiente, que possa "fazer mais (eficácia) com menos (recursos públicos)".

A escassez de recursos e a burocracia estatais não podem cegar os agentes políticos, de modo a negar vigência ao direito à saúde. Direito este que, por previsão constitucional, já é essencialmente fundamental independentemente da existência de uma política pública que o concretize. Nessa toada, cumpre ao Poder Judiciário a garantia da efetivação desse direito, outorgando ao usuário o acesso à promoção, proteção e recuperação da saúde.

Como resultado, a Suprema Corte brasileira tem demonstrado sério comprometimento tanto com o direito fundamental à saúde dos usuários do Sistema Único de Saúde, quanto com a organização desse Sistema que, por óbvio, não pode ser negligenciada, sob pena de se ferir o próprio direito fundamental à saúde.

Nessa linha, é preciso assumir uma premissa: a ausência de registro perante a Anvisa e, ainda mais óbvia, a ausência de incorporação pelo SUS não significam ausência de eficácia, segurança, e nem mesmo de custo-efetividade de um determinado medicamento. É preciso analisar as situações do caso concreto com base em parâmetros e critérios a serem universalmente aplicados, que garantam a eficácia e a segurança de um tratamento específico a despeito da inatividade dos órgãos públicos brasileiros. Só assim garantir-se-á o cumprimento, por parte do Estado, do dever de atender integralmente o cidadão que necessite de um determinado medicamento, focando menos em uma mera inserção do fármaco em uma dada lista ou programa público, e mais na sua eficácia real e na consequência que pode gerar a realização de um dos mais basilares direitos consolidados com a Constituição da República Federativa do Brasil de 1988: o direito fundamental à saúde.

Informação bibliográfica deste texto, conforme a NBR 6023:2002 da Associação Brasileira de Normas Técnicas (ABNT):

XAVIER, Celso; SAMPAIO, Amanda. A (im)possibilidade constitucional de o Estado fornecer medicamentos de alto custo e/ou sem registro na Anvisa. In: ARABI, Abhner Youssif Mota; MALUF, Fernando; MACHADO NETO, Marcello Lavenère (Coord.). *Constituição da República 30 anos depois*: uma análise prática da eficiência dos direitos fundamentais. Estudos em homenagem ao Ministro Luiz Fux. Belo Horizonte: Fórum, 2019. p. 227-249. ISBN 978-85-450-0598-8.

---

[70] Não se diga, portanto, que por serem regras específicas, as normas da Lei do SUS teriam antecedência com relação à integralidade disposta na Constituição, com inerente caráter generalista de princípio. Em relação ao direito à saúde integral, tal tentativa de limitação seria inconstitucional. A respeito, veja-se ALEXY, Robert. *Teoria dos Direitos Fundamentais*. 2. ed. São Paulo: Malheiros, 2011.

NOVAS TECNOLOGIAS E AS BARREIRAS CONSTITUCIONAIS À INTERVENÇÃO ECONÔMICA PELA ADMINISTRAÇÃO PÚBLICA[1]

CLÁUDIO FINKELSTEIN

FERNANDO MALUF

I Introdução

Três importantes revoluções moldaram o curso da história.[2] A Revolução Cognitiva foi o primeiro passo para a vida em sociedade como conhecemos hoje. O desenvolvimento, pelo homem, de uma capacidade ímpar de transmitir informações. A Revolução Agrícola, na sequência, transformou a maneira como o homem vivia até então. Caçadores-coletores nômades deram espaço a agricultores sedentários, com uma nova habilidade de cultivo de plantas e animais. A Revolução Científica, enfim, mudou o jeito do homem encarar o mundo a sua volta. Diante de um horizonte de descobertas sem limites, começou a busca interminável pelo conhecimento e pelo aprimoramento.

Os avanços da sociedade, no entanto, não pararam por aí. Cinco séculos depois, os investimentos em pesquisa conectaram, por computadores e em tempo real, cerca de 7 bilhões de pessoas. Vivemos, pois, uma nova revolução, a Revolução Tecnológica.[3] Um caminho sem volta que, como nos episódios anteriores, influencia a maneira do homem interagir em sociedade e transforma, de uma forma única e determinante, a economia.

Na Revolução Tecnológica, a internet e os aparelhos celulares desempenham um papel fundamental.[4] Como principais meios de comunicação da atualidade, abrem ao

---

[1] Este artigo é uma homenagem ao Ministro Luiz Fux, magistrado de carreira, jurista por excelência e professor por vocação, um exemplo de brasileiro por quem guardamos grande admiração.

[2] HARARI, Yuval Noah. *Sapiens:* a Brief History of Humankind. São Paulo: L&PM, 2015, p. 15, tradução livre de: "Three important revolutions shaped the course of history".

[3] Palestra do Ministro Luís Roberto Barroso. Intérprete: Ministro Luís Roberto Barroso. São Paulo: Exame.com, 2017. (44 min.). Série A revolução do novo – a transformação do mundo. Disponível em: <https://youtu.be/_estguWPT1M>. Acesso em: 14 maio 2018.

[4] Segundo levantamento realizado pela Fundação Getulio Vargas, o número de smartphones superou o número de computadores, sendo 306 milhões de celulares com acesso à internet, conforme noticiado no jornal *Valor*

homem um moderno universo de negócios e formas de interação. Um resultado positivo desse novo tempo que começa é, indiscutivelmente, a "economia compartilhada",[5] também conhecida como *"peer to peer economy"*, *"sharing economy"*, *"peer production economy"*, *"crowdsourcing"* ou "economia colaborativa".[6]

A economia compartilhada é uma nova etapa no processo de desenvolvimento econômico. Por intermédio de plataformas de tecnologia, o modelo de negócios predominante até então, de propriedade individual, consumo em massa e acúmulo de bens, passa a dar lugar a um modelo disruptivo que privilegia, com a colaboração entre os indivíduos, o compartilhamento de bens e serviços. Representa, como assinalam Carlos Affonso Souza e Ronaldo Lemos, "o uso de tecnologia da informação em prol da otimização do uso de recursos através de sua redistribuição, compartilhamento e aproveitamento de suas capacidades excedentes".[7]

Esse fenômeno, que começou com lojas virtuais que uniam fabricantes e fornecedores de produtos aos consumidores interessados em adquiri-los, hoje não só permite, como fomenta, a união entre empresas, empreendedores, colaboradores com potencial para gerar recursos (monetização, tempo, informações, dentre outros), e pessoas à procura de determinados bens e serviços. Com isso, é possível contratar, pela internet e pelos aparelhos celulares, uma manicure para atender em casa, um chef para cozinhar um jantar entre amigos, um treinador para cuidar do bicho de estimação, entre outros serviços.

Os benefícios desse modelo disruptivo de negócios são diversos. Recursos que não seriam explorados passam, com o auxílio da tecnologia, a exercer uma verdadeira função social (a exemplo do veículo do motorista particular que, no ócio, ficaria parado). Custos de transação chegam, em determinados casos, a praticamente zero[8] (a exemplo de músicos que, pela internet, divulgam seu trabalho a milhões de pessoas). O uso de bens e a prestação de serviços não se dão mais de forma permanente, mas de forma sustentável (encontra lugar só quando for, de fato, necessária). Os dados coletados são,

---

Econômico em 16/04/2015: <http://www.valor.com.br/empresas/4010440/numero-de-smartphones-passa-o-de-computadores-e-tablets-no-brasil>. Acesso em: 14 maio 2018.

[5] Descrita pela Revista *Time* no ano de 2011 como uma das "10 ideias que mudarão o mundo" Disponível em: <http://time.com/3687305/testing-the-sharing-economy/>. Acesso em: 14 maio 2018.

[6] Não se desconhece que parcela da doutrina especializada diverge a respeito do conceito dos termos acima referidos, os quais não são como um todo tratados como sinônimos. Em razão das limitações inerentes a este artigo, deixar-se-á de aprofundar a discussão. Não obstante, faz-se desde logo o registro, com referência abaixo a alguns autores que tratam da conceituação do tema:
BOTSMAN, Rachel. ROGERS, Roo. *What's mine is yours*: the rise of collaborative consumption. Harper Collins Publishers. 2010, p. 131;
HOWE, Jeff. *Crowdsourcing*: why the power of the crowd is driving the future of business. Crown Business. 2008, p. 43; e
BENKLER, Yochai. *The wealth of networks*: how social production transforms markets and freedom. Yale University Press. 2006, p. 39.

[7] LEMOS, Ronaldo; SOUZA, Carlos Affonso Pereira de. Aspectos jurídicos da economia de compartilhamento: função social e tutela da confiança. *Revista de Direito da Cidade*, Belo Horizonte, v. 08, n. 04, p. 1757-1777, p. 1759.

[8] Sobre a redução de custos de transação como um resultado prático da adoção do novo modelo disruptivo de negócios, Clayon M. Chistensen e Michael E. Raynor assinalam que "Often, the innovations that enable low-end disruption are improvements that reduce overhead costs, enabling a company to earn attractive returns on lower gross margins, coupled with improvements in manufacturing or business processes that turn assets faster" (CHRISTENSEN, C. M.; RAYNOR, M. E. *Innovator's Solution*: Creating and Sustaining Successful. Boston, MA: Harvard Business School Press, 2003.p. 50).

por fim, revertidos para o melhoramento da qualidade de vida (a exemplo do provedor de aplicação *Waze*, que, hoje, desempenha papel essencial no mapeamento e controle de trânsito dos grandes centros urbanos).

A economia compartilhada é, portanto, uma realidade.[9] *Uber, Airbnb, 99Táxi* e *iFood* são alguns exemplos de sucesso dessa tendência mundial que só cresce. Cada dia que passa, surge um novo *player* em um determinado mercado. Afinal, graças ao novo modelo disruptivo de negócios, tudo pode ser compartilhado. São infinitas possibilidades.

Neste cenário de desenvolvimento sem precedentes, o esperado era que, ameaçados por novos concorrentes, os agentes econômicos até então presentes buscassem se adaptar e melhorar a qualidade dos bens e serviços, em evidente benefício aos consumidores. Da mesma forma, desafiada pela vertente tecnológica que permeia o direito administrativo,[10] o mais razoável era que eventual regulação pela Administração Pública fosse ao encontro dessa nova cultura paradigmática, com o estímulo à livre iniciativa, livre concorrência, livre exercício de qualquer trabalho, ofício ou profissão e inovação (direitos fundamentais prestigiados na Constituição da República, cujo aniversário de 30 anos deu ensejo à edição desta obra).

Contudo, no Brasil, não tem sido esse o resultado alcançado. Conforme avançam, as novas tecnologias têm encontrado resistência não só por parte dos agentes econômicos dominantes,[11] como também por parte da Administração Pública, que teme perder o protagonismo regulatório[12] (a exemplo do mercado de transporte remunerado

---

[9] E esse fenômeno econômico atinge cada vez números mais surpreendentes. De acordo com a Revista *Forbes*, no ano de 2014, aproximadamente US$3,5 bilhões de dólares foram movimentados na economia compartilhada a nível global, um aumento percentual de 25% em relação às transações no ano anterior. Disponível em: <http://bibliotecadigital.fgv.br/dspace/bitstream/handle/10438/18082/RLT%20-%20DISSERTACAO%20MESTRADO%20-%202017.pdf?sequence=3&isAllowed=y> Acesso em: 14 maio 2018.

[10] Floriano de Azevedo Marques Neto e Rafael Véras de Freitas são categóricos ao afirmar que "As concepções clássicas do direito administrativo são sempre desafiadas por três vetores: o aumento da consciência do cidadão (vertente política), as realidades ditadas pela dinâmica do mercado (vertente econômica) e a evolução do conhecimento aplicado (vertente tecnológica). (...) a vertente tecnológica permitiu que a introdução de novas tecnologias forcejasse novos equipamentos e insumos que reduziram os custos da implantação de redes (relativizando certos segmentos classicamente considerados monopólio natural), ensejando competição entre plataformas tecnológicas e a conexão entre redes antes incomunicáveis". (FREITAS, Rafael Véras de; MARQUES NETO, Floriano de Azevedo. Uber, WhatsApp, Netflix: os novos quadrantes da publicatio e da assimetria regulatória. *Revista de Direito Público da Economia – RDPE*, Belo Horizonte, ano 14, n. 55, p. 75-108, out./dez. 2016, p. 75-76).

[11] Conforme alerta a Ministra Fátima Nancy Andrighi: "De fato, a discussão sobre a proibição ou não de aplicativos de intermediação de contrato de transporte não pode ser pautada exclusivamente pela pressão política de certas categorias profissionais, como vem sendo feito, mas deve ser feita precipuamente no interesse dos consumidores do serviço de 'transporte privado individual', afinal é do interesse do consumidor – e deveria ser também do Estado, por força do artigo 170 inciso IV da Constituição – que a livre concorrência seja fomentada e não restringida. São os consumidores que devem ser os primeiros a serem ouvidos quando o Estado pretende proibir qualquer atividade econômica lícita" (ANDRIGHI, Fátima Nancy. Uber: a regulação de aplicativos de intermediação de contrato de transporte. *Revista de Direito Administrativo – RDA*, Belo Horizonte, ano 2016, n. 271, jan./abr. 2016).

[12] Neste tocante, Floriano de Azevedo Marques Neto e Rafael Véras de Freitas advertem que "quando a inovação disruptiva tem lugar em setores regulados (serviços públicos tradicionais, por exemplo), a questão se apresenta mais complexa. A reação natural dos agentes econômicos dominantes se soma ao estranhamento do regulador estatal (que vê o risco de perder o protagonismo regulatório frente à contestação de mercado) e à baixa aderência das novas tecnologias a um framework que não as tem em consideração". (FREITAS, Rafael Véras de; MARQUES NETO, Floriano de Azevedo. Uber, WhatsApp, Netflix: os novos quadrantes da publicatio e da assimetria regulatória. *Revista de Direito Público da Economia – RDPE*, Belo Horizonte, ano 14, nº 55, p. 75-108, out./dez. 2016, p. 80).

individual de pessoas,[13] popularmente conhecido como *Uber*, cuja discussão deu origem à Arguição de Descumprimento de Preceito Fundamental atuada sob nº 449/DF[14] e ao Recurso Extraordinário nº 1.054.110/SP,[15] sob a relatoria, respectivamente, do nosso homenageado, Ministro Luiz Fux, e do Ministro Luís Roberto Barroso, ambos pendentes de julgamento perante o Supremo Tribunal Federal).

Vivenciamos, portanto, um verdadeiro retrocesso. Como os ludistas,[16] que, contrários aos avanços tecnológicos ocorridos na Revolução Industrial, quebravam as máquinas em protesto à substituição da mão de obra humana, a Administração Pública, contrária ao novo modelo disruptivo de negócios advindo da Revolução Tecnológica, tem exercido uma excessiva reação regulatória.[17] No entanto, sob a perspectiva da Constituição da República, não há espaço para qualquer intervenção econômica.

Este artigo se presta justamente à análise prática da eficiência dos direitos fundamentais enquanto barreiras a esses entraves econômicos que vêm sendo criados pela Administração Pública no campo das novas tecnologias. Serão abordados, nas próximas páginas, os limites constitucionais que surgem como resultado lógico do bom emprego dos princípios da livre iniciativa, livre concorrência; livre exercício de qualquer trabalho, ofício ou profissão; e inovação.[18]

II As barreiras à intervenção econômica à luz da livre iniciativa

A Constituição teve o cuidado de enaltecer e assegurar, logo no primeiro artigo, os elementos inerentes à formação do Estado e os fundamentos da República Federativa do Brasil. Os primeiros (elementos que dão forma ao Estado), presentes no *caput*,

---

[13] Tema 967 da Repercussão Geral perante o Supremo Tribunal Federal.

[14] Arguição de Descumprimento de Preceito Fundamental ajuizada pelo Partido Social Liberal com a finalidade de discutir a constitucionalidade da Lei do Município de Fortaleza nº 10.553 de 23 de dezembro de 2016.

[15] Recurso Extraordinário originado de Ação Direta de Inconstitucionalidade ajuizada pela Confederação Nacional dos Serviços com a finalidade de discutir constitucionalidade da Lei do Município de Fortaleza nº 16.279/2015 de 08 de outubro de 2015.

[16] ARAUJO, Daniel de. *História Geral*. São Paulo: Saraiva, 2016, p. 80.

[17] INTERNATIONAL TRANSPORT FORUM, 2016, Paris. App-Based Ride and Taxis Services: Principles for Regulation. Paris: OECD, 2016, p. 9.

[18] Quanto ao papel fundamental dos princípios constitucionais na interpretação das relações jurídicas, Daniel Sarmento enaltece que "Como normas jurídicas, os princípios constitucionais estabelecem limites para o legislador infraconstitucional e para a Administração, cuja inobservância enseja a invalidade das normas e dos atos que os contravenham. Eles também incidem diretamente sobre as relações sociais, impondo comportamentos positivos e negativos ao Estado e a particulares. Além disso – e este é o ponto que nos interessa no momento –, os princípios constitucionais são vetores fundamentais na interpretação da ordem jurídica". (SARMENTO, Daniel. Ordem constitucional econômica, liberdade e transporte individual de passageiros: o "caso Uber". Rio de Janeiro: 2016. Disponível em: <https://pt.scribd.com/document/273284827/O-Caso-Uber-Daniel-Sarmento>. Acesso em: 20 maio 2018, p. 4).
Em sentido semelhante, o Ministro Luís Roberto Barroso esclarece que "A eficácia interpretativa consiste em que o sentido e alcance das normas jurídicas em geral devem ser fixados tendo em conta os valores e fins abrigados pelos princípios constitucionais. Funcionam eles, assim, como vetores da atividade do intérprete, sobretudo na aplicação de normas jurídicas que comportam mais de uma possibilidade interpretativa. (...) Em suma: a eficácia dos princípios constitucionais, nessa acepção, consiste em orientar a interpretação das regras em geral (constitucionais e infraconstitucionais), para que o intérprete faça a opção, dentre as possíveis exegeses para o caso, por aquela que realiza melhor o efeito pretendido pelo princípio constitucional pertinente." (BARROSO, Luís Roberto. *Curso de Direito Constitucional*: os conceitos fundamentais e a construção do novo modelo. São Paulo: Saraiva, 2009, p. 319).

são a indissolubilidade da Federação e o Estado Democrático de Direito. Os demais (fundamentos que erigem a República), elencados nos incisos que o seguem, são a soberania, a cidadania, a dignidade da pessoa humana, a livre iniciativa, os valores sociais do trabalho e o pluralismo político.

O princípio da livre iniciativa desempenha, assim, verdadeiro protagonismo. O constituinte decidiu não só positivá-lo, como elevá-lo à condição de fundamento da República Federativa do Brasil. A decisão não poderia ter sido mais acertada. Após duas décadas de ditadura, marcada por repetitivos episódios de restrição a direitos do cidadão e absoluto dirigismo estatal, nada mais justo que a nova Constituição, marco inicial do convívio democrático, consagrar a liberdade que havia sido até então cerceada pelo regime militar. À luz da ordem econômica, essa liberdade está representada, sobretudo, pela livre iniciativa.[19]

Com origem na Revolução Francesa[20] e típico de Estados que adotam o modelo capitalista,[21] o princípio da livre iniciativa consiste na regra geral de produção que hoje vigora no Brasil, segundo a qual a todo e qualquer cidadão é assegurado, de modo amplo, iniciar, organizar e gerir determinada atividade econômica. Nas palavras de Daniel Sarmento, coautor desta obra, "Trata-se de princípio estruturante da ordem jurídica capitalista, que preconiza a liberdade dos agentes privados – indivíduos, coletividades ou empresas – para empreenderem atividades econômicas, no ambiente do mercado".[22]

---

[19] É expresso, nesse sentido, o artigo 170 da Constituição da República: "A ordem econômica, fundada na valorização do trabalho humano e na livre iniciativa, tem por fim assegurar a todos existência digna, conforme os ditames da justiça social".

[20] Onde a burguesia lutava contra as restrições e privilégios que obstruíam o exercício da atividade econômica, como ressalta Norbert Elias "Só quando formas burguesas de existência não mais baseadas em privilégios de classe emergiram em número cada vez maior no tecido da sociedade, quando, como resultado, um setor sempre maior da sociedade reconheceu esses direitos especiais garantidos ou criados pelo governo como um sério impedimento a toda a rede funcionalmente dividida de processos, só então surgiram forças sociais que puderam opor-se decisivamente à nobreza e que se esforçaram por eliminar não apenas privilégios particulares dos nobres, mas a própria instituição social dos privilégios a eles concedidos". (ELIAS, Norbert. O processo civilizador. Rio de Janeiro: Zahar, 1993. v. 2, p. 153).

[21] Nesse sentido, Ana Paula de Barcellos e Luís Roberto Barroso advertem que "Como se sabe, a opção pela valorização da liberdade econômica é típica dos Estados que adotam o modo de produção capitalista, mais do que nunca dominante. Isso não significa, porém, que a Constituição haja consagrado o liberalismo econômico extremado como opção normativa. Embora a adoção de uma economia de mercado exclua determinadas formas de intervenção estatal na economia, é certo que a presença do Poder Público nesse domínio deve ser graduada segundo as opções políticas de cada momento, respeitados os limites e exigências constitucionais. Para um estudo mais aprofundado acerca da influência dos valores aqui referidos sobre as ordens econômica e social, recomenda-se a leitura dos comentários aos arts. 170 e 193 da Constituição" (BARCELLOS, Ana Paula de; BARROSO, Luís Roberto. Os valores sociais da livre-iniciativa. In: CANOTILHO, J. J. Gomes et al (Coord.). Comentários à Constituição do Brasil. São Paulo: Saraiva/Almedina, 2013, p. 133).

[22] SARMENTO, Daniel. Ordem constitucional econômica, liberdade e transporte individual de passageiros: o "caso Uber". Rio de Janeiro: 2016. Disponível em: <https://pt.scribd.com/document/273284827/O-Caso-Uber-Daniel-Sarmento>. Acesso em: 20 maio 2018, p. 6.

Em sentido semelhante, Francisco Amaral descreve que a livre iniciativa representa "a liberdade dos particulares de utilizarem recursos materiais e humanos na organização de sua atividade produtiva, liberdade, enfim, dos particulares de decidirem o que, quando e como produzir" (AMARAL, Francisco. A liberdade de iniciativa econômica. Fundamentos, natureza e garantia constitucional. Revista de Informação Legislativa, n. 92, 1996, p. 228).

Ainda sobre o tema, Miguel Reale discorre que "(...) não é senão a projeção da liberdade individual no plano da produção, circulação e distribuição de riquezas, assegurando não apenas a livre escolha das profissões e atividades econômicas, mas também a autônoma eleição dos processos ou meios julgados mais adequados à consecução dos fins visados. Liberdade de fins e de meios informa o princípio de livre iniciativa, conferindo-lhe um valor primordial, como resulta da interpretação conjugada dos citados arts. 1º e 170" (REALE, Miguel. O Plano Collor II e a intervenção do Estado na ordem econômica. In: Temas de Direito Positivo. São Paulo: RT, 1992, p. 249).

Não se trata, contudo, de uma expressão isolada da ideia geral de liberdade. Seu conteúdo está intimamente relacionado a uma série de princípios constitucionais, a exemplo da legalidade, da autonomia da vontade, da liberdade profissional e da valorização do trabalho humano. Aliás, o Ministro Luís Roberto Barroso adverte que o princípio da livre iniciativa transcende a mera esfera econômica, de modo que o "Estado não pode determinar onde um indivíduo vai morar, qual profissão vai seguir, o que vai fazer com o seu dinheiro ou a quem vai ajudar ou deixar de ajudar".[23]

Como consequência lógica, o princípio da livre iniciativa também está presente, implícita e explicitamente, na legislação infraconstitucional. No Marco Civil da Internet, pode ser encontrado como fundamento (artigo 2º, inciso V); como princípio (artigo 3º, inciso VIII, ao assegurar a "liberdade dos modelos de negócios promovidos na internet") e como objetivo (artigo 4º, inciso III, ao incentivar a promoção "da inovação e do fomento à ampla difusão de novas tecnologias e modelos de uso e acesso") do uso da internet no Brasil. O motivo é simples: é preciso liberdade para que as pessoas criem na internet.

Não se desconhece que, em tese, essa liberdade não é absoluta.[24] Afinal, como toda norma, o princípio da livre iniciativa admite uma exceção: a intervenção econômica.[25] A Administração Pública pode – ou melhor, deve – mitigá-lo sempre que demonstrar necessário para a correção de falhas de mercado, a proteção de outros direitos fundamentais ou a promoção de objetivos sociais coletivos (respeitados, por óbvio, as exigências constitucionais e os limites da proporcionalidade[26]).

A exceção ao princípio da livre iniciativa, entretanto, parece-nos não encontrar lugar na disciplina das novas relações jurídico-econômicas surgidas na Revolução Tecnológica.[27] Isso porque qualquer mitigação da flexibilidade hoje existente no cenário

---

[23] BARROSO, Luís Roberto. Estado e livre-iniciativa na experiência constitucional brasileira: a nova regulação da infraestrutura e da mineração. RIBEIRO, Leonardo Coelho; FEIGELSON, Bruno; FREITAS, Rafael Véras de (Coord.). Belo Horizonte: Fórum, 2015. 2015, p. 27.

[24] Até porque a Constituição da República ora vigente não chancelou o liberalismo econômico extremo.

[25] Sobre os limites do princípio da livre iniciativa, Carlos Affonso Souza e Ronaldo Lemos assumem que "Como é sabido, o regime geral de exploração das atividades econômicas previsto pela Constituição de 1988 é o da livre iniciativa. Em termos objetivos, isso significa que os diversos setores da economia brasileira são, em geral, explorados em regime privado (atividades econômicas em sentido estrito), com livre entrada e permanência dos empresários interessados em desenvolver atividades comerciais. Para essas atividades econômicas em sentido estrito, a Constituição brasileira pressupõe a livre concorrência como fator de controle suficiente, vedado o abuso de poder econômico". (LEMOS, Ronaldo; SOUZA, Carlos Affonso Pereira de. *Marco civil da internet*: construção e aplicação. Juiz de Fora: Editar Editora Associada Ltda., 2016, p. 45).

De forma ainda mais precisa, quanto ao tema, Daniel Sarmento esclarece que "(...) o princípio da livre iniciativa não ostenta caráter absoluto e incondicional na ordem constitucional brasileira. Afinal, a Constituição de 88 está longe de consagrar um modelo econômico libertário, à moda do laissez-faire do século XIX, como se percebe de outros fundamentos, objetivos e princípios também contemplados no seu art. 170 – e.g., "valorização trabalho humano", "existência digna", "justiça social", "função social da propriedade", "defesa do meio ambiente", "redução das desigualdades regionais e sociais". SARMENTO, Daniel. Ordem constitucional econômica, liberdade e transporte individual de passageiros: o "caso Uber". Rio de Janeiro: 2016. Disponível em: <https://pt.scribd.com/document/273284827/O-Caso-Uber-Daniel-Sarmento>. Acesso em: 20 maio 2018, p. 7.

[26] ALEXY, Robert. *Teoria dos direitos fundamentais*. Tradução de Virgílio Afonso da Silva. São Paulo: Malheiros, 2011, p. 117.

[27] A esse propósito, ao julgar o Tribunal de Justiça do Estado de São Paulo reconheceu "quanto mais a intervenção estatal afetar os valores da livre iniciativa, maior a exigência de razões jurídico-constitucionais relevantes legitimadoras desta interferência do ente público" ao sentenciar a Ação Direta de Inconstitucionalidade que deu origem ao Recurso Extraordinário (ADIN nº 2216901-06.2015.8.26.0000, Rel. Des. Francisco Casconi, j. em 05.10.2016).

do uso da internet no Brasil tende a figurar como um desestímulo – capaz de engessar – ou um retrocesso – capaz de extinguir – aos novos modelos de negócio advindos dos avanços da tecnologia (a exemplo do que vem sendo enfrentado pelos provedores de aplicação que desenvolvem o transporte individual remunerado de pessoas).

Diante das novas tecnologias, portanto, o princípio da livre iniciativa, sugerido pela Constituição da República e incorporado pelo Marco Civil da Internet, deve ser privilegiado em face da intervenção econômica, com a criação de condições que incentivem a liberdade dos agentes econômicos no desenvolvimento de novos modelos de negócio.

III As barreiras à intervenção econômica à luz da livre concorrência

A ordem econômica nacional consagrada pela Constituição da República está construída com base em fundamentos, citados no *caput* (valorização do trabalho humano e livre iniciativa), aliados a uma série de princípios, elencados nos incisos que o seguem. Em que pesem todos esses princípios sejam indispensáveis ao bom funcionamento da economia no Brasil, eles desempenham um papel determinante a livre concorrência (inciso IV).

Como um verdadeiro desdobramento da liberdade de iniciativa, o princípio da livre concorrência, cuja a origem histórica também remonta à Revolução Francesa,[28] busca proteger a competição entre os agentes econômicos presentes no mercado, de modo a promover uma melhoria da eficiência econômica e, com isso, torná-lo mais atrativo aos interessados e seguro aos consumidores.

O raciocínio por trás da livre iniciativa é bem simples: quanto maior o número de *players* competindo em determinado segmento, melhor será a alocação de recursos, a definição de preços e a preocupação com a qualidade dos serviços e produtos, porque disputam a mesma clientela.[29] Sobre essa perspectiva, o Ministro Luís Roberto Barroso enaltece que "a competição entre os agentes econômicos, de um lado, e a liberdade de escolha dos consumidores, de outro, produzirão os melhores resultados sociais: qualidade dos bens e serviços e preço justo".[30]

O cenário não é diferente no âmbito das novas tecnologias. O princípio da livre concorrência, elevado a fundamento do uso da internet no Brasil (artigo 2º, inciso V, do Marco Civil),[31] serve não só como um estímulo à competição nas novas plataformas, como também desempenha a função de incentivar a inovação. Afinal, o novo modelo

---

[28] BAGNOLI, Vicente. *Introdução ao direito da concorrência*: Brasil, globalização, União Européia, Mercosul, ALCA. São Paulo: Singular. 2005, p. 50.

[29] Ainda sobre o princípio da concorrência, Daniel Sarmento, coautor desta obra, destaca que "A competição proporciona também uma melhoria na eficiência alocativa da economia, ao fazer com que os preços dos produtos correspondam aos valores que a sociedade lhes atribui, assim como na eficiência produtiva das empresas, que são levadas a reduzir os seus custos e aperfeiçoar os bens e serviços que fornecem, no afã de prosperarem no mercado. A concorrência estimula, nesse sentido, a inovação e o progresso". (SARMENTO, Daniel. Ordem constitucional econômica, liberdade e transporte individual de passageiros: o "caso Uber". Rio de Janeiro: 2016. Disponível em: <https://pt.scribd.com/document/273824827/O-Caso-Uber-Daniel-Sarmento>. Acesso em: 20 maio 2018, p. 10).

[30] BARROSO, Luís Roberto. A ordem econômica constitucional e os limites à atuação estatal no controle de preços. In: *Temas de Direito Constitucional*. Rio de Janeiro: Renovar, 2003, t. II, p. 58.

[31] Ao lado da livre iniciativa e da defesa do consumidor.

disruptivo de negócios, com preços e serviços mais atrativos aos consumidores,[32] obriga os agentes econômicos até então acomodados no mercado a se reinventar. Quem não inova ou renova, logo fica para trás e não mais compete.

Porém, da mesma forma como acontece com a livre iniciativa, a liberdade de concorrência não pode ser interpretada de maneira irrestrita.[33] Situações de falha de mercado, a colisão de direitos fundamentais e a busca de objetivos sociais coletivos, não só permitem, como exigem, uma atuação comissiva da Administração Pública, em favor da saúde do próprio mercado. O motivo é simples: livre de todas as amarras, há uma tendência natural de que o poder econômico se concentre de forma patológica.[34]

Qualquer intervenção econômica por parte da Administração Pública, ainda assim, parece-nos que deve ser tida como exceção e não pode, em hipótese alguma, criar embaraços à competição, muito menos privilegiar, por questões políticas e econômicas, determinados grupos privados frente ao interesse da coletividade.[35] Caso contrário, estar-se-á diante de exemplo acadêmico de captura pelo regulador.[36]

A questão não é nova. Desde a década de 70, o Supremo Tribunal Federal já discutia se interesses meramente corporativos seriam ou não suficientes a permitir restrições à livre concorrência.[37] A posição que prevaleceu foi no sentido de que deve ser rechaçada qualquer tentativa de criação de reserva de mercado,[38] o que, de lá para cá, culminou na edição da Súmula Vinculante nº 49: "Ofende o princípio da livre concorrência lei municipal que impede a instalação de estabelecimentos comerciais do mesmo ramo em determinada área".

Contudo, com o avanço das novas tecnologias, a discussão parece ter voltado à pauta, a exemplo do mercado de transporte individual remunerado de pessoas (anteriormente já mencionado).[39] Nesse episódio específico, uma categoria que até então dominava isoladamente um determinado segmento (taxistas) conseguiu, com o apoio da

---

[32] Como exemplo, no que toca o mercado de transporte individual remunerado de pessoas, o Conselho Administrativo de Defesa Econômica (CADE) reconheceu, em parecer juntado aos autos da Arguição de Descumprimento de Preceito Fundamental nº 449/DF, que a rivalidade entre os dois segmentos – táxis e plataformas tecnológicas – "é benéfica para o consumidor, pois melhora a qualidade do serviço prestado e fornece mais opções de deslocamento".

[33] FERRAZ JUNIOR, Tércio Sampaio. A economia e o controle do Estado. Parecer. *O Estado de São Paulo*, ed. 04 jun. 1989.

[34] SARMENTO, Daniel. Ordem constitucional econômica, liberdade e transporte individual de passageiros: o "caso Uber". Rio de Janeiro: 2016. Disponível em: <https://pt.scribd.com/document/273284827/O-Caso-Uber-Daniel-Sarmento>. Acesso em: 20 maio 2018, p. 11.

[35] TELÉSFORO, Rachel Lopes. *Uber*: Inovação Disruptiva e Ciclos de Intervenção Regulatória. 2016. 107 f. Dissertação (Mestrado) – Curso de Direito, Escola de Direito do Rio de Janeiro – FGV Direito Rio, Fundação Getulio Vargas, Rio de Janeiro, 2016.

[36] "A submissão da atuação de agência regulatória aos interesses mais imediatos de empresas de setores regulados que, por concentrarem informações privilegiadas, exercem pressão e acabam determinando o conteúdo da regulação que sofrerão em detrimento de interesses coletivos". (NOHARA, Irene Patrícia. *Direito Administrativo*. São Paulo: Atlas, 2012, p. 559.)

[37] STF, RE nº 65.968, Rel. Min. Amaral Santos, Pleno, j. 04/03/1970

[38] "E que as exigências de cunho formal não podem servir a um grupo, não podem se prestar à reserva de mercado, só se justificando a imposição de inscrição em conselho de fiscalização profissional, mediante a comprovação da realização de formação específica e especializada, nos casos em que a atividade, por suas características, demande conhecimentos aprofundados de caráter técnico ou científico, envolvendo algum risco social" (STF, RE nº 414426/SC, Relatora Min. Ellen Gracie, Tribunal Pleno, j. 01.08.2011).

[39] Arguição de Descumprimento de Preceito Fundamental nº 449/DF e Recurso Extraordinário nº 1.054.110/SP.

Administração Pública, criar barreiras e, em algumas regiões do Brasil, até inviabilizar as atividades dos novos concorrentes (*Uber, 99POP, Cabify,* entre outros).

Essa situação peculiar, muito semelhante àquela que as corporações de ofício criavam no período pré-industrial com o intento de evitar a entrada de novos concorrentes,[40] parece-nos um verdadeiro retrocesso frente às novas relações jurídico-econômicas surgidas na Revolução Tecnológica. Isso porque as restrições impostas não buscam proteger o mercado, muito menos os interesses dos consumidores. Servem, pois, a desestimular o desenvolvimento de novos modelos de negócio, desestimulando também, por consequência, a participação de novos *players* e o aumento da competição.

Uma interpretação mais completa do ordenamento jurídico aplicável às novas tecnologias – notadamente, a Constituição da República e o Marco Civil da Internet – leva, portanto, à conclusão de que a livre concorrência é a ferramenta mais adequada para a captação e satisfação das necessidades e preferências de mercado,[41] o que não exclui, é claro, a intervenção por parte da Administração Pública em caráter excepcional.

IV As barreiras à intervenção econômica à luz do livre exercício de qualquer trabalho, ofício ou profissão

A Constituição erige como fundamento da República Federativa do Brasil e da ordem econômica nacional, ao lado da livre iniciativa, a valorização do trabalho humano.[42] Como desdobramento prático dessa previsão, está contemplada no estrito rol de direitos fundamentais a liberdade ao exercício de qualquer trabalho, ofício ou profissão (artigo 5º, inciso XIII), indispensável ao sucesso do Estado Democrático de Direito e que assegura a todo e qualquer cidadão participar, de forma direta, do desenvolvimento socioeconômico do país e, de forma indireta, da redução de desigualdades.[43]

O modelo disruptivo de negócios, em linha com essas garantias elevadas pela Constituição da República, tem contribuído de forma ímpar com a valorização do trabalho humano no Brasil. No contexto econômico atual, caracterizado por um elevado índice de crise e desemprego, as novas tecnologias têm servido como um instrumento de estímulo à complementação ou, em casos extremos, à criação de renda pelos cidadãos. Dia após dia, surgem novas oportunidades de parcerias, negócios e profissões (a exemplo dos próprios programadores de plataformas tecnológicas para aparelhos celulares).

---

[40] "Comum a todos eles, porém, havia um interesse superior a todos os demais: a preservação de seus vários privilégios. Isto porque não era só a existência social do nobre ou do servidor que os distinguia com direitos e privilégios especiais: o mercador da época dependia igualmente deles e também as guildas de ofícios" (ELIAS, Norbert. *O processo civilizador*. Rio de Janeiro: Zahar, v. 2. 1993, p. 153).

[41] Como salienta Daniel Sarmento, coautor desta obra, existe uma "premissa é de que a sociedade tende a ser mais próspera quando assegura a liberdade aos agentes econômicos, do que quando o Estado se apropria dos meios de produção ou planifica completamente a economia". (SARMENTO, Daniel. Ordem constitucional econômica, liberdade e transporte individual de passageiros: o "caso Uber". Rio de Janeiro: 2016. Disponível em: <https://pt.scribd.com/document/273284827/O-Caso-Uber-Daniel-Sarmento>. Acesso em: 20 maio 2018, p. 9)

[42] Artigo 1º, inciso IV e artigo 170, *caput* da Constituição da República, respectivamente.

[43] Aliás, como assinala o Ministro Alexandre de Moraes, coautor desta obra: "é através do trabalho que o homem garante sua subsistência e o crescimento do país, prevendo a Constituição, em diversas passagens, as liberdades, o respeito e a dignidade do trabalhador (...)" (MORAES, Alexandre de. *Direito constitucional*. 24. ed. São Paulo: Atlas, 2009, p. 22).

Não se desconhece, contudo, que o resultado positivo do livre exercício de qualquer trabalho, ofício ou profissão em tempos de crise não é elemento suficiente a afastar, de forma definitiva, toda e qualquer intervenção normativa, tampouco regulatória. Pelo contrário, a criação de reservas e contingentes é, no caso de determinadas atividades cuja titulação acadêmica ou habilitação técnica se faça obrigatória, uma medida legítima e de cautela, a exemplo do que ocorre com médicos, engenheiros e advogados. A ressalva está expressa no texto constitucional: "atendidas as qualificações profissionais que a lei estabelecer" (artigo 5º, inciso XIII).

A regra geral prestigiada pela Constituição da República, ainda assim, é no sentido de que não pode a Administração Pública negar aos cidadãos a prerrogativa constitucional de dar início a qualquer atividade econômica que não exija qualificações profissionais (seja engessando a liberdade de criação de empresas, seja cerceando o direito de escolha ao exercício de determinado trabalho, ofício ou profissão).

O próprio Supremo Tribunal Federal já consagrou que prevalece a regra da liberdade profissional, devendo ser prontamente combatido eventual abuso. Mais de uma vez na jurisprudência da corte constitucional brasileira houve a invalidação de regulamentação de trabalho, ofício ou profissão, que, ao revés de prestigiar o interesse público e a criação de novas oportunidades de emprego, buscava tão somente beneficiar um determinado grupo, prestigiar interesses meramente corporativos ou criar uma reserva de mercado, a exemplo dos episódios vividos no passado pelos corretores de imóveis[44] e pelos músicos (musicistas) profissionais.[45]

Porém, da mesma forma como acontece com o princípio da livre concorrência (anteriormente já mencionado), o avanço das novas tecnologias parece ter trazido a discussão de volta à pauta do Poder Judiciário, notadamente no que toca ao mercado de transporte individual remunerado de pessoas (*Uber, 99POP, Cabify*, entre outros).[46] A Administração Pública, ao optar por burocratizar excessivamente tal atividade, acabou por inviabilizar ou, no mínimo, desestimular a sua prática, sem se atentar aos prejuízos que seriam gerados a toda uma coletividade que dela depende para seu sustento.

O excesso de intervenção normativa e regulatória, portanto, tem se mostrado contrário aos valores encampados pela Constituição da República. Desnecessário dizer que, em momentos de grande recessão como os dias de hoje, impedir o acesso dos cidadãos a outras alternativas de trabalho só agrava ainda mais a crise e atrapalha o avanço da nação, pois o progresso individual afeta o progresso do país como um todo.

---

[44] "Não se justifica, assim que, com fundamento em que a atividade se acha regulamentada em lei (...), possa o art. 7º referido permitir que, realizado o serviço lícito, comum, o beneficiário desse serviço esteja livre de pagar remuneração, porque esta se reserva aos membros de um determinado grupo de pessoas. Admitir a legitimidade dessas regulamentações seria destruir a liberdade profissional no Brasil. Toda e qualquer profissão, por vulgar que fosse, poderia ser regulamentada, para que a exercessem somente os que obtivessem atestação de órgãos da mesma classe. E ressuscitadas, à sombra dessas" (STF, Pleno, RE nº 65.968, Rel. Min. Amaral Santos, julgado em 04.03.1970).

[45] "É que as exigências de cunho formal não podem servir a um grupo, não podem se prestar à reserva de mercado, só se justificando a imposição de inscrição em conselho de fiscalização profissional, mediante a comprovação da realização de formação específica e especializada, nos casos em que a atividade, por suas características, demande conhecimentos aprofundados de caráter técnico ou científico, envolvendo algum risco social" (STF, Pleno, RE nº 414.426, Rel. Min. Ellen Gracie, *DJe* 10.10.2011).

[46] A exemplo da discussão que hoje está pendente perante o Supremo Tribunal Federal no âmbito da Arguição de Descumprimento de Preceito Fundamental nº 449/DF e do Recurso Extraordinário nº 1.054.110/SP.

Assim, diante dos claros benefícios advindos das relações jurídico-econômicas surgidas na Revolução Tecnológica, parece-nos que devem ser afastadas restrições deletérias ao interesse da coletividade.[47] Quando o assunto é novas tecnologias, a intervenção por parte da Administração Pública não pode, de forma alguma, obstaculizar a consecução de princípios relativos ao valor social do trabalho, notadamente o livre exercício de qualquer trabalho, ofício ou profissão.

V As barreiras à intervenção econômica à luz da inovação

A Constituição da República eleva a direito fundamental a liberdade de expressão científica (artigo 5º, inciso IX) e, para instrumentalizá-la, dedica todo um capítulo ao tratamento das atividades de ciência, tecnologia e inovação (artigos 218 e 219), assentando de forma clara e precisa, como um dever do Estado Democrático de Direito, a promoção e incentivo ao desenvolvimento científico, pesquisa, capacitação científica e tecnológica e inovação.[48]

O reconhecimento da essencialidade da liberdade no desenvolvimento e uso tecnológico, aliado ao recente estímulo à inovação[49] são um resultado prático do relevante

---

[47] No tocante ao transporte individual remunerado de pessoas, hoje já existem precedentes de Tribunais Estaduais que compartilham dessa conclusão, a exemplo dos casos, não taxativos, abaixo transcritos:
"Destarte, não pode o Município de Salvador tolher o direito constitucional dos indivíduos de optarem por iniciar atividade econômica, seja engessando a liberdade de criação de empresa, o que atinge diretamente o setor privado que investe no transporte privado de passageiros, seja proibindo o exercício deste trabalho, uma vez que nega aos cidadãos, que no caso concreto são os motoristas credenciados às empresas de intermediação de transporte, o direito de escolher uma das possibilidades de trabalho. Ademais, não é desarrazoado trazer à presente discussão, o fato de que inúmeros trabalhadores, no atual contexto de crise econômica e elevação da taxa de desemprego, têm se socorrido deste tipo de prestação de serviço de transporte individual de passageiros para a sua complementação de renda. O princípio do Livre Exercício do Trabalho, consagrado na Constituição Federal no art. 5º, inciso XIII, pressupõe a liberdade para o "exercício de qualquer trabalho, ofício ou profissão, atendidas as qualificações profissionais que a lei estabelecer", considerando que tais qualificações estabelecidas pela lei somente podem ser exigidas de atividades de relevância técnico-científica de determinadas profissões, a fim de conferir uma profissionalização adequada à sociedade; caso contrário, há de prevalecer o exercício independentemente de regulamentação". (TJ-BA, ADI nº 0011161-36.2016.8.05.0000, Rel. Des. Soraya Moradillo Pinto, Órgão Especial, j. 14.06.2017).
"AÇÃO DIRETA DE INCONSTITUCIONALIDADE. LEI Nº. 9.051/02, MUNICÍPIO DE PORTO ALEGRE. ADOÇÃO DE "HORARIO ZERO" QUANTO AO FUNCIONAMENTO DO COMERCIO EM DOMINGOS E FERIADOS. INSISTENCIA LEGISLATIVA EM MANTENÇA DE REGRAMENTO TIDO POR INCONSTITUCIONAL. LEI NOVA QUE SE RECONHECE ORGANICAMENTE INCONSTITUCIONAL, NÃO FOSSE TAMBÉM O SER NO ASPECTO MATERIAL. Não se pode reconhecer como constitucional lei municipal que, ao argumento de dispor sobre horário de funcionamento do comércio, proibindo que tal ocorra em qualquer horário, na realidade, termina por inibir atividade mercantil durante todos dias de domingos e feriados, entrando em testilha com o art. 13, II CE/89, ou, ainda, à medida que a vedação dá-se em termos absolutos, por restringir princípios relativos ao valor social do trabalho e da livre iniciativa". (Ação Direta de Inconstitucionalidade nº 70005683040, Tribunal Pleno, Tribunal de Justiça do RS, Relator: Armínio José Abreu Lima da Rosa, Julgado em 06.10.2003).

[48] Em sentido semelhante, André Ramos Tavares assinala que "A Constituição estabelece ao Estado brasileiro o dever de promover e incentivar o desenvolvimento científico, a pesquisa e a capacitação tecnológica (art. 218, CB). Regra complementada com a incumbência de o Estado apoiar a formação de recursos humanos nas áreas de ciência, pesquisa e tecnologia, e conceder aos que delas se ocupem meios e condições especiais de trabalho (§4º, art. 218, CB). E essa proteção está encartada na Constituição, igualmente de maneira direta e objetiva, como liberdade de expressão científica (art. 5º, IX, CB)". (TAVARES, André Ramos. Parecer Jurídico. São Paulo: 2014. Disponível em: <https://docplayer.com.br/6961553-Parecer-juridico-sumario.html#show_full_text>. Acesso em: 20 maio 2018, p. 13).

[49] A Emenda Constitucional nº 85 de 26 de fevereiro de 2015 teve por escopo alterar e adicionar dispositivos na Constituição da República para atualizar o tratamento das atividades de ciência, tecnologia e inovação.

papel que vem sendo desempenhado pela Revolução Tecnológica dentro do sistema econômico do país. O constituinte entendeu como prioritária a retomada de ímpeto da pesquisa nacional e da criação de soluções tecnológicas, diante do esgotamento ou insucesso das estratégias convencionais.[50]

Como consequência lógica, essa preocupação com a proteção à inovação e incentivo ao desenvolvimento de novas tecnologias também teve protagonismo na seara infraconstitucional. O exemplo acadêmico dessa dinâmica legislativa é o Marco Civil da Internet, cujo um dos objetivos declarados é a promoção "da inovação e do fomento à ampla difusão de novas tecnologias e modelos de uso e acesso" (artigo 4º, inciso III). O acerto legislativo é evidente. Como observa Daniel Sarmento, coautor desta obra: "A existência de um arcabouço normativo e institucional favorável é vital para estimular a inovação na sociedade, sem a qual não há progresso".[51]

Compete à Administração Pública, neste contexto, criar um campo favorável aos novos modelos de negócio advindos dos avanços tecnológicos.[52] Isso não significa, no entanto, que deverá obrigatoriamente desempenhar seu papel por meio da intervenção econômica. Essa deve ser a exceção, destinada às hipóteses em que as novas tecnologias revertam em (i) serviços públicos ou de utilidade pública, cuja natureza demanda a intervenção; ou (ii) atividades econômicas de reserva legal qualificada, cuja livre exploração encontra restrição constitucional (artigo 5º, inciso XIII).[53]

O motivo desse raciocínio é simples. Qualquer mitigação da liberdade que o princípio da inovação proporciona hoje no cenário do uso da internet no Brasil tende a servir como um desincentivo aos novos modelos de negócio, capaz inclusive de aniquilá-los em casos extremos (a exemplo do que vem sendo enfrentado pelos provedores de aplicação que desenvolvem o transporte individual remunerado de pessoas).

Portanto, dada a relevância das novas tecnologias, não restam dúvidas de que o princípio da inovação, encampado pela Constituição da República e pelo Marco Civil

---

[50] Sobre o tema, André Ramos Tavares ressalta que "A contextura constitucional da tecnologia não se esgota no reconhecimento da sua tutela como atividade individual, pois a CB/88 preocupa-se com os dois polos da tecnologia. Numa ponta, pelo resguardo da liberdade de expressão científica, protege a criação tecnológica e, no outro extremo, reconhece o direito fundamental à livre exploração econômica da tecnologia criada (art. 170, parágrafo único da CB), incluindo a titularidade deste direito por empresa, bem como a liberdade de desempenho profissional, no que assegura o livre exercício de qualquer trabalho, ofício ou profissão (art. 5", XIII da CB)." (TAVARES, André Ramos. Parecer Jurídico. São Paulo: 2014. Disponível em: <https://docplayer.com.br/6961553-Parecer-juridico-sumario.html#show_full_text>. Acesso em: 20 maio 2018, p. 15).

[51] SARMENTO, Daniel. Ordem constitucional econômica, liberdade e transporte individual de passageiros: o "caso Uber". Rio de Janeiro: 2016. Disponível em: <https://pt.scribd.com/document/273284827/O-Caso-Uber-Daniel-Sarmento>. Acesso em: 20 maio 2018, p. 23

[52] Nas palavras de Carlos Affonso Souza e Ronaldo Lemos: "Longe de constituir mera declaração de princípios, essa norma impõe dever de atuação aos agentes públicos responsáveis pela definição da disciplina da internet no país, sejam eles integrantes do Poder Executivo, Legislativo ou mesmo do Poder Judiciário. Ao fazê-lo, obriga esses agentes a compreender e aceitar como novas as formas inovadoras de modelos de negócios na internet, impondo-lhes o dever de não lhes conferir tratamento refratário". (LEMOS, Ronaldo; SOUZA, Carlos Affonso Pereira de. Marco civil da internet: construção e aplicação. Juiz de Fora: Editar Editora Associada Ltda., 2016, p. 48).

[53] Em sentido semelhante, André Ramos Tavares adverte que: "(...) não desconsidera que certas tecnologias podem reverter em ou agregar-se a atividades econômicas e serviços públicos ou de utilidade pública, sujeitos que são à intervenção regulatória e/ou fiscalizatória do Poder Público. Mais ainda: é possível esbarrar a exploração econômica da tecnologia no espaço da reserva legal qualificada, consubstanciado em restrição expressa, por meio de lei constitucional já editada, ao amplo e livre exercício profissional (art. 5o, inc. XIII da CB)". (TAVARES, André Ramos. Parecer Jurídico. São Paulo: 2014. Disponível em: <https://docplayer.com.br/6961553-Parecer-juridico-sumario.html#show_full_text>. Acesso em: 20 maio 2018, p. 15).

da Internet, deve ser prestigiado frente à intervenção econômica pela Administração Pública, com a criação de condições que incitem o desenvolvimento de novos modelos de negócio.

VI Conclusão

Entre a promulgação da Constituição da República e os dias de hoje, são 30 anos de história. De lá para cá, os tempos mudaram. O Uber, maior empresa de táxis do mundo, não possui sequer um veículo. O Facebook, o proprietário de mídia mais popular do mundo, não cria nenhum conteúdo. Alibaba, o varejista mais valioso, não possui estoques. E o Airbnb, o maior provedor de hospedagem do mundo, não possui sequer um imóvel.[54] As novas tecnologias deram azo, sem dúvida alguma, a novos modelos de relações jurídico-econômicas. Com elas, surgiram novos desafios. A pergunta que resta é: o Direito deve se adaptar?

Duas são as alternativas. Primeira, ignorar todos os benefícios e avanços advindos da Revolução Tecnológica e buscar resfriá-los ou até engessá-los, com a criação de empecilhos e burocracias. Essa tem sido, pois, a postura adotada até então pela Administração Pública. Um recente histórico marcado por inúmeros episódios de desnecessária e excessiva intervenção, para não dizer repressão. Segunda, explorar a potencialidade desses novos recursos advindos do modelo disruptivo de negócios, com o intento de promover os valores constitucionais da livre iniciativa, livre concorrência; livre exercício de qualquer trabalho, ofício ou profissão; e inovação.

Essa última, por óbvio, parece-nos a alternativa mais acertada. Em tempos marcados por um elevado índice de crise e desemprego, a franca expansão tecnológica tem papel fundamental para o estímulo da economia e do trabalho. Como consequência lógica, impedir o avanço das novas tecnologias significa falhar em compreender que a norma jurídica precisa se adequar à realidade, não o contrário. Nesse sentido, aliás, alerta o nosso homenageado, Ministro Luiz Fux: "O Direito vive para o homem e não o homem para o Direito".[55]

Como ficará a questão? Cenas dos próximos capítulos. O futuro, parece-nos, está nas mãos do Supremo Tribunal Federal.[56] Como órgão máximo do Poder Judiciário, ao qual compete a guarda da Constituição da República, esse parece ter assumido, ao longo desses 30 anos, um papel determinante frente às omissões do Poder Legislativo e aos abusos da Administração Pública enquanto reguladora do mercado. No tocante às novas tecnologias e às barreiras constitucionais à intervenção econômica, não será diferente. A

---

[54] GOODWIN, TOM. The Battle is for the Costumer Interface, Tech Crunch, 2015 <https://techcrunch.com/2015/03/03/in-the-age-of-disintermediation-the-battle-is-all-for-the-customer-interface/>. Acesso em: 28 maio 2018. Tradução livre de: "Uber, the world's largest taxi company, owns no vehicles. Facebook, the world's most popular media owner, creates no content. Alibaba, the most valuable retailer, has no inventory. Airbnb, the world's largest accommodation provider, owns no real estate".

[55] FONTAINHA, Fernando de Castro; MATTOS, Marco Aurélio Vannucchi Leme de; NUÑEZ, Izabel Saenger. *História oral do Supremo (1988-2013)*, v. 12: Luiz Fux. Rio de Janeiro: Fundação Getulio Vargas, 2016, p. 45.

[56] Sem prejuízo do papel que vem sendo desempenhado pelo Conselho Administrativo de Defesa Econômica (CADE) no exercício de prevenção e repressão às infrações contra a ordem econômica, notadamente no tocante às controvérsias em torno da inovação disruptiva, o qual deixa de ser analisado neste artigo dadas as limitações a ele inerentes.

resposta definitiva virá em breve, com o julgamento da Arguição de Descumprimento de Preceito Fundamental nº 449/DF e do Recurso Extraordinário nº 1.054.110/SP.

Referências

ALEXY, Robert. *Teoria dos direitos fundamentais*. Tradução de Virgílio Afonso da Silva. São Paulo: Malheiros, 2011.

AMARAL, Francisco. A liberdade de iniciativa econômica. Fundamentos, natureza e garantia constitucional. *Revista de Informação Legislativa*, n. 92, 1996.

ANDRIGHI, Fátima Nancy. Uber: a regulação de aplicativos de intermediação de contrato de transporte. *Revista de Direito Administrativo – RDA*, Belo Horizonte, ano 2016, n. 271, jan./abr. 2016.

ARAUJO, Daniel de. *História Geral*. São Paulo: Saraiva, 2016.

BAGNOLI, Vicente. *Introdução ao direito da concorrência*: Brasil, globalização, União Européia, Mercosul, ALCA. São Paulo: Singular. 2005.

BARCELLOS, Ana Paula de; BARROSO, Luís Roberto. Os valores sociais da livre-iniciativa. In: CANOTILHO, J. J. Gomes et al (Coord.). *Comentários à Constituição do Brasil*. São Paulo: Saraiva/Almedina, 2013.

BARROSO, Luís Roberto. A ordem econômica constitucional e os limites à atuação estatal no controle de preços. In: *Temas de Direito Constitucional*. Tomo II. Rio de Janeiro: Renovar, 2003.

BARROSO, Luís Roberto. São Paulo: Exame.com, 2017. (44 min.). Série A Revolução do Novo – A transformação do Mundo. Disponível em: <https://youtu.be/_estguWPT1M>. Acesso em: 14 de maio de 2018.

BARROSO, Luís Roberto. *Curso de Direito Constitucional*: os conceitos fundamentais e a construção do novo modelo. São Paulo: Saraiva, 2009.

BARROSO, Luís Roberto. Estado e livre-iniciativa na experiência constitucional brasileira: a nova regulação da infraestrutura e da mineração. RIBEIRO, Leonardo Coelho; FEIGELSON, Bruno; FREITAS, Rafael Véras de (Coord.). Belo Horizonte: Fórum, 2015.

BENKLER, Yochai. *The wealth of networks*: how social production transforms markets and freedom. Yale Univ. Press. 2006.

BOTSMAN, Rachel; ROGERS, Roo. *What's mine is yours*: the rise of collaborative consumption. Harper Collins Publishers. 2010.

CHRISTENSEN, C. M.; RAYNOR, M. E. *Innovator's Solution*: Creating and Sustaining Successful. Boston, MA: Harvard Business School Press, 2003.

ELIAS, Norbert. *O processo civilizador*. Rio de Janeiro: Zahar, 1993. v. 2.

FERRAZ JUNIOR, Tércio Sampaio. A economia e o controle do Estado. Parecer. *O Estado de São Paulo*, ed. 04 jun. 1989.

FONTAINHA, Fernando de Castro; MATTOS, Marco Aurélio Vannucchi Leme de; NUÑEZ, Izabel Saenger. *História oral do Supremo* (1988-2013). v. 12: Luiz Fux. Rio de Janeiro: Fundação Getulio Vargas, 2016.

FREITAS, Rafael Véras de; MARQUES NETO, Floriano de Azevedo. Uber, WhatsApp, Netflix: os novos quadrantes da publicatio e da assimetria regulatória. *Revista de Direito Público da Economia – RDPE*, Belo Horizonte, ano 14, n. 55, p. 75-108, out/dez 2016.

GOODWIN, TOM. The Battle is for the Costumer Interface, Tech Crunch, 2015 <https://techcrunch.com/2015/03/03/in-the-age-of-disintermediation-the-battle-is-all-for-the-customer-interface/> Acesso em: 28 maio 2018.

HARARI, Yuval Noah. *Sapiens*: a Brief History of Humankind. São Paulo: L&PM, 2015.

HOWE, Jeff. *Crowdsourcing*: why the power of the crowd is driving the future of business. Crown Business. 2008.

LEMOS, Ronaldo; SOUZA, Carlos Affonso Pereira de. Aspectos jurídicos da economia de compartilhamento:

função social e tutela da confiança. *Revista de Direito da Cidade*, Belo Horizonte, v. 08, n. 04, p. 1757-1777.

LEMOS, Ronaldo; SOUZA, Carlos Affonso Pereira de. *Marco civil da internet*: construção e aplicação. Juiz de Fora: Editar Editora Associada Ltda., 2016.

MORAES, Alexandre de. *Direito Constitucional*. 24. ed. São Paulo: Atlas, 2009.

REALE, Miguel. O Plano Collor II e a intervenção do Estado na ordem econômica. In: *Temas de Direito Positivo*. São Paulo: RT, 1992.

SARMENTO, Daniel. Ordem constitucional econômica, liberdade e transporte individual de passageiros: o "caso Uber". Rio de Janeiro: 2016. Disponível em: <https://pt.scribd.com/document/273284827/O-Caso-Uber-Daniel-Sarmento>. Acesso em: 20 maio 2018.

TAVARES, André Ramos. Parecer Jurídico. São Paulo: 2014. Disponível em: <https://docplayer.com.br/6961553-Parecer-juridico-sumario.html#show_full_text>. Acesso em: 20 maio 2018.

NOHARA, Irene Patrícia. *Direito Administrativo*. São Paulo: Atlas, 2012. p. 559.

TELÉSFORO, Rachel Lopes. *Uber*: inovação disruptiva e ciclos de intervenção regulatória. 2016. 107 f. Dissertação (Mestrado) – Curso de Direito, Escola de Direito do Rio de Janeiro – FGV Direito Rio, Fundação Getulio Vargas, Rio de Janeiro, 2016.

Informação bibliográfica deste texto, conforme a NBR 6023:2002 da Associação Brasileira de Normas Técnicas (ABNT):

FINKELSTEIN, Cláudio; MALUF, Fernando. Novas tecnologias e as barreiras constitucionais à intervenção econômica pela Administração Pública. In: ARABI, Abhner Youssif Mota; MALUF, Fernando; MACHADO NETO, Marcello Lavenère (Coord.). *Constituição da República 30 anos depois*: uma análise prática da eficiência dos direitos fundamentais. Estudos em homenagem ao Ministro Luiz Fux. Belo Horizonte: Fórum, 2019. p. 251-265. ISBN 978-85-450-0598-8.

RESPONSABILIDADE CIVIL DO ESTADO PELA INTEGRIDADE DOS RECLUSOS: AS POSSIBILIDADES DE INDENIZAÇÃO PARA PRESOS

DANIEL KAUFMAN SCHAFFER

JULIA SCHULZ ROTENBERG

1 Introdução

A Constituição Federal de 1988 representa um marco jurídico da transição democrática no Brasil, consolidando a ruptura com o regime autoritário militar, outrora fortemente marcado pela intolerância e violência.[1] Elaborada em processo aberto, com a participação de várias correntes políticas e ideológicas, ela trouxe um significativo avanço na institucionalização de direitos individuais e sociais fundamentais e na proteção de setores vulneráveis da sociedade.[2] Embora assim o tenha feito de forma ampla e bastante analítica – por alguns até mesmo considerada prolixa –, o desafio ainda hoje, 30 anos após a sua promulgação, surge no plano da concretização constitucional.[3]

Apesar do longo período de estabilidade democrática, o contexto social, as limitações econômicas e a prática política favorecem a concretização de dispositivos constitucionais de modo restrito e excludente.[4] Nessa conjuntura, ganha notoriedade a

---

[1] BARROSO, Luís Roberto. Vinte anos da Constituição de 1988: a reconstrução democrática do Brasil. In: DANTAS, Bruno; CRUXÊN, Eliane; SANTOS, Fernando; LAGO, Gustavo Ponce de Leon. *Constituição de 1988*: o Brasil 20 anos depois. *Os alicerces da redemocratização* – v. 1. Brasília: Senado Federal, 2008, p. 6. Disponível em: <https://www12.senado.leg.br/publicacoes/estudos-legislativos/tipos-de-estudos/outras-publicacoes/volume-i-constituicao-de-1988/vinte-anos-da-constituicao-de-1988-a-reconstrucao-democratica-do-brasil/view>. Acesso em: 22 maio 2018.

[2] PIOVESAN, Flávia. *Direitos humanos e o direito constitucional internacional*. 14. ed., rev. e atual. São Paulo: Saraiva, 2013, p. 84.

[3] BARROSO, Luís Roberto. O legado de 30 anos de democracia e os desafios pela frente, p. 5-8. Disponível em: <http://www.luisrobertobarroso.com.br/wp-content/uploads/2017/09/trinta-anos-democracia-port.pdf>. Acesso em: 13 maio 2018.

[4] NEVES, Marcelo. Constitucionalização Simbólica. In: CANOTILHO, J. J. Gomes; MENDES, Gilmar F.; SARLET, Ingo W.; STRECK, Lenio L. (Coord.). *Comentários à Constituição do Brasil*. São Paulo: Saraiva/Almedina, 2013, p. 67-71, p. 71.

inobservância e vulneração de direitos fundamentais no âmbito do sistema carcerário brasileiro, cuja situação foi detalhada no âmbito da Arguição de Descumprimento de Preceito Fundamental (ADPF) nº 347.[5]

Por ocasião da apreciação de pleitos de natureza cautelar formulados pelo Partido Socialismo e Liberdade – PSOL, o Plenário do Supremo Tribunal Federal reconheceu estar configurado um "estado de coisas inconstitucional" no tocante aos estabelecimentos prisionais no Brasil.[6] Importando construção empregada pela Corte Constitucional da Colômbia há cerca de duas décadas,[7] muito semelhante ao que se convencionou chamar de decisões estruturais[8] – expressão cunhada por cortes dos Estados Unidos da América[9] e replicada no Canadá,[10] Argentina,[11] África do Sul,[12] entre outros países –, o Supremo Tribunal Federal reconheceu de forma inédita estar presente no Brasil um quadro de violação massiva e persistente de direitos fundamentais, decorrente de falhas estruturais e falência de políticas públicas atinentes ao sistema penitenciário.

---

[5] ADPF nº 347 MC, relator Ministro Marco Aurélio, Tribunal Pleno, j. 09.09.2015.

[6] Sobre o estado de coisas inconstitucional ("*unconstitutional state of affairs*"), chama-se a atenção para as lições de Carlos Alexandre de Azevedo Campos (In: *Estado de Coisas Inconstitucional*. Salvador: Juspodivm, 2016, p. 58) e César Rodríguez-Garavito (In: Beyond the Courtroom: The Impact of Judicial Activism on Socieconomic Rights in Latin America. *Texas Lax Review*, v. 89, n. 7, p. 1.670, 2011).

[7] No caso T-153/1998, a Corte Constitucional Colombiana foi instada a se manifestar sobre as condições do sistema prisional daquele país e acabou por reconhecer que as prisões violavam a dignidade da pessoa humana e colocavam em risco a vida e a saúde dos reclusos. Determinou-se, pois, a adoção de providências para solucionar o estado de coisas inconstitucional (vide Sentença T-153/1998. Disponível em: <http://www.corteconstitucional.gov.co/relatoria/1998/t-153-98.htm>. Acesso em: 13 maio 2018). Sobre o tema, vide VIEIRA, Oscar Vilhena. Ambitious Constitutions: Prominent Courts. In: DIXON, Rosalind; GISNBURG, Tom (Coord.). *Comparative Constitutional Law in Latin America*. Cheltenham (Reino Unido): Edward Elgar Publishing, 2017, p. 253.

[8] Também denominadas "*structural injunctions*". Sobre o assunto, ver as referenciais obras de Owen M. Fiss em The Forms of Justice. *Harvard Law Review*, v. 9, n. 1, p. 1, 1979; e The Allure of Individualism. *Iowa Law Review*, v. 78, p. 965, 1992-1993.

[9] As demandas norte-americanas envolvendo falhas estruturais remontam os idos de 1950, a partir do julgamento do caso *Brown v. Board of Education of Topeka* 347 U.S. 483 (1954), em que foi determinada a adoção de medidas para o progressivo fim do modelo de segregação racial no sistema de ensino (WEAVER, Russel L. The Rise and Decline of Structural Remedies. *San Diego Law Review*, v. 41, p. 1619, 2004). No emblemático caso *Brown v. Plata*, 563 U.S. 493 (2011), por sua vez, a Suprema Corte Americana determinou a adoção de um plano de ação, inclusive com a soltura de presos, em razão da superlotação dos presídios no Estado da Califórnia (Disponível em: <https://supreme.justia.com/cases/federal/us/563/493/>. Acesso em: 21 maio 2018).

[10] Como bem explicita Paul S. Rouleau e Lindsey Sherman (In: Doucet-Boudreau, dialogue and judicial activism: tempest in a teapot?. *Ottawa Law Review*, v. 41.2, 2010), decisões estruturais foram proferidas no Canadá a partir de 1996 principalmente para garantir o direito à educação bilíngue (inglês e francês) estabelecido pelo artigo 23 da Carta de Direitos de 1982 daquele país.

[11] Na Argentina, é possível citar o caso *Verbitsky*, por meio do qual Horacio Verbitsky, diretor do Centro de Estudos Legais e Sociais – CELS, impetrou habeas corpus em prol de todas as pessoas privadas de sua liberdade e detidas em estabelecimentos penais superlotados na jurisdição da Província de Buenos Aires, pontuando problemas em relação aos presídios. A Corte Suprema de Justiça da Nação, em sua deliberação, tentou dialogar com as demais instituições para a solução do problema dos estabelecimentos prisionais, estipulando diretrizes para observância de normas nacionais e internacionais, ordenando que medidas alternativas à prisão fossem priorizadas e supervisionando medidas adotadas por outros poderes (V. 856. XXXVIII. Recurso de Hecho – Verbitsky, Horacio s/ habeas corpus).

[12] Na África do Sul, cita-se o julgamento do caso *Grootboom*, realizado em 2000, que envolvia reinvindicação de um grupo de pessoas que vivia em barracas após despejo da área que ocupavam. A Corte Constitucional da África do Sul determinou a reformulação da política de moradia pelo governo, de forma a considerar medidas de imediato para pessoas miseráveis, nomeando um órgão independente – Human Rights Commission – para supervisionar a elaboração e implementação do novo programa (*Government of the Republic of South Africa and Others v Grootboom and Others* (CCT11/00) [2000] ZACC 19; 2001 (1) SA 46; 2000 (11) BCLR 1169 (4 de outubro de 2000)). Sobre o tema, vide HIRSCH, Danielle E. *A Defense of Structural Injunctive Remedies in South African Law*. Bepress Legal Series: Working Paper 1690, 4 de setembro de 2006.

O emblemático caso deu azo à implementação das audiências de custódia,[13] viabilizando o comparecimento de presos perante a autoridade judiciária no prazo máximo de 24 horas, contadas do momento da prisão, à liberação de saldo acumulado do Fundo Penitenciário Nacional – FUNPEN, para utilização com a finalidade para a qual foi criado,[14] bem como à adoção de providências para o monitoramento da situação dos presídios federais e estaduais, tudo de modo a amenizar a crise prisional no Brasil.

A despeito da relevância das medidas determinadas pelo Supremo Tribunal Federal, que serviram de força motriz para o enfrentamento de outros casos, a complexa crise prisional está longe de ser resolvida. Investigações de diversos órgãos evidenciam que a maioria dos detentos brasileiros está sujeita a inúmeras condições degradantes, as quais perpassam por superlotação, violência sexual, tortura, homicídio, celas insalubres, proliferação de doenças infectocontagiosas, e falta de quase tudo, desde água potável, de alimentação adequada, de produtos higiênicos básicos, até mesmo de acesso à assistência judiciária, à educação, à saúde e ao trabalho.[15]

O quadro se torna mais crônico em razão de outros dois fatores, a insuficiência do controle quanto ao cumprimento das penas e quanto à segregação dos reclusos em variados aspectos (inclusive graus de periculosidade), bem como o domínio de grande parte dos presídios por organizações criminosas, os quais – ao lado dos demais – levam à inevitável constatação de que os cárceres não servem à esperada e necessária ressocialização dos presos.[16]

Relatórios do Conselho Nacional de Justiça do ano de 2014 já traziam números assombrosos sobre a situação dos presídios. Com uma população carcerária total de 711.463 presos, o sistema – que tinha somente 357.219 vagas disponíveis à época – apresentava um déficit de 206.307 vagas, sem contar o número de presos em domicílio.[17] As estatísticas ganhavam contornos ainda mais sensíveis ao se constatar que da

---

[13] Para um panorama nacional de como ocorreu o processo de implantação das audiências, vide recentes estudos produzidos pelo IDDD, Instituto de Defesa do Direito de Defesa. *Audiências de Custódia – Panorama Nacional*. São Paulo: IDDD, 2017 (Disponível em: <http://www.iddd.org.br/wp-content/uploads/2017/12/Audiencias-de-Custodia_Panorama-Nacional_Relatorio.pdf>. Acesso em 22 maio 2018) e BRASIL. Conselho Nacional de Justiça (CNJ). *Audiência de custódia*. Brasília: CNJ, 2016 (Disponível em: <http://www.cnj.jus.br/files/conteudo/arquivo/2016/09/0a99a0ab0eb26b96fdeaf529f0dec09b.pdf>. Acesso em 22 maio 2018).

[14] De acordo com a Lei Complementar nº 79/1994 e o Decreto n. 1.093/1994.

[15] A esse respeito, vide BRASIL. Congresso Nacional. Câmara dos Deputados. Comissão Parlamentar de Inquérito do Sistema Carcerário. *Relatório da CPI do Sistema Carcerário*. Brasília: Câmara dos Deputados, 2009, p. 172 e 247. Disponível em: <http://bd.camara.gov.br/bd/handle/bdcamara/2701>. Acesso em: 22 maio 2018. NAÇÕES UNIDAS. Subcomitê sobre a Prevenção da Tortura e outros Tratamentos ou Penas Cruéis, Desumanos e Degradantes. *Report on the Visit to Brazil undertaken from 19 to 30 October: observations and recommendations addressed to the State Party*. CAT/OP/BRA/R.2. Nações Unidas: 24 de novembro de 2016. Disponível em: <https://nacoesunidas.org/wp-content/uploads/2017/01/Relatorio-SPT-2016-1.pdf>. Acesso em: 22 maio 2018.

[16] BRASIL. Congresso Nacional. Câmara dos Deputados. Comissão Parlamentar de Inquérito do Sistema Carcerário. *Relatório da CPI do Sistema Carcerário*. Brasília: Câmara dos Deputados, 2009. Disponível em: <http://bd.camara.gov.br/bd/handle/bdcamara/2701>. Acesso em: 22 maio 2018. NAÇÕES UNIDAS. Subcomitê sobre a Prevenção da Tortura e outros Tratamentos ou Penas Cruéis, Desumanos e Degradantes. *Report on the Visit to Brazil undertaken from 19 to 30 October: observations and recommendations addressed to the State Party*. CAT/OP/BRA/R.2. Nações Unidas: 24 de novembro de 2016. Disponível em: <https://nacoesunidas.org/wp-content/uploads/2017/01/Relatorio-SPT-2016-1.pdf>. Acesso em: 22 maio 2018.

[17] BRASIL. Conselho Nacional de Justiça (CNJ). Departamento de Monitoramento e Fiscalização do Sistema Carcerário e do Sistema de Execução de Medidas Socioeducativas – DMF. *Novo diagnóstico de pessoas presas no brasil*. Brasília, jun. 2014. Disponível em <http://www.cnj.jus.br/images/imprensa/diagnostico_de_pessoas_presas_correcao.pdf>. Acesso em: 24 abril 2018.

população carcerária computada, excluindo-se os presos em cumprimento de prisão domiciliar, 41% eram presos provisórios.

Transcorridos alguns anos, pode-se dizer que o quadro se agravou ainda mais. Segundo o mais recente Levantamento Nacional de Informações Penitenciárias – INFOPEN, produzido pelo Departamento Penitenciário Nacional, com atualização para junho de 2016,[18] o número de pessoas privadas de liberdade em tal data estaria na faixa de 726.712 indivíduos, enquanto as penitenciárias teriam somente 368.049 vagas, resultando em um déficit de 358.663 vagas. O aumento populacional segue uma tendência verificada nas últimas duas décadas,[19] o que, em termos internacionais, fez do Brasil o detentor da terceira maior população carcerária do mundo, atrás apenas dos Estados Unidos e China.[20]

Os números são contundentes e revelam que a crise prisional sistêmica está fortemente suportada por uma equivocada política de encarceramento em massa, em condições absolutamente inapropriadas, que acaba por distorcer a função dos presídios, os quais, por vezes, tornam-se verdadeiras escolas de delinquência e contribuem para altas taxas de reincidência.[21] As notícias veiculadas diuturnamente nos principais meios de comunicação não abrem margem para dúvidas.

Importa salientar que a forte violação dos direitos fundamentais dos presos produz efeitos deletérios a tudo e a todos. Segundo as palavras de Ana Paula de Barcellos, "o tratamento desumano conferido aos presos não é um problema apenas dos presos: a sociedade livre recebe os reflexos dessa política sob a forma de mais violência".[22]

Dentro desse contexto, este pequeno artigo, ao mesmo tempo em que busca homenagear o estimado Ministro Luiz Fux,[23] propõe-se a analisar a possibilidade de

---

[18] Levantamento nacional de informações penitenciárias: BRASIL. Ministério da Justiça e Segurança Pública. Departamento Penitenciário Nacional. *INFOPEN. Atualização – junho de 2016*. Organização, Thandara, org. II. Rosa, Marlene Inês da, colab. III. Brasil, 2017. Disponível em: <http://www.justica.gov.br/news/ha-726-712-pessoas-presas-no-brasil/relatorio_2016_junho.pdf>. Acesso em: 24 abril 2018.

[19] Segundo informações disponibilizadas pelo Conselho Nacional de Justiça, no período de 1990 a 2014, o aumento da população carcerária foi de 575% (vide BRASIL. Conselho Nacional de Justiça. Conselho publica tradução das Regras de Mandela para o tratamento de presos. Disponível em: <http://www.cnj.jus.br/noticias/cnj/82433-cnj-publica-traducao-das-regras-de-mandela-para-o-tratamento-de-presos>. Acesso em: 23 maio 2018).

[20] Esta informação é confirmada pela base de dados online World Prison Brief e pela mais recente edição do World Prison Population List, ambos organizados e mantidos pelo ICPR, Institute for Criminal Policy Research. A esse respeito, vide ICPR, Institute for Criminal Policy Research. *World Prison Population List*. Disponível em <http://www.prisonstudies.org/world-prison-brief-data>. Acesso em: 31 de maio de 2018, bem como WALMSLEY, Roy. *World Prison Population List*, 1 Londres (Reino Unido): ICPR, Institute for Criminal Policy Research, 2016. Disponível em: <http://www.prisonstudies.org/sites/default/files/resources/downloads/world_prison_population_list_11th_edition_0.pdf>. Acesso em: 31 de maio de 2018.

[21] A respeito da correlação direta entre política de encarceramento e taxa de reincidência, vide MULLEN, J. *Prison Crowding and the Evolution of Public Policy. National Institute of Corrections: Our Crowded Prisons.* The Annals of the American Academy of Political and Social Science 478 (1985), p. 31-46; CAVADINO, Michael; DIGNAN, James. *Penal Systems:* a Comparative Approach. Londres (Reino Unido): SAGE, 2006; SCHOENFELD, Heather. Mass Incarceration and the Paradox of Prison Conditions Litigation. *Law & Society Review*, v. 44, n. 3/4, p. 731-737, 2010; ALBRECHT, Hans-Joerg. *Prison Overcrowding:* Finding Effective Solutions: Strategies and Best Practices Against Overcrowding in Correctional Facilities. Max Planck Institute for Foreign and International Criminal Law, April 2012; e CONSELHO DA EUROPA. Comitê Europeu sobre Problemas Criminais. *White Paper on Prison Overcrowding*. Estrasburgo (França): 30 de junho de 2016.

[22] BARCELLOS, Ana Paula de. Violência urbana, condições das prisões e dignidade humana. *Revista de Direito Administrativo*, n. 254, 2010 [Biblioteca Digital Fórum de Direito Público].

[23] Seguindo convite que muito nos honra.

responsabilização civil do Estado por danos à integridade dos reclusos, de acordo com o regime albergado pelo ordenamento jurídico brasileiro. Investigar-se-á os fundamentos, os pressupostos e as situações, inclusive excludentes, da responsabilidade civil estatal pela sua atuação comissiva ou omissiva frente à incolumidade dos presos sob sua custódia.[24]

O tema, que é cercado de sentimentos antagônicos e suscita controvérsias das mais variadas, demanda análise acurada. Não apenas porque tem o condão de produzir efeitos deletérios para toda a sociedade, mas em especial por estar inserido na pauta de debates recentes do Supremo Tribunal Federal e dos principais juristas brasileiros, notadamente em torno dos mecanismos disponíveis para a superação do estado de coisas inconstitucional que aflige o sistema e para reforçar os direitos fundamentais assegurados aos presos, sistemática e massivamente violados. Afinal, como registra Michel Foucault, "no pior dos assassinos, uma coisa pelo menos deve ser respeitada quando punimos: sua 'humanidade'".[25]

Não se desconhece a existência de outras frentes de debate junto ao Supremo Tribunal Federal que desempenham papéis relevantes dentro dessa agenda do sistema carcerário.[26] Embora esses casos reafirmem o entendimento de que o Estado é amplamente responsável pelos danos à integridade dos reclusos,[27] mormente à luz desse quadro de inconstitucionalidades constatado, deixar-se-á de abordá-los um a um neste artigo dadas as limitações a ele inerentes.

Para facilitar a compreensão, antecipa-se que o plano de trabalho está dividido em cinco partes. A primeira se refere aos direitos fundamentais assegurados aos reclusos. A segunda apresenta os contornos gerais da teoria da responsabilidade civil estatal. Ato contínuo, voltar-se-á o foco para a responsabilidade estatal no que concerne à integridade dos reclusos e ao cabimento dos pleitos indenizatórios contra o Estado. A quarta parte tratará dos desafios em torno da forma de reparação, nas hipóteses em que reconhecido o dever indenizatório estatal. Finalmente, a quinta parte congregará as conclusões deste estudo.

2 Direitos fundamentais assegurados aos reclusos

Não há, para o Direito nacional, pessoas de categorias variadas.[28] O ser humano é um e a ele deve ser garantido o conjunto dos direitos fundamentais em sua plenitude,

---

[24] Como se verá, o homenageado, magistrado há mais de três décadas e que ocupa cadeira no Supremo Tribunal Federal desde 2011, tem exercido papel fundamental na saga em torno do tema central deste artigo.

[25] In: *Vigiar e punir*: nascimento da prisão. 24. ed. Petrópolis: Vozes, 2001, tradução de Raquel Ramalhete, p. 63.

[26] Citam-se, por exemplo, o Recurso Extraordinário (RE) nº 641.320, de relatoria do Ministro Gilmar Mendes, que discutiu a possibilidade de cumprimento da pena em regime carcerário menos gravoso quando não houver vagas no estabelecimento penitenciário adequado; o RE nº 592.581, de relatoria do Ministro Ricardo Lewandowski, em que se assentou a possibilidade de se impor à Administração Pública a promoção de medidas ou execução de obras emergenciais para dar efetividade ao postulado da dignidade da pessoa humana e assegurar aos detentos o respeito à sua integridade física e moral; bem como o *Habeas Corpus* (HC) nº 124.520, de relatoria do Ministro Marco Aurélio, que discute a possibilidade de remição ficta da pena nos casos em que o preso não consegue trabalhar porque o Estado não proporciona meios.

[27] Não obstante se reconheça que o sistema carcerário, em seus contornos atuais, tem o condão de causar danos não somente aos reclusos, mas a servidores públicos em geral, carcereiros, empresas que trabalham para o sistema e terceiros, a responsabilidade por tais danos não será tratada no bojo deste artigo.

[28] BANDEIRA DE MELLO, Celso Antônio. *O conteúdo jurídico do princípio da igualdade*. 3. ed. São Paulo: Editora Malheiros, 2000, p. 15.

sem distinções entre ricos e pobres, para o bem e para o mal.[29] O arcabouço jurídico brasileiro garante ampla e irrestrita proteção a todos os indivíduos, mesmo para aqueles que tenham porventura atentado contra os bens jurídicos mais relevantes para a sociedade, que o Direito Penal busca tutelar.[30]

Logo em seu artigo 1º, inciso III, a Constituição Federal de 1988 previu a dignidade da pessoa humana como um dos fundamentos da República Federativa do Brasil.[31] Como observa Flávia Piovesan, "o valor da dignidade da pessoa humana impõe-se como núcleo básico informador de todo o ordenamento jurídico, como critério e parâmetro de valoração a orientar a interpretação e compreensão do sistema constitucional".[32] A preocupação do constituinte em priorizar a proteção de direitos fundamentais foi tamanha que tais garantias individuais foram alçadas à categoria de cláusula pétrea, nos termos do artigo 60, §4º, inciso IV.[33]

Além de consagrar o princípio da dignidade da pessoa humana como núcleo informador,[34] a Carta Constitucional de 1988 expressamente proíbe a tortura e o tratamento desumano ou degradante (artigo 5º, inciso III), veda as penas cruéis (artigo 5º, inciso XLVII, alínea "e"), impõe o cumprimento da pena em estabelecimentos distintos, de acordo com a natureza do delito, a idade e o sexo do apenado (artigo 5º, inciso XLVIII), assegura aos presos o respeito à integridade física e moral (artigo 5º, inciso XLIX), assegura condições para que presidiárias possam permanecer com seus filhos durante o período de amamentação (artigo 5º, inciso L). Vale ressaltar, ademais, o direito à saúde, educação, alimentação adequada (artigo 6º, *caput*), bem como acesso à justiça (artigo 5º, inciso XXXV).[35]

Nessa linha, convém ressaltar que o ordenamento constitucional se empenhou na tarefa de prever, especialmente, limites punitivos ao Estado. Segundo lições de Salo de Carvalho:

> No ordenamento constitucional brasileiro, os princípios relativos à punição preveem exclusivamente formas (espécies) de sanção e, sobretudo, limites punitivos. Percebe-se, portanto, que o constituinte abdicou da resposta ao "por que punir?", direcionando esforços para (de)limitar o "como punir". Neste ponto fundamental notar a relevante alteração no cenário punitivo: a perspectiva absenteísta sobre os discursos de justificação,

---

[29] Sobre o tema, vide voto da Ministra Cármen Lúcia no HC nº 89.429, Primeira Turma, j. 22.08.2006.

[30] Vide voto do Ministro Luiz Fux no RE nº 841.526 de sua relatoria, Tribunal Pleno, j. 30.03.2016, p. 17.

[31] "Art. 1º. A República Federativa do Brasil, formada pela união indissolúvel dos Estados e Municípios e do Distrito Federal, constitui-se em Estado Democrático de Direito e tem como fundamentos: I – a soberania; II – a cidadania III – a dignidade da pessoa humana; IV – os valores sociais do trabalho e da livre iniciativa; V – o pluralismo político. Parágrafo único. Todo o poder emana do povo, que o exerce por meio de representantes eleitos ou diretamente, nos termos desta Constituição."

[32] In: *Direitos humanos e o direito constitucional internacional*. 14. ed. rev. e atual. São Paulo: Saraiva, 2013, p. 86-87.

[33] Manoel Gonçalves Ferreira Filho e Adriano Sant'Ana Pedra acertadamente registram que as cláusulas pétreas surgem como instrumentos de preservação dos ideais e valores da Constituição, servindo como verdadeiras limitações materiais ao constituinte derivado (In: *O poder constituinte*. 4. ed. rev., atual. e ampl. São Paulo: Saraiva, 2005, p. 169; e *A Constituição viva:* poder constituinte e cláusulas pétreas. Belo Horizonte: Mandamentos, 2005, p. 94, respectivamente).

[34] Como salienta Ingo Wolfgang Sarlet, o princípio da dignidade da pessoa humana constitui base axiológica de todos os direitos fundamentais que de alguma forma o concretizam (In: *Dignidade da pessoa humana e direitos fundamentais na Constituição Federal de 1988*. 3. ed. Porto Alegre: Livraria do Advogado, 2004, p. 78-79).

[35] Sobre a vedação ao tratamento desumano ou degradante, expressiva doutrina de BATISTA, Nilo. *Introdução crítica ao direito penal brasileiro*. 12. ed. Rio de Janeiro: Revan, 2011, p. 96-97.

a opção por sanções alternativas ao encarceramento, e as vedações de penas degradantes e cruéis, impõem critérios limitativos à interpretação, à aplicação e à execução das penas. A consequência deste entrelaçamento entre a ausência de discurso legitimador e determinação de critérios limitativos à imposição de penas é a projeção de verdadeira política punitiva de redução de danos, a partir da ciência dos malefícios provocados pelo encarceramento.[36]

Essa preocupação se harmoniza com a primazia do postulado da dignidade da pessoa humana e se justifica em vista do contexto histórico-político em que houve a promulgação da Carta Magna de 1988 e da sua representatividade na ruptura com o regime militar.[37]

O dever de observância desses direitos e garantias decorre também dos diversos tratados internacionais sobre direitos humanos ratificados pelo país, como as Regras Mínimas das Nações Unidas para o Tratamento de Presos (*Regras de Mandela*[38]), a Convenção contra a Tortura e outros Tratamentos e Penas Cruéis, Desumanos e Degradantes (Decreto nº 40/1991), o Pacto Internacional de Direitos Civis e Políticos das Nações Unidas (Decreto nº 592/1992), a Convenção Americana de Direitos Humanos (*Pacto de São José da Costa Rica* – Decreto nº 678/1992), bem como os Princípios e Boas Práticas para a Proteção de Pessoas Privadas de Liberdade nas Américas (Resolução nº 01/08, aprovada em 13 de março de 2008).

Isso tudo sem prejuízo das disposições previstas na própria Lei de Execução Penal em vigor (Lei nº 7.210/1984), especialmente no que diz respeito ao dever de assistência

---

[36] CARVALHO, Salo de. Comentário ao art. 5º, XLVII. In: CANOTILHO, J. J. Gomes; MENDES, Gilmar F.; SARLET, Ingo W.; STRECK, Lenio L. (Coord.). *Comentários à Constituição do Brasil*. São Paulo: Saraiva/Almedina, 2013, p. 405-411, p. 409.

[37] "Como lembra ADORNO, durante o período da ditadura militar (1964-1985), o sistema penitenciário foi completamente envolvido pela política de segurança nacional. Adotando como diretrizes a contenção da oposição política e da criminalidade a qualquer custo e o encarceramento arbitrário de suspeitos e perseguidos políticos, esta política contribuiu para a massificação dos cárceres e presídios públicos. Apesar do retorno ao Estado de Direito e à democracia, até hoje persiste uma elevada impunidade às graves violações de direitos humanos, inclusive aquelas de responsabilidade direta do Estado, nas instituições prisionais. A falta de proteção aos direitos consagrados em convenções e tratados internacionais e à própria Constituição ainda caracteriza o ambiente carcerário, moldando o cenário institucional herdado pelos governos democráticos eleitos nas duas últimas décadas." (POZZEBON, Fabrício Dreyer de Ávila; AZEVEDO; Rodrigo Ghiringhelli de. Comentários ao art. 5º, XLVIII. In: CANOTILHO, J. J. Gomes; MENDES, Gilmar F.; SARLET, Ingo W.; STRECK, Lenio L. (Coord.). *Comentários à Constituição do Brasil*. São Paulo: Saraiva/Almedina, 2013, p. 411-415, p. 415.)

[38] Adotadas por ocasião do primeiro congresso das Nações Unidas sobre a prevenção do crime em 1955.

[39] Vide capítulo II da Lei de Execução Penal, dando-se destaque aos seguintes dispositivos: "Art. 10. A assistência ao preso e ao internado é dever do Estado, objetivando prevenir o crime e orientar o retorno à convivência em sociedade. Parágrafo único. A assistência estende-se ao egresso."; e "Art. 11. A assistência será: I – material; II – à saúde; III – jurídica; IV – educacional; V – social; VI – religiosa".

[40] "Art. 41 – Constituem direitos do preso: I – alimentação suficiente e vestuário; II – atribuição de trabalho e sua remuneração; III – Previdência Social; IV – constituição de pecúlio; V – proporcionalidade na distribuição do tempo para o trabalho, o descanso e a recreação; VI – exercício das atividades profissionais, intelectuais, artísticas e desportivas anteriores, desde que compatíveis com a execução da pena; VII – assistência material, à saúde, jurídica, educacional, social e religiosa; VIII – proteção contra qualquer forma de sensacionalismo; IX – entrevista pessoal e reservada com o advogado; X – visita do cônjuge, da companheira, de parentes e amigos em dias determinados; XI – chamamento nominal; XII – igualdade de tratamento salvo quanto às exigências da individualização da pena; XIII – audiência especial com o diretor do estabelecimento; XIV – representação e petição a qualquer autoridade, em defesa de direito; XV – contato com o mundo exterior por meio de correspondência escrita, da leitura e de outros meios de informação que não comprometam a moral e os bons costumes. XVI – atestado de pena a cumprir, emitido anualmente, sob pena da responsabilidade da autoridade judiciária competente. Parágrafo único. Os direitos previstos nos incisos V, X e XV poderão ser suspensos ou restringidos mediante ato motivado do diretor do estabelecimento."

do Estado,[39] rol de direitos dos presos [40] e condições dos estabelecimentos penais,[41] além da Lei nº 9.455/1997, que define o crime de tortura, e a Lei nº 12.847/2013, que institui o Sistema Nacional de Prevenção e Combate à Tortura, para chamar a atenção apenas para algumas normas infraconstitucionais.

Como se denota, não faltam normas jurídicas, inclusive do mais elevado escalão hierárquico, garantindo o respeito aos direitos humanos dos presos brasileiros. Entretanto, o estado de coisas inconstitucional do sistema penitenciário simplesmente impossibilita a observância de tais garantias, de tal sorte que a população sob a custódia do Estado se encontra absolutamente à margem do arcabouço jurídico.

3 Contornos gerais da responsabilidade civil do Estado

Hoje já se tem consolidado o entendimento de que a responsabilidade civil do Estado é simples corolário da submissão do Poder Público ao Direito.[42] Porém, o instituto da responsabilidade civil estatal constitui matéria que passou por uma das mais emblemáticas evoluções.

Na época dos Estados absolutos ou despóticos, vigia a regra de irresponsabilidade, repousada na ideia de soberania, no sentido de que o Estado dispõe de autoridade perante o súdito e exerce a tutela do direito, exsurgindo daí os princípios de que o rei não pode errar ("the King can do no wrong"), aquilo que agrada o príncipe tem força de lei ("quod principi placuit habet legis vigorem") e o Estado sou eu ("l'État c'est moi").[43]

No século XIX, a tese da irresponsabilidade restou superada. De início, a responsabilidade do Estado adotava os princípios do Direito Civil, apoiando-se na teoria civilista de culpa. Em seguida, a jurisprudência francesa[44] deu passos decisivos no sentido de firmar o entendimento de que a responsabilidade estatal deveria se sujeitar a regras especiais conforme as necessidades do serviço público e de modo a conciliar os direitos do Estado com os direitos privados.[45]

---

[41] Cita-se, por exemplo: "Art. 85. O estabelecimento penal deverá ter lotação compatível com a sua estrutura e finalidade. Parágrafo único. O Conselho Nacional de Política Criminal e Penitenciária determinará o limite máximo de capacidade do estabelecimento, atendendo a sua natureza e peculiaridades."; bem como "Art. 88. O condenado será alojado em cela individual que conterá dormitório, aparelho sanitário e lavatório. Parágrafo único. São requisitos básicos da unidade celular: a) salubridade do ambiente pela concorrência dos fatores de aeração, insolação e condicionamento térmico adequado à existência humana; b) área mínima de 6,00 m² (seis metros quadrados)."

[42] BANDEIRA DE MELLO, Celso Antônio. *Curso de direito administrativo*. 28. ed. São Paulo: Malheiros, 2011, p. 1.007.

[43] CAHALI, Yussef Said. *Responsabilidade civil do Estado*. 5. ed. rev., atual. e ampl. São Paulo: Revista dos Tribunais, 2014, p. 18-19.

[44] Cita-se costumeiramente como marco o famoso caso *Blanco*, ocorrido em 1873. A menina Agnès Blanco, ao atravessar uma rua da cidade de Bordeaux, foi atropelada por vagonete da Companhia Nacional de Manufatura do Fumo. Seu pai ajuizou ação de indenização, com base no princípio de que o Estado é civilmente responsável por prejuízos causados a terceiros, em decorrência de ação danosa de seus agentes. Suscitado conflito de atribuições entre a jurisdição comum e o contencioso administrativo, foi decidido que a controvérsia deveria ser solucionada pelo tribunal administrativo, porque se tratava de apreciar a responsabilidade decorrente de funcionamento do serviço público.

[45] DI PIETRO, Maria Sylvia Zanella. *Direito administrativo*. 30. ed. rev. atual. e ampl. Rio de Janeiro: Forense, 2017, p. 818.

A partir de então começaram a surgir as teorias publicistas da responsabilidade do Estado,[46] culminando na proclamação da responsabilidade objetiva do Estado, que prescinde da apreciação de culpa ou dolo do agente que tenha dado causa ao dano.[47]

Atualmente, a responsabilidade civil objetiva do Estado está prevista no artigo 37, §6º, da Constituição Federal de 1988,[48] o qual dispõe: "As pessoas jurídicas de direito público e as de direito privado prestadoras de serviços públicos responderão pelos danos que seus agentes, nessa qualidade, causarem a terceiros, assegurado o direito de regresso contra o responsável nos casos de dolo ou culpa".

Entende-se, em regra, que o regime adotado pelo ordenamento jurídico brasileiro está baseado na teoria do risco, segundo o qual a atuação estatal envolve um risco de dano, que lhe é inerente, e na medida em que todos os administrados se beneficiam da atividade pública, devem suportar os riscos daí decorrentes.[49] Um dos princípios que informa e fundamenta a teoria é o da solidariedade patrimonial da coletividade frente aos ônus e encargos suportados por um determinado administrado em virtude da ação ou omissão danosa do agente público.[50]

A teoria do risco, vale dizer, compreende duas modalidades, a teoria do risco administrativo e a teoria do risco integral, sendo que a primeira admite causas excludentes ao passo que a segunda não. Nesse sentido, entende-se majoritariamente que a teoria adotada pelo ordenamento jurídico pátrio é a teoria do risco administrativo.[51][52]

Conforme ensinamentos de Yussef Said Cahali, qualquer que seja o fundamento a embasar a responsabilidade estatal, o pressuposto de determinação é a causalidade:

> Na realidade, qualquer que seja o fundamento invocado para embasar a responsabilidade objetiva do Estado (risco administrativo, risco integral, risco-proveito), coloca-se como pressuposto primário da determinação daquela responsabilidade a existência de um nexo de causalidade entre a atuação ou omissão do ente público, ou de seus agentes, e o prejuízo reclamado pelo particular.[53]

Sendo a causalidade o fundamento da responsabilidade civil do Estado, esta deixará de existir ou incidirá de forma atenuada quando o serviço, ato ou omissão não

---

[46] Teoria da culpa administrativa ou culpa do serviço público, teoria do acidente administrativo e teoria do risco, desdobrada em teoria do risco administrativo e teoria do risco integral.

[47] Sobre o tema, ver TAVARES, André Ramos. *Curso de direito constitucional*. 10. ed. São Paulo: Saraiva, 2012, p. 1.342-1.343; ARAGÃO, Alexandre Santos de. *Curso de direito administrativo*. 2. ed. rev., atual. e ampl. Rio de Janeiro: Forense, 2013, p. 1.055-1.103.

[48] A Constituição de 1946, em seu artigo 194, já havia consagrado a teoria da responsabilidade objetiva do Estado ao exigir culpa ou dolo para o direito de regresso contra o funcionário, não fazendo a mesma exigência para as pessoas jurídicas de direito público.

[49] BARTINE, Caio; SPITZCOVSKY, Celso. *Curso de direito administrativo*. 3. ed. rev., atual. e ampl. São Paulo: Revista dos Tribunais, 2016, p. 239-246.

[50] ARAÚJO, Edmir Netto de. *Curso de direito administrativo*. 7. ed. São Paulo: Saraiva, 2015, p. 832.

[51] Vide a respeito: RE nº 841.526, relator Ministro Luiz Fux, Tribunal Pleno, j. 30.03.2016.

[52] Para Maria Sylvia Zanella Di Pietro, as divergências a respeito seriam por questões terminológicas: "Portanto, não é demais repetir que as divergências são mais terminológicas, quanto à maneira de designar as teorias, do que de fundo. Todos parecem concordar em que se trata de responsabilidade objetiva, que implica averiguar se o dano teve como causa o funcionamento de um serviço público, sem interessar se foi regular ou não. Todos também parecem concordar em que algumas circunstâncias excluem ou diminuem a responsabilidade do Estado" (In: *Direito Administrativo*. 30. ed. rev. atual. e ampl. Rio de Janeiro: Forense, 2017, p. 820).

[53] In: *Responsabilidade civil do Estado*. 5. ed. rev., atual. e ampl. São Paulo: Revista dos Tribunais, 2014, p. 42.

constituírem a causa do dano ou estiverem aliados a outras circunstâncias, não sendo causa exclusiva.[54] Assim, são costumeiramente apontadas como causas excludentes da responsabilidade a força maior, culpa exclusiva da vítima, culpa de terceiros e, como causa atenuante, a culpa concorrente da vítima.[55]

Embora haja consenso a respeito da adoção da teoria da responsabilidade objetiva do Estado pelo Direito brasileiro, ainda há divergência a respeito da sua extensão. Nesse sentido, merece destaque a divergência a respeito da aplicação da responsabilidade objetiva e do artigo 37, §6º, da Constituição Federal ao se tratar de hipóteses de omissão estatal.

Para alguns, a norma não faz diferenciação entre condutas comissivas e omissivas do Poder Público, não podendo o intérprete impor restrições à matéria quando o constituinte não o fez; para outros, aplica-se, em caso de omissão, a teoria da responsabilidade subjetiva, na modalidade da teoria da culpa do serviço público.[56] Para os defensores da segunda posição, no caso de omissão, os danos em regra não são propriamente causados pelo Estado, mas podem ser evitados ou minorados se o Estado, tendo o *dever* de agir, não se omitir.[57] Portanto, para a responsabilidade decorrente de omissão, haveria um *dever de agir* por parte do Estado e a *possibilidade de fazê-lo* para evitar o dano, estando a culpa embutida na ideia de omissão.

Marçal Justen Filho, por sua vez, afirma que as hipóteses de dano derivado de omissão podem ser diferenciadas em dois grandes grupos, os ilícitos omissivos próprios e impróprios, sendo o primeiro grupo equiparado a atos comissivos por refletir o descumprimento de conduta obrigatória prevista em lei, enquanto no segundo grupo o sujeito não estaria obrigado a agir de modo determinado e específico, de tal sorte que a omissão não geraria presunção de infração ao dever de diligência, devendo se verificar concretamente a violação ao dever de diligência especial.[58]

As diferenças conceituais, como se denota, não são poucas. Porém, em matéria de responsabilidade por danos causados à integridade do preso, como se abordará, a discussão até perde certo relevo, pelo fato de os reclusos estarem sempre sob a custódia do Estado. Isso, por si só, impõe uma situação diferenciada no que concerne ao dever de proteção, mas, adicionalmente, há também previsão constitucional específica para que seja assegurada a integridade física e moral dos reclusos.

---

[54] DI PIETRO, Maria Sylvia Zanella. *Direito administrativo*. 30. ed. rev. atual. e ampl. Rio de Janeiro: Forense, 2017, p. 824.

[55] Fernando Dias Menezes de Almeida aponta ser imprópria a utilização do termo "culpa", pois nesses casos se está discutindo nexo de causalidade, não sendo relevante cogitar-se culpa. Confira-se a respeito, ALMEIDA, Fernando Dias Menezes de; CARVALHO FILHO, José dos Santos. *Controle da administração pública e responsabilidade do Estado*. São Paulo: Revista dos Tribunais, 2014, p. 390 et seq. (*Tratado de direito administrativo*, v. 7 – coord. Maria Sylvia Zanella Di Pietro).

[56] Gustavo Tepedino é um dos principais adeptos da primeira corrente, enquanto é possível citar Celso Antônio Bandeira de Mello e Maria Sylvia Zanella Di Pietro como adeptos da segunda. Sobre a divergência, confira-se MONTEIRO FILHO, Carlos Edison do Rego. Problemas de responsabilidade civil do Estado. In: FREITAS, Juarez (Org.). *Responsabilidade civil do Estado*. São Paulo: Malheiros, 2006, p. 37-69.

[57] BANDEIRA DE MELLO, Celso Antônio. *Curso de direito administrativo*. 28. ed. São Paulo: Malheiros, 2011, p. 1.021.

[58] JUSTEN FILHO, Marçal. A responsabilidade do Estado. In: FREITAS, Juarez (Org.). *Responsabilidade civil do Estado*. São Paulo: Malheiros, 2006, p. 226-292, p. 234-235.

Nesse passo, é válido trazer à baila as lições de Juarez Freitas ao abordar a responsabilidade estatal por omissão entrelaçada à garantia de direitos fundamentais, em artigo no qual dá ênfase, inclusive, ao dever do Estado em adotar medidas preventivas para resguardar direitos fundamentais:

> Em primeiro plano, pelo exposto, não descende do art. 37, parágrafo 6º, da CF, nenhuma rigidez dicotômica no regime da responsabilidade do Estado, no tocante às condutas omissivas ou comissivas de agentes públicos *lato sensu*, mormente ao se acolher, como preconizado, a noção de causalidade que não reduz a omissão à mera *conditio*, já que a inércia é entendida como possível elemento integrante da série causal de eventos danosos.
> (...)
> Reitere-se que a Constituição Federal, no art. 5º, parágrafo primeiro, exige aplicabilidade direta e imediata dos direitos fundamentais (inclusive os sociais, relacionados a serviços públicos), donde segue a imprescindibilidade de uma teoria da responsabilidade ajustada à ampliação eficacional dos direitos. Nesses moldes, a sugerida técnica da responsabilização proporcional desponta como a mais recomendável, notadamente ao se observar que o Poder Público oscila impunemente entre os dois vícios recorrentes: a negação ostensiva de eficácia a direitos fundamentais ou a sua afirmação claudicante e insuficiente.[59]

Em adição a tudo isso, cumpre ressaltar a tendência contemporânea de favorecimento da posição da vítima, também no âmbito da responsabilidade estatal, em consonância com o movimento evolutivo de todo o Direito Administrativo a partir da promulgação da Constituição Federal de 1988. A respeito, os dizeres de Fernando Dias Menezes de Almeida são precisos:

> Os direitos fundamentais, tal como tratados pela Constituição brasileira, em sua conexão com princípios (também ditos fundamentais), são a mais relevante marca do sistema constitucional atual e mais importante vetor para a compreensão da aplicação desse sistema do Brasil contemporâneo.
> E é uma compreensão que se espraia, para além do direito constitucional, sobre todos os domínios do direito.
> Com efeito, a leitura da doutrina brasileira quanto ao direito administrativo no século XXI indica claramente que ele, deixando de lado tendências do passado, hoje dá ao indivíduo, e não mais ao Estado, a posição de centralidade, tomando-o, ao mesmo tempo, como valor básico e finalidade da política legislativa.[60]

Traçados esses contornos gerais e atuais sobre a responsabilidade civil do Estado, passa-se a uma análise específica da sua aplicação no que concerne à proteção da integridade dos reclusos, com a análise das possibilidades de indenização cogitadas nesse tocante.

---

[59] Responsabilidade civil do Estado, a omissão inconstitucional e o princípio da proporcionalidade. In: GUERRA, Alexandre Dartanhan de Mello; PIRES, Luis Manoel Fonseca; BENACCHIO, Marcelo (coord). *Responsabilidade civil do Estado*. São Paulo: Quartier Latin, 2010, p. 223-237, p. 233.

[60] ALMEIDA, Fernando Dias Menezes de; CARVALHO FILHO, José dos Santos. *Controle da administração pública e responsabilidade do Estado*. São Paulo: Revista dos Tribunais, 2014, p. 407-408 (*Tratado de direito administrativo*, v. 7 – coord. Maria Sylvia Zanella Di Pietro).

4 A responsabilidade civil do Estado pela integridade dos reclusos e as possibilidades de indenização

Conforme os ensinamentos de Cezar Roberto Bitencourt: "A onipotência jurídico-penal do Estado deve contar, necessariamente, com freios ou limites que resguardem os invioláveis direitos fundamentais do cidadão".[61]

De fato, sendo o Estado responsável por processar e executar a pena, inclusive a privativa de liberdade, deve respeitar os limites impostos pelo ordenamento jurídico ao desenvolver tal múnus. Além disso, a partir do momento em que o Estado coloca indivíduos sob sua custódia, tolhendo sua liberdade, é responsável por garantir a integridade destes, segundo já defendia Yussef Said Cahali:

> Na realidade, a partir da detenção do indivíduo, este é posto sob a guarda e responsabilidade das autoridades policiais, que se obrigam pelas medidas tendentes à preservação de sua integridade corporal, protegendo-o de eventuais violências que possam ser contra ele praticadas, seja da parte dos agentes públicos, seja da parte de outros detentos, seja, igualmente, da parte de estranhos.[62]

Conquanto já houvesse entendimento na jurisprudência pátria a proclamar a responsabilidade civil do Estado diante de algumas situações de vulneração da integridade do preso – em especial em casos de morte por policiais, em variadas circunstâncias, de morte ou violência no interior do presídio por outros detentos ou terceiros, de negligência em tratamento médico ou tortura[63] –, recentemente o Supremo Tribunal Federal deu passos largos no sentido de ampliar e fixar teses de repercussão geral quanto à responsabilização civil do Estado pela integridade dos reclusos, dentro da agenda voltada à melhoria do sistema carcerário nacional.

Nesse contexto, faz-se referência e passa-se à análise de dois precedentes julgados em regime de repercussão geral pelo Supremo Tribunal Federal e que fixaram teses suficientes para o fim de acobertar, de modo amplo, quase a totalidade de situações de possível mácula à integridade dos presos em que se cogita a responsabilização civil do Estado, quais sejam, RE nº 841.526[64] e RE nº 580.252.[65] Ao se enfrentar nos próximos subtópicos os famigerados eventos de morte e de falta ou insuficiência de condições legais de encarceramento, será detalhado o contexto dos dois citados precedentes.

4.1 Responsabilidade civil do Estado pela morte de detentos

Quando do julgamento do RE nº 841.526, de relatoria do Ministro Luiz Fux, fixou-se a seguinte tese de repercussão geral: "em caso de inobservância do seu dever específico de proteção previsto no artigo 5º, inciso XLIX, da Constituição Federal, o Estado é responsável pela morte do detento".

---

[61] In: *Tratado de direito penal*: parte geral. 15. ed. rev., atual. e ampl. São Paulo: Saraiva, 2010, p. 39.

[62] In: *Responsabilidade Civil do Estado*. 5. ed. rev., atual. e ampl. São Paulo: Revista dos Tribunais, 2014, p. 411.

[63] A respeito da posição da jurisprudência sobre esses assuntos, ver CAHALI, Yussef Said. *Responsabilidade civil do Estado*. 5. ed. rev., atual. e ampl. São Paulo: Revista dos Tribunais, 2014, p. 411-423.

[64] RE nº 841.526, relator Ministro Luiz Fux, Tribunal Pleno, j. 30.03.2016.

[65] RE nº 580.252, relator Ministro Teori Zavascki, relator para Acórdão Ministro Gilmar Mendes, Tribunal Pleno, j. 16.02.2017.

O caso em questão discutia a responsabilidade do Estado do Rio Grande do Sul pela morte de detento na Penitenciária Estadual do Jacuí. Sustentou o Estado do Rio Grande do Sul que a responsabilidade pela morte do referido detento não lhe poderia ser imputada, pois o laudo criminalístico havia consignado possível prática de suicídio pelo preso.

A sentença consignou que o acervo probatório não seria suficiente para confirmar se ocorreu homicídio ou suicídio do preso e, de toda forma, o Estado teria falhado em seu dever de proteção previsto no artigo 5º, inciso XLIX, da Constituição Federal, sendo cabível a responsabilização civil. O acórdão proferido pelo Tribunal de Justiça do Estado do Rio Grande do Sul confirmou a sentença nesse ponto.

Em seu recurso extraordinário, o Estado do Rio Grande do Sul alegou que não se verificaria nexo de causalidade entre o alegado fato administrativo ilícito e o dano, diante dos fortes indícios de suicídio. Aduziu que não haveria como impor ao Estado o dever absoluto de guarda da integridade física dos presos, especialmente quando o evento danoso decorreria de ato exclusivo da vítima, como no caso de suicídio, o que romperia o nexo de causalidade, afastando o dever estatal de indenizar. Por fim, arguiu que não seria aplicável o artigo 37, §6º, da Constituição Federal em caso de responsabilidade civil do Estado por omissão, tornando-se imprescindível a prova da culpa ou dolo.

Foi dentro desse contexto que a discussão acerca da responsabilidade civil do Estado pela morte de detentos foi levada à apreciação do Supremo Tribunal Federal, porém a abordagem do tema se deu de forma ampla, em consonância com o regime de repercussão geral que permite a fixação de teses.

De início, o relator Ministro Luiz Fux, em seu voto, trouxe contornos gerais em relação ao regime da responsabilidade civil do Estado. Nessa toada, consignou que o artigo 37, §6º, da Constituição Federal deixa clara a necessidade de comprovação do nexo de causalidade entre a conduta do agente público e o dano sofrido pelo particular. Ademais, assentou que a teoria que rege a responsabilidade civil do Estado no ordenamento jurídico brasileiro hodierno é a do risco administrativo e não a do risco integral, o que viabiliza a oposição de causas excludentes do nexo de causalidade e, bem assim, exoneradoras de responsabilização do ente público.

No que se refere à responsabilidade do Estado por omissão, sustentou, em linha com orientação recente que já vinha sendo aplicada pelo Supremo Tribunal Federal, que também está fundamentada no artigo 37, §6º, da Constituição Federal. Tal dispositivo não exige que a conduta estatal seja comissiva ou omissiva para desencadear a responsabilização objetiva e, bem assim, não caberia ao intérprete estabelecer distinções onde o texto constitucional não o fez.

Ainda sobre a responsabilidade por omissão, ressaltou que, não obstante o Estado responda também de forma objetiva, o nexo de causalidade entre essas omissões e os danos sofridos pelos particulares só restará caracterizado quando o Poder Público ostentar o dever legal específico de agir para impedir o evento danoso, não se desincumbindo dessa obrigação legal. Nas palavras do relator Ministro Luiz Fux em seu voto:

> (...) a integração do regime jurídico da responsabilidade civil do Estado por omissão pressupõe que o omitente devia e podia agir para evitar o resultado. Assim, embora não se estabeleça um nexo de causalidade fática, imputa-se o resultado ao agente por meio de uma causalidade juridicamente estabelecida.[66]

---

[66] RE nº 841.526, Tribunal Pleno, relator Ministro Luiz Fux, j. 30.03.2016, p. 14-15.

Aplicando-se tais premissas para a situação da morte dos detentos, enfatizou-se que o direito fundamental enunciado pelo artigo 5º, inciso XLIX, da Constituição Federal, que prevê a garantia à integridade física e moral do preso, estabelece uma clara obrigação para o Estado.[67]

O detento, sob a custódia estatal, só poderá ter direito a um tratamento digno e que observe sua integridade física e moral se o Estado efetivamente agir no sentido de cumprir o dever especial de proteção que a Constituição Federal lhe impõe. Portanto, o direito fundamental em questão não apenas obrigaria o Estado a tomar medidas efetivas a fim de proporcionar a sua realização, mas também atribuiria ao apenado a posição jurídica de exigir que essa prestação estatal lhe seja concedida.

Todavia, para fins de consolidação de orientação geral, reputou-se importante esclarecer que essa regra geral comporta exceções em situações específicas.[68] Nesse sentido, ponderou-se que a configuração da responsabilidade civil não depende apenas da inobservância do mandamento constitucional de respeito à integridade do preso para que se evite a morte do preso sob sua custódia, sendo forçoso, também, que o Poder Público tenha a possibilidade de agir nesse sentido.

Se inviável a atuação estatal para evitar a morte do preso, o nexo de causalidade entre essa omissão e o dano restaria rompido, de modo que restaria afastada a responsabilidade civil. Deixou-se consignado, porém, que tal circunstância depende de uma análise concreta, pois, o evento morte pode se manifestar de várias formas e, em algumas situações, é efetivamente imprevisível e não pode ser evitado pelo Estado.

De se notar, contudo, que mesmo em casos de suicídio ou morte por causa natural, em que poderia se cogitar, de forma quase automática, a invocação de causas excludentes de responsabilidade, há situações que poderiam ser previsíveis à luz de um histórico carcerário que imponha um tratamento médico específico, inobservado pelo Estado,[69] o que justificaria sua responsabilização.

Assim, em síntese, há um dever específico de proteção que se impõe ao Estado pelo fato de deter a custódia dos presos e que, logicamente, compreende a proteção à integridade física dos presos e, portanto, de suas vidas.

Nos casos em que a morte do detento não puder ser evitada pelo Estado, rompe-se o nexo de causalidade entre o resultado morte e a omissão estatal no tocante ao dever de manter a incolumidade física dos presos, o que afasta a responsabilização civil, em consonância com a teoria do risco administrativo e repudiando-se a teoria do risco integral, não recepcionada pela ordem constitucional brasileira.

No caso específico objeto de debate, o relator Ministro Luiz Fux reconheceu que restaria inequívoco que nas instâncias ordinárias o Estado "não foi capaz de comprovar a

---

[67] Nesse sentido, além de trazer doutrina sobre a força normativa das normas constitucionais em geral, fez-se menção ao artigo 5º, §1º, da Constituição Federal, que prevê a aplicação imediata de "normas definidoras de direitos e garantias fundamentais".

[68] Como ponderado pelo Ministro Luís Roberto Barroso, estabelecer exceções seria indispensável sob pena de se subverter o sistema, estabelecendo um regime de responsabilidade pelo risco integral, o que não é a lógica aplicável (ver debates por ocasião do voto do Ministro Teori Zavascki no RE nº 841.526, relator Ministro Luiz Fux, Tribunal Pleno, j. 30.03.2016, p. 6).

[69] De se notar, por oportuno, que o artigo 14, *caput*, da Lei de Execução Penal estabelece o dever de assistência à saúde de forma ampla aos detentos: "Art. 14. A assistência à saúde do preso e do internado de caráter preventivo e curativo, compreenderá atendimento médico, farmacêutico e odontológico".

sua tese de que teria ocorrido o suicídio do preso ou qualquer outra causa que excluísse o nexo de causalidade entre a sua omissão quanto ao dever de protegê-lo e o resultado morte verificado". Não tendo comprovado causa que excluísse o nexo de causalidade entre a sua omissão quanto ao dever de proteger o preso e o resultado morte, confirmou-se o veredicto das instâncias inferiores, com a responsabilização civil do Estado.

4.2 Responsabilidade civil do Estado por falta ou insuficiência de condições legais de encarceramento

Por ocasião do julgamento do RE nº 580.252, foi fixada a tese de que, "considerando que é dever do Estado, imposto pelo sistema normativo, manter em seus presídios os padrões mínimos de humanidade previstos no ordenamento jurídico, é de sua responsabilidade, nos termos do art. 37, §6º, da Constituição, a obrigação de ressarcir os danos, inclusive morais, comprovadamente causados aos detentos em decorrência da falta ou insuficiência das condições legais de encarceramento".

Os debates tiveram origem em demanda ajuizada pela Defensoria Pública do Mato Grosso do Sul, em favor de detento condenado a 20 anos de reclusão por crime de latrocínio, visando ao pagamento de indenização a título de dano moral causado pelas degradantes condições a que teria sido submetido no cumprimento da pena em estabelecimento prisional localizado no Município de Corumbá, Mato Grosso do Sul.

A sentença de primeiro grau julgou a ação improcedente. Porém, o decreto foi reformado em sede de apelação, por meio de acórdão que ressaltou a necessidade de responsabilização do Estado por ato omissivo culposo, na medida em que os problemas de superlotação e falta de condições mínimas de saúde e higiene do presídio não teriam sido sanados mesmo após laudo conclusivo da vigilância sanitária. O acórdão também consignou que, não sendo assegurado o "mínimo existencial", não se aplicaria a "reserva do possível". O valor de indenização foi fixado em R$2.000,00 (dois mil reais).

Ainda no Tribunal de Justiça Sul Mato-Grossense, foram opostos embargos infringentes, os quais foram acolhidos para restaurar a sentença e afastar o pleito indenizatório. Embora tenham sido reconhecidas as precárias condições a que estariam submetidos os reclusos, inclusive a superlotação, a decisão quanto aos embargos infringentes concluiu pela aplicação da reserva do possível, sob o argumento de que seria necessária a implementação de políticas públicas que exigiriam verba orçamentária para que houvesse a cessação e reparação do dano.

Nesse contexto, foi interposto recurso extraordinário suscitando ofensa aos artigos 5º, III, X, XLIX; e 37º, §6º, da Constituição Federal, e também ao artigo 5º do Pacto de São José da Costa Rica, asseverando, em suma, que (i) a submissão do recorrente e outros detentos a tratamento desumano e degradante foi expressamente reconhecida pelo acórdão; (ii) é dever do Estado atender minimamente às condições carcerárias previstas em lei relativamente aos que estão sob sua custódia; e (iii) o princípio da reserva do possível não pode ser abstratamente invocado.

Após terem sido referenciadas as condições precárias do presídio de Corumbá, tidas como incontroversas, o Ministro Teori Zavascki assentou a responsabilidade civil objetiva do Estado pela integridade física e psíquica daqueles que estão sob sua custódia. Para tanto, consignou-se que o artigo 37, §6º, da Constituição Federal constitui dispositivo autoaplicável, não sujeito a intermediação legislativa ou administrativa para assegurar o correspondente direito subjetivo, bem como que a garantia mínima de segurança pessoal, física e psíquica dos detentos constitui um dever estatal amplo com espeque não somente no ordenamento nacional, como também em fontes normativas internacionais adotadas pelo Brasil.

Nas palavras do Ministro Teori Zavascki em seu voto:

> Não há dúvida de que o Estado é responsável pela guarda e segurança das pessoas submetidas a encarceramento, enquanto ali permanecerem detidas. E é dever do Estado mantê-las em condições carcerárias com mínimos padrões de humanidade estabelecidos em lei, bem como, se for o caso, ressarcir os danos que daí decorrerem. A jurisprudência do Supremo Tribunal Federal, em mais de uma oportunidade, deixou assentada a responsabilidade objetiva do Estado pela integridade física e psíquica daqueles que estão sob sua custódia.[70]

A responsabilidade civil objetiva do Estado por danos causados a detentos, mesmo morais, em virtude da falta ou inobservância de condições legais de encarceramento foi também confirmada pelos demais membros do Plenário da Corte Constitucional. Cita-se, à guisa de exemplo, o voto do Ministro Luís Roberto Barroso, que destacou a "posição especial de garante do Estado" em relação aos presos, o que lhe conferiria deveres específicos de vigilância e de proteção de todos os direitos dos reclusos não afetados pela privação de liberdade.

O Ministro Luís Roberto Barroso houve por bem registrar ainda que a situação do sistema carcerário brasileiro atingiria a dignidade dos reclusos, sendo logicamente causadora de dano moral. Porém, por se tratar de acórdão que fixa tese de repercussão geral, salientou que os danos morais devem ser provados a partir de elementos concretos da realidade, até porque se reconheceu a existência de presídios com condições dignas de encarceramento.

A arguição do princípio da reserva do possível não foi admitida como óbice à responsabilização civil do Estado nas hipóteses de falta ou insuficiência de condições legais de encarceramento. No entendimento do Supremo Tribunal Federal, tal argumento sequer seria cabível no contexto de uma atuação repressiva, para fins de responsabilização do Estado por danos causados ao particular de forma incontroversa. Isso porque o princípio da reserva do possível comporta arguição na concretização de certos direitos fundamentais de prestação, notadamente de natureza social, que dependem da adoção e execução de políticas públicas.

Por oportuno, confira-se a lição de Manoel Gonçalves Ferreira Filho a respeito:

> Os direitos sociais são de grande relevância no Estado social de Direito que consagra a atual Constituição ao falar imprecisamente em Estado democrático de Direito. Como ensina Jorge Miranda, esta última expressão, obscura e ambígua, deve ser entendida como sinônima daquela, mais clara e mais usada no direito comparado.
> A implementação de tais direitos, porém, oferece não raro dificuldades, eis que ela depende da disponibilidade de meios suficientes, com que nem sempre conta o Poder Público. Por isto, são eles condicionados pela cláusula, ou como hoje se diz, pela "reserva do possível".

---

[70] RE nº 580.252, Tribunal Pleno, relator Ministro Teori Zavascki, relator para acórdão Ministro Gilmar Mendes, j. 16.02.2017.

Esta traduz a verdade já afirmada pelos romanos – *impossibilia nemo tenetur* –, ou seja, ninguém está obrigado a fazer coisas impossíveis.[71]

Assim é que, embora não tenha sido negado, em momento algum, que a superação da situação sensível do sistema carcerário depende da adoção de políticas públicas, disso não decorreria qualquer vedação ou óbice ao pagamento de indenização pelo Estado.

Além disso, foi ressaltado que a reserva do possível encontra insuperável limitação na intangibilidade do mínimo existencial, o que estaria em discussão no caso concreto, visto que se discutem direitos fundamentais dos reclusos, relacionados ao valor essencial da dignidade da pessoa humana. A esse respeito, fez-se menção a entendimento já externado pelo Ministro Celso de Mello em decisão na Arguição de Descumprimento de Preceito Fundamental (ADPF) nº 45, *in verbis*:

> Cumpre advertir, desse modo, que a cláusula da "reserva do possível" - ressalvada a ocorrência de justo motivo objetivamente aferível - não pode ser invocada, pelo Estado, com a finalidade de exonerar-se do cumprimento de suas obrigações constitucionais, notadamente quando, dessa conduta governamental negativa, puder resultar nulificação ou, até mesmo, aniquilação de direitos constitucionais impregnados de um sentido de essencial fundamentalidade.[72]

A decisão do Supremo Tribunal Federal no RE nº 580.252 se mostrou de especial relevância diante do fato de que a Primeira Seção do Superior Tribunal de Justiça, nos Embargos de Divergência em Recurso Especial (EREsp) nº 962.934, havia firmado, alguns anos antes, entendimento no sentido de ser descabida a responsabilidade civil do Estado por dano moral em função de superlotação de presídio.[73] Em suma, na ocasião, o Superior Tribunal de Justiça entendeu que seria inaceitável a indenização em prol

---

[71] In: *Curso de direito constitucional*. 40 ed. São Paulo: Saraiva, 2015, p. 347.

[72] ADPF nº 45-9, decisão monocrática, relator Ministro Celso de Mello, j. 29.04.2004.

[73] "ADMINISTRATIVO. EMBARGOS DE DIVERGÊNCIA. RESPONSABILIDADE CIVIL DO ESTADO. DETENTO. SUPERLOTAÇÃO. DANO MORAL. RESSARCIMENTO INDIVIDUAL POR DANO COLETIVO INCABÍVEL. PROBLEMA LÓGICO. RETIRADA DE CUSTOS PARA SUPRIR INDENIZAÇÃO INDIVIDUAL QUE MAJORA O GRAVAME COLETIVO. IMPOSSIBILIDADE DE EQUIVALÊNCIA COM CASOS MAIS GRAVES. MORTE. INDENIZAÇÃO INDIVIDUAL COMO MEIO INVIÁVEL DE SOLUÇÃO DO PROBLEMA PRISIONAL. 1. Cuida-se de embargos de divergência opostos contra acórdão da Segunda Turma que deu provimento ao recurso especial para determinar a impossibilidade de obrigar o Estado a indenizar, individualmente, um detento em unidade prisional superlotada. 2. O que se debate é a possibilidade de indenizar dano moral que foi consignado pelas instâncias de origem; logo, o que se discute é a possibilidade de punir o Estado com tal gravame pecuniário, denominado no acórdão embargado como "pedágio masmorra"; a divergência existe, pois há precedentes da Primeira Turma no sentido da possibilidade de indenização: REsp 1.051.023/RJ, Rel. Min. Francisco Falcão, Rel. p/ Acórdão Min. Teori Albino Zavascki, Primeira Turma, DJe 1º.12.2008; e REsp 870.673/MS, Rel. Min. Luiz Fux, Primeira Turma, DJe 5.5.2008. 3. O voto condutor do Min. Herman Benjamin – havido do recurso especial, cujo acórdão figura como embargado – deve ser mantido em seus próprios fundamentos, a saber que: a) não é aceitável a tese de que a indenização seria cabível em prol de sua função pedagógica; b) não é razoável – e ausente de lógica – indenizar individualmente, pois isto ensejará a retirada de recursos para melhoria do sistema, o que agravará a situação do próprio detento; e c) a comparação com casos que envolveram a morte de detentos não é cabível. 4. Como bem consignado no acórdão embargado, em vez da perseguição de uma solução para alterar a degradação das prisões, o que acaba por se buscar é uma inadmissível indenização individual que arrisca formar um "pedágio masmorra" ou uma "bolsa indignidade"; em síntese, o tema em debate não trata da aplicação da doutrina da "reserva do possível" ou do "mínimo existencial", mas da impossibilidade lógica de que a fixação de uma indenização pecuniária e individual melhore o sistema prisional. Embargos de divergência conhecidos e improvidos." (EREsp nº 962.934/MS, relator Ministro Teori Zavascki, relator para acórdão Ministro Humberto Martins, Primeira Seção, j. 14.03.2012)

de função pedagógica, uma vez que a indenização individual ensejaria a retirada de recursos para melhoria do sistema, o que, por sua vez, acabaria agravando a situação do próprio detento. Sustentou-se à época ainda que não caberia equiparação dessa situação com casos de morte de detentos.[74]

Diversamente, o entendimento firmado no julgamento no RE nº 580.252 é no sentido de que as violações a direitos fundamentais em estabelecimentos carcerários causadoras de danos, inclusive de cunho moral, não poderiam ser relegadas sob o fundamento de que isso não eliminaria o problema prisional de forma macro, o que de fato depende de implementação de políticas públicas e mudanças de competência da seara legislativa e administrativa. Pelo contrário, consignou-se que a negativa à indenização apenas incentivaria a perpetuação da situação desumana nos estabelecimentos prisionais.

A preocupação quanto ao problema do sistema prisional de forma global e quanto à efetividade da indenização pecuniária dentro desse contexto não passou despercebida do Plenário do Supremo Tribunal Federal e fomentou discussões com especial enfoque em formas alternativas de reparação que não em pecúnia.

A discussão será abordada adiante, mas é de se ressaltar que, a despeito da divergência nesse tocante, o Supremo Tribunal Federal foi unânime e categórico no reconhecimento da responsabilidade civil do Estado por danos, inclusive morais, causados aos detentos pela falta ou insuficiência das condições legais de encarceramento, bem como acerca da impossibilidade de se invocar a teoria da reserva do possível para afastar tal responsabilidade.

5 Reflexões e desafios em torno da forma de reparação

Há uma inegável preocupação em torno da forma de reparação de danos relacionados à vulneração da integridade dos detentos no sistema carcerário brasileiro, sob variados aspectos. Ainda que o espectro de responsabilização tenha sido delimitado de forma clara pelas decisões recentes do Supremo Tribunal Federal, acima mencionadas, aspectos relacionados à forma de reparação ainda constituem desafios que precisarão ser trabalhados de forma concreta, em especial diante das particularidades de cada caso. Assim, cumpre delinear os contornos acerca da problemática envolvendo a reparação nessas situações para fins de reflexão e contínuo desenvolvimento da matéria.

A partir das explanações tecidas anteriormente, em se tratando de responsabilidade civil do Estado pela integridade dos detentos, duas grandes hipóteses de responsabilização podem ser estabelecidas: (i) a responsabilidade por morte de detento, diante da inobservância do dever específico de proteção que incumbe ao Estado; e (ii) a responsabilidade por falta ou insuficiência das condições legais de encarceramento, considerando que é dever do Estado a manutenção de padrões mínimos de humanidade em seus presídios.

---

[74] Vale destacar que essa orientação jurisprudencial é expressamente mencionada e impugnada na Ação Direta de Inconstitucionalidade nº 5.170, ajuizada pelo Conselho Federal da Ordem dos Advogados do Brasil, ainda pendente de julgamento.

Em caso de morte do detento, a indenização é destinada aos parentes da vítima, observando-se os critérios de legitimidade ativa.[75] A indenização poderá compreender, sem prejuízo de outras reparações, verba a título de compensação por danos morais e pensão mensal.[76]

Em se tratando de responsabilidade por danos, inclusive morais individuais, decorrentes de falta ou insuficiência de condições legais de encarceramento, a indenização é destinada ao próprio detento.

No julgamento do RE nº 580.252, anteriormente mencionado, aventou-se a possibilidade de se estabelecer uma alternativa à indenização pecuniária do dano moral por condições degradantes do sistema carcerário, consubstanciada na remição de parte do tempo de execução da pena, em analogia ao artigo 126 da Lei de Execução Penal.[77][78]

A proposta foi trazida ao debate pelo Ministro Luís Roberto Barroso e houve adesão dos Ministros Luiz Fux e Celso de Mello. Em linhas gerais, sustentou-se que o detento que postula indenização continua submetido a condições desumanas e degradantes após a condenação do Estado e que a condenação em dinheiro tenderia a agravar as violações à dignidade, pois os recursos já escassos que poderiam ser empregados em melhorias do sistema seriam drenados por indenizações individuais.

De outro lado, defendeu-se que a medida atenderia de forma mais plena a mitigação do dano, pois minoraria a violação à dignidade do detento e traria benefícios ao sistema prisional, por reduzir superlotação e não comprometer a capacidade de investimento no sistema. Foi citada, inclusive, experiência italiana na utilização desse mecanismo de reparação de danos,[79] que teria sido considerada eficaz pela Corte

---

[75] Segundo orientação do Superior Tribunal de Justiça, são legitimados para a propositura de ação indenizatória em razão de morte de parentes, o cônjuge ou companheiro(a), os descendentes, os ascendentes e os colaterais, de forma não excludente e ressalvada a análise de peculiaridades do caso concreto que possam inserir sujeitos nessa cadeia de legitimação ou dela excluir. Sobre o tema, ver AgRg no REsp nº 1283764/RJ, relator Ministro Ricardo Villas Bôas Cueva, Terceira Turma, j. 03.11.2015; e AgInt no REsp nº 1287225/SC, relator Ministro Marco Buzzi, Quarta Turma, j. 16.03.2017.

[76] Há entendimento no Superior Tribunal de Justiça no sentido de que, em caso de responsabilidade civil por morte, é devida a condenação ao pagamento de pensão mensal a familiares do falecido, ainda que a vítima não exerça atividade remunerada (AgInt no REsp nº 1605821/RS, relator Ministro Francisco Falcão, Segunda Turma, j. 16.11.2017). Contudo, outros julgados deixam de fixá-la ao não revolverem premissas das instâncias ordinárias quanto à demonstração de dependência econômica, exercício de atividade lícita antes do encarceramento, entre outras variáveis. A título de exemplo, cita-se: AgRg no AREsp nº 487.520/SP, relator Ministro Sérgio Kukina, Primeira Turma, j. 13.09.2016.

[77] "Art. 126. O condenado que cumpre a pena em regime fechado ou semiaberto poderá remir, por trabalho ou por estudo, parte do tempo de execução da pena."

[78] Como salientado no capítulo introdutório, o tema também é objeto de discussão no âmbito do HC nº 124.520, de relatoria do Ministro Marco Aurélio, porém sob a ótica do preso que não consegue trabalhar porque o Estado não proporciona meios para tanto.

[79] No caso *Torreggiani et al. v. Itália*, diversos detentos que cumpriam pena em celas superlotadas ingressaram com requerimentos de condenação do Estado ao pagamento de indenizações. A Corte Europeia de Direitos Humanos, além de determinar a reparação dos danos morais causados aos requerentes, determinou que o governo italiano adotasse um conjunto de medidas aptas a reduzir a superlotação, que compreendesse remédios preventivos e compensatórios. Atendendo à decisão, a Itália apresentou um plano de ação e adotou diversas medidas de reforma de seu sistema prisional, inclusive estabelecendo um mecanismo de reparação *in natura* dos danos morais causados aos presos, consistente na remição de um dia de pena para cada 10 dias de detenção em condições degradantes ou desumanas. Apenas os detentos que não estivessem mais sob custódia do Estado, ou cuja pena a cumprir não permitisse a dedução da totalidade da remição concedida, poderiam pleitear uma indenização pecuniária, pré-fixada no montante de 8 (oito) euros por dia de detenção. Para mais informação sobre o assunto, ver MORTE, G. Della. La situazione carceraria italiana viola strutturalmente gli standard sui

Europeia de Direitos Humanos. A solução conferiria caráter subsidiário à indenização pecuniária, que seria cabível apenas nos casos de detentos que já tivessem cumprido a integralidade da pena.

A proposta foi discutida na ocasião e foram levantados alguns possíveis óbices, especialmente relacionados à reserva de lei, compatibilização do sistema civil e criminal e certa distorção na reparação *in natura* cogitada, em razão da distinção dos bens tutelados.[80] Entenderam os demais ministros, naquele momento e naquela seara, que não estavam prontos para evoluir com a proposta, tendo prevalecido a indenização pecuniária.

De outro norte, não se pode perder de vista a possibilidade (em tese) de se reconhecer a responsabilidade civil do Estado no âmbito de processo coletivo e, assim, ser fixada indenização por danos morais coletivos em decorrência da inobservância de garantias fundamentais, inclusive em razão da superlotação de presídios e do descumprimento de normas legais regentes da execução penal.[81] O dano moral coletivo, então, exsurgiria diante de conduta do Estado violadora de bem jurídico dotado de relevância transindividual, em relação ao qual haja interesse social em sua preservação, notadamente dos presos.[82] Assim, nesta hipótese, eventual indenização pecuniária seria destinada aos fundos estatais cujos recursos, por sua vez, deveriam ser empregados na reconstrução do sistema penitenciário.[83]

No que tange ao valor da indenização por danos morais, para qualquer das hipóteses, o arbitramento será de atribuição do magistrado, podendo se pautar em valores de referência determinados pela jurisprudência em casos análogos,[84] até mesmo pela ausência de critérios normativos específicos. Não obstante, é preciso que se tenha cuidado na fixação do *quantum*, em vista dos bens em voga.

De se notar que no RE nº 580.252, apreciado pelo Supremo Tribunal Federal, o Tribunal de Justiça do Rio Grande do Sul havia fixado indenização no valor de R$2.000,00 (dois mil reais), o que o Supremo Tribunal Federal entendeu ser um valor módico à luz dos direitos vulnerados. Com efeito, eventual arbitramento de valor irrisório, inferior a muitas indenizações arbitradas em casos de extravio de bagagem, cancelamento de voo e/ou cobrança indevida, pode, por si só, aviltar a dignidade da pessoa humana.

---

diritti umani (a margine della sentenza Torreggiani c. Italia). *Diritti Umani e Diritto Internazionale*, v. 1, p. 147-158, 2013; e BARGIS, Marta. Personal Freedom and Surrender. In: KOSTORIS, Roberto E (Coord.). *Handbook of European Criminal Procedure*. Padua (Itália): Springer, 2018, p. 343.

[80] Segundo voto da Ministra Rosa Weber, a abreviação à pena diria respeito ao bem *liberdade* e não resolveria, pois, a complexidade do problema relacionado à vulneração do bem *dignidade* pelo Estado.

[81] Por oportuno, vale dizer que tal hipótese foi recentemente enfrentada em sede de Ação Civil Pública manejada pela Defensoria Pública do Distrito Federal em desfavor do Distrito Federal (Processo nº 0702921-69.2017.8.07.0018, em trâmite perante a 2ª Vara da Fazenda Pública do Distrito Federal).

[82] RAMOS, André de Carvalho. Ação civil pública e o dano moral coletivo. *Revista de Direito do Consumidor*, n. 25, São Paulo, Revista dos Tribunais, jan./mar. 1998, p. 82. Sobre o tema, ver também DONIZETTI, Elpídio. *Ações constitucionais*. 2. ed. São Paulo: Atlas, 2010, p. 208-237.

[83] Entre outros, com fundamento no artigo 13 da Lei nº 7.347/1985.

[84] SEABRA, Fausto José Martins. Critérios para o arbitramento de indenização por danos morais causados pelo Estado. In: GUERRA, Alexandre Dartanhan de Mello; PIRES, Luis Manoel Fonseca; BENACCHIO, Marcelo (Coord.). *Responsabilidade civil do Estado*. São Paulo: Quartier Latin, 2010, p. 437-454, p. 453.

Ainda que a indenização seja suportada, em última instância, pela coletividade, há de ser fixada reparação justa e adequada ao lesado,[85] em atenção às particularidades do caso concreto. Do contrário, estar-se-ia justamente subvertendo a lógica da solidariedade patrimonial da coletividade e da prevalência dos direitos fundamentais.

A forma de pagamento também traz controvérsias. Além das dificuldades que envolvem o cumprimento de precatórios,[86] o que por vezes torna extremamente demorado o recebimento de qualquer quantia por parte dos credores do Estado, vale ressaltar que o Conselho Federal da Ordem dos Advogados do Brasil, na Ação Direta de Inconstitucionalidade (ADI) nº 5.170, ainda pendente de julgamento, formulou proposição quanto à forma de pagamento de indenizações por danos morais causados aos detentos submetidos a condições sub-humanas, insalubres, degradantes ou de superlotação.

Em síntese, o Conselho Federal da Ordem dos Advogados do Brasil pede que a indenização seja paga por meio de prestações mensais, iguais e sucessivas por tempo equivalente ao da prisão nas referidas condições, como meio de facilitar a reinserção do detento na vida familiar e laboral após a soltura. Além disso, pede também que se determine aos Poderes Executivo e Legislativo a criação de fundo, que receberá uma proporção das indenizações pagas, para financiar políticas não estatais de ressocialização dos detentos.

Como se vê, inúmeras questões ainda são controversas e demandam maior enfrentamento no que concerne à problemática da forma de reparação por danos decorrentes da violação à integridade dos presos. Os possíveis impactos financeiros de ações que versam sobre o tema, a ausência de parâmetros claros na lei ou jurisprudência e as próprias dificuldades envolvendo o sistema carcerário brasileiro exigem uma reflexão abrangente sobre todas essas nuances.

6 Conclusão

Não obstante as inúmeras disposições constitucionais, legais e de tratados internacionais que asseguram e enaltecem garantias fundamentais aos presos, sempre

---

[85] Nesse sentido, as lições de Fausto José Martins Seabra: "Diante disso e ciente de que no caso concreto há conflito entre a tutela dos direitos da personalidade de um indivíduo e a preservação do dogma do dinheiro público em benefício da coletividade, apurará o juiz o montante de indenização por danos morais, de modo a conferir a reparação adequada e justa ao lesado, sem permitir o locupletamento.

Conquanto de modo não taxativo, aplicam-se às indenizações por danos morais causados pelo Estado os mesmos critérios expostos pela doutrina para as verbas devidas pelo particular, ao passo que os montantes estabelecidos pela jurisprudência servem de referência para futuros arbitramentos, porém, frisa-se mais uma vez que o juiz não é um reprodutor autômato e acrítico de paradigmas." (SEABRA, Fausto José Martins. Critérios para o arbitramento de indenização por danos morais causados pelo Estado. In: GUERRA, Alexandre Dartanhan de Mello; PIRES, Luis Manoel Fonseca; BENACCHIO, Marcelo (Coord). *Responsabilidade civil do Estado*. São Paulo: Quartier Latin, 2010, p. 437-454, p. 451-452).

[86] A respeito, algumas considerações de Ênio Santarelli Zuliani: "O Poder Judiciário não ignora as dificuldades das Administrações Públicas, praticamente em todos os setores, de cumprirem os precatórios (art. 100, da CF) e verifica, perplexo, que o disposto no art. 100, §5º, da CF (inclusão no orçamento das obrigações pecuniárias para satisfação, no exercício seguinte, daqueles que se apresentam até 1º de julho), é cumprido de maneira formal, o que gera incessantes e justas reclamações dos credores." (ZULIANI, Ênio Santarelli. Particularidades do arbitramento do dano moral na responsabilidade civil do Estado. In: GUERRA, Alexandre Dartanhan de Mello; PIRES, Luis Manoel Fonseca; BENACCHIO, Marcelo (coord). *Responsabilidade civil do Estado*. São Paulo: Quartier Latin, 2010, p. 411-438, p. 435).

sob o primado da dignidade da pessoa humana, o sistema carcerário brasileiro, como visto, amolda-se à figura do estado de coisas inconstitucional, sendo notória a massiva violação de direitos fundamentais dos reclusos.

Embora instituições de todos os poderes sejam responsáveis por esse estado prolongado de inércia, é possível notar a tomada de ações em algumas frentes, como foi o caso da Comissão Parlamentar de Inquérito do Sistema Carcerário instalada no Poder Legislativo, a iniciativa do mutirão carcerário realizada pelo Conselho Nacional de Justiça e a própria agenda do sistema carcerário, priorizada recentemente pelo órgão máximo do Poder Judiciário.

Nas recentes decisões do Supremo Tribunal Federal, extrai-se especial preocupação com os direitos fundamentais dos reclusos e consideração quanto à função contramajoritária que a Corte Constitucional deve exercer na proteção de minorias e grupos vulneráveis, como é o caso dos presos. Nessa linha, os recursos julgados em regime de repercussão geral assentaram teses que evidenciam e sistematizam o amplo entendimento do Supremo Tribunal Federal em relação à responsabilidade civil do Estado pela integridade dos reclusos.

Como detalhado neste artigo, segundo tais precedentes, tendo o Estado a custódia dos detentos, assume este o dever específico de garantir sua integridade física e moral, devendo proteger os presos e assegurar condições mínimas de encarceramento, em observância ao postulado da dignidade da pessoa humana. Inobservado esse dever e havendo nexo de causalidade entre a ação ou omissão estatal e os danos daí decorrentes, inclusive de cunho moral, o Estado responde objetivamente.

A consolidação de um posicionamento firme sobre o tema é certamente um passo relevante dentro da agenda do sistema carcerário brasileiro. Espera-se que impulsione mudanças benéficas e conscientes pelas autoridades competentes. De todo modo, mediante a aplicação em concreto do entendimento firmado, ainda há um vasto campo de reflexões e aspectos a serem desenvolvidos, mormente no tocante à forma mais justa e efetiva de reparação, o que é essencial até mesmo para que os passos dados até o momento não sejam em vão.

Referências

ALBRECHT, Hans-Joerg. *Prison Overcrowding*: Finding Effective Solutions: Strategies and Best Practices Against Overcrowding in Correctional Facilities. Max Planck Institute for Foreign and International Criminal Law, April 2012.

ALMEIDA, Fernando Dias Menezes de; CARVALHO FILHO, José dos Santos. *Controle da administração pública e responsabilidade do Estado*. São Paulo: Revista dos Tribunais, 2014 (*Tratado de direito administrativo*, v. 7 – coord. Maria Sylvia Zanella Di Pietro).

ARAGÃO, Alexandre Santos de. *Curso de direito ddministrativo*. 2. ed. rev., atual. e ampl. Rio de Janeiro: Forense, 2013.

ARAÚJO, Edmir Netto de. *Curso de direito administrativo*. 7. ed. São Paulo: Saraiva, 2015.

BANDEIRA DE MELLO, Celso Antônio. *Curso de direito administrativo*. 28. ed. São Paulo: Malheiros, 2011.

BANDEIRA DE MELLO, Celso Antônio. *O conteúdo jurídico do princípio da igualdade*. 3. ed. São Paulo: Malheiros, 2000.

BARCELLOS, Ana Paula de. Violência urbana, condições das prisões e dignidade humana. *Revista de Direito Administrativo*, n. 254, 2010 [Biblioteca Digital Fórum de Direito Público].

BARGIS, Marta. Personal Freedom and Surrender. In: KOSTORIS, Roberto E (Coord.). *Handbook of European Criminal Procedure*. Padua (Itália): Springer, 2018.

BARROSO, Luís Roberto. Vinte Anos da Constituição de 1988: a Reconstrução Democrática do Brasil. In: DANTAS, Bruno; CRUXÊN, Eliane; SANTOS, Fernando; LAGO, Gustavo Ponce de Leon. *Constituição de 1988:* O Brasil 20 anos depois. *Os alicerces da redemocratização* - Volume 1. Brasília: Senado Federal, 2008, p. 6. Disponível em: <https://www12.senado.leg.br/publicacoes/estudos-legislativos/tipos-de-estudos/outras-publicacoes/volume-i-constituicao-de-1988/vinte-anos-da-constituicao-de-1988-a-reconstrucao-democratica-do-brasil/view>. Acesso em: 22 maio 2018.

BARROSO, Luís Roberto. O legado de 30 anos de democracia e os desafios pela frente. Disponível em: <http://www.luisrobertobarroso.com.br/wp-content/uploads/2017/09/trinta-anos-democracia-port.pdf>. Acesso em: 13 maio 2018.

BARTINE, Caio; SPITZCOVSKY, Celso. *Curso de direito ADMINISTRATIVO*. 3. ed. rev., atual. e ampl. São Paulo: Revista dos Tribunais, 2016.

BATISTA, Nilo. *Introdução crítica ao direito penal brasileiro*. 12. ed. Rio de Janeiro: Revan, 2011.

BITENCOURT, Cezar Roberto. *Tratado de direito penal:* parte geral. 15. ed. rev., atual. e ampl. São Paulo: Saraiva, 2010.

BRASIL. Congresso Nacional. Câmara dos Deputados. Comissão Parlamentar de Inquérito do Sistema Carcerário. *Relatório da CPI do Sistema Carcerário*. Brasília: Câmara dos Deputados, 2009. Disponível em: <http://bd.camara.gov.br/bd/handle/bdcamara/2701>. Acesso em: 22 maio 2018.

BRASIL. Conselho Nacional de Justiça (CNJ). Audiência de custódia. Brasília: CNJ, 2016. Disponível em: <http://www.cnj.jus.br/files/conteudo/arquivo/2016/09/0a99a0ab0eb26b96fdeaf529f0dec09b.pdf>. Acesso em 22 maio 2018.

BRASIL. Conselho Nacional de Justiça (CNJ). Conselho publica tradução das Regras de Mandela para o tratamento de presos. Disponível em: <http://www.cnj.jus.br/noticias/cnj/82433-cnj-publica-traducao-das-regras-de-mandela-para-o-tratamento-de-presos>. Acesso em: 23 maio 2018.

BRASIL. Conselho Nacional de Justiça (CNJ). Departamento de Monitoramento e Fiscalização do Sistema Carcerário e do Sistema de Execução de Medidas Socioeducativas – DMF. Novo diagnóstico de pessoas presas no Brasil. Brasília, jun. 2014. Disponível em <http://www.cnj.jus.br/images/imprensa/diagnostico_de_pessoas_presas_correcao.pdf>. Acesso em: 24 de abril de 2018.

BRASIL. Ministério da Justiça e Segurança Pública. Departamento Penitenciário Nacional. INFOPEN. Atualização – junho de 2016. 2017. Disponível em <http://www.justica.gov.br/news/ha-726-712-pessoas-presas-no-brasil/relatorio_2016_junho.pdf>. Acesso em: 24 de abril de 2018.

CAHALI, Yussef Said. *Responsabilidade civil do Estado*. 5. ed. rev., atual. e ampl. São Paulo: Revista dos Tribunais, 2014.

CAMPOS, Carlos Alexandre de Azevedo. *Estado de coisas inconstitucional*. Salvador: Juspodivm, 2016.

CARVALHO, Salo de. Comentário ao art. 5º, XLVII. In: CANOTILHO, J. J. Gomes; MENDES, Gilmar F.; SARLET, Ingo W.; STRECK, Lenio L. (Coord.). *Comentários à Constituição do Brasil*. São Paulo: Saraiva/Almedina, 2013, p. 405-411.

CAVADINO, Michael; DIGNAN, James. *Penal Systems*: A Comparative Approach. Londres (Reino Unido): SAGE, 2006.

CONSELHO DA EUROPA. Comitê Europeu sobre Problemas Criminais. *White Paper on Prison Overcrowding*. Estrasburgo (França): 30 de junho de 2016.

DI PIETRO, Maria Sylvia Zanella. *Direito administrativo*. 30. ed. rev. atual. e ampl. Rio de Janeiro: Forense, 2017.

DONIZETTI, Elpídio. *Ações constitucionais*. 2. ed. São Paulo: Editora Atlas, 2010.

FERREIRA FILHO, Manoel Gonçalves. *Curso de direito constitucional*. 40. ed. São Paulo: Saraiva, 2015.

FERREIRA FILHO, Manoel Gonçalves. *O poder constituinte*. 4. ed. rev., atual. e ampl. São Paulo: Saraiva, 2005.

FISS, Owen M. The Forms of Justice. *Harvard Law Review*, v. 9, n. 1, 1979.

FISS, Owen M. The Allure of Individualism. *Iowa Law Review*, v. 78, 1992-1993.

FOUCAULT, Michel. *Vigiar e punir*: nascimento da prisão. 24. ed. Petrópolis: Vozes, 2001, tradução de Raquel Ramalhete.

FREITAS, Juarez. Responsabilidade civil do Estado, a omissão inconstitucional e o princípio da proporcionalidade. In: GUERRA, Alexandre Dartanhan de Mello; PIRES, Luis Manoel Fonseca; BENACCHIO, Marcelo (Coord.). *Responsabilidade civil do Estado*. São Paulo: Quartier Latin, 2010, p. 223-237.

HIRSCH, Danielle E. *A Defense of Structural Injunctive Remedies in South African Law*. Bepress Legal Series: Working Paper 1690, 4 de setembro de 2006.

IDDD, Instituto de Defesa do Direito de Defesa. Audiências de custódia - panorama nacional. São Paulo: IDDD, 2017. Disponível em: <http://www.iddd.org.br/wp-content/uploads/2017/12/Audiencias-de-Custodia_Panorama-Nacional_Relatorio.pdf>. Acesso em: 22 maio 2018.

ICPR, Institute for Criminal Policy Research. World Prison Population List. Disponível em: <http://www.prisonstudies.org/world-prison-brief-data>. Acesso em: 31 maio 2018.

JUSTEN FILHO, Marçal. A responsabilidade do Estado. In: FREITAS, Juarez (Org.). *Responsabilidade civil do Estado*. São Paulo: Malheiros, 2006, p. 226-292.

MONTEIRO FILHO, Carlos Edison do Rêgo. Problemas de responsabilidade civil do Estado. In: FREITAS, Juarez (Org.). *Responsabilidade civil do Estado*. São Paulo: Malheiros, 2006, p. 37-69.

MORTE, G. Della. *La situazione carceraria italiana viola strutturalemente gli standard sui diritti umani (a margine della sentenza Torreggiani c. Italia)*. Diritti umani e diritto internazionale, 2013, v. 1, p. 147–158.

MULLEN, J. Prison Crowding and the Evolution of Public Policy. National Institute of Corrections: Our Crowded Prisons. *The Annals of the American Academy of Political and Social Science*, 478, p. 31-46, 1985.

NAÇÕES UNIDAS. Subcomitê sobre a Prevenção da Tortura e outros Tratamentos ou Penas Cruéis, Desumanos e Degradantes. *Report on the Visit to Brazil undertaken from 19 to 30 October: observations and recommendations addressed to the State Party*. CAT/OP/BRA/R.2. Nações Unidas: 24 de novembro de 2016. Disponível em: <https://nacoesunidas.org/wp-content/uploads/2017/01/Relatorio-SPT-2016-1.pdf>. Acesso em: 22 maio 2018.

NEVES, Marcelo. Constitucionalização Simbólica. In: CANOTILHO, J. J. Gomes; MENDES, Gilmar F.; SARLET, Ingo W.; STRECK, Lenio L. (Coord.). *Comentários à Constituição do Brasil*. São Paulo: Saraiva/Almedina, 2013, p. 67-71.

PEDRA, Adriano Sant'Ana. *A Constituição viva*: poder constituinte e cláusulas pétreas. Belo Horizonte: Mandamentos, 2005.

PIOVESAN, Flávia. *Direitos humanos e o direito constitucional internacional*. 14. ed. rev. e atual. São Paulo: Saraiva, 2013.

POZZEBON, Fabrício Dreyer de Ávila; AZEVEDO; Rodrigo Ghiringhelli de. Comentários ao art. 5º, XLVIII. In: CANOTILHO, J. J. Gomes; MENDES, Gilmar F.; SARLET, Ingo W.; STRECK, Lenio L. (Coord.). *Comentários à Constituição do Brasil*. São Paulo: Saraiva/Almedina, 2013, p. 411-415.

RAMOS, André de Carvalho. Ação civil pública e o dano moral coletivo. *Revista de Direito do Consumidor*, n. 25, São Paulo, Revista dos Tribunais, p. 80-98, jan./mar. 1998.

RODRÍGUEZ-GARAVITO, César. Beyond the Courtroom: The Impact of Judicial Activism on Socieconomic Rights in Latin America. *Texas Lax Review*, v. 89, n. 7, 2011.

ROULEAU, Paul S.; SHERMAN, Lindsey. Doucet-Boudreau, dialogue and judicial activism: tempest in a teapot? *Ottawa Law Review*, v. 41.2, 2010.

SARLET, Ingo Wolfgang. *Dignidade da pessoa humana e direitos fundamentais na Constituição Federal de 1988*. 3. ed. Porto Alegre: Livraria do Advogado, 2004.

SEABRA, Fausto José Martins. Critérios para o arbitramento de indenização por danos morais causados pelo Estado. In: *Responsabilidade civil do Estado*. São Paulo: Quartier Latin, 2010, p. 437-454.

SCHOENFELD, Heather. Mass Incarceration and the Paradox of Prison Conditions Litigation. *Law & Society Review*, v. 44, n. 3/4, p. 731-768, 2010.

TAVARES, André Ramos. *Curso de direito constitucional*. 10. ed. São Paulo: Saraiva, 2012.

VIEIRA, Oscar Vilhena. Ambitious Constitutions: Prominent Courts. In: DIXON, Rosalind; GISNBURG, Tom (Coord.). *Comparative Constitutional Law in Latin America*. Cheltenham (Reino Unido): Edward Elgar Publishing, 2017.

WALMSLEY, Roy. World Prison Population List. 11. ed. Londres (Reino Unido): ICPR, Institute for Criminal Policy Research, 2016. Disponível em: <http://www.prisonstudies.org/sites/default/files/resources/downloads/world_prison_population_list_11th_edition_0.pdf>. Acesso em: 31 maio 2018.

WEAVER, Russel L. The Rise and Decline of Structural Remedies. *San Diego Law Review*, v. 41, 2004.

ZULIANI, Ênio Santarelli. Particularidades do arbitramento do dano moral na responsabilidade civil do Estado. In: GUERRA, Alexandre Dartanhan de Mello; PIRES, Luis Manoel Fonseca; BENACCHIO, Marcelo (Coord.). *Responsabilidade civil do Estado*. São Paulo: Quartier Latin, 2010, p. 411-438.

Informação bibliográfica deste texto, conforme a NBR 6023:2002 da Associação Brasileira de Normas Técnicas (ABNT):

SCHAFFER, Daniel Kaufman; ROTENBERG, Julia Schulz. Responsabilidade civil do Estado pela integridade dos reclusos: as possibilidades de indenização para presos. In: ARABI, Abhner Youssif Mota; MALUF, Fernando; MACHADO NETO, Marcello Lavenère (Coord.). *Constituição da República 30 anos depois*: uma análise prática da eficiência dos direitos fundamentais. Estudos em homenagem ao Ministro Luiz Fux. Belo Horizonte: Fórum, 2019. p. 267-291. ISBN 978-85-450-0598-8.

O DIREITO AO RECONHECIMENTO[1]

DANIEL SARMENTO

Uma pessoa é uma pessoa através de outras pessoas
(*umuntu ngubuntu ngabantu,* ditado tradicional na África subsaariana, associado ao *ubuntu*)[2]

1 Introdução

O olhar do outro nos constitui. O que somos, o que fazemos, a forma como nos sentimos, nosso bem-estar ou sofrimento, a nossa autonomia ou subordinação, tudo isso depende profundamente da maneira como somos enxergados nas relações que travamos com os outros. Quando a sociedade nos trata sistematicamente como inferiores, internalizamos uma imagem negativa de nós mesmos e passamos a moldar as nossas escolhas e ações a partir dela.[3] Tendemos a não desenvolver a autoestima,[4] que mesmo John Rawls, por vezes criticado pela sua concepção excessivamente abstrata de pessoa, considerava o "mais importante bem primário" na sociedade.[5]

Para que as pessoas possam se realizar e desenvolver livremente as suas personalidades, o adequado reconhecimento pelo outro é vital. O ser humano é ser de relação

---

[1] Este artigo é uma homenagem ao Ministro Luiz Fux, grande magistrado, brilhante jurista e ser humano generoso, de quem tive o privilégio de ser aluno na Faculdade de Direito da UERJ.

[2] Cf. CORNELL, Drucilla; MUVANGUA, Nyoko. *Ubuntu and the Law:* African Ideals and Postapartheid Jurisprudence. New York: Fordham University Press, 2012, p. 5.

[3] Como ressaltou Erving Goffman, em relação à vida de uma pessoa estigmatizada "aqueles que se relacionam com ela não lhe mostram o devido respeito (...); ela ecoa esta negação, considerando que algum dos seus atributos justifica isso" (GOFFMAN, Erving. *Stigma:* Notes on the Management of Spoiled Identity. *Op. cit.,* p. 8-9).

[4] Cf. HONNETH, Axel. *Luta por reconhecimento:* a gramática moral dos conflitos sociais. Trad. Luiz Repa. São Paulo: Editora 34, 2003, p. 217-218.

[5] Cf. RAWLS, John. *A Theory of Justice. Op. cit.,* p. 440.

e não um átomo isolado, e por isso "o reconhecimento marca, mais do que qualquer outra ação, a entrada do indivíduo na existência especificamente humana".[6] A falta de reconhecimento oprime, instaura hierarquias, frustra a autonomia e causa sofrimento. Vícios no reconhecimento têm também reflexos diretos nas relações econômicas e de poder presentes na sociedade, pois "fecham portas", criando embaraços ao acesso a posições importantes na sociedade para as pessoas estigmatizadas. Daí por que uma dimensão importantíssima do princípio da dignidade da pessoa humana é o reconhecimento intersubjetivo.

Nos debates contemporâneos travados no campo da Filosofia e das Ciências Sociais, a palavra "reconhecimento" não denota a mera identificação do outro. O reconhecimento é associado à valorização da pessoa reconhecida, em atitude que lhe expressa o devido respeito.[7] Já a falta de reconhecimento, ou o reconhecimento deturpado (*misrecognition*), importa em diminuição do sujeito, em adoção de postura desrespeitosa, que o degrada e compromete a sua possibilidade de participar, como um igual, nas interações sociais.[8]

Com muita frequência, o não reconhecimento decorre da desvalorização de algum grupo identitário não hegemônico, ao qual são arbitrariamente atribuídos traços negativos, que se projetam sobre todos os indivíduos que o integram. Ele se liga a fatores como etnia, gênero, orientação sexual, religião, deficiência, nacionalidade, profissão, etc.[9] Por isso, as demandas políticas por reconhecimento são, via de regra, articuladas em termos coletivos,[10] muito embora, na gramática jurídica, possam ser eventualmente vertidas para a fôrma dos direitos individuais. Nessa área, existem tanto pretensões de cunho universalista, ligadas à não discriminação, como demandas específicas, voltadas à concessão de algum tipo de proteção especial aos grupos estigmatizados, que não são extensivas aos demais componentes da população. Uma das ideias-chave das políticas do reconhecimento é a de se buscar a construção de "um mundo sensível à diferença, em que a assimilação às normas culturais majoritárias ou dominantes não seja mais o preço para o igual respeito".[11]

---

[6] TODOROV, Tzvetan. *A vida em comum*: ensaio de antropologia geral. Trad. Maria Angélica e Norma Wimmer. São Paulo: Ed. Unesp, p. 115.

[7] Cf. ASSY, Bethânia e FERES JUNIOR, João. Reconhecimento. In: BARRETTO, Vicente de Paulo (Coord.). *Dicionário de filosofia do direito*. São Leopoldo: Unisinos, 2006, p. 705.

[8] Cf. FRASER, Nancy. From Redistribution to Recognition? Dilemmas of Justice in a "Postsocialist" Age. In: FRASER, Nancy. *Justice Interruptus*: Critical Reflections on the "Postsocialist" Condition. New York: Routledge, 1997, p. 11-40.

[9] Em um estudo clássico da sociologia, Norbert Elias e John L. Scotson mostraram a absoluta arbitrariedade dos critérios empregados para discernir os "estabelecidos" dos *outsiders* nas sociedades. Eles estudaram as relações sociais na comunidade de Winston Parva, no interior da Inglaterra, em que havia dois grupos, cujos integrantes tinham basicamente a mesma raça, classe social, nível cultural e ocupação. A única diferença entre os dois grupos vinha do fato de que as famílias do primeiro estavam instaladas na região há duas ou três gerações, e os membros do segundo tinham chegado mais recentemente à localidade. Não obstante, era generalizado o estigma contra os integrantes do segundo grupo, que perpassavam todas as relações sociais lá existentes (ELIAS, Norbert; SCOTSON, John L. *Os estabelecidos e os outsiders*: sociologia das relações de poder a partir de uma pequena comunidade. Trad. Vera Ribeiro. São Paulo: Zahar, 2000).

[10] Cf. HABERMAS, Jürgen. A luta por reconhecimento no Estado Democrático de Direito. In: HABERMAS, Jürgen. *A inclusão do outro*: estudos de teoria política. Trad. George Sperber e Paulo Astor Soethe. São Paulo: Edições Loyola, 2002, p. 230.

[11] FRASER, Nancy. Social Justice in the Age of Identity Politics: Redistribution, Recognition and Participation. In: FRASER, Nancy; HONNETH, Axel. *Redistribution or Recognition*: A Political-Philosophical Exchange. London/New York: Verso, 2003, p. 7.

O propósito deste artigo é discutir o reconhecimento na ordem jurídica brasileira, e não o de formular uma teoria filosófica sobre a matéria. Daí por que apresentarei uma despretensiosa síntese de algumas posições presentes nesse debate, mas apenas para fins instrumentais. Depois disso, defenderei a existência de um direito ao reconhecimento, fundado no princípio da dignidade da pessoa humana, definindo os seus contornos. Discutirei, por fim, duas configurações diferentes em que o direito ao reconhecimento vem à baila: o acesso não discriminatório a direitos universais, e a garantia de direitos específicos, talhados em razão das singularidades de determinados grupos estigmatizados

2 A teoria contemporânea do reconhecimento

Na Filosofia, se associa a emergência do tema do reconhecimento ao pensamento de Hegel, nos anos de juventude que passou em Jena. Em seu famoso texto sobre a dialética do amo e escravo, presente na obra *A fenomenologia do espírito*,[12] Hegel abordou o caráter dialógico da construção da identidade. Nessa matéria, a filosofia de Hegel é vista como contraponto ao atomismo dos iluministas liberais, ao apontar não apenas o caráter histórico do sujeito, como também a dinâmica intersubjetiva de formação da personalidade.

No debate contemporâneo, o tema do reconhecimento foi retomado pelo filósofo canadense Charles Taylor, em importante ensaio sobre as políticas do reconhecimento.[13] Taylor é um autor que se filia à linha teórica do comunitarismo,[14] sendo um dos mais importantes vocalizadores da crítica comunitária ao liberalismo,[15] que impugna aspectos desta corrente como a sua visão desenraizada de pessoa, a compreensão muito frouxa dos laços sociais e o desprezo às tradições e valores compartilhados. O seu texto sobre políticas do reconhecimento se insere no contexto desta sua crítica mais ampla. Em seu influente ensaio, o autor canadense buscou enlaçar o reconhecimento com a defesa do multiculturalismo.[16]

---

[12] HEGEL, George Wilhelm Friedrich. *A fenomenologia do espírito*. Trad. Paulo Meneses. 6. ed. São Paulo: Vozes, 2011.

[13] TAYLOR, Charles. La política del reconocimiento. *Op. cit.*, p. 43-107. Ressalte-se, porém, que a ideia do reconhecimento já estava presente em obras anteriores de Taylor, que apresentam a sua antropologia filosófica. Veja-se, a propósito, MATTOS, Patrícia. O reconhecimento social e a sua refundação filosófica em Charles Taylor. In: SOUZA, Jessé de; MATTOS, Patrícia (Org.). *Teoria crítica no século XXI*. São Paulo: Annablume, 2007, p. 41-53.

[14] Cf. TAYLOR, Charles. Propósitos entrelaçados: o debate liberal-comunitário. In: TAYLOR, Charles. *Argumentos filosóficos*. São Paulo: Loyola, 1995, p. 187-220.

[15] Há extensa bibliografia sobre o debate entre liberais e comunitaristas na Filosofia Política contemporânea. Veja-se, *e.g.*, SANDEL, Michael (Ed.). *Liberalism and its Critics*. New York Press: New York, 1984; MULHALL, Stephen; SWIFT, Adam. *Liberals and Communitarians*. 2. ed. Oxford: Blackwell Publishers, 1996; e CITTADINO, Gisele. *Pluralismo, direito e justiça distributiva. Op. cit.*

[16] Trata-se de uma relação que não é isenta de tensões, já que o multiculturalismo preconiza o respeito às diferenças culturais, e há culturas que não primam pelo reconhecimento e valorização das identidades de determinados grupos que as compõem. É conhecido, por exemplo, o debate entre defensores do multiculturalismo e as feministas, a respeito dos direitos das mulheres em países islâmicos. Sobre essas tensões, veja-se SHACHAR, Ayelet. *Multicultural jurisdictions*: Cultural Differences and Women's Rights. Cambridge: Cambridge University Press, 2001. O tema será aprofundado abaixo.

Charles Taylor reconhece a importância do surgimento do Estado constitucional-liberal, que envolveu a superação do mundo pré-moderno estamental, e a afirmação de direitos universais, baseados na igualdade.[17] Destaca, porém, que este modelo não dá conta da proteção da identidade das pessoas. A sua premissa é de que, a partir do século XVIII, embalado pelo romantismo, surgiu o ideal de *autenticidade* humana, segundo o qual cada pessoa tem um modo próprio de ser.[18] Este modo de ser, porém, não é definido monologicamente pelo indivíduo. Ele é o resultado de diálogos travados com os "outros significantes", e mediados pela linguagem – compreendida em sentido amplo.[19] Assim, a nossa identidade é em grande parte nutrida pela cultura social em que estamos imersos.

Por isso, Taylor sustenta a legitimidade de que o Estado atue em favor da preservação dessa cultura, especialmente em situações que envolvam grupos cujo modo de vida esteja ameaçado pelas forças desagregadoras da sociedade envolvente. O pensador canadense propõe que, ao lado dos direitos universais, haja também uma "política da diferença", voltada ao reconhecimento e valorização de culturas particulares. A base dessa política, contudo, não deixa de ser universalista, ligando-se à compreensão de que é necessário assegurar a cada pessoa o igual direito à própria identidade, o que pressupõe a preservação da cultura em que está inserida, pois esta constitui o pano de fundo em que se forma e desenvolve a sua personalidade. Porém, a política da diferença vai além dos direitos liberais universais, demandando proteções particulares.[20]

Taylor critica a ideia de um liberalismo cego às diferenças, afirmando que o mesmo não é neutro, como se autointitula, mas representa um determinado *modus vivendi*, que por vezes entra em choque com outros.[21] Ele propõe que o Estado persiga metas coletivas para proteger certas formas de vida, especialmente as ameaçadas pelas pressões homogeneizadoras da sociedade, ainda quando isto possa envolver alguma restrição às liberdades individuais. Nesse sentido, defendeu polêmicas medidas adotadas na província de Quebec, voltadas à proteção da cultura francófona da região, ameaçada pela força expansiva do inglês. Uma lei provincial proibira que as famílias francófonas matriculassem seus filhos em escolas de língua inglesa, que as empresas com mais de 50 empregados mantivessem sua comunicação escrita em inglês, e que a publicidade comercial na região fosse feita apenas naquele idioma. Taylor justificou a medida, sob o argumento de que bens socialmente importantes para os *québécoises* – a língua e cultura francófonas – somente poderiam ser protegidos por meio de restrições estatais à liberdade, sem o que tenderiam a perecer, pela prevalência do inglês no resto do país e no âmbito empresarial. A proteção cultural, supostamente necessária à garantia da identidade coletiva dos canadenses francófonos, compensaria as restrições à liberdade.

Essa concepção de Taylor suscitou várias críticas importantes, mesmo entre pensadores que reconhecem a legitimidade das políticas de reconhecimento. Uma das

---

[17] TAYLOR, Charles. La política del reconocimiento. *Op. cit.*, p. 45-46.

[18] Cf. TAYLOR, Charles. *A ética da autenticidade*. Trad. Talyta Carvalho. São Paulo: Realizações Editora, 2010.

[19] Nas suas palavras, "o traço decisivo da vida humana é seu caráter fundamentalmente dialógico. Nos transformamos em agentes humanos plenos, capazes de compreendermo-nos e a definir as nossas próprias identidades por meio da nossa aquisição de linguagens humanas enriquecedoras para que nos expressemos" (TAYLOR, Charles. La política del reconocimiento. *Op. cit.*, p. 52).

[20] *Ibidem*, p. 60-61.

[21] TAYLOR, Charles. La política del reconocimiento. *Op. cit.*, p. 67-68.

mais convincentes foi formulada por Jürgen Habermas, que comparou o modelo de políticas da diferença de Taylor à luta ecológica para a preservação das espécies, o que para ele seria equivocado.[22] Para Habermas, o Estado deve possibilitar a coexistência equitativa das culturas, mas não atuar visando a assegurar a sobrevivência de qualquer delas, "pois uma garantia de sobrevivência iria justamente privar os integrantes da liberdade de dizer sim ou não, hoje tão necessária à apropriação e manutenção de uma herança cultural". Para ele, o projeto de preservar culturas não seria normativamente adequado, nem empiricamente factível.

Argumento similar foi empregado por Seyla Benhabib[23] e por Kwame Anthony Appiah,[24] que criticaram Taylor por situar a preocupação com a autenticidade no plano coletivo, e não naquele do indivíduo singular. A cultura é fundamental para a identidade humana, mas o objetivo de preservação cultural não pode retirar das pessoas o poder de contestar os termos da cultura em que estão imersas, de disputar o seu sentido, e até de renegá-la. Inclusive porque culturas não são "todos totalizantes", mas, ao contrário, campos fluidos, dinâmicos e permeados por conflitos.

Pode-se complementar o argumento, aduzindo que não apenas as *culturas*, mas também as *pessoas* são complexas e a sua personalidade nunca se resume à qualidade de integrante de um determinado grupo identitário. Essa absoluta identificação entre pessoas e coletividades, presumida por Taylor e por outros defensores das políticas do reconhecimento, essencializa a personalidade humana. Como destacou Martha Minow, esse tipo de essencialismo "produz uma equivocada redução do indivíduo a uma única característica".[25] Contudo, os indivíduos têm, em geral, múltiplas afiliações e pertencimentos, e há aspectos de suas subjetividades que não se enquadram em nenhum deles. As pessoas "são grandes e contêm multidões", como disse o poeta Walt Whitman.[26] Portanto, é inconsistente a tentativa de Taylor de extrair da natureza intersubjetiva da formação da identidade individual uma razão suficiente para a preservação da cultura – concebida em termos estáticos e essencialistas –, obtida ao preço de restrições à liberdade dos seus integrantes.

A concepção de Taylor sobre o reconhecimento tem pontos de convergência com a desenvolvida pelo filósofo alemão Axel Honneth, que é um dos herdeiros da Escola de Frankfurt, berço do desenvolvimento da teoria crítica[27]. O autor escreveu obra fundamental sobre o tema do reconhecimento, *Luta por reconhecimento: a gramática moral dos conflitos sociais,*[28] e se engajou em profícuo debate com a filósofa norte-americana

---

[22] HABERMAS, Jürgen. A luta por reconhecimento no Estado democrático de direito. In: HABERMAS, Jürgen. *A inclusão do outro*: estudos de teoria política. Op. cit., p. 248.

[23] BENHABIB, Seyla. From Distribution to Recognition? The Paradigm Change of Contemporary Politics. In: BENHABIB, Seyla. *The Claims of Culture*. Equality and Diversity in the Global Era. Princeton: Princeton University Press, 2002, p. 49-81.

[24] APPIAH, Kwame Anthony. *The Ethics of Identity*. Op. cit., p. 99-105.

[25] MINOW, Martha. *Not Only for Myself*: Identity, Politics and the Law. New York: The New York Press, 1997.

[26] Em trecho do seu mais famoso poema, "Song for Myself", Whitman adverte: "*Do I contradict myself? Very well, then I contradict myself; I am large – I contain multitudes*" (Se eu me contradigo? Muito bem, então eu me contradigo; eu sou grande – eu contenho multidões).

[27] Honneth, tal como Taylor, é um autor fortemente influenciado pelo pensamento hegeliano, e mantém uma posição crítica em relação ao liberalismo político.

[28] HONNETH, Axel. *Luta por reconhecimento*: a gramática moral dos conflitos sociais. *Op. cit.*

Nancy Fraser sobre a questão,[29] além de ter publicado vários outros textos aflorando o tema,[30] que é central no seu pensamento.

Honneth adota uma compreensão muito ampla de reconhecimento, e enquadra na categoria certas reivindicações que vão muito além das políticas da identidade, vocalizadas pelos movimentos sociais contemporâneos.[31] Na sua opinião, até as disputas em torno dos conflitos distributivos constituiriam, em última análise, lutas por reconhecimento.[32]

Para Honneth, a negação de reconhecimento equivale ao desrespeito. Trata-se de comportamento que não apenas insulta as pessoas ou lhes inflige dano, como também degrada a sua autoimagem.[33] O autor desdobrou o reconhecimento em três esferas: amor, direito e solidariedade. E aludiu, por outro lado, a três formas básicas de violação ao reconhecimento, que correspondem, respectivamente, a cada uma daquelas esferas: violação, privação de direitos e degradação.

Por amor, Honneth compreende não apenas as relações românticas entre casais, como também aquelas que se estabelecem entre pais e filhos, parentes e amigos próximos. O reconhecimento na esfera do amor, especialmente durante a primeira infância, funciona como um pressuposto psicológico para o desenvolvimento da autoconfiança, que, por sua vez, é base indispensável para a atuação autônoma do indivíduo em toda a sua vida. O autor associa a esfera do amor à integridade corporal, e entende a violação como a forma mais grave de desrespeito, que recai sobre o próprio corpo da pessoa, e que ocorre em situações com o estupro e a tortura.[34] A violação não se resume à dor física, envolvendo também a submissão à vontade do outro, com a perda da autonomia.

Já o Direito representa, para Honneth, uma forma de reconhecimento que independe da estima pelo outro e de uma avaliação positiva das suas características e realizações. Nas sociedades modernas, o Direito se torna a expressão de interesses universalizáveis e a concessão de direitos subjetivos se desvincula do *status* social. Atribuir à pessoa direitos é reconhecê-la como um sujeito autônomo, capaz de se engajar em relações de reciprocidade, baseadas na igualdade e liberdade dos participantes. Esse reconhecimento, por outro lado, propicia o desenvolvimento do autorrespeito.[35] Daí porque a privação de direitos acarreta também o rebaixamento da pessoa, que pode

---

[29] FRASER, Nancy; HONNETH, Axel. *Redistribution or Recognition?* A Political-Philosophical Exchange. *Op. cit.* A obra consiste em um diálogo crítico entre os dois autores, com dois artigos de cada um.

[30] *E.g.*, HONNETH, Axel. *La Societé du Mépris.* Trad. Olivier Voirol et al. Paris: Éditions la Découverte, 2006.

[31] Cf. FERES JÚNIOR, João; POGREBINSCHI, Thamy. *Teoria política contemporânea:* uma introdução. Rio de Janeiro, Elsevier, 2011, p. 129.

[32] HONNETH, Axel. Redistribution as Recognition: A Response to Nancy Fraser. In: FRASER, Nancy; HONNETH, Axel. *Redistribution or Recognition:* a Political-Philosophical Exchange. *Op. cit.*, p. 110-197.

[33] Cf. HONNETH, Axel. *Luta por reconhecimento:* a gramática moral dos conflitos sociais. *Op. cit.*, p. 213.

[34] Como destacou Honneth, "os maus tratos físicos de um sujeito representam um tipo de desrespeito que fere duradouramente a confiança, aprendida através do amor, na capacidade de coordenação autônoma do próprio corpo; daí a consequência ser também, com efeito, uma perda de confiança em si e no mundo, que se estende até as camadas corporais do relacionamento prático com outros sujeitos, emparelhada por uma espécie de vergonha social" (HONNETH, Axel. *Luta por Reconhecimento:* A gramática moral dos conflitos sociais. *Op. cit.* p. 215).

[35] *Ibidem*, p. 197.

deixar de se enxergar como um sujeito capaz de formular juízos morais, merecedor de igual respeito na vida social.[36]

A terceira esfera de reconhecimento, para Honneth, é a da estima social. Nesta seara, o indivíduo é valorizado pelas suas particularidades, pelo seu estilo de vida, pelos seus atos, e não como um simples sujeito abstrato de direitos. Trata-se da esfera da reputação e do prestígio, que, nas sociedades modernas, desvinculam-se do *status* estamental e passam a ser associados às realizações individuais convergentes com valores e objetivos socialmente compartilhados. A estima social engendra, naturalmente, a autoestima das pessoas, que percebem a sua valorização pelo olhar dos outros. Na grade conceitual de Axel Honneth, a forma de desrespeito que lhe é correlata é a degradação. Esta, ao proporcionar a desvalorização social do indivíduo, produz abalo em sua autoestima.[37]

De acordo com Honneth, os sentimentos negativos que o desrespeito – nas suas três vertentes de violação, privação de direitos e degradação – provoca nas pessoas são os principais combustíveis para as lutas por reconhecimento.[38] Porém, a emergência destas lutas depende também de fatores políticos e sociais, que nem sempre estão presentes.

A teoria do reconhecimento de Axel Honneth é rica e complexa, mas se sujeita a críticas importantes. Uma delas é a de que inflaciona a ideia de reconhecimento, confundindo-a com a própria noção de justiça, que tem outros componentes.[39] É inviável, por outro lado, traduzir a concepção de Honneth em categoria jurídica – como um direito ou princípio do reconhecimento, por exemplo –, pelo fato de que ela abarca tudo, inclusive todas as experiências de privação de direitos. A plena juridicização das esferas do "amor" e da "estima social" seria altamente problemática para ordens jurídicas que prezam a autonomia individual.

Ademais, como observou Nancy Fraser, o *approach* de Honneth é excessivamente "psicologizante",[40] já que centrado, acima de tudo, nos reflexos dos processos de desrespeito sobre a autoimagem das pessoas. Penso que este até deve ser um elemento adicional, a ser considerado na formulação de uma teoria sobre o reconhecimento, mas não pode ser o seu eixo principal, que tem de ser deslocado para o campo da legitimidade moral das práticas sociais e institucionais. Pelo menos para o Direito, se não for assim, a categoria do reconhecimento perde quase todo o seu potencial explicativo e regulatório.

Nessa linha alternativa, situa-se a teoria do reconhecimento formulada pela filósofa feminista Nancy Fraser. Ela critica a hegemonia das reivindicações identitárias nos movimentos sociais "pós-socialistas", o que considera injustificado, em razão da subsistência – e até do aprofundamento, no contexto neoliberal – de profundas desigualdades econômicas nas sociedades contemporâneas.[41] Porém, ao invés de descartar as demandas por reconhecimento, Fraser busca integrá-las em uma concepção

---

[36] *Ibidem*, p. 217.

[37] *Ibidem*, p. 218.

[38] *Ibidem*, p. 224.

[39] Cf. FRASER, Nancy. Distorted Beyond Recognition: A Rejoinder to Axel Honneth. In: FRASER, Nancy; HONNETH, Axel. *Redistribution or Recognition:* A Political-Philosophical Exchange. *Op. cit.* p. 211-222.

[40] *Ibidem*, p. 201-211.

[41] *Ibidem*, p. 12.

mais ampla e bifocal de justiça, que as articula com políticas de redistribuição econômica.[42]

Nancy Fraser destaca que existem na sociedade injustiças ligadas à economia política e injustiças culturais ou simbólicas, "cujas raízes são padrões sociais de representação, interpretação e comunicação", que levam à dominação cultural, ao não reconhecimento e ao desrespeito.[43] As injustiças econômicas e culturais se imbricam e reforçam: práticas culturais estigmatizantes normalmente acarretam efeitos econômicos desvantajosos para as suas vítimas, e assimetrias econômicas tendem a gerar efeitos culturais negativos para os excluídos. Apesar disso, a filósofa norte-americana sustenta que é possível, para fins analíticos, distinguir os dois tipos de injustiça, bem como os remédios empregados para combatê-las. Os remédios para as injustiças econômicas são medidas redistributivas em sentido amplo, enquanto os que se voltam ao combate das injustiças culturais são políticas dirigidas ao reconhecimento.[44]

Segundo Fraser, certos grupos vulneráveis estão, na sociedade, mais sujeitos às injustiças ligadas a uma destas dimensões.[45] A injustiça que afeta aos trabalhadores explorados, por exemplo, se liga à seara da redistribuição, tendo origem na economia política.[46] Já a injustiça que recai sobre homossexuais situa-se no campo do reconhecimento, relacionando-se com as normas culturais vigentes na sociedade, que privilegiam a heterossexualidade e desvalorizam a sua identidade sexual.[47] Há, porém, grupos que sofrem injustiças bivalentes, que se processam tanto no campo da distribuição como na esfera do reconhecimento. É o que ocorre, segundo Fraser, com o gênero e com a raça,[48] pois a opressão e subordinação das mulheres e dos negros se radicam tanto na estrutura econômica da sociedade, que, por exemplo, os relega a papéis subalternos no mercado de trabalho, como na cultura social, em que persistem traços androcêntricos e racistas que desvalorizam as suas identidades.

Um dos problemas no enfrentamento da injustiça, segundo Fraser, está no fato de que os remédios para combate no campo da redistribuição e do reconhecimento

---

[42] Destaque-se, porém, que, mais recentemente, Nancy Fraser incorporou uma terceira dimensão, de natureza política, à sua teoria sobre a justiça. A autora passou a conceber a justiça como composta de três dimensões, e não apenas duas: redistribuição, reconhecimento e *representação*. Veja-se, a propósito, FRASER, Nancy. Reframing Justice in a Globalizing World. In: OLSON, Kevin (Ed.). *Adding Insult to Injury:* Nancy Fraser Debates her Critics. London: Verso, 2008, p. 273-291.

[43] FRASER, Nancy. From Redistribution to Recognition? Dilemmas of Justice in a "Postsocialist" Age. In: FRASER, Nancy. *Justice Interruptus:* Critical Reflections on the "Postsocialist" Condition. *Op. cit.,* p. 14.

[44] Esse ponto foi criticado por Iris Marion Young, que sustentou a impossibilidade de dissociação entre distribuição e reconhecimento, defendendo as políticas da identidade (YOUNG, Iris Marion. Unruly Categories: A Critique of Nancy Fraser's Dual Systems Theory. In: WILLET, Cynthia (Ed.). *Theorizing Multiculturalism:* A Guide to Current Debate. Malden: Blackwell Publishers, 1998, p. 50-67).

[45] FRASER, Nancy. From Redistribution to Recognition? Dilemmas of Justice in a "Postsocialist" Age. In: FRASER, Nancy. *Justice Interruptus:* Critical Reflections on the "Postsocialist" Condition. *Op. cit.,* p. 18-19.

[46] É certo, porém, que a cultura social tende a valorizar o estilo de vida e os gostos das elites, o que também provoca injustiças culturais em relação às classes subalternas. Este tema foi explorado com sensibilidade em BOURDIEU, Pierre. *A Distinção:* a crítica social do julgamento. *Op. cit.*

[47] Apesar de Gays e Lésbicas também tenderem a sofrer efeitos negativos no campo da distribuição – quando, por exemplo, são discriminados no acesso ao mercado de trabalho, ou na percepção de algum benefício social – a lesão é uma decorrência do não reconhecimento, que lhe é anterior

[48] FRASER, Nancy. From Redistribution to Recognition? Dilemmas of Justice in a "Postsocialist" Age. FRASER, Nancy. *Justice Interruptus:* Critical Reflections on the "Postsocialist" Condition. *Op. cit.,* p. 19-23.

operam de acordo com lógicas divergentes, que podem entrar em conflito. Afinal, as políticas que visam à distribuição objetivam diminuir as diferenças, que, em geral, as políticas do reconhecimento procuram enaltecer. Este é, segundo a filósofa, o "dilema redistribuição-reconhecimento",[49] que não pode ser evitado em sociedades que enfrentam, simultaneamente, injustiças econômicas e culturais.

Uma das maiores contribuições de Fraser ao debate sobre o reconhecimento foi a formulação de um critério normativo para avaliação da legitimidade das demandas identitárias. Afinal, nem toda pretensão ao reconhecimento é moralmente válida. A desvalorização social do *modus vivendi* de determinados grupos muitas vezes é absolutamente legítima: basta pensar em comunidades neonazistas ou de membros da *Ku Klux Klan*, cujas identidades têm como eixo o racismo. O critério que a autora propõe é o da *paridade da participação*, também aplicável no campo da redistribuição. Nas suas palavras,

> a justiça requer que os arranjos sociais permitam a todos os membros (adultos) da sociedade que interajam como pares. Para que a participação paritária seja possível, é necessário que pelo menos duas condições sejam satisfeitas. Primeiro, a distribuição dos recursos materiais deve assegurar aos participantes independência e 'voz' (...) A segunda condição requer que os padrões institucionalizados de valor cultural expressem igual respeito para todos os participantes da sociedade e lhes garanta oportunidades iguais para conquistarem a estima social.[50]

Outra característica importante da teoria de Fraser, quando comparada às formulações de Taylor e Honneth, é que ela situa o problema do reconhecimento no plano das instituições e práticas sociais, e não na esfera das subjetividades, o que torna a sua proposta mais consentânea com o discurso jurídico do Estado de Direito. O seu projeto central, no tema do reconhecimento, não é o de assegurar a autoestima das pessoas, evitando o sofrimento psicológico. O objetivo é combater as hierarquias de *status* incrustradas na cultura social, que constituem obstáculo à paridade de participação de certas pessoas e grupos, e, nessa qualidade, caracterizam injustiças.

A concepção de Nancy Fraser sobre o reconhecimento me parece mais promissora do que as de Charles Taylor e Axel Honneth, pelo menos para o enquadramento do tema sob o ângulo jurídico. Tenho, porém, algumas discordâncias em relação à sua formulação sobre justiça, que não terei como explorar aqui, mas apenas apontar muito rapidamente. Penso, em primeiro lugar, que, conquanto mais liberal do que a dos filósofos neohegelianos, a sua teoria não dá o devido peso à liberdade, ignorando a importância deste valor para a justiça e a sua centralidade na agenda da emancipação social. A autora poderia ter dado um lugar de maior destaque à autonomia pessoal no seu edifício teórico, ao lado da redistribuição e do reconhecimento – e, mais recentemente, da representação – mas preferiu não fazê-lo, ao contrário do que ocorre nas formulações sobre a justiça de outros filósofos políticos contemporâneos da sua estatura, como John Rawls, Ronald Dworkin, Jürgen Habermas, Martha Nussbaum e Amartya

---

[49] *Ibidem*, p. 16.
[50] FRASER, Nancy. Social Justice in the Age of Identity Politics: Redistribution, Recognition and Participation. In: FRASER, Nancy; HONNETH, Axel. Redistribution or Recognition: A Political-Philosophical Exchange. *Op. cit.*, p. 36.

Sen. Isso teria conferido maior visibilidade a outro dilema que Fraser não enfrentou, e que é tão ou mais delicado do que o referente à compatibilização das agendas do reconhecimento e da redistribuição: a tensão entre as demandas de reconhecimento e o respeito à liberdade.

No que concerne ao reconhecimento, concordo que o foco nas práticas sociais e instituições é preferível do que o que se concentra no psiquismo das vítimas. Nada obstante, não me parece que o sofrimento dos sujeitos vulneráveis estigmatizados, ou o prejuízo à formação da sua subjetividade, sejam aspectos pouco relevantes para a formulação de uma teoria sobre o reconhecimento. Nancy Fraser, em minha opinião, quis elaborar uma teoria elegante em sua simplicidade, alicerçada sobre um único critério: a paridade de participação. A simplicidade pagou um preço alto: a teoria é realmente elegante, mas padece de incompletude.

De todo modo, não se almeja aqui formular uma teoria sobre o reconhecimento, mas tão somente trazer à baila alguns subsídios filosóficos para o enfrentamento de questões jurídico-constitucionais que a categoria traz à superfície.

3 O reconhecimento na Constituição brasileira

Como visto acima, não há dúvida de que o reconhecimento intersubjetivo é essencial para as pessoas. Todavia, não há na Constituição brasileira a previsão de um direito ao reconhecimento. Existem, é certo, preceitos que revelam a preocupação com injustiças praticadas na esfera cultural – *e.g.*, criminalização do racismo (art. 5º, XLII, CF), proteção estatal às culturas indígenas e afro-brasileiras. 215, §1º, CF) –, mas não há uma cláusula mais geral tutelando o reconhecimento. Seria esse um empecilho para a admissão do reconhecimento intersubjetivo como categoria constitucional?

A resposta é negativa. O princípio da dignidade é uma cláusula geral de tutela da pessoa humana.[51] Por isso, se o reconhecimento é essencial à integridade moral da pessoa, ele é amparado pelo referido princípio.[52]

O reconhecimento é também associado pela doutrina aos princípios da igualdade[53] e da solidariedade,[54] o que não é desacertado. A ideia de reconhecimento intersubjetivo se situa na zona de confluência desses três princípios, que devem ser interpretados de forma harmônica e reciprocamente iluminada.

Não me parece convincente o argumento de que, diante das desigualdades econômicas, deva-se ignorar as demandas ligadas à justiça cultural, situadas no plano

---

[51] Cf. MORAES, Maria Celina Bodin de. O Princípio da Dignidade da Pessoa Humana. In: MORAES, Maria Celina Bodin de. *Na medida da pessoa humana*: estudos de direito civil-constitucional. *Op. cit.*

[52] Nesta linha, a Suprema Corte do Canadá traçou com clareza a ligação entre o reconhecimento e a dignidade humana no julgamento do caso *Law v. Canada (Minister of Employment and Immigration) (1999) 1 SCR 497*.

[53] Cf. PIOVESAN, Flávia. Igualdade, diferença e direitos humanos: perspectivas global e regional. In: SARMENTO, Daniel; IKAWA, Daniela; PIOVESAN, Flávia (Org.). *Igualdade, diferença e direitos humanos*. Rio de Janeiro: Lumen Juris, 2008, p. 49-50; BARROSO, Luís Roberto; OSÓRIO, Aline Rezende Peres. "Sabe com quem está falando?" Algumas notas sobre o princípio da igualdade no Brasil contemporâneo. Disponível em: <http://www.luisrobertobarroso.com.br/wp-content/themes/LRB/pdf /SELA_Yale_palestra_igualdade_versao_fina.pdf>. Acesso em: 15 ago. 2015.

[54] Cf. SOUZA, Bruno Stigert. *Constitucionalismo solidário na era dos deveres*: democracia, diferença e inclusão. Dissertação (Mestrado em Direito) – Faculdade de Direito, Universidade do Estado do Rio de Janeiro, 2008, p. 150-214.

do reconhecimento.[55] Isto porque não há necessidade de fazer qualquer "escolha de Sofia" nesta área. Afinal, promover o reconhecimento dos grupos estigmatizados não enfraquece as lutas por justiça social, mas ao contrário, tende a reforçá-las, pois os mesmos estereótipos negativos que degradam e humilham suas vítimas corroboram as assimetrias econômicas presentes na sociedade. Há muito mais sinergia e complementariedade do que tensão entre as agendas de reconhecimento intersubjetivo e redistribuição econômica, e ambas encontram sólido amparo em uma ordem constitucional como a brasileira, que se preocupa com a proteção integral da pessoa, e não confere ao intérprete o poder de escolher entre uma ou outra.

Assentada esta premissa, cumpre definir um conteúdo normativo para o reconhecimento. Como visto no item anterior, nem toda reivindicação identitária deve ser acolhida. O critério legitimador não pode ser a simples lesão à autoestima de alguém, pois esta pode ser afetada por medidas absolutamente legítimas. Políticas igualitárias, que eliminem privilégios odiosos, podem ter este efeito sobre os seus antigos beneficiários. No Brasil, mudanças culturais e econômicas que subvertessem a perversa relação servil que caracteriza o trabalho doméstico talvez atingissem a autoestima de muitos patrões e patroas, mas nem por isso deveriam ser bloqueadas.

Em síntese, violam o reconhecimento as práticas estatais ou privadas, conscientes ou não, que desrespeitam a identidade das suas vítimas, impondo estigmas ou humilhações. É possível falar em um *direito fundamental ao reconhecimento*, que é um *direito ao igual respeito da identidade pessoal*. Trata-se de um direito que tem tanto uma faceta negativa como outra positiva. Em sua faceta negativa, ele veda as práticas que desrespeitam as pessoas em sua identidade, estigmatizando-as. Na dimensão positiva, ele impõe ao Estado a adoção de medidas voltadas ao combate destas práticas, e à superação dos estigmas existentes.

O direito ao reconhecimento se liga, assim, à dimensão intersubjetiva da dignidade, que expressa a ideia de que a ordem jurídica "deve zelar para que todos recebam igual (...) consideração e respeito por parte do Estado e da comunidade".[56] Do ponto de vista filosófico, trata-se de evitar solipsismos em que os discursos focados apenas no aspecto ontológico da dignidade por vezes incorrem. Cuida-se de admitir, nas palavras de Habermas, que "é só na malha de relações de reconhecimento" que "podem os seres humanos desenvolver e manter a sua identidade pessoal".[57]

O tema do respeito à identidade vem claramente à baila, por exemplo, na questão do direito à mudança de nome e de sexo no registro civil por pessoas transexuais.[58]

---

[55] No debate filosófico, Richard Rorty e Slavoj Zizek, dentre outros, empregaram o argumento. Cf. RORTY, Richard. Is Cultural Recognition a Useful Notion for Leftist Politics? In: OLSON, Kevin (Ed.). *Adding Insult to Injury*: Nancy Fraser Debates her Critics. *Op. cit*, p. 69-81; ZIZEK, Slavoj. A Leftist Plea for "Eurocentrism". *Critical Inquiry*, n. 24, 1998.

[56] SARLET, Ingo Wolfgang. As dimensões da dignidade da pessoa humana: construindo uma compreensão jurídico-constitucional necessária e possível. In: SARLET, Ingo Wolfgang. (Org.). *Dimensões da dignidade*: ensaios de filosofia do direito e direito constitucional. *Op. cit.*, p. 25.

[57] HABERMAS, Jürgen. *El futuro de la naturaleza humana*. Trad. R. S. Carbó. Barcelona: Paidós, 2001, p. 52.

[58] A relação entre o respeito à identidade sexual e a dignidade humana foi destacada pela Corte Constitucional da Colômbia: "a proteção à identidade e à opção sexual é corolário do princípio da dignidade humana. (...) é difícil encontrar um aspecto mais relacionado com a definição ontológica da pessoa que o gênero e a orientação sexual. Por isso toda interferência ou direcionamento nesse sentido é um grave atentado contra sua dignidade, pois estar-se-ia privando-a da competência para definir assuntos que só a ela concernem" (Corte Constitucional da Colômbia. Sentencia T-062/11).

Nesse sentido, o STF, em recente decisão, reconheceu o direito de transexuais alterarem seus nomes e gênero no registro civil independentemente da realização de operação de transgenitalização e de autorização judicial.[59] Vale destacar trecho do voto proferido pelo Min. Edson Fachin no julgamento da ADI nº 4.275, que tratou do tema:

> Evidencia-se, assim, com olhar solidário e empático sobre o outro, que inadmitir a alteração do gênero no assento de registro civil é atitude absolutamente violadora de sua dignidade e de sua liberdade de ser, na medida em que não reconhece sua identidade sexual, negando-lhe o pleno exercício de sua afirmação pública. (...) Noutras palavras, a alteração dos assentos no registro público depende apenas da livre manifestação de vontade da pessoa que vise expressar sua identidade de gênero. A pessoa não deve provar o que é e o Estado não deve condicionar a expressão da identidade a qualquer tipo de modelo, ainda que meramente procedimental.[60]

Este novo entendimento se alinha com o que a Corte Interamericana de Direitos Humanos afirmou na Opinião Consultiva solicitada pela República da Costa Rica sobre identidade de gênero e não discriminação a casais do mesmo sexo, em que se consignou:[61]

> A regulação e a implementação dos processos de mudança de nome devem se basear unicamente no consentimento livre e informado da solicitante. Isto resulta do fato de que os procedimentos para o reconhecimento da identidade de gênero fundamentam-se na possibilidade de se autodeterminar e escolher livremente as opções e circunstâncias que dão sentido a sua existência, conforme as suas próprias convicções, assim como no direito à dignidade e à vida privada da solicitante.[62]

Em geral, o estigma combatido pelo direito ao reconhecimento resulta do pertencimento da vítima a alguma coletividade desvalorizada pela cultura hegemônica: *e.g.*, negros, índios, homossexuais, mulheres, pessoas com deficiência, trabalhadores que exercem certos ofícios socialmente desqualificados, como prostitutas, lixeiros e empregadas domésticas. O direito ao reconhecimento busca não apenas combater os efeitos negativos dessa desvalorização identitária – violências materiais e simbólicas contra os grupos estigmatizados, invisibilidade, discriminações diretas e indiretas etc. – como também interferir no plano cultural para "cortar o mal pela raiz", eliminando a sua causa: os padrões culturais responsáveis por essa desvalorização.

Um ponto delicado no tema do reconhecimento é a sua tensão com a liberdade. É verdade que o não reconhecimento embota a liberdade das suas vítimas, comprometendo a sua capacidade de formular e seguir planos de vida que discrepem de um *script* de subordinação previamente definido pela cultura hegemônica. Uma sociedade cujas práticas sociais, por exemplo, estigmatizem os gays, cria obstáculos internos e externos para que muitas pessoas exerçam com plenitude as suas liberdades sexuais e afetivas.

---

[59] Supremo Tribunal Federal. ADI nº 4275. Rel. Min. Marco Aurélio, Rel. p/ acórdão Min. Edson Fachin, jul. 01/03/2018 (acórdão ainda não publicado).

[60] Voto divulgado em <http://www.stf.jus.br/portal/cms/verNoticiaDetalhe.asp?idConteudo=370951>.

[61] Corte Interamericana de Direitos Humanos. Opinião Consultiva OC - 24/17 de 24 de novembro de 2017, solicitada pela República da Costa Rica.

[62] *Ibidem*, p. 58, parágrafo 127.

Contudo, o Direito pode se tornar perigosamente autoritário se pretender regular todas as interações humanas, com o fito de promover o reconhecimento intersubjetivo, asfixiando e roubando a espontaneidade das relações sociais.[63] É uma lástima, por exemplo, que algumas pessoas ainda façam expressões faciais de desagrado quando se deparam com um casal gay que se comporte de modo carinhoso em público. Essas expressões, mesmo quando sutis, podem ferir profundamente. Mas seria também lamentável se o Estado, em nome do reconhecimento das minorias vulneráveis, se arvorasse à condição de polícia das expressões faciais que as pessoas fazem nas suas interações cotidianas.

Isso não quer dizer que as "caretas" chauvinistas sejam irrelevantes para a justiça ou para o Estado. Porém, o enfrentamento do não reconhecimento não deve se dar necessariamente com medidas proibitivas e coercitivas. O Estado pode e deve atuar, por exemplo, no campo educacional e simbólico para alterar a cultura social vigente, tornando-a mais inclusiva, de modo que episódios desta natureza se tornem cada vez mais incomuns. Ele não deve ser neutro nestas questões; deve ter um lado. Mas o remédio adotado para combater o não reconhecimento não pode ser autoritário.

Essa constatação, porém, não exclui a afirmação de um direito ao reconhecimento. Apenas nos alerta para o fato de que a sua proteção não pode ignorar a autonomia – outro componente fundamental do princípio da dignidade da pessoa humana. O direito ao reconhecimento tem, é claro, eficácia horizontal, o que pode justificar a proibição de práticas de pessoas e instituições privadas que estigmatizem os integrantes de certos grupos. Mas deve sempre haver uma preocupação com a preservação de um espaço de autonomia dos particulares, especialmente no campo existencial, para que a proteção ao reconhecimento não se converta em mote para uma espécie de totalitarismo dos direitos fundamentais. Em alguns casos, o adequado equacionamento de tensões entre a autonomia e o reconhecimento demanda uma ponderação de interesses, pautada pelo princípio da proporcionalidade.[64]

Este tema vem à tona no debate sobre o *hate speech*[65] – discurso que se volta à estigmatização do seu alvo, em decorrência do seu pertencimento a algum grupo social desprezado pelo autor da manifestação. O assunto é delicadíssimo, pois, por um lado, parece evidente que manifestações públicas voltadas à diminuição e degradação de certos grupos – especialmente os mais vulneráveis – estão longe de ser inofensivas,

---

[63] Marcelo Neves expressou ideia parecida em tom irônico: "Se em uma festa ninguém entrar em interação comigo (ninguém me vê, 'porque você não olha para mim?'), seja qual for o motivo, essa situação, em princípio, não poderá ser considerada a negação de um direito ou de uma pretensão política (...) Ela deve ser primariamente ser enquadrada no campo da psicologia, do sistema educacional ou da educação informal na socialização familiar, seja para quem é vítima do desprezo ou para quem despreza.(..) O contrário levaria a uma juridicização abrangente da sociedade (...) em detrimento dos direitos humanos" (NEVES, Marcelo. Direitos humanos: inclusão ou reconhecimento? In: FERRAZ, Carolina Valença; LEITE, Glauber Salomão (Coord.). *Direito à diversidade*. São Paulo: Atlas, 2015, p. 11).

[64] Tratei extensamente do tema da vinculação aos particulares aos direitos fundamentais, em SARMENTO, Daniel. *Direitos fundamentais e relações privadas. Op. cit.* Na referida obra, desenvolvi alguns parâmetros para esta ponderação, e dois deles têm relevo especial nesta questão: a autonomia tem peso maior nas questões existenciais do que nas econômicas e negociais; e a desigualdade entre as partes justifica uma incidência mais forte dos direitos fundamentais, em detrimento da proteção da autonomia.

[65] Tratei mais profundamente do tema em SARMENTO, Daniel. A Liberdade de Expressão e o Problema do *Hate Speech*. In: SARMENTO, Daniel. *Livres e iguais. Op. cit.*, p. 207-262.

causando profundos danos aos integrantes das coletividades alvejadas.[66] Mas, por outro, a liberdade de expressão constitui direito extremamente importante nas ordens jurídicas democráticas, que também deflui diretamente do princípio da dignidade humana.[67] Há uma ideia básica em matéria de liberdade de expressão, de que mesmo as manifestações mais odiosas são protegidas por este direito. A premissa é a de que o melhor remédio para combater ideias erradas é o debate público, que possa evidenciar os seus equívocos, e não a sua censura.[68] E restrições à comunicação de ideias baseadas no seu conteúdo – sustentam alguns – subtraem a legitimidade da democracia, que pressupõe liberdade nas interações discursivas realizadas no espaço público.[69]

A questão é objeto de controvérsia em todo mundo, mas, com a singular exceção norte-americana,[70] tem prevalecido no Direito Constitucional Comparado e no Direito Internacional dos Direitos Humanos a tese de que é legítima a restrição ao *hate speech*.[71] No Brasil, a orientação quanto à validade da criminalização do discurso do ódio foi adotada pelo STF no julgamento do caso *Ellwanger*,[72] que tratou da condenação, por crime de racismo, de editor de livros que se especializara na divulgação de obras de teor antissemita. A Corte, na ocasião, afirmou que a liberdade de expressão deveria ceder espaço, na ponderação, à tutela da igualdade e da dignidade humana.

Enfim, o direito ao reconhecimento vem à baila nos mais diferentes contextos fático-normativos e assume múltiplas configurações. A seguir, trato de duas situações

---

[66] Nessa linha, veja-se WALDRON, Jeremy. *The Harm in Hate Speech. Op. cit.*

[67] Cf. DWORKIN, Ronald. Why Speech Must be Free. In: DWORKIN, Ronald. *Freedom´s Law*: The Moral Reading of the American Constitution. *Op. cit.*, p. 195-213; HEYMAN, Steven J. *Free Speech and Human Dignity*. New Haven: Yale University Press, 2008.

[68] Trata-se da aplicação da ideia de que a garantia da liberdade de expressão representa o meio mais eficaz para a busca da verdade, defendida, na filosofia, em obra clássica de Stuart Mill (MILL, John Stuart. On Liberty. In: *Great Books of the Western World*, v. 43: American State Papers, the Federalist, Stuart Mill. *Op. cit.*, p. 275-276). Tal compreensão foi sustentada em célebre voto do *Justice* Oliver Wendell Holmes, em que se ligou a liberdade de expressão ao modelo do "mercado de ideias" (*market place of ideas*): "o melhor teste para a verdade é o poder do pensamento de se fazer aceito na competição do mercado" (Suprema Corte dos Estados Unidos. *Abraham vs. United States,* 250 U.S. 616 (1919)).

[69] Tal argumento foi desenvolvido com densidade por POST, Robert C. Racist Speech, Democracy and the First Amendment. In: GATES JR., Henry Louis et al. *Speaking of Race, Speaking of Sex*: Hate Speech, Civil Rights and Civil Liberties. New York: New York University Press, 1994, p. 115-180.

[70] A jurisprudência da Suprema Corte norte-americana é firme na proteção às manifestações de ódio e desprezo aos grupos vulneráveis, valendo breve menção a alguns casos notáveis. Em *Brandenburg v. Ohio* (395 U.S. 444, (1969)), a Corte invalidou decisão que condenara integrante da Ku Klux Klan por transmitir ao público imagem em que, encapuzado, dizia que "crioulos (*niggers*) deveriam ser devolvidos para a África e os judeus para Israel", e afirmava que se o Congresso e a Suprema Corte continuassem prejudicando a raça caucasiana, a Ku Klux Klan se vingaria. Em *Smith v. Collin* (436 U.S. 953 (1978)), manteve decisão que autorizara a realização de passeata de grupo neonazista, em localidade habitada por comunidade de judeus, com muitos sobreviventes do Holocausto. Em *R.A.V. v. City of Saint Paul* (505 U.S. 377 (1992)), invalidou condenação, por racismo, de pessoas que tinham invadido a casa de uma família negra para colocar uma cruz em chamas (símbolo da Ku Klux Klan) em seu quintal – a condenação foi mantida pela invasão do domicílio. Em *Snyder vs. Phelps* (562 U.S. 443 (2011)), reformou decisão que condenara em danos morais os integrantes de uma igreja evangélica que, em protesto contra a presença de homossexuais nas forças armadas, promoveram manifestação próxima ao enterro de um soldado norte-americano morto na guerra do Iraque, portando cartazes com dizeres como "Tropa de bichas (*fags*)" e "Você vai para o inferno".

[71] Cf. ROSENFELD. Michael. Hate Speech in Constitutional Jurisprudence: A Comparative Analysis. *Cardozo Law School Working Paper Series*, n. 41, 2001; e COLIVER, Sandra (Ed.). *Striking a Balance*: Hate Speech, Freedom of Expression and Non-discrimination. Essex: Human Rights Centre of the University of Essex, 1992.

[72] Supremo Tribunal Federal. HC n.82.424, Rel. Min. Maurício Corrêa, julg. 19/09/2003.

distintas em que ele vem à tona: na proteção de direitos universais, que muitas vezes são denegados aos membros de grupos estigmatizados e na garantia de direitos especiais, concedidos aos integrantes desses grupos em razão das suas necessidades particulares.

4 Direitos universais e reconhecimento

Não é incomum que os integrantes de grupos estigmatizados sejam excluídos, de modo explícito ou não, do acesso equitativo a direitos atribuídos aos demais membros da sociedade. A exclusão não apenas os priva de bens materiais importantes, mas é, em si mesma, um sinal de desrespeito, que corresponde à imposição de um selo oficial de inferioridade.

A história nacional é repleta dessas exclusões, a começar pela mais grave, que vitimou os escravos, cujas profundas cicatrizes o país ainda carrega. As mulheres também foram gravemente atingidas por práticas desta natureza. Recorde-se que, até a edição da Lei nº 4.121/62, a mulher casada era relativamente incapaz, carecendo da autorização do cônjuge para a prática de atos da vida civil, e que, até o advento da Constituição de 88, o marido ostentava a condição de "chefe da família", nos termos do art. 233 do Código Civil de 1916.[73]

Por incrível que pareça, discriminações de natureza similar persistem até hoje na legislação infraconstitucional brasileira relativa aos índios. A Lei nº 6.001/73 (Estatuto do Índio), formalmente em vigor, denega a plena capacidade civil para os índios que não se "integraram à comunhão nacional", estabelecendo um modelo paternalista de tutela, em que a manutenção da identidade cultural impõe uma *capitis diminutio* para o indígena. A premissa é a de que, com o tempo, os índios serão "civilizados" e absorvidos pela sociedade envolvente. Até que isso ocorra, o Estado lhes garante alguns direitos e exerce sobre eles uma tutela paternalista.[74]

A lesão ao reconhecimento foi apontada pela Suprema Corte norte-americana no importantíssimo caso *Brown v. Board of Education*,[75] que afirmou a inconstitucionalidade da política oficial de segregação racial nas escolas naquele país. Até então, prevalecia a doutrina do *equal but separate*, segundo a qual não haveria ofensa à igualdade quando existisse segregação, desde que fossem disponibilizados aos integrantes de diferentes raças o acesso a serviços substancialmente iguais. Porém, ao dar a histórica guinada jurisprudencial, a Corte assentou que isso não seria suficiente: "separar crianças negras de outras com a mesma idade e qualificações, apenas em razão da sua raça gera um sentimento de inferioridade em relação ao seu status na comunidade que pode afetar os seus corações e mentes de modo irreversível".

---

[73] Sobre a ideologia sexista que permeou a elaboração do Código Civil de 1916, veja-se MONTEIRO, Geraldo Tadeu Moreira. *Construção jurídica das relações de gênero:* o processo de codificação civil na instauração da ordem liberal conservadora do Brasil. Rio de Janeiro: Renovar, 2003.

[74] Nesse sentido, destacou Manuela Carneiro da Cunha: "Instalou-se no senso comum a ideia de que os índios gozam de privilégios (e não de direitos) porque e enquanto – não chegaram (ainda) à civilização. Até lá, outorga-se-lhes uma proteção paternalista, que concede ou reprime conforme as circunstâncias, mas que tenta se substituir à vontade dos índios, a quem não ouve, ou, se ouve, não respeita. (...) Dentro destas premissas, a tutela passa, portanto, a ser o instrumento da missão civilizadora, uma proteção concedida a estas 'grandes crianças', até que elas cresçam e venham a ser 'como nós' " (CUNHA, Manuela Carneiro. Três peças de circunstância sobre direitos do índio. *In*: CUNHA, Manuela Carneiro. *Cultura com aspas*. São Paulo: Cosac Naify, 2009, p. 254 e 256).

[75] Suprema Corte dos Estados Unidos. 347 U.S. 483 (1954).

Na mesma trilha, apontam diversas decisões que trataram do tema da união estável e do casamento entre pessoas do mesmo sexo no Direito Constitucional Comparado. A ideia fundamental é de que, ao reconhecer a possibilidade de formação de família entre pessoas de sexo diferente, mas não entre casais homossexuais, o Estado, além de denegar diversos benefícios materiais aos segundos, proclama que as relações afetivas tradicionais merecem respeito, mas não aquelas mantidas por parceiros do mesmo sexo. Com isso, ele desmerece a identidade do homossexual, e lhe inflige uma séria lesão moral, passando à sociedade o claro recado de que existe uma orientação sexual que é "certa" e outra que é "errada"; uma que deve ser publicamente apoiada, e outra que deve ficar confinada à solitária escuridão dos armários.[76]

Outra hipótese de afronta ao reconhecimento se dá quando uma característica ou prática associada à identidade de determinado grupo é convertida em fator impeditivo para a fruição de algum direito. Um exemplo recente é a proibição de doar sangue voltada para homens que mantiveram relações sexuais com outros homens em um período de 12 meses anteriores ao momento da doação. Esta vedação, prevista em normas do Ministério da Saúde e da ANVISA, está em discussão no STF por meio da Ação Direta de Inconstitucionalidade nº 5.543. Como bem pontuou o Min. Edson Fachin em seu voto no julgamento da referida ADI:[77]

> A Portaria do Ministério da Saúde e a Resolução da ANVISA impugnadas consistem justamente em normas estatais, portanto prática estatal, que, a despeito de buscar proteger os receptores de sangue, acabam por desrespeitar a identidade mesma de um determinado grupo de cidadãos e potenciais doadores de sangue. E assim o fazem com base na orientação sexual das pessoas com que eles se relacionam, e não com base em possíveis condutas arriscadas por eles praticadas. Ou seja, tais normas limitam sobremaneira a doação de sangue de um grupo específico de pessoas pelo simples fato de serem como são, de pertencerem a uma minoria, e não por atuarem de maneira arriscada. Há, assim, um tratamento desigual, desrespeitoso, verdadeiro desconhecimento ao invés de reconhecimento desse grupo de pessoas.

Enfim, estes são exemplo pontuais de um fenômeno infelizmente comum, de denegação de direitos universais a integrantes de grupos estigmatizados. Tal denegação aprofunda o estigma, em um pernicioso círculo vicioso, e por vezes ela nem é percebida como tal pela sociedade, que naturaliza a exclusão.

5 Direitos específicos e reconhecimento

Além da garantia igualitária de direitos universais aos grupos estigmatizados, a promoção do reconhecimento demanda também medidas específicas, ligadas às

---

[76] Como consignou Luís Roberto Barroso, tal discriminação "equivale a não atribuir igual respeito a uma identidade individual, a se afirmar que determinado estilo de vida não merece ser tratado com a mesma dignidade e consideração atribuída aos demais. A ideia de igual respeito e consideração se traduz no conceito de reconhecimento. As identidades particulares, ainda que minoritárias, são dignas de reconhecimento" (BARROSO, Luís Roberto. Diferentes mas iguais: o reconhecimento jurídico das relações homoafetivas no Brasil. In: SARMENTO, Daniel, IKAWA, Daniela; PIOVESAN, Flávia (Orgs.). *Igualdade, diferença e direitos humanos*. Op.cit. p. 681-682).

[77] STF, ADI nº 5543, Tribunal Pleno, Min. Edson Fachin, jul. 26.10.2017 (acórdão ainda não publicado)

suas necessidades particulares. Tais medidas são mais controversas do ponto de vista filosófico, pois há quem sustente que violam o princípio jurídico e moral da igualdade entre as pessoas.[78]

Contudo, a objeção não procede. Afinal, o que a igualdade postula não é o tratamento igual de todas as pessoas, mas sim o respeito a cada um *como um igual*. E tratar as pessoas como iguais implica reconhecer e respeitar as suas diferenças identitárias, que muitas vezes demandam proteções jurídicas diferenciadas. Já se tornou canônica a afirmação de Boaventura de Sousa Santos de que "temos o direito a ser iguais quando a diferença nos diminui; temos o direito a ser diferentes quando a igualdade nos descaracteriza".[79] O ponto foi ressaltado em bela decisão do Tribunal Constitucional da África do Sul:

> A igualdade não importa no nivelamento ou homogeneização do comportamento (...) No mínimo, ela afirma que a diferença não deve ser a base da exclusão, marginalização e estigma. Mais ainda, ela celebra a vitalidade que a diferença traz para qualquer sociedade. (...) A Constituição assim reconhece a variabilidade dos seres humanos (genética e sociocultural), afirma o direito à diferença e celebra a diversidade da nação.[80]

A atribuição de direitos específicos a determinados grupos pode decorrer de razões legítimas ou ilegítimas. No passado, os direitos eram dependentes da inserção estamental da pessoa: os integrantes dos estamentos superiores tinham muito mais direitos do que as pessoas de menor *status*. A diferença decorria de uma concepção social hierárquica, pela qual se concebia que algumas pessoas valeriam muito mais do que outras. A modernidade representou uma ruptura em relação a esse paradigma, ao reconhecer os direitos em termos universais.

Contudo, é preciso demarcar algumas diferenças importantes entre os privilégios e os direitos diferenciados lastreados no reconhecimento. Os primeiros foram tradicionalmente concedidos às elites, aos grupos hegemônicos: são direitos dos *insiders*. Os segundos são atribuídos a integrantes de grupos estigmatizados e excluídos: são direitos dos *outsiders*. Mas não é só. Os privilégios, como destacado, se ligam a uma visão não universalista da dignidade, calcada na hierarquização entre as pessoas. Já os direitos diferenciados, na sua melhor leitura, se fundam em compreensão universalista e igualitária. Direitos especiais são conferidos não porque seus titulares sejam melhores ou piores do que as outras pessoas, mas no afã de promover a igualdade, tratando-os com o mesmo respeito que é devido a todos os demais indivíduos.

Ocorre que tratar com o mesmo respeito as pessoas impõe, muitas vezes, a atribuição de direitos diferenciados a elas. As razões podem ser as mais diversas: corrigir injustiças estruturais e históricas; adequar as normas e práticas vigentes, moldadas a partir dos interesses dos grupos hegemônicos, às especificidades de determinados sujeitos que são onerados por elas de modo desproporcional; possibilitar a sobrevivência de culturas e modos de vida tradicionais que são constitutivos da identidade dos seus

---

[78] Cf., *e.g.*, BARRY, Brian. *Culture and Equality. Op. cit.*

[79] SANTOS, Boaventura de Sousa. Por uma concepção multicultural de direitos humanos. *Op. cit.*, p. 458.

[80] Corte Constitucional da África do Sul. *Lesbian and Gay Equality Project v. Minister of Home Affairs*. Case CCT 60/04, julg. 01/12/2005.

integrantes etc. A legitimidade dessas medidas depende sempre da sua harmonização, em cada caso, com a ideia de igual dignidade de todas as pessoas.[81]

É por isso que o melhor critério para diagnosticar uma discriminação ilegítima contra um grupo estigmatizado não se prende à existência de uma diferença de tratamento, mas à presença de subordinação na prática analisada. O tema é objeto de intensa controvérsia nos Estados Unidos, em que disputam espaço duas correntes do direito antidiscriminação:[82] a que defende a perspectiva da *antidiferenciação* (ou anticlassificação), que reprova tratamentos heterogêneos baseados em critérios considerados "suspeitos", como raça, sexo, religião etc., ainda que favoráveis aos grupos estigmatizados; e a que sustenta a perspectiva da *antisubordinação*,[83] que condena os tratamentos que promovam ou mantenham situações de hierarquização. Esta última linha aceita diferenciações jurídicas que se voltem a combater desigualdades entrincheiradas, ao mesmo tempo em que critica os tratamentos aparentemente neutros, que se omitam diante de quadros materiais e culturais de subordinação dos grupos vulneráveis.

Nos Estados Unidos, o tema é controvertido e a jurisprudência conservadora da Suprema Corte vem se inclinando, nos últimos tempos, para a perspectiva antidiferenciação, empregando o rigoroso critério do escrutínio estrito (*sctrict scrutiny*) para aferir a validade das normas que estabelecem distinções para favorecer minorias estigmatizadas. No Brasil, contudo, não há espaço para esta perspectiva. A Constituição de 88 é clara ao adotar um projeto de transformação social, no sentido da construção de uma sociedade mais inclusiva. Isso se verifica claramente, por exemplo, na análise dos objetivos fundamentais da República, estatuídos no art. 3º. A igualdade, na ordem jurídica brasileira, não se resume à proibição de exclusão: igualdade é também a obrigação de inclusão. E, para incluir os excluídos, não basta não instituir diferenciações que os estigmatizem. Mais que isso, é essencial atuar para remediar as injustiças presentes não só no plano socioeconômico, como também na esfera da cultura.

O fundamento das medidas específicas voltadas a promover o igual respeito à identidade de determinados grupos não precisa ser qualquer tipo de coletivismo, que ponha o grupo ou a cultura na frente dos indivíduos – o que seria, na minha ótica, incompatível com o "valor intrínseco da pessoa". Tais políticas podem ser justificadas em nome da proteção da pessoa – de cada pessoa, no singular.[84] Partindo-se de uma premissa antropológica realista, sabe-se que a cultura e o grupo são indispensáveis para a personalidade dos indivíduos. Daí, tem-se o melhor fundamento para a proteção

---

[81] Nessa linha, cf. HABERMAS, Jürgen. Direitos Culturais Iguais e os Limites do Liberalismo Pós-Moderno. *In*: HABERMAS, Jürgen. *Entre naturalismo e religião*: estudos filosóficos. Trad. Flávio Beno Siebeneichler. Rio de Janeiro: Tempo Brasileiro, 2007, p. 301-347.

[82] Veja-se, a propósito do debate, BALKIN, Jack; SIEGEL, Reva. The American Civil Rights Tradition: Anticlassification or Antisubordination? *University of Miami Law Review*, n. 59, 2003, p. 9-32; RIOS, Roger Raupp. *Direito da discriminação*: discriminação direta, indireta e ações afirmativas. Porto Alegre: Livraria do Advogado, 2002, p. 31-50.

[83] O texto canônico da perspectiva antisubordinação é de FISS, Owen. Groups and the Equal Protection Clause. *Journal of Philosophy and Public Affairs*, n. 107, 1976.

[84] Nesse ponto, concordo com a teoria liberal sobre os direitos das minorias culturais sustentada por Will Kymlicka, que faz *a pessoa* e não *o grupo* o centro das preocupações. Como disse Kymlicka: "É o indivíduo o ser sensível cuja vida pode melhorar ou piorar, que sofre ou se realiza, então é o seu bem-estar a matéria-prima da moralidade" (KYMLICKA, Will. *Liberalism, Community and Culture*. Oxford: Oxford University Press, 1989, p. 242).

das culturas e grupos – a garantia da dignidade humana das pessoas reais, encarnadas e enraizadas, que os integram.[85] Da mesma forma que os direitos sociais não visam à proteção da "classe", mas das pessoas humildes que compõem os extratos sociais subalternos, os direitos culturais, ligados ao reconhecimento, não têm como objetivo central a tutela da "cultura" ou do "grupo identitário", mas a defesa da dignidade dos indivíduos que pertencem às coletividades não hegemônicas. Trata-se do que Habermas designou de "inclusão com sensibilidade para as diferenças".[86]

Uma das hipóteses de atribuição de direitos diferenciados, bastante discutida no país, envolve as políticas de ação afirmativa de natureza racial para acesso ao ensino superior e a cargos públicos. Estas medidas se alicerçam em vários fundamentos legítimos e convergentes, como a promoção da igualdade material no campo da redistribuição, a compensação da discriminação passada, e a garantia do pluralismo nas instituições, em favor de todos os seus integrantes e da qualidade do serviço que prestam para a sociedade. Entre estes objetivos, também figura o propósito de romper com a visão cristalizada na sociedade de que negros estão irreversivelmente destinados ao desempenho de funções subalternas.[87] Afinal, as políticas de ação afirmativa ampliam o acesso dos afrodescendentes a posições de prestígio, fornecendo exemplos inspiradores para crianças e jovens negros, que favorecem a sua identidade e autoestima. No voto proferido pelo Ministro Ricardo Lewandowski no julgamento da ADPF nº 186,[88] que tratou das cotas raciais no vestibular da UnB, o ponto foi destacado:

> (...) justiça social, hoje, mais do que simplesmente redistribuir riquezas criadas pelo esforço coletivo, significa distinguir, reconhecer e incorporar à sociedade mais ampla valores culturais diversificados, muitas vezes considerados inferiores àqueles reputados dominantes. (...).
> As ações afirmativas, portanto, encerram também um relevante papel simbólico. Uma criança negra que vê um negro ocupar um lugar de evidência na sociedade projeta-se naquela liderança e alarga o âmbito de possibilidades de seus planos de vida. Há, assim, importante componente psicológico multiplicador da inclusão social nessas políticas.
> A histórica discriminação dos negros e pardos, em contrapartida, revela igualmente um componente multiplicador, mas às avessas, pois a sua convivência multissecular com a exclusão social gera a perpetuação de uma consciência de inferioridade e de conformidade com a falta de perspectiva, lançando milhares deles, sobretudo as gerações mais jovens, no trajeto sem volta da marginalidade social.

---

[85] Nesse mesmo sentido, veja-se RAZ, Joseph. Multiculturalismo: una concepción liberal. In: RAZ, Joseph. *La ética en el ámbito público*. Trad. Maria Luz Melón. Barcelona: Gedisa, 2001, p. 184-207.

[86] HABERMAS, Jürgen. Inserção – inclusão ou confinamento?: da relação entre Nação, estado de direito e democracia. In: HABERMAS, Jürgen. *A inclusão do outro*: estudos de teoria política. Trad. George Sperber e Paulo Astor Soethe. São Paulo: Edições Loyola, 1996, p. 164-167.

[87] Sobre os fundamentos das políticas de ação afirmativa, veja-se, *e.g.*, ROSENFELD, Michel. *Affirmative Action and Justice*: A Philosophical and Constitutional Inquiry. New Haven: Yale University Press, 1991; IKAWA, Daniela. *Ações Afirmativas em Universidades*. Rio de Janeiro: Lumen Juris, 2011; e SARMENTO, Daniel. Igualdade étnico-racial no direito constitucional brasileiro: discriminação "de facto", teoria do impacto desproporcional e ação afirmativa. In: SARMENTO, Daniel. *Livres e iguais*: estudos de direito constitucional. *Op. cit.*, p. 139-166. Para uma descrição das políticas de ação afirmativa no Direito Comparado, veja-se SABBAGH, Daniel. Affirmative Action. In: ROSENFELD, Michel; SAJÓ, András (Eds.). *The Oxford Handbook of Comparative Constitutional Law. Op. cit.*, p. 1.124-1.141.

[88] Supremo Tribunal Federal. ADPF 186, Rel. Min. Ricardo Lewandowski, julg. 26/04/2012.

Outra hipótese relevante envolve *o direito* à *adaptação razoável* (ou acomodação razoável), que demanda o ajuste de políticas públicas, ambientes e práticas sociais às necessidades e demandas de determinados grupos vulneráveis e minoritários, que sofrem um impacto adverso desproporcional em decorrência delas.[89] O direito à adaptação razoável está expressamente previsto no art. 5.3 da Convenção sobre os Direitos das Pessoas com Deficiência,[90] incorporada ao bloco de constitucionalidade brasileiro, em razão da sua aprovação de acordo com o procedimento previsto no art. 5º, §3º, da CF. Na minha ótica, ele também se estende a outros grupos sociais vulneráveis, como minorias religiosas e povos indígenas.

A ideia subjacente a tal direito é de que normas jurídicas, políticas públicas e práticas sociais, ainda quando válidas, podem ter um impacto desproporcional sobre determinada pessoas, em razão das suas características identitárias. Entre outras razões, isto decorre do fato de que os grupos não hegemônicos não têm, na maior parte dos casos, a voz e o poder suficientes para influenciar na definição das referidas medidas. Por isso, com frequência, os seus interesses são ignorados ou atropelados na formulação e implementação das mesmas, ainda quando tais ações persigam objetivos legítimos e não tenham sido confeccionadas com qualquer intenção discriminatória. Nestas hipóteses, deve-se buscar, sempre que possível, uma acomodação razoável entre os interesses do grupo desproporcionalmente afetado pela medida e o objetivo público, social ou empresarial que ensejou a sua adoção.

A adoção desta perspectiva envolve a rejeição a uma compreensão homogeneizadora de igualdade, que se satisfaz com a concessão do mesmo tratamento a todas as pessoas, ignorando que os indivíduos podem ter necessidades especiais. A igualdade, nessa ótica mais generosa, não se resume à mera integração das pessoas nas esferas sociais, sem a oposição de obstáculos ao seu ingresso. Mais que isso, a igualdade é a inclusão, que demanda que a sociedade e as instituições públicas e privadas busquem, na medida do possível, acomodar, em suas políticas e práticas, as necessidades específicas de pessoas que integram grupos vulneráveis. É certo, porém, que nem toda pretensão tem como ser acomodada. Torna-se necessário realizar uma avaliação, em cada caso, que considere não apenas a importância da adaptação pretendida para os direitos das pessoas atingidas, como também os ônus que decorreriam da promoção do ajuste, tanto sob a perspectiva financeira, como sob o ângulo do seu impacto adverso sobre outros direitos e interesses.

Nos Estados Unidos, o direito à adaptação razoável foi previsto na *Equal Employment Opportunity Act* de 1972, com foco nas minorias religiosas, e posteriormente no *Americans with Disabilities Act* de 1990. No país, já foram proferidas decisões bastante significativas na matéria. No campo religioso, por exemplo, no caso *Sherbert v.*

---

[89] Para um denso estudo do tópico, com foco no direito das pessoas com deficiência, veja-se MARTEL, Letícia Velho Campos. Adaptação Razoável: O novo conceito sob as lentes de uma gramática constitucional inclusiva. *SUR – Revista Internacional de Direitos Humanos*, v. 8, n. 14, p. 89-114, 2011.

[90] A Convenção sobre os Direitos das Pessoas com Deficiência, promulgada pelo Decreto n. 6.949/2009, no seu artigo 2º, estabeleceu a seguinte definição: "Adaptação razoável, significa as modificações e os ajustes necessários e adequados, que não acarretem ônus desproporcional ou indevido, quando requeridos em cada caso, a fim de assegurar que as pessoas com deficiência possam gozar ou exercer, em igualdade de oportunidades com as demais pessoas, todos os direitos humanos e liberdades fundamentais". O art. 5.3 da Convenção, por sua vez, determinou: "A fim de promover a igualdade e eliminar a discriminação, os Estados Partes adotarão todas as medidas apropriadas para garantir que a adaptação razoável seja oferecida".

Verner,[91] julgado em 1963, a Suprema Corte do país decidiu que a denegação de seguro desemprego a uma pessoa, que, por razões religiosas, não aceitava trabalhos em que tivesse que laborar no sábado, violava a sua liberdade de religião, muito embora a recusa de emprego constituísse motivo previsto em lei para a não concessão do benefício. A Corte adaptou a legislação às necessidades religiosas de um grupo minoritário – os adventistas de sétimo dia. Já no caso *PGA Tour, Inc. v. Martin*,[92] a Suprema Corte assegurou, em competição profissional de golfe, que um atleta com deficiência pudesse se locomover pelas longas distâncias do campo em um carrinho elétrico, e não a pé, como os demais competidores. Em matéria religiosa, a Suprema Corte passou a entender que não haveria um direito constitucional à acomodação razoável, que dependeria de decisão estatal em cada caso.[93] E no campo da deficiência, a jurisprudência norte-americana vem adotando nos últimos tempos uma interpretação extremamente restritiva do instituto.[94]

Na Alemanha, no Canadá e na Colômbia, há decisões emblemáticas, que realizaram adaptações razoáveis de normas e práticas estatais, de modo a ajustá-las a demandas de grupos minoritários. Na Alemanha, uma lei de proteção aos animais prescrevia a forma do abate do gado, visando a proteger os animais do sofrimento, mas o Tribunal Constitucional alemão reconheceu uma isenção para um açougueiro sunita, para que pudesse vender carne que se ajustasse às regras dietéticas observadas pelos adeptos daquela religião.[95] No Canadá, a Suprema Corte reconheceu o direito de aluno, praticante ortodoxo da religião *sikh*, de portar na escola um *kirpan* – uma faca ritualística – sob a sua roupa, com base no argumento de que esta era uma exigência da referida religião, e que os riscos à segurança de outros alunos não seriam superiores aos decorrentes da possibilidade de qualquer estudante levar uma tesoura para o colégio.[96] A Corte Constitucional da Colômbia,[97] por sua vez, determinou que fosse proporcionado o acesso direto das pessoas portadoras de nanismo às suas dependências internas, em razão de a altura do balcão de atendimento dificultar que indivíduos de baixa estatura se comunicassem com os funcionários da instituição, o que expunha os primeiros a situação vexatória e reduzia a sua autonomia.

No Brasil, o tema praticamente não é discutido, mas há casos interessantes já decididos pela jurisprudência, que podem ser enquadrados na categoria da adaptação razoável. Em matéria religiosa, por exemplo, há decisões permitindo a candidatos adventistas de sétimo dia a realização de prova de concurso público agendada para

---

[91] Suprema Corte dos Estados Unidos. *Sherbert v. Verner*, 374 U.S. 398 (1963).

[92] Suprema Corte dos Estados Unidos. *PGA Tour, Inc. v. Martin*, 532 U.S. 661 (2001).

[93] A guinada da jurisprudência ocorreu no caso *Employment Division Department of Human Resources of Ohio v. Smith*, 494 U.S. 872 (1990). Houve uma tentativa de reversão legislativa da orientação da Suprema Corte, por meio de lei que restabeleceu o direito à adaptação razoável em matéria religiosa. Porém, no julgamento do caso *City of Boerne v. Flores* (521 U.S. 507 (1997)), a Suprema Corte decidiu que a referida lei federal não poderia ser aplicada aos Estados, mas apenas à União, sob o argumento de que não caberia ao legislador adotar interpretação da Constituição que discrepasse da sua orientação. A lei poderia, contudo, estabelecer orientação sobre a matéria, mas apenas para a própria União.

[94] Cf. MINOW, Martha. Accommodating integration. *University of Pennsylvania Law Review*, v. 157, 2008, p. 1-10; e SUNSTEIN, Cass R. Caste and Disability: the moral foundations of the ADA. *University of Pennsylvania Law Review*, v. 157, 2008, p. 21-27.

[95] Tribunal Constitucional Federal da Alemanha. BVerfGE 104, 337 (2002).

[96] Suprema Corte do Canadá. *Multani v. Commission Scolaire Marguerite-Bourgeoys*, (2006) 1 S.C.R. 256, 2006 SCC 6.

[97] Corte Constitucional da Colômbia, Sentencia T-1258/2008.

o sábado, depois do final do horário de guarda, assegurando-se, até então, o sigilo da avaliação, a isonomia em relação aos demais candidatos – pois todos fazem a mesma prova – e a possibilidade de tais pessoas participarem do concurso sem terem de violar os comandos da sua religião.[98] No campo da deficiência, ressalte-se a decisão do CNJ que recomendou a todos os tribunais brasileiros que adaptassem a sua tribuna para viabilizar a sustentação oral por advogados cadeirantes.[99]

Outra decisão muito interessante foi proferida pelo STF a propósito da intimação de liderança indígena para depor em Comissão Parlamentar de Inquérito. De um lado, a Constituição assegura às CPIs o poder de investigação próprio das autoridades judiciais (art. 58, §3º), o que lhes permite convocar testemunhas. Do outro, há o direito do indígena de permanecer em suas terras, vivendo na sua própria cultura (arts. 215, 216 e 231, CF). O depoimento de um indígena numa CPI, fora do seu *habitat* e sem qualquer assistência, poderia lhe causar graves abalos e constrangimentos. Neste cenário, o STF adotou solução engenhosa para o caso,[100] adaptando, de forma razoável, a atuação da CPI às singularidades da identidade indígena: permitiu o depoimento, mas apenas no interior das terras indígenas, e com a presença da FUNAI e de antropólogo com conhecimento da comunidade étnica em questão.

Finalmente, cabe salientar que nem sempre a concessão de vantagens específicas ou de proteções jurídicas adicionais a grupos vulneráveis promove o seu direito ao reconhecimento. Existem situações em que estas são diretamente associadas a algum estereótipo negativo, e nesse caso, podem lesar o reconhecimento, ao invés de promovê-lo.[101] A Constituição brasileira de 1969, por exemplo, proibia o trabalho em "indústrias insalubres" para a mulher (art. 165, inciso X). Tratava-se de medida protetiva que, todavia, endossava um estereótipo negativo de gênero, da mulher como "sexo frágil", que lhe retirava o poder de agência e legitimava a reprodução de um modelo androcêntrico de relações sociais. Fenômeno semelhante se dá na proibição de venda de bebidas alcoólicas aos indígenas "não aculturados", prevista na Lei nº 6001/73, acima referida.

Há, ademais, vantagens que, conquanto legítimas em si, são por vezes justificadas com base em discurso que lança mão desses estereótipos, naturalizando-os. Um exemplo emblemático ocorreu em decisão do TST, da lavra do Ministro Ives Gandra Filho, em

---

[98] *E.g.*, Tribunal Regional Federal da 1ª Região. Apelação Cível nº 20.2012.4.01.3813/MG, 5ª Turma, Rel. Des. Souza Prudente, julg. 31/07/2013. Destaque-se, porém, que o tema não é pacífico e existem outras decisões no sentido diametralmente oposto.

[99] Decisão tomada em 11/03/2012, cf. <http://www.cnj.jus.br/noticias/cnj/58992-tribunais-serao-orientados-a-adaptar-tribunas-para-cadeirantes>. Acesso em: 31 dez. 2015.

[100] Supremo Tribunal Federal. HC n. 80.240, 1ª Turma, Rel. Min. Sepúlveda Pertence, julg. 20/06/2001.

[101] Nessa linha, a Suprema Corte norte-americana invalidou diversas leis e medidas que supostamente favoreciam as mulheres, por se basearem em visões estereotipadas. Em *Weinberger v. Weisenfeld*, por exemplo, reconheceu a inconstitucionalidade de lei que concedia pensão automática à viúva, mas não ao viúvo, afirmando que ela se baseara no estereótipo de que "a renda dos homens é vital para o sustento das famílias, enquanto a das mulheres não contribui significativamente para tal sustento" (420 U.S. 636 (1975)). Em *Mississippi University for Women v. Hogan*, afirmou a invalidade da política de exclusão de homens de uma universidade pública de enfermagem. Na decisão, consignou-se que "ao invés de compensar as barreiras discriminatórias enfrentadas por mulheres, a política da universidade tende a perpetuar a visão estereotipada de que a enfermagem é um trabalho exclusivamente feminino" (458 U.S. 718 (1982)). Na mesma trilha, o Tribunal Constitucional Federal da Alemanha declarou a inconstitucionalidade de norma que proibia no trabalho noturno da mulher (BVerfGE 85, 191 (1992)).

que se reconheceu a recepção de preceito da CLT que prevê intervalo de pelo menos 15 minutos para as empregadas mulheres, no caso de prorrogação da jornada normal de trabalho, não extensivo aos trabalhadores do gênero masculino.[102] O voto do relator contém o seguinte – e espantoso– argumento:

> A igualdade jurídica e intelectual entre homens e mulheres não afasta a natural diferenciação fisiológica e física entre homens e mulheres (...) como pode se verificar na Encíclica "Rerum Novarum", do Papa Leão XIII (15 de maio de 1891: "(...) Trabalhos há também que se não adaptam tanto à mulher, a qual a natureza destina de preferência aos arranjos domésticos que, por outro lado, salvaguardam admiravelmente a honestidade do sexo, e correspondem melhor, pela sua natureza, ao que pede a boa educação dos filhos e a prosperidade da família" (...) Para Edith Stein (1891-1942) "(...) a vocação primária do homem seria o domínio sobre a terra e a da mulher a geração e educação dos filhos (...) Por isso, a mulher deve encontrar, na sociedade, a profissão adequada que não a impeça de cumprir a sua vocação primária, de ser 'o coração da família e a alma da casa.

6 Conclusão

Ser gente é precisar do outro. Somos bípedes implumes que usam a razão, mas que, acima de tudo, precisam uns dos outros. Carecemos não só do suporte material que a vida em sociedade proporciona, mas também de relações intersubjetivas que se pautem pelo respeito recíproco. Por isso, se o princípio da dignidade humana se volta a proteger e promover a pessoa, ele tem de abarcar a dimensão do reconhecimento, que é tão indispensável para o ser humano – disse Umberto Eco – como a comida e o sono.[103]

O direito ao reconhecimento demanda que as instituições e práticas sociais tratem com igual respeito a identidade de todas as pessoas. Exige a inclusão dos que pertencem a grupos estigmatizados, que não podem ser humilhados pela sua identidade, invisibilizados por conta dela, nem assimilados à sociedade, mas devem ser respeitados e valorizados em sua diferença. Trata-se de um direito indispensável, porque ser gente não é só viver, mas conviver. Gente pensa, mas também sente, e não floresce sem o respeito do outro.

Informação bibliográfica deste texto, conforme a NBR 6023:2002 da Associação Brasileira de Normas Técnicas (ABNT):

SARMENTO, Daniel. O direito ao reconhecimento. In: ARABI, Abhner Youssif Mota; MALUF, Fernando; MACHADO NETO, Marcello Lavenère (Coord.). *Constituição da República 30 anos depois*: uma análise prática da eficiência dos direitos fundamentais. Estudos em homenagem ao Ministro Luiz Fux. Belo Horizonte: Fórum, 2019. p. 293-315. ISBN 978-85-450-0598-8.

---

[102] Tribunal Superior do Trabalho, Tribunal Pleno. II em RR – 154000-83.2005.5.12.0046, Rel. Min. Ives Gandra Martins Filho, julg. 17/11/2008. Este trecho foi reproduzido, sem críticas, no voto proferido pela Ministra Rosa Weber no STF, no julgamento do RE 658.312, Rel. Min. Dias Toffoli, julg. 27/11/2014.

[103] Nas belas palavras de Eco, "(...) é o outro, é o seu olhar que nos define e nos forma. Nós (assim como não conseguimos viver sem comer e sem dormir) não conseguimos compreender quem somos sem o olhar e a resposta do outro. (...) Na falta deste reconhecimento, o recém-nascido abandonado na floresta não se humaniza (ou, como Tarzan, busca o outro a qualquer custo no rosto de uma macaca), e poderíamos morrer ou enlouquecer se vivêssemos em uma comunidade na qual sistematicamente todos tivessem decidido não nos olhar ou comportar-se como se não existíssemos". (ECO, Umberto. Quando o outro entra em cena. In: ECO, Umberto. *Cinco escritos morais*. Trad. Eliana Aguiar. Rio de Janeiro: Record, 1998, p. 95).

HUMOR, POLÍTICA E JURISDIÇÃO CONSTITUCIONAL: O SUPREMO TRIBUNAL FEDERAL COMO GUARDIÃO DA DEMOCRACIA: A PROTEÇÃO DA LIBERDADE DE CRÍTICA POLÍTICA EM PROCESSOS ELEITORAIS

GUSTAVO BINENBOJM

I Introdução

Este artigo tem por objetivo analisar o papel desempenhado pelo Supremo Tribunal Federal no julgamento da Ação Direta de Inconstitucionalidade nº 4.451,[1] na qual se discutiu a validade jurídico-constitucional do inciso II e da parte final do inciso III do art. 45 da Lei Federal nº 9.504/1997, que impunham restrições à programação e ao noticiário das emissoras de rádio e televisão durante o período eleitoral.

Confira-se a dicção literal dos dispositivos legais em questão:

Art. 45. A partir de 1º de julho do ano da eleição, é vedado às emissoras de rádio e televisão, em sua programação normal e noticiário:
(...)
II – *usar trucagem, montagem ou outro recurso de* áudio *ou vídeo que, de qualquer forma, degradem ou ridicularizem candidato, partido ou coligação, ou produzir ou veicular programa com esse efeito;*
III – *veicular propaganda política ou difundir opinião favorável ou contrária a candidato, partido, coligação, a seus* órgãos *ou representantes;*

Como patrono da requerente naquela ação direta, sustentei que os dispositivos legais em questão não eram compatíveis com a sistemática constitucional das *liberdades de expressão e de imprensa e do direito* à *informação,* garantias institucionais verdadeiramente constitutivas da democracia brasileira.

Com efeito, tais normas geravam um grave efeito silenciador sobre as emissoras de rádio e televisão, obrigadas a evitar a divulgação de temas políticos polêmicos para não

---

[1] ADIN nº 4.451, rel. Min. Ayres Britto, proposta pela Associação Brasileira de Emissoras de Rádio e Televisão – ABERT.

serem acusadas de "difundir opinião favorável ou contrária" a determinado candidato, partido, coligação, a seus órgãos ou representantes. Além disso, esses dispositivos inviabilizavam a *veiculação de sátiras, charges e programas humorísticos envolvendo questões ou personagens políticos*, durante o período eleitoral.[2]

Em que pese o pretenso propósito do legislador de assegurar a lisura do processo eleitoral, as *liberdades de manifestação do pensamento, da atividade intelectual, artística, científica e de comunicação* (CF, art. 5º, IV e IX), constituem garantias tão caras à democracia quanto o próprio sufrágio. Assim, a ideia de um procedimento eleitoral justo não exclui, mas, antes, pressupõe a existência de um *livre, aberto e robusto mercado de ideias e informações*, só alcançável nas sociedades que asseguram, em sua plenitude, as *liberdades de expressão e de imprensa, e o direito difuso da cidadania* à *informação* (art. 5º, XIV).

De outro lado, em relação especificamente aos *meios de comunicação social*, a Constituição de 1988 foi ainda mais enfática – quiçá até propositalmente pleonástica – ao dispor, em seu art. 220, *caput* e §§1º e 2º:

> Art. 220. *A manifestação do pensamento, a criação, a expressão e a informação, sob qualquer forma, processo ou veículo não sofrerão qualquer restrição*, observado o disposto nesta Constituição.
> §1º *Nenhuma lei conterá dispositivo que possa constituir embaraço* à *plena liberdade de informação jornalística em qualquer veículo de comunicação social*, observado o disposto no art. 5º, IV, V, X, XIII e XIV.
> §2º É *vedada toda e qualquer censura de natureza política, ideológica e artística*.

Ao criar restrições e embaraços *a priori* à liberdade de informação jornalística e à livre manifestação do pensamento e da criação, no âmbito das emissoras de rádio e televisão, os incisos II e III (parte final) da Lei Federal nº 9.504/1997 instituíam verdadeira *censura* de natureza *política e artística*, de forma totalmente incompatível com a Constituição da República.

Ao longo do presente artigo, pretendo expor brevemente as razões pelas quais entendo que as restrições ao humorismo político e à crítica jornalística em geral impostas pela legislação brasileira durante o período eleitoral contrariam a sistemática constitucional que assegura a liberdade de expressão e o direito à informação. Ao final, além de expor a corajosa decisão tomada pelo Supremo Tribunal Federal na ADIN nº 4.451, pretendo defender a sua legitimidade e enquadrá-la como parte do papel de um Tribunal Constitucional a serviço da guarda da democracia e dos direitos fundamentais.

II As dimensões substantiva e instrumental da liberdade de expressão

A liberdade de expressão pode ser compreendida em duas concepções – ou dimensões – que lhe são usualmente atribuídas: uma dimensão *libertária*, ou substantiva, e outra intitulada *democrática* ou instrumental.

---

[2] Segundo notícia veiculada no Jornal *O Globo* do dia 27.07.2010, o programa "CQC", que conjuga humor e jornalismo, está adotando tons mais "suaves" para não incorrer na multa. O Programa "Pânico na TV", por sua vez, tem se mantido fora das eleições. No "Casseta & Planeta", as paródias aos candidatos majoritários foram excluídas após o início da campanha e os roteiristas tiveram de investir em personagens fictícios. Cf. BRISOLLA, Fabio. Campanha mais sem graça para os humoristas, *O Globo*, de 27 jul. 2010.

Sob um prisma dito *libertário*, a liberdade de expressão "é um bem em si, é um aspecto da auto-realização do homem, essencial ao pleno desenvolvimento de sua personalidade".[3] Nessa linha de raciocínio, a liberdade de expressão possui um valor imanente,[4] enquanto desdobramento da própria dignidade da pessoa humana. Cada homem e mulher, para a realização de sua personalidade, têm o direito de exprimir e divulgar, por exemplo, suas concepções de mundo, suas visões estéticas, e suas visões políticas. A necessidade de comunicar-se é inerente à condição humana, sendo a imposição do silêncio uma violência à sua dignidade. Nesse sentido, Daniel Sarmento salienta que:

> A possibilidade de cada um de exprimir as próprias idéias e concepções, de divulgar suas obras artísticas, científicas ou literárias, de comunicar o que pensa e o que sente, é dimensão essencial da dignidade humana. Quando se priva alguém destas faculdades, restringe-se a capacidade de realizar-se como ser humano e de perseguir na vida os projetos e objetivos que escolheu. Trata-se de uma das mais graves violações à autonomia individual que se pode conceber, uma vez que nossa capacidade de comunicação – nossa aptidão e vontade de exprimir de qualquer maneira o que pensamos, o que sentimos e o que somos – representa uma das mais relevantes dimensões de nossa própria humanidade.[5]

Segundo perspectiva diversa, dita *democrática* ou *instrumental*, a liberdade de expressão deve ser garantida não como direito moral dos indivíduos, mas como instrumento necessário ao exercício do autogoverno e à consecução de outros objetivos importantes para a sociedade (como, por exemplo, a autodeterminação coletiva, o controle e a fiscalização das instâncias de poder, o incremento da *accountability* ou da responsabilização política e eleitoral do agente, dentre outros). Nesse sentido, a livre manifestação do pensamento é também fundamental porque, por seu intermédio, é mais provável que se chegue à verdade, que se corrijam erros ou, ainda, que se produzam boas políticas.[6] De acordo com a visão instrumental, portanto, o compromisso com a liberdade de expressão funda-se na premissa de que, ao longo do tempo, a liberdade produzirá resultados melhores para a sociedade do que qualquer benefício que se pudesse alcançar por meio de sua supressão. O melhor remédio para uma eventual patologia do discurso é uma dose ainda maior de liberdade discursiva.[7]

---

[3] SCHREIBER, Simone. Liberdade de Expressão: Justificativa Teórica e a Doutrina da Posição Preferencial no Ordenamento Jurídico. In: BARROSO, Luís Roberto (Org.). *A reconstrução democrática do direito público no Brasil*, 2007, p. 229.

[4] Aqui, a liberdade de expressão se apresenta como aspecto da chamada *liberdade dos modernos*, para usar a expressão de Benjamin Constant, vista como emanação da personalidade individual a ser defendida da intervenção estatal. Em poucas palavras: um direito subjetivo fundamental por excelência, a ser tutelado ainda que em detrimento do bem-estar da coletividade.

[5] SARMENTO, Daniel. A liberdade de expressão e o problema do "hate speech". In: *Livres e iguais*: estudos de direito constitucional. Rio de Janeiro: Lúmen Juris, 2006, p. 242.

[6] Parafraseando James Madison, a liberdade de expressão ajuda a proteger o poder do povo de governar a si mesmo. *Apud* GOULD, Jon B. *Speak no Evil*: The Triumph of Hate Speech Regulation. Chicago: The University of Chicago Press, 2005, pp. 45/46.

[7] O Supremo Tribunal Federal já lidou com o tema, através da pena do Min. Carlos Alberto Menezes Direito, nos seguintes termos: "(...) quando se tem um conflito possível entre a liberdade e sua restrição deve-se defender a liberdade. O preço do silêncio para a saúde institucional dos povos é muito mais alto do que o preço da livre circulação das idéias. A democracia para subsistir depende de informação e não apenas do voto; este muitas vezes pode servir de mera chancela, objeto de manipulação. A democracia é valor que abre as portas à participação política, de votar e ser votado, como garantia de que o voto não é mera homologação do detentor do poder. Dito

Sob esse enfoque, assumem especial importância a *liberdade de imprensa*, o *direito à informação*, o *princípio do pluralismo* e a noção de *cidadania*. A ideia é permitir que os cidadãos sejam livremente informados sobre os assuntos de interesse geral e, deste modo, estejam aptos a formar, *sponte propria*, suas convicções individuais.[8] Esta forma de compreender a liberdade de expressão desempenha papel de destaque nas teorias contemporâneas sobre democracia deliberativa. Como bem sintetizado por Paulo Murillo Calazans, a liberdade de expressão, sob tal ponto de vista, visa à "construção de um *ethos* argumentativo-deliberativo, propiciando a realização do processo coletivo do debate público e tomada de decisões com apoio em grandes discussões extensíveis a todos os cidadãos".[9]

As concepções substantiva e instrumental da liberdade de expressão – embora diferentes –, não são antagônicas, como apressadamente se poderia supor. Bem ao contrário, são duas faces da mesma moeda, convivendo, no mais das vezes, de forma complementar, na busca da realização dos ideais de liberdade e democracia. Sem uma delas, a proteção à liberdade de expressão não seria completa. O direito à informação, por exemplo, exibe tanto um viés substantivo, como direito subjetivo de cada cidadão à informação verdadeira, quanto uma dimensão democrática, na medida em que o acesso à informação adequada é elemento essencial à criação de ambiente de efetiva deliberação. De igual modo, a liberdade de expressão é tanto um direito subjetivo à livre manifestação do pensamento, como também uma norma objetiva voltada à construção de instituições livres – como, *v.g.*, a imprensa, o teatro, o cinema, a universidade – que conferirão dimensão transindividual ao direito fundamental.

---

de outro modo: os regimes totalitários convivem com o voto, nunca com a liberdade de expressão". Trecho do voto proferido pelo Ministro Carlos Alberto Menezes Direito por ocasião do julgamento do mérito da ADPF nº 130, que versava sobre a recepção da Lei de Imprensa pela ordem constitucional de 1988. (STF, ADPF nº 130, Rel. Min. Carlos Ayres de Britto, Tribunal Pleno, j. em 30.04.2009; p. 10).

[8] Usando mais uma vez a dicotomia vislumbrada por Benjamin Constant (V. nota 3 *retro*), esta dimensão se aproxima da chamada *liberdade dos antigos*, identificada com a cidadania participativa ativa do cidadão nos negócios da pólis.

[9] CALAZANS, Paulo Murillo. A liberdade de expressão como expressão da liberdade. *In*: VIEIRA, José Ribas (Org.). *Temas de constitucionalismo e democracia*, 2003, p. 74. Louis Hodges, ao comentar o papel dos veículos de comunicação nas democracias representativas, afirmou, com absoluta propriedade, que "O governo representativo não pode existir (e nem mesmo ser teoricamente concebido) a menos que os governados disponham de mecanismos que lhes permitam saber o que seus governantes estão fazendo, não fazendo, e pretendendo fazer. Uma vez que nem todos os cidadãos podem ter acesso direto aos poderes constituídos – executivo, legislativo e judiciário – eles necessitam de alguém que observe em seu lugar como o governo cuida de seus interesses. Jornalistas são aqueles que observam por nós e nos informam sobre os nossos governantes. É uma questão de necessidade prática! Como não podemos estar presentes o tempo todo, precisamos que alguém mais esteja. Nós 'encarregamos' os jornalistas de observarem o governo em nosso nome. Eles constituem portanto um elo prático vital na cadeia das comunicações". (HODGES, Louis W. Definindo a responsabilidade da imprensa: uma abordagem funcional. In: ELLIOT, Deni. *jornalismo versus privacidade*. Tradução de Celso Vargas. Rio de Janeiro: Nordica, 1986, p. 24; grifou-se). Vejam-se, ainda, as lições de Jean François Revel, para quem "[...] a função indispensável que tem a imprensa no sistema democrático é a função de informação. Se a democracia é o regime no qual os cidadãos decidem as orientações gerais da política interior e exterior, escolhendo com seu voto entre os diversos programas dos candidatos que eles designam para governá-los, esse regime não tem sentido nem pode funcionar no interesse de seus membros sem que os eleitores estejam corretamente informados dos assuntos tanto mundiais como nacionais. Esta é a razão pela qual a mentira é tão grave na democracia, regime que só é viável diante da verdade e leva à catástrofe se os cidadãos decidem sobre informações falsas. Nos regimes totalitários, os dirigentes e a imprensa do estado enganam a sociedade, mas os governos não conduzem sua política segundo suas próprias mentiras. Guardam para si outros informes. Na democracia, quando o poder engana a opinião pública, vê-se obrigado a ter que concordar seus atos com os erros que tem inculcado". (REVEL, Jean François. *El conocimiento inútil*. Barcelona: Planeta, 1989, p. 206; grifou-se).

Vale lembrar, a propósito, a lição de Konrad Hesse no sentido de que a liberdade de expressão possui um caráter duplo e complementar, como direito subjetivo e como prescrição constitutiva da ordem democrática fundamental.[10] Segundo o consagrado Mestre alemão,

> o alcance completo dessas garantias abre-se, também aqui, somente com vistas ao seu caráter duplo: elas são, por um lado, direitos subjetivos, e, precisamente, tanto no sentido de direito de defesa como no de direitos de cooperação política; por outro lado, elas são prescrições de competência negativa e elementos constitutivos da ordem objetiva democrática e estatal-jurídica. Sem a liberdade de manifestação da opinião e liberdade de informação, sem a liberdade dos 'meios de comunicação de massa' modernos, imprensa, rádio e filme, opinião pública não pode nascer, o desenvolvimento de iniciativas e alternativas pluralistas, assim como a 'formação preliminar da vontade política' não são possíveis, publicidade da vida política não pode haver, a oportunidade igual das minorias não está assegurada com eficácia e vida política em um processo livre e aberto não se pode desenvolver. Liberdade de opinião é, por causa disso, para a ordem democrática da Lei Fundamental 'simplesmente constitutiva'.[11]

Em síntese, a liberdade de expressão possui duas dimensões, substancial e instrumental, que asseguram, ao mesmo tempo, o desenvolvimento da personalidade individual (dimensão substantiva), além de condições mínimas para o exercício de outros direitos fundamentais e para a consecução de outros objetivos coletivos (dimensão instrumental), entre os quais, aqueles relacionados à constituição e funcionamento da democracia.

III O sistema constitucional da liberdade de expressão e a sua posição preferencial

No plano normativo, é possível concluir que a Constituição de 1988 acolheu ambas as dimensões da liberdade de expressão,[12] conferindo-lhes posição de nítido destaque. Na verdade, o constituinte originário criou um sistema robusto de proteção dessa liberdade, que se desdobra em direitos substantivos e procedimentais espraiados pelo Texto Maior, enquanto elementos-chave da democracia brasileira.

Em resumo, a Carta Maior protege e garante: a livre manifestação do pensamento em todos os seus desdobramentos, inclusive artísticos, científicos, religiosos e políticos (art. 5º, IV, VI e IX); o direito de resposta (art. 5º, V); a liberdade de consciência e de crença (art. 5º, VI); o amplo acesso à informação, com as garantias que lhe são inerentes (art. 5º,

---

[10] No julgamento do caso Lüth – BverfGE 7, 198 – o Tribunal Constitucional Federal da Alemanha afirmou que, a par de uma dimensão defensiva, subjetiva, os direitos fundamentais também constituíam uma ordem objetiva de valores. Ou seja, o Tribunal reconheceu que os direitos fundamentais se irradiam por todo o sistema penetrando em todas as relações jurídicas – inclusive nas privadas –, influenciando a interpretação e a aplicação das normas jurídicas que devem a eles se conformar. A dimensão objetiva impõe ao Estado, ainda, um dever de proteção dos direitos fundamentais.

[11] HESSE, Konrad. Elementos de direito constitucional da República Federal da Alemanha (trad. Luís Afonso Heck). Porto Alegre: Sergio Antonio Fabris Editor, 1998, pp. 302/303; grifou-se.

[12] Oscar Vilhena Vieira sustenta posição semelhante quando afirma que "[N]ossa Constituição (...) buscou conciliar dois conceitos fundamentais de liberdade. O emprego da expressão 'Estado Democrático de Direito' não é fortuito, mas uma representação de que há pelo menos dois princípios de liberdade inspiradores de nossa ordem constitucional, que são a autonomia e a liberdade negativa". Cf. VIEIRA, Oscar Vilhena. Direitos Fundamentais: uma leitura da jurisprudência do STF. São Paulo: Malheiros, 2006, p. 146.

XIV, XXXIII e LVII); a liberdade de aprender, ensinar, pesquisar e divulgar o pensamento, a arte e o saber, como princípio reitor do ensino (art. 206, II); a livre manifestação do pensamento, a criação, a expressão e a informação, sob qualquer forma, processo ou veículo (art. 220); a plena liberdade de informação jornalística em qualquer veículo de comunicação social (art. 220, §1º); e veda toda e qualquer censura de natureza política, ideológica e artística (art. 220, §2º).[13]

Todos esses direitos consubstanciam *um sistema constitucional da liberdade de expressão*, ora mais relacionado à faceta substantiva, ora à instrumental. Garante-se a cada brasileiro tanto a possibilidade de manifestar-se livremente, expressando suas impressões individuais sobre o mundo a sua volta, quanto a faculdade de participar dos processos de deliberação coletiva, atuando na formação da opinião pública e dos consensos indispensáveis ao autogoverno. Assim, genérica e sistematicamente considerada na Constituição brasileira, a liberdade de expressão é o solo fértil e dinâmico de que aflora um sistema de liberdades, em que se relacionam uma série de outros direitos, dentre os quais se destacam:

i) a *liberdade de expressão stricto sensu*, correspondendo ao direito individual de externar ideias, opiniões, sentimentos, manifestações estéticas, artísticas ou qualquer outra forma de expressão do espírito humano. Trata-se da liberdade que cada ser humano possui de tornar pública a sua visão subjetiva a respeito dos acontecimentos da vida;

ii) a *liberdade de informação*, que se consubstancia tanto no direito individual de comunicar fatos objetivamente considerados (direito de informar), quanto no direito subjetivo de receber informações verdadeiras e de não ser enganado, ou manipulado, do qual todo cidadão é titular, numa dinâmica de construção de um ambiente deliberativo bem informado (direito de ser informado); e

iii) a *liberdade de imprensa*, indicando o direito dos meios de comunicação de divulgarem fatos e opiniões. Nesse sentido, relaciona-se tanto com a liberdade de informação quanto com a de expressão em sentido estrito, enquanto veículo para a exteriorização de opiniões e pensamentos. A distinção essencial no tratamento destes conceitos reside no fato de que a liberdade de imprensa não se refere a um direito individual, mas sim ao interesse eminentemente público na livre circulação de ideias.

Esse sistema de proteções conferido à liberdade de expressão (em sentido amplo) no Brasil propõe-se, de sua vez, a tutelar e a promover o *pluralismo político* e a *cidadania participativa*, com vistas ao desenvolvimento da democracia brasileira. A plena liberdade de expressão é, assim, instrumento constitucional decisivo na formação da cidadania e no desenvolvimento democrático. Realmente, apesar da dificuldade de definição de *democracia*, parece intuitivo que integram o seu núcleo: (*i*) tanto a tutela da livre manifestação de opiniões e ideias por parte dos indivíduos, como direito subjetivo

---

[13] Vale salientar, ademais, que não se trata de rol taxativo, eis que, na forma parágrafo segundo do art. 5º da Constituição, "[o]s direitos e garantias expressos nesta Constituição não excluem outros decorrentes do regime e dos princípios por ela adotados, ou dos tratados internacionais em que a República Federativa do Brasil seja parte". Assim, também fazem parte do sistema constitucional da liberdade de expressão diversos tratados e convenções internacionais de que o Brasil é signatário, dentre os quais merecem destaque: (*i*) a Declaração Universal dos Direitos Humanos (art. 19); (*ii*) o Pacto Internacional dos Direitos Civis e Políticos (art.19); e (*iii*) a Convenção Americana de Direitos Humanos (art. 13).

fundamental; *(ii)* como a promoção de um ambiente deliberativo potencialmente ativo e informado, que torne a condução da coisa pública expressão real da vontade do povo.[14]

A análise da jurisprudência do Supremo Tribunal Federal confirma o que se expôs. Dela se colhem decisões pautadas no referido sistema da liberdade da expressão, que ressaltam a dimensão dúplice conferida pelo constituinte a tal sistema de direitos, sublinhando seus aspectos substantivos, como também o seu papel crucial para a democracia brasileira.

No que se refere à proteção da liberdade de expressão como direito individual, relacionado à sua autonomia privada e à livre manifestação do pensamento (dimensão libertária ou substantiva), é ilustrativo o acórdão proferido no *Habeas Corpus* nº 83.996. Em tal *decisum*, o Tribunal, diante de ato supostamente obsceno cometido por famoso diretor teatral, descaracterizou a ocorrência de crime contra os costumes, entendendo tratar-se de manifestação protegida pela liberdade de expressão. Confira-se:

> EMENTA: Habeas corpus. Ato obsceno (art. 233 do Código Penal). 2. Simulação de masturbação e exibição das nádegas, após o término de peça teatral, em reação a vaias do público. 3. *Discussão sobre a caracterização da ofensa ao pudor público.* Não se pode olvidar o contexto em se verificou o ato incriminado. *O exame objetivo do caso concreto demonstra que a discussão está integralmente inserida no contexto da liberdade de expressão, ainda que inadequada e deseducada.* 4. A sociedade moderna dispõe de mecanismos próprios e adequados, como a própria crítica, para esse tipo de situação, dispensando-se o enquadramento penal. 5. Empate na decisão. Deferimento da ordem para trancar a ação penal. Ressalva dos votos dos Ministros Carlos Velloso e Ellen Gracie, que defendiam que a questão não pode ser resolvida na via estreita do habeas corpus (grifamos). (STF, HC 83996, Rel. Min. Carlos Velloso, Rel. p/ Acórdão: Min. Gilmar Mendes, Segunda Turma, julgado em 17/08/2004, DJ 26-08-2005 PP-00065).[15]

Em outra oportunidade, a Corte asseverou que a liberdade de expressão deve ser tutelada na medida em que constitui uma importante ferramenta de realização da democracia. Assim, acentuando a dimensão instrumental da liberdade de expressão, sem, contudo, descuidar da dimensão substantiva, o Supremo Tribunal Federal afirmou, expressamente, que o direito à informação e à livre manifestação do pensamento, garantidos pela liberdade de imprensa, constitui instrumento para a efetivação do

---

[14] Para Ronald Dworkin, uma democracia co-participativa se caracteriza por três fundamentos: *(i)* soberania popular: só há democracia se o povo governa a si próprio; *(ii)* igualdade de cidadania: apesar de coletivamente soberanos, os cidadãos, individualmente, participam das disputas que são julgadas coletivamente. Por isso, precisam ser iguais; e *(iii)* discurso democrático: a ação coletiva exige interação entre os cidadãos. Nas palavras do autor, "se o povo pretende governar coletivamente, de maneira que torne cada cidadão um parceiro da empreitada política, deve deliberar, como indivíduos, antes de agir coletivamente, e a deliberação deve concentrar-se nos motivos a favor e contra essa ação". Cf. DWORKIN, Ronald. *A virtude soberana*: a teoria e a prática da igualdade. São Paulo: Martins Fontes, 2005, p. 512.

[15] Na mesma linha, v. Pet nº 3.486, Rel. Min. Celso de Mello, julgado em 22.08.2005, publicado em *DJ* 29.08.2005: "Essa garantia básica da liberdade de expressão do pensamento, como precedentemente assinalado, representa, em seu próprio e essencial significado, um dos fundamentos em que repousa a ordem democrática. Nenhuma autoridade pode prescrever o que será ortodoxo em política, ou em outras questões que envolvam temas de natureza filosófica, ideológica ou confessional, nem estabelecer padrões de conduta cuja observância implique restrição aos meios de divulgação do pensamento. Isso, porque "o direito de pensar, falar e escrever livremente, sem censura, sem restrições ou sem interferência governamental" representa, conforme adverte HUGO LAFAYETTE BLACK, que integrou a Suprema Corte dos Estados Unidos da América, "o mais precioso privilégio dos cidadãos..." ("Crença na Constituição", p. 63, 1970, Forense).'' (grifou-se). V. ainda, HC nº 83.125, Rel. Min. Marco Aurélio, Primeira Turma, julgado em 16.09.2003, *DJ* 07.11.2003.

pluralismo político e, por conseguinte, do próprio Estado Democrático de Direito. É o que se extrai do acórdão proferido no julgamento da ADPF nº 130, em que reconhecida a não recepção da Lei de Imprensa (Lei nº 5.250/67):

> (...) 6. RELAÇÃO DE MÚTUA CAUSALIDADE ENTRE LIBERDADE DE IMPRENSA E DEMOCRACIA. *A plena liberdade de imprensa é um patrimônio imaterial que corresponde ao mais eloquente atestado de evolução político-cultural de todo um povo. Pelo seu reconhecido condão de vitalizar por muitos modos a Constituição, tirando-a mais vezes do papel, a Imprensa passa a manter com a democracia a mais entranhada relação de mútua dependência ou retroalimentação. Assim visualizada como verdadeira irmã siamesa da democracia, a imprensa passa a desfrutar de uma liberdade de atuação ainda maior que a liberdade de pensamento, de informação e de expressão dos indivíduos em si mesmos considerados.* O §5º do art. 220 apresenta-se como norma constitucional de concretização de um *pluralismo* finalmente compreendido como fundamento das sociedades autenticamente democráticas; isto é, o *pluralismo como a virtude democrática da respeitosa convivência dos contrários*. A imprensa livre é, ela mesma, plural, devido a que são constitucionalmente proibidas a oligopolização e a monopolização do setor (§5º do art. 220 da CF). A proibição do monopólio e do oligopólio como novo e autônomo fator de contenção de abusos do chamado 'poder social da imprensa'. (...). (STF, ADPF nº 130, Rel. Min. Carlos Britto, Tribunal Pleno, julgado em 30/04/2009, grifou-se).[16]

Tem-se, portanto, que a liberdade de expressão e os direitos e a ela associados, em qualquer de suas dimensões, são essenciais para o Estado democrático brasileiro, conforme desenhado na Constituição de 1988. Aliás, tamanha é a importância da liberdade de expressão na Constituição, que se sustenta tratar-se de um direito que ocupa *posição preferencial*.

Segundo a doutrina da posição preferencial (inicialmente desenvolvida nos EUA,[17] mas atualmente aceita e aplicada por diversos tribunais de nações democráticas pelo

---

[16] Confiram-se, ainda, os seguintes trechos extraídos dos votos proferidos durante o julgamento. Trecho do voto do Ministro Gilmar Mendes: "O livre tráfego de idéias e a diversidade de opiniões são elementos essenciais para o bom funcionamento de um sistema democrático e para existência de uma sociedade aberta." Trecho do voto do Min. Carlos Ayres Britto: "(...) nada se compara à imprensa como cristalina fonte de informações multitudinárias que mais habilitam os seres humanos a fazer avaliações e escolhas no seu concreto dia-a-dia. Juízos de valor que sobremodo passam por avaliações e escolhas em período de eleições gerais, sabido que é pela via do voto popular que o eleitor mais exercita a sua soberania para a produção legítima dos quadros de representantes do povo no Poder Legislativo e nas chefias do Poder Executivo." Noutro trecho, salientou ainda o Ministro Carlos Britto que: "Daqui já se vai desprendendo a intelecção do quanto a imprensa livre contribui para a concretização dos mais excelsos princípios constitucionais. A começar pelos mencionados princípios da "soberania" (inciso I do art. 1º) e da "cidadania" (inciso II do mesmo art. 1º), entendida a soberania como exclusiva qualidade do eleitor-soberano, e a cidadania como apanágio do cidadão, claro, mas do cidadão no velho e sempre atual sentido grego: aquele habitante da cidade que se interessa por tudo que é de todos; isto é, cidadania como direito de conhecer e acompanhar de perto as coisas do Poder, aos assuntos da polis. Organicamente. Militantemente. Saltando aos olhos que tais direitos serão melhor exercidos quanto mais denso for o acervo de informações que se possa obter por conduto da imprensa (contribuição que a INTERNET em muito robustece, faça-se o registro)".

[17] A doutrina da posição preferencial da liberdade de expressão começou a desenvolver-se a partir da nota de rodapé nº 4, inserida no voto proferido pelo Justice Harlan Stone, no caso *United States v. Carolene Products Co.*, 304 U.S. 144 (1938). O caso, no entanto, não se referia à liberdade de expressão. No entanto, pouco anos depois, em 1943, no julgamento do caso *Murdock v. Commonwealth Of Pennsylvania* (319 U.S. 105 (1943)), a Suprema Corte norte-americana decidiu, textualmente, que *"Freedom of press, freedom of speech, freedom of religion are in a preferred position"*. A doutrina da posição preferencial foi reafirmada novamente em 1945, no julgamento do caso *Thomas v. Collins* (323 U.S. 516 (1945)). Na ocasião, a corte decidiu que "2. The task of drawing the line between the freedom of the individual and the power of the State is more delicate than usual where the presumption supporting legislation is balanced by the preferred position of the freedoms secured by the First Amendment. 3. Restriction of the liberties guaranteed by the First Amendment can be justified only by clear and present danger to the public welfare".

mundo,[18] inclusive no Brasil, embora ainda de forma tímida[19]), a solução das colisões envolvendo liberdade de expressão e outros bens, direitos e valores constitucionais se resolve, em princípio, em favor daquela. Nesse sentido é a lição de Luís Roberto Barroso, segundo o qual

> (...) entende-se que as liberdades de informação e de expressão servem de fundamento para o exercício de outras liberdades, o que justifica uma posição de preferência – *preferred position* – em relação as direitos fundamentais individualmente considerados. (...) *Dela deve resultar a absoluta excepcionalidade da proibição prévia de publicações, reservando-se essa medida aos raros casos em que não seja possível a composição posterior do dano que eventualmente seja causado aos direitos da personalidade. A opção pela composição posterior tem a inegável vantagem de não sacrificar totalmente nenhum dos valores envolvidos, realizando a idéia de ponderação.*[20] (grifamos)

O reconhecimento da posição preferencial decorre da centralidade do sistema de liberdade de expressão, enquanto garantia institucional constitutiva da democracia brasileira. Com efeito, não existe democracia, quer sob um viés estritamente procedimental, quer sob uma perspectiva substantiva, sem um sistema amplo de liberdade de expressão. Isso não significa, contudo, uma hierarquia rígida ou definitiva entre os princípios e valores constitucionais. A liberdade de expressão não é absoluta – como de resto, nenhum direito o é – e poderá ceder lugar a outros princípios e valores. A adoção da teoria amplia, no entanto, o ônus argumentativo do intérprete, que deverá apresentar razões bastante robustas – tanto substantivas, quanto procedimentais – para justificar a restrição às liberdades de expressão e de imprensa, e ao direito à informação.[21]

Em síntese: *(i)* a Constituição da República de 1988 contempla um sistema robusto de proteção à liberdade de expressão, em suas diversas manifestações (livre manifestação do pensamento, liberdades de informação e de imprensa, dentre outras), que evidenciam tanto a dimensão substantiva quanto a dimensão instrumental de tal direito; *(ii)* referido sistema apresenta-se como peça fundamental – é dizer, verdadeiramente *constitutiva* da democracia brasileira; *(iii)* na linha do que verificado em diversos outros ordenamentos democráticos, do modelo acolhido pelo constituinte é possível extrair uma ascendência axiológica da liberdade de expressão (doutrina da *preferred position*).

---

[18] Adotam a teoria da posição preferencial o Tribunal Europeu de Direitos Humanos e os tribunais constitucionais da Alemanha e da Espanha, dentre outros.

[19] No Brasil, o STF já se manifestou no sentido de que "(...) *o direito de crítica em nenhuma circunstância é ilimitável, porém* adquire um caráter preferencial, desde que a crítica veiculada se refira a assunto de interesse geral, ou que tenha relevância pública, e guarde pertinência com o objeto da notícia, pois tais aspectos é que fazem a importância da crítica na formação da opinião pública." (Pet. nº 3.486/DF, Min. Rel. Celso de Mello. 22.08.2005; grifou-se).

[20] BARROSO, Luís Roberto Liberdade de expressão e limitação a direitos fundamentais. Ilegitimidade de restrições à publicidade de refrigerantes e sucos. In: *Temas de direito constitucional*. Rio de Janeiro: Renovar, 2005 t. III. p. 105-106.

[21] A referência, aqui, remete à tensão doutrinária, no âmbito do controle de constitucionalidade das leis, entre *procedimentalistas* e *substantivistas*, estes capitaneados, *e.g.*, por Ronald Dworkin (*Uma questão de princípio*, (trad. Luís Carlos Borges), São Paulo: Martins Fontes, 2001, p. 80-100) e aqueles por autores como John Hart Ely (*Democracy and distrust. A theory of judicial review*. Cambridge: Harvard University Press, 1998) e Jürgen Habermas (*Direito e democracia entre facticidade e validade*. Rio de Janeiro: Tempo brasileiro, 2º vol., 1997). Para uma análise comparativa, na doutrina brasileira, ressaltando que, na verdade, procedimentalismo e substancialismo são doutrinas complementares e não antagônicas, v. BINENBOJM. Gustavo. *A nova jurisdição constitucional brasileira*. 3. ed., Rio de Janeiro: Renovar, 2010.

IV Liberdade de expressão e regime jurídico dos serviços de radiodifusão: inexistência de fundamentos para tratamento diferenciado em relação a outros veículos de comunicação

É importante ainda assentar que, embora as empresas de radiodifusão estejam sujeitas à disciplina específica prevista na própria Constituição (disciplina dos serviços públicos), elas gozam das mesmas prerrogativas de liberdade de expressão, imprensa e informação, como os demais veículos de comunicação social. Em outras palavras, o regime jurídico do serviço público não se presta de fundamento a justificar qualquer pretensão de controle estatal sobre o livre fluxo de informações, ideias e opiniões, que constituem um direito difuso de todos os cidadãos. O sentido publicístico do regime das concessionárias de radiodifusão é, ao contrário, o de preservação de sua independência em relação ao governo e às forças de mercado, como garantia da própria sociedade de ser livremente informada.

Os fundamentos constitucionais de tal entendimento são inúmeros. Em primeiro lugar, há que se atentar para o fato de que os diversos dispositivos constitucionais que asseguram a liberdade de expressão – como o art. 5º, IV, V, IX e XIV, e o art. 220 – não fazem qualquer distinção, para tal fim, quanto "à forma, processo ou veículo" de comunicação social. Bem ao contrário, a linguagem do art. 220 é bastante enfática e exaustiva, buscando abarcar, em seu escopo protetivo, todos os possíveis meios em que se projeta a liberdade de expressão. Veja-se:

> Art. 220. A manifestação do pensamento, a criação, a expressão e a informação, sob qualquer forma, processo ou veículo, não sofrerão qualquer restrição, observado o disposto nesta Constituição.
> §1º Nenhuma lei conterá dispositivo que possa constituir embaraço à plena liberdade de informação jornalística em qualquer veículo de comunicação social, observado o disposto no art. 5º, IV, V, X, XIII e XIV.
> §2º É vedada toda e qualquer censura de natureza política, ideológica e artística.

Vale notar, ainda, que as normas em tela aplicam-se indistintamente a todos os veículos de comunicação social, dada a sua amplíssima abrangência semântica e sua inserção no Capítulo V, destinado, de forma genérica, à "Comunicação Social". Ademais, merece relevo a circunstância de que as normas especificamente dirigidas aos veículos impressos (*v.g.*, o art. 220, §6º) ou às emissoras de rádio e televisão (*v.g.*, o art. 221) fazem alusão *expressa* aos seus respectivos destinatários. Assim, onde o legislador constituinte não distinguiu, não caberá ao intérprete pretender fazê-lo.

Por outro lado, o tratamento jurídico de *serviço público* dispensado aos serviços de radiodifusão sonora e de sons e imagens, pelo art. 22, XII, "a", não representa um fator relevante de diferenciação em relação a outros veículos de comunicação social, no que se refere à proteção das liberdades de expressão, imprensa e informação. A escassez das frequências eletromagnéticas justifica a intervenção do Estado na sua alocação, mediante autorizações, permissões ou concessões, diversamente do que ocorre com os veículos impressos, cuja publicação independe de licença de autoridade (art. 220, §6º). Trata-se, a bem dizer, de uma *regulação de entrada*, que visa a garantir um uso otimizado do meio escasso por empresas aptas ao desempenho da atividade de comunicação social.

O art. 221, por seu turno, apresenta um elenco de princípios norteadores da produção e programação das emissoras de rádio e televisão. Em nenhum de seus quatro incisos, todavia, o preceptivo autoriza qualquer forma de censura ou embaraço à plena liberdade das empresas no que se refere à forma e ao conteúdo de suas transmissões. Em outras palavras, dentro da sistemática constitucional, o art. 221 estabelece um conjunto de objetivos a serem perseguidos pelas emissoras de rádio e televisão, consoante a livre criação artística e a livre atuação jornalística de seus profissionais.

Por essas razões, vê-se que as normas constitucionais especificamente dirigidas às emissoras de rádio e televisão, não se prestam de fundamento a justificar qualquer tentativa estatal de controle sobre o livre fluxo de informações, ideias e opiniões veiculadas. Por evidente, a singularidade do regime jurídico dos serviços de radiodifusão *não* está na possibilidade de instituição de mecanismos de controle pelo Estado do que será veiculado pelas emissoras e conhecido pelos cidadãos. Esta seria uma forma oblíqua de restauração da censura, totalmente incompatível com a letra e o espírito da Carta de 1988.

O sentido publicístico de tal regime jurídico consiste na necessidade de manter-se um ambiente aberto e pluralista na mídia radiofônica e televisiva,[22] no qual empresas distintas poderão livremente veicular suas visões e opiniões sobre fatos jornalísticos, assim como suas produções artísticas e culturais, cabendo aos cidadãos, de forma igualmente livre, formular seus juízos e exercer suas escolhas.

V Liberdade de expressão e lisura do processo eleitoral

A despeito de seu papel central, é evidente que a construção da democracia não se resume à salvaguarda das liberdades de expressão e de informação. A tais direitos unem-se, ainda, outros de caráter fundamental, os quais formam um conjunto ao mesmo tempo dinâmico e aberto de elementos constitutivos da moderna noção de democracia.[23] Sua compreensão deve considerar, assim, as demais instituições necessárias para a criação de um *governo do povo*, que não se resolve apenas por meio da deliberação e do livre discurso, mas também – e, sobretudo, – por via de um regime representativo fundado no voto universal.

É verdade que, na Grécia Antiga, cunhou-se, originariamente, o modelo de democracia direta como forma de configurar o governo dos cidadãos. Hoje, contudo, em sociedades de dimensões exorbitantes e complexas, a fórmula original é substituída pela ideia de *democracia representativa*,[24] enquanto meio de viabilização da deliberação na

---

[22] O art. 220, §5º, da Constituição Federal dispõe que "os meios de comunicação social não podem, direta ou indiretamente, ser objeto de monopólio ou oligopólio".

[23] Como salienta Daniel Sarmento: "(...) É difundida a crença de que a democracia pressupõe também a fruição de direitos básicos por todos os cidadãos, de molde a permitir que cada um forme livremente as suas opiniões e participe dos diálogos políticos travados na esfera pública. Nesta lista de direitos a serem assegurados para a viabilização da democracia não devem figurar apenas os direitos individuais clássicos, como liberdade de expressão e direito de associação, mas também direitos às condições materiais básicas de vida, que possibilitem o efetivo exercício da cidadania. A ausência destas condições, bem como a presença de um nível intolerável de desigualdade social, compromete a condição de agentes morais independentes dos cidadãos, e ainda prejudicam a possibilidade de que se vejam como parceiros livres e iguas na empreitada comum de construção da vontade política da sociedade" (SARMENTO, Daniel. A proteção judicial dos direitos sociais: alguns parâmetros ético-jurídicos, in SOUZA NETO, Cláudio Pereira de; SARMENTO, Daniel (Org.). *Direitos sociais:* fundamentos, judicialização e direitos sociais em espécie. Rio de Janeiro: Lumen Juris, 2008, p. 560).

[24] Ressaltando como o processo de representação eleitoral é componente essencial da democracia, v. URBINATI, Nadia. *Representative Democracy:* Principles and Genealogy, Chicago: University of Chicago Press, 2006.

pólis contemporânea, em que se tornou impraticável o processo de tomada de decisão na ágora. O autogoverno não deixa de ser um ideal, mas a representação através de agentes eleitos pelo povo, com seus problemas e virtudes,[25] torna-se inevitável para a manutenção do sistema.

A combinação entre representação democrática e a tutela de um sistema da liberdade de expressão cria questões complexas sobre o desenho das regras do processo político para a escolha, pelo povo, de seus governantes. Tão importante quanto garantir a liberdade de pensamento e expressão, é assegurar um procedimento eleitoral apto a legitimar as escolhas populares, por meio de um conjunto de regras do jogo *justas*.

A deliberação política durante o período de sufrágio deve ser objeto de preocupações, num cenário em que o livre discurso precisa dialogar com o desafio da democracia representativa. O processo político eleitoral é elemento decisivo da construção do sistema representativo brasileiro, sendo, por outro lado, a garantia de um amplificado ambiente deliberativo, a peça-chave desse sistema.

Nesse sentido, podem-se admitir algumas formas de regulação da liberdade de expressão em benefício do aperfeiçoamento do processo público de debate sobre a escolha dos representantes do povo. Todavia – e isso demonstra a complexidade da dinâmica com que se depara – referida regulação deverá integrar-se ao *sistema constitucional da liberdade de expressão*, que pressupõe a preservação, na maior medida possível, das garantias de livre manifestação individual, de livre funcionamento dos veículos de comunicação e o livre fluxo de informações. Em outras palavras, a *condição de validade jurídico-constitucional* da regulação imposta pela legislação eleitoral será o respeito aos limites e possibilidades abertos pela sistemática constitucional brasileira, considerada a posição preferencial que ostenta o sistema constitucional da liberdade de expressão.

Na busca da correta combinação entre esses elementos, os direitos fundamentais constitutivos do sistema constitucional da liberdade de expressão funcionarão como trunfos, ou limites, para o estabelecimento das regras do jogo, numa dialética a ser resolvida por critérios de proporcionalidade e de proibição do excesso. De fato, como qualquer limitação a direitos fundamentais, a solução proposta de regulação do processo eleitoral e do sistema de liberdade de expressão deve ser *justificada* à luz do *princípio da proporcionalidade*.[26]

Em outras palavras, a medida estatal de restrição a direito fundamental apenas será constitucional na medida em que "(a) mostrar-se apta a garantir a sobrevivência

---

[25] V. o clássico PITKIN, Hanna. *The concept of representation*, Berkley: University of California Press, 1972.

[26] A verificação da proporcionalidade dá-se, como bem se sabe, através de três testes ou exames: *(i)* o teste da *adequação* da medida para atingir a finalidade constitucional almejada; *(ii)* da *necessidade* ou exigibilidade da regulação, a qual pressupõe uma análise sobre a verificação do excesso da medida e da eventual existência de restrição menos gravosa igualmente apta a atingir aquela mesma finalidade; e *(iii)* o teste da *proporcionalidade em sentido estrito*, entendido como a verificação sobre os custos e benefícios da medida restritiva imposta. O Ministro Gilmar Mendes explica a proporcionalidade enquanto método de aferição da constitucionalidade da limitação de direitos fundamentais e seus testes nos seguintes termos: "Tal como já sustentei em estudo sobre a proporcionalidade na jurisprudência do Supremo Tribunal Federal (...), há de perquirir-se, na aplicação do princípio da proporcionalidade, *se em face do conflito entre dois bens constitucionais contrapostos, o ato impugnado afigura-se adequado* (isto é, apto para produzir o resultado desejado), *necessário* (isto é, insubstituível por outro meio menos gravoso e igualmente eficaz) e *proporcional em sentido estrito* (ou seja, se estabelece uma relação ponderada entre o grau de restrição de um princípio e o grau de realização do princípio contraposto)". Trecho do voto do Min. Gilmar Mendes, no julgamento da Intervenção Federal nº 2.257-6/SP.

do interesse contraposto, (b) não houver solução menos gravosa, e (c) o benefício logrado com a restrição a um interesse compensar o grau de sacrifício imposto ao interesse antagônico".[27] É o emprego da proporcionalidade que auxilia o intérprete e aplicador do direito a alcançar a justa proporção na ponderação entre os valores constitucionais envolvidos,[28] verificando sua legitimidade em face da Constituição. Assim é que o princípio da proporcionalidade é o instrumento da ponderação entre valores e finalidades à primeira vista antagônicos.[29] A proporcionalidade auxiliará o intérprete no diálogo entre o sistema de liberdades de expressão e o intento de criação de eleições justas, aptas a contribuir para o projeto de autogoverno pela via da representação política.

É justamente nesse contexto de confluência dos elementos da democracia brasileira que se insere a discussão objeto desta representação. Não há dúvidas quanto à relevância da Lei Eleitoral (Lei nº 9.504/97) para o desenvolvimento democrático do País. Contudo, nos incisos II e III do art. 45 da referida lei, o legislador ordinário foi além do que lhe era permitido, agindo excessiva e desproporcionalmente, na medida em que, para garantir a justiça das "regras do jogo", sacrificou de maneira intolerável a liberdade de expressão, quer sob a ótica substantiva, quer sob a ótica instrumental.

Feitas essas considerações teóricas, passa-se à demonstração da incompatibilidade dos referidos incisos com as liberdades de expressão, imprensa e informação previstas na Constituição.

VI A inconstitucionalidade do art. 45, II, da Lei nº 9.504/1997

O inciso II do art. 45 da Lei nº 9.504/1997 veda o uso de "trucagem, montagem ou outro recurso de áudio ou vídeo que, de qualquer forma, degradem ou ridicularizem candidato, partido ou coligação", proibindo, ainda, a produção ou veiculação de programa com esse efeito. A leitura desse inciso deve ser combinada com a dos §§4º e 5º do art. 45, inseridos pela Lei nº 12.034/2009, que definiram trucagem e montagem.

---

[27] Daniel Sarmento, *A ponderação de interesses na Constituição Federal*. Rio de Janeiro: Lumen Juris, 2003, p. 96.

[28] Nas palavras do Ministro Gilmar Mendes, em elucidativa lição extraída da jurisprudência do Supremo Tribunal Federal: "O princípio da proporcionalidade, também denominado princípio do devido processo legal em sentido substantivo, ou ainda, princípio da proibição do excesso, constitui uma exigência positiva e material relacionada ao conteúdo de atos restritivos de direitos fundamentais, de modo a estabelecer um 'limite do limite' ou a 'proibição de excesso' na restrição de tais direitos. A máxima da proporcionalidade, na expressão de Alexy, coincide igualmente com o chamado núcleo essencial dos direitos fundamentais concebido de modo relativo – tal como o defende o próprio Alexy. Nesse sentido, o princípio ou máxima da proporcionalidade determina o limite último da possibilidade de restrição legítima de determinado direito fundamental" (voto do Min. Gilmar Mendes, aqui transcrito em parte, que guiou o Plenário da Corte Suprema no julgamento da Intervenção Federal nº 2.257-6/São Paulo).

[29] Mais uma vez, nas palavras do Ministro Gilmar Mendes: "a aplicação do princípio da proporcionalidade se dá quando verificada restrição a determinado direito fundamental ou um conflito entre distintos princípios constitucionais de modo a exigir que se estabeleça o peso relativo de cada um dos direitos por meio da aplicação das máximas que integram o mencionado princípio da proporcionalidade. São três as máximas parciais do princípio da proporcionalidade: a adequação, a necessidade e a proporcionalidade em sentido estrito. Tal como já sustentei em estudo sobre a proporcionalidade na jurisprudência do Supremo Tribunal Federal (...), há de perquirir-se, na aplicação do princípio da proporcionalidade, se em face do conflito entre dois bens constitucionais contrapostos, o ato impugnado afigura-se adequado (isto é, apto para produzir o resultado desejado), necessário (isto é, insubstituível por outro meio menos gravoso e igualmente eficaz) e proporcional em sentido estrito (ou seja, se estabelece uma relação ponderada entre o grau de restrição de um princípio e o grau de realização do princípio contraposto)" (voto do Min. Gilmar Mendes, aqui transcrito em parte, que guiou o Plenário da Corte Suprema no julgamento da Intervenção Federal nº 2.257-6/São Paulo).

Trucagem, segundo a dicção do §4º, é "qualquer efeito realizado em áudio ou vídeo que degradar ou ridicularizar candidato, partido político ou coligação, ou que desvirtuar a realidade e beneficiar ou prejudicar qualquer candidato, partido político ou coligação". Já montagem é conceituada pelo §5º como "qualquer junção de registros de áudio ou vídeo que degradar ou ridicularizar candidato, partido político ou coligação, ou que desvirtuar a realidade e beneficiar ou prejudicar qualquer candidato, partido político ou coligação".[30]

A partir da leitura do inciso II e dos §§4º e 5º do art. 45, é possível inferir que a intenção do legislador parece ter sido a de evitar que os meios de comunicação social viessem a *deformar* o processo de formação da vontade do eleitorado. Nada obstante, o que se percebe é que, além de não ser apto a atingir seu *telos*, o dispositivo foi longe demais, sacrificando excessiva e ilegitimamente as liberdades de expressão artística, a liberdade de imprensa e o direito à informação. Explica-se.

A leitura do inciso II conduz à conclusão de que os meios de comunicação estão impedidos, por exemplo, de produzir ou veicular *charges*, *sátiras* e programas humorísticos que envolvam candidatos, partidos ou coligações. Trata-se, como soa evidente, de medida absolutamente incompatível com a Constituição e o sistema constitucional da liberdade de expressão, porque manifestamente desproporcional e excessiva.

Com efeito, a medida é *inadequada*, porquanto a construção de ambiente justo de debate não tem qualquer relação com a simples proibição *tout court* de manifestações satíricas. A sátira é inerente à expressão artística e contém componente humorístico que deixa claro ao receptor da mensagem o seu teor fantasioso, com o que inexiste distorção da realidade. Isto é: todo aquele que, por exemplo, vê uma charge no jornal, ainda que sobre candidatos, ou questões de cunho eleitoral, sabe do que se trata, e não poderia se dizer enganado. Em outras palavras, a sátira, enquanto manifestação artística, não distorce o ambiente de deliberação e escolha.

A restrição é igualmente *desnecessária*, na medida em que há meios menos gravosos a atingir a finalidade pretendida. O direito de resposta é, por exemplo, forma de garantir a manifestação artística, sem esvaziar a criação de ambiente deliberativo, mas, ao contrário, amplificando-o. A proibição pura e simples revela-se verdadeiramente ilegítima devendo ser afastada por força da vedação do excesso, ou do princípio da "menor ingerência possível".[31] Para usar a expressão de Humberto Ávila,[32] a medida deve ser afastada pela busca do "meio mais suave" na conformação do direito fundamental, o qual certamente não é a proibição.

A *desproporcionalidade em sentido estrito* da medida é igualmente manifesta, eis que seus supostos benefícios (na verdade inexistentes) são suplantados pelos seus custos, os quais implicam o cerceamento absoluto da manifestação satírica, enquanto meio artístico de crítica política.

A criação e a manifestação humorística possui grande valor instrumental, pois incentiva a participação e fomenta a discussão sobre questões de interesse público, em

---

[30] Antes mesmo do advento da Lei nº 12.034/2009, o TSE já havia definido os conceitos de trucagem e montagem, em termos bastante semelhantes àqueles que vieram a ser consagrado pelo legislador ordinário recentemente. Veja-se, nesse sentido, a Resolução TSE nº 22.718.
[31] BARROSO, Luís Roberto. *Interpretação e aplicação da constituição*. 5. ed. São Paulo: Saraiva, p. 228.
[32] ÁVILA, Humberto. *Teoria dos princípios*. São Paulo: Malheiros, 2004, p. 123.

incremento da deliberação e da democracia, sobretudo diante do cenário brasileiro de desinteresse da população por questões políticas. Nesse caso, os programas humorísticos são, antes de tudo, um meio de promoção do debate e não de seu desvirtuamento. Eles atraem o público para a atuação dos candidatos, tornando a campanha eleitoral mais palatável para grande parte da população.

Trata-se, igualmente, de meio de crítica social importantíssimo para a coletividade, que deve olhar para os próprios problemas e lidar com as críticas e opiniões que deles podem advir. Ao realizar sátiras com os acontecimentos políticos do país, os programas humorísticos não desvirtuam a realidade, mas chamam atenção para ela. Indubitavelmente, contribuem para o debate social a respeito das questões que interferem no curso do processo eleitoral.

Todavia, a redação do inciso II do art. 45 da Lei nº 9.504/1997, ao proibir a veiculação de cenas que "degradem" ou "ridicularizem" os candidatos, estabelece uma restrição desproporcional a este tipo de manifestação artística, interferindo tanto na dimensão *substantiva* quanto na dimensão *instrumental* da liberdade de expressão. Nesse cenário, as restrições impostas pelo dispositivo representam grave interferência no direito à crítica social, restando evidente a inconstitucionalidade do inciso II do art. 45 da Lei nº 9.504/1997.

Vale lembrar, em acréscimo ao que já dito, que a norma legal impugnada configura um cerceamento *a priori* das liberdades de expressão, imprensa e informação, caracterizando uma forma de *censura legislativa prévia*. Como é evidente, as manifestações artísticas, como charges, sátiras e programas humorísticos, não estão imunes ao controle judicial *a posteriori*, no campo da responsabilização civil e penal. Mas o que o inciso II do art. 45 da Lei nº 9.504/1997 institui é um controle *prévio e apriorístico* sobre as liberdades de manifestação do pensamento, da atividade intelectual, artística, científica e de comunicação, em franca contradição com a Carta Magna.

Cumpre trazer à baila o entendimento desse Egrégio STF no célebre julgamento da ADPF nº 130 (rel. Min. Ayres Britto), no qual ficou assentado que as formas de controle judicial sucessivo, tanto no campo civil como na esfera penal, são os mecanismos constitucionais, por excelência, de calibragem entre as liberdades de expressão e informação e os demais direitos da personalidade. Confira-se a seguir significativo trecho da ementa daquele histórico aresto:

> 4. MECANISMO CONSTITUCIONAL DE CALIBRAÇÃO DE PRINCÍPIOS. O art. 220 é de instantânea observância quanto ao desfrute das liberdades de pensamento, criação, expressão e informação que, de alguma forma, se veiculem pelos órgãos de comunicação social. Isto sem prejuízo da aplicabilidade dos seguintes incisos do art. 5º da mesma Constituição Federal: vedação do anonimato (parte final do inciso IV); do direito de resposta (inciso V); direito a indenização por dano material ou moral à intimidade, à vida privada, à honra e à imagem das pessoas (inciso X); livre exercício de qualquer trabalho, ofício ou profissão, atendidas as qualificações profissionais que a lei estabelecer (inciso XIII); direito ao resguardo do sigilo da fonte de informação, quando necessário ao exercício profissional (inciso XIV). Lógica diretamente constitucional de calibração temporal ou cronológica na empírica incidência desses dois blocos de dispositivos constitucionais (o art. 220 e os mencionados incisos do art. 5º). *Noutros termos, primeiramente, assegura-se o gozo dos sobredireitos de personalidade em que se traduz a "livre" e "plena" manifestação do pensamento, da criação e da informação. Somente depois é que se passa a cobrar do titular de tais situações jurídicas ativas um eventual desrespeito a direitos constitucionais alheios, ainda que também densificadores da personalidade humana. Determinação constitucional de momentânea paralisia à inviolabilidade de*

certas categorias de direitos subjetivos fundamentais, porquanto a cabeça do art. 220 da Constituição veda qualquer cerceio ou restrição à concreta manifestação do pensamento (vedado o anonimato), bem assim todo cerceio ou restrição que tenha por objeto a criação, a expressão e a informação, seja qual for a forma, o processo, ou o veículo de comunicação social. Com o que a Lei Fundamental do Brasil veicula o mais democrático e civilizado regime da livre e plena circulação das idéias e opiniões, assim como das notícias e informações, mas sem deixar de prescrever o direito de resposta e todo um regime de responsabilidades civis, penais e administrativas. Direito de resposta e responsabilidades que, mesmo atuando *a posteriori*, infletem sobre as causas para inibir abusos no desfrute da plenitude de liberdade de imprensa.

Assim sendo, por excluir *prévia e aprioristicamente* determinadas formas de manifestação do pensamento e da criação artística e intelectual dos meios de comunicação social por radiodifusão (emissoras de rádio e televisão), o inciso II do art. 45 da Lei nº 9.504/1997 incorre em grave afronta à Constituição Federal.

VII Inconstitucionalidade do art. 45, III (em parte), da Lei nº 9.504/1997

O art. 45, III, da Lei Eleitoral veda às emissoras de rádio e televisão, a partir de 1º de julho do ano da eleição, em sua programação normal e noticiário, a veiculação de propaganda política ou a difusão de opinião favorável ou contrária a candidato, partido, coligação, a seus órgãos ou representantes. A proibição de "veiculação de propaganda política", constante da primeira parte do dispositivo, não constituiu objeto da ação direta de inconstitucionalidade nº 4451.

A *ratio* do dispositivo parece ter sido a de impor um *dever de imparcialidade* às emissoras de rádio e televisão, impedindo a divulgação de opiniões favoráveis ou contrárias a candidato, partido ou coligação, como forma de evitar que o eleitor seja por elas *influenciado*. Ou seja, pretendeu-se impedir que os veículos de radiodifusão se valham de sua audiência para influenciar, de forma ilegítima, a população durante o processo eleitoral.

A despeito de possíveis bem alegadas intenções, o dispositivo legal em questão revela uma tradição oficialista que ainda insiste em confiar mais no Estado do que nas pessoas, quanto ao julgamento de fatos, ideias e opiniões. Seu efeito prático, contudo, é perverso: controlar o que os cidadãos devem saber, como forma de protegê-los de si mesmos.

A rigor, a veiculação de qualquer notícia que envolva tema político ou fato do dia a dia da população pode ser vista como difusão de opinião contrária ou favorável a candidato, partido, coligação, seus órgãos ou representantes. Veja-se, nesse sentido, que, como a norma proíbe, de forma genérica, a divulgação de opiniões, a jurisprudência eleitoral vem interpretando a proibição de modo abrangente, de forma a atingir não só a difusão da opinião dos veículos de comunicação (*v.g.*, por meio de editoriais), como também a manifestação de jornalistas e terceiros em geral. Confira-se:

> Nos termos do art. 45, III e §2º, da Lei nº 9.504/97, a difusão de opinião favorável ou contrária a candidato, partido ou coligação, a seus órgãos ou representantes, sujeita a emissora ao pagamento de multa, *sendo irrelevante se foi realizada pelo entrevistado, pela emissora ou por agente dela.*[33]

---

[33] TSE, Acórdão nº 21.369, Rel. Min. Fernando Neves da Silva, 19.02.2004; grifou-se.

O art. 45 da Lei no 9.504/97 estabelece vedações às emissoras de rádio e televisão quanto à veiculação, em sua programação normal e de noticiário, de propaganda política ou difusão de opinião favorável ou contrária a candidato, partido político ou coligação e a seus órgãos ou representantes, impondo àquelas que o infringirem multa pecuniária.[34]

A liberdade de imprensa é essencial ao estado democrático, mas a lei eleitoral veda às emissoras de rádio e televisão a veiculação de 'propaganda política ou a difusão de opinião favorável ou contrária a candidato, partido, coligação, a seus órgãos ou representantes'. Se o programa jornalístico ultrapassar esse limite difundindo opinião favorável a um candidato, fora do padrão do comentário político ou de notícia, fica alcançado pela vedação.[35]

ELEIÇÕES 2008. Recurso especial. Representação. *Comprovada a veiculação de opinião contrária a candidato e de cunho eleitoral por emissora de rádio em data posterior a 1º de julho do ano da eleição. Irrelevante o fato de as opiniões terem sido realizadas por entrevistado.* Incidência do inc. III do art. 45 da Lei no 9.504/1997. Decisão do Tribunal Regional Eleitoral contrária a esse entendimento. Precedentes. Recurso especial ao qual se dá provimento. Determinação de retorno dos autos ao Tribunal Regional Eleitoral para novo julgamento.[36]

O que não se tem levado em conta é que as emissoras de rádio e televisão, na qualidade de concessionárias de um serviço público essencial para a sociedade, têm o dever constitucional e ético[37] de fornecer toda sorte de notícias e informações à população sobre a disputa política, relatando tudo quanto possa interessar à sociedade e à decisão dos cidadãos. E isso inclui, obviamente, a veiculação de críticas formuladas por comentaristas políticos, econômicos e de outras áreas de especialização. Do contrário, as emissoras estariam violando, elas próprias, o seu dever de informar.

A imposição de um *dever de imparcialidade* às emissoras de rádio e televisão (que as obrigue, *v.g.*, a dispensar tratamento isonômico aos candidatos ao sufrágio), não autoriza que elas sejam *silenciadas* durante a disputa eleitoral ou que sejam obrigadas a adotar uma *postura acrítica em relação* à *política*. Em outras palavras, o *direito de crítica política é elemento integrante e essencial da liberdade de informação jornalística*, assegurada no art. 220, *caput* e §1º, da Constituição da República.

Cumpre acrescentar, ademais, que tal dever de imparcialidade também não justifica que se proíba as emissoras de radiodifusão de emitirem opiniões favoráveis ou contrárias a candidatos. Para assegurar tal imparcialidade, basta que as emissoras deixem claro ao público tratar-se de um *espaço editorial*, e não da divulgação de fatos jornalísticos. Em suma, a *imparcialidade* deve ser compreendida como um dever de lhaneza, lealdade e boa-fé no relacionamento com o público, e não como uma pretensão de *neutralidade*, de resto insuscetível de ser alcançada em qualquer atividade de comunicação.

Seja como for, o fato é que o inciso em exame, longe de atingir as finalidades que se propõem, mostra-se desproporcional e excessivo, violando assim as liberdades de

---

[34] TSE, Acórdão nº 27.814, Rel. Min. Fernando Gonçalves, 23.04.2009.
[35] TSE, Acórdão nº 1.169, Rel. Min. Carlos Alberto Menezes Direito, 26.9.2006.
[36] TSE, REsp Eleitoral nº 34883, Rel. Min. Cármen Lúcia Antunes Rocha, Decisão Monocrática, *DJE* de 29.03.2010, p. 28/30; grifou-se.
[37] Eugênio Bucci, ao tratar do dever ético de informar, assevera que "[p]ara o jornalista, exercer a liberdade é um dever porque, para o cidadão, ela é um direito. Para que este possa contar com o respeito cotidiano ao seu direito à informação, o jornalista não pode abrir mão do dever da liberdade". (BUCCI, Eugênio. *A imprensa e o dever da liberdade*. São Paulo: Contexto, 2009, p. 124.

expressão e informação. De fato, na tentativa açodada de garantir um procedimento eleitoral justo e imparcial, o legislador atingiu em cheio o núcleo essencial da liberdade de expressão em sentido amplo – tanto em sua dimensão substantiva, quanto instrumental. Ignorando a Constituição, estabeleceu-se censura de natureza política e ideológica e embaraços claros "à plena liberdade de informação jornalística em qualquer veículo de comunicação social", em violação frontal ao que dispõe o art. 220, §§1º e 2º, CF.

Com efeito, a proibição contravém a *perspectiva substantiva* das liberdades de expressão, de imprensa e de informação, na medida em que: *(i)* impede que os indivíduos se informem livremente, decidindo previamente sobre o que as pessoas devem ou não considerar para formar suas convicções políticas; e *(ii)* proscreve a exposição, por qualquer pessoa, de suas preferências políticas através de emissoras de rádio e televisão.[38] *Da perspectiva dos cidadãos*, o efeito da norma é nitidamente paternalista, porquanto parte da premissa de que os brasileiros não têm capacidade para ouvir as diversas opiniões existentes no debate público, participar do discurso, se assim desejarem, e tirar suas próprias conclusões. Já *da perspectiva dos meios de comunicação*, a medida tem tormentoso efeito silenciador, porquanto veda, *a priori*, a manifestação de opiniões, como se o ato de pensar e transmitir ideias não fosse permitido. Trata-se, assim, de inequívoca censura de natureza política e ideológica, que constitui grave embaraço à difusão do pensamento através de um veículo de comunicação, em grave afronta ao art. 220, *caput*, e §1º e 2º, CF.

Por outro lado, o inciso compromete a *dimensão instrumental* das liberdades de expressão, de imprensa e de informação: *(i)* porque impede que a população tome conhecimento das posições políticas de seus concidadãos e de pessoas respeitadas e admiradas na comunidade, por mérito próprio, o que poderia ser relevante para a decisão política individual de cada sujeito; e *(ii)* porque deforma artificialmente o mercado de ideias, ao proibir que as empresas delegatárias do serviço de radiodifusão divulguem informações e opiniões sobre as eleições e candidatos, prejudicando a deliberação e, por conseguinte, o próprio exercício do autogoverno pelos cidadãos. O mero risco de comprometimento ou de redução do espaço destinado ao debate público (risco de dano potencial), no caso, torna inconstitucional a restrição estabelecida em lei.[39] Afinal, em um ambiente verdadeiramente democrático, os eleitores e atores envolvidos devem ter a oportunidade de manifestar livremente suas posições políticas, por qualquer veículo de comunicação social, criando-se rico ambiente fértil para a deliberação, amadurecimento da cidadania e tomada das melhores decisões.

Assim, ainda que a difusão de opinião favorável ou contrária a candidato, partido, coligação, a seus órgãos ou representantes pudesse interferir na tomada de decisões por parte do eleitor – impacto esse que, se existente, é limitado, porque as pessoas têm

---

[38] O fato de outros veículos de comunicação (*v.g.* jornais e internet) poderem divulgar essas manifestações não reduz a gravidade da restrição; ao contrário, a agrava. De um lado, evidencia uma violação ao princípio isonômico (CRFB, art. 5º, *caput*). Por outro, demonstra a ineficácia prática da proibição imposta às emissoras de rádio e televisão.

[39] Já em 1859 John Stuart Mill enfatizava, no conhecido ensaio sobre *A Liberdade*, um dos marcos teóricos mais importantes de justificação da liberdade de expressão, que não há nada mais prejudicial para a coletividade do que a proibição de uma opinião. Segundo o autor inglês, "o que há de particularmente mau em silenciar a expressão de uma opinião é o roubo à raça humana – à posteridade, bem como à geração existente, mais aos que discordam de tal opinião do que aos que a mantêm. Se a opinião é correta, privam-nos da oportunidade de trocar o erro pela verdade; se errada, perdem, o que importa em benefício tão grande, a percepção mais clara da verdade, produzida por sua colisão com o erro". Cf. MILL, John Stuart. *A liberdade; utilitarismo*. São Paulo: Martins Fontes, 2000, p. 29.

capacidade de pensar e refletir sobre a realidade – mesmo nesse caso, a restrição deve ser considerada ilegítima. Isso porque, como se disse, a norma impede que cada cidadão, titular do direito à informação, tenha acesso a importantes veículos de comunicação para manifestar suas posições e conhecer o posicionamento de terceiros, inviabilizando uma das funções primordiais dos veículos de comunicação, que é atuar como porta-voz da sociedade. Não há como impedir que o eleitor seja influenciado pela realidade que o cerca. Na verdade, se influência houver, ela deve ser considerada benéfica, pois isso significa que o eleitor passou a levar em conta determinados fatos reais que desconhecia, alcançando uma decisão mais informada.

Nessa linha de raciocínio, é oportuno destacar que o Supremo Tribunal Federal já reconheceu expressamente a inconstitucionalidade da vedação à divulgação de pesquisas eleitorais às vésperas do pleito.[40] De acordo com a Suprema Corte, o risco de que esse tipo de consulta influa na decisão do eleitorado não justificava a restrição de informação de interesse dos cidadãos. Mais uma vez, ressaltou-se a ideia de que a liberdade de informação é corolário da democracia, e por isso deve ser preservada. Confira-se, neste sentido, trecho do voto do Ministro Ricardo Lewandowski:

> Cumpre notar que *as restrições admissíveis ao direito à informação são estabelecidas na própria Carta Magna*, e dizem respeito à proibição do anonimato, ao direito de resposta e à indenização por dano moral ou material, à proteção à intimidade, honra e imagem da pessoa, ao livre exercício de qualquer trabalho, ofício ou profissão e, finalmente, ao resguardo do sigilo da fonte, quando necessário. O que a Constituição protege, nesse aspecto, é exatamente, na precisa lição de José Afonso da Silva, '*a procura, o acesso, o recebimento e a difusão de informações ou idéias por qualquer meio e sem dependência de censura, respondendo cada qual pelos abusos de poder que cometer*'. A liberdade de expressão do pensamento, portanto, completa-se no direito à informação, livre e plural, que constitui um valor indissociável da idéia de democracia no mundo contemporâneo. (...) Ademais, analisando-se a questão sob uma ótica pragmática, forçoso é concluir que a proibição da divulgação de pesquisas eleitorais, em nossa realidade, apenas contribuiria para ensejar a circulação de boatos e dados apócrifos, dando azo a toda sorte de manipulações indevidas, que acabariam por solapar a confiança do povo no processo eleitoral, atingindo-o no que ele tem de fundamental, que é exatamente a circulação de informações. De resto, *vedar-se a divulgação de pesquisas a pretexto de que estas poderiam influir, de um modo ou de outro, na disposição dos eleitores, afigura-se tão impróprio como proibir-se a divulgação de previsões meteorológicas, prognósticos econômicos ou boletins de trânsito antes das eleições, ao argumento de que teriam o condão de alterar o ânimo dos cidadãos e, em conseqüência, o resultado do pleito.* A propósito, vale lembrar a preciosa lição do Ministro

---

[40] Eis a ementa do julgado: "AÇÃO DIRETA DE INCONSTITUCIONALIDADE. LEI 11.300/2006 (MINI-REFORMA ELEITORAL). ALEGADA OFENSA AO PRINCÍPIO DA ANTERIORIDADE DA LEI ELEITORAL (CF, ART. 16). INOCORRÊNCIA. MERO APERFEIÇOAMENTO DOS PROCEDIMENTOS ELEITORAIS. INEXISTÊNCIA DE ALTERAÇÃO DO PROCESSO ELEITORAL. PROIBIÇÃO DE DIVULGAÇÃO DE PESQUISAS ELEITORAIS QUINZE DIAS ANTES DO PLEITO. INCONSTITUCIONALIDADE. GARANTIA DA LIBERDADE DE EXPRESSÃO E DO DIREITO À INFORMAÇÃO LIVRE E PLURAL NO ESTADO DEMOCRÁTICO DE DIREITO. PROCEDÊNCIA PARCIAL DA AÇÃO DIRETA. I – Inocorrência de rompimento da igualdade de participação dos partidos políticos e dos respectivos candidatos no processo eleitoral. II – Legislação que não introduz deformação de modo a afetar a normalidade das eleições. III – Dispositivos que não constituem fator de perturbação do pleito. IV – Inexistência de alteração motivada por propósito casuístico. V – Inaplicabilidade do postulado da anterioridade da lei eleitoral. VI – Direto à informação livre e plural como valor indissociável da idéia de democracia. VII – Ação direta julgada parcialmente procedente para declarar a inconstitucionalidade do art. 35-A da Lei introduzido pela Lei 11.300/2006 na Lei 9.504/1997" (STF, ADI nº 3.741, Rel. Min. Ricardo Lewandowski, Tribunal Pleno, julgado em 06.08.2006; grifou-se).

Gilmar Mendes, relacionada aos princípios da razoabilidade e da proporcionalidade, no sentido de que a legitimidade de eventual medida constritiva *'há de ser aferida no contexto de uma relação meio-fim (Zweck-Mittel Zusammenhang), devendo ser pronunciada a inconstitucionalidade que contenha limitações inadequadas, desnecessárias ou desproporcionais (não-razoáveis)'*. *A restrição ao direito de informação criada pela Lei 11.300 encaixa-se perfeitamente nessa última hipótese, visto que se mostra inadequada, desnecessária e desproporcional quando confrontada com o objetivo colimado pela legislação eleitoral, que é, em última análise, permitir que o cidadão forme a sua convicção de modo mais amplo e livre possível, antes de concretizá-la nas urnas por meio do voto*. Não vejo, portanto, à luz dos princípios da razoabilidade e da proporcionalidade, e em face dos dispositivos da Lei Maior acima citados, como considerar hígida, do ponto de vista constitucional, a proibição de divulgar pesquisas eleitorais a partir do décimo quinto dia anterior até as dezoito horas do dia do pleito.

O mesmo raciocínio é aqui aplicável. Ao reconhecer a inconstitucionalidade no precedente citado, o STF entendeu que o zelo e o esforço de lisura do pleito eleitoral não é um fim que legitime a restrição excessiva à liberdade de imprensa. O desiderato do legislador de tentar assegurar um processo eleitoral absolutamente asséptico e imparcial, proibindo a divulgação de informações, foi considerado inconstitucional pelo STF. Assim, o Tribunal reconheceu a prevalência da liberdade de expressão e de informação, conferindo-lhe posição privilegiada à vista de sua íntima ligação com a democracia – *ratio* que, em tudo e por tudo, se aplica à hipótese em exame.

Como se vê, a proibição da veiculação de opiniões de terceiros, jornalistas ou não, sobre candidatos, partidos ou coligações, não se compadece com a Constituição brasileira, especialmente com o seu sistema de liberdades de expressão, imprensa e informação.

VIII A decisão do Supremo Tribunal Federal: intervenção a favor, e não contra a democracia

Em 02 de setembro de 2010, a poucas semanas das eleições gerais, o Supremo Tribunal Federal referendou decisão do relator da ADIN nº 4451, Ministro Ayres Britto, que concedera a medida cautelar para suspender a eficácia dos dispositivos legais impugnados até julgamento final. Na verdade, em decisão corajosa e exemplar, a Corte foi até além do que decidira o relator monocraticamente, em acórdão assim ementado:

EMENTA: MEDIDA CAUTELAR EM AÇÃO DIRETA DE INCONSTITUCIONALIDADE. INCISOS II E III DO ART. 45 DA LEI 9.504/1997.
1. Situação de extrema urgência, demandante de providência imediata, autoriza a concessão da liminar *"sem a audiência dos órgãos ou das autoridades das quais emanou a lei ou o ato normativo impugnado"* (§3o do art. 10 da Lei 9.868/1999), até mesmo pelo relator, monocraticamente, *ad referendum* do Plenário.
2. Não cabe ao Estado, por qualquer dos seus órgãos, definir previamente o que pode ou o que não pode ser dito por indivíduos e jornalistas. Dever de omissão que inclui a própria atividade legislativa, pois é vedado à lei dispor sobre o núcleo duro das atividades jornalísticas, assim entendidas as coordenadas de tempo e de conteúdo da manifestação do pensamento, da informação e da criação *lato sensu*. Vale dizer: *não há liberdade de imprensa pela metade ou sob as tenazes da censura prévia, pouco importando o Poder estatal de que ela provenha*. Isso porque a liberdade de imprensa não é uma bolha normativa ou uma

fórmula prescritiva oca. Tem conteúdo, e esse conteúdo é formado pelo rol de liberdades que se lê a partir da cabeça do art. 220 da Constituição Federal: liberdade de *"manifestação do pensamento"*, liberdade de *"criação"*, liberdade de *"expressão"*, liberdade de *"informação"*. Liberdades constitutivas de verdadeiros *bens de personalidade*, porquanto correspondentes aos seguintes direitos que o art. 5o da nossa Constituição intitula de *"Fundamentais"*: a) *"livre manifestação do pensamento"* (inciso IV); b) *"livre [...] expressão da atividade intelectual, artística, científica e de comunicação"* (inciso IX); c) *"acesso a informação"* (inciso XIV).

3. Pelo seu reconhecido condão de vitalizar por muitos modos a Constituição, tirando-a mais vezes *do papel*, a imprensa mantém com a democracia a mais entranhada relação de interdependência ou retroalimentação. A presente ordem constitucional brasileira autoriza a formulação do juízo de que o caminho mais curto entre a verdade sobre a conduta dos detentores do Poder e o conhecimento do público em geral é a liberdade de imprensa. A traduzir, então, a ideia-força de que abrir mão da liberdade de imprensa é renunciar ao conhecimento geral das coisas do Poder, seja ele político, econômico, militar ou religioso.

4. A Magna Carta Republicana destinou à imprensa o direito de controlar e revelar as coisas respeitantes à vida do Estado e da própria sociedade. A imprensa como a mais avançada sentinela das liberdades públicas, como alternativa à explicação ou versão estatal de tudo que possa repercutir no seio da sociedade e como garantido espaço de irrupção do pensamento crítico em qualquer situação ou contingência. Os jornalistas, a seu turno, como o mais desanuviado olhar sobre o nosso cotidiano existencial e os recônditos do Poder, enquanto profissionais do comentário crítico. Pensamento crítico que é parte integrante da informação plena e fidedigna. Como é parte do estilo de fazer imprensa que se convencionou chamar de *humorismo* (tema central destes autos). A previsível utilidade social do labor jornalístico a compensar, de muito, eventuais excessos desse ou daquele escrito, dessa ou daquela *charge* ou caricatura, desse ou daquele programa.

5. Programas humorísticos, *charges* e modo caricatural de pôr em circulação ideias, opiniões, frases e quadros espirituosos compõem as atividades de *"imprensa"*, sinônimo perfeito de *"informação jornalística"* (§1o do art. 220). Nessa medida, gozam da plenitude de liberdade que é assegurada pela Constituição à imprensa. Dando-se que *o exercício concreto dessa liberdade em plenitude assegura ao jornalista o direito de expender críticas a qualquer pessoa, ainda que em tom áspero, contundente, sarcástico, irônico ou irreverente, especialmente contra as autoridades e aparelhos de Estado*. Respondendo, penal e civilmente, pelos abusos que cometer, e sujeitando-se ao direito de resposta a que se refere a Constituição em seu art. 5o, inciso V. A crítica jornalística em geral, pela sua relação de inerência com o interesse público, não é aprioristicamente suscetível de censura. Isso porque é da essência das atividades de imprensa operar como formadora de opinião pública, lócus do pensamento crítico e necessário contraponto à versão oficial das coisas, conforme decisão majoritária do Supremo Tribunal Federal na ADPF 130. Decisão a que se pode agregar a ideia de que a locução *"humor jornalístico"* enlaça pensamento crítico, informação e criação artística.

6. A liberdade de imprensa assim abrangentemente livre não é de sofrer constrições em período eleitoral. Ela é plena em todo o tempo, lugar e circunstâncias. Tanto em período não-eleitoral, portanto, quanto em período de eleições gerais. Se podem as emissoras de rádio e televisão, fora do período eleitoral, produzir e veicular *charges*, sátiras e programas humorísticos que envolvam partidos políticos, pré-candidatos e autoridades em geral, também podem fazê-lo no período eleitoral. *Processo eleitoral não é estado de sítio* (art. 139 da CF), única fase ou momento de vida coletiva que, pela sua excepcional gravidade, a Constituição toma como fato gerador de *"restrições à inviolabilidade da correspondência, ao sigilo das comunicações, à prestação de informações e à liberdade de imprensa, radiodifusão e televisão, na forma da lei"* (inciso III do art. 139).

7. O próprio texto constitucional trata de modo diferenciado a mídia escrita e a mídia sonora ou de sons e imagens. *O rádio e a televisão, por constituírem serviços públicos, dependentes de "outorga" do Estado e prestados mediante a utilização de um bem público (espectro*

de radiofrequências), têm um dever que não se estende à mídia escrita: o dever da imparcialidade ou da equidistância perante os candidatos. Imparcialidade, porém, que não significa ausência de opinião ou de crítica jornalística. Equidistância que apenas veda às emissoras de rádio e televisão encamparem, ou então repudiarem, essa ou aquela candidatura a cargo político-eletivo.

8. Suspensão de eficácia do inciso II do art. 45 da Lei 9.504/1997 e, por arrastamento, dos §§4º e 5º do mesmo artigo, incluídos pela Lei 12.034/2009. Os dispositivos legais não se voltam, propriamente, para aquilo que o TSE vê como imperativo de imparcialidade das emissoras de rádio e televisão. Visa a coibir um estilo peculiar de fazer imprensa: aquele que se utiliza da trucagem, da montagem ou de outros recursos de áudio e vídeo como técnicas de expressão da crítica jornalística, em especial os programas humorísticos.

9. Suspensão de eficácia da expressão *"ou difundir opinião favorável ou contrária a candidato, partido, coligação, a seus órgãos ou representantes"*, contida no inciso III do art. 45 da Lei 9.504/1997. *Apenas se estará diante de uma conduta vedada quando a crítica ou matéria jornalísticas venham a descambar para a propaganda política, passando nitidamente a favorecer uma das partes na disputa eleitoral. Hipótese a ser avaliada em cada caso concreto.*

10. Medida cautelar concedida para suspender a eficácia do inciso II e da parte final do inciso III, ambos do art. 45 da Lei 9.504/1997, bem como, por arrastamento, dos §§4º e 5º do mesmo artigo.

Na feliz síntese de Silvia Porto Buarque de Gusmão, o STF adotou as seguintes premissas para alicerçar o seu julgamento da ADIN nº 4.451: 1) a liberdade de expressão é elemento estruturante da democracia, havendo prevalência de suas normas sobre os demais direitos fundamentais; 2) os dispositivos impugnados não apenas restringiam e censuravam a liberdade de imprensa manifestada pelo humor, como expressão de arte e de opinião crítica, mas também atingiam os programas de humor e o humor em qualquer programa; 3) o período eleitoral é o momento em que o cidadão mais precisa de plenitude de informação proporcionada pelos meios de comunicação social por radiodifusão.[41]

Com relação ao aspecto temporal da limitação imposta a partir de 1º de julho do ano das eleições, o Tribunal concluiu que a provável intenção de não interferência na formação da convicção do eleitor não poderia servir de amparo ao cerceamento da liberdade de imprensa, justamente no período em que o acesso à informação sobreleva de importância. Como ressaltou o Ministro Ayres Britto, "seria até paradoxal falar que a liberdade de imprensa mantém uma relação de mútua dependência com a democracia, mas sofre contratura justamente na época em que a democracia mesma atinge seu clímax ou ponto mais luminoso (na democracia representativa, obviamente). Período eleitoral não é estado de sítio".

Entendo que o Supremo Tribunal Federal cumpriu regiamente o seu papel de guardião da democracia e dos direitos fundamentais dos cidadãos estabelecidos na Lei Maior. Com efeito, as normas legais restritivas da liberdade da imprensa no período eleitoral representavam, na prática, uma espécie de imunidade à crítica jornalística criada pelos agentes políticos em seu próprio benefício. Ao criar um *efeito silenciador* sobre jornalistas, comentaristas políticos e humoristas, na *noventena* que antecede aos pleitos eleitorais, os políticos legislaram em causa própria, impedindo o livre fluxo de

---

[41] GUSMÃO, Silvia Porto Buarque de. O humorismo político levado a sério pelo Supremo Tribunal Federal: análise do julgamento da ADI nº 4.451-MC. In: HORBACH, B. B. e FUCK, L. F. (Ed.). *O Supremo por seus assessores*. São Paulo: Almedina, 2014. p. 259-266.

informações, ideias e opiniões. Assim, na qualidade de guardião do regime democrático, cabia ao Tribunal Constitucional glosar a deliberação legislativa, em defesa não apenas da liberdade de expressão dos veículos de comunicação, mas, sobretudo, do direito difuso da sociedade de ser livre e adequadamente informada.

Como se sabe, mais do que meros corretivos liberais do princípio majoritário, os direitos fundamentais se afirmam, hodiernamente, como condições estruturantes da própria democracia. Tal circunstancia é ainda mais evidente no caso dos direitos associados às liberdades de expressão e de informação. O papel das Cortes Constitucionais é, neste sentido, o de protegê-los contra eventuais investidas das maiorias políticas que restrinjam desproporcionalmente o seu exercício e acabem por subverter, por via oblíqua, a própria lógica democrática. Aí, ainda quando anule leis aprovadas pela maioria dos representantes eleitos pelo povo, a intervenção da jurisdição constitucional se dá a favor, e não contra a democracia. Esta a fonte maior de sua legitimidade.

Informação bibliográfica deste texto, conforme a NBR 6023:2002 da Associação Brasileira de Normas Técnicas (ABNT):

BINENBOJM, Gustavo. Humor, Política e Jurisdição Constitucional: o Supremo Tribunal Federal como guardião da democracia: a proteção da liberdade de crítica política em processos eleitorais. In: ARABI, Abhner Youssif Mota; MALUF, Fernando; MACHADO NETO, Marcello Lavenère (Coord.). *Constituição da República 30 anos depois*: uma análise prática da eficiência dos direitos fundamentais. Estudos em homenagem ao Ministro Luiz Fux. Belo Horizonte: Fórum, 2019. p. 317-339. ISBN 978-85-450-0598-8.

NOTAS ACERCA DO CHAMADO "DIREITO AO ESQUECIMENTO" NA JURISPRUDÊNCIA DO SUPERIOR TRIBUNAL DE JUSTIÇA BRASILEIRO[1]

INGO WOLFGANG SARLET

1 Introdução

Muito embora mesmo no Brasil a referência ao chamado "direito ao esquecimento" não seja assim tão recente,[2] fato é que o tema passou a despertar maior atenção nos últimos cinco anos, em especial desde que o Superior Tribunal de Justiça (STJ) reconheceu, pela primeira vez, tal direito como agasalhado pela ordem jurídico-constitucional brasileira, quando do julgamento do caso conhecido como *Chacina da Candelária*, em maio de 2013.[3]

Mas foi o caso *Google vs. Agência Espanhola de Proteção de Dados e Mário Costeja Gonzalez*, julgado pelo Tribunal de Justiça da União europeia (TJUE) em 13 de maio de 2014 (Acórdão da Grande Seção nº C-131/12) que assegurou ampla difusão e mesmo notoriedade ao assim chamado direito ao esquecimento, ainda que no julgado propriamente não se tenha feito menção ao termo.

No que toca à esfera legislativa, da regulamentação normativa de um direito ao esquecimento, o direito ao esquecimento – já referido em documentos anteriores na esfera da União Europeia[4] – acabou sendo previsto expressamente no novo Regulamento

---

[1] Agradeço ao Instituto Max-Planck de Direito Privado Estrangeiro e Internacional de Hamburgo pela possibilidade ímpar de ter podido realizar parte da pesquisa (e redação de parte do texto) que resultou na elaboração do presente artigo, seja no período de janeiro e fevereiro de 2017 (na condição de bolsista do Instituto), seja durante os meses de janeiro e fevereiro de 2018, com auxílio oriundo de projeto de pesquisa e intercâmbio acadêmico no âmbito do Programa PROBRAL (DAAD-CAPES), coordenado por mim e pela Professora Dra. Marion Albers, da Universidade de Hamburgo.

[2] Confira as referências colacionadas por RODRIGUES JUNIOR, Otávio Luiz. Brasil debate o direito ao esquecimento desde 1990. *CONJUR – Consultor Jurídico*, coluna de Direito Comparado publicada em 27.11.2013. Acesso em <https://www.conjur.com.br/2013-nov-27/direito-comparado-brasil-debate-direito-esquecimento-1990>.

[3] Cf. BRASIL. Superior Tribunal de Justiça. Recurso Especial: REsp nº 1334097/RJ, Rel. Ministro Luis Felipe Salomão, Quarta Turma. Julgado em 28.05.2013.

[4] V. em especial, o documento de novembro de 2010 (*A Comprehensive Approach to Data Protection in the European*

Geral de Proteção de Dados da União Europeia, aprovado em março de 2016 (679/2016) e que entrou em vigor em 25.05.18,[5] que, no seu artigo 17, dispõe sobre um direito ao "apagamento" (*right to erasure*) de dados, associado a um direito ao esquecimento (*right to be forgotten*), estabelecendo parâmetros para a sua aplicação.[6]

Por tais razões é que não tardou mais para que o termo direito ao esquecimento (ainda que tecnicamente não o mais adequado[7]) acabasse sendo disseminado e amplamente utilizado, incorporando-se à linguagem corrente, na mídia, na literatura e na jurisprudência em várias línguas. Aliás, é de se registrar que a figura do direito ao esquecimento – e o caso brasileiro revela isso – tem sido mesmo associada a situações que nem sempre guardam direta relação com o seu objeto e onde antes e durante muito tempo sequer se falava em tal direito.

Da mesma forma, quando se verifica – pelo menos no Brasil – que em vários casos concretos levados ao Poder Judiciário a invocação de um direito ao esquecimento não envolve um pedido de proibição de divulgação de determinada informação (ou mesmo de desindexação dos mecanismos de busca da internet) e sim uma reparação de danos imateriais e mesmo materiais, sequer se está a inibir ou impedir o acesso pelo público aos fatos (informações) tidos como prejudiciais.

A despeito (e cientes disso) e tendo em conta a necessidade de um acordo semântico, também aqui se opta pela utilização da expressão direito ao esquecimento.

Outrossim, tal como já anunciado no próprio título, é nosso intento analisar o reconhecimento e aplicação do direito ao esquecimento tendo como foco o assim chamado direito ao esquecimento na ordem jurídico-constitucional brasileira e à luz da jurisprudência dos tribunais superiores, designadamente do STJ.

Antes de avançar, contudo, há que sublinhar que o presente texto se destina a integrar obra coletiva que rende justa e merecida homenagem ao ministro do STF e professor Luiz Fux, cuja trajetória, tanto no exercício do magistério jurídico, quanto como magistrado de carreira, tem sido marcada pela dedicação à causa da proteção e promoção dos direitos e garantias fundamentais e da dignidade da pessoa humana.

2 O direito ao esquecimento na condição de direito fundamental implicitamente positivado

A exemplo do que ocorreu com o reconhecimento de um direito ao esquecimento na União Europeia[8] e em diversos países europeus, como é o caso, entre outros, da

---

Union), que refere a necessidade de assegurar um direito ao esquecimento, sugerindo inclusive uma definição, bem como a menção do direito ao esquecimento no projeto de um novo Regulamento Geral sobre Proteção de Dados na União Europeia de março de 2012.

[5] Ver UNIÃO EUROPEIA. *Parlamento Europeu e Conselho*. Regulamento (UE) 2016/679 do Parlamento Europeu e do Conselho de 27 de abril de 2016 relativo à proteção das pessoas singulares no que diz respeito ao tratamento de dados pessoais e à livre circulação desses dados e que revoga a Diretiva 95/46/CE (Regulamento Geral sobre a Proteção de Dados). Disponível em: <http://eur-lex.europa.eu/eli/reg/2016/679/oj>. Acesso em: 06 fev. 2018.

[6] "Article 17. Right to erasure ('right to be forgotten') 1. The data subject shall have the right to obtain from the controller the erasure of personal data concerning him or her without undue delay and the controller shall have the obligation to erase personal data without undue delay where one of the following grounds applies:"

[7] Note-se que sob o rótulo de um direito ao esquecimento do que se trata – em termos técnicos – é basicamente assegurar aos indivíduos um direito a obter o cancelamento, mas também a não divulgação e/ou dificultação do acesso a determinadas informações (como se verifica nos pedidos de desindexação junto aos provedores de busca/pesquisa da internet).

[8] Aqui reportamo-nos às referências já feitas ao novo Regulamento de Proteção de Dados da União Europeia e ao caso Google vs. Agência Espanhola de Proteção de Dados e Mario Costeja, julgado pelo TJUE.

Alemanha,[9] Espanha,[10] França[11] e Itália,[12] e mesmo em outros continentes, como no caso dos EUA (embora as fortes objeções quanto ao reconhecimento de tal direito)[13] também no Brasil tal conceito legal não se encontra explicitado no texto constitucional.

A despeito disso, a doutrina e a jurisprudência brasileiras têm passado a reconhecer, em especial – e como já adiantado – a partir de 2013, um direito ao esquecimento, atribuindo-lhe inclusive a condição de um direito fundamental, muito embora a existência de posições contrárias[14] e não se verificar um consenso em relação a diversos pontos ligados ao tema, em especial no que diz respeito ao alcance, conteúdo, limites e critérios de aplicação.[15]

Assim, no tocante à sua dimensão material, o direito ao esquecimento, na condição de direito fundamental, encontra fundamento em determinados valores e princípios superiores (além de guardar relação direta com outros direitos humanos e fundamentais), de modo a ser reconhecido e protegido como um direito fundamental.[16]

Na perspectiva da sua justificação constitucional – compreendida como vinculada ao direito constitucional positivo – e tal como o demonstra a experiência germânica, o reconhecimento do direito ao esquecimento radica na dignidade da pessoa humana, no direito ao livre desenvolvimento da personalidade e nos direitos especiais de personalidade, como é o caso dos direitos à vida privada, honra e imagem e do direito à autodeterminação informativa.[17]

Para o caso do Brasil, contudo, é preciso relembrar que inexiste uma expressa previsão no texto constitucional de uma cláusula geral de proteção da personalidade ou mesmo um direito ao livre desenvolvimento da personalidade, que tem sido, de acordo com um entendimento já pacificado (pelo menos de modo absolutamente dominante) na literatura jurídica nacional, deduzido do (e associado ao) princípio da dignidade da pessoa humana.[18]

---

[9] Por último v. WEISMANTEL, Jan. *Das "Recht auf Vergessenwerden" im Internet nach dem "Google-Urteil" des EuGH*: Begleitung eines offenen Prozesses. Berlin: Duncker & Humblot, 2017.

[10] V. por todos, CARO, Maria Alvarez. *Derecho al olvido en internet*: el nuevo paradigma de la privacidade en la era digital. Madrid: Reus, 2015.

[11] V. por todos, DECHENAUD, David. *Le droit à l'oubli numérique*: donnés normatives: approche comparée. Bruxelles: Larcier, 2015.

[12] V. por último, MARTINELLI, Silvia. *Diritto all'oblio e motori di ricerca*. Milano: Giuffré, 2017.

[13] V. em especial MAYER-SCHÖNBERGER, Victor. *Delete*: The Virtue of Forgetting in the Internet, 2. ed. Princeton: Princeton University Press, 2011, bem como o recente artigo de KELLY, Michael J.; SATOLAM, David. *The Right to be Forgotten*, U.III.L. Rev. 1, 2017.

[14] Destaca-se aqui o entendimento de SARMENTO, Daniel. Liberdades Comunicativas e "Direito ao Esquecimento" na Ordem Constitucional Brasileira, parecer consultivo, in: *Revista Brasileira de Direito Civil*. v. 7. jan./mar 2016. p. 190-232. Disponível em: <https://rbdcivil.ibdcivil.org.br/rbdc/article/view/76/70>. Acesso em: 06 fev. 2018.

[15] Limitando-nos a referir as principais obras monográficas (livros) dedicadas especialmente ao tema no Brasil, v. Pablo Dominguez Martinez, *Direito ao esquecimento. A proteção da memória individual na sociedade da informação*, 2014; Viviane Nóbrega Maldonado, *Direito ao esquecimento*, 2016; Clarissa Pereira Carello, *Direito ao esquecimento. Parâmetros jurisprudenciais*, 2016; Zilda Mara Consalter, *Direito ao esquecimento. Proteção da intimidade e ambiente virtual*, 2017; Sérgio Branco, *Memória e esquecimento na internet*, 2017.

[16] V., por todos, o excelente texto de NETO, Arthur M. Ferreira. Direito ao esquecimento na Alemanha e no Brasil. In: *Diálogo entre o direito brasileiro e o direito alemão*: fundamentos, métodos e desafios de ensino, pesquisa e extensão em tempos de cooperação internacional. MARQUES, Claudia Lima; BENICKE, Christoph; JAEGER JUNIOR, Augusto (Ed.). Porto Alegre: RJR, 2016, v. II, p. 278-323.

[17] V. por todos, BUCHHOLZ, Gabrielle. Das Recht auf Vergessen im Internet: Eine Herausforderung für den demokratischen Rechtstaat. *Archiv des öffentlichen Rechts* (AÖR), v. 140 (Tübingen: Mohr-Siebeck, 2015), p. 127ss.

[18] V., entre outros, TEPEDINO, Gustavo *Temas de direito civil* (Rio de Janeiro: Renovar, 1999), p. 44 ss.; ANDRADE,

Nessa senda, a conexão do direito ao esquecimento com a dignidade da pessoa humana e o direito geral de personalidade, no sentido de um direito ao livre desenvolvimento da personalidade, pode ser justificada, numa primeira aproximação, com o fato de que a capacidade e a possibilidade de esquecimento e a necessidade de seu reconhecimento e proteção na esfera jurídica, representam condição necessária para exercer também o que se designou de um direito a se reinventar[19] ou a um recomeço, ou seja, a possibilidade de reformatar (reconstruir) a trajetória existencial pessoal (individual) e social, livre de determinadas amarras provocadas pela confrontação direta e permanente no tempo com aspectos relativos à memória (passado).[20]

Dito de outro modo, a possibilidade de esquecer, mas também – e nisso a necessidade de reconhecimento e proteção em face do Estado e de terceiros no plano social ampliado – poder ser "esquecido" e não sofrer permanentemente e de modo indeterminado as repercussões negativas associadas a fatos (aqui em sentido amplo) do passado é algo essencial não apenas para uma vida saudável pessoal – do ponto de vista físico e psíquico – mas para uma integração social do indivíduo.

Não é à toa que no tocante ao reconhecimento de um direito ao esquecimento é de se levar a sério a lembrança de Catarina Santos Botelho, no sentido de que, a partir das lições da neurologia, sabe-se que uma das principais funções do cérebro é a de esquecer tudo aquilo que é supérfluo e filtrar conteúdos que prejudicam emocionalmente os indivíduos.[21]

Nessa perspectiva trata-se também e em certo sentido da necessidade de assegurar uma determinada possibilidade de autogovernar a própria memória e de poder reagir de algum modo à "implacável memória coletiva da internet", além de impedir que as pessoas fiquem prisioneiras de "um passado destinado a não passar".[22]

Tal afirmação indica, por sua vez, que o direito ao esquecimento assume uma dimensão que vai além da individual, porquanto já se demonstrou que o esquecimento, aqui com destaque para a internet, consiste num processo social que carece de descrição e compreensão independentemente do esquecimento por parte das pessoas individualmente consideradas e que guarda relação com o que se costuma designar de uma "memória coletiva".[23]

Fabio Siebeneichler de. considerações sobre a tutela dos direitos da personalidade no Código Civil de 2002. in: *O novo Código Civil e a Constituição*. SARLET, Ingo Wolfgang (Ed.). 2. ed., p. 101; MORAES, Maria Celina Bodin de. *Danos à pessoa humana*: uma leitura civil-constitucional dos danos morai. 2. ed. Rio de Janeiro: Processo, 2003, p. 117 ss.; SCHREIBER, Anderson. *Direitos da personalidade*. 3. ed. ver. e amp. São Paulo: Atlas, 2014, p. 7 ss.

[19] V. nesse sentido SOLOVE, Daniel. Speech. Privacy and Reputation on the Internet. In: NUSSBAUM, Marta; LEVMORE, Saul (Ed.). *The Offensive Internet*: Speech, Privacy and Reputation. Cambridge, MA: Harvard University Press, 2011, pp. 15-30.

[20] Cf. Nesse sentido, exatamente no que diz com o direito ao esquecimento, DIESTERHÖFT, Martin. *Das Recht auf medialen Neubeginn: Die »Unfähigkeit des Internets zu vergessen« als Herausforderung für das allgemeine Persönlichkeitsrecht*. Volume 33 de Beiträge zum Informationsrecht. Duncker & Humblot GmbH, 2014 p. 150. Note-se, contudo, que o autor se refere a uma dimensão mais restrita do que designa de um direito ao recomeço, pois fala especificamente num recomeço "medial", com ênfase no ambiente digital, o que, na perspectiva aqui adotada, soa demasiadamente limitado.

[21] Cf. BOTELHO, Catarina Santos. Novo ou velho direito?: o direito ao esquecimento e o princípio da proporcionalidade no constitucionalismo global. *Ab Instantia*, ano V, n. 7, p. 52, 2017.

[22] Cf. RODOTÀ, Stefano. *Il Mondo nella rete*: quali i diritti, quali i vincoli. Roma: Editori Laterza, 2014, p. 41-42.

[23] Nesse sentido, ALBERS, Marion; SCHIMKE, Anna. *Vergessen im Internet*, Manuscrito, 2018. Destaque-se que as autoras fazem referência a diferentes tipos de memória, a individual, a social, a cultural e a política, o que não será objeto de aprofundamento no presente texto.

Isso significa, em apertada síntese, que a tese de que a internet não esquece não deve ser entendida de um modo fechado e absoluto, pois, entre outros fatores, há sempre uma interação dinâmica entre lembrar e esquecer, já que a escolha de determinada informação para sua divulgação implica que toda uma gama de outras informações, que não foram escolhidas, sejam esquecidas para os atuais processos de comunicação, de modo que em princípio e de uma perspectiva abstrata, se esquece tanto quanto se lembra.[24]

Por isso – como destacado acima – é que se fala de um processo de esquecimento social, que se reflete no plano individual, mas que se dá pela eventual supressão de determinadas informações e em dificultar o acesso às mesmas. Tais aspectos, por sua vez, guardam relação direta com o problema do conteúdo, dos limites e dos modos de efetivação do direito ao esquecimento.

Assim, em apertada síntese, é possível sustentar que o direito ao esquecimento, na perspectiva da ordem constitucional brasileira, constitui um direito fundamental de natureza implícita, manifestação (e mesmo exigência) da dignidade da pessoa humana e do direito ao livre desenvolvimento da personalidade, guardando relação, ainda, com diversos direitos de personalidade consagrados – de modo explícito e implícito – pela CF, tais como os direitos à privacidade, intimidade, honra e imagem, mas também os direitos à autodeterminação informativa, ao nome e o direito à identidade pessoal, todos já reconhecidos pelo STF.[25]

A justificação de um direito ao esquecimento na perspectiva constitucional não exclui, por sua vez, a possibilidade de seu reconhecimento a partir de uma série de diplomas legislativos infraconstitucionais, onde – embora também sem qualquer referência direta a tal direito – podem ser encontradas algumas manifestações parciais, que, de algum modo, podem ser tidas como modos de concretização de tal direito. Além disso, já existem diversas propostas legislativas tramitando no Congresso Nacional prevendo o reconhecimento expresso de um direito ao esquecimento e mesmo estabelecendo regras para a sua aplicação.[26]

Tais manifestações parciais de um direito ao esquecimento não serão, contudo, aqui desenvolvidas, salvo, à medida do necessário, na parte relativa à avaliação crítica da jurisprudência,[27] exceção feita aqui – levando em conta o objeto do presente trabalho – à

---

[24] Cf. ALBERS, Marion; SCHIMKE, Ana, *op. cit.*, 2018.

[25] Nesse sentido v. também BOTELHO, Catarina Santos, *op. cit.*, p. 61 e ss.

[26] Segue a relação dos projetos de lei: PL nº 2712/2015, da autoria do Deputado Jefferson Campos, Projeto de Lei nº 1676/2015, de autoria do Deputado Veneziano Vital do Rêgo e o Projeto de Lei nº 8.443/2017, de autoria do Deputado Luiz Lauro Filho.

[27] Em caráter aqui muito sumário, há que colacionar os artigos 135 do Código Penal, 748 do Código Processual Penal e 202 da Lei de Execuções finais, que, em linhas gerais, vedam que os antecedentes criminais de alguém sejam levados a público e possam ser utilizados apenas para uma nova investigação e/ou processo criminal. No mesmo sentido, o assim chamado Estatuto da Criança e do Adolescente (Lei nº 8.069, de 13.07.1990) contempla regras que podem ser utilizadas no reconhecimento de um direito ao esquecimento, promovendo a proteção da dignidade e direitos de personalidade das crianças (até 12 anos incompletos de idade) e adolescentes (12-18 anos). Na esfera cível, o Código de Defesa do Consumidor (Lei 8078/1990), em especial (mas não só) no seu artigo 43, contempla aspectos que dizem respeito também ao direito ao esquecimento e à livre autodeterminação informativa, pois dispõe que o consumidor deve ter livre acesso aos seus próprios dados informados em bancos de dados, fichários e arquivos, sendo lhe assegurado (§2º) um direito de retificação. O consumidor poderá ainda requerer o cancelamento (exclusão) dos dados constantes nos cadastros negativos depois de transcorridos cinco anos do seu armazenamento. Também o Código Civil Brasileiro (Lei nº 10.406, de 10.01.2002), particularmente nos seus artigos 11, 12, bem como e em especial nos artigos 16 a 21, no capítulo referente aos direitos de personalidade, oferece fundamento para a proteção de aspectos ligados ao direito ao esquecimento.

Lei do Marco Civil da Internet (Lei Federal nº 12.965, de 23 de abril de 2014, doravante apenas LMCI), que estabeleceu um conjunto de princípios, bem como previu garantias, direitos e deveres para o uso da Internet no Brasil.

Mesmo não prevendo expressamente o direito ao esquecimento, a LMCI contém importantes diretrizes e regras concretas que podem ser reconstruídas para fins de se reconhecer a necessidade de acolhimento dessa pretensão jurídica individual em determinados casos, conforme se vê dos seguintes dispositivos que, interpretados sistematicamente, reconduzem à conclusão que aponta para a existência do direito ao esquecimento no direito nacional, além de regular aspectos específicos relativos a tal direito fundamental, dando lhe concretude ao menos parcial.

Entre os dispositivos mais relevantes a serem colacionados, há que sublinhar o que prescreve o art. 7º, inciso X, reconhecendo um direito subjetivo ao usuário da internet, no sentido de requerer (e obter de modo coercitivo, a depender do caso), "a exclusão definitiva dos dados pessoais que tiver fornecido a determinada aplicação de internet, a seu requerimento, ao término da relação entre as partes, ressalvadas as hipóteses de guarda obrigatória de registros previstas nesta Lei".

Embora a LMCI preveja apenas um direito à exclusão de conteúdos tidos como prejudiciais e/ou ilícitos, é necessário ressaltar que o direito ao esquecimento, pelo menos na forma em que o compreendemos e como foi reconhecido na decisão *Google* do TJUE, não se limita e nem corresponde propriamente a um direito ao cancelamento de dados, mas abarca (e mesmo possivelmente se centra, em se tratando da internet) um direito à desindexação junto aos mecanismos de busca, devendo, ademais, atender determinados critérios, que serão mais adiante abordados.

3 Reconhecimento e proteção do direito ao esquecimento pelo STJ

Embora o direito ao esquecimento venha sendo vinculado – de maneira mais apropriada – ao ambiente digital, existem outras situações nas quais o tema tem sido objeto de discussão e mesmo resultado em decisões judiciais no sentido de seu reconhecimento. Por tal razão e para facilitar a compreensão do tema, optamos por iniciar – no contexto da apresentação e análise dos principais julgados do STJ – com casos que não guardam relação direta com a internet.

Nessa perspectiva, os dois primeiros casos em que esteve em causa um direito ao esquecimento (todavia, em sentido amplo, visto que não se tratava da proibição de veiculação de determinados fatos ou do apagamento de dados ou a desindexação de determinados links dos mecanismos de busca na internet), ambos julgados pelo STJ, foram apreciados nos Recursos Especiais nº 1335153/RJ e nº 1334097/RJ (2013).

Em tais recursos especiais, julgados pela 4ª Turma da Corte Superior no mesmo dia, foram estabelecidos alguns parâmetros para o reconhecimento e respectivas consequências jurídicas de um direito ao esquecimento no Brasil, foram, contudo, alcançadas conclusões opostas, visto que num dos casos foi assegurada a proteção de tal direito, ao passo que no outro foi dada prevalência à liberdade de informação e comunicação. Tal discrepância não necessariamente se revela contraditória, mas desde logo aponta para o fato de que, a exemplo de outros casos em que se verifica uma colisão de direitos, necessária uma análise das peculiaridades de cada caso, do peso dos direitos envolvidos, bem como do impacto resultante de sua maior ou menor proteção, tudo mediante uma operação de ponderação destinada a estabelecer um equilíbrio e uma solução adequada do ponto de vista jurídico.

No primeiro caso, conhecido como caso *"Aida Curi"* (REsp nº 1.335.153/RJ), os familiares de Aida Curi, vítima de assassinato cometido em 1958, que havia adquirido ampla notoriedade à época em que praticado, queriam impedir que programa televisivo veiculado pela TV Globo (Programa Linha Direta) reproduzisse e reconstituísse, ainda que na condição de documentário, décadas depois, esse mesmo episódio traumático, fazendo com que "antigas feridas já superadas" fossem reabertas em público. Defenderam os autores, portanto, que deveria ser acolhida a pretensão de se declarar, no caso, "seu direito ao esquecimento, de não ter revivida, contra a vontade deles, a dor antes experimentada por ocasião da morte de Aída Curi, assim também pela publicidade conferida ao caso décadas passadas". Além disso, pleitearam indenização por danos imateriais.

Analisando as particularidades do caso, o Ministro Relator, Luís Felipe Salomão, entendeu que:

(i) as vítimas de crimes e seus familiares, em tese, também podem ser titulares do direito ao esquecimento, na medida em que não podem ser obrigadas a se submeter desnecessariamente a "lembranças de fatos passados que lhes causaram inesquecíveis feridas", ademais da circunstância de que injusta a proteção do eventual ofensor, por conta de seu direito à ressocialização, deixando a vítima e seus familiares à mercê da sua pública e permanente exposição;

(ii) a resolução adequada do caso exige a ponderação da possível historicidade do fato narrado com a proteção à intimidade e privacidade dos ofendidos;

(iii) no caso, o crime entrou para o domínio público, tornando-se, de tal sorte, um fato de natureza histórica, não podendo ser transformado em fato inacessível à imprensa e à coletividade. Além disso, devido à ampla difusão dada ao fato na época dos acontecimentos, inclusive da investigação e julgamentos, bem como a conexão direta com o nome da vítima, seria impraticável "retratar o caso Aída Curi, sem Aída Curi"; e (iv) diante da situação concreta seria desproporcional a restrição da liberdade de imprensa, se comparada ao desconforto gerado pela lembrança dos fatos por parte dos familiares da vítima, em particular considerando o largo lapso temporal transcorrido desde a data dos fatos, que tem o condão de esmaecer, ainda que não afastar por completo, a dor e o abalo causados pelos fatos e sua divulgação.

No segundo julgado, conhecido como caso *Chacina da Candelária* (REsp nº 1.334.097/RJ), igualmente se pretendeu evitar veiculação de programa televisivo (Linha Direta), ademais de pleitear indenização por danos imateriais por parte da Rede Globo de Televisão. O autor da demanda originária, também aforada contra a empresa Globo Comunicações e Participações, alegava a ausência de contemporaneidade dos fatos e que a reabertura de "antigas feridas", que já haviam por ele sido superadas, teria reascendido a desconfiança da sociedade no que diz respeito à sua índole, pugnando pelo reconhecimento de seu direito de ser esquecido, ou seja, não ser lembrado contra a sua vontade, em virtude de fatos criminosos pelos quais havia sido indiciado e processado, mas pelos quais restou absolvido.

Diferentemente do caso anterior, aqui o mesmo Ministro, Luís Felipe Salomão, igualmente Relator do feito, deu ganho de caso ao autor da demanda (recorrido), depois de estabelecer alguns pressupostos, argumentando que:

i) mesmo sendo os crimes reportados famosos e de contornos históricos e não obstante fosse a reportagem jornalística fiel à realidade, deveria prevalecer a proteção à intimidade e privacidade dos condenados e dos absolvidos, como no caso do recorrido, uma vez que a "vida útil da informação criminal" já havia alcançado o seu termo final;

ii) o reconhecimento de um direito ao esquecimento expressa "uma evolução cultural da sociedade, confere concretude a um ordenamento jurídico, que, entre a memória – que é a conexão com o passado – e a esperança – que é o vínculo com o presente – fez clara opção pela segunda", cuidando-se, no caso do direito ao esquecimento, de "um direito à esperança, em absoluta sintonia com a presunção legal e constitucional de regenerabilidade da pessoa humana";

iii) a historicidade inconteste dos fatos aos quais se refere o programa televisivo deve ser examinada em concreto, afirmando-se o interesse público e social, desde que, contudo, a identificação pessoal dos envolvidos seja indispensável. No caso julgado, muito embora se trate de um acontecimento histórico e um símbolo da precariedade da proteção estatal das crianças e adolescentes, o documentário poderia ter retratado os fatos de forma correta sem identificar, pelo nome ou pela imagem, os envolvidos, em particular, a pessoa do recorrido;

iv) além disso, permitir a divulgação do nome e imagem do recorrido, ainda que absolvido (que mesmo assim teria reforçada a sua imagem de acusado e envolvido), seria o mesmo que permitir uma segunda violação de sua dignidade, uma vez que o próprio fato e sua ampla divulgação, incluindo o nome do recorrente como suspeito, assim como inquérito policial, já representaram na época uma vergonha nacional;

À vista dos argumentos colacionados, percebe-se que, nesse segundo caso, prevaleceu o critério do esgotamento da função sancionatória e da necessidade de reabilitação e reinserção social dos condenados e absolvidos, o que superaria o peso argumentativo não apenas da, no caso, evidente historicidade dos fatos que seriam objeto da reportagem jornalística, como também da liberdade de expressão inerente à atividade da imprensa.

Outro caso que merece ser destacado é o assim chamado caso Brilhante Ustra (REsp nº 1434498, julgado em 05.02.2015, relatora Ministra Nancy Andrighi e voto-vista do Ministro Paulo Sanseverino), no qual um militar reformado (Cel. Brilhante Ustra) invocou o direito ao esquecimento em face de demanda que pretendia ver declarada a sua responsabilidade por atos atentatórios aos direitos humanos dos demandantes (vítimas de tortura), argumentando que estaria também resguardo pela legislação da anistia. Embora a Relatora tenha acolhido tais argumentos, os demais Ministros que participaram do julgamento entenderam que a anistia não abarca o reconhecimento, na esfera cível (ainda mais em ação de caráter declaratório) atos praticados ao tempo da ditadura militar, além de ser o caso de se dar prevalência também – numa perspectiva coletiva – a um direito à memória e à verdade.

Particularmente relevante para a discussão em torno do conteúdo e alcance de um direito ao esquecimento no Brasil, é o fato de que o STF (a partir do caso Aída Curi) reconheceu a Repercussão Geral da discussão,[28] uma vez que seria passível de apreciação em sede de recurso extraordinário a alegação de que "o direito ao esquecimento é um atributo indissociável da garantia da dignidade humana, com ela se confundindo, e que a liberdade de expressão não tem caráter absoluto, não podendo se sobrepor às garantias individuais, notadamente à inviolabilidade da personalidade, da honra, da dignidade, da vida privada e da intimidade da pessoa humana".

No decurso do processo, o Relator, Ministro Dias Toffoli, convocou Audiência Pública, realizada em 12.06.17, na qual foram ouvidos representantes de diversas entidades públicas e privadas, inclusive vinculadas ao domínio digital (como foi o caso do Google e do Yahoo), de modo que é possível arriscar prognóstico no sentido de que a decisão do STF quando julgar o mérito da questão propriamente dita provavelmente adentrará a repercussão de um direito ao esquecimento na internet.

Nesse contexto importa destacar que o direito ao esquecimento na internet (tomado em sentido amplo), embora não se limite à responsabilidade dos provedores de pesquisa e a um direito à desindexação, é nessa esfera que se tem registrado maior controvérsia, razão pela qual que optamos por nisso centrar nossa atenção.

Note-se, ainda nessa quadra, que o STJ vinha, em regra, refutando a responsabilidade dos provedores de pesquisa em relação a conteúdos postados por terceiros e tornados facilmente disponíveis mediante mecanismos de buscas, afastando, portanto, diversos pedidos no sentido da desindexação de links de modo a impedir ou pelo menos dificultar sobremaneira o acesso pelos usuários da internet a determinadas informações.

Muito embora, em julgado recente (REsp nº 1.660168/RJ, 08.05.18), a 3ª Turma do STJ tenha sinalizado uma possível guinada quanto à responsabilidade dos provedores de pesquisas, deferindo um pedido de desindexação e impondo a instalação de filtros nos mecanismos de buscas, calha apresentar, em apertada síntese, alguns dos principais casos anteriores

O primeiro caso que chegou ao STJ ficou conhecido como o caso Xuxa, objeto de julgamento no Recurso Especial nº 1.316.921, relatado pela Ministra Nancy Andrigui, tendo sido julgado em 26.06.2012. Cuidava-se de ação movida por Maria da Graça Xuxa Meneguel, então ainda apresentadora de programas infantis e infanto-juvenis, contra a empresa Google Brasil Internet Ltda., objetivando a supressão dos mecanismos de busca de todo e qualquer resultado relativo à busca com base na expressão "xuxa pedófila" ou qualquer outra expressão que associasse o nome da autora a qualquer tipo de prática criminosa.

O STJ, contudo, ao apreciar a irresignação da demandada (*Google Search*), acabou adentrando o problema específico relativo a um direito ao esquecimento, dando, contudo, integral provimento ao recurso. Naquilo que importa ao nosso estudo, seguem,

---

[28] BRASIL, Supremo Tribunal Federal. Agravo em Recurso Extraordinário nº 833248 Repercussão Geral/RJ, Rel. Min. Dias Toffoli. Julgado em 19.02.2015. Note-se, para melhor compreensão do público não brasileiro, que o STF, por decisão majoritária de seus Juízes, pode acolher a alegação da repercussão geral (relevância e caráter nacional do caso em virtude de dissídio jurisprudencial relevante), o que implica a suspensão de todos os processos que tramitam nas instâncias ordinárias até o julgamento definitivo do caso, quando a decisão passa a ter efeitos gerais (erga omnes) e vincula diretamente todos os órgãos e agentes do Poder Judiciário.

em síntese, as razões que fundamentaram a decisão, que serão objeto de avaliação crítica mais adiante:
   i) Ao Google Search, cuja atividade se limita a operar como mecanismo de busca e provedor de pesquisa, não se aplica o disposto no artigo 14 do Código de Defesa do Consumidor, pois, ao contrário do que se verifica com os provedores de conteúdo, o Google Search se limita a indexar termos e "indicar links onde podem ser encontrados os termos ou expressões de busca fornecidos pelo próprio usuário". Por tal razão também não há que falar, nesse tipo de atividade, de serviço defeituoso.
   ii) como a atividade do provedor de pesquisa é realizada num ambiente virtual, que permite o acesso público e irrestrito, ainda que não existissem mecanismos de busca como os oferecidos pelo Google Search, os conteúdos considerados de cunho ilícito seguiriam circulando e sendo disponibilizados na Internet.
   iii) que, dado o caráter subjetivo e arbitrário que envolve a decisão de retirar, ou não, *links*, resultados e páginas que veiculem conteúdos ofensivos (ilícitos) na Internet, não se pode delegar aos provedores de pesquisa tal margem de discricionariedade.
   iv) quem se considera afetado pela divulgação de alguma informação (conteúdo) na internet, deveria voltar-se contra os responsáveis diretos pela inserção de tais dados na rede mundial de computadores, e não contra os provedores de pesquisa, que então sequer teriam como dar acesso aos conteúdos tidos como ofensivos. Assim, o único modo de se excluir o conteúdo tido como ilícito (ofensivo) reside na identificação da respectiva URL, especificando-se o endereço responsável pelo seu armazenamento na rede mundial de computadores.
   v) o embate entre a liberdade de expressão e comunicação, em especial na sua dimensão coletiva, deve prevalecer sobre os interesses individuais, atribuindo-se maior peso ao direito à informação.

Uma segunda decisão relevante foi tomada pelo STJ no Recurso Especial nº 1407271/SP, julgado em 21.11.13.[29] Aqui se tratava de ação intentada por empregada demitida de empresa depois de ter sido encontrado, no seu *e-mail* corporativo, vídeo contendo cenas íntimas gravadas nas dependências da empresa, vídeo que foi postado na internet, disponibilizado no Orkut e acessível pelos mecanismos de busca do Google. A autora da ação pretendia obter a desvinculação de todas as URLs prejudiciais do Google, a remoção do *site* do Orkut de qualquer menção ao seu nome e o fornecimento de dados de todos os responsáveis pela publicação de mensagem que lhe eram ofensivas.

No julgamento pelo STJ, no qual o pedido da autora não foi acolhido, além da reiteração de argumentos manejados no caso anterior, *foi realizada ponderação em favor da liberdade de informação, argumentando que o pedido da autora seria juridicamente impossível pelo fato de ser desarrazoado no caso concreto.* Além disso, foi referido *o comportamento da autora como sendo ingênuo e displicente por ter mantido no seu correio eletrônico vídeos com imagens* íntimas.

---

[29] BRASIL. Superior Tribunal de Justiça. Recurso especial: Resp nº 1407271/SP. Relatora Ministra Nancy Andrighi. Terceira Turma. Julgado em 29.11.2013. Disponível em: <http://www.stj.jus.br/SCON/jurisprudencia/doc.jsp?livre=resp+1407271&b=ACOR&p=true&t=JURIDICO&l=10&i=4>. Acesso em: 05 fev. 2018.

O último dos casos (negando a responsabilidade dos provedores de pesquisa) a ser aqui colacionado foi julgado em novembro de 2016 (REsp nº 1.593.873-SP).[30] Tratava-se de uma demanda aforada contra o Google Brasil Internet (recorrente) com o intento de excluir em caráter definitivo dos mecanismos de busca todos os *links* dando acesso a imagens íntimas da autora. Aqui também foram reiterados os principais argumentos esgrimidos nas decisões anteriores. Importa destacar, todavia, que no caso aqui apresentado (e diferentemente dos demais) a maioria dos Ministros entendeu que no Brasil inexiste previsão legal específica impondo tal responsabilidade, inaplicável também o decidido pelo Tribunal de Justiça da União Europeia no caso Google vs. Agência Espanhola de Proteção de Dados e Mario Costeja.

A partir dos casos apresentados, é possível, em caráter de síntese e para empreender uma análise global e crítica, o seguinte cenário, no que concerne ao entendimento até há pouco dominante no STJ em relação ao direito ao esquecimento na internet, aqui no que concerne aos mecanismos de busca e um direito a desindexação.

Resumindo aqui os diversos argumentos (e critérios) manejados nas decisões acima apresentadas, o STJ vinha entendendo que os provedores de pesquisas: a) não respondem pelo conteúdo dos resultados das buscas levadas a efeito pelos respectivos usuários; b) não podem ser obrigados a eliminar resultados derivados das buscas com base em determinado termo ou nome; c) não podem ser obrigados a exercer um controle prévio do conteúdo dos resultados das buscas feitas por cada usuário; d) a responsabilidade, portanto, há de recair não sobre o provedor de pesquisa, mas, sim, aquele *site* que armazena a informação e que é acessado via mecanismo de busca; e) o provedor de pesquisas não pode atuar como uma espécie de censor digital; f) no embate entre os direitos de personalidade e a liberdade de expressão e informação prevalece em regra a última; g) o comportamento da pessoa afetada pela informação deve ser avaliado em concreto e ser utilizado como critério para a ponderação; h) apenas em caso de descumprimento de ordem judicial se verifica a responsabilidade também do provedor de pesquisas, seja quanto à cominação de multa, seja em termos de responsabilidade civil por eventuais danos causados; i) a ausência de previsão legal expressa estabelecendo a obrigação de desindexação e responsabilização não pode ser suprida judicialmente;

Mas, como já adiantado, com o julgamento do REsp nº 1.660168/RJ, de 08.05.18, o STJ acabou (por maioria) rompendo com a orientação que prevalecia até então e deu guarida a um pedido de desindexação, reconhecendo a responsabilidade dos provedores de pesquisa. Para compreender melhor a questão e mesmo verificar se todos os argumentos invocados nas decisões anteriores foram refutados e, em especial, identificar os critérios aplicados para justificar a procedência do pleito com base no direito ao esquecimento, segue uma breve descrição do caso e da decisão, inclusive das suas razões subjacentes.[31]

No que toca ao caso propriamente dito, tratava-se de julgamento de Recurso Especial interposto pela empresa Google Brasil Internet Ltda., Yahoo do Brasil Internet

---

[30] BRASIL. Superior Tribunal de Justiça. Recurso Especial: Resp. nº 1593873/SP. Relatora Ministra Nancy Andrighi. Julgado em: 10.11.2016. Disponível em: <http://www.stj.jus.br/SCON/jurisprudencia/toc.jsp?livre=resp+1593873&&tipo_visualizacao=RESUMO&b=ACOR&thesaurus=JURIDICO&p=true>. Acesso em: 06 fev. 2018.

[31] Note-se, contudo, que, quando do encerramento do presente texto para envio à editora, o Acórdão com todos os votos dos Ministros que participaram do julgamento ainda não tinha sido disponibilizado pelo STJ.

Ltda., e Microsoft Informática Limitada, em relação a julgamento em sede de apelação julgada pelo Tribunal de Justiça do Rio de Janeiro, que, por sua vez, havia reformado sentença proferida na primeira instância que não reconhecera o direito ao esquecimento da demandante, uma integrante do Ministério Público Estadual, no sentido de determinar aos então requeridos que implantassem filtro por palavra-chave com o escopo de evitar a associação do nome da autora da ação na instância a notícias envolvendo suposta fraude praticada quando de concurso público para a Magistratura Estadual, ocorrido em 2007. Note-se que na ocasião houve investigação promovida pelo CNJ, que, contudo, não encontrou provas suficientes dando conta da efetiva ocorrência do ilícito. Todavia, mesmo depois disso, o nome da autora seguia indexado e associado aos dados "fraude em concurso para Juiz", ensejando a propositura da demanda mediante a alegação de que com isso estaria sendo afetada a privacidade e prejudicada a imagem pelo fato de já ocupar outro cargo público na seara jurídica.

Quanto às razões esgrimidas ao longo do percurso processual, importa destacar que, na sua sentença, o Magistrado que julgou a ação na primeira instância afastou a responsabilidade da empresa Google na condição de provedora de pesquisa, arguindo, em síntese, argumentos que vinham sustentando a orientação do STJ até então. Já em sede de apelação tal resultado foi revertido, porquanto os integrantes do respectivo colegiado do Tribunal de Justiça do Rio de Janeiro entenderam que, dadas as circunstâncias do caso, os direitos de personalidade da então apelante deveriam prevalecer para o efeito de evitar a circulação, por tempo desarrazoado, de fatos noticiados que possam ter repercussão negativa na vida presente dos indivíduos. Dessa forma, o Tribunal de Justiça do Estado do Rio de Janeiro determinou que os referidos *sites* de busca instalassem filtros de conteúdo que desvinculassem o nome da autora (Promotora de Justiça) das notícias sobre a suposta fraude, sob pena de multa diária de R$ 3 mil.

Nos recursos especiais interpostos, os réus alegaram, em síntese: a) violação de dispositivos do Código de Processo Civil e do Código Civil pelo fato de ter sido imposta obrigação técnica e juridicamente impossível; b) que a obrigação imposta não implica utilidade alguma, porquanto a desvinculação do nome da recorrida dos *sites* de busca não impede a manutenção das matérias nas quais seu nome é referido na internet; c) a aplicação do entendimento reiterado do Superior Tribunal de Justiça quanto à impossibilidade de responsabilizar os servidores de dados nessas condições; d) que a ordem de filtragem dos resultados configura censura e ofende direitos dos consumidores que utilizam seus serviços de buscas.

Por fim, já em sede de julgamento dos Recursos Especiais, a 3ª Turma do STJ, por maioria de votos, lhes deu parcial provimento apenas para o efeito de reduzir o valor da multa estabelecida aos recorrentes.

No que diz com as razões esgrimidas nos votos dos Ministros, é de se destacar que a eminente Relatora, Ministra Nancy Andrigui manteve em termos gerais a posição sustentada em diversos julgados anteriores, onde havia negado pedidos de desindexação de conteúdos postados por terceiros e acessados mediante recurso a mecanismos de busca ofertados por provedores de pesquisa. Acompanhando o voto da Relatora, o Ministro Ricardo Villas Boas Cuêva entendeu que a decisão do TJRJ teria negado vigência ao artigo 19 do Marco Civil da Internet, especialmente por ter imposto uma ordem genérica sem que tenha sido identificado de forma clara e específica o conteúdo tido como prejudicial e que pudesse viabilizar a sua localização, razão pela qual o autor do pedido de exclusão de dados deve indicar a URL. Ademais disso, de acordo com o dispositivo legal citado, os provedores apenas respondem civilmente por conteúdos postados por terceiros quando, uma vez notificados, não adotarem medidas para tornar indisponível o material tido como nocivo.

Inaugurando a divergência, que acabou por prevalecer, o Ministro Marco Aurélio Belizze votou no sentido de dar provimento apenas parcial aos recursos especiais no sentido de reduzir o valor da multa aplicada. Quanto ao reconhecimento do direito ao esquecimento no caso concreto, manteve a decisão do TJRJ com base, em síntese, nos seguintes argumentos: a) que não há diferença entre as normas aplicáveis na Europa e no Brasil, pois em ambos os casos trata-se da responsabilidade dos provedores de pesquisas (mecanismos de buscas), que selecionam e hierarquizam informações a partir de algoritmos independentemente do conteúdo dos dados aos quais dão acesso; b) que o Marco Civil da Internet dá sustentação a medida imposta pelo TJRJ, ainda que não esteja expressamente prevista, o que pode ser o caso em situações excepcionais quando o impacto do acesso às informações gerar um impacto desproporcional, designadamente quando se cuida de interesses de natureza privada e, mesmo quando presente interesse coletivo, à vista do transcurso de um largo espaço temporal desde a ocorrência dos fatos cuja divulgação na Internet é tida como prejudicial; c) no caso concreto, mesmo transcorridos dois anos dos fatos, o provedor seguia apontando como notícia mais relevante associada ao nome da autora da ação aquela relativa às supostas fraudes relacionadas ao concurso público para a magistratura, sendo que mesmo depois de uma década tais fatos seguem disponibilizados como se inexistissem informações posteriores; d) o pedido da autora é específico, no sentido de que o apontamento do seu nome deixe de ser usado como critério exclusivo, desvinculado de qualquer outro termo, relacionando-o ao mencionado fato desabonador de seus diretos de personalidade; e) à medida em que o resultado aparece e é mantido pelo *site* o que se verifica é uma atividade retroalimentação, porquanto ao realizar a busca pelo nome da autora e obter o *link* à referida notícia, o usuário do provedor irá acessar o conteúdo, o que, por sua vez, reforçará o sistema automatizado de que a página é relevante; f) o acesso às informações não resta impedido, pois as fontes que as noticiam, inclusive referindo o nome da autora, seguem disponíveis na internet; g) mediante a instalação dos filtros determinada, o que se está a evitar é o uso do nome da autora como critério exclusive de busca seja acessada em primeiro lugar a informação sobre as fraudes noticiadas há mais de dez anos.

Na sequência do Voto do Ministro Moura Ribeiro, que aderiu à divergência, coube ao Ministro Paulo Sanseverino proferir o voto de desempate em favor da divergência e pelo desprovimento dos recursos, esgrimindo as razões que seguem: a) o caso concreto, distinto daqueles onde está em causa a responsabilidade de provedores de conteúdo, versa sobre o reconhecimento do direito de se evitar que, sendo feita a pesquisa mediante o uso dos mecanismos de busca dos provedores de pesquisa com referência apenas do nome da pessoa, sem qualquer outro critério vinculativo, as informações priorizadas seguissem sendo, transcorrido tanto tempo, os fatos que impactam os direitos da autora; b) por tal razão, a exemplo do que se deu no caso Google vs. Mario Costeja Conzalez, julgado pelo TJUE, e consideradas as peculiaridades do caso concreto, o direito à informação deve ceder em face da desproporcional afetação dos direitos de personalidade da autora.

À vista das decisões ora colacionadas, necessário proceder a uma avaliação crítica conjunta das mesmas, o que será levado a efeito logo na sequência.

4 As decisões do STJ em perspectiva crítica e algumas conclusões

Um primeiro aspecto a adentrar, muito embora aplicável especificamente ao ambiente da internet, diz respeito à responsabilidade dos provedores de pesquisa pelo fato de assegurarem o acesso a conteúdos considerados prejudiciais aos interesses e direitos de determinadas pessoas individual ou coletivamente consideradas e mesmo interesses de instituições públicas e privadas.

Tal responsabilidade, que vinha sendo majoritariamente afastada, foi, como visto no segmento anterior, objeto de recente reconhecimento em decisão por maioria de um voto (o que não necessariamente significa sua afirmação em casos posteriores), de tal sorte que o STJ acabou por aderir à posição aparentemente dominante na Europa, em especial por força da decisão do TJUE no caso Google vs. Mario Costeja e Agência Espanhola de Proteção de Dados, e com amparo (pelo menos parcial) no Novo Regulamento Europeu de Proteção de Dados.

No caso brasileiro, a despeito da inexistência de previsão específica a um direito à desindexação em face dos provedores de pesquisa na legislação ordinária – inclusive na Lei do Marco Civil da Internet –, a responsabilidade dos provedores de pesquisa pode ser, também no nosso sentir e para aqui firmar posição quanto a tal ponto ao menos em termos gerais, tida como afinada com o marco normativo em vigor, desde que considerado no seu conjunto e numa perspectiva teleológica e sistemática.[32]

O fato é que – na esteira da decisão Google do TJUE – os provedores de pesquisa, por meio dos mecanismos de busca, não podem ser considerados pura e simplesmente meros intermediários entre os usuários e v.g. os provedores de conteúdo, visto que os algoritmos utilizados para suas operações implicam uma forma de coleta e processamento de dados. Note-se que os mecanismos de busca vasculham de modo automático, continuado e sistemático na busca de informações publicadas na internet, para depois proceder à sua seleção, armazenamento e organização, por exemplo, no que diz com a hierarquização das informações buscadas em termos de ordem de aparição nas suas páginas.[33]

Superada a questão da responsabilidade dos provedores de pesquisas, restam, contudo, outras questões a serem consideradas e que foram apenas em parte (e mesmo assim de modo nem sempre adequado) tratadas nas decisões do STJ colacionadas. Tais questões, importa frisar, dizem respeito tanto ao ambiente da internet como a outros

---

[32] Cf. SARLET, Ingo W. Vale a pena relembrar o que estamos fazendo com o direito ao esquecimento. *Revista Consultor Jurídico – CONJUR*. Publicado em 26.01.2018. Disponível em: <https://www.conjur.com.br/2018-jan-26/direitos-fundamentais-vale-pena-relembrar-fizemos-direito-esquecimento>. Acesso em: 06 fev. 2018. Para um maior desenvolvimento do tema (responsabilidade dos provedores de pesquisa e desindexação) – dentre a literatura disponível no Brasil. V. GONÇALVES, Luciana Helena. *O direito ao esquecimento na era digital*: desafios da regulação de desvinculação de URLs prejudiciais a pessoas naturais nos índices de pesquisa dos buscadores horizontais. Dissertação de Mestrado. Escola de Direito da Fundação Getulio Vargas, São Paulo, 2016. Disponível em: <http://bibliotecadigital.fgv.br/dspace/handle/10438/16525>. Acesso em 06 fev. 2018.

[33] Para o caso europeu v., dentre tantos, STEHMEIER, Marinus; SCHIMKE, Anna. Internet-Suchmaschinen und Datenschutz. Zugleich eine Besprechung von EUGH C-131/12 Google Spain und Google. UFITA. *Archiv für Uhrheber-und Medienrecht*. Sonderdruck aus Band 2014/III. Bern: Stämpfli Verlag AG, 2014.

casos envolvendo um direito ao esquecimento, ressalvando-se que, no primeiro caso, há peculiaridades a serem destacadas e analisadas com especial atenção.

Nesse contexto verifica-se que em regra as decisões do STJ não dão a devida atenção para o problema dos conflitos (colisões) entre direitos fundamentais que caracterizam os casos que dizem respeito ao direito ao esquecimento. Com efeito, o que se constata é que – salvo quanto a um ou outro aspecto – as decisões deixaram de proceder a uma ponderação cuidadosa e pautada pelas peculiaridades do caso concreto, do impacto sobre os direitos fundamentais das medidas interventivas em causa, no sentido da avaliação da observância, ou não, dos critérios da proporcionalidade.

Uma exceção se verifica no caso *Chacina da Candelária*, em que se apontou para o fato de que no Programa de Televisão impugnado poderia ter sido suprimida a identidade do autor da ação, compatibilizando a sua proteção no que diz com uma exposição pública constrangedora e a liberdade de informação. O mesmo, por sua vez, se aplica ao argumento de que o comportamento da pessoa que se sentiu prejudicada contribuiu para o resultado alegadamente danoso deva ser levado em conta no caso concreto, muito embora seja questionável se isso de fato deveria ter um peso determinante no caso julgado pelo STJ acima apresentado (imagens da intimidade, no caso, nudez).

Além dos critérios nominados, nas decisões do STJ foram manejados outros, como o maior ou menor transcurso do tempo entre os fatos, notícias, juízos de valor tidos como prejudiciais (casos *Aída Curi, Chacina da Candelária* e mesmo o caso da Promotora de Justiça absolvida por suposto envolvimento em fraudes em concurso público). Aliás, a própria circunstância de ter o autor da demanda (casos da Promotora de Justiça e *Chacina da Candelária*) sido absolvido em nível processo disciplinar ou criminal foi utilizada como critério relevante a ser levado em conta na ponderação, muito embora seja questionável o resultado em si dos respectivos julgamentos, em especial levando em conta a relevância histórica dos fatos (Chacina da Candelária) e o exercício de alto cargo público no caso das supostas fraudes em concurso público, situações que indicam elevado interesse público nas informações. A prevalência de um direito à memória (e do acesso público a fatos de interesse histórico relevante) foi, por sua vez, apropriadamente reconhecida no caso Brilhante Ustra, fazendo o STJ prevalecer a liberdade de expressão e de informação sobre o direito ao esquecimento e proteção dos direitos da personalidade.

Todavia, embora se esteja perante alguns possíveis critérios para a aplicação do direito ao esquecimento e que também tem sido objeto de utilização em decisões proferidas por Tribunais de outros Estados e mesmo no caso Google do TJUE, trata-se de argumentos esgrimidos em geral de modo isolado e genérico, sem maior densidade, não afastando, no nosso entender, a correção substancial das críticas aqui tecidas em particular quanto ao modo de se realizar a ponderação e aplicar os critérios da proporcionalidade.

Nessa quadra, chama a atenção, ainda, que em geral nas decisões nas quais reconheceu um direito ao esquecimento pouco ou nada se considerou a adequação, necessidade e proporcionalidade em sentido estrito quanto aos meios utilizados para dar efetividade ao direito ao esquecimento (responsabilidade civil, desindexação/ imposição do uso de filtros nos mecanismos de busca, exclusão de dados, etc.), o que se revela crucial para a obtenção de uma solução constitucionalmente consistente e que leve em conta também o impacto causado pelo uso de determinado meio sobre direitos e interesses colidentes.

Assim, por exemplo, no tocante à decisão do STJ de 08.05.18, já referida, não chegou a ser considerado – aspecto argutamente apontado por Carlos Affonso Souza em qualificado comentário da decisão (edição do JOTA de 13.05.18) – que a não indicação de endereços específicos (URLs) acaba impondo aos provedores de pesquisa um dever de monitoramento genérico para os provedores de pesquisa, ademais de que com isso se torna muito mais difícil a própria efetividade da decisão. Além disso – novamente de acordo com as críticas assacadas por Carlos Affonso Souza – é de se anotar que mediante a instalação de filtros e a depender dos critérios utilizados (em função da escolha de determinadas palavras-chave) corre-se o risco de ou chegar a uma solução que não atenda às necessidades da parte que se sente prejudicada e em favor da qual se reconheceu um direito ao esquecimento, pelo fato de se filtrar de menos, ou – o que no nosso sentir é mais grave – impedir a exibição e divulgação de conteúdos lícitos e mesmo de interesse geral.

De qualquer sorte, longe de se ter aqui esgotado as observações possíveis em relação aos julgados do STJ, o que se percebe é que – a exemplo do que ocorre em outras ordens jurídicas (e isso mesmo na União Europeia onde já se reconheceu um direito ao esquecimento no plano do direito positivo) – também no Brasil a legislação em vigor ainda é lacunosa e contempla apenas em parte as suas diversas dimensões.

Da mesma forma, mesmo no que diz com a atuação do Poder Judiciário – aqui examinada com base nas decisões do STJ –, é possível identificar (a despeito do considerável avanço no que diz com a responsabilidade dos provedores de pesquisa) uma ainda significativa falta de coerência e consistência nas decisões, em especial no que diz respeito aos critérios utilizados para reconhecer o direito ao esquecimento nos casos concretos e efetuar sua ponderação em face de direitos fundamentais conflitantes, o que implica levar a sério o teste da proporcionalidade de medidas restritivas de direitos fundamentais.

Num contexto marcado por concorrências, tensões e colisões entre direitos fundamentais e mesmo outros bens jurídicos de estatura constitucional, o reconhecimento, caso a caso, de um direito ao esquecimento, também exige que se tenha em conta eventual posição preferencial da liberdade de expressão e de informação. Aqui, a despeito de se tratar de matéria controversa, é possível afirmar que tal preferência (sempre relativa) tem sido sufragada pela jurisprudência mais recente do STF, bem como por expressiva literatura.[34]

No caso das decisões do STJ, contudo, a orientação adotada não parece ser a mesma, pelo menos levando-se em conta apenas os casos em que se examinou o mérito em si do reconhecimento de um direito ao esquecimento e se lhe deu guarida, como nos casos *Chacina da Candelária* e da recente decisão determinando a desindexação e instalação de filtros nos mecanismos de busca da internet.

---

[34] É o caso da ADPF nº 130, Relator Ministro Carlos Britto, na qual a Lei de Imprensa editada sob a égide do Regime Militar foi considerada não recepcionada pela CF. Outros dois casos também acabaram por se alinhar com uma posição preferencial da liberdade de expressão, designadamente o assim chamado caso "marcha da maconha", no qual o STF entendeu que uma manifestação pública e coletiva em prol da legalização do consumo da maconha não poderia ser enquadrada no tipo penal da apologia ao crime (ADPF nº 187, Rel. Min. Celso de Mello, j. em 15.06.2011) e a decisão sobre as biografias não autorizadas (ADI 4815, Rel. Min. Cármen Lúcia, j. 10.06.2015).

De todo modo, o que aqui se sublinha é que o reconhecimento de um direito ao esquecimento deve ter caráter excepcional e observar um conjunto de critérios que devem ser rigorosamente controlados nas diversas situações, o que assume – como já percebido – uma dimensão particularmente relevante na internet, em que a possibilidade de participação direta das pessoas nos processos comunicativos e informacionais imprescindível à democracia se manifesta com agudeza.

Assim, não poderá ser, portanto, qualquer manifestação que exponha aspectos da vida privada que justifique a invocação e proteção do direito ao esquecimento, de modo que, por ocasião do necessário balanceamento entre os direitos de personalidade e a liberdade de expressão e informação, o ônus argumentativo para fazer prevalecer os direitos de personalidade deve ser particularmente elevado, pois existindo dúvida a respeito da legitimidade constitucional da restrição, é de se privilegiar a liberdade de expressão, parâmetro que não deve cair jamais em esquecimento.[35]

Referências

ALBERS, Marion; SCHIMKE, Ana, *Vergessen im Internet*. Manuscrito, 2018.

BRASIL. Superior Tribunal de Justiça. Recurso Especial: REsp nº 1593873/SP. Relatora Ministra Nancy Andrighi. Julgado em: 10/11/2016.

BRASIL. Superior Tribunal de Justiça. Recurso especial: REsp nº 1407271/SP. Relatora Ministra Nancy Andrighi. Terceira Turma. Julgado em 29/11/2013.

BRASIL. Superior Tribunal de Justiça. Recurso Especial: REsp nº 1334097/RJ, Rel. Ministro Luis Felipe Salomão, Quarta Turma. Julgado em 28.05.2013.

BRASIL, Supremo Tribunal Federal. Agravo em Recurso Extraordinário nº 833248 Repercussão Geral/RJ, Rel. Min. Dias Toffoli. Julgado em 19/02/2015.

BOTELHO, Catarina Santos. Novo ou velho direito?: o direito ao esquecimento e o princípio da proporcionalidade no constitucionalismo global. *Ab Instantia*, ano V, n. 7, 2017.

CARO, Maria Alvarez. *Derecho al olvido en internet*: el nuevo paradigma de la privacidade en la era digital. Madrid: Reus, 2015.

DECHENAUD, David. *Le Droit à l'oubli numérique: donnés normatives*: approche comparée. Bruxelles: Éditions Larcier, 2015.

DIESTERHÖFT, Martin. *Das Recht auf medialen Neubeginn: Die »Unfähigkeit des Internets zu vergessen« als Herausforderung für das allgemeine Persönlichkeitsrecht. Volume 33 de Beiträge zum Informationsrecht*. Duncker & Humblot GmbH, 2014.

HASSLER, Theo. *Droits de la Personnalité:* Rediffusion et Droit à L'oubli. Recueil Dalloz, 2007.

HEYLLIARD, Charlotte. *Le Droit à L'oubli sur Internet*. Mémoire de Master 2 Recherche, Universite Paris-Sud, Faculté Jean Monnet – Droit, Économie, Gestion, em 04.12.2012, (www.lepetitjuriste.fr).

KELLY, Michael J.; SATOLAM, David. *The Right to be Forgotten*, U.III.L. Rev. 1, 2017.

LEPAGE, Agathe. *Droit à L'oubli*: Une Jurisprudence Tâtonnante, Recueil Dalloz, 2001.

MARTINELLI, Silvia. *Diritto All'oblio e Motori di Ricerca*. Milano: Giuffré, 2017.

MAYER-SCHÖNBERGER, Victor. *Delete. The Virtue of Forgetting in the Internet*. 2. ed. Princeton: Princeton University Press, 2011.

---

[35] Cf. SARLET, Ingo Wolfgang. Direitos fundamentais em espécie. In: SARLET, Ingo Wolfgang; MARINONI, Luiz Guilherme; MITIDIERO, Daniel. *Curso de direito constitucional*. 3. ed. São Paulo: Revista dos Tribunais, 2014, p. 473.

NETO, Arthur M. Ferreira. Direito ao esquecimento na Alemanha e no Brasil. In: *Diálogo entre o direito brasileiro e o direito alemão:* fundamentos, métodos e desafios de ensino, pesquisa e extensão em tempos de cooperação internacional. MARQUES, Claudia Lima; BENICKE, Christoph; JAEGER JUNIOR, Augusto (Ed.). Porto Alegre: RJR, 2016, v. II, p. 278-323.

RODOTÀ, Stefano. *Il Mondo nella rete:* quali i diritti, quali i vincoli. Roma: Laterza, 2014.

SARLET, Ingo Wolfgang. Direitos fundamentais em espécie. In: SARLET, Ingo Wolfgang; MARINONI, Luiz Guilherme; MITIDIERO, Daniel. *Curso de direito constitucional.*, 3. ed. São Paulo: Revista dos Tribunais, 2014.

SARLET, Ingo Wolfgang. Vale a pena relembrar o que estamos fazendo com o direito ao esquecimento. *Revista Consultor Jurídico – CONJUR*. Publicado em 26.01.2018. Disponível em: <https://www.conjur.com.br/2018-jan-26/direitos-fundamentais-vale-pena-relembrar-fizemos-direito-esquecimento>. Acesso em: 06 fev. 2018.

SARMENTO, Daniel. Liberdades comunicativas e "direito ao esquecimento" na ordem constitucional brasileira, parecer consultivo. *Revista Brasileira de Direito Civil*, v. 7, jan./mar. 2016. p. 190-232. Disponível em: <https://rbdcivil.ibdcivil.org.br/rbdc/article/view/76/70>. Acesso em: 06 fev. 2018.

SOLOVE, Daniel. Speech, Privacy and Reputation on the Internet. In: NUSSBAUM, Marta; LEVMORE, Saul (Ed.). *The Offensive Internet:* Speech, Privacy and Reputation. Cambridge, MA: Harvard University Press, 2011.

WEISMANTEL, Jan. *Das "Recht auf Vergessenwerden" im Internet nach dem "Google-Urteil" des EuGH:* Begleitung eines offenen Prozesses. Berlin: Duncker & Humblot, 2017.

Informação bibliográfica deste texto, conforme a NBR 6023:2002 da Associação Brasileira de Normas Técnicas (ABNT):

SARLET, Ingo Wolfgang. Notas acerca do chamado "direito ao esquecimento" na jurisprudência do Superior tribunal de justiça brasileiro. In: ARABI, Abhner Youssif Mota; MALUF, Fernando; MACHADO NETO, Marcello Lavenère (Coord.). *Constituição da República 30 anos depois*: uma análise prática da eficiência dos direitos fundamentais. Estudos em homenagem ao Ministro Luiz Fux. Belo Horizonte: Fórum, 2019. p. 341-358. ISBN 978-85-450-0598-8.

DOAÇÃO DE SANGUE POR HOMENS HOMOSSEXUAIS: UM AVANÇO NECESSÁRIO PARA CONSOLIDAÇÃO DE UMA CONSTITUIÇÃO CADA VEZ MAIS CIDADÃ E SOLIDÁRIA

MARCELLO LAVENÈRE MACHADO NETO
TOMÁS IMBROISI MARTINS

1 Introdução

É inegável que a Constituição Federal promulgada em 1988 constituiu verdadeiro marco histórico na densificação normativa e axiológica dos Direitos Fundamentais, principalmente ao alçar o princípio da dignidade da pessoa humana à condição de verdadeiro postulado jurídico/metanorma, cuja observância se impõe a todos, notadamente à Administração Pública quando do exercício de seus poderes/deveres.

Mais do que isso, não é forçoso dizer que a atividade estatal somente se mostra legítima quando guarda estrita observância ao mencionado princípio, um dos fundamentos basilares da República Federativa do Brasil, nos termos do artigo 1º, III, da Carta Magna.

Nesse contexto, a referida metanorma constitui alguns dos principais instrumentos do operador do direito diante de situações violadoras de direitos fundamentais e tem comprovada a sua eficácia na busca pela igualdade material das minorias, aspecto que nos interessa neste estudo.

Entre outros, um julgamento ocorrido no Supremo Tribunal Federal que muito representa essa eficácia na busca pela igualdade material das minorias ocorreu no âmbito da Ação Direta de Inconstitucionalidade (ADI) nº 4.277 e da Arguição de Descumprimento de Preceito Fundamental (ADPF) nº 132, que reconheceram a união estável para casais do mesmo sexo.

Sete anos após esse histórico julgamento, o STF se depara mais uma vez com uma nova possibilidade de continuar reforçando as garantias constitucionais pactuadas em 1988, cooperando, assim, para solidificação de uma legítima organização, da liberdade e da igualdade dos cidadãos brasileiros. Trata-se do julgamento da ADI nº 5.543.

Como sabido, o Ministério da Saúde e a Agência Nacional de Vigilância Sanitária – ANVISA editaram a Portaria nº 158/2016 e Resolução da Diretoria Colegiada nº 34/2014, respectivamente, regulamentando o procedimento de doação de sangue e estabeleceram restrições a homens homossexuais e bissexuais que tenham tido relação sexual nos últimos 12 (doze) meses com outros homens e/ou suas parceiras.

Em reação ao art. 64, inciso IV, da referida portaria, e ao art. 25, inciso XXX, alínea "d", da mencionada resolução, foi ajuizada Ação Direta de Inconstitucionalidade pelo Partido Socialista Brasileiro – PSB, sob o nº 5.543/DF, que está pendente de julgamento perante o Supremo Tribunal Federal após os votos dos Ministros Edson Fachin, Luiz Fux, Rosa Weber e Luís Roberto Barroso, julgando procedentes os pedidos contidos na ação, e do Ministro Alexandre de Moraes, dando parcial procedência.

Da análise da questão objeto de debate, evidencia-se que a proibição apresenta alguns problemas de justificação, tanto do ponto de vista de política de saúde pública, quanto do ponto de vista constitucional.

O que o presente artigo busca fazer é discutir as questões de saúde pública e constitucionais pertinentes, a fim de analisar se as restrições impostas pelo Ministério da Saúde às doações de sangue de homens que tenham tido relação sexual nos últimos 12 (doze) meses com outros homens e/ou suas parceiras restringem ou não os direitos fundamentais que devem ser garantidos a qualquer cidadão.

Com esse intuito, em um primeiro momento será feita uma breve abordagem do contexto histórico onde essa discussão se insere, passando a uma segunda parte onde serão expostas as questões atinentes à saúde pública que permeiam o debate, para, em um terceiro momento, apresentar as controvérsias constitucionais que motivaram o ajuizamento da ADI nº 5.543/DF.

Para a melhor compreensão do debate, seguem abaixo os atos normativos impugnados:

PORTARIA N. 158/2016 – MINISTÉRIO DA SAÚDE
Art. 64. Considerar-se-á inapto temporário por 12 (doze) meses o candidato que tenha sido exposto a qualquer uma das situações abaixo:
(...)
IV – homens que tiveram relações sexuais com outros homens e/ou as parceiras sexuais destes;[1]

RDC N. 43/2014 – ANVISA
Art. 25. O serviço de hemoterapia deve cumprir os parâmetros para seleção de doadores estabelecidos pelo Ministério da Saúde, em legislação vigente, visando tanto à proteção do doador quanto a do receptor, bem como para a qualidade dos produtos, baseados nos seguintes requisitos:
(...)
XXX – os contatos sexuais que envolvam riscos de contrair infecções transmissíveis pelo sangue devem ser avaliados e os candidatos nestas condições devem ser considerados inaptos temporariamente por um período de 12 (doze) meses após a prática sexual de risco, incluindo-se:
(...)

---

[1] Art. 64. Portaria nº 158/2016 – Ministério da Saúde. Disponível em: <https://www.hemocentro.unicamp.br/dbarquivos/portaria_ms_n_158_de_04_de_fevereiro_2016.pdf>. Acesso em: 25 abr. 2018.

d) indivíduos do sexo masculino que tiveram relações sexuais com outros indivíduos do mesmo sexo e/ou as parceiras sexuais destes;[2]

Como se percebe em uma rápida leitura dos dispositivos impugnados, existe uma clara determinação de que os homens homossexuais, ou que tiverem relações sexuais com as parceiras desses, devem ser considerados inaptos para a doação de sangue pelo período de 12 (doze) meses a partir da última relação sexual.

Dessa forma, como previsto na norma transcrita, qualquer homem que faça parte do grupo descrito e que possua ao menos uma relação sexual por ano com outros homens e/ou as parceiras destes não poderá ser doador de sangue.

Nesse mesmo sentido, qualquer hospital ou banco de coleta de sangue, público ou privado, encontra-se proibido de receber doações de sangue de homens que declarem, durante as entrevistas realizadas antes do procedimento de coleta, ter participado de relações sexuais com outros homens, ou que tiverem relações sexuais com as parceiras destes, nos últimos 12 (doze) meses.

Da leitura de todos incisos que impõem restrição temporal aos doadores, verifica-se que a única hipótese em que há vedação específica a um grupo determinado, e não a um comportamento de risco, é aos *homens homossexuais*.

Seria essa restrição aos homens homossexuais discriminação à orientação sexual dos doadores? Feriria essa restrição algumas das dimensões do princípio da dignidade da pessoa humana e do princípio da igualdade?

Sintetizando bem os questionamentos existentes em torno do caso, Débora Diniz[3] pontuou que uma das principais perguntas a serem respondidas pelo Supremo Tribunal Federal durante o julgamento da ADI nº 5543 consiste em saber se a Constituição Federal "permite que dois homens monogâmicos casados entre si – cuja união foi reconhecida pelo próprio Supremo em 2011 à luz da Constituição – sejam impedidos de doar sangue, enquanto um casal heterossexual monogâmico possa fazê-lo livremente". Há nessa situação um mesmo comportamento sexual. A única diferença é a orientação sexual.

Em outras palavras, seria constitucional impedir a doação de sangue de pessoas unicamente pela preferência sexual que possuem?

2 Contexto histórico

A proibição de doação de sangue por homens homossexuais possui um contexto histórico intrinsecamente ligado ao preconceito e à ignorância, cuja origem remonta à década de 1980, com a rápida disseminação do vírus HIV, causador da Síndrome de Imunodeficiência Adquirida – SIDA, comumente conhecida por seu acrônimo em inglês, AIDS.

À época, diante da completa ausência de informação a respeito das causas e do comportamento do referido vírus, foram adotadas políticas governamentais extremas a fim de tentar controlar o seu contágio, que à época era verificado em maior número

---

[2] Art. 25, XXX, da RDCN. 43/2014 – ANVISA. Disponível em: <http://portal.anvisa.gov.br/documents/10181/2867975/RDC_34_2014_COMP.pdf/283a192e-eee8-42cc-8f06-b5e5597b16bd?version=1.0>. Acesso em: 25 abr. 2018.

[3] DINIZ, Débora. Gays querem (e devem) doar sangue. Disponível em: <http://migre.me/vd21K>. Acesso em: 25 abr. 2018

nas minorias marginalizadas, como usuários de drogas, prostitutas e homossexuais, justamente pelo acesso reduzido à educação e à saúde. Foi a partir daí que surgiu a denominação "grupo de risco", estigmatização infelizmente perpetuada no decorrer dos anos.

Tamanho era o desconhecimento, que o centro americano de controle e prevenção de doenças batizou a SIDA de *4 H Disease* (Doença dos 4 H's[4]): Homossexuais, usuários de Heroína, Hemofílicos e Haitianos.[5] Foi justamente naquele período que as proibições de doação de sangue por homens homossexuais surgiram.

As manifestações de homossexualidade masculina passaram, desde então, a ser relacionadas à AIDS. Como relata Marcondes Júnior:[6]

> A associação da doença com o fenômeno da homossexualidade chegou a tal ponto que a imprensa e opinião pública passaram a se referir à AIDS como GRID (Gay Related Immunedeficiency), ou ainda câncer gay, peste gay ou peste rosa. Criou-se, então, um estigma que certamente repristinou a ideia de homossexualidade como doença.

A partir daí, a estigmatização ligada a doenças sexualmente transmissíveis de minorias, entre as quais os homossexuais, foi se propagando durante décadas em vários países do mundo.

Somente com o avanço da ciência é que os estudiosos perceberam que a "diferenciação" por meio da estigmatização equivocada de "grupos de risco" em nada contribuía para o combate às enfermidades. O foco então passou a ser não mais os grupos de risco, mas sim os comportamentos de risco. Afinal de contas, o que determina se uma pessoa irá transmitir ou não uma DST a seu(sua) companheiro(a) sexual é o fato de a relação ser realizada ou não com o uso de preservativos. Se o(a) parceiro(a) é homem ou mulher não faz diferença quanto à transmissão do vírus ou bactéria.

Em que pese esse esclarecimento feito alguns anos após a disseminação da AIDS, algumas legislações pelo mundo insistem em continuar perpetuando esses antigos estigmas e discriminações. A Portaria nº 158/2016, do Ministério da Saúde, e a Resolução da Diretoria Colegiada nº 34/2014, da ANVISA, parecem infelizmente ser um desses casos.

3 Questões de saúde pública

Em sua manifestação na ADI ora analisada, a Agência Nacional de Vigilância Sanitária – ANVISA justificou a restrição à doação de sangue por homossexuais existente na Resolução da Diretoria Colegiada nº 34/2014 fundamentando-se em evidências epidemiológicas e técnico-científicas, alegando objetivar atingir a maior segurança possível ao receptor de sangue.

Entre outros argumentos levantados, a ANVISA defendeu que algumas instituições, como a Organização Mundial de Saúde (OMS), recomendam a inaptidão de

---

[4] Tradução livre.
[5] COHEN, Jon. Making Headway Under Hellatious Circumstances. Science 313. *Science Magazine*, July, 2006, pp. 470-473.
[6] DIAS JÚNIOR, Marcondes Alves. *A (in)constitucionalidade da restrição de doação de sangue por homens que fazem sexo com outros homens*. 2017. 89 folhas. Monografia (graduação em Direito). Faculdade de Ciências Jurídicas e Sociais, Centro Universitário de Brasília, Brasília, 2017; p. 33.

12 meses para doação de sangue por homens que tiverem relações sexuais com outros homens, em razão de envolverem riscos maiores de infecção por doenças sexualmente transmissíveis.

O envolvimento de riscos maiores em relações homossexuais masculinas dar-se-ia pela maior facilidade de transmissão de doenças sexualmente transmissíveis por meio do sexo anal, o que supostamente seria prática sexual mais comum entre homens. A ANVISA citou ainda a legislação de diversos países que possuem regramentos semelhantes ou mais restritivos do que o do Brasil.

No mesmo sentido que a nota técnica apresentada pela ANVISA, manifestou-se a Advocacia-Geral da União – AGU, que alegou, por meio de parecer, que a legislação impugnada não estigmatiza nem discrimina qualquer grupo de pessoas, apenas reconhece e normatiza comportamentos de risco associados à possibilidade de infecção por doenças transmissíveis por doação de sangue, priorizando assim a segurança e eficácia do sistema de hemoterapia.

Em que pese o caráter aparentemente técnico-científico dos argumentos trazidos pelas entidades defensoras do texto impugnado, algumas inconsistências da defesa apresentada necessitam ser debatidas, tal como foi feito ao longo dos votos dos ministros que já votaram na ADI nº 5.543. Senão, vejamos.

Um dos pontos debatidos no caso em análise está relacionado à restrição temporal de 12 (doze) meses sem relação sexual feita aos homens homossexuais, para que eles possam doar sangue. Tal restrição temporal, caso tivesse algum cabimento lógico que visasse proteger os receptores do sangue doado, deveria estar diretamente relacionada à janela imunológica das doenças sexualmente transmissíveis. Nessa esteira, entende-se por janela imunológica:

> O período entre a infecção e o início da formação de anticorpos específicos contra o agente causador. É o momento em que o indivíduo se torna reagente para um vírus, isto é, sai do status de negativo para o status de positivo para o vírus. Os anticorpos contra determinado agente tornam-se detectáveis pelos testes disponíveis. Geralmente, esse período dura algumas semanas, e o paciente, apesar de ter o agente infeccioso presente em seu organismo, apresenta resultados negativos nos testes para detecção de anticorpos contra o agente.[7]

São esses falsos resultados negativos que tornam inseguros os exames realizados no sangue coletado, gerando assim, riscos aos possíveis receptores do sangue, caso o período da janela imunológica não seja respeitado.

Atualmente, após os avanços da medicina, a janela imunológica foi reduzida de 8 (oito) semanas a apenas 15 (quinze) dias. Desse modo, resta evidente que a restrição de 12 (doze) meses prevista nos dispositivos normativos impugnados pela ADI nº 5543 sequer guarda pertinência com o período acima mencionado, demonstrando assim a irrazoabilidade da legislação brasileira quanto ao assunto. Não há qualquer motivo para impor uma restrição sexual de 12 (doze) meses a um eventual doador, se o risco gerado pela janela imunológica se estende somente a 15 (quinze) dias.

---

[7] "O que é janela imunológica?". Disponível em: http://www.aids.gov.br/pt-br/faq/18-o-que-e-janela-imunologica.> Acesso em: 29 maio 2018.

Ademais, a restrição ora debatida é destinada unicamente aos homens homossexuais ou bissexuais, não havendo referência alguma a práticas sexuais de risco, desconsiderando também o fato de que doadores homossexuais ou bissexuais possam ter parceiro fixo e/ou usar preservativo nas relações sexuais.

Importante destacar, ainda sob a ótica da política de saúde pública, que, para se considerar aptas a doar sangue as pessoas heterossexuais, não se exige a prática de sexo com parceiro fixo ou sequer o uso de preservativo.

Mais que isso, restringe-se a possibilidade de doação de sangue por homens homossexuais, como comentado anteriormente, devido ao argumento de que o sexo anal traria mais riscos de transmissão de DST do que o sexo vaginal. Todavia, esquece a legislação que heterossexuais também praticam sexo anal e que, além disso, o sexo anal pode perfeitamente ser praticado com a devida segurança quando realizado com o uso de preservativo.

Nesse sentido, pronunciou-se a Procuradoria Geral da República em sua manifestação no âmbito da ADI nº 5543:

> Para justificar a proibição de doação de sangue por homens que fazem sexo com outros homens, argumenta-se que a prática de sexo anal traria maiores riscos de transmissão de doenças do que o sexo vaginal. De fato, o risco de transmissão do HIV e de outras doenças venéreas é maior no sexo anal, por maior aptidão da região a pequenos sangramentos e, desse modo, ao contato com sangue contaminado. Contudo, é notório que essa prática sexual não é prerrogativa masculina. Pode fazer parte de relações homo ou heteroafetivas. Risco em relações sexuais desprotegidas existe independentemente da orientação sexual ou gênero dos indivíduos envolvidos.[19] Estudos demonstram, aliás, que parcela substancial de heterossexuais mantém relações sexuais anais e tendem a usar preservativos com menor regularidade, exatamente por não haver risco de concepção indesejada.[20] Por outro lado, possibilidade de contaminação por doenças restará afastada se a prática sexual ocorrer com uso de preservativos. Logo, simples exclusão de candidatos a doação de sangue (hétero ou homossexuais) que, em determinado lapso, hajam praticado relações sexuais desprotegidas (anais ou vaginais), bastaria para alcançar os objetivos pretendidos pelas normas, sem necessidade de impor discriminação pautada em orientação sexual, como fizeram as normas sob exame.

Trata-se, portanto, de uma diferenciação na legislação norteada exclusivamente pela orientação sexual do eventual doador, que em nada guarda relação com as condutas sexuais de risco que ele possa vir a realizar. Pouco importa à legislação impugnada se o doador se protegeu devidamente ou não durante a relação sexual. Importa somente, de forma absolutamente irracional, se ele teve relações com um homossexual ou com pessoas que tiveram relações com esse. Nesse sentido, comentou o Ministro Relator Edson Fachin[8] em seu voto na ADI nº 5.543:

> O fato de um homem praticar sexo com outro homem não o coloca necessária e obrigatoriamente em risco. Pense-se, por exemplo, em relações estáveis, duradouras e protegidas contra doenças sexualmente transmissíveis. Não há em tal exemplo, em princípio, maior risco do que a doação de sangue de um heterossexual nas mesmas condições de relação. No entanto, apenas àquele é vedada a doação de sangue. Há, assim,

---

[8] FACHIN, Luiz Edson; Voto na ADI nº 5543; p. 13; Disponível em <http://portal.stf.jus.br/processos/detalhe.asp?incidente=4996495>. Acesso em: 15 maio 2018.

uma restrição à autonomia privada dessas pessoas, pois se impede que elas exerçam plenamente suas escolhas de vida, com quem se relacionar, com que frequência, ainda que de maneira sexualmente segura e saudável. Da mesma forma, há também, em certa medida, um refreamento de sua autonomia pública, pois esse grupo de pessoas tem sua possibilidade de participação extremamente diminuída na execução de uma política pública de saúde relevante de sua comunidade – o auxílio àqueles que necessitam, por qualquer razão, de transfusão de sangue.

Nota-se, assim, uma exigência de critérios sem embasamento científico, apenas baseada em fundamentos utilitaristas duvidosos, para impossibilitar a doação de homens homossexuais, visto que a exigência de 12 (doze) meses sem relação sexual alguma impossibilita a sua doação e, na mesma toada, sequer exige o sexo seguro das pessoas heterossexuais, o que evidencia uma precaução/proteção deficiente em relação a esse grupo, mormente ao se considerar que o número de portadores de HIV entre os heterossexuais vem crescendo, ao contrário do que ocorre com as pessoas homossexuais.[9]

A entrevista individual do candidato à doação, além de ser subjetiva e suscetível a informações falsas, tem relevância relativizada quando comparada a outros meios de controle da qualidade do sangue, visto que, nos termos do artigo 130, da Portaria nº 158/2016, esse é submetido a exames de alta sensibilidade para detecção de doenças.

Para além disso, tal como comentado por Fachin em seu voto, cumpre registrar que o reconhecimento da inconstitucionalidade da restrição prevista no art. 64, IV, da Portaria nº 158/2016 do Ministério da Saúde, e no art. 25, XXX, "d", da Resolução da Diretoria Colegiada RDC nº 34/2014 da Agência Nacional de Vigilância Sanitária (ANVISA), não acarretaria qualquer prejuízo ou dano aos terceiros receptores de sangue, desde que se apliquem aos homens que fazem sexo com outros homens e/ou suas parceiras "as mesmas exigências e condicionantes postas aos demais candidatos a doadores de sangue, independentemente do gênero ou orientação sexual", devendo as normas reguladoras da doação de sangue estabelecer exigências e condicionantes baseadas não na orientação sexual das pessoas, mas nos comportamentos por elas apresentados.

Conclui-se, portanto, que do ponto de vista da segurança dos procedimentos hemoterápicos, a restrição a "indivíduos do sexo masculino que tiveram relações sexuais com outros indivíduos do mesmo sexo e/ou as parceiras sexuais destes" nos últimos 12 (doze) meses não possui efeito prático algum, pois se baseia tão somente na qualificação discriminatória e estigmatizante do antigamente denominado "grupo de risco", ao passo que não exige a prática de relação sexual segura entre os heterossexuais, critérios evidentemente contraditórios e sem justificativa legal ou científica.

As consequências da permanência dessa legislação são nefastas, não somente aos direitos fundamentais das pessoas alvos da discriminação, mas também ao próprio Sistema de Saúde Brasileiro, que possui uma notória carência de recursos e que se vê obrigado, com as restrições a doações de sangue por homens que tenham tido relação sexual nos últimos 12 (doze) meses com outros homens e/ou suas parceiras, a desperdiçar cerca de 19 (dezenove) milhões de litros de sangue anualmente, o que beneficiaria quase 100 (cem) milhões de brasileiros todos os anos. [10]

---

[9] Boletim Epidemiológico HIV-AIDS – Ministério da Saúde; Secretaria de Vigilância em Saúde; Departamento de DST, Aids e Hepatites Virais – Brasília: 2015, p. 34.

[10] Disponível em: <https://super.abril.com.br/saude/brasil-desperdica-18-milhoes-de-litros-de-sangue-ao-ano-por-preconceito/>. Acesso em: 25 abr. 2018.

4 Questões constitucionais

Sob a ótica constitucional do presente debate, o assunto demonstra ainda mais particularidades, evidenciando a importância da conclusão do julgamento da ADI nº 5.543.

Da análise de toda a situação anteriormente delineada, é facilmente perceptível a contrariedade a diversas normas e princípios constitucionais, dentre os quais merecem destaque a dignidade da pessoa humana, a cidadania, a igualdade e a proporcionalidade.

Como já mencionado, o princípio da dignidade humana, além de vetor interpretativo de toda a ordem jurídica, é também fim em si mesmo na medida em que exige a existência digna do ser humano em suas mais diversas e amplas dimensões.

Nesse sentido é a posição de Ingo Sarlet,[11] que além de apontar as dimensões ontológica, histórico/cultural e social do princípio analisado, destaca a importância das dimensões positiva e negativa, que servem para lhe conferir força normativa:

> Com efeito, a ideia de dignidade da pessoa humana costuma ser desdobrada em diferentes dimensões, visto que, embora a expressiva maioria dos atores e a jurisprudência sigam referindo ser a dignidade da pessoa humana algo inerente ao ser humano, tal entendimento não significa que a dignidade humana tenha uma dimensão exclusivamente natural. Assim, não se pode deixar de reconhecer que, para além de uma dimensão ontológica (mas não necessariamente biológica), a dignidade humana possui uma dimensão histórico-cultural, sendo, em certo sentido, uma noção em permanente construção, fruto do trabalho de diversas gerações da humanidade, razão pela qual estas duas dimensões se complementam e interagem mutuamente. Justamente esta interação deixa ainda mais claro que o fato de considerar-se a dignidade da pessoa humana algo (também) vinculado à própria condição humana não significa ignorar sua necessária dimensão comunitária (ou social); afinal, a dignidade apenas ganha significado em função da inter-subjetividade que caracteriza as relações humanas, cuidando-se, nesta perspectiva, do valor intrínseco atribuído à pessoa pela comunidade de pessoas e no correspondente reconhecimento de deveres e direitos fundamentais. *Além disso, há que destacar o que se convencionou designar de dupla dimensão negativa (defensiva) e positiva (prestacional) da dignidade da pessoa humana, que atua simultaneamente como limite e tarefa dos poderes estatais e da comunidade em geral, de todos e de cada um.* Como limite, a dignidade implica não apenas que a pessoa não possa ser reduzida à condição de mero objetivo da ação própria e de terceiros, como também o fato de que a dignidade gera direitos fundamentais (negativos) contra atos que a violem ou a exponham a graves ameaças, sejam tais atos oriundos do Estado, sejam provenientes de atores privados. Como tarefa, a dignidade implica deveres vinculados de tutela por parte dos órgãos estatais, com o objetivo de proteger a dignidade de todos, assegurando-lhe, também por meio de medidas positivas (prestações), o devido respeito e promoção, assim como decorrem deveres fundamentais (inclusive de tutela) por parte de outras pessoas. (grifos não existentes no original)

Tal compreensão da dignidade da pessoa humana vem sendo exaustivamente trabalhada pelo Supremo Tribunal Federal, podendo ser citado o voto vencedor do

---

Disponível em: <http://drauziovarella.com.br/noticias/ate-quatro-vidas-podem-ser-salvas-com-uma- doacao-de-sangue>. Acesso em: 25 abr. 2018.

[11] SARLET, Ingo Wolfgang. Comentários ao art. 1º, III. In: CANOTILHO, J. J. Gomes; MENDES, Gilmar F; STRECK, Lenio L. (Coord.) *Comentários à Constituição do Brasil*. São Paulo: Saraiva/Almedina, 2013, p. 125.

Ministro Fux, quando do julgamento do Recurso Especial nº 684.442/RS,[12] precedente que relativizou a possibilidade de interrupção de energia elétrica ou água por parte de concessionárias a pessoas em situação de miséria, levando em consideração a indispensabilidade dos serviços para assegurar a dignidade da pessoa humana.

Ainda na dimensão positiva e negativa do referido princípio e como bem delineado no parecer da Procuradoria-Geral da República, "a dignidade da pessoa vincula-se à potencialidade de ela autodeterminar-se livremente. Ao estado incumbe instituir mecanismos jurídicos capazes de resguardar manifestações de vontade decorrentes da autodeterminação (...)".

O direito de autodeterminação, portanto, abarca todos os aspectos do exercício da autonomia individual da pessoa em sua comunidade, de modo que condutas que ameacem a liberdade de orientação sexual e, consequentemente, o exercício dos direitos dela decorrentes devem ser prontamente coibidas pelo Estado, sob pena de corroborar com práticas discriminatórias e violadoras do princípio da igualdade.

O Direito de autodeterminação está intrinsecamente relacionado com a Cidadania, a qual deve ser compreendida não somente como o exercício de direitos e deveres políticos, mas principalmente sociais.

Nesse sentido, destaca-se passagem do voto do Ministro Relator Edson Fachin no âmbito da ADI nº 5.543/DF, no qual se analisa a relação entre a restrição de doação e a violação ao exercício da cidadania:

> Há, assim, uma restrição à autonomia privada dessas pessoas, pois se impede que elas exerçam plenamente suas escolhas de vida, com quem se relacionar, com que frequência, ainda que de maneira sexualmente segura e saudável. Da mesma Forma, há também, em certa medida, um refreamento de sua autonomia pública, pois esse grupo de pessoas tem sua possibilidade de participação extremamente diminuída na execução de uma política pública de saúde relevante de sua comunidade – o auxílio àqueles que necessitam, por qualquer razão, de transfusão de sangue.

O Ministro Relator, em seu voto, salienta ainda que o ato de doar sangue configura:

> manifestação de um elemento da personalidade – o exercício da alteridade mediante o ato de doação de sangue-, o completo aniquilamento de outra faceta da própria personalidade – o exercício da liberdade sexual. Há, nesse quadrante, violação à dignidade inerente a cada sujeito (art. 1º, III, CRFB), que se vê impedido de exercer sua liberdade e autonomia (art. 5º, caput, CRFB) expressadas pelos direitos de personalidade que lhe constituem (sua orientação sexual) para ter um gesto gratuito de alteridade e solidariedade para com seu próximo. Tal moldura normativa também impõe, assim, um tratamento não igualitário injustificado e, portanto, inconstitucional (art. 5º, caput, CRFB).

Portanto, a restrição de direitos com base unicamente na orientação sexual significa, indubitavelmente, reprimir a identificação social e jurídica da pessoa humana,

---

[12] "Embora adote entendimento diverso, no sentido de que o corte de energia, como forma de compelir o usuário ao pagamento de tarifa ou multa, extrapola os limites da legalidade e afronta a cláusula pétrea de respeito à dignidade humana, porquanto o cidadão se utiliza dos serviços públicos posto essenciais para a sua vida. Com efeito, entendo que, hoje, não se pode fazer uma aplicação da legislação infraconstitucional sem passar pelos princípios constitucionais, dentre os quais sobressai o da dignidade da pessoa humana, que é um dos fundamentos da Republica e um dos primeiros que vem prestigiado na Constituição Federal"

na medida em que exclui a titularização de direitos fundamentais personalíssimos, tais como a inviolabilidade da intimidade e da vida privada e a livre orientação sexual.

Nesse contexto, merece destaque a análise feita por Robert Alexy[13] acerca da (i) legitimidade das restrições a direitos fundamentais, visto que a sua própria existência no ordenamento jurídico implica verdadeira restrição à sua própria "restringibilidade", notadamente no que diz respeito à proteção de posições individuais:

> Uma restrição a um direito fundamental somente é admissível se, no caso concreto, aos princípios colidentes for atribuído um peso maior que aquele atribuído ao princípio de direito fundamental em questão. Por isso, é possível afirmar que os direitos fundamentais, enquanto tais, são restrições à sua própria restrição e restringibilidade. O art. 19, §2Q, da Constituição alemã parece estabelecer um limite adicional à restrição e à restringibilidade dos direitos fundamentais ao proibir a afetação desses direitos em seu conteúdo essencial. A interpretação desse dispositivo é polêmica. Deixando de lado as "Variadas nuances do debate, é possível sistematizar as teorias acerca do conteúdo essencial por meio da utilização de dois pares conceituais: de acordo com o primeiro par, as teorias sobre o conteúdo essencial são diferenciadas segundo relacionem a garantia do conteúdo essencial a uma situação subjetiva ou a uma situação objetiva de regulação constitucional; já de acordo com o segundo par, essas teorias são diferenciadas segundo interpretem essa garantia em um sentido absoluto ou relativo. Aqui não interessa uma exposição detalhada acerca da discussão sobre a garantia do conteúdo essencial dos direitos fundamentais. 40 Aqui se pretende apenas mostrar os efeitos da teoria dos princípios nesse âmbito. Em uma de suas primeiras decisões o Tribunal Constitucional Federal deixou em aberto a questão acerca de uma interpretação subjetiva ou objetiva do art. 19, §2Q, da Constituição alemã: "Não é necessário decidir se o art. 19, §2Q, proíbe a privação total de um direito fundamental em um caso específico ou se ele apenas pretende evitar que o núcleo do direito fundamental, enquanto tal, seja afetado, por exemplo, por meio da eliminação da garantia geral ancorada na Constituição". Mas nas decisões que se seguiram o tribunal sempre asso ciou a garantia do conteúdo essencial a posições individuais. Nesse ponto é preciso concordar com o tribunal. Como será analisado adiante, direitos fundamentais são primariamente posições individuais. Se a Constituição estabelece algo tão importante quanto uma proibição de afetação do conteúdo essencial dos direitos fundamentais, então, isso diz respeito no mínimo também a posições de direitos fundamentais individuais".

Noutros termos, o cerceamento e a diminuição da pessoa como sujeito de direitos apenas com base no exercício de um direito personalíssimo subverte a própria teleologia do sistema jurídico à medida que retira a própria substância da pessoa humana, impedindo a sua eficácia apenas com base em valores culturais discriminatórios.[14]

No mesmo sentido restou decidido o seguinte precedente de relatoria do eminente Ministro Luiz Fux:

> AGRAVO REGIMENTAL NO RECURSO EXTRAORDINÁRIO. BENEFÍCIO DE PENSÃO POR MORTE. UNIÃO HOMOAFETIVA. LEGITIMIDADE CONSTITUCIONAL DO RECONHECIMENTO E QUALIFICAÇÃO DA UNIÃO CIVIL ENTRE PESSOAS DO MESMO SEXO COMO ENTIDADE FAMILIAR. POSSIBILIDADE. APLICAÇÃO DAS

---

[13] ALEXY, Robert. *Teoria dos direitos fundamentais*. Trad. Virgílio Afonso da Silva. São Paulo: Malheiros Editores. 2011, p. 295/297.
[14] FACHIN, Luiz Edson. Aspectos jurídicos da união de pessoas do mesmo sexo. In: BARRETTO, Vicente (Coord.) *A nova família*: problemas e perspectivas. Rio de Janeiro: Renovar, 1997, p. 113/118.

REGRAS E CONSEQUÊNCIAS JURÍDICAS VÁLIDAS PARA A UNIÃO ESTÁVEL HETEROAFETIVA. DESPROVIMENTO DO RECURSO. 1. O Pleno do Supremo Tribunal Federal, no julgamento da ADI 4.277 e da ADPF 132, ambas da Relatoria do Ministro Ayres Britto, Sessão de 05/05/2011, consolidou o entendimento segundo o qual a união entre pessoas do mesmo sexo merece ter a aplicação das mesmas regras e consequências válidas para a união heteroafetiva. 2. Esse entendimento foi formado utilizando-se a técnica de interpretação conforme a Constituição para excluir qualquer significado que impeça o reconhecimento da união contínua, pública e duradoura entre pessoas do mesmo sexo como entidade familiar, entendida esta como sinônimo perfeito de família. Reconhecimento que deve ser feito segundo as mesmas regras e com idênticas consequências da união estável heteroafetiva. 3. O direito do companheiro, na união estável homoafetiva, à percepção do benefício da pensão por morte de seu parceiro restou decidida. No julgamento do RE nº 477.554/AgR, da Relatoria do Ministro Celso de Mello, DJe de 26/08/2011, a Segunda Turma desta Corte, enfatizou que "ninguém, absolutamente ninguém, pode ser privado de direitos nem sofrer quaisquer restrições de ordem jurídica por motivo de sua orientação sexual. Os homossexuais, por tal razão, têm direito de receber a igual proteção tanto das leis quanto do sistema político-jurídico instituído pela Constituição da República, mostrando-se arbitrário e inaceitável qualquer estatuto que puna, que exclua, que discrimine, que fomente a intolerância, que estimule o desrespeito e que desiguale as pessoas em razão de sua orientação sexual. (...) A família resultante da união homoafetiva não pode sofrer discriminação, cabendo-lhe os mesmos direitos, prerrogativas, benefícios e obrigações que se mostrem acessíveis a parceiros de sexo distinto que integrem uniões heteroafetivas". (Precedentes: RE n. 552.802, Relator o Ministro Dias Toffoli, DJe de 24.10.11; RE n. 643.229, Relator o Ministro Luiz Fux, DJe de 08.09.11; RE n. 607.182, Relator o Ministro Ricardo Lewandowski, DJe de 15.08.11; RE n. 590.989, Relatora a Ministra Cármen Lúcia, DJe de 24.06.11; RE n. 437.100, Relator o Ministro Gilmar Mendes, DJe de 26.05.11, entre outros). 4. Agravo regimental a que se nega provimento. (RE nº 687432 AgR, Relator(a): Min. LUIZ FUX, Primeira Turma, julgado em 18/09/2012, ACÓRDÃO ELETRÔNICO DJe-193 DIVULG 01-10-2012 PUBLIC 02-10-2012)

Assim sendo, nota-se que o princípio da dignidade da pessoa humana serve também de parâmetro para aferir ofensa a outros direitos fundamentais.

No caso em debate, sobressai a violação ao princípio da igualdade, do ponto de vista formal e, principalmente, material, sendo crucial a utilização da dignidade humana como critério hermenêutico, vetor interpretativo.

A Carta Magna, em seu artigo 5º, *caput*, primeiro dispositivo do Título "Dos Direitos e Garantias Fundamentais", já consigna que "Todos são iguais perante a lei, sem distinção de qualquer natureza,(...)". Tal afirmação constitui verdadeiro comando ao legislador, o qual, no seu exercício de seu mister, não pode incluir fatores discriminatórios e anti-isonômicos. Nessa senda, o mencionado princípio serve como parâmetro de controle de constitucionalidade de normas que façam distinções arbitrárias.[15]

É justamente com base na aferição de "arbitrariedade" que desponta a relevância da igualdade material, conhecida pelo brocardo "tratar os iguais de forma igual, e os desiguais de forma desigual, na medida de sua desigualdade".

Isso porque, em determinados casos, como os das minorias, não basta apenas a igualdade formal perante a lei, sendo necessária a atuação do Poder Público

---

[15] RIOS, Roger Raupp. O princípio da igualdade jurisprudência do Supremo Tribunal Federal: argumentação, força formativa, direito sumular e antidiscriminação. In: SARMENTO, Daniel; SARLET, Ingo Wolfgang. (Coord.). *Direitos fundamentais no Supremo Tribunal Federal*: balanço e crítica. Rio de Janeiro: Lumen Juris. 2011, p. 301.

para promover a sua efetivação de maneira substancial, visto que historicamente discriminados e, assim, merecedores de uma proteção maior para assegurar a titularização de direitos fundamentais básicos.

No caso discutido, o próprio Poder Público torna-se o propagador de desigualdades e discriminações ao editar a Portaria nº 158/2016 e a Resolução da Diretoria Colegiada nº 34/2014, que impossibilita aos homens homossexuais o direito de doarem seu sangue a terceiros, marginalizando e estigmatizando-os assim da sociedade enquanto "sangue sujo".

É o que a doutrina americana conceitua de *Disparate Impact Doctrine* – Discriminação por impacto desproporcional ou adverso.[16] O ex-Ministro do STF, Joaquim Barbosa, em seu livro *Ação afirmativa & Princípio Constitucional da Igualdade*, faz interessante análise da doutrina e realça a sua importância como ferramenta do operador do direito para combater a discriminação indireta, "ou seja, aquela que redunda em desigualdade não oriunda de atos concretos ou de manifestação expressa de discriminação por parte de quem quer que seja, mas de práticas administrativas, empresariais ou de políticas públicas aparentemente neutras, porém dotadas de grande potencial discriminatório".[17]

Ressalta, ainda, que essa constitui um dos meios mais graves de discriminação, visto que, apesar de dotados de aparência de legalidade, possuem o condão de perpetuar situações de desigualdades históricas e culturais, daí a sua denominação, pois apesar de dissimularem situações/normas legítimas, causam lesão desproporcional injustificada a grupo específico de pessoas, quase sempre de minorias.[18]

Dessa forma, as normas impugnadas pela ADIn ora analisadas conseguem, a um só tempo, violar o princípio da igualdade sob ambos os aspectos, à medida que, ao promover discriminações arbitrárias e violar a igualdade formal, piora a situação jurídica daqueles que já são estigmatizados, quando justamente necessitam do contrário, ferindo de morte também o princípio da igualdade material.

A nossa Carta Política confere ao princípio da igualdade patamar relevantíssimo em nosso ordenamento jurídico, sendo responsável, juntamente com o princípio da dignidade da pessoa humana, pela concretização do Estado Social Democrático de Direito.

Nessa linha, Roger Raupp Rios[19] menciona que o desenvolvimento do princípio em debate não se contenta com a mera análise tradicional dicotômica acima realizada, visto que transcende a mera proibição de tratamento arbitrário e a mera exigência de igualdade de tratamento. Evidencia-se, assim, que o princípio da igualdade, quando analisado à luz de nossas realidades social e jurídica, "encerra mandamento constitucional de combate à discriminação, requerendo a superação de situações onde indivíduos e grupos são subordinados, destinatários de tratamento como uma segunda classe de cidadãos", constituindo verdadeiro "direito da antidiscriminação".

---

[16] GOMES, Joaquim Barbosa. *Ação afirmativa e princípio constitucional da igualdade*. Rio de Janeiro: Renovar, 2001, p. 23/26.
[17] GOMES, Joaquim Barbosa. *Ação afirmativa e princípio constitucional da igualdade*. Rio de Janeiro: Renovar, 2001, p. 20.
[18] GOMES, Joaquim Barbosa. *Ação afirmativa e princípio constitucional da igualdade*. Rio de Janeiro: Renovar, 2001, p. 20/23.
[19] RIOS, Roger Raupp. O princípio da igualdade jurisprudencia do Supremo Tribunal Federal: Argumentação, força formativa, direito sumular e antidiscriminação. In: SARMENTO, Daniel; SARLET, Ingo Wolfgang (Coord.). *Direitos fundamentais no Supremo Tribunal Federal:* balanço e crítica. Rio de Janeiro: Lumen Juris. 2011, p. 320.

O Supremo Tribunal Federal, diante da presente ação de inconstitucionalidade ainda em julgamento, possui uma oportunidade importante de reafirmar seu posicionamento de vanguarda na concretização do direito da antidiscriminação, assim como o fez em diversos outros julgados.[20]

É ainda imperioso destacar que essa restrição à doação de sangue por homens homossexuais gera também uma lesão ao direito de ser solidário, levando também por esse motivo à marginalização de um grupo que se vê impedido de realizar um ato de alteridade para com a sociedade na qual se encontra inserido. Nesse sentido, comentou o Ministro Relator em seu voto:

> Não se pode tratar os homens que fazem sexo com outros homens e/ou suas parceiras como sujeitos perigosos, inferiores, restringido deles a possibilidade de serem como são, de serem solidários, de participarem de sua comunidade política. Não se pode deixar de reconhecê-los como membros e partícipes de sua própria comunidade. Isso é tratar tais pessoas como pouco confiáveis para ação das mais nobres: doar sangue. A evitação do receio de doação de sangue possivelmente contaminado há de seguir os mesmos protocolos que acabam por vedar a utilização de sangue de pessoas doadoras que praticaram ou se submeteram a condutas arriscadas e que, portanto, podem ter sido, de alguma forma, expostas à contaminação. É preciso, pois, reconhecer aquelas pessoas, conferir-lhes igual tratamento moral, jurídico, normativo, social. (...) Isso porque se está a exigir, para manifestação de um elemento da personalidade – o exercício da alteridade mediante o ato de doação de sangue –, o completo aniquilamento de outra faceta da própria personalidade – o exercício da liberdade sexual. Há, nesse quadrante, violação à dignidade inerente a cada sujeito (art. 1º, III, CRFB) que se vê impedido de exercer sua liberdade e autonomia (art. 5º, caput, CRFB) expressadas pelos direitos de personalidade que lhe constituem (sua orientação sexual) para ter um gesto gratuito de alteridade e solidariedade para com seu próximo. Tal moldura normativa também impõe, assim, um tratamento não igualitário injustificado e, portanto, inconstitucional (art. 5º caput, CRFB).

O princípio constitucional da solidariedade encontra-se protegido expressamente nos termos do artigo 3º, inciso I, da Constituição, o qual prescreve com clareza que "constitui objetivo fundamental da República Federativa do Brasil construir uma sociedade livre, justa e solidária". Assim, negar aos homens homossexuais o direito de ser solidário ao doar sangue, significa impedir a própria "Constituição Cidadã" de concretizar um dos pilares da sociedade que se objetiva alcançar quando da efetivação/implementação diária do texto constitucional no mundo empírico.

Segundo Bodin de Moraes,[21] o princípio constitucional da solidariedade se identifica com o próprio princípio da dignidade humana, compondo seu núcleo, visto que o princípio da solidariedade visa possibilitar, a todos, formas de se atingir uma vida minimamente digna, construindo, desta feita, uma sociedade livre e justa, onde não existam nem excluídos ou marginalizados.

---

[20] ADI nº 4277 e ADPF nº 132 (união estável entre pessoas do mesmo sexo); ADC nº 41 (lei de cotas); ADI nº 4275 (alteração do nome social sem necessidade de cirurgia); RE nº 646721 e RE nº 878694 (regime sucessório entre companheiros).

[21] MORAES, Maria Celina Bodin de. Conceito de dignidade humana: substrato axiológico e conteúdo normativo. In: SARLET, Ingo. *Constituição, direitos fundamentais e direito privado*. Porto Alegre: Livraria do Advogado Editora, 2003, p. 140.

Por fim, importante a análise da inconstitucionalidade das normas debatidas sob o prisma do princípio da proporcionalidade, pois, ainda que houvesse conflito entre direitos fundamentais, tal questão seria prontamente solucionada, senão vejamos.

Isso porque, à luz da Teoria da Ponderação, desenvolvida por Robert Alexy,[22] todo e qualquer conflito grave entre princípios fundamentais, assim denominados de "Hard Cases", pode ser solucionado após o sopesamento dos valores envolvidos em três etapas, quais sejam, a adequação, a necessidade e a proporcionalidade em sentido estrito.

Para o teórico, a adequação consiste em verificar se a medida ou o ato adotado é eficiente para atingir o fim buscado, isto é, deve haver uma relação de congruência entre o ato praticado e a finalidade almejada, mostrando-se meio idôneo e útil ao objetivo perseguido. Por sua vez, a análise da necessidade perpassa pela utilização, entre as medidas possíveis, da menos gravosa ao princípio fundamental para atingir o resultado pretendido. A terceira e última etapa, denominada proporcionalidade em sentido estrito, representa a ponderação, propriamente falando, entre os custos necessários e os possíveis benefícios atingidos com a medida adotada, de modo a possibilitar a avaliação, pelo operador do direito, se os sacrifícios aos demais direitos fundamentais são justificáveis, do ponto de vista racional, frente ao bem protegido. Caso a resposta seja negativa em alguma das citadas etapas, a medida ou o ato possuirá o vício de inconstitucionalidade.

Ao aplicar a referida Teoria da Ponderação ao presente caso, é facilmente perceptível que as normas impugnadas falham em todos os aspectos do princípio da proporcionalidade.

Como reiterado ao longo do presente estudo, as normas objeto de debate proíbem a doação de sangue por homens que tenham praticado sexo com outros homens e/ou as parceiras desses por um período de 12 (doze) meses, com o intuito de proteger a integridade da saúde daqueles que necessitam de transfusão sanguínea.

Pois bem, a proibição de doação de sangue em razão da orientação sexual não se mostra adequada para proteger o bem tutelado, pois, como explicado, o comportamento de risco é que representa ameaça a lisura dos procedimentos hemoterápicos, pouco importando a orientação do candidato a doador. Ademais, entre as medidas possíveis para evitar contaminação por doenças sexualmente transmissíveis, a única que possui eficácia comprovada é a prática de sexo seguro, com camisinha, entre pessoas, pouco importando a natureza da relação sexual praticada, visto que impede o contato direto e, por conseguinte, a contaminação. Quanto à proporcionalidade em sentido estrito, melhor sorte não assiste aos artigos contestados, visto evidenciados os danos, não somente para a política de saúde pública brasileira, que possui deficiência notória de sangue em seus bancos de sangue, mas, principalmente, a todas as esferas da dignidade da pessoa humana, o que certamente não pode ser tolerado.

Conclusões

Como restou explanado anteriormente, o preconceito disseminado aos homens homossexuais, enquadrando-os como "grupo de risco" de transmissores do HIV, ganhou força principalmente na década de 1980, com a rápida disseminação da AIDS.

---

[22] ALEXY, Robert. Colisão de direitos fundamentais e realização de direitos fundamentais no Estado de direito democrático. *Revista de Direito Administrativo – RDA*, n. 217, p. 67-79, jul./set. 1999.

Pela ignorância informacional sobre a doença existente naquela época, os homens homossexuais e outros grupos marginalizados foram estigmatizados como possuindo "sangue contaminado" e sofreram inúmeras restrições legais ao redor do mundo que os impediam de exercer seu direito de doar sangue como qualquer outro cidadão.

Com o desenvolvimento da ciência médica e a disseminação de informação acerca da AIDS, mudou-se também o entendimento sobre os riscos de transmissão da doença. Os estudiosos passaram a, acertadamente, compreender que o risco de transmissão não se encontrava em determinados "grupos de pessoas", mas sim em determinadas "condutas/comportamentos" durante o ato sexual. Dessa forma, passou a haver um maior processo educacional acerca de quais condutas seriam seguras e recomendáveis durante as relações sexuais para se evitar a transmissão de DSTs.

Com isso, foram revistas em várias legislações pelo mundo as restrições que impediam os homens homossexuais de exercer seu direito de doar sangue a terceiros. Em sentido contrário, ao progresso da compreensão científica experimentada nos últimos anos, a legislação brasileira, por meio da edição da Portaria nº 158/2016, do Ministério da Saúde, e da Resolução da Diretoria Colegiada nº 34/2014, da ANVISA, insistiu em manter restrições discriminatórias a "homens que fazem sexo com outros homens, ou com mulheres que fazem sexo com estes", impedindo-os de doarem sangue, caso houvessem tido uma relação sexual entre si nos últimos 12 (doze) meses.

De forma elogiável, o Partido Socialista Brasileiro – PSB ajuizou no STF a ADI de nº 5543, a fim de lograr a decretação de inconstitucionalidade dos dispositivos discriminatórios existentes na Portaria e na Resolução acima mencionadas.

Iniciado o julgamento, foram favoráveis à procedência dos pedidos da ADI os votos dos Ministros Edson Fachin (Relator), Luiz Fux, Rosa Weber e Luís Roberto Barroso, e pela parcial procedência o voto do Ministro Alexandre de Moraes.

O presente artigo buscou contribuir ao debate ainda em julgamento no STF expondo e explicando os evidentes acertos que fazem a votação possuir até o momento um elástico placar favorável à procedência da ADI. Esse tipo de estudo se faz necessário, tendo em vista os atuais tempos de insegurança jurídica que atravessam as garantias constitucionais e os direitos fundamentais no atual cenário político e democrático que atravessa o país. É preciso que as garantias e os direitos fundamentais sejam continuamente reforçados em sua efetivação. O Supremo Tribunal Federal é, sem dúvidas, a instituição com maior responsabilidade para continuar concretizando e permanentemente protegendo os princípios constitucionais promulgados em 1988.

Após o julgamento da Ação Direta de Inconstitucionalidade nº 4.277 e da Arguição de Descumprimento de Preceito Fundamental nº 132, que reconheceram a união estável para casais do mesmo sexo, este talvez seja o julgamento mais importante envolvendo os direitos fundamentais dos cidadãos homoafetivos. É imperioso que não seja dado nenhum passo atrás.

Cumpre, por fim, rememorar o que questionou Ayres Britto em seu voto após o julgamento acima mencionado, que reconheceu a união estável para casais de mesmo sexo: "Quem ganha com a equiparação postulada pelo homoafetivos? Os homoafetivos. Quem perde? Ninguém perde. Os homoafetivos não perdem, os heterossexuais não perdem, a sociedade não perde". As mesmas respostas se aplicam ao presente caso. Os homens homoafetivos ganham. Todos os cidadãos, de todas as orientações sexuais, ganham com mais sangue disponível para transfusão. Ninguém perde.

Ao final, ganha substancialmente também a Constituição, que se vê ainda mais efetivada no plano empírico, permitindo a construção de uma sociedade cada vez mais justa, digna, solidária e livre, tal como restou previsto em 1988. Tal como devemos implementá-la continuamente, até que todo e qualquer cidadão tenha seus direitos devidamente protegidos.

Referências

ALEXY, Robert. Colisão de direitos fundamentais e realização de direitos fundamentais no Estado de direito democrático. *Revista de Direito Administrativo – RDA*, n. 217, p. 67-79, jul./set. 1999.

ALEXY, Robert. *Teoria dos direitos fundamentais*. Trad. Virgílio Afonso da Silva. São Paulo: Malheiros Editores. 2011.

COHEN, Jon. Making Headway Under Hellatious Circumstances. Science 313. *Science Magazine*, July, 2006. Acesso em 25 abr. 2018.

DIAS JÚNIOR, Marcondes Alves. *A (in)constitucionalidade da restrição de doação de sangue por homens que fazem sexo com outros homens*. 2017. 89 folhas. Monografia (graduação em Direito). Faculdade de Ciências Jurídicas e Sociais, Centro Universitário de Brasília, Brasília, 2017.

DINIZ, Débora. Gays querem (e devem) doar sangue. Disponível em: <http://migre.me/vd21K>. Acesso em 25 abr. 2018

FACHIN, Luiz Edson; Voto na ADI nº 5543. Disponível em <http://portal.stf.jus.br/processos/detalhe.asp?incidente=4996495>. Acesso em 15 maio 2018.

FACHIN, Luiz Edson. Aspectos jurídicos da união de pessoas do mesmo sexo. In: BARRETTO, Vicente (Coord.) *A nova família*: problemas e perspectivas. Rio de Janeiro: Renovar, 1997.

GOMES, Joaquim Barbosa. *Ação afirmativa e princípio constitucional da igualdade*. Rio de Janeiro: Renovar, 2001.

MORAES, Maria Celina Bodin de. Conceito de dignidade humana: substrato axiológico e conteúdo normativo. In: SARLET, Ingo. *Constituição, direitos fundamentais e direito privado*. Porto Alegre: Livraria do Advogado Editora, 2003.

RIOS, Roger Raupp. O princípio da igualdade jurisprudência do Supremo Tribunal Federal: argumentação, força formativa, direito sumular e antidiscriminação. In: SARMENTO, Daniel; SARLET, Ingo Wolfgang. (Coord.). *Direitos fundamentais no Supremo Tribunal Federal*: balanço e crítica. Rio de Janeiro: Lumen Juris. 2011.

SARLET, Ingo Wolfgang. Comentários ao art. 1º, III. In: CANOTILHO, J. J. Gomes; MENDES, Gilmar F; STRECK, Lenio L. (Coord.) *Comentários à Constituição do Brasil*. São Paulo: Saraiva/Almedina, 2013.

Informação bibliográfica deste texto, conforme a NBR 6023:2002 da Associação Brasileira de Normas Técnicas (ABNT):

MACHADO NETO, Marcello Lavenère; MARTINS, Tomás Imbroisi. Doação de sangue por homens homossexuais: um avanço necessário para consolidação de uma Constituição cada vez mais cidadã e solidária. In: ARABI, Abhner Youssif Mota; MALUF, Fernando; MACHADO NETO, Marcello Lavenère (Coord.). *Constituição da República 30 anos depois*: uma análise prática da eficiência dos direitos fundamentais. Estudos em homenagem ao Ministro Luiz Fux. Belo Horizonte: Fórum, 2019. p. 359-374. ISBN 978-85-450-0598-8.

JURISDIÇÃO PRÓ-MAJORITÁRIA? MAIS UMA TIPOLOGIA DAS FUNÇÕES DO STF SOB A CONSTITUIÇÃO DE 1988[1]

PEDRO FELIPE DE OLIVEIRA SANTOS

Prólogo

A luz vermelha acende no semáforo. Os carros imediatamente param. Os pedestres atravessam a avenida principal do centro da metrópole, apressados para alcançar o outro lado da via, onde a massa dos trabalhadores do transporte público, em greve, realiza uma manifestação. Outros transeuntes tentam se desviar dos manifestantes, mas alguns acabam se misturando à multidão, que exige que os patrões efetivem o reajuste previsto na convenção coletiva. "Chega de prometer direitos, queremos concretizações", uma das faixas denuncia.

A alguns metros dali, vindo em direção contrária, estudantes protestam contra a lei que restringiu o direito à meia-passagem no transporte público para o período de aulas escolares. Policiais preveem um possível tumulto e tomam posições. Transeuntes já apressam o passo, tentando sair do epicentro das manifestações. Um jornalista aguarda no canto da calçada para entrar ao vivo no jornal local, logo após encerrada a entrevista de um dos proprietários de empresa de ônibus, que se encontra em estúdio afirmando que a crise econômica impede a efetivação dos direitos dos trabalhadores.

Um dos manifestantes acessa o conteúdo da entrevista via aplicativo de celular e grita: "Greve ou morte!". A multidão infla. Os dois protestos se encontram. Os policiais tentam restabelecer a ordem, enquanto os manifestantes adentram a avenida e param o tráfego. Um motorista reclama: "eu tenho direito de passar". Ninguém lhe dá atenção.

As redes sociais repercutem os protestos. A polarização entre os internautas é evidente. Discursos inflamados tomam as *timelines*, que também veiculam vídeos da reação truculenta da polícia em relação aos manifestantes. O jornal das 23 horas noticia

---

[1] Agradeço os comentários e as gentis colaborações de revisão de Andrea Magalhães, Sophia Guimarães, Yuri Sena, Gabriel Fonseca e Paulo Henrique Neto.

que a polícia finalmente controlou os manifestantes, não sem impedir que mais de trinta pessoas fiquem feridas. Manifestantes são presos.

Novamente nas redes sociais, pessoas convocam protestos para o dia seguinte, e assim sucessivamente: dez mil pessoas no primeiro dia; cem mil pessoas no segundo; quinhentas mil no terceiro. Outras cidades do país aderem ao movimento. As demandas são direitos: "direitos, direitos, direitos: justamente aqueles prometidos na Constituição", gritam os líderes.

Uma senhora que a tudo assiste pela televisão pergunta: "Minha neta, que constituição é essa que tanto falam?"; "É uma promessa, minha avó, uma promessa distante".

1 Introdução

Constituições regulam a alocação futura do poder político.[2] No exercício dessa tarefa, colocam-se como pontos focais de coordenação, de cooperação e de consideração recíproca entre os mais diversos agentes que estrategicamente interagem no curso do processo político.[3]

Historicamente, em momentos de transição democrática, *constituições* transferem poder de um grupo minoritário controlador (*stakeholders*) para a parcela restante dos cidadãos (grupos majoritários), equalizando a participação política de ambos por meio de reformas estruturais que tornem ou criem instituições mais inclusivas.[4]

Nesse ponto, para que tenham chances mínimas de durabilidade, uma das principais estratégias adotadas pelas constituições democráticas consiste na construção de um capital político inicial, decorrente da veiculação de um compromisso *crível* de que políticas públicas majoritárias – em benefício da maioria dos cidadãos, e não apenas de grupos privilegiados – serão adotadas a partir da respectiva promulgação. Afinal, em regra, transições democráticas não consistem em momentos de tranquilidade institucional, em que uma elite iluminada espontaneamente manifesta interesse em adotar regimes redistributivos.[5] Ao contrário, consistem em situações de conflito, em que controladores se sentem ameaçados por grupos majoritários que transitoriamente detêm o poder político *de facto*, e, portanto, encontram-se em condições de barganha para a obtenção de alterações estruturais.[6] A melhor solução desse jogo estratégico aproxima-se do "dilema do prisioneiro".[7] Controladores enxergam na postura

---

[2] Sobre a função das constituições como organizadoras do processo político e racionalizadoras do poder político absoluto, vide Tom Ginsburg, *Constitutional Endurance*, IN Tom Ginsburg & Rosalind Dixon (Organ.), *Comparative Constitutional Law* (Edward Elgar, 2011, p. 112).

[3] Robert Axeldrod & Michael Cohen, *Harnessing Complexity: Organizational Implications of a Scientific Frontier* (Basic Books, 2000); Robert Jervis, *System Effects: Complexity in Political and Social Life* (Princeton University Press, 1997).

[4] O conceito de transição democrática como a realocação de poderes entre *stakeholders* e grupos majoritários é desenvolvido pelos professores Daron Acemoglu e James Robinson na obra *Economic Origins of Dictatorship and Democracy* (Cambridge University Press, 2006). Vide também exemplos de transições inclusivas com reformas estruturais narradas por Daron Acemoglu e James Robinson, em *Why Nations Fail: The Origins of Power, Prosperity, and Poverty* (Profile Books, 2012).

[5] Daron Acemoglu e James Robinson, *Economic Origins of Dictatorship and Democracy* (Cambridge University Press, 2006, p. 19).

[6] *Id.*, p. 20.

[7] Vide Robert Axelrod, *The Complexity of the Cooperation: Agent-Based Models of Competition and Collaboration* (Princeton University Press, 1997, 25).

cooperativa a resposta que *a)* evita/minora os custos imprevisíveis de revoluções e de golpes, *b)* mantém o *status quo* de seu controle sobre o Estado; e *c)* reduz as fricções do processo político. Nesse sentido, aceitam estabelecer instituições mais inclusivas e realizar transições democráticas. Igualmente, grupos majoritários também enxergam na postura cooperativa a resposta que minora os custos imprevisíveis de rupturas drásticas no processo político.[8] Consequentemente, elevam-se as chances de que aceitem as mudanças institucionais propostas, desde que efetivamente as enxerguem como capazes de gerar benefícios em prol da maioria da população. Uma vez celebrado o acordo entre os agentes conflitantes, devolve-se o poder *de facto* ao grupo minoritário controlador.

Na segunda metade do século XX, seguem essa tendência as transições democráticas percebidas na África pós-descolonização, na América do Sul pós-desmilitarização e na Europa Oriental pós-soviética. Nesses três casos, as mudanças de regime foram acompanhadas pela promulgação ou pela reforma de constituições escritas, as quais albergavam três circunstâncias interseccionadas: *a)* o estabelecimento de instituições políticas inclusivas; *b)* o enxerto de direitos fundamentais das mais variadas dimensões (civis, políticos, sociais, coletivos, transindividuais etc.); e *c)* a implantação ou o fortalecimento da jurisdição constitucional, especialmente com a criação de Cortes Constitucionais.

Uma vez justapostos, esses três pilares pretenderam funcionar como garantes de um ambiente de estabilidade, como que capazes de disciplinar e de racionalizar a distribuição dos recursos escassos ou limitados – materiais e imateriais –, e as eventuais disputas dela decorrentes. Esse complexo torna-se, assim, um conjunto de pontos focais de incentivos de coordenação política.

No entanto, como documentos que operam imersos no tempo e na cultura política – e deles também recebe influxos –, as *constituições* têm capital político fluido. Nesse ponto, a respectiva legitimidade varia consoante a crença difusa dos cidadãos de que os compromissos nelas elencados encontram-se em cumprimento, ou *em vias de* cumprimento[9] – isto é, as instituições nelas previstas entregam o resultado que prometem.[10] Em outras palavras, a percepção de essas instituições não atuarem pró-majoritariamente, mas indevidamente em benefício de grupos privilegiados (*stakeholders*), gera descrédito sobre a sua capacidade de organizar e de equilibrar a alocação de poderes, implicando déficit de legitimidade constitucional.

Perceba-se que essa descrição não coincide com o enfoque que, em geral, as teorias normativas introjetadas pela Filosofia Política fornecem ao *constitucionalismo*. Nas últimas décadas, construiu-se um discurso de relativa oposição entre *democracia* e *constitucionalismo*, de modo que esse último deveria funcionar como instância de estabilização do primeiro. Como condição *sine qua non* para a proteção dos direitos fundamentais, o constitucionalismo deveria adotar enfoque eminentemente contramajoritário, como forma de se contrapor ao caráter majoritário do regime democrático. Nesse ponto, os beneficiários prioritários dessa tarefa pertenceriam a

---

[8] Daron Acemoglu e James Robinson, *Economic Origins of Dictatorship and Democracy* (Cambridge University Press, 2006, p. 27).

[9] Vide Tom Ginsburg, *Constitutional Endurance*, IN Tom Ginsbirg & Rosalind Dixon (Organ.), *Comparative Constitutional Law* (Edward Elgar, 2011, p. 116).

[10] Daryl Levinson, *Parchments and Politics: The Constitutional Puzzle of Constitutional Commitment*, 124 Harvard Law Review 658 (2011), p. 701.

camadas sociais invisibilizadas ou marginalizadas, com nulo ou restrito acesso aos feixes protetivos de normatividade que a Constituição irradia.

Esse mesmo enfoque prescritivo foi direcionado à jurisdição, como pilar da complexidade constitucional essencial à construção da força normativa de suas normas, a qual decorre, em grande parte, dos incentivos que a coercibilidade das decisões judiciais emite a todos os agentes, contribuindo para a formação do seu compromisso constitucional. Também sob a ótica prescritiva, caberia à jurisdição constitucional contrabalancear as pautas das instituições representativas – potencialmente majoritárias – em prol dos interesses de grupos minoritários.

No entanto, estudos empíricos da ciência política frustram essa proposta. Exemplificadamente, verificações na Colômbia,[11] no Brasil[12] e nos Estados Unidos[13] comprovam que, ao contrário do que prescrevem as teorias normativas do Direito Constitucional, Supremas Cortes e Cortes Constitucionais desses países atuam precipuamente em viés majoritário – tanto para sustentar pautas de instituições representativas, como para balizar interesses de grupos políticos majoritários –, tendo perfil contramajoritário apenas em caráter excepcional.

À luz dessas reflexões, e partindo do estudo de caso da transição democrática que conduziu o Brasil à Constituição Federal de 1988, o presente trabalho revisita a relação entre constitucionalismo, direitos fundamentais e jurisdição constitucional, para apresentar a seguinte hipótese tripartida: (i) como instituição política ancilar às constituições democráticas, a jurisdição exerce papel fundamental na coordenação do processo político e no equilíbrio de forças entre os mais diversos grupos, o que demanda às Cortes o exercício de funções majoritárias e político-institucionais; (ii) por sua vez, essas duas pautas constituem condição *sine qua non* para que as Cortes construam o capital político necessário para que atuem, pontualmente, em caráter contramajoritário; (iii) seja no exercício das funções majoritárias e político-institucionais, seja no exercício da função contramajoritária, as cortes podem proteger e concretizar direitos fundamentais, definindo o seus conteúdo e limites.

À luz dessa hipótese, oferece-se uma tipologia de funções institucionais exercidas pela jurisdição constitucional, cujas categorias encontram-se intimamente

---

[11] Vide Daniel Bonilla Maldonado (ed.), *Constitutionalism of the Global South: the Activist Tribunals Of India, South Africa, And Colombia* (Cambridge University Press, 2014); David Landau, *Political Institutions and Judicial Role in Comparative Constitutional Law*, 51 Harvard International Law Journal 319 (2010); Katharine G. Young, *A Typology of Economic and Social Rights Adjudication: Exploring the Catalytic Function of Judicial Review*, 8(3) Int'l J. Const. L. 385 (2010).

[12] Juliano Zaiden Benvindo e Alexandre Araújo Costa, *A Quem Interessa o Controle Concentrado de Constitucionalidade: o Descompasso entre Teoria e Prática na Defesa dos Direitos Fundamentais*, Working Paper, Universidade de Brasília (April 1, 2014). Available at SSRN: https://ssrn.com/abstract=2509541. or http://dx.doi.org/10.2139/ssrn.2509541

[13] Matthew E. K. Hall and Joseph Daniel Ura, "Judicial Majoritarianism," The Journal of Politics 77, no. 3 (July 2015): 818-832. "For decades, constitutional theorists have confronted the normative problems associated with judicial review by an unelected judiciary; yet some political scientists contend that judicial review actually tends to promote majoritarian interests. We evaluate the majoritarian nature of judicial review and test the political foundations that shape this process. To do so, we construct a statute-centered data set of every important federal law enacted from 1949 through 2008 and estimate the probability of a law being challenged and subsequently invalidated by the Supreme Court. Our methodological approach overcomes problems of selection bias and facilitates a test of judicial majoritarianism and the mechanisms that drive that behavior. We find that the Court tends to invalidate laws with little support from elected officials and that this pattern is primarily driven by the justices' concern for congressional constraint during the certiorari stage". Vide também Richard H. Pildes , "Is the Supreme Court a "Majoritarian" Institution?," *The Supreme Court Review* 2010 (January 2011): 103-158.

interligadas: *a)* função pró-majoritária, em que o Poder Judiciário baliza pautas de instituições representativas integrantes do compromisso da transição democrática (exemplificadamente, políticas públicas sociais), bem como temas de interesse de grupos majoritários; *b)* função político-institucional, em que o Poder Judiciário tenta desobstruir canais do processo político e prover os atores com incentivos de aderência institucional; e *c)* função contramajoritária, em que o Poder Judiciário resolve conflitos morais e sociais complexos. Nenhuma dessas descrições é exclusiva, uma vez que há frequente superposição de casos entre essas categorias, embora cada uma delas disponha de características essenciais.

O restante do artigo se divide em três partes. Primeiro, problematizam-se as constituições e a jurisdição constitucional como instituições políticas – e não meramente jurídicas –, de modo a se analisarem os realinhamentos discursivos que essa perspectiva exige. Segundo, a partir dessas premissas teóricas, descrevem-se as funções que efetivamente a jurisdição constitucional realiza, e como cada uma delas relaciona-se à aplicação dos direitos fundamentais. Terceiro, oferece-se uma taxonomia de casos julgados pelo Supremo Tribunal Federal, à luz das funções descritas na seção anterior.

2 Constituições e jurisdição constitucional como instituições políticas

O constitucionalismo moderno tem sido um dos projetos mais bem-sucedidos e duradouros de controle garantístico do poder político. Símbolo essencial desse empreendimento são as leis básicas de racionalização de poderes estatais e de garantia de direitos fundamentais, denominadas *constituições*, que, a partir desse modelo, assumem centralidade nos mais diversos regimes políticos. Especialmente a partir dos séculos XIX e XX, várias nações adotaram *constituições escritas* que seguiram a estrutura que Jeffrey Goldsworthy denominou de modelo democrático de constitucionalismo: *(i)* eleições democráticas para os Poderes Executivo e Legislativo; *(ii)* previsão de direitos fundamentais; *(iii)* Poder Judiciário independente, com competência para resolver conclusivamente conflitos; e *(iv)* previsão de procedimentos legislativos mais rigorosos para alterações constitucionais.[14] Atualmente, 191 cartas escritas vigoram no mundo,[15] o que consiste em evidência irrefutável de que esse *design* estrutural se tornou preponderante.

Simultaneamente à consolidação das *constituições*, a jurisdição constitucional ascendeu como *locus* estruturado para a resolução de controvérsias relativas à interpretação e à aplicação de suas normas. Não se trata de mera coincidência histórica, mas de fenômenos interligados por vigoroso vínculo de causalidade. Essa relação se intensificou a partir da segunda metade do século XX, com o recrudescimento do discurso de direitos humanos na comunidade internacional, em reação às atrocidades cometidas durante a Segunda Guerra Mundial e à ressaca totalitarista.

Símbolo do movimento contrário ao trinômio fascismo-nazismo-imperialismo foi a reafirmação de que "todos os indivíduos nascem livres e iguais em dignidade e em direitos", que inaugura a Declaração Universal dos Direitos Humanos (DUDH)

---

[14] Jeffrey Goldsworthy, *Questioning the Migration of Constitutional Ideas: rights, constitutionalism and the limits of convergence*. In: The Migration of Constitutional Ideas. Cambridge: Cambridge University Press, 2006. P. 116.

[15] Vide https://www.constituteproject.org/search?lang=en (Pesquisado em 13 de junho de 2018).

de 1948. Por meio do resgate das ideias iluministas e humanistas que remontam ao constitucionalismo moderno, esse documento reforçou a abstrata noção do ser humano como sujeito de direitos dotado de um plexo de relações jurídicas que lhe resguardam a liberdade de agir e a igualdade de oportunidades, ambos tematizados como elementos centrais de um *standard* mínimo de *dignidade*. Assim como no nascedouro do constitucionalismo moderno, essa dicção consistiu em nova tentativa de controle garantístico do poder político e, por isso mesmo, dirigiu-se primordialmente contra os Estados, enquanto executores, das maiores atrocidades contra indivíduos já realizadas durante a Segunda Guerra.

A DUDH, embora formalmente sem eficácia normativa, consistiu em marco do Direito Internacional que repercutiu sensivelmente no conteúdo dos constitucionalismos domésticos, em um momento crucial em que vários países adotavam constituições escritas – tal como as nações africanas e asiáticas recém-descolonializadas – ou renovavam constituições – tal como as nações europeias. Destacam-se dois pontos essenciais. Primeiro, esse documento introjetou a categoria *dignidade humana* no vocabulário jurídico e na agenda das democracias liberais, sob a forma de *sobreprincípio constitucional*. Segundo, esse documento apresentou um catálogo de direitos inerentes à identidade humana, os quais compõem o núcleo essencial de proteção dos sujeitos. A partir de então, esse catálogo foi paulatinamente incorporado pelos textos constitucionais, em maior ou menor escala, sob as mais diversas formas – direitos fundamentais, direitos programáticos, cartas de direitos etc.

Tais movimentos históricos decorreram do consenso de que a proteção da dignidade humana demandaria a inexorável articulação cooperativa entre instituições domésticas e internacionais. Ganha força o discurso de constitucionalismo como instância de estabilização da democracia, em que o primeiro deveria funcionar para o resguardo de um núcleo mínimo de direitos fundamentais.

Esse foco no caráter contramajoritário da jurisdição operou adaptações nos planos institucional e discursivo do constitucionalismo.

No plano institucional, o *design* de alocação de poderes e de funções entre os diversos atores políticos e instituições é formal e informalmente redefinido para reequilibrar os espaços de participação dos mais diversos grupos. Como sintoma dessa influência, as constituições escritas, a partir da segunda metade do século XX, expandiram o escopo da *judicial review*. A criação de cortes constitucionais na Alemanha (1951), na Bélgica (1980), na Hungria (1989), na África do Sul (1993) e em outros cinquenta países, durante a segunda metade do século XX, é reflexo direto desse fator. Por outro lado, mesmo em países que já dispunham de jurisdição constitucional, percebeu-se o incremento das funções de *judicial review* durante o mesmo período. Esse fato ocorreu no Brasil, com o advento da Constituição de 1988 e das emendas subsequentes, que ampliaram a jurisdição do Supremo Tribunal Federal no âmbito do controle de constitucionalidade.

No plano discursivo, reformulou-se completamente a dinâmica e a linguagem da resolução dos conflitos envolvendo questões morais complexas. Adotou-se um estilo de argumentação conhecido como *rights-based approach*, por meio da qual os direitos – notadamente os direitos humanos – ultrapassaram a sua tradicional função ético-pragmática, para adquirir maior relevância no plano normativo. A partir de então, a jurisdição chama para si a tarefa de implementar os direitos previstos nas constituições escritas em sua máxima efetividade, seja garantindo a respectiva concretização para grupos desfavorecidos, seja determinando a redistribuição do respectivo gozo entre eventuais titulares concorrentes. Nesse sentido, os *direitos* transformam-se no cerne vocabular da argumentação jurídica, perdendo o seu caráter absoluto e reinventando-se como categorias flexíveis e ponderáveis. Nesse ínterim, o *trade off* entre os direitos de liberdade e de igualdade transforma-se na escala argumentativa de solução dos conflitos constitucionais.

De maneira geral, as recém-criadas Cortes Constitucionais arrogaram para si a função protetiva dos direitos fundamentais, na medida em que concebidas como instituições de guarda da própria Constituição. Para tanto, na função de intérpretes últimas das normas constitucionais – ao menos no discurso que as próprias Cortes passaram a propalar –, assumiram o papel de árbitros da mediação entre constitucionalismo e democracia – contramajoritariedade e majoritariedade –, definindo os contornos concretos de exercício dos direitos fundamentais. Por esse modelo, caberia às Cortes extrair das abstrações normativas constitucionais os direitos concretos atribuíveis aos cidadãos.

No entanto, percebe-se profundo dissenso entre o discurso jurídico que se produz acerca das funções que a jurisdição constitucional *deve desempenhar* e os achados empíricos acerca das funções que a jurisdição constitucional *efetivamente desempenha*. Estudos recentes realizados no Brasil,[16] na Colômbia[17] e nos Estados Unidos,[18] por exemplo, demonstram que decisões contramajoritárias do Poder Judiciário consistem em exceção – e não regra. Nesses países, há evidências de que a jurisdição constitucional mais atua para salvaguardar *direitos fundamentais* de grupos majoritários do que de grupos marginalizados. No caso brasileiro, de 1988 a 2012, o controle concentrado de constitucionalidade privilegiou interesses corporativos de servidores públicos e pautas institucionais de órgãos governamentais; no caso colombiano, as intervenções judiciais para a concretização de direitos sociais previstos na Constituição daquele país beneficiaram cidadãos de classe média, e não das classes menos favorecidas; no caso americano, cortes tendem a invalidar leis com pouco suporte legislativo.

Para além de se afirmar que as Cortes Constitucionais não estão adimplindo as dicções normativas da Filosofia Política, no sentido de que a atuação da jurisdição constitucional apenas se justifica se e quando contramajoritária, este trabalho propõe uma problematização mais refinada: a jurisdição constitucional efetivamente comporta a contramajoritariedade como missão principal?

Responder essa indagação demanda revisitar a relação entre *constituições*, *jurisdição constitucional* e *direitos fundamentais*, mas não sob a perspectiva normativista do Direito Constitucional ou da Filosofia Política. Partir de descrições acuradas acerca de como efetivamente funcionam esses três pilares do constitucionalismo ajuda a entender as reais missões que a jurisdição constitucional tem operado.

---

[16] Juliano Zaiden Benvindo e Alexandre Araújo Costa, *A Quem Interessa o Controle Concentrado de Constitucionalidade: o Descompasso entre Teoria e Prática na Defesa dos Direitos Fundamentais*, Working Paper, Universidade de Brasília (April 1, 2014). Available at SSRN: https://ssrn.com/abstract=2509541. or http://dx.doi.org/10.2139/ssrn.2509541.

[17] David Landau, *Political Institutions and Judicial Role in Comparative Constitutional Law*, 51 Harvard International Law Journal 319 (2010); David Landau, *The Reality of Social Rights Enforcement*, 53 Harvard International Law Journal, 2012, 191.

[18] Matthew E. K. Hall and Joseph Daniel Ura, "Judicial Majoritarianism," The Journal of Politics 77, no. 3 (July 2015): 818-832.

Nesse ponto, faz-se necessário estabelecer duas premissas teóricas que norteiam essa análise.

Primeiro, constituições e jurisdição constitucional são instituições políticas e, portanto, devem ser problematizadas como tal.[19] Estudos jurídicos comumente negligenciam esse ponto, tratando-as como se elas fossem ontologicamente distintas das demais instituições políticas – Poder Legislativo, Poder Executivo, sufrágio universal secreto etc. Essa diferenciação espraia-se inclusive quanto ao quesito legitimidade. Para instituições políticas em geral, há relativo consenso quanto à relação entre legitimidade e formação de compromissos de aderência funcional, os quais decorrem da interação entre agentes e instituições. No entanto, para as ditas instituições *jurídicas*, o compromisso dos cidadãos para com as normas constitucionais e para com as decisões judiciais consistiria em mera obrigação moral intrínseca, decorrente do valor ético de autoridade racionalmente justificado. Assim, a normatividade da constituição e da jurisdição constitucional é erroneamente presumida como uma característica emergente do complexo de interação de normas jurídicas, tal como se delas derivasse por geração espontânea, o que não se confirma na prática dos achados empíricos. Exemplificadamente, as teorias de interpretação constitucional ou de decisão judicial aderem a essa lógica. As prescrições de comportamentos judiciais (minimalismo, originalismo etc.) seguem justificativas alinhadas a valores filosóficos de alto teor ético, epistemologicamente justificadas, mas realisticamente com baixíssimo grau de efetiva capacidade de disciplina da prática judicial.

Essa perspectiva puramente *jurídica* despreza que o compromisso dos cidadãos em obedecer às normas constitucionais e às decisões judiciais não decorre de uma obrigação *intrínseca*, mas exsurge de um complexo processo *externo* a essas instituições – mas a elas tangente. Nessa cadeia, todos os cidadãos funcionam como agentes estratégicos, que atribuem normatividade à Constituição e às decisões judiciais a partir de capacidade delas de coordenar as interações entre eles mesmos, entre eles e as instituições, e entre as próprias instituições, gerando cooperação e considerações de ganhos recíprocos no curso do processo político.[20] Por isso mesmo, não se avalia nenhuma *constituição* sob o aspecto funcional sem a verificação macrossistêmica de sua capacidade de regulação efetiva do processo político-democrático. Para tanto, observam-se os incentivos e os desincentivos que cada uma dessas instituições entrega aos agentes, e consequentemente o modo como cada um desses personagens reage e se adapta aos estímulos recebidos, afastando-se ou se aproximando dos seus compromissos constitucionais.

Segundo, constituições e jurisdição constitucional não se encontram necessariamente no centro de coordenação do processo político. Embora exerçam funções relevantes para habilitação e disciplina do processo político, é necessário desvincular, desde logo, qualquer visão juricêntrica que conduza à premissa de que essas instituições sejam centrais, necessárias e únicas para o alcance do resultado de racionalização do poder político.[21] A depender da cultura política em análise, podem

---

[19] Daryl Levinson, *Parchments and Politics: The Constitutional Puzzle of Constitutional Commitment*, 124 Harvard Law Review 658 (2011), p. 701.

[20] *Id*, p. 706.

[21] Sobre a ideia de falsa necessidade, vide Roberto Mangabeira Unger, False Necessity: Anti-Necessitarian Social Theory in the Service of Radical Democracy (London: Verso, 2002).

ser percebidos outros mecanismos informais ou formais de controle social igualmente – ou mais – eficientes para esse mister (mídia, religião, capital econômico etc.). Ademais, processo político e poder político independem de *constituições* para operarem na vida social. Eles preexistem ao Estado e se adaptariam contingencialmente sem ele.

Em suma, *constituições* e *jurisdição constitucional* consistem em instituições políticas tanto quanto o *processo legislativo* e o *sufrágio universal*. Nesse sentido, como qualquer outra, constroem a sua legitimidade de acordo com a sua capacidade de prover o processo político com pontos focais de coordenação que tornem os agentes mais cooperativos e conscientes das possibilidades de considerações/ganhos recíprocos. Concretamente, faz-se com que eles aproximem/substituam as suas estratégias pessoais pelo compromisso de obediência constitucional, incrementando-se a própria normatividade do sistema.

3 Para além da jurisdição constitucional contramajoritária: proteção de direitos fundamentais na pauta majoritária?

No curso do processo político, agentes encontram-se continuamente em competição, disputando recursos escassos – materiais ou imateriais. Na ausência de ordem constitucional – ou de qualquer complexidade que cumpra missão similar –, grupos de agentes se sobrepõem mais facilmente uns sobre os outros, na medida em que acumulam poder político *de facto*. Se há anomia, ao menos do ponto de vista formal, tende a prevalecer o critério da força física.

Se tomarmos o conceito proposto por Acemoglu de democracia como igualdade política,[22] dificilmente serão encontrados ambientes democráticos nesse contexto. Como ensina Foucault, relações de poder decorrem de desequilíbrios, de diferenças, de desigualdades e de fragmentações; relações de poder são intencionais e, portanto, nenhum poder é exercido sem alvos e sem objetivos.[23] Esse quadro de anomia constitucional é propício não para o alcance de igualdade política, mas decerto para a acentuação de diferenças entre as diversas estratégias dos agentes em conflito, o que favorece o surgimento de relações de dominação de uns sobre os outros.

Por isso mesmo, eventual movimentação para um ambiente mais democrático demandaria muito mais do que um senso de obrigação moral dos atores sociais, especialmente aqueles controladores do poder político. Pelo contrário, nessa quadra, os *stakeholders* não dispõem de qualquer incentivo para empreender uma transição democrática, com vistas, por exemplo, ao estabelecimento de uma ordem constitucional.

Nesse sentido, torna-se inviável se cogitar de uma transição democrática empreendida sob plena estabilidade, ou resultado de comum acordo sem qualquer tensionamento político.[24] Dificilmente serão encontradas evidências de fatos históricos similares à formação do contrato social de Leviatã. Em uma releitura realista desse discurso, "diz-se que um Estado foi instituído quando uma multidão de homens concorda e pactua, cada um com cada um dos outros", mas não sem antes de uma grave

---

[22] Daron Acemoglu e James Robinson na obra *Economic Origins of Dictatorship and Democracy* (Cambridge University Press, 2006), p. 17.

[23] Michel Foucault. *The History of Sexuality*. New York: Pantheon Books, 1978. Print, p. 94

[24] Daron Acemoglu e James Robinson na obra *Economic Origins of Dictatorship and Democracy* (Cambridge University Press, 2006), p. 25.

ameaça de grupos majoritários sobre os grupos controladores, "que a qualquer homem ou assembleia de homens a quem seja atribuído pela maioria o direito de representar a pessoa de todos eles (ou seja, de ser seu representante), todos sem exceção [...] deverão autorizar todos os atos e decisões desse homem ou assembleia de homens, [...]".[25]

Constituições consistem em instituições que pretendem habilitar e disciplinar o processo político, originariamente imbuído de conflito e de competitividade, sob a crença de que comportamentos mais cooperativos e reciprocamente considerados de todos os agentes gerariam estabilidade política capaz de proporcionar um ambiente seguro para o desenvolvimento econômico. Nesse sentido, as constituições instituem uma figura denominada poder político *de jure*, que ficticiamente reproduz todos os vetores de poder político *de facto*, e o distribui, precipuamente por meio de três tarefas.

A primeira tarefa consiste no estabelecimento de instituições políticas inclusivas. Exemplificadamente, o sufrágio secreto universal, a cidadania passiva, o processo eleitoral, o processo legislativo com participação popular, a jurisdição constitucional com procedimentos de participação popular – *amici curiae*, audiências públicas etc. – permitem um maior equilíbrio entre grupos controladores e *stakeholders*. Essa equalização se manifesta de duas formas: *a)* pela efetiva participação de cidadãos nesses eventos, e *b)* pela vinculação identitária, a partir do senso de pertencimento de um grupo majoritário.

A segunda tarefa consistiu na transformação de vários elementos da esfera axiológica em *direitos fundamentais*.

No princípio, não havia *direitos*; havia *valores*. Em cada sociedade, a adequada distribuição de recursos escassos – materiais e imateriais – necessários à vida humana informou a construção de normas comunitárias que disciplinavam a atuação dos círculos informais de controle social. O complexo emergente da interação contínua entre os agentes, e entre os agentes e essas normas e as demais instituições conformou a cultura política de cada povo.

Na medida em que instituídos, os Estados capturaram vários dos elementos axiológicos de suas respectivas culturas políticas e os oficializaram como *direitos*. Para tanto, cristalizaram a solução de conflitos morais complexos sobre os quais havia relativo consenso – propriedade privada, liberdade de expressão, domicílio, etc. A adoção estratégica desses pré-compromissos institucionais garantiu estabilidade e segurança aos agentes, permitindo que eles avançassem em seus empreendimentos políticos e econômicos a partir de um *standard* mínimo de proteção jurídica.[26]

---

[25] Thomas Hobber, *Leviatã*. Ed. Martin Claret, São Paulo, 2006.

[26] Sobre os pré-compromissos institucionais, ou pré-compromissos estratégicos, vide Sunstein, Cass. Constitutionalism and Secession. *The University of Chicago Law Review*, Vol. 58, No. 2, Approaching Democracy: A New Legal Order for Eastern Europe. (Spring, 1991), pp. 633-670. P. 638: "Some rights are entrenched because of a belief that they are in some sense pre- or extra-political, that is, because individuals ought to be allowed to exercise them regardless of what majorities might think. [...]But many of the rights that are constitutionally entrenched actually derive from the principle of democracy itself. Their protection from majoritarian processes follows from and creates no tension with the goal of self-determination through politics. The precommitment strategy permits the people to protect democratic processes against their own potential excesses or misjudgments. The right to freedom of speech and the right to vote are familiar illustrations. Constitutional protection of these rights is not at odds with the commitment to self-government but instead a logical part of it"; "The system of separation of powers, for example, does not merely constrain government, but also helps to energize it, and to make it more effective, by creating a healthy division of labor. This was a prominent argument during the framing period in America. A system in which the executive does not bear the burden of adjudication may well

Com o paradigma do Estado moderno, esse processo se intensificou por meio das *constituições*, que elevaram vários desses direitos a uma categoria especial, os *direitos fundamentais*. A criação de direitos fundamentais expandiu o conjunto de interesses e de demandas de grupos que passaram a ser tutelados pelo Estado, nos mais diversos graus (seja pela imposição de abstenção estatal – garantindo-se ao particular total liberdade na execução de suas atividades –, seja pela regulação, seja pela prestação de serviços públicos). Esse processo de transformação de interesses de grupos em *direitos fundamentais* atingiu ápice nos últimos setenta anos, quando o globo testemunhou uma verdadeira revolução de direitos, das mais diversas ordens e dimensões – do direito à intimidade ao direito à tecnologia, do direito à moradia ao direito à felicidade –, evidenciada nos níveis político e discursivo.

Politicamente, atores e movimentos sociais ocuparam todos os espaços e instâncias do processo político, na tentativa de expor e de emplacar os interesses e as demandas de grupo que defendiam. Das ruas às casas legislativas, da academia às cortes, nenhuma arena foi poupada; cada espaço consiste em ativo conveniente e importante para a criação de um *direito fundamental*. A academia produz discursos científicos sobre o tema; as casas legislativas criam o próprio direito; as Cortes podem funcionar como atalho na hipótese em que as casas legislativas travam as discussões sobre determinados temas mais progressistas etc.

Discursivamente, atores e movimentos sociais estrategicamente racionalizaram e universalizaram demandas de grupos, reafirmando-as como interesse indistinto de toda a sociedade.[27] A reinvindicação dos estudantes negros em ter acesso às mesmas escolas dos estudantes brancos passa a ser apresentada como *direito à igualdade de acesso à educação*; o interesse de grupos feministas na descriminalização do aborto reafirma-se como *direito à autonomia reprodutiva*; a demanda de grupos transgêneros na alteração do registro de nascimento veicula-se como *direito ao nome*.[28] Por óbvio, essa tática facilitou o convencimento de pessoas externas aos grupos respectivamente interessados, relativamente à essencialidade do *interesse* que se tentava emplacar. Afinal, aumenta-se a probabilidade de se despertar a empatia de terceiros quando eles se percebem como titular do mesmo direito reclamado por outro agente.

Em suma, a *linguagem dos direitos* tornou-se veículo flexível para a formulação de interesses e demandas, assumindo carga argumentativo-retórica essencial para a formalização de necessidades que grupos específicos apresentam como pleitos.[29]

---

strengthen the executive by removing from it a task that frequently produces public opprobrium. Indeed, the entire framework might enable rather than constrain democracy, not only by creating an energetic executive but, more fundamentally, by allowing the sovereign people to pursue a strategy, against their government, of divide and conquer. So long as it is understood that no branch of government is actually "the people," a system of separation of powers can allow the citizenry to monitor and constrain their inevitably imperfect agents. In general, the entrenchment of established institutional arrangements enables rather than merely constrains present and future generations by creating a settled framework under which people may make decisions". Vide também Pedro Felipe de Oliveira Santos e Luiz Fux. Constituições e cultura política: para além do constitucionalismo contramajoritário. In: George Salomão Leite; Marcelo Novelino; Lilian Rose Lemos Rocha (Org.). *Liberdade e fraternidade*: a contribuição de Ayres Britto para o Direito. Salvador: Juspodivm, 2017, p. 47-62.

[27] Duncan Kennedy, "The Critique of Rights in Critical Legal Studies", Left Legalism/Left Critique, Janet Halley, Wendy Brown (Duke University Press, 2012), p. 194.

[28] *Id*, p. 195.

[29] *Id*, p. 195.

No entanto, na prática, *direitos fundamentais* tornaram-se categoria demasiadamente ampla, a abarcar valores que tangenciam funções estatais não apenas ligadas a questões contramajoritárias ou a direitos de minorias marginalizadas, mas decerto políticas públicas de amplo atendimento estatal.

A terceira tarefa consistiu na expansão da jurisdição constitucional. Conforme enuncia Daryl Levinson, "a eficácia do compromisso constitucional depende largamente, senão inteiramente, da execução judicial das regras e dos direitos constitucionais".[30] Ao tempo em que as Cortes Constitucionais passam a ser garantes das *constituições democráticas*, elas assumem papel ancilar na função daquela de regular a alocação do poder político, de reduzir o tensionamento do processo político e de estabilizar compromissos democráticos. Ademais, o fortalecimento do poder judicial nas transições democráticas desidratou relativamente o processo político, permitindo que os atores políticos levassem mais temas às cortes.

No entanto, análises jurídicas sobre a expansão da jurisdição constitucional comumente superdimensionam o aspecto contramajoritário e negligenciam esse aspecto político-institucional. Na verdade, o poder das cortes de intervir diretamente na vida dos agentes, por meio de injunções e de execuções, das mais fracas às mais fortes, contribui, direta e indiretamente, para a construção da normatividade constitucional (embora não seja fator exclusivo). A atuação judicial entrega aos agentes incentivos e desincentivos que os levam a se aproximar ou a se afastar de suas estratégias pessoais para aderir às suas funções institucionais; fixa interpretação das normas constitucionais; define o conteúdo dos direitos fundamentais; define limites dos direitos; cria direitos a partir de abstrações constantes da constituição etc.

Para o alcance desse mister, constituições democráticas precisam veicular um compromisso *crível* de que políticas públicas majoritárias – em benefício da maioria dos cidadãos, e não apenas de grupos privilegiados – serão adotadas a partir da respectiva promulgação.

No entanto, como documentos que operam imersos no tempo e na cultura política – e deles também recebe influxos –, as *constituições* têm capital político fluido. Nesse ponto, a respectiva legitimidade varia consoante a crença difusa dos cidadãos de que os compromissos nelas elencados encontram-se em cumprimento, ou *em vias de* cumprimento[31] – isto é, as instituições nelas previstas entregam o resultado que prometem.[32] Em outras palavras, a percepção de essas instituições não atuam pró-majoritariamente, mas indevidamente em benefício de grupos privilegiados (*stakeholders*), gera descrédito sobre a sua capacidade de organizar e de equilibrar a alocação de poderes, implicando déficit de legitimidade constitucional.

Em suma, justapondo os três mecanismos de alocação de poderes das normas constitucionais, tem-se que o constitucionalismo descritivamente opera duas perspectivas – majoritária e político-institucional – que parecem assumir relevo pouco problematizado, inclusive como pressuposto de atuação da perspectiva contramajoritária,

---

[30] Daryl Levinson, *Parchments and Politics: The Constitutional Puzzle of Constitutional Commitment*, 124 Harvard Law Review 658 (2011), p. 733.

[31] Vide Tom Ginsburg, *Constitutional Endurance*, IN Tom Ginsburg & Rosalind Dixon (Organ.), *Comparative Constitutional Law* (Edward Elgar, 2011, p. 116).

[32] Daryl Levinson, *Parchments and Politics: The Constitutional Puzzle of Constitutional Commitment*, 124 Harvard Law Review 658 (2011), p. 701.

tida como a principal. As conclusões alcançadas nesta e na seção anterior permitem apresentar uma tipologia descritiva da efetiva atuação da jurisdição constitucional, o que será feito a partir do estudo de caso brasileiro.

4 Uma nova tipologia de funções para a jurisdição constitucional: o Supremo Tribunal Federal sob a égide da Constituição de 1988

Nesta seção, oferece-se uma tipologia descritiva de casos julgados pelo Supremo Tribunal Federal sob a égide da Constituição de 1988, marco que simbolizou a última transição democrática ocorrida no Brasil.

Se a Constituição Federal e o Supremo Tribunal Federal consubstanciam-se instituições políticas, decerto é que, ao menos de maneira geral, eles constroem a sua legitimidade da mesma forma que as demais instituições políticas brasileira. Conforme Daryl Levinson, a lógica de coordenação que as instituições operam, elemento central do conceito de legitimidade, decorre em grande parte do resultado difuso que elas produzem em longo prazo, em benefício dos grupos majoritários.[33]

Essa afirmação de Levinson, emprestada da ciência política, ajuda muito a embasar os achados empíricos que enunciam que as cortes constitucionais atuam mais em favor de grupos majoritários e de pautas governamentais, legitimando políticas públicas em ou pautas corporativas, do que propriamente de grupos minoritários. Essa evidência desafia em absoluto todas as teorias normativas do constitucionalismo moderno, que pregam uma perspectiva eminentemente contramajoritária e, portanto, uma jurisdição constitucional igualmente contramajoritária.

Essas decisões formam o primeiro conjunto de casos de nossa taxonomia, a *pauta pró-majoritária*, que em muito contribui para a formação do capital político da corte e da sua estabilidade institucional. Por meio das decisões majoritárias, a corte angaria respeitabilidade, credibilidade e apoio das principais forças políticas. Perceba-se que não se adota aqui a presunção da normatividade da Constituição, bem como da obediência da população às decisões do Poder Judiciário. Ao contrário da maioria dos estudos jurídicos, parte-se da premissa de que esses elementos são construídos continuamente pelas instituições políticas.

Outrossim, uma distinção deve ser realizada: *pauta pró-majoritária* não é sinônimo de *populismo judicial*, embora possa haver relação contingente entre as duas situações. Em regra, o primeiro caso abarca duas situações: (i) pautas de instituições representativas integrantes do compromisso da transição democrática (exemplificadamente, pautas de governo e políticas públicas gerais, que afetam a maioria da população); e (ii) agendas de grupos majoritários. Por sua vez, o segundo caso consiste no desvio político, por parte da corte, para atingir determinada solução majoritária em um dado caso concreto, com o precípuo fim de angariar apoio popular ou capital político.

Nesse ponto, uma crítica injusta – a nosso sentir – é afirmar que a *pauta majoritária* do Supremo Tribunal Federal sempre gera déficit de proteção aos direitos fundamentais, ou sempre se enquadra em hipótese de populismo judicial. Afinal, decidir em caráter

---

[33] Daryl Levinson, *Parchments and Politics: The Constitutional Puzzle of Constitutional Commitment*, 124 Harvard Law Review 658 (2011), p. 735.

majoritário não necessariamente significa descuidar de direitos fundamentais ou seguir deliberadamente a opinião pública. Na primeira hipótese, exemplificadamente, ao sustentar a constitucionalidade de uma política pública que beneficia grande parcela da população, está o STF a definir a forma e o conteúdo dos direitos fundamentais envolvidos, sem que isso possa implicar violação direta ou indireta de direitos fundamentais de grupos minoritários. Há inclusive direitos fundamentais que decorrem diretamente do princípio democrático e, portanto, são majoritários, como enuncia Cass Sunstein.[34] Na segunda hipótese, nem todos os casos que são levados ao Supremo Tribunal Federal efetivamente referem-se à concretização de direitos de minorias (em clara dissonância, marginalização ou invisibilidade em relação ao direito das maiorias). Ademais, ao contrário de outros sistemas jurídicos, tal como o norte-americano, o nosso Supremo Tribunal Federal não detém controle rígido sobre as controvérsias por ele julgadas, de modo que não há filtro absoluto sobre as agendas – majoritárias ou contramajoritárias – que alcançarão a corte.

Pautas majoritárias recorrentemente recaem sobre o controle de constitucionalidade de políticas públicas, nas hipóteses em que o STF acaba fornecendo suporte às agendas governamentais e a planos estatais estratégicos em geral. Exemplificadamente, cita-se a ADC nº 9, em que o STF declarou constitucional a fixação de metas de consumo de energia elétrica e o regime especial de tarifação estabelecido em medida provisória, considerada a crise de energia elétrica de 2001[35] ou o julgamento da ADI nº 3.367, que considerou constitucional a criação do Conselho Nacional de Justiça.[36] Ainda pendente

---

[34] Sunstein, Cass. Constitutionalism and Secession. *The University of Chicago Law Review*, Vol. 58, No. 2, Approaching Democracy: A New Legal Order for Eastern Europe. (Spring, 1991), pp. 633-670. P. 638: "Some rights are entrenched because of a belief that they are in some sense pre- or extra-political, that is, because individuals ought to be allowed to exercise them regardless of what majorities might think. [...]But many of the rights that are constitutionally entrenched actually derive from the principle of democracy itself. Their protection from majoritarian processes follows from and creates no tension with the goal of self-determination through politics. The precommitment strategy permits the people to protect democratic processes against their own potential excesses or misjudgments. The right to freedom of speech and the right to vote are familiar illustrations. Constitutional protection of these rights is not at odds with the commitment to self-government but instead a logical part of it";

[35] "AÇÃO DECLARATÓRIA DE CONSTITUCIONALIDADE. MEDIDA PROVISÓRIA nº 2.152-2, DE 1º DE JUNHO DE 2001, E POSTERIORES REEDIÇÕES. ARTIGOS 14 A 18. GESTÃO DA CRISE DE ENERGIA ELÉTRICA. FIXAÇÃO DE METAS DE CONSUMO E DE UM REGIME ESPECIAL DE TARIFAÇÃO. 1. O valor arrecadado como tarifa especial ou sobretarifa imposta ao consumo de energia elétrica acima das metas estabelecidas pela Medida Provisória em exame será utilizado para custear despesas adicionais, decorrentes da implementação do próprio plano de racionamento, além de beneficiar os consumidores mais poupadores, que serão merecedores de bônus. *Este acréscimo não descaracteriza a tarifa como tal, tratando-se de um mecanismo que permite a continuidade da prestação do serviço, com a captação de recursos que têm como destinatários os fornecedores/concessionários do serviço. Implementação, em momento de escassez da oferta de serviço, de política tarifária, por meio de regras com força de lei,* conforme previsto no artigo 175, III da Constituição Federal. 2. Atendimento aos princípios da proporcionalidade e da razoabilidade, tendo em vista a preocupação com os direitos dos consumidores em geral, na adoção de medidas que permitam que todos continuem a utilizar-se, moderadamente, de uma energia que se apresenta incontestavelmente escassa. 3. Reconhecimento da necessidade de imposição de medidas como a suspensão do fornecimento de energia elétrica aos consumidores que se mostrarem insensíveis à necessidade do exercício da solidariedade social mínima, assegurada a notificação prévia (art. 14, §4º, II) e a apreciação de casos excepcionais (art. 15, §5º). 4. Ação declaratória de constitucionalidade cujo pedido se julga procedente" (ADC nº 9, Relator(a): Min. NÉRI DA SILVEIRA, Relator(a) p/ Acórdão: Min. ELLEN GRACIE, Tribunal Pleno, julgado em 13/12/2001, DJ 23/04/2004)

[36] "1. AÇÃO. Condição. Interesse processual, ou de agir. Caracterização. Ação direta de inconstitucionalidade. Propositura antes da publicação oficial da Emenda Constitucional nº 45/2004. Publicação superveniente, antes do julgamento da causa. Suficiência. Carência da ação não configurada. Preliminar repelida. Inteligência do art. 267, VI, do CPC. Devendo as condições da ação coexistir à data da sentença, considera-se presente o interesse

de julgamento, pode-se citar a ADI que questiona a constitucionalidade do programa *Mais Médicos*.

Em relação ao suporte de agendas de grupos majoritários, um exemplo significativo consiste na ADI e no recurso extraordinário em sede de repercussão geral que questionam a constitucionalidade das leis que regulamentam os serviços de transportes por aplicativo (Caso Uber). O caso envolve evidente discussão de direitos fundamentais, mas passa ao largo de se referir a direitos de minorias desempoderadas ou invisibilizadas. Ademais, caso a Corte opte por privilegiar o valor *livre mercado*, acolhendo a inconstitucionalidade das leis restritivas desses serviços, adotaria decisão extremamente popular, em benefício da classe média e das classes mais privilegiadas (empreendedoras e usuárias do transporte).

Uma segunda categoria é a *pauta político-institucional*. Trata-se de um conjunto de casos em que o STF atua para desobstruir canais do processo político, bem como para prover os atores políticos com incentivos adequados para que aproximem as suas estratégias pessoais das funções institucionais que desempenham. Esses conflitos envolvem não apenas o que se passou a designar de *megapolítica* – aspectos nucleares

---

processual, ou de agir, em ação direta de inconstitucionalidade de Emenda Constitucional que só foi publicada, oficialmente, no curso do processo, mas antes da sentença. 2. INCONSTITUCIONALIDADE. Ação direta. Emenda Constitucional nº 45/2004. Poder Judiciário. *Conselho Nacional de Justiça. Instituição e disciplina. Natureza meramente administrativa. Órgão interno de controle administrativo, financeiro e disciplinar da magistratura. Constitucionalidade reconhecida.* Separação e independência dos Poderes. História, significado e alcance concreto do princípio. Ofensa a cláusula constitucional imutável (cláusula pétrea). Inexistência. Subsistência do núcleo político do princípio, mediante preservação da função jurisdicional, típica do Judiciário, e das condições materiais do seu exercício imparcial e independente. Precedentes e súmula 649. Inaplicabilidade ao caso. Interpretação dos arts. 2º e 60, §4º, III, da CF. Ação julgada improcedente. Votos vencidos. *São constitucionais as normas que, introduzidas pela Emenda Constitucional nº 45, de 8 de dezembro de 2004, instituem e disciplinam o Conselho Nacional de Justiça, como órgão administrativo do Poder Judiciário nacional.* 3. PODER JUDICIÁRIO. Caráter nacional. Regime orgânico unitário. Controle administrativo, financeiro e disciplinar. Órgão interno ou externo. Conselho de Justiça. Criação por Estado membro. Inadmissibilidade. Falta de competência constitucional. Os Estados membros carecem de competência constitucional para instituir, como órgão interno ou externo do Judiciário, conselho destinado ao controle da atividade administrativa, financeira ou disciplinar da respectiva Justiça. 4. PODER JUDICIÁRIO. Conselho Nacional de Justiça. Órgão de natureza exclusivamente administrativa. Atribuições de controle da atividade administrativa, financeira e disciplinar da magistratura. Competência relativa apenas aos órgãos e juízes situados, hierarquicamente, abaixo do Supremo Tribunal Federal. Preeminência deste, como órgão máximo do Poder Judiciário, sobre o Conselho, cujos atos e decisões estão sujeitos a seu controle jurisdicional. Inteligência dos art. 102, caput, inc. I, letra "r", e §4º, da CF. O Conselho Nacional de Justiça não tem nenhuma competência sobre o Supremo Tribunal Federal e seus ministros, sendo esse o órgão máximo do Poder Judiciário nacional, a que aquele está sujeito. 5. PODER JUDICIÁRIO. Conselho Nacional de Justiça. Competência. Magistratura. Magistrado vitalício. Cargo. Perda mediante decisão administrativa. Previsão em texto aprovado pela Câmara dos Deputados e constante do Projeto que resultou na Emenda Constitucional nº 45/2004. Supressão pelo Senado Federal. Reapreciação pela Câmara. Desnecessidade. Subsistência do sentido normativo do texto residual aprovado e promulgado (art. 103-B, §4º, III). Expressão que, ademais, ofenderia o disposto no art. 95, I, parte final, da CF. Ofensa ao art. 60, §2º, da CF. Não ocorrência. Arguição repelida. Precedentes. Não precisa ser reapreciada pela Câmara dos Deputados expressão suprimida pelo Senado Federal em texto de projeto que, na redação remanescente, aprovada de ambas as Casas do Congresso, não perdeu sentido normativo. 6. PODER JUDICIÁRIO. Conselho Nacional de Justiça. Membro. Advogados e cidadãos. Exercício do mandato. Atividades incompatíveis com tal exercício. Proibição não constante das normas da Emenda Constitucional nº 45/2004. Pendência de projeto tendente a torná-la expressa, mediante acréscimo de §8º ao art. 103-B da CF. Irrelevância. Ofensa ao princípio da isonomia. Não ocorrência. Impedimentos já previstos à conjugação dos arts. 95, §único, e 127, §5º, II, da CF. Ação direta de inconstitucionalidade. Pedido aditado. Improcedência. Nenhum dos advogados ou cidadãos membros do Conselho Nacional de Justiça pode, durante o exercício do mandato, exercer atividades incompatíveis com essa condição, tais como exercer outro cargo ou função, salvo uma de magistério, dedicar-se a atividade político-partidária e exercer a advocacia no território nacional." (ADI nº 3.367, Relator(a): Min. CEZAR PELUSO, Tribunal Pleno, julgado em 13.04.2005, *DJ* 17.03.2006 REPUBLICAÇÃO: *DJ* 22.09.2006).

do processo político –, mas também aqueles decorrentes do mal funcionamento das instituições representativas e governamentais, em todos os seus níveis e funções. Nesses casos, busca-se uma intervenção judicial mais procedimental do que resolutiva do Poder Judiciário, em que ele atua de forma a catalisar a performance das instituições democráticas. Em um ambiente de alta fragmentação política como o Brasil – caracterizado por um Poder Executivo centralizador, por um Poder Legislativo fragmentado, pelo excesso de partidos políticos que não coincidem agendas e práticas –, atores levam controvérsias ao Poder Judiciário com mais frequência.

Hirschl apresenta a tese do *alcance estratégico*, segundo a qual os detentores de poder político deliberadamente se beneficiam da expansão do poder judicial e, por esse mesmo motivo, promovem-no. Delegar às cortes autoridade política é meio para *(i)* reduzir custos de decisão e de transação, *(ii)* alterar a responsabilidade pelo êxito da solução a ser construída para cada conflito constitucional, e *(iii)* reduzir riscos para as elites políticas e para o aparato institucional que elas operam. A transferência de poder às cortes é deliberada e consciente, mais do que um resultado natural e lógico do mal funcionamento orgânico dos arranjos institucionais.[37]

Casos como a constitucionalidade da Lei da Ficha Limpa (ADI nº 3.865),[38] da sucessão de suplentes à vaga de parlamentar (MS nº 30260)[39] e das controvérsias relativas

---

[37] Ran Hirschl, *The Political Origins of the New Constitutionalism*, 11 Ind. J. Global Legal Stud. 71 (2004). p. 82.

[38] "AÇÃO DIRETA DE INCONSTITUCIONALIDADE. ART. 2º DA EC 52, DE 08.03.06. APLICAÇÃO IMEDIATA DA NOVA REGRA SOBRE COLIGAÇÕES PARTIDÁRIAS ELEITORAIS, INTRODUZIDA NO TEXTO DO ART. 17, §1º, DA CF. ALEGAÇÃO DE VIOLAÇÃO AO PRINCÍPIO DA ANTERIORIDADE DA LEI ELEITORAL (CF, ART. 16) E ÀS GARANTIAS INDIVIDUAIS DA SEGURANÇA JURÍDICA E DO DEVIDO PROCESSO LEGAL (CF, ART. 5º, CAPUT, E LIV). LIMITES MATERIAIS À ATIVIDADE DO LEGISLADOR CONSTITUINTE REFORMADOR. ARTS. 60, §4º, IV, E 5º, §2º, DA CF. 1. Preliminar quanto à deficiência na fundamentação do pedido formulado afastada, tendo em vista a sucinta porém suficiente demonstração da tese de violação constitucional na inicial deduzida em juízo. 2. A inovação trazida pela EC 52/06 conferiu status constitucional à matéria até então integralmente regulamentada por legislação ordinária federal, provocando, assim, a perda da validade de qualquer restrição à plena autonomia das coligações partidárias no plano federal, estadual, distrital e municipal. 3. *Todavia, a utilização da nova regra às eleições gerais que se realizarão a menos de sete meses colide com o princípio da anterioridade eleitoral, disposto no art. 16 da CF, que busca evitar a utilização abusiva ou casuística do processo legislativo como instrumento de manipulação e de deformação do processo eleitoral (ADI 354, rel. Min. Octavio Gallotti, DJ 12.02.93).* 4. Enquanto o art. 150, III, b, da CF encerra garantia individual do contribuinte (ADI 939, rel. Min. Sydney Sanches, DJ 18.03.94), o art. 16 representa garantia individual do cidadão-eleitor, detentor originário do poder exercido pelos representantes eleitos e "a quem assiste o direito de receber, do Estado, o necessário grau de segurança e de certeza jurídicas contra alterações abruptas das regras inerentes à disputa eleitoral" (ADI 3.345, rel. Min. Celso de Mello). 5. *Além de o referido princípio conter, em si mesmo, elementos que o caracterizam como uma garantia fundamental oponível até mesmo à atividade do legislador constituinte derivado, nos termos dos arts. 5º, §2º, e 60, §4º, IV, a burla ao que contido no art. 16 ainda afronta os direitos individuais da segurança jurídica (CF, art. 5º, caput) e do devido processo legal (CF, art. 5º, LIV).* 6. A modificação no texto do art. 16 pela EC 4/93 em nada alterou seu conteúdo principiológico fundamental. Tratou-se de mero aperfeiçoamento técnico levado a efeito para facilitar a regulamentação do processo eleitoral. 7. Pedido que se julga procedente para dar interpretação conforme no sentido de que a inovação trazida no art. 1º da EC 52/06 somente seja aplicada após decorrido um ano da data de sua vigência" (ADI nº 3.685, Relator(a): Min. ELLEN GRACIE, Tribunal Pleno, julgado em 22/03/2006, DJ 10/08/2006)

[39] "MANDADO DE SEGURANÇA PREVENTIVO. CONSTITUCIONAL. SUPLENTES DE DEPUTADO FEDERAL. ORDEM DE SUBSTITUIÇÃO FIXADA SEGUNDO A ORDEM DA COLIGAÇÃO. REJEIÇÃO DAS PRELIMINARES DE ILEGITIMIDADE ATIVA E DE PERDA DO OBJETO DA AÇÃO. AUSÊNCIA DE DIREITO LÍQUIDO E CERTO. SEGURANÇA DENEGADA. 1. A legitimidade ativa para a impetração do mandado de segurança é de quem, asseverando ter direito líquido e certo, titulariza-o, pedindo proteção judicial. A possibilidade de validação da tese segundo a qual o mandato pertence ao partido político e não à coligação legitima a ação do Impetrante. 2. Mandado de segurança preventivo. A circunstância de a ameaça de lesão ao direito pretensamente titularizado pelo Impetrante ter-se convolado em dano concreto não acarreta perda de objeto da ação. 3. *As coligações são conformações políticas decorrentes da aliança partidária formalizada entre dois ou mais partidos políticos para concorrerem, de forma unitária, às eleições proporcionais ou majoritárias. Distinguem-se dos*

ao processo de *impeachment* da presidente Dilma Rousseff[40] constituem exemplos dessa categoria. Perceba-se, ainda, que, igualmente à categoria anterior, pode haver tratamento e proteção de direitos fundamentais em todos esses casos.

No entanto, seguindo a premissa supracitada de Levinson, acerca da construção da legitimidade das instituições, pode-se intuir que essas duas primeiras categorias – pauta majoritária e pauta megapolítica – são especialmente responsáveis pela produção do capital político do Supremo Tribunal Federal, uma vez que, em geral, trata-se de decisões com amplo apoio popular. Ainda quando controversas, como em casos relativos à megapolítica, em que brios ideológicos são tangenciados, é possível intuir que, por se tratar de demandas de grupos majoritários, pelo menos parcela considerável da população fornece suporte àquela decisão no processo de formação do capital político.

Por seu turno, esse capital político garante suporte à corte para que, como instituição, perceba-se respaldada para produzir importantes decisões contramajoritárias, ainda que pontuais, sem que sua autoridade seja desafiada pelos grupos majoritários ou pelos *stakeholders*. Em regra, decisões contramajoritárias são impopulares. No entanto, como afirmado anteriormente, a legitimidade outrora construída tem natureza *difusa*, e não específica. Assim, não se constrói caso a caso, mas decerto a partir de um todo macrossistêmico. Por isso mesmo, a autoridade do tribunal não decai quando ele produz decisões impopulares ou comete equívocos políticos-institucionais.[41] Por outro lado, por

---

partidos políticos que a compõem e a eles se sobrepõe, temporariamente, adquirindo capacidade jurídica para representá-los. 4. A figura jurídica derivada dessa coalizão transitória não se exaure no dia do pleito ou, menos ainda, apaga os vestígios de sua existência quando esgotada a finalidade que motivou a convergência de vetores políticos: eleger candidatos. Seus efeitos projetam-se na definição da ordem para ocupação dos cargos e para o exercício dos mandatos conquistados. 5. A coligação assume perante os demais partidos e coligações, os órgãos da Justiça Eleitoral e, também, os eleitores, natureza de superpartido; ela formaliza sua composição, registra seus candidatos, apresenta-se nas peças publicitárias e nos horários eleitorais e, a partir dos votos, forma quociente próprio, que não pode ser assumido isoladamente pelos partidos que a compunham nem pode ser por eles apropriado. 6. O quociente partidário para o preenchimento de cargos vagos é definido em função da coligação, contemplando seus candidatos mais votados, independentemente dos partidos aos quais são filiados. Regra que deve ser mantida para a convocação dos suplentes, pois eles, como os eleitos, formam lista única de votações nominais que, em ordem decrescente, representa a vontade do eleitorado. 7. A sistemática estabelecida no ordenamento jurídico eleitoral para o preenchimento dos cargos disputados no sistema de eleições proporcionais é declarada no momento da diplomação, quando são ordenados os candidatos eleitos e a ordem de sucessão pelos candidatos suplentes. A mudança dessa ordem atenta contra o ato jurídico perfeito e desvirtua o sentido e a razão de ser das coligações. 8. *Ao se coligarem, os partidos políticos aquiescem com a possibilidade de distribuição e rodízio no exercício do poder buscado em conjunto no processo eleitoral.* 9. Segurança denegada" (MS nº 30.260, Relator(a): Min. CÁRMEN LÚCIA, Tribunal Pleno, julgado em 27.04.2011, PROCESSO ELETRÔNICO DJe-166 DIVULG 29-08-2011 PUBLIC 30.08.2011).

[40] "CONSTITUCIONAL. VOTAÇÃO, PELO PLENÁRIO DA CASA LEGISLATIVA, DE PARECER DA COMISSÃO ESPECIAL SOBRE ABERTURA DE PROCESSO DE IMPEACHMENT CONTRA PRESIDENTE DA REPÚBLICA. ART. 187, §4º, DO REGIMENTO INTERNO DA CÂMARA DOS DEPUTADOS. APLICAÇÃO DE MODELO DE VOTAÇÃO ALTERNADA, DO NORTE PARA O SUL. PEDIDO DE INTERPRETAÇÃO CONFORME, PARA IMPOSIÇÃO DE ORDEM ALFABÉTICA OU, ALTERNATIVAMENTE, DE VOTAÇÃO SIMULTÂNEA, POR MEIO DE PAINEL ELETRÔNICO. AUSÊNCIA DE PLAUSIBILIDADE. MEDIDA CAUTELAR INDEFERIDA. 1. Ação direta centrada na tese de que o processo de votação nominal por chamada, por gerar "efeito cascata" sobre o convencimento dos julgadores, comprometeria a imparcialidade do julgamento, violando os princípios do devido processo legal, da moralidade, da impessoalidade e da República. 2. *Interferências recíprocas nas manifestações dos julgadores são inevitáveis em qualquer ordem de votação nominal, seja qual for o critério de sequenciamento adotado, não sendo possível presumir a ilegitimidade da deliberação do colegiado parlamentar, por mera alegação de direcionamento, em um ou outro sentido.* 3. A Constituição Federal não estabelece ordem de votação nominal que possa ter sido afrontada pela norma regimental atacada. Ausência de demonstração das lesões constitucionais deduzidas. 4. Medida cautelar indeferida, por ausência de relevância dos argumentos deduzidos na inicial." (ADI nº 5.498 MC, Relator(a): Min. MARCO AURÉLIO, Relator(a) p/ Acórdão: Min. TEORI ZAVASCKI, Tribunal Pleno, julgado em 14.04.2016, PROCESSO ELETRÔNICO DJe-098 DIVULG 10/05/2017 PUBLIC 11.05.2017).

[41] Daryl Levinson, *Parchments and Politics: The Constitutional Puzzle of Constitutional Commitment*, 124 Harvard Law Review 658 (2011), p. 735.

essa mesma lógica, dificilmente uma corte constitucional se sustentaria, em termos de legitimidade e de respeitabilidade de suas decisões, caso produzisse exclusivamente – ou quiçá precipuamente – decisões contramajoritárias.

A terceira categoria engloba a *pauta contramajoritária*, pela qual o STF protege os direitos fundamentais de minorias estruturalmente marginalizadas. No caso específico do Global South, essa pauta subdivide-se em duas subcategorias, os *conflitos morais complexos* e os *conflitos sociais complexos*.

Os *conflitos morais complexos* envolvem a competição entre interesses juridicamente protegidos de ordem exclusivamente moral em relação à qual a Constituição não apresenta critérios definitivos de balizamento. Nos últimos anos, o STF produziu importante jurisprudência contramajoritária, como no caso da constitucionalidade da Lei de Biossegurança (ADI nº 3.510)[42] e da união homoafetiva (ADPF nº 132).[43]

---

[42] "CONSTITUCIONAL. AÇÃO DIRETA DE INCONSTITUCIONALIDADE. LEI DE BIOSSEGURANÇA. IMPUGNAÇÃO EM BLOCO DO ART. 5º DA LEI Nº 11.105, DE 24 DE MARÇO DE 2005 (LEI DE BIOSSEGURANÇA). PESQUISAS COM CÉLULAS-TRONCO EMBRIONÁRIAS. INEXISTÊNCIA DE VIOLAÇÃO DO DIREITO À VIDA. CONSTITUCIONALIDADE DO USO DE CÉLULAS-TRONCO EMBRIONÁRIAS EM PESQUISAS CIENTÍFICAS PARA FINS TERAPÊUTICOS. DESCARACTERIZAÇÃO DO ABORTO. NORMAS CONSTITUCIONAIS CONFORMADORAS DO DIREITO FUNDAMENTAL A UMA VIDA DIGNA, QUE PASSA PELO DIREITO À SAÚDE E AO PLANEJAMENTO FAMILIAR. DESCABIMENTO DE UTILIZAÇÃO DA TÉCNICA DE INTERPRETAÇÃO CONFORME PARA ADITAR À LEI DE BIOSSEGURANÇA CONTROLES DESNECESSÁRIOS QUE IMPLICAM RESTRIÇÕES ÀS PESQUISAS E TERAPIAS POR ELA VISADAS. IMPROCEDÊNCIA TOTAL DA AÇÃO. I – O CONHECIMENTO CIENTÍFICO, A CONCEITUAÇÃO JURÍDICA DE CÉLULAS-TRONCO EMBRIONÁRIAS E SEUS REFLEXOS NO CONTROLE DE CONSTITUCIONALIDADE DA LEI DE BIOSSEGURANÇA. [...] III – A PROTEÇÃO CONSTITUCIONAL DO DIREITO À VIDA E OS DIREITOS INFRACONSTITUCIONAIS DO EMBRIÃO PRÉ-IMPLANTO. [...]. V – OS DIREITOS FUNDAMENTAIS À AUTONOMIA DA VONTADE, AO PLANEJAMENTO FAMILIAR E À MATERNIDADE. A decisão por uma descendência ou filiação exprime um tipo de autonomia de vontade individual que a própria Constituição rotula como "direito ao planejamento familiar", fundamentado este nos princípios igualmente constitucionais da "dignidade da pessoa humana" e da "paternidade responsável". A conjugação constitucional da laicidade do Estado e do primado da autonomia da vontade privada, nas palavras do Ministro Joaquim Barbosa. A opção do casal por um processo "in vitro" de fecundação artificial de óvulos é implícito direito de idêntica matriz constitucional, sem acarretar para esse casal o dever jurídico do aproveitamento reprodutivo de todos os embriões eventualmente formados e que se revelem geneticamente viáveis. O princípio fundamental da dignidade da pessoa humana opera por modo binário, o que propicia a base constitucional para um casal de adultos recorrer a técnicas de reprodução assistida que incluam a fertilização artificial ou "in vitro". De uma parte, para aquinhoar o casal com o direito público subjetivo à "liberdade" (preâmbulo da Constituição e seu art. 5º), aqui entendida como autonomia de vontade. De outra banda, para contemplar os porvindouros componentes da unidade familiar, se por eles optar o casal, com planejadas condições de bem-estar e assistência físico-afetiva (art. 226 da CF). Mais exatamente, planejamento familiar que, "fruto da livre decisão do casal", é "fundado nos princípios da dignidade da pessoa humana e da paternidade responsável" (§7º desse emblemático artigo constitucional de nº 226). O recurso a processos de fertilização artificial não implica o dever da tentativa de nidação no corpo da mulher de todos os óvulos afinal fecundados. Não existe tal dever (inciso II do art. 5º da CF), porque incompatível com o próprio instituto do "planejamento familiar" na citada perspectiva da "paternidade responsável". Imposição, além do mais, que implicaria tratar o gênero feminino por modo desumano ou degradante, em contrapasso ao direito fundamental que se lê no inciso II do art. 5º da Constituição. Para que ao embrião "in vitro" fosse reconhecido o pleno direito à vida, necessário seria reconhecer a ele o direito a um útero. Proposição não autorizada pela Constituição. VI – DIREITO À SAÚDE COMO COROLÁRIO DO DIREITO FUNDAMENTAL À VIDA DIGNA. O §4º do art. 199 da Constituição, versante sobre pesquisas com substâncias humanas para fins terapêuticos, faz parte da seção normativa dedicada à "SAÚDE" (Seção II do Capítulo II do Título VIII). Direito à saúde, positivado como um dos primeiros dos direitos sociais de natureza fundamental (art. 6º da CF) e também como o primeiro dos direitos constitutivos da seguridade social (cabeça do artigo constitucional de nº 194). Saúde que é "direito de todos e dever do Estado" (caput do art. 196 da Constituição), garantida mediante ações e serviços de pronto qualificados como "de relevância pública" (parte inicial do art. 197). A Lei de Biossegurança como instrumento de encontro do direito à saúde com a própria Ciência. No caso, ciências médicas, biológicas e correlatas, diretamente postas pela Constituição a serviço desse bem inestimável do indivíduo que é a sua própria higidez físico-mental. [...]. Ação direta de inconstitucionalidade julgada totalmente improcedente" (ADI nº 3.510, Relator(a): Min. AYRES BRITTO, Tribunal Pleno, julgado em 29/05/2008, DJe-096 DIVULG 27.05.2010 PUBLIC 28.05.2010).

[43] "1. ARGUIÇÃO DE DESCUMPRIMENTO DE PRECEITO FUNDAMENTAL (ADPF). PERDA PARCIAL DE OBJETO. RECEBIMENTO, NA PARTE REMANESCENTE, COMO AÇÃO DIRETA DE INCONSTITUCIONALIDADE.

Por sua vez, os *conflitos sociais complexos* consistem numa das principais marcas do constitucionalismo dos países em desenvolvimento.[44] Não há qualquer paralelo com os julgados de concretização de direitos sociais que se encontram, por exemplo, no Brasil, na Colômbia, na África do Sul e na Índia, tanto no que se refere aos conflitos principiológicos envolvidos, como também ao modo como questões socioeconômicas estruturais e questões relativas a escassez de recursos emergem e influenciam a jurisdição.[45]

De maneira geral, ao contrário das cartas políticas dos países desenvolvidos, que simplesmente cristalizaram valores já consolidados na cultura política de seus povos, as constituições dos países em desenvolvimento assumiram caráter eminentemente *translativo*: incorporaram projetos do que a cultura política pretendia se transformar a partir da ordem que elas mesmas instauraram. Nesse ponto, tais constituições unanimemente acolheram os direitos sociais como prerrogativas fundamentais dos cidadãos, tornando o Estado partícipe da respectiva concretização, em maior ou menor grau.

No entanto, na dinâmica atual das relações de poder, constituições não são percebidas apenas como símbolos ou projetos, senão como um plexo de normas dotado de cogência. Os *valores* da educação, da saúde, da habitação e da assistência social, uma vez fossilizados como *direitos fundamentais*, transformam-se em categorias exigíveis do Estado, o qual se torna um devedor de políticas públicas em favor dos cidadãos.

Em muitos países, o *gap* que se forma entre a previsão normativa dos direitos sociais e a realidade de ausência de políticas públicas que os concretizem gera um déficit de normatividade constitucional que incentiva atores políticos a estrategicamente recorrerem ao Poder Judiciário.[46] Movimentos sociais, legitimados coletivos e outros atores políticos passam a perceber o Poder Judiciário como um poderoso atalho para a obtenção de direitos cujo *enforcement* é negado pelos demais ramos estatais. A partir dessa narrativa, nasce uma rica jurisprudência, que não se esgota na análise normativa de *quem tem o direito*, mas percorre minuciosa discussão acerca da limitação de recursos orçamentários que contemplem as necessidades de todos os potenciais beneficiários. Afinal, o julgamento procedente do pedido de uma ação gera efeitos agregativos e distributivos que alteram a alocação de recursos originariamente destinados a outros beneficiários.[47] Por isso mesmo, para além do que a doutrina constitucional tradicional

---

UNIÃO HOMOAFETIVA E SEU RECONHECIMENTO COMO INSTITUTO JURÍDICO. CONVERGÊNCIA DE OBJETOS ENTRE AÇÕES DE NATUREZA ABSTRATA. JULGAMENTO CONJUNTO. Encampação dos fundamentos da ADPF nº 132-RJ pela ADI nº 4.277-DF, com a finalidade de conferir "interpretação conforme à Constituição" ao art. 1.723 do Código Civil. Atendimento das condições da ação. 2. PROIBIÇÃO DE DISCRIMINAÇÃO DAS PESSOAS EM RAZÃO DO SEXO, SEJA NO PLANO DA DICOTOMIA HOMEM/MULHER (GÊNERO), SEJA NO PLANO DA ORIENTAÇÃO SEXUAL DE CADA QUAL DELES. A PROIBIÇÃO DO PRECONCEITO COMO CAPÍTULO DO CONSTITUCIONALISMO FRATERNAL. HOMENAGEM AO PLURALISMO COMO VALOR SÓCIO-POLÍTICO-CULTURAL. LIBERDADE PARA DISPOR DA PRÓPRIA SEXUALIDADE, INSERIDA NA CATEGORIA DOS DIREITOS FUNDAMENTAIS DO INDIVÍDUO, EXPRESSÃO QUE É DA AUTONOMIA DE VONTADE. DIREITO À INTIMIDADE E À VIDA PRIVADA. CLÁUSULA PÉTREA."

[44] Vide Ackerman, Bruce, "The Rise of World Constitutionalism" (1997). Faculty Scholarship Series. Paper 129; Sujit Choudhry, The Migration of Constitutional Ideas. Cambridge: Cambridge University Press, 2006.

[45] Vide David Landau, *The Reality of Social Rights Enforcement*, 53 Harvard International Law Journal, 191, 202 (2012); Katharine G. Young, *Constituting Economic and Social Rights*, 143 (Oxford University Press, 2012);

[46] Vide Ran Hirschl, Towards Juristocracy: the origins and the consequences of the new constitutionalism. Cambridge, Harvard University Press, 2004.

[47] Vide Pedro Felipe de Oliveira Santos, *Beyond Minimalism and Usurpation: Designing Judicial Review to Control the Mis-enforcement of socio-economic rights*. Harvard Law School, LL.M. Thesis, *in line with Harvard Law School Library*. Texto integral.

teoriza, esses casos não consistem apenas em conflitos *morais* complexos, cuja resolução se constrói a partir da interpretação da moralidade político-institucional, mas se traduzem em conflitos *sociais* complexos, em que o conflito se descortina entre valores abstratos protegidos constitucionalmente e indicadores da realidade fática que impõem restrições à concretização do direito reclamado. Invariavelmente, a jurisdição social complexa demanda um olhar consequencialista dos tribunais acerca dos impactos de eventual decisão judicial nas estruturas socioeconômicas do país.

No STF, os casos mais emblemáticos dessa subcategoria referem-se ao direito constitucional à saúde, em que a corte tem tentado fixar critérios para o fornecimento de medicamentos pelos entes federativos (STA 175 AgR e RE nº 5666471), ao direito à educação infantil (RE nº 1008166 – Repercussão Geral) e ao direito ao trabalho (Ação de controle concentrado envolvendo as leis que instituíram a reforma trabalhista de 2017). Todos esses casos citados encontram-se pendentes de julgamento.

5 Conclusão

A Constituição Federal de 1988, como marco de transição democrática, pretendeu redefinir a alocação de poderes entre os mais diversos atores e grupos, equilibrando a respectiva participação no processo político. No afã de igualdade política, e com o objetivo de reduzir o tensionamento de forças que competiam no ocaso do regime militar, a nossa Carta seguiu a tendência das demais transições democráticas que aconteciam naquele período: criou uma série de instituições mais inclusivas, enxertou direitos fundamentais das mais diversas dimensões e expandiu a jurisdição constitucional.

Para que se tornasse estável – e já se completam trinta anos –, a Constituição de 1988 precisou se conformar em uma promessa crível, renovável continuamente, de que não seria um mero símbolo inatingível em benefício de uma minoria privilegiada. Para tanto, transformou-se em ponto focal de coordenação do processo político, com capacidade interativa e adaptativa. Muitos abalos lhe desafiaram a credibilidade e o capital político fluido; ainda assim, os cidadãos permanecem comprometidos em lhe garantir normatividade, uma vez que ainda acreditam em suas promessas, ao menos parcialmente; por isso mesmo, as instituições políticas permanecem hígidas.

Nesse ínterim, instituição essencial do projeto constitucionalista de regulação do processo político tem sido a jurisdição constitucional, cada vez mais revelada como um braço precipuamente majoritário – e não contramajoritário – dessa complexidade. À luz desses achados, e sem qualquer pretensão normativa, o presente trabalho propôs uma nova tipologia para as funções do Supremo Tribunal Federal – pró-majoritária, político-institucional e contramajoritária. Por meio dessas três categorias, o Supremo Tribunal Federal, como instituição política, provê os agentes com incentivos de coordenação, de cooperação e de consideração recíproca, especialmente com vistas à obtenção de sua aderência ao compromisso de obediência constitucional. Assim, a Corte assume função vital na construção da normatividade da Constituição.

Por outro lado, decerto é que a constatação empírica da majoritariedade descortina uma agenda de pertinentes reflexões. No entanto, discorda-se da ideia de que a ausência de contramajoritariedade como função principal da jurisdição constitucional represente aprioristicamente um déficit de proteção de direitos fundamentais. O presente trabalho apresentou evidências de que, considerada a variedade de temas e de agendas que alcança o Supremo, bem como a ausência de filtros rígidos com *standards* de majoritariedade e de contramajoritariedade, percebeu-se que a proteção dos direitos fundamentais se mostrou presente nas três categorias acima elencadas. Ademais, ao contrário, o Supremo jamais se sustentaria, como instituição política, caso adotasse uma postura totalmente contramajoritária em todos os seus julgamentos. Pelo contrário, é o capital político difuso construído por meio das funções majoritária e político-institucional que permite à Corte o exercício da importante terceira função, a contramajoritária.

Cada vez mais, descortina-se a complexidade interna do constitucionalismo e da própria jurisdição: não há fórmula universal para a proteção dos direitos fundamentais, muito menos para a regulação *garantística* do processo político. Em termos de *design*, reclama-se um constitucionalismo mais plástico, flexível às especificidades estruturais e contextuais de cada conflito, bem como às emergências decorrentes das interações entre agentes estratégicos e instituições conscientes da fluidez de seu capital político; em termos de *agenda de pesquisa*, urge uma reconciliação entre achados empíricos e estudos normativos que efetivamente problematizem os reais papéis da jurisdição constitucional na concretização dos direitos fundamentais.

Informação bibliográfica deste texto, conforme a NBR 6023:2002 da Associação Brasileira de Normas Técnicas (ABNT):

SANTOS, Pedro Felipe de Oliveira. Jurisdição pró-majoritária?: mais uma tipologia das funções do STF sob a Constituição de 1988. In: ARABI, Abhner Youssif Mota; MALUF, Fernando; MACHADO NETO, Marcello Lavenère (Coord.). *Constituição da República 30 anos depois*: uma análise prática da eficiência dos direitos fundamentais. Estudos em homenagem ao Ministro Luiz Fux. Belo Horizonte: Fórum, 2019. p. 375-395. ISBN 978-85-450-0598-8.

INAFASTABILIDADE DA JURISDIÇÃO *VS.* DURAÇÃO RAZOÁVEL DOS PROCESSOS: DA *CLASS ACTION* AO *LEAVE TO APPEAL*[1]

SIDNEI BENETI

1 A multiplicação de direitos

Mudou muito o mundo, desde que os barões ingleses exigiram ao Rei João Sem Terra, sucessor de Ricardo Coração de Leão, a assinatura da Magna Carta em 1215, mas já trazia ela preceito que garantia o acesso à Justiça sem demora: "A ninguém venderemos, a ninguém recusaremos ou atrasaremos, direito ou justiça".[2] Mas era acesso à Justiça localizada em parco território, para poucos direitos e para muito poucos, basicamente o número de senhores feudais e dignitários eclesiásticos, restando, contudo, alijada de direitos e da justiça a larga parcela de seres humanos vassalos diante do rei e dos próprios senhores feudais.

Longa vai a distância até o infinito elenco de direitos garantidos à ampla parcela de seres humanos no mundo globalizado. A Constituição e o processo judicial acolhem em largas portas multidões a buscar enorme variedade de direitos, os quais, aliás, por sua vez, certamente serão pobres e angustas parcelas do que ainda surgirá nos tempos futuros, que nem mesmo a mais ousada imaginação pode antever.

O Direito Constitucional e sua instrumentalização pelo Direito Processual devem oferecer garantias de efetivação das pretensões concretas atuais e impensáveis pretensões futuras. Longe vai o tempo em que os exemplos doutrinários se limitavam a demandas entre sujeitos individuais, no máximo em litisconsórcio, relativas, por exemplo, ao fisiocratismo de um pedaço de chão, à disputa de sócios de uma pequena sociedade, à cobrança de um título de crédito, ou ao destino de bens hereditários liliputianos na imensa geografia do mundo, enfim, direitos de reduzido âmbito em comparação com as abrangências subjetivas e objetivas atuais.

---

[1] Escrito em homenagem ao Ministro LUIZ FUX. Um incansável idealista, que cumpre o imperativo de consciência de colocar o Processo Civil a serviço da Justiça em nossa terra – amigo e companheiro por décadas de experiência diária na Magistratura nacional!

[2] *Magna Charta*, art. 40.

Nada têm em comum aqueles exemplos clássicos dos manuais de Direito Civil e Processual Civil históricos, de litígios sobre a propriedade de um cavalo, a posse de um imóvel ou a sucessão de uma herdade com as demandas coletivas que provocam consequências sobre pessoas e bens em todo um país – ou uma coletividade de países – ou sobre direitos imateriais guardados *in the clouds* e gerenciados *on-line*.[3]

2 Proteção de novos direitos fundamentais de massa: *macrolides*[4]

Direitos fundamentais alçam-se a dimensões de massa, confundindo-se com pretensões essenciais à dignidade de todo ser humano, no país ou no exterior, tantas de alcance longínquo no universo dos bens e relações humanas.

A geração de lides derivada de novos direitos abarca universo que vai muito além da lide individual, tornando-se um ajuntamento de pretensões idênticas, derivadas da mesma lide, ou seja, a *macrolide*, que, uma vez julgada, resolve multitudinariamente os litígios subjetivamente multitudinários, que, se pleiteados individualmente em juízo, resultam em números incomensuráveis de processos contendo a mesma ação.

Contas bancárias em quantidades infinitas, defeitos de produtos produzidos em massa, contratos comerciais de repercussões ilimitadas, relações administrativas incontáveis, danos causados por desastres ecológicos individualmente catastróficos – exemplos, enfim, de imensa gama de fatos e atos geradores de efeitos jurídicos – determinam o surgimento do fenômeno da litigância com efeitos sobre incomensurável número de titulares de direitos, cuja violação, em última análise, repercute sobre os direitos fundamentais – bastando lembrar as consequências negativas sobre situação econômica, moradia, saúde, segurança e respeito aos direitos assegurados pela ordem jurídica do país.

O exercício dos novos direitos, produzidos pela sociedade moderna, deve ser garantido pelo sistema processual civil, pena de o direito perder-se em estéril e enganosa proclamação vazia em meio à imensidão dos textos jurídicos em que previstos.

3 Prescrições constitucionais e processuais do início ao fim dos processos

O novo Código de Processo Civil de 2015 preocupou-se em fornecer instrumentos processuais para a garantia desses novos direitos criados pela realidade da civilização atual, esforçando-se, ainda, em fornecer caminhos processuais para novos direitos que venham a surgir em virtude da infindável capacidade de criação da espécie humana.

Preocupou-se, o Código de Processo Civil com a instrumentalização da realização do direito material a partir do início do processo até o término, com o julgamento

---

[3] O *admirável mundo novo* é infinitamente maior, impensado mesmo para os imaginosos autores da *Science Fiction*, bastando lembrar que nenhum deles, por exemplo, intuiu trivialidades como a informática, a Internet, o Facebook, o WhatsApp, o Instagram, a impressora em 3D e outros novos meios que virão.

[4] O termo "macrolide" foi utilizado doutrinariamente pela primeira vez pelo autor do presente escrito, em *Assunção de competência* e *fast-track* recursal. In: YARSHELL, Flávio Luiz; MORAES, Maurício Zanoide (Org.). *Estudos em homenagem à professora Ada Pellegrini Grinover*. São Paulo: DPJ Editora, 2005. p. 790 e segs. e, também pela primeira vez na jurisprudência, em julgado de que Relator no STJ, referente a planos econômicos e cadernetas de poupança (REsps 1.107.201/DF e 1.147.595-RS, 2ª Seção, j. 8.9.2010).

dos recursos que se interponham, disponibilizando volumoso rol de instrumentos processuais e apregoando garantias fundamentais, que complementam as constantes da Constituição Federal.

Esses instrumentos sobressaem a cada passagem do Código de Processo Civil de 2015, que decididamente busca concretizar os objetivos daquela quarta onda do Direito Processual referida por Marcel Storme em célebre elogio a Mauro Cappelletti: "Claramente a quarta onda focaliza pela primeira vez em termos rigorosamente profissionais a verdadeira vocação social da lei processual: o banimento da injustiça do mundo por meio do adequado funcionamento do sistema jurídico".[5]

Nesse ponto avulta a relevância de prescrições constantes já das primeiras disposições do Código de Processo Civil, referentes às normas fundamentais do processo civil, as quais constituem realmente *postulados*, isto é, verdades fundamentais que condicionam a coerência lógica do sistema – a atuar, no sentido kantiano, como *imperativos categóricos*, ou seja, comandos que se impõem por si sós e não podem ser desobedecidos sob pena de esboroar-se toda a congruência sistemática.

Alguns destaques concretizam, como prescrições práticas, os mandamentos da Constituição Federal de garantia do acesso à Justiça (CF, art. 5º, XXXVII) e da razoável duração do processo (CF, art. 5º, LXXVIII).

Com efeito, entre numerosos preceitos que emergem em meio ao texto do Código de Processo Civil, recorde-se que este já se inicia, a título de exemplo, com determinações como: 1º) Duração razoável do processo para a solução integral do mérito, a que as partes têm direito (CPC/2015, arts. 4º e 6º); 2º) observância dos fins sociais e exigências do bem comum, promovendo a dignidade da pessoa humana, com observância da proporcionalidade, razoabilidade, legalidade, publicidade e eficiência (CPC/2015, art. 8º); 3º) ouvida da parte contrária antes da decisão – garantia do acesso à Justiça em sentido inverso, ou seja, por intermédio do contraditório, que assegura o acesso à Justiça à parte contrária antes do julgamento que lhe seja desfavorável (CPC/2015, arts. 9º e 10).

Para viabilizar a proteção jurisdicional de direitos em massa, sobranceiro a todos, operando efeitos a processos ainda no seu início, o incidente de resolução de demandas repetitivas (arts. 976 a 987). E somam-se outros instrumentos: a assunção de competência (art. 947), a repercussão geral (CPC/2015, arts. 1.035 e 998; CF, art. 102, §3º), os recursos extraordinário e especial repetitivos (CPC/2015, art. 1.036), as súmulas de jurisprudência (CPC, art. 932, IV, "a", e V-A) e a súmula vinculante (Lei nº 11.417/2006 e CF, art. 103).

4 Instrumentos processuais de garantia multitudinária de direitos fundamentais

Mas serão suficientes esses instrumentos postos pelo Código de Processo Civil à disposição dos usuários do sistema de justiça?

O surgimento de número avassalador de novos direitos e, consequentemente, de reprodução multitudinária de pretensões individuais à satisfação de direitos novos levou a multiplicarem-se os processos portadores da mesma ação pleiteada por número nunca antes imaginado de litigantes.

---

[5] Marcel Storme (*in memoriam*), In honorem Mauro Cappelletti: tribute to an International Procedural Lawyer. The Hague: Kluwer Law International, 2005. p. 11.

Evidentemente não se encontram soluções, na história do direito processual passado, especialmente à época do notável desenvolvimento científico operado na onda renovadora afirmativa da ciência processual, solução sistemática para garantir o equilíbrio desejável entre o amplo acesso ao processo e a celeridade e a eficiência do procedimento necessário.

Nem mesmo o desenrolar sucessivo das ondas renovadoras do Direito Processual veio a resolver problemas fundamentais do processo, originários da construção científica operada na autonomista, à força das fascinantes construções sistemáticas germânicas de Büllow, Wach, Schönke, e italianas de Chiovenda, Satta, Carnelutti, Calamandrei, Betti, Zanzucchi, Liebman e seus seguidores – entre os quais o gênio de Cappelletti, que, contudo, à vivência acadêmica norte-americana que propiciou o Projeto Firenze com Brian Garh, apontou o vetor para a importação de institutos típicos do *Common Law*, como a *Class Action*, para a aglutinação de pretensões homogêneas, ajuntando ações diversas em um único processo de satisfação prévia da pluralidade de pretensões.

É preciso, contudo, atentar a que, se Cappelletti desbravou o caminho para a ação coletiva, que em boa hora veio para o direito brasileiro a partir da Lei da Ação Civil Pública[6] e do Código de Defesa do Consumidor,[7] não operou, contudo, a criação de meios específicos concretos para fazer frente à torrencial quantidade de ajuizamentos de novos processos ante a liberação do acesso à Justiça, quer em 1º grau, quer nos tribunais de 2º grau, de acesso absolutamente necessário para a revisão de fatos e a interpretação do direito, quer, ainda, e sobretudo, nos Tribunais Superiores, a saber, o Superior Tribunal de Justiça, o Tribunal Superior do Trabalho e o Supremo Tribunal Federal, únicos competentes para a interpretação dos dispositivos legais questionados às centenas de milhares em decorrência da massa tsunâmica de julgamentos e respectivos recursos.

Em suma, a garantia de direitos novos limitou-se à garantia do ajuizamento, isto é, da judicialização – logo geradora do efeito perverso da procrastinação da realização de direitos por litigantes recalcitrantes rapidamente adestrados nas artes da raposia processual –, não se garantindo, entretanto, a finalização dos processos. Em outras palavras, como já se disse e repetiu, abriram-se as portas de entrada em juízo, mas olvidou-se de abrir as portas de saída, com a agravante de se frustrar a efetivação maciça de direitos à procrastinação decenária da execução dos julgados.

5 Faltou instrumentalizar alguma forma de *leave to appeal*

Sem dúvida que o Direito Comparado bem conhecia o instituto do *leave to appeal*, surgido na Corte Suprema dos Estados Unidos via Reforma Taft, na *Judges' Bill*, de 1925, que disciplinou o processo do *Certiorari*, regrando a admissibilidade na Corte Suprema. Mas não se privilegiou a disseminação doutrinária, que, no caso, tinha de preceder à introdução legal, do instituto – estancando-se a modernidade exclusivamente no acesso à Justiça.

Sem dúvida, há absoluta necessidade de criação de filtros processuais para o sistema recursal (não se referindo aqui aos filtros de ajuizamento, também necessários, como a implantação de adequados sistemas de exigência de veracidade do valor das

---

[6] Ação Civil Pública, Lei n. 7.347, de 24.7.1985.
[7] Código de Defesa do Consumidor, Lei n. 8.078, de 11.9.1990, arts. 83 e segs.

causas, de idoneidade do pleito de insuficiência econômica para a assistência judiciária, de coibição da insinceridade da demanda e outros).

Em anteriores trabalhos,[8] expôs-se a preocupação centralizada nos mecanismos processuais de filtragem recursal, antecipando a discussão a respeito do instituto do *leave to appeal*, ora absolutamente necessário para que se resolva realmente a grave equação posta pelas garantias do acesso à Justiça e da eficiência processual. Antagonismo, aliás, mais aparente do que real, porque sem eficiência não há acesso à Justiça, mas apenas simulacro enganoso de proclamações programáticas irreais.

Assim, no sistema do *Common Law*, as Cortes Supremas e, quando o caso, as Cortes de Apelação, dos Estados Unidos, do Canadá, da Austrália, da Nova Zelândia, utilizam-se da seleção de casos adequados ao deslinde jurisdicional de teses no momento em que se apresentam e como são oferecidas, inclusive quanto à adequada sustentação, para não se frustrar o exame aprofundado diante de deficiente sustentação da tese. No sistema do *Civil Law*, a Corte Constitucional e o Tribunal Federal da Alemanha, as Cortes Constitucional e de Cassação da França e os Supremos Tribunais da Espanha e de Portugal vêm utilizando, cada qual segundo as peculiaridades do próprio sistema, o instituto do *leave to appeal*.

6 A dispersão dos julgamentos recursais

A adequada admissibilidade de casos para julgamento pelos tribunais, especialmente pelos Tribunais Superiores, exige a participação de todos os integrantes da Corte – ou de eventual Seção Especializada da Corte, que seja a única competente para o caso –, pena de o contrário incentivar a cizânia na orientação jurisprudencial, cizânia essa perfeitamente natural, visto que um corpo colegiado dotado de absoluta independência supõe a absoluta independência de pensamento de seus integrantes na interpretação da lei.

Para tanto, os julgamentos devem ser tomados com a presença de todos os integrantes do colegiado, afastada a ideia de julgamentos por quórum mínimo ante eventual ausência, bem como a cogitação de substituições de julgadores mediante a convocação de magistrados de outros tribunais para a composição. O debate colegiado deve propagar a todo o meio jurídico e aos jurisdicionados em geral a noção de que o

---

[8] V. Sidnei Beneti, Assunção de competência e *fast-track* recursal. In: YARSHELL, Flávio Luiz; MORAES, Maurício Zanoide (Org.). *Estudos em homenagem à professora Ada Pellegrini Grinover*. São Paulo: DPJ Editora, 2005. p. 790 e segs.; Doutrina de precedentes e organização judiciária. In: FUX, Luiz; NERY JÚNIOR, Nelson; WAMBIER, Teresa Arruda Alvim (Org.). *Processo e Constituição*: estudos em homenagem ao Professor José Carlos Barbosa Moreira. São Paulo: RT, 2006. p. 473; Monocratismo, monologuismo e colegialidade nos tribunais. In: MUSSI, Jorge; SALOMÃO, Luis Felipe; MAIA FILHO, Napoleão Nunes (Org.). *Estudos jurídicos em homenagem ao ministro Cesar Asfor Rocha*. Ribeirão Preto: Migalhas, 2012. p. 303 e segs.; Formação de jurisprudência nacional no Superior Tribunal de Justiça. In: *Superior Tribunal de Justiça*: doutrina. Edição comemorativa 25 anos. Brasília: Gabinete do Ministro Diretor da Revista, Ministra Nancy Andrighi, 2014. p. 217 e segs.; Volume de processos e instrumentos de solução. In: *Superior Tribunal de Justiça*: doutrina. Edição comemorativa 20 anos. Brasília: Gabinete do Ministro Diretor da Revista, Ministro Fernando Gonçalves, 2009. p. 585 e segs.; Reformas de descongestionamento de tribunais. In: BONAVIDES, Paulo; MORAES, Germana; ROSAS, Roberto (Org.). *Estudos de Direito Constitucional em homenagem a Cesar Asfor Rocha*. Rio de Janeiro: Renovar, 2009. p. 507 e segs.; A reforma do Código de Processo Civil e os recursos para os Tribunais Superiores. *Revista de Informação Legislativa*, v. 48, n. 190, t. 2, p. 243 e segs.; Unidade de jurisdição e filtros de temas nacionais nos Tribunais Superiores. In: ZUFELATO, Camilo; YARSHELL, Flávio Luiz (Org.). *40 anos da teoria geral do processo no Brasil*. São Paulo: Malheiros, 2013. p. 706 e segs.; O Nurer: Núcleo de Recursos Repetitivos do STJ e o novo recurso especial. In: *O papel da jurisprudência no STJ*. São Paulo: RT, 2014. p. 817-824.

julgamento é seguro e estável, não sujeito a variações futuras. Por isso, o sistema supõe, também, que, encerrado o julgamento colegiado, nenhum dos integrantes da Corte profira decisões discrepantes do que foi anteriormente firmado.

Não deve importar o instrumento processual – recursal ou de competência originária – em que proferido o julgamento. O que possui relevo para o meio jurídico e para os jurisdicionados em geral é a tese, o núcleo da questão – aquilo sobre que se controverte –, o mérito do recurso ou a causa de admissibilidade ou inadmissibilidade recursal. Efeitos diversos a modalidades recursais diversas apenas complicam o sistema, incentivando a recalcitrância de todos os jurisdicionados na observância das decisões judiciais.

Trata-se, em suma, daquilo que, como é bem conhecido, indica-se como *stare decisis et non quieta movere*. Julgado o tema, não se volta a ele, salvo se ocorrida alteração constitucional ou legal, ou se alterados fatos objetivos ou valores profundos da sociedade em que proferido o julgamento, e condicionantes deste. Assim estará garantida a estabilidade jurisprudencial, ao menos pelo tempo em que a Corte permanecer com a mesma composição – a qual, por sua vez, deve ser de longo tempo, afastando-se, por inconveniente, sobretudo em sistema como o nacional, possível incentivo à rotatividade via mandatos judiciais análogos aos mandatos de ocupantes de cargos políticos.

7 Instrumentos do Código de Processo Civil de 2015

O Código de Processo Civil de 2015 reconheceu a existência do grave problema da falta de eficiência judiciária, especialmente ante a demora intolerável dos processos. Por isso manteve anteriores instrumentos, ou criou instrumentos novos, úteis ao enfrentamento do fenômeno da desnecessária judicialização em todos os graus de jurisdição.

Mas esses instrumentos são insuficientes, pois trazem em seu bojo o germe, que os corrói internamente, da *descolegialidade*, como, por exemplo: 1º) a manutenção de órgãos julgadores com competência concorrente idêntica (nos Tribunais Superiores, pelo menos as duas Turmas Julgadoras, posteriormente as Seções de Julgamento e, por fim, os Plenários ou Cortes Especiais), verdadeiros desincentivos à formação de jurisprudência clara e segura para todos os jurisdicionados e para o meio jurídico; 2º) o monocratismo, extremamente nocivo em todos os sentidos, conquanto aparentemente necessário para a diminuição do número de sessões colegiadas que, também aparentemente, seriam necessárias – mas cuja desnecessidade surgiria se instituídos mecanismos sugeridos de *leave to appeal* para a admissibilidade recursal, bastando, para modelo, a observação do que se passa nos mais eficientes tribunais estrangeiros; 3º) pletora de recursos internos extremamente numerosos, desgastantes e, o que também é muito grave, criadores de verdadeira opacidade processual incidental, à vista da quantidade de escritos recursais e de julgamentos por cotejar, o que torna o processo, ao contrário da clássica construção de Chiovenda, uma *fonte autônoma de males*,[9] em cujas fímbrias se esvai a análise do direito material efetivamente trazido a juízo pelos interessados – isto é, aquilo para o que foram feitos os juízos e tribunais!

---

[9] Conhecida a lição de Chiovenda, posteriormente largamente repetida, de que o processo constitui fonte autônoma de bens, porque é o único meio de criação da certeza jurídica, ante a coisa julgada.

8 Uma solução à procura de um autor

Ante o déficit de efetividade do sistema processual nacional, que incentiva a geração de processos em vez de controlar a judicialização excessiva, forçoso reconhecer que, na atualidade, está mal resolvida a equação acesso à Justiça, que deve ser incentivado, *versus* efetividade da tutela jurisdicional.

A implementação de mais eficientes filtros de admissibilidade recursal pelos tribunais, à moda do *leave to appeal*, que preserva a destinação específica da competência de cada tribunal – em especial os Tribunais Superiores –, constitui medida de urgente implantação, até porque de eficiência já testada pelos povos que há muito tempo enfrentaram a necessidade de garantir o direito fundamental da garantia do acesso aos direitos sem a dispersão na massa de processos e recursos.

Essa é matéria que compete ao meio jurídico, doutrinário, legislativo e judiciário, resolver. Em suma, permitindo-se parodiar Pirandello,[10] são vários temas à espera de uma solução, ou, ainda, uma solução à procura de um autor!

Informação bibliográfica deste texto, conforme a NBR 6023:2002 da Associação Brasileira de Normas Técnicas (ABNT):

BENETI, Sidnei. Inafastabilidade da jurisdição *vs.* duração razoável dos processos: da *class action* ao *leave to appeal*. In: ARABI, Abhner Youssif Mota; MALUF, Fernando; MACHADO NETO, Marcello Lavenère (Coord.). *Constituição da República 30 anos depois*: uma análise prática da eficiência dos direitos fundamentais. Estudos em homenagem ao Ministro Luiz Fux. Belo Horizonte: Fórum, 2019. p. 397-403. ISBN 978-85-450-0598-8.

---

[10] Luigi Pirandello, *Seis personagens à procura de um autor*.

SEPARAÇÃO DE PODERES E CAPACIDADES INSTITUCIONAIS: O CASO DA PÍLULA DO CÂNCER

THIAGO LÔBO FLEURY

1 Introdução

No dia 13 de abril de 2016, o Congresso Nacional promulgou a Lei nº 13.269/2016, que autoriza a comercialização e o uso da fosfoetanolamina sintética – popularmente conhecida como *"pílula do câncer"* – por pacientes diagnosticados com neoplasia maligna (*i.e.*, câncer).[1]

Deveras, apesar de todo o contexto humanístico que envolve o tema, significando, para muitos, uma última esperança[2] na luta contra uma doença tão terrível, o fato incontestável é que a participação do Poder Legislativo desconsiderou toda uma complexa estrutura regulatória desenvolvida no país: ao substituir o crivo da agência reguladora responsável – Agência Nacional de Vigilância Sanitária (Anvisa) –, inovou em ambiente que não possui *expertise* e, muito menos, capacidade institucional, terminando por violar todo o arcabouço normativo das normas sanitárias vigentes no Brasil por deixar de lado todo o procedimento técnico necessário para comprovar, cientificamente, a qualidade, segurança e eficácia dos medicamentos que são disponibilizados aos cidadãos.

De fato, é por intermédio do registro do medicamento junto à Anvisa que o Estado poderá cumprir a determinação constitucional de tutelar o direito à saúde, "garantido mediante políticas sociais e econômicas que visem à redução do risco de doença e de outros agravos e ao acesso universal e igualitário às ações e serviços para sua promoção, proteção e recuperação" (CRFB/88, art. 196), além de controlar, fiscalizar e coordenar a disponibilização de medicamentos, sempre com base em paradigmas científicos.[3]

---

[1] Lei nº 13.269/2016: "Art. 4º Ficam permitidos a produção, manufatura, importação, distribuição, prescrição, dispensação, posse ou uso da fosfoetanolamina sintética, direcionados aos usos de que trata esta Lei, independentemente de registro sanitário, em caráter excepcional, enquanto estiverem em curso estudos clínicos acerca dessa substância".

[2] Em temas técnicos e específicos, que fogem à dogmática jurídica, é necessário um olhar diferente quanto à célebre frase de Ruy Barbosa, em 1898, ao defender que *"a esperança nos juízes é a última esperança"*.

[3] LUCCHESE, Geraldo. *Globalização e regulação sanitária*: os rumos da vigilância sanitária no Brasil. (Tese de Doutorado em Saúde Pública). Escola Nacional de Saúde Pública, Fundação Oswaldo Cruz, Rio de Janeiro, 2001.

O tema a respeito da autorização legislativa quanto à comercialização e uso de substância (*i.e.*, fosfoetanolamina – pílula do câncer) para tratamentos dos enfermos sem a realização de testes clínicos que comprovem sua eficácia e segurança e, consequentemente, sem registro sanitário perante o órgão executivo legalmente competente – Agência Nacional de Vigilância Sanitária (Anvisa) –, suscita reflexões sobre tema deveras atual na dogmática constitucional brasileira: além do direito à saúde, a teoria da capacidade institucional – especificamente quanto à *reserva de administração* – e a necessária deferência aos arranjos institucionais ínsitos à separação dos Poderes.

Ora, se a sanção da Lei nº 13.269/2016 teve como objetivo atender a "comoção da sociedade",[4] tal como defendido pela então ministra interina do Ministério de Ciência, Tecnologia e Inovação – MCTI,[5] Emília Curi, comprova-se o que o Ministro Marco Aurélio há tempos defende nas sessões do Supremo Tribunal Federal: "os tempos são estranhos". É que, como será demonstrado, o Poder Executivo – mais especificamente a Anvisa – é o *locus*, por excelência, de deliberações dessa natureza, não podendo o Poder Legislativo intervir e criar um sistema paralelo e substitutivo da instância técnica criada justamente para precisar, com maior capacidade epistêmica, o que deve, ou não, ser fornecido pelo Estado.

O debate, portanto, traz à tona um viés diferente do que normalmente é posto em discussão nas rodas acadêmicas de debate. Para além das dificuldades conhecidas e amplamente debatidas acerca da judicialização da saúde – que envolve, entre outros aspectos, a determinação de fornecimento, pelo Poder Judiciário, de medicamento ainda sequer registrado na Anvisa ou de tratamentos experimentais de alto custo –, o tema suscita debates essenciais acerca dos limites de competência das entidades regulatórias no âmbito do desenho institucional brasileiro – no que se denominará de *reserva de administração*.

Em todo caso, a premissa que se busca defender é a mesma: um incentivo e militância intelectual no sentido de preservar a autonomia do sistema regulatório constante do ordenamento jurídico pátrio, além de fortalecer suas instâncias de deliberação interna. Destarte, teremos a preservação da essência do princípio da separação dos Poderes: cada órgão atuando nos limites de sua competência, o que significa dizer, *in casu*, que o papel do Legislativo deve se restringir ao estabelecimento de normas gerais que possibilitem a atuação específica da agência reguladora, e a função do Judiciário na proteção do pleno funcionamento da dinâmica das relações interinstitucionais no Estado Democrático de Direito atual.

Especificamente quanto ao embate Legislativo x Executivo no tocante à autorização da distribuição e do uso de medicamentos, é consabido que o Congresso Nacional, nos últimos anos, vem interferindo de maneira ilegítima nas competências da Anvisa. Sob o pretexto de ser competente e responsável por elaborar normas gerais de proteção e defesa da saúde (CRFB/88, art. 24, inciso XII), o legislador assumiu – ou vem tentando – uma competência que não lhe cabe: a análise essencialmente técnica sobre registro e controle sanitário dos medicamentos.

---

[4] Disponível em: <http://g1.globo.com/bemestar/noticia/2016/04/ministra-diz-que-pediria-prazo-maior-antes-de-liberar-fosfoetanolamina.html> Acesso em: 20 maio 2018.

[5] Atual Ministério da Ciência, Tecnologia, Inovações e Comunicações – MCTIC, nos termos da Medida Provisória 726/2016.

As implicações dessas ideias serão desenvolvidas ao longo desse artigo. Contudo, é preciso deixar especificado que o ponto nodal, devidamente contextualizado, cinge-se ao referencial denominado *reserva de administração*, que decorre do princípio da separação de Poderes (CRFB/1988, arts. 2º e 60, §4º, III). Sua aplicação – já adotada em algumas decisões do Supremo Tribunal Federal[6] – impõe a deferência do Legislador e do Judiciário em relação ao juízo técnico do Poder Executivo e de suas agências reguladoras, e impede que um juízo político ou jurídico – sem *expertise*, portanto – interfira de forma indevida num procedimento de natureza tipicamente administrativa. Trata-se de arranjo constitucional que busca argumentos não para justificar uma supremacia de um dos Poderes, mas sim a cooperação entre eles, a fim de garantir aos cidadãos melhores formas de proteção e efetividade dos direitos fundamentais.

Pois bem. Nesse contexto se insere a controvérsia posta no presente caso.

2 *Quaestio iuris* submetida à apreciação do Supremo Tribunal Federal – Uma contextualização necessária

Certamente, vivenciamos o período mais fértil da história da humanidade em termos de conquistas científicas, avanços terapêuticos e aprimoramento de tecnologias que levam a inúmeras descobertas e inovações, inclusive no setor farmacêutico, responsável pela salutar e nobre missão de garantir uma proteção da saúde com a elevação do bem-estar e a cura de doenças.

Nesse contexto surgiu a análise sobre determinada substância que, supostamente, seria a cura – ou um tratamento muito eficaz – para uma das doenças mais aterrorizantes da atualidade: o câncer.

A fosfoetanolamina[7] é um composto orgânico produzido naturalmente pelos seres humanos, sendo encontrada nos tecidos, órgãos e leite materno. No Brasil, desde 1990, cápsulas do composto fosfoetanolamina sintética (que posteriormente ficaram conhecidas como *pílula do câncer*) começaram a ser produzidas de forma artesanal[8] por Gilberto Orivaldo Chierice, à época professor titular do Instituto de Química de São Carlos da Universidade de São Paulo (IQSC-USP) – atualmente aposentado.

Durante muitos anos o docente distribuiu a substância gratuitamente para pacientes com câncer terminal. A notícia se disseminou. Apesar da substância não ter sido produzida na Faculdade de Medicina da Universidade de São Paulo, mas no Departamento de Química, de forma artesanal e em caráter experimental por um professor, os pedidos dirigidos à Universidade de São Paulo no sentido do fornecimento dessa substância para a cura do câncer multiplicaram exponencialmente.

Ao se deparar com tal situação, em que cada vez mais enfermos buscaram amostras da substância, a Universidade de São Paulo, em 2014, emitiu a Portaria IQSC

---

[6] STF – ADI nº 969, Relator Min. Joaquim Barbosa, Tribunal Pleno, julgado em 27.09.2006, DJ 20.10.2006; ADI nº 3.343, Relator Min. Ayres Britto, Relator p/ Acórdão: Min. Luiz Fux, Tribunal Pleno, julgado em 01.09.2011, *DJe* 22.11.2011; ADI nº 3.075, Relator Min. Gilmar Mendes, Tribunal Pleno, julgado em 24.09.2014, *DJe* 05.11.2014; e RE nº 427.574 ED, Relator Min. Celso de Mello, Segunda Turma, julgado em 13.12.2011, *DJe* 13.02.2012.

[7] VERONEZ, Luciana Chain. *Atividade da fosfoetanolamina sintética em melanoma murinho experimental*. 80f. Dissertação (Mestrado) – Faculdade de Medicina de Ribeirão Preto, Universidade de São Paulo, São Paulo, 2012, p. 24.

[8] PIVETTA, Marcus. A prova final da fosfoetanolamina. Disponível em: <http://revistapesquisa.fapesp.br/2016/05/17/a-prova-final-da-fosfoetanolamina/>. Acesso em 19 maio 2018.

nº 1.389/2014, impedindo a distribuição do mencionado composto em razão da falta de testes, de pesquisas e de registro na Agência Nacional de Vigilância Sanitária – Anvisa.

A edição de tal norma interna desencadeou uma onda de protestos, campanhas e passeatas objetivando que autoridades liberassem a distribuição e o uso. Ao mesmo tempo, milhares de pessoas com câncer ingressaram em juízo em busca de provimentos liminares que obrigassem a USP a fornecer a substância. O ápice da polêmica em torno da pílula do câncer se deu quando determinado advogado buscou, no Supremo Tribunal Federal (PET nº 5.828), provimento jurisdicional objetivando a disponibilização da substância para a sua mãe, portadora de câncer em fase terminal. O ministro Edson Fachin acatou o pedido.[9] A decisão causou uma avalanche de ações e enormes filas na porta da USP.

Frente à repercussão dos efeitos da substância e da incessante oposição da comunidade científica – que defendia a ausência do procedimento regulatório específico que atestasse a segurança e a eficácia no combate a o câncer – o Ministério da Ciência, Tecnologia e Inovação criou, em 2015, uma equipe de trabalho para realização de estudos que atestassem a segurança e eficácia da substância.

Apesar dos pareceres contrários à fosfoetanolamina emitidos pelo referido Ministério, no dia 13 de abril de 2016, em meio a comoção popular, foi publicada a Lei nº 13.269/2016, que autoriza o uso da substância por indivíduos diagnosticados com câncer. Para esse efeito, o referido normativo autoriza tais pacientes a utilizar a referida substância, desde que observem os seguintes condicionantes: *(i)* apresentem laudo médico que comprove o diagnóstico da doença; e *(ii)* assinem termo de consentimento. Mas não só. O novel diploma permite a produção, manufatura, importação, distribuição, prescrição, dispensação, posse ou uso da fosfoetanolamina sintética, independentemente de registro sanitário, em caráter excepcional, enquanto estiverem em curso estudos clínicos acerca dessa substância.

Apenas dois dias após a publicação da lei, a Associação Médica Brasileira ajuizou ação direta de inconstitucionalidade no Supremo Tribunal Federal (ADI nº 5.501/DF) sustentando a incompatibilidade da opção legislativa em face dos direitos constitucionais à saúde (arts. 6º e 196 da CRFB/88), à segurança e à vida (art. 5º, *caput*, da CRFB/88), bem como à dignidade humana (art. 1º, III da CRFB/88). Em amparo de sua pretensão, sustentou que a norma permite o uso da substância fosfoetanolamina sintética por pacientes diagnosticados com câncer sem o necessário embasamento em estudos conclusivos acerca da eficácia e dos efeitos colaterais da substância em seres humanos, além da ausência do indispensável registro sanitário perante o órgão executivo legalmente competente – Agência Nacional de Vigilância Sanitária (Anvisa).

3 Relação Parlamento e agências reguladoras: novos contornos das teorias da capacidade institucional e da reserva de administração

No caso, o diploma legal – Lei nº 13.269/2016 – cuja constitucionalidade questionada no Supremo Tribunal Federal ensejou calorosas e valiosas discussões acerca da compatibilidade constitucional da autorização legal do uso da substância

---

[9] Pet nº 5.828 MC, Relator Min. Edson Fachin, julgado em 06.10.2015, *DJe* 09.10.2015.

fosfoetanolamina sintética num cenário de incerteza e de dispensa do seu registro sanitário "enquanto estiverem em curso estudos clínicos acerca dessa substância".

A questão – uma das mais polêmicas dos últimos anos – é muito sensível e envolve questões jurídicas distintas, cada qual com a sua devida importância.

De um lado, deve ser ressaltado que o tema de fundo transparece a expectativa de inúmeras pessoas acometidas de uma doença gravíssima (*i.e.*, câncer), esperançosas em encontrar a cura definitiva para o seu mal, seja de forma menos dolorosa do que os procedimentos tradicionais como a quimioterapia ou a radioterapia, seja em virtude do alegado baixo custo da substância, seja por depositar nela a *ultima ratio* para conseguir obstar o avanço de uma doença por vezes irreversível. Trata-se do direito de ter esperança e se valer das mais diversas formas de tratamento para tentar sua sobrevivência.

De outro, e não menos importante, está a necessidade de observância de estudos clínicos para que uma determinada substância seja incorporada à categoria de medicamento, a fim de evitar problemas graves de saúde pública em razão do fornecimento de uma determinada matéria desacompanhada do aval das agências responsáveis pela fiscalização medicamentosa e sanitária do país.

Não é sem razão que foram editadas a Lei nº 5.991/73, que "Dispõe sobre o Controle Sanitário do Comércio de Drogas, Medicamentos, Insumos Farmacêuticos e Correlatos, e dá outras Providências", a Lei nº 6.360/76, que "Dispõe sobre a Vigilância Sanitária a que ficam sujeitos os Medicamentos, as Drogas, os Insumos Farmacêuticos e Correlatos, Cosméticos, Saneantes e Outros Produtos, e dá outras Providências", a Lei nº 9.782/99, que "Define o Sistema Nacional de Vigilância Sanitária, cria a Agência Nacional de Vigilância Sanitária, e dá outras providências", bem como foi tipificado como crime, com pena de 10 (dez) a 15 (quinze) anos de reclusão, a "Falsificação, corrupção, adulteração ou alteração de produto destinado a fins terapêuticos ou medicinais", *nomen iuris* do crime previsto no art. 273, do Código Penal.[10]

Denota-se, claramente, que a extensa legislação editada tem a finalidade de levar a efeito o "controle sanitário do comércio de drogas, medicamentos, insumos farmacêuticos e correlatos" em circulação no país e, assim, evitar possíveis problemas de saúde pública.

Nesse ponto, importantíssima ao deslinde da controvérsia, a Lei nº 9.782/1999, ao estabelecer todo o sistema nacional de vigilância sanitária, atribuiu à Agência Nacional de Vigilância Sanitária (Anvisa) – autarquia sob regime especial vinculada ao Ministério da Saúde, na condição de órgão em nível nacional – a competência para exercer a vigilância sanitária de medicamentos.[11] Além disso, fixou *standards* para que a Anvisa implemente, tecnicamente, seus comandos.

---

[10] "Art. 273 – Falsificar, corromper, adulterar ou alterar produto destinado a fins terapêuticos ou medicinais:
Pena – reclusão, de 10 (dez) a 15 (quinze) anos, e multa.
(...)
§1º-B – Está sujeito às penas deste artigo quem pratica as ações previstas no §1º em relação a produtos em qualquer das seguintes condições:
I – sem registro, quando exigível, no órgão de vigilância sanitária competente;
(...)
VI – adquiridos de estabelecimento sem licença da autoridade sanitária competente."

[11] "Art. 8º Incumbe à Agência, respeitada a legislação em vigor, regulamentar, controlar e fiscalizar os produtos e serviços que envolvam risco à saúde pública.
§1º Consideram-se bens e produtos submetidos ao controle e fiscalização sanitária pela Agência:
I – medicamentos de uso humano, suas substâncias ativas e demais insumos, processos e tecnologias;"

Destarte, e esse é talvez o ponto-chave da presente controvérsia, a norma tem por objetivo deslegalizar matérias específicas, que predicam de uma regulação infensa a interesses políticos e a apelos populares. Especificamente no que tange à produção de medicamentos, existe todo um processo legal regulatório que, no afã de garantir que determinado medicamento é dotado de segurança e de eficácia, encontra-se permeado de análises técnicas, e não políticas. Abro um parêntese para refutar a visão romântica de que seja possível a separação entre regulação e política. Apesar disso, é evidente que a atuação técnica das agências reguladoras reduz – ao menos em tese – os efeitos políticos sobre a função especializada que desempenham.[12]

Estabelecidas essas premissas, a questão centra-se em averiguar se a determinação de fornecimento da substância *fosfoetanolamina sintética*, "enquanto estiverem em curso estudos clínicos acerca dessa substância" (art. 4º, *in fine*, da Lei nº 13.269/16), sem a observância das normas estabelecidas pela Anvisa – órgão tecnicamente competente –, está ou não compreendido no âmbito de atuação do Poder Legislativo, ou se viola o cerne da moderna análise principiológica da separação dos Poderes.

Inicialmente, é importante chamar a atenção, no ponto, que o próprio legislador reconhece não se tratar de uma medicação, mas de uma "*substância*", já que não possui o devido registro na Anvisa e ainda se encontra em fase de "estudos clínicos", de modo que a liberação do seu uso (*lato sensu*) se deu mediante uma penada do legislador, sem que se tenha o impacto dessa substância sobre a saúde das pessoas e da saúde pública como um todo.

A própria Universidade de São Paulo, local onde foram iniciadas, de forma independente, as pesquisas com a substância, fez questão de divulgar comunicado se posicionando a respeito da fosfoetanolamina, ocasião em que ressaltou a inexistência de registro e autorização de uso desse composto pela Anvisa, pontuando que "não se trata de detalhe burocrático o produto não estar registrado como remédio – ele não foi estudado para esse fim e não são conhecidas as consequências de seu uso".[13]

Já no âmbito da Anvisa, merecem destaque, também, os esclarecimentos prestados através da Nota Técnica nº 56/2015/SUMED/ANVISA,[14] que informou a inexistência de registro da fosfoetanolamina, a ausência de comprovação da sua eficácia, os riscos que há com o fornecimento desse produto despido de qualquer controle estatal, além de explicitar todo do procedimento ordinário para registro de um medicamento na referida agência. Por se tratar de matéria eminentemente técnica, mostra-se oportuno transcrever os principais pontos, *in verbis*:

> (...) 5. Fundamental destacar que a concessão de registro sanitário consiste em ato administrativo vinculado, isto é, dependente, de maneira intrínseca, da prévia solicitação por parte do interessado na fabricação e comercialização do produto, o qual requeira a concessão desse registro para posterior avaliação da Agência.
> (...)

---

[12] FONSECA, Francisco José Defanti. Reserva de regulação da Administração Pública. *Revista de Direito Público da Economia*, v. 57, p. 143-169, 2017.

[13] Disponível em: <http://www5.usp.br/99485/usp-divulga-comunicado-sobre-a-substancia-fosfoetanolamina/> Acesso: 20.05.2018.

[14] Disponível em: <http://portal.anvisa.gov.br/documents/33836/349757/NOTA+T%C3%89CNICA+56+2015+-+SUMED+-+Esclarecimentos+sobre+a+fosfoetanolamina/4b34c204-8924-4b14-9396-62224e7d1d8e> Acesso: 20 maio 2018.

6. Para comprovação de segurança e eficácia são apresentados no dossiê de registro, dentre outros documentos, relatórios de estudos não clínicos (não realizados em seres humanos) e relatórios de estudos clínicos fase I, II e III (realizados em seres humanos). A análise desses dados é pautada na relação benefício/risco do medicamento. São registrados os medicamentos cujos estudos comprovem que os benefícios superam os riscos. A fim de minimizar os riscos ou danos, é necessário que o medicamento seja de boa qualidade, seguro e eficaz, e que seja usado de forma racional.
(...)
10. Além dos requisitos clínicos, para serem registrados nos Brasil os medicamentos devem apresentar no dossiê garantias sobre a qualidade, o prazo de validade e condições de armazenamento. Estes requisitos são obrigatórios e o não cumprimento de especificações de qualidade consideradas imprescindíveis, pode resultar em sérias implicações na saúde dos pacientes. Dessa forma, para garantir a qualidade, a segurança e a eficácia dos medicamentos, a sua produção e liberação para o uso deve ser baseada no cumprimento da regulamentação sanitária.
11. Temos então que o caminho legal para o fornecimento de um medicamento no país é a solicitação do registro, perante esta Agência, para validação dos dados de qualidade, eficácia e segurança, com as respectivas responsabilidades da empresa, além do monitoramento pós-comercialização (Farmacovigilância) e os estudos clínicos fase IV.
12. Não há na Anvisa qualquer registro concedido ou pedido de registro para medicamentos com o principio ativo fosfoetanolamina. Neste contexto, ressaltamos que também não há em curso qualquer avaliação de projetos contendo a fosfoetanolamina para fins de pesquisa clínicas envolvendo seres humanos.

Já nas informações prestadas pelo Senado Federal[15] para subsidiar o julgamento da ADI nº 5.501, no intento de defender a opção legislativa de proceder ao *by-pass* institucional, foram colacionadas manifestações da comunidade científica sobre o assunto, não menos desanimadoras quanto à *fosfoetanolamina sintética* como substância promissora a ser desenvolvida para virar medicamento a ser desenvolvido, como se observa das seguintes conclusões:

(i) Em artigo publicado na *Anticancer Research*,[16] a conclusão apresentada é a de que "*a fosfoetalonamina é uma potencial droga anticâncer*".
(ii) A revista britânica *Nature*[17] apontou trabalho publicado no *British Journal of Cancer* com o seguinte resultado: "*A fosfoetanolamina sintética possui efeitos anticâncer em camundongos com APL (Leucemia Promielocítica Aguda) através da inibição da expansão em clones, sugerindo que a fosfoetanolamina é um interessante composto para o tratamento da leucemia*";
(iii) Uma dissertação de mestrado defendida no departamento de Bioengenharia da USP, campus São Carlos, "*mostra as vantagens da fosfoetanolamina sobre quimioterápicos em uso comercial e a presença de diminuição significativa de tumores em animais (...)*[18]".

---

[15] Ofício 038/2016-PRESID/ADVOSF (Documento eletrônico nº 21). Disponível em: <http://redir.stf.jus.br/estfvisualizadorpub/jsp/consultarprocessoeletronico/ConsultarProcessoEletronico.jsf?seqobjetoincidente=4966501> Acesso: 18 maio 2018.

[16] FERREIRA, A K. et al. Anticancer Effects of Synthetic Phosphoethanolamine on Ehrlich Ascites Tumor: An Experimental Study. *Anticancer Research, International Journal of Cancer Research and Treatment*, January 2012 vol. 32 no. 1 95-104.

[17] Disponível em: <https://www.nature.com/articles/bjc2013510>. Acesso: 25 maio 2018.

[18] MENEGUELO, Renato. *Efeitos antiproliferativos e apoptóticos da fosfoetanolamina sintética no melanoma B16F10*. 2007. Dissertação (Mestrado em Bioengenharia) – Bioengenharia, Universidade de São Paulo, São Carlos, 2007.

(iv) Uma dissertação de mestrado na Faculdade de Medicina de Ribeiro Preto demonstrou *"o papel inibidor da fosfoetanolamina na progressão do melanoma[19]"*, mediante os testes realizados em animais.

Diante desse contexto, percebe-se que a carta branca conferida pelo legislador para o uso da substância *fosfoetanolamina sintética* não se deu alicerçada em qualquer estudo que comprove a segurança e efetividade em seres humanos, mas, quando muito, a partir de testes realizados *in vitro* e em animais, sem qualquer controle técnico e regulatório pela autoridade competente.

Nesse ponto, é cediço que somente é possível afirmar que uma determinada substância seja apta a resguardar o direito à vida e à saúde dos indivíduos quando tiver eficácia e segurança comprovadas pela agência nacional responsável por certificar esses critérios – a Anvisa – ou por entidades congêneres como, *v.g.*, a *"Food and Drug Administration"* (FDA) dos EUA, a *"European Agency for the Evaluation of Medicinal Products"* (EMEA) da União Europeia, e a *"Japanese Ministry of Health & Welfare"* do Japão. Não está dentro das capacidades institucionais do legislador, mediante uma lei isolada, assegurar que uma determinada substância é eficaz para o tratamento de determinada doença e ostenta segurança necessária para que seja fornecida aos cidadãos, especialmente quando inexiste registro em qualquer outra entidade governamental congênere.

Outrossim, a controvérsia, para além da importantíssima discussão a respeito do dever do Estado de promover e tutelar o direito à saúde, fornece importantíssimos *standarts* de atuação dos Poderes Legislativo e Judiciário frente às competências das entidades regulatórias num contexto de capacidades institucionais e deferência às escolhas realizadas pelos órgãos especializados em determinado assunto.

Destarte, na medida em que o ordenamento jurídico brasileiro impõe que o controle dos medicamentos deve ser realizado com base em um aparato técnico especializado, titularizado pela Agência Nacional de Vigilância Sanitária, desenvolve-se um espaço de atuação exclusiva, sendo vedada, em princípio, a edição de normas sobre a matéria pelo Poder Legislativo. Trata-se do que foi denominado *reserva de administração*, expressão derivada do princípio separação dos Poderes, entendida como um campo decisório de incumbência privativa do Poder Executivo, e, nesse caso, da agência reguladora – Anvisa.

A premissa merece ser melhor desenvolvida.

Em sua concepção contemporânea, a ideia de separação de Poderes[20] envolve um arranjo institucional pensado como uma forma de limitar o arbítrio da função política. Como adverte o jovem constitucionalista Abhner Youssif,[21] o princípio da separação dos Poderes "no início de sua formulação política era visto com uma função de reforço dos poderes, mas adquiriu, ao longo do tempo, outra função igualmente importante,

---

[19] VERONEZ, Luciana Chain. *Atividade da fosfoetanolamina sintética em melanoma murino experimental*. 2012. Dissertação (Mestrado em Imunologia Básica e Aplicada) – Faculdade de Medicina de Ribeirão Preto, University of São Paulo, Ribeirão Preto, 2012

[20] ACKERMAN, Bruce. Good-bye Montesquieu. *In*: ACKERMAN, Susan Rose; LINDSETH, Peter L. (Org.). *Comparative administrative law*. Edward Eugar Publishing, 2012.

[21] ARABI, Abhner Youssif Mota. *A tensão institucional entre judiciário e legislativo*: controle de constitucionalidade, diálogo e a legitimidade da atuação do Supremo Tribunal Federal. Curitiba: Prismas, 2015, p. 48.

que é a da própria sustentação da democracia, pela limitação que um poder exerce sobre o outro".

Em regra, os Poderes da República devem ser autocontidos e deferentes aos outros, num estímulo constante e recíproco em que cada órgão tome, com exclusividade, decisões dentro da seara de sua especialização. Nessas situações, muitas vezes falta a um dos Poderes a capacidade institucional e a *expertise* para decidir e avaliar o efeito sistêmico de suas decisões.

Especificamente ao tema de fundo a que me proponho neste artigo, é necessário conceber a correta divisão de funções existente entre Poder Legislativo e Poder Executivo em sua função administrativa. Enquanto aquele possui, como função essencial, a criação – ou revisitação – de normas destinadas a reger a vida coletiva,[22] este deve, através de atos administrativos, aplicar as normas editadas pelo legislador e outorgar efeitos concretos, com destinatários específicos e situações bem indicadas.

Apesar da evidente articulação entre as funções, é essencial à ótima administração da coisa pública o desempenho, de modo independente, pelo órgão que possui capacidade institucional para tanto.[23] Embora seja consabida a existência de um sistema de freios e contrapesos (*checks and balances*), faz-se mister que cada Poder desempenhe o seu papel, e que o outro não intente substituir nem usurpar a competência de cada qual, no campo que se denominou de *reservas* (*i.e.*, reserva de lei, reserva de jurisdição e reserva de administração).

Deveras, em relação à *reserva de administração*,[24] trata-se de atribuição do Poder Executivo relacionado a um domínio de funções administrativas que devem ser desempenhadas sem margem para interferências legislativas ou judiciais – imune, portanto, de qualquer avaliação externa. Nos termos da precisa lição de Arícia Corrêa Fernandes, em sua tese de doutorado intitulada "Por uma releitura do princípio da legalidade administrativa e da reserva de Administração", apresentada ao Programa de Pós-Graduação em Direito Público da Universidade do Estado do Rio de Janeiro, a reserva de administração constitui "um espaço autônomo – e, por isso, insubordinado e auto-responsável – de exercício da função administrativa, normativa e concretizadora da tutela dos direitos, infenso à sub-rogação legislativa e jurisdicional, *à* vista do princípio da separação de poderes".[25]

À luz desse entendimento, o administrativista da Universidade Estadual do Estado do Rio de Janeiro, Gustavo Binenbojm, ao ressaltar a existência de espaços de conformação próprios do administrador, destaca que "se ao invés de tratar de matérias genéricas e abstratas, o legislador for além de seu mister próprio e editar atos com efeitos concretos que envolvam matéria tipicamente administrativa, haverá uma transgressão das competências inerentes à separação funcional de Poderes".[26]

---

[22] FAGUNDES, Miguel Seabra. *O controle dos atos administrativos pelo poder judiciário*. 7. ed., atualizada por Gustavo Binenbojm. Rio de Janeiro: Forense, 2010. p. 6.

[23] ACKERMAN, Bruce. The new separation of powers. *Harvard Law Review*, v. 3, p. 640, 2000.

[24] Para o doutrinador lusitano José Joaquim Gomes Canotilho (*Direito constitucional e teoria da Constituição*. 5. ed. Coimbra, 2002, p. 739.), trata-se de "um núcleo funcional de administração 'resistente' à lei, ou seja, um domínio reservado à administração contra as ingerências do parlamento".

[25] CORRÊA, Arícia Fernandes. *Por uma releitura dos princípios da legalidade administrativa e da reserva de administração*; 2008, p. 261; Tese (Doutorado em Direito) – Universidade do Estado do Rio de Janeiro; Orientador: Luís Roberto Barroso.

[26] BINENBOJM, Gustavo. *Uma teoria do direito administrativo*: direitos fundamentais, democracia e constitucionalização. Rio de Janeiro: Renovar, 2014. p. 154.

Em síntese, trata-se de uma questão pragmática: em decorrência tanto da celeridade quanto da complexidade das relações sociais na atualidade, o Poder Legislativo não dispõe de estrutura e muito menos de especialização para lidar com entraves técnicos e específicos da sociedade contemporânea. Daí é que se justifica o deslocamento de competências do Legislativo para o Executivo, especialmente em relação às agências reguladoras, naquilo que se denominou de reserva de administração. Na linha do renomado doutrinador Sérgio Guerra,[27] "a regulação existe quando a classe política se libera de uma parte de seus poderes a favor de entidades não eleitas pelo povo, que são capazes de bloquear as decisões das eleitas".

Consectariamente, no afã de possibilitar a tomada de decisões pontuais e estratégicas das agências reguladoras, o ordenamento prevê instrumentos que garantem a efetivação plena de autonomia estrutural (*i.e.*, orçamento, equipe qualificada, funcionários, equipamentos) para gerenciar o campo econômico regulado. Nos termos da brilhante lição do Professor da Universidade do Estado do Rio de Janeiro – UERJ, Dr. Valter Shuenquener de Araújo,[28] "é recomendável que a organização estatal das atividades econômicas e dos serviços públicos seja feita por uma entidade autárquica dotada de uma verdadeira autonomia reforçada".

Como consequência, para permitir o exercício autônomo e técnico do seu papel, a necessidade premente é blindar ao máximo suas decisões técnicas das influências e dos anseios políticos e garantir todo o aparato técnico especializado capaz de construir uma decisão que acomode os impactos econômico e social da área regulada. Na linha dos ensinamentos do Professor André Rodrigues Cyrino,[29] "uma concepção moderna de separação de Poderes deve estar ligada à existência de órgãos profissionalizados insulados, em maior ou menor grau, da política", pois a implementação das normas depende de considerações e análise multifacetadas de conteúdo técnico.

Uma ressalva é importante: é cediço, e inafastável, competir ao Poder Legislativo a criação de regras gerais e abstratas para tratar dos trâmites necessários para aprovação de medicamentos no Brasil. Apesar disso, o ordenamento jurídico, no contexto da sociedade contemporânea, marcada por sua liquidez,[30] crescente especialização e particularidades dos mercados, construiu um sistema de competências que expressamente atribui às agências reguladoras determinadas atribuições que não podem ser superadas por atos casuísticos de outros Poderes, sob pena de total insegurança jurídica nos mercados regulados. Para Floriano de Azevedo Marques Neto,[31] "os órgãos reguladores não são instância institucional para definição de políticas. São sim espaços e instrumentos para efetivação destas, previamente definidas pelo Executivo e pelo Legislativo".

Como bem ressalta o prestigiado Diretor de Regulação Sanitária da Anvisa, Renato Alencar Porto, as razões que impõem o prestígio e a deferência às decisões técnicas das agências reguladoras remetem "a uma enorme vantagem do órgão regulador: as

---

[27] GUERRA, Sérgio. *Discricionariedade, regulação e reflexividade*: uma nova teoria sobre as escolhas administrativas. Belo Horizonte: Fórum, 2015. p. 94-95.

[28] ARAÚJO, Valter Shuenquener. Os quatro pilares para a preservação da imparcialidade técnica das agências reguladoras. Revista Jurídica da Presidência, Brasília, v. 20, n. 120, fev./maio 2018, p. 64-91.

[29] CYRINO, André Rodrigues. *Direito constitucional regulatório*: elementos para uma interpretação institucionalmente adequada da constituição econômica brasileira. Rio de Janeiro: Renovar, 2010. p. 232.

[30] BAUMAN, Zygmunt. *Modernidade líquida*. Rio de Janeiro: Zahar, 2001.

[31] MARQUES NETO, Floriano de Azevedo. *Agências reguladoras independentes*: fundamentos e seu regime jurídico. Belo Horizonte: Fórum, 2005, p. 92.

agências aglutinam métricas muito mais precisas para aferir o custo-benefício da atuação do Estado, porque estão debruçadas não apenas nas teorias e/ou vontades políticas, mas na observação e atuação diária de seu objeto de regulação". Além disso, ressalta, com autoridade, que "as agências são, ainda, oxigenadas por métodos e doutrinas desenvolvidas dentro e fora do país, num grau de aprofundamento dos temas que dificilmente se vê no Legislativo – cuja iniciativa é, por natureza, muito mais ampla e generalizante".[32] No mesmo sentido, Alexandre Santos de Aragão destaca que o critério técnico das agências se destaca, "principalmente, pelo fato dos seus atos e normas demandarem conhecimento técnico e científico especializado para que possam ser emanados, aplicados e fiscalizados".[33]

De fato, a legislação aplicável, ao outorgar competências às agências reguladoras, sob o pressuposto que detém maiores níveis de informação e de conhecimento técnico, além de aptidão operacional e prática capazes de desenvolver de forma mais adequada a regulação de mercados tão complexos, garantiu a capacidade institucional para tomar decisões específicas sobre os assuntos de sua *expertise*. Nos bem pontuados termos de Daniel Sarmento, "a cegueira diante das capacidades institucionais dos intérpretes da Constituição pode gerar perspectivas hermenêuticas muito bonitas na teoria, mas que, quando aplicadas na prática, se revelem desastrosas para a própria concretização dos valores constitucionais".[34]

Notadamente quanto à Anvisa, parece claro que se uma norma editada pelo Poder Legislativo – Lei nº 9.782/1999 –, reconhecendo a necessidade contemporânea da descentralização através da regulação – outorgou a uma agência reguladora a competência para analisar a concessão de registros sanitários a medicamentos, não poderá o legislador, casuisticamente e justificado por uma "comoção popular", usurpar a atividade executória e subverter o sistema regulatório vigente.

Nessa conjuntura, no caso específico da pílula do câncer, não poderia o Poder Legislativo, que não possui *expertise* no assunto e desconhece seus meandros, se imiscuir na questão para autorizar o uso (*lato sensu*) de uma substância cuja controvérsia sequer está resolvida na seara médica. Tampouco poderia desconsiderar o preceito constitucional que incumbe ao sistema de saúde, através da Anvisa, a atribuição de controlar e fiscalizar a substância *fosfoetanolamina sintética* previamente à sua distribuição para a população em geral, sob pena de afrontar não só a competência para tanto, mas o próprio direito constitucional à vida e à saúde dos cidadãos recebedores da referida substância sem eficácia e riscos comprovados.

Não é demais lembrar que a capacidade institucional envolve a determinação de qual poder está mais habilitado a produzir a melhor decisão em determinada matéria, especialmente quando em jogo tema que envolve aspectos técnicos ou científicos de grande complexidade, como ocorre no presente caso. Como bem ressaltado pelo i. Ministro Marco Aurélio, Relator da ação no STF, existe "um espaço reservado às decisões técnicas das entidades reguladoras, em face das quais os Poderes Legislativo

---

[32] PORTO, Renato Alencar. A decisão que atende à razoabilidade. Disponível em: <https://www.jota.info/opiniao-e-analise/colunas/reg/discutindo-a-relacao-congresso-e-agencias-reguladoras-31082017> Acesso: 20 maio 2018.
[33] ARAGÃO, Alexandre Santos. *Agências Reguladoras e a Evolução do Direito Administrativo Econômico*. Rio de Janeiro: Forense, 2002, p. 323.
[34] SARMENTO, Daniel. Interpretação Constitucional, Pré-compreensão e Capacidade Institucional do Intérprete. In: SOUZA NETO, Cláudio Pereira de; SARMENTO, Daniel; BINENBOJM, Gustavo (Coord.) *Vinte anos da Constituição Federal de 1988*, 2009, p. 312-313.

e Judiciário terão de ser deferentes", na medida em que "existem atos administrativos, de natureza técnica, cuja competência é privativa da Administração Pública, a qual não pode ser substituída por outra entidade detentora de poder".

Nesse cenário, descabia ao legislador autorizar o uso da *fosfoetanolamina sintética*, porquanto não ostenta conhecimento técnico específico sobre a questão para se sobrepor ao órgão administrativo responsável pela autorização do uso da referida substância no tratamento de determinada doença. A função protetiva do sistema único de saúde, ligada ao controle das substâncias atinentes à saúde dos cidadãos, não poderia ter sido solapada mediante atividade legislativa, porquanto resguardada constitucionalmente sob o manto da atividade fiscalizatória que cabe à função administrativa estatal.

Como ressaltado, as pesquisas desenvolvidas não foram – nem são[35] – conclusivas acerca dos benefícios e dos riscos que envolvem a utilização da *fosfoetanolamina sintética* na condição medicamentosa, de modo a permitir que seja liberado o seu manejo para a população previamente à conclusão dos estudos exigidos pela agência responsável pelo controle de todas as medicações em território nacional. Vale referência à sempre lúcida e didática lição do Ministro Luís Roberto Barroso, que, em seu voto na ADI nº 5.501, prelecionou que: "em tema de tamanha relevância, que envolve pessoas fragilizadas pela doença e com grande ânsia para obter a cura, não há espaço para especulações. Diante da ausência de informações e conhecimentos científicos acerca de eventuais efeitos adversos de uma substância, a solução nunca deverá ser a liberação para consumo".[36] Nessa linha, não é admissível que o Parlamento se substitua à agência responsável no exercício da atividade administrativa, isentando determinada substância à realização de análises clínicas e de registro sanitário, ou melhor, deixando de lado a comprovação da segurança e da eficiência do composto, além da própria regulação.

Por essas razões, não poderia ter havido a edição de ato legislativo dispensando os procedimentos administrativos necessários para que a substância venha a ser considerada uma medicação e, assim, autorizado o seu fornecimento em todo território brasileiro, por consistir flagrante violação ao princípio da separação de Poderes no âmbito da reserva de administração. Com base nessas premissas, o Plenário do Supremo Tribunal Federal, ao julgar a ADI nº 5.501 MC, por maioria de votos, deferiu a liminar[37] para suspender a eficácia da Lei nº 13.269/2016 até o julgamento de mérito.

4 Conclusão

Como destacado ao longo deste artigo, verificou-se, na prática, uma transferência de funções do Poder Legislativo ao Poder Executivo, derivando um reconhecimento de espaço normativo virtuoso às agências reguladoras por dois motivos principais:

---

[35] Estudo no Icesp, realizado em 2017, sugere que fosfoetanolamina não é eficiente contra o câncer. Disponível em: <https://jornal.usp.br/ciencias/ciencias-da-saude/estudo-no-icesp-sugere-que-fosfoetanolamina-nao-e-eficiente-contra-o-cancer/> Acesso: 18 maio 2018.

[36] Voto do Ministro Luís Roberto Barroso. ADI nº 5501 MC, Relator Min. Marco Aurélio, Tribunal Pleno, julgado em 19.05.2016, *DJe* 01.08.2017. Disponível em: <https://www.conjur.com.br/dl/stf-acordao-fosfoetanolamina.pdf> Acesso: 20 maio 2018.

[37] SAÚDE – MEDICAMENTO – AUSÊNCIA DE REGISTRO. Surge relevante pedido no sentido de suspender a eficácia de lei que autoriza o fornecimento de certa substância sem o registro no órgão competente, correndo o risco, ante a preservação da saúde, os cidadãos em geral. (ADI nº 5501 MC, Relator Min. Marco Aurélio, Tribunal Pleno, julgado em 19.05.2016, *DJe* 01.08.2017).

(i) complexidade dos setores econômicos e da inviabilidade do Poder Legislativo de responder de forma adequada e célere às necessidades do dia a dia dos administrados; e *(ii)* aptidão técnica das agências que lhes permite desenvolver respostar ágeis e específicas no domínio regulado, mercê da evolução provocada por novos desafios tecnológicos.

Com efeito, os *standards* de atuação das agências reguladoras devem adequar-se, sempre, à *expertise* técnica que possibilita, como fator de legitimação, sua interferência na atuação dos particulares. Nesse cenário, surge a teoria da reserva de administração, que, ao outorgar às entidades regulatórias funções de caráter predominantemente técnico em sua atuação, deve afastar, em regra, a competência do Poder Legislativo para tratar da matéria, em respeito ao sistema erigido em torno da separação dos Poderes.

A partir dessas premissas, essencial o estudo do julgamento da Ação Direta de Inconstitucionalidade nº 5.501, realizado pelo Supremo Tribunal Federal, que enfrenta matéria fática e jurídica apta a repensar e ressignificar a efetividade do princípio da separação dos Poderes ao sinalizar um resgate da autonomia e da deferência aos órgãos competentes do sistema público de saúde.

É que a controvérsia baseou-se no seguinte cenário: a inovadora substância, a despeito de ser teoricamente benéfica para tratamento de portadores de câncer, não foi submetida a testes clínicos que pudessem comprovar a sua segurança e eficácia, além de inexistir o necessário registro sanitário perante o órgão executivo legalmente competente – Agência Nacional de Vigilância Sanitária (Anvisa).

Assim, a pergunta que o presente artigo buscou responder é a seguinte: seria o Poder Legislativo competente para superar a autonomia da agência reguladora e liberar a distribuição pílula do câncer?

A resposta, em consonância com o entendimento da maioria do Supremo Tribunal Federal, é desenganadamente negativa, especialmente em respeito à salutar dinâmica das relações interinstitucionais no Estado Democrático de Direito, que impõe respeito à capacidade institucional de cada Poder, além da necessária deferência aos arranjos institucionais ínsitos à separação dos Poderes.

Consectariamente, a Lei nº 13.269/2016, ao autorizar o uso da substância fosfoetanolamina sintética por pacientes diagnosticados com câncer, a despeito da falta de testes clínicos que comprovem a sua segurança e eficácia, e da ausência de registro sanitário perante a Agência Nacional de Vigilância Sanitária – Anvisa, viola a reserva de administração, que decorre do princípio da separação de Poderes, na medida em que não cabe ao Parlamento substituir o juízo técnico da agência regulatória por opção eminentemente política.

Estabelecidas essas teses, o objetivo maior é exortar o debate a respeito da salutar aplicação de método dialógico que estimule a preservação do atual sistema erigido em torno do princípio da separação de Poderes, em que cada órgão desempenha seu papel, em clima de complementariedade, de onde deriva o respeito recíproco do campo próprio e indelegável das escolhas políticas do Legislador e das opções técnicas das agências regulatórias.

Referências

ACKERMAN, Bruce. Good-bye Montesquieu. In: ACKERMAN, Susan Rose; LINDSETH, Peter L. (Org.). *Comparative administrative law*. Edward Eugar Publishing, 2012.

ACKERMAN, Bruce. The new separation of powers. *Harvard Law Review*, v. 3, p. 640, 2000.

ARABI, Abhner Youssif Mota. *A tensão institucional entre judiciário e legislativo*: controle de constitucionalidade, diálogo e a legitimidade da atuação do Supremo Tribunal Federal. Curitiba: Prismas, 2015.

ARAGÃO, Alexandre Santos. *Agências reguladoras e a evolução do direito administrativo econômico*. Rio de Janeiro: Forense, 2002.

ARAÚJO, Valter Shuenquener. Os quatro pilares para a preservação da imparcialidade técnica das agências reguladoras. *Revista Jurídica da Presidência*, Brasília, v. 20, n. 120, fev./maio 2018, p. 64-91.

BAUMAN, Zygmunt. *Modernidade líquida*. Rio de Janeiro: Zahar, 2001.

BINENBOJM, Gustavo. *Uma teoria do direito administrativo*: direitos fundamentais, democracia e constitucionalização. Rio de Janeiro: Renovar, 2014.

CORRÊA, Arícia Fernandes. *Por uma releitura dos princípios da legalidade administrativa e da reserva de administração*; 2008, p. 261; Tese (Doutorado em Direito) – Universidade do Estado do Rio de Janeiro.

CYRINO, André Rodrigues. *Direito constitucional regulatório*: elementos para uma interpretação institucionalmente adequada da constituição econômica brasileira. Rio de Janeiro: Renovar, 2010.

FAGUNDES, Miguel Seabra. *O controle dos atos administrativos pelo poder judiciário*. 7. ed., atualizada por Gustavo Binenbojm. Rio de Janeiro: Forense, 2010.

FERREIRA, A K. et al. Anticancer Effects of Synthetic Phosphoethanolamine on Ehrlich Ascites Tumor: An Experimental Study. Anticancer Research, *International Journal of Cancer Research and Treatment*, January 2012 vol. 32 no. 1 95-104.

FONSECA, Francisco José Defanti. Reserva de regulação da Administração Pública. *Revista de Direito Público da Economia*, v. 57, p. 143-169, 2017.

GUERRA, Sérgio. *Discricionariedade, regulação e reflexividade*: uma nova teoria sobre as escolhas administrativas. Belo Horizonte: Fórum, 2015.

LUCCHESE, Geraldo. *Globalização e regulação sanitária*: os rumos da vigilância sanitária no Brasil. (Tese de Doutorado em Saúde Pública). Escola Nacional de Saúde Pública, Fundação Oswaldo Cruz, Rio de Janeiro, 2001.

MARQUES NETO, Floriano de Azevedo. *Agências reguladoras independentes*: fundamentos e seu regime jurídico. Belo Horizonte: Fórum, 2005.

MENEGUELO, Renato. *Efeitos antiproliferativos e apoptóticos da fosfoetanolamina sintética no melanoma B16F10*. 2007. Dissertação (Mestrado em Bioengenharia) – Bioengenharia, Universidade de São Paulo, São Carlos, 2007.

PIVETTA, Marcus. A prova final da fosfoetanolamina. Disponível em: <http://revistapesquisa.fapesp.br/2016/05/17/a-prova-final-da-fosfoetanolamina/>. Acesso em 19.05.2018.

PORTO, Renato Alencar. A decisão que atende à razoabilidade. Disponível em: <https://www.jota.info/opiniao-e-analise/colunas/reg/discutindo-a-relacao-congresso-e-agencias-reguladoras-31082017 > Acesso: 20.05.2018.

SARMENTO, Daniel. Interpretação constitucional, pré-compreensão e capacidade institucional do intérprete. In: Cláudio Pereira de Souza Neto, Daniel Sarmento e Gustavo Binenbojm (coord.) *Vinte anos da Constituição Federal de 1988*, 2009.

VERONEZ, Luciana Chain. *Atividade da fosfoetanolamina sintética em melanoma murinho experimental*. 80f. Dissertação (Mestrado) – Faculdade de Medicina de Ribeirão Preto, Universidade de São Paulo, São Paulo, 2012, p. 24.

VERONEZ, Luciana Chain. *Atividade da fosfoetanolamina sintética em melanoma murino experimental*. 2012. Dissertação (Mestrado em Imunologia Básica e Aplicada) – Faculdade de Medicina de Ribeirão Preto, University of São Paulo, Ribeirão Preto, 2012.

Informação bibliográfica deste texto, conforme a NBR 6023:2002 da Associação Brasileira de Normas Técnicas (ABNT):

FLEURY, Thiago Lôbo. Separação de poderes e capacidades institucionais: o caso da *pílula do câncer*. In: ARABI, Abhner Youssif Mota; MALUF, Fernando; MACHADO NETO, Marcello Lavenère (Coord.). *Constituição da República 30 anos depois*: uma análise prática da eficiência dos direitos fundamentais. Estudos em homenagem ao Ministro Luiz Fux. Belo Horizonte: Fórum, 2019. p. 405-418. ISBN 978-85-450-0598-8.

DIREITO À PRIVACIDADE NA SOCIEDADE DE INFORMAÇÃO: PROTEÇÃO DE DADOS NA ERA DIGITAL

THIAGO LUÍS SOMBRA

I Introdução

O paradoxo da modernidade tem revelado um falso dualismo entre inovação tecnológica e regulação. Em boa medida, parte do dualismo se deve à percepção de que a modernidade tem imposto um *trade off* entre fomentar a inovação tecnológica, resguardar o direito à privacidade e impor um formato de regulação restritiva. Paralelamente ao implemento da agenda regulatória sobre as novas formas de tecnologia na sociedade da informação, a recontextualização do direito à privacidade e proteção de dados se torna uma medida necessária para que a tutela de direitos seja efetiva.

Neste panorama de busca pela harmonização das premissas de evolução da sociedade da informação, o consentimento se torna um elemento vital para o empoderamento e concretização de escolhas dos indivíduos sobre a maior ou menor disposição da privacidade e proteção de dados. A depender dos parâmetros culturais e valores de uma determinada sociedade, os modelos regulatórios voltados a resguardar a proteção de dados e privacidade terão uma maior ou menor influência estatal, o que dará a exata dimensão da existência ou não do apontado falso dualismo.

Por esta razão, com a entrada em vigor da legislação europeia de proteção de dados (*General Data Protection Regulation-GDPR*), cujos efeitos extraterritoriais se propagam para todas as empresas que oferecem bens e serviços ou monitoram comportamento de usuários residentes na União Europeia, torna-se ainda mais necessário conhecer outros parâmetros de regulação da proteção de dados e privacidade. Em linhas gerais, diante de um modelo regulatório expansionista, torna-se ainda mais necessário compreender se outros países e autoridades de proteção de dados foram capazes de conferir tutela ao usuário a partir de outras concepções de consentimento e fomento à inovação.

Assim, cumpre primeiramente compreender os principais modelos regulatórios, para então confrontá-los com o nível de proteção aos dados pessoais e privacidade, associado a maior ou menor participação do consentimento.

II Modelos regulatórios e suas principais características

No atual cenário mundial sobre proteção de dados e privacidade, quatro modelos regulatórios específicos podem ser identificados. Em grande medida, estes modelos se diferem pelo maior ou menor grau de participação dos Estados e/ou entidades reguladoras, bem como quanto ao nível de harmonização conferido à inovação tecnológica e à observância de direitos e garantias dos titulares dos dados. Os principais modelos existentes são:

a) Modelo Regulatório Estatal ou Compreensivo;
b) Modelo Regulatório Setorial;
c) Corregulação;
d) Autorregulação.

O modelo **Regulatório Estatal ou Compreensivo** pode ser definido como aquele no qual são elaboradas normas gerais de proteção de dados, as quais se aplicam ao setor público e privado, mediante a criação de uma agência governamental ou um órgão responsável pela fiscalização e imposição de sanções aos agentes que descumprem as referidas normas. Em geral, este modelo é adotado na União Europeia.

O modelo **Regulatório Setorial** compreende um conjunto de normas editadas para segmentos específicos do setor privado, com a possibilidade de diversas agências e órgãos atuarem na fiscalização e imposição de sanções aos agentes que descumprem as referidas normas, a depender da natureza do setor da economia envolvido. Este modelo é adotado nos Estados Unidos e Japão.

O modelo de **Corregulação** é aquele no qual o Estado atua mediante a elaboração de normas gerais que asseguram uma margem de atuação e complementação por entidades privadas específicas dos diversos setores da economia para assegurar a proteção de dados. Neste modelo há o desenvolvimento de códigos de conduta, normas corporativas vinculantes (*BCRs-Binding Corporate Rules*)[1] ou padrões de proteção da privacidade que são validados por órgãos governamentais para posterior aplicação. A Austrália e a Nova Zelândia têm adotado este modelo.

O modelo de **Autorregulação** é aquele no qual as empresas ou conjunto de empresas elaboram códigos de conduta, cláusulas-padrão ou arranjos contratuais, dotados de flexibilidade e capazes de facilmente se adaptarem à evolução tecnológica e proteção de direitos dos titulares dos dados. Este modelo difere da corregulação pela simples circunstância de que supostamente não existiriam normas de proteção de dados estabelecidas por entes estatais ou tratado internacional. Um exemplo deste modelo é o *Payment Card Industry Data Security Standard* ("PCI DSS"),[2] conjunto de regras técnicas e operacionais estabelecidas por uma organização formada por entidades do setor financeiro.

Como forma de superar a visão maniqueísta de que para além do GDPR as demais regulações mundo afora contemplam uma visão reducionista da proteção de dados pessoais, é importante apresentar uma breve introdução a respeito dos países

---

[1] O tema é tratado nos arts. 44 a 49 do GDPR (<http://ec.europa.eu/justice/data-protection/article-29/bcr/index_en.htm>) e pelas opiniões do Working Party 29. (cf. <http://ec.europa.eu/newsroom/just/item-detail.cfm?item_id=50083>).

[2] Cf. <https://www.pcisecuritystandards.org/pci_security/maintaining_payment_security>. O PCI DSS é composto por regras operacionais e técnicas criadas por uma organização formada por grandes empresas do *setor financeiro*, as quais se aplicam às atividades de processamento de transações de pagamento.

e autoridades de proteção de dados que se identificam com um ou outro modelo regulatório apontado anteriormente. Para esta análise específica, serão analisadas as características da APEC, da FTC e das autoridades competentes da Austrália e do Canadá, bem como dos seus respectivos marcos regulatórios sobre proteção de dados pessoais. A análise desses modelos permitirá compreender como o Brasil deveria também mirar nas experiências positivas de outros países no tocante ao consentimento e transferência internacional de dados.

III Consentimento e a proteção de dados de pessoas a partir dos diversos modelos regulatórios

III.1 APEC

A APEC é um bloco econômico fundado em 1989, cujos principais objetivos consistem em estimular o comércio de produtos e serviços entre os países membros da região da Ásia e do Pacífico, bem como reduzir as tarifas alfandegárias nas relações comerciais entre os referidos países membros. Cabe destacar, que a APEC não impõe um código de obrigações de caráter vinculante para os seus países membros, de modo que as suas principais diretivas são estabelecidas por meio de decisão consensual.

No que se refere à proteção de dados pessoais e privacidade, o modelo desenvolvido pela APEC é baseado no *APEC Privacy Framework* (APEC Privacy Framework),[3] que contém princípios e diretrizes para o tratamento de dados, bem como elenca 9 (nove) princípios de privacidade a serem adotados pelos países membros.[4]

Sob a perspectiva do *APEC Privacy Framework* e da *Cross Border Privacy Rules* (CBPR), a coleta de dados pessoais deve ser limitada aos dados relevantes para o propósito da atividade, além de obtida por meios legítimos (arts. 18 e 19). Ademais, quando apropriado, a coleta deverá ser precedida de notificação ao titular ou seu consentimento. Se coletada para outros fins, o consentimento do indivíduo deve ser exigido. Em todos os casos, não se estabelece a forma pela qual o consentimento deve ser obtido, o que revela a flexibilidade e dinamicidade do modelo de regulação da APEC.

Vale ressaltar, no entanto, que a regra geral quanto à vinculação ao propósito da atividade poderá ser dispensada quando o consentimento do titular for obtido; ou quando o uso dos dados pessoais for necessário à prestação dos serviços e fornecimento de bens; ou quando for exigido por lei (art. 19, a, b, c).

A despeito de uma maior flexibilidade sobre a apresentação do aviso de privacidade e/ou da coleta do consentimento, o *APEC Privacy Framework* estabelece que a coleta de dados pessoais deve ser limitada a informações relevantes para o propósito do qual os dados foram coletados e que tais informações devem ser obtidas por meios legítimos (arts. 24). Qualquer coleta realizada para outros fins ou em excesso a finalidade esperada pelo titular de dados deve ser precedida do consentimento[5] (art. 25 e esclarecimentos).

---

[3] Cf. <http://publications.apec.org/publication-detail.php?pub_id=390>.
[4] Cf. <https://www.apec.org/Groups/Committee-on-Trade-and-Investment/~/media/Files/Groups/ECSG/05_ecsg_privacyframewk.ashx>.
[5] No APEC Privacy Framework, não há qualquer qualificadora para reconhecimento do consentimento, tal como a adjetivação do consentimento como expresso, implícito, afirmativo, ou de outra forma.

O *APEC Privacy Framework* também comporta exceções (art. 13), tais como aquelas necessárias a resguardar a soberania nacional, a segurança pública e promoção de políticas públicas, mas desde que o uso de dados seja limitado e proporcional ao cumprimento de objetivos definidos, bem como divulgado ao público ou em conformidade com a lei.

O modelo da APEC estabelece que os controladores de dados pessoais devem sempre notificar, clara e facilmente, as políticas e práticas relacionadas aos dados pessoais, o que inclui:
- quando ocorre a coleta de dados pessoais;
- os propósitos da coleta de dados pessoais;
- para que tipo de pessoas e organizações os dados pessoais podem ser divulgados;
- a identidade e a localização do controlador dos dados pessoais, incluindo informações para contato; e
- as escolhas e os meios disponibilizados pelo controlador para que os indivíduos possam limitar o uso e a divulgação, acessar ou corrigir seus dados pessoais.

Segundo o *APEC Privacy Framework*, devem ser empregados todos os esforços razoáveis para garantir que a notificação seja enviada antes ou no momento da coleta de dados pessoais. Caso não seja viável, tal notificação deve ser enviada assim que for possível.

A despeito de uma maior flexibilidade sobre a apresentação do aviso de privacidade e/ou da coleta do consentimento, o *APEC Privacy Framework* estabelece que a coleta de dados pessoais deve ser limitada a informações relevantes para o propósito do qual os dados foram coletados e que tais informações devem ser obtidas por meios legítimos (arts. 24). Qualquer coleta realizada para outros fins ou em excesso a finalidade esperada pelo titular de dados deve ser precedida do consentimento[6] (art. 25 e esclarecimentos).

O *APEC Privacy Framework* também consagra o princípio da escolha (*choice*), que orienta as organizações a dar aos indivíduos acesso a mecanismos claros, destacados, facilmente compreensíveis e a preços acessíveis para exercer a escolha em relação à coleta, uso e divulgação de seus dados pessoais (art. 20).

III.2 FTC

A Federal Trade Commission (FTC), por sua vez, é a agência governamental dos Estados Unidos responsável pela defesa da concorrência e a defesa do consumidor. Quanto à proteção de dados pessoais e privacidade, analisamos as diretrizes elaboradas pela FTC, especialmente o relatório intitulado "Protecting Consumer Privacy in na Era of Rapid Change: Recommendations for Businesses and Policymakers", publicado em março de 2012 ("Relatório FTC").[7]

---

[6] No APEC Privacy Framework, não há qualquer qualificadora para reconhecimento do consentimento, tal como a adjetivação do consentimento como expresso, implícito, afirmativo, ou de outra forma.

[7] Em linhas gerais, o Relatório FTC se baseia em 3 (três) princípios centrais, quais sejam: (i) "*Privacy by Design*", o qual estabelece que as entidades deveriam fomentar e implementar regras de privacidade de dados por toda a organização e em cada estágio de desenvolvimento dos seus produtos e/ou serviços; (ii) "*Simplified Consumer Choice*", o qual recomenda que as entidades deveriam simplificar e esclarecer as regras e práticas que tratam da solicitação de autorização dos consumidores para a coleta ou uso de seus dados; e (iii) "*Transparency*", o qual

O Relatório FTC tem o intuito de servir de guia de melhores práticas a determinadas entidades[8] que coletam e utilizam dados de consumidores nos Estados Unidos, na medida em que recomenda procedimentos específicos que podem ser adotados pelas entidades para o tratamento de informações, com vistas a assegurar a privacidade e a segurança.

Na perspectiva da FTC, as organizações devem simplificar e esclarecer seus consumidores sobre as regras e práticas que tratam da obtenção de consentimento para a coleta e/ou uso de dados.

Em linhas gerais, a FTC destaca no Relatório FTC que o consentimento do consumidor, quando necessário, deve ser "significativo" e rejeita a possibilidade de adoção pelas entidades de uma abordagem no sentido de "tomar ou largar" (*take it or leave it*) para serviços importantes em que os consumidores têm poucas opções.

Apesar de prever situações excepcionais, a FTC entende que as organizações devem obter o consentimento expresso antes de **(i)** utilizar os dados para finalidade diversa em relação à qual foram coletados; **(ii)** coletar dados sensíveis para determinados fins; ou **(iii)** de promover alterações materiais e retroativas em suas políticas de privacidade.

No que se refere às práticas de tratamento de dados que exijam o consentimento do consumidor, a FTC recomenda que ele seja obtido no exato momento em que o titular realizar uma operação ou atividade. A FTC admite, no entanto, que a forma como as entidades implementarão esta recomendação poderá variar de acordo com as circunstâncias. Em alguns casos, por exemplo, a FTC permite que o consentimento do consumidor seja obtido após a coleta de seus dados.

Uma importante diretriz da FTC envolve a dispensa da oferta de escolha (*choice*) ao consumidor antes da coleta ou do uso de dados quando **(i)** relacionados com práticas inerentes ao contexto da operação; **(ii)** vinculados à relação existente entre a entidade e o consumidor; **(iii)** requerido ou autorizado por lei. Esta foi uma medida adotada pela FTC para estabelecer um equilíbrio entre flexibilidade e a necessidade de limitar práticas para as quais a escolha é dispensada.

No que se refere ao item **(ii)** exposto acima, o Relatório FTC determina que as entidades devem buscar o consentimento expresso e afirmativo antes de coletar dados sensíveis, tais como informações sobre crianças, dados bancários ou dados médicos, independentemente do uso de tais dados.

---

determina que as entidades deveriam buscar informar o consumidor, da forma mais transparente possível, a respeito das regras e práticas de privacidade que são adotadas pela entidade, por meio do envio de avisos claros, padronizados e simples aos consumidores, pela garantia de acesso aos dados armazenados, bem como por meio da promoção de medidas educativas do consumidor.

[8] O Relatório FTC é aplicável a todas as entidades que coletam ou utilizam dados que possam ser "razoavelmente relacionados" a um consumidor específico, a um computador ou outro dispositivo, exceto nos casos em que a entidade coleta apenas informações não confidenciais (*i.e.*, que não seja considerado um dado sensível) de até 5 (cinco) mil consumidores por ano e que não compartilha os referidos dados com terceiros. O Relatório FTC esclarece que os dados não serão considerados "razoavelmente ligados" a um dado consumidor, computador ou dispositivo, caso a entidade: (i) tome medidas razoáveis para garantir que os dados não sejam identificados (*i.e.*, a entidade possui nível de confiança razoável e justificável de que a informação não pode ser usada para inferir informações ou estar relacionada a um consumidor específico, computador ou dispositivo); (ii) publicamente se comprometa a manter e usar os dados apenas de forma não identificada (*de-identify it*) e a não adotar procedimentos que permitam associa-la novamente a seu titular (*re-identify it*); e (iii) vede, por meio de um contrato, que eventuais terceiros contratados pela entidade que tenham acesso à informação a adoção de procedimentos que permitam associa-la novamente a seu titular.

É importante mencionar que a FTC não exige o consentimento expresso e afirmativo para a coleta de dados de adolescentes (indivíduos com idade entre 13 e 17 anos). Não obstante, a FTC ressalta que as entidades que têm adolescentes como público-alvo devem considerar proteções adicionais aos dados dos adolescentes, tais como períodos de retenção mais curtos.

Por fim, vale ressaltar que a FTC tem se destacado por uma medida que combina características dos modelos de autorregulação e corregulação: *o private enforcement*.

Por meio da *Section* 5 do FTC Act,[9] a FTC tem imposto sanções a entidades que assumiram publicamente o compromisso de cumprir os seus próprios códigos de ética, políticas de privacidade e os programas de autorregulação que aderiram e, posteriormente, os descumpriram, sob a premissa de se tratar de uma promessa desleal (*deceptive practices*).[10]

III.3 Austrália

Na Austrália, as questões relacionadas ao tratamento e processamento de dados pessoais foram reguladas pelo *Australian Privacy Act* de 1988 ("Australian Privacy Act"),[11] ao passo que a fiscalização e as sanções são de responsabilidade do *Office of the Australian Information Commissioner* ("OAIC"),[12] a autoridade de proteção de dados australiana.

O referido diploma é composto por 13 (treze) princípios sobre privacidade, denominados *APPs*,[13] que definem padrões, direitos e obrigações para o uso, armazenamento, acesso e transferência de dados pessoais. Esses princípios são aplicáveis às agências de governo australianas, ao setor privado e às organizações sem fins lucrativos com faturamento anual maior que U$3 milhões.

Na Austrália, o tema do consentimento é muito relevante para os denominados *Australia Privacy Principles (APPs)*. Há dois tipos de tratamentos relacionados ao consentimento: ora o consentimento é entendido como exceção a uma regra proibitiva sobre algum tipo de tratamento realizado sobre dados pessoais, ora o consentimento é visto como um mecanismo de autorização para que a autoridade promova certo tipo de tratamento sobre os dados pessoais.

Os APPs apontam que nenhuma organização sujeita às normas australianas pode coletar dados pessoais que não sejam razoavelmente necessários ou diretamente relacionados com as funções ou atividades da organização. Caso sejam relacionados, não há impedimento.

---

[9] O documento denominado "FTC Act" é o ato que rege a criação, organização e competência para regulação pela FTC. A *Section 5* é o capítulo do FTC Act que determina as competências da FTC para regular e fiscalizar os casos de concorrência desleal ou descumprimento de regras do mercado americano, nos seguintes termos: "whenever the Commission shall have reason to believe that any such person, partnership, or corporation has been or is using any unfair method of competition or unfair or deceptive act or practice in or affecting commerce, and if it shall appear to the Commission that a proceeding by it in respect thereof would be to the interest of the public, it shall issue and serve upon such person, partnership, or corporation a complaint stating its charges in that respect and containing a notice of a hearing upon a day and at a place therein fixed at least thirty days after the service of said complaint".

[10] Cf. <https://www.ftc.gov/reports/protecting-consumer-privacy-era-rapid-change-recommendations-businesses-policymakers>.

[11] Cf. <https://www.legislation.gov.au/Details/C2017C00283>.

[12] Cf. <https://www.oaic.gov.au/>.

[13] Cf. <https://www.oaic.gov.au/agencies-and-organisations/app-guidelines/>.

No entanto, o consentimento é apresentado como condição necessária em casos de coleta de dados pessoais relacionados a informações sensíveis. Também é condição no caso de coleta indireta de dados pessoais realizada por agência governamental, mesmo que não se refiram a informações sensíveis, isto é, quando os dados pessoais não são fornecidos pelo próprio titular, mas por um terceiro que os detenha. Para o ordenamento jurídico australiano, informações sensíveis são:
- informação ou opinião relacionada a: (i) origem étnica ou racial; (ii) posicionamentos políticos; (iii) associação política; (iv) religião; (v) posicionamentos filosóficos; (vi) associação profissional ou comercial; (vii) orientação sexual; ou (viii) antecedentes criminais;
- informações de saúde de um indivíduo;
- informações genéticas;
- informações biométricas relacionadas a identificação ou verificação biométrica; ou
- *templates* biométricos.

O consentimento também é condição necessária para qualquer uso ou *disclosure* praticado com propósito secundários, isto é, não relacionados às funções ou atividades da empresa (propósitos primários).

Nas circunstâncias em que exigido, o consentimento pode ser implícito ou explícito e é composto por 4 (quatro) elementos-chave:
- o indivíduo deve ser adequadamente informado, de forma prévia e detalhada sobre as circunstâncias envolvidas no consentimento;
- o consentimento deve ser espontâneo e voluntário;
- o consentimento deve ser atual e específico; e
- para consentir, o indivíduo deve ser capaz de entender e comunicar seu consentimento.

O consentimento explícito pode ser concedido oralmente ou por via escrita. Nesse contexto, são aceitáveis assinaturas, declarações ou gravações de voz. Já o consentimento implícito acontece quando das circunstâncias ou da própria atuação do indivíduo infere-se a adesão.

Todavia, a mera não objeção não significa consentimento. Os princípios que regem o Privacy Act australiano afirmam que o silêncio não é considerado consentimento, mesmo que a coleta, uso ou *disclosure* dos dados pessoais seja benéfico ao titular. Ademais, uma mera notificação de uso, armazenamento ou *disclosure* de dados pessoais também não é suficiente para o consentimento.

O uso de opções *opt-out* para aferição de consentimento é possível, porém limitado a circunstâncias específicas, pois a intenção do indivíduo ao não optar pela saída pode ser ambígua e o consentimento, nesse contexto, tem de ser específico.

Para que a opção *opt-out* ocorra corretamente e, consequentemente, o consentimento implícito, ela deve ter sido apresentada de maneira clara e detalhada; tem de estar disponível e não agrupada com outras opções; tem de ser de fácil acesso; não pode estar limitada por custos excessivos; e as consequências da opção de saída não podem ser excessivamente graves.[14]

---

[14] Cf. <https://www.oaic.gov.au/agencies-and-organisations/app-guidelines/chapter-b-key-concepts#consent>.

O APP encoraja que, quando se tratar de informações sensíveis, o jurisdicionado sempre opte pelo consentimento explícito, dado o alto impacto na privacidade ao manipular dados dessa natureza. O APP também exige a presença de mecanismos e sistemas aptos a gravar o consentimento. Cabe ressaltar que há expressa recomendação para que todos os esforços para obtenção de consentimento expresso e específico sejam prévios a qualquer tipo de tratamento aos dados pessoais. Quanto à voluntariedade do consentimento, observa-se que:
- devem existir alternativas, caso indivíduo opte por não fornecer o consentimento; e
- as consequências devem ser razoáveis frente à recusa do consentimento.

Os *APPs* também tratam do conceito de *"Blundled Consent"*. Esse conceito se refere ao consentimento solicitado de maneira que múltiplos pedidos aparecem misturados, assim como diversos tipos de usos, armazenamentos e *disclosures* de dados pessoais, sem que seja dada a oportunidade de escolha específica sobre o que será consentido ou não. Seria uma forma de consentimento em bloco. Essa prática é considerada prejudicial à voluntariedade do consentimento.[15]

Para a obtenção do consentimento, todas as formas de usos e consequências do fornecimento de dados pessoais devem estar expressas no momento da aceitação, em inglês e sem expressões excessivamente jurídicas ou jargões.

Se alguma condição for alterada após consentimento, novo consentimento deve ser obtido. O consentimento obtido em determinadas circunstâncias não pode ser entendido como indefinidamente concedido ou suficiente para novos usos. Caso outra coleta, uso ou *disclosure* se faça necessário, o consentimento específico para o novo propósito deve ser obtido.

O consentimento pode ser revogado a qualquer momento e esse processamento deve ser fácil e imediato, não sendo mais possível que a organização use ou faça *disclosure* de quaisquer das informações anteriormente obtidas. Também devem estar claras as consequências da revogação do consentimento para o titular dos dados.

Uma organização não deve buscar um consentimento mais amplo do que o necessário, mas sim específico para os propósitos primários de coleta, uso e *disclosure*. Não há consentimento válido sem capacidade para consentir. O titular dos dados deve possuir a capacidade e efetivo o entendimento sobre os efeitos do consentimento, assim como a capacidade de manifestar o consentimento. A organização pode presumir a capacidade, a não ser que haja fundados indícios de que ela inexista, como, por exemplo, a possibilidade de tratar-se de uma criança ou indivíduo com limitada capacidade de entendimento do idioma inglês.

III.4 Canadá

Por fim, o Canadá promoveu a regulação das questões relacionadas ao tratamento de dados pelo *PIPEDA – Personal Information Protection and Eletronic Documents Act* (PIPEDA). O PIPEDA possui uma complementação feita por *Guidelines* elaboradas pelo *The Office of the Privacy Commissioner of Canada*, o qual elenca disposições sobre a

---

[15] Cf. <https://www.oaic.gov.au/agencies-and-organisations/app-guidelines/chapter-b-key-concepts#consent>.

transferência de dados pessoais para processamento destinados a terceiros, incluindo aqueles localizados fora do Canadá, ainda que tais disposições não se apliquem a entidades públicas federais, estaduais ou municipais.[16] A autoridade de proteção de dados responsável pela fiscalização e imposição de sanções é o Office of the Privacy Commissioner of Canada.[17]

O consentimento é um dos pilares do PIPEDA, o qual prevê que indivíduos podem expressar sua autonomia e controle sobre seus dados pessoais. A regra estabelecida pelo PIPEDA é de que o consentimento é requisito para a coleta, uso e *disclosure* de dados pessoais.

Com o desenvolvimento tecnológico, o desafio passou a ser a obtenção de um real consentimento, visto que o trânsito de dados tem se tornado cada vez mais volátil e interativo, dificultando o controle dos titulares dos dados. Além disso, o correto entendimento dos propósitos para os quais os dados foram coletados é um importante elemento para o conceito de consentimento.

O consentimento obtido pelas organizações deve ser pautado por informações completas e compreensíveis, assim como disponíveis previamente. Entretanto, para um real consentimento, o PIPEDA exige 4 (quatro) elementos:
- a clara aposição de quais dados pessoais estão sendo coletados;
- com quem os dados pessoais estão sendo compartilhados, incluindo uma enumeração dos terceiros envolvidos;
- com quais propósitos os dados pessoais estão sendo coletados, usados, compartilhados;
- qual o risco de eventual dano para o indivíduo, se existir.

A autoridade canadense também elencou outros princípios balizadores para a tomada de consentimento pelas organizações, a saber:
- as informações devem ser disponibilizadas em plataformas de fácil acesso e interação, assim como os indivíduos devem estar habilitados para controlar o nível de detalhamento que pretendem obter;
- devem ser disponibilizadas opções de 'sim' ou 'não' à medida que os níveis de detalhamento sobre obtenção, uso e divulgação de dados pessoais sejam enumerados, desde que não prejudique a prestação do serviço ou produto;
- organizações devem promover inovações na possibilidade de obtenção do consentimento, adequadas para o serviço, produto, plataforma, interface e contexto específico;
- organizações devem levar em consideração a acessibilidade da forma de tomada do consentimento, assim como a facilitação da compreensão das informações previamente disponíveis;
- consentimento é um processo mutável. Caso as circunstâncias envolvidas sejam mudadas, o consentimento precisa ser alterado. Organizações não devem depender de um consentimento estático obtido em um determinado momento, mas tratá-lo como dinâmico e interativo, buscando sempre adequá-lo as reais circunstâncias presentes; e

---

[16] Cf. <https://www.priv.gc.ca/en/privacy-topics/personal-information-transferred-across-borders/gl_dab_090127/>.
[17] Cf. <https://www.priv.gc.ca/en/

- as informações disponibilizadas para tomada do consentimento devem ser claras e transparentes, utilizando-se de linguagem clara e adequada ao titular dos dados pessoas. Isso se reflete tanto no idioma, quanto à não utilização de termos excessivamente técnicos ou vagos.

Normalmente, o consentimento para a coleta, uso e *disclosure* é obtido no momento da coleta. Todavia, o consentimento quanto ao uso e ao *disclosure* pode ser obtido em momento posterior à coleta, desde que antes da utilização do dado pessoal.

O consentimento obedece ao princípio da coleta limitada. O princípio da coleta limitada afirma que a coleta de dados pessoais está limitada aos propósitos necessários e identificados pela organização sujeita às normas canadenses. Dessa forma, o consentimento obtido não pode ser expandido para além dos propósitos necessários e identificados previamente pela organização, estando, portanto, adstrito aos termos estabelecidos. Logo, o consentimento é específico.

A autoridade canadense entende que o nível de extensão e a forma de tomada do consentimento dependem da sensibilidade do dado pessoal disponibilizado e do risco do dano posterior. O conceito de sensibilidade da informação é variável nas normas canadenses, de forma que o contexto de sua utilização deve ser levado em conta para essa classificação. Nos casos de sensibilidade da informação, recomenda-se a obtenção de consentimento explícito.

O consentimento pode ser implícito, porém somente em casos de menor sensibilidade. Também há a possibilidade de consentimento por terceiro autorizado, como tutor, curador ou alguém com procuração para tal.

Em casos nos quais há maior dúvida quanto à extensão do consentimento, deve ser levado em conta a legítima expectativa do titular dos dados pessoais quanto à extensão do consentimento estabelecido.

O titular dos dados pode, a qualquer momento, revogar o consentimento estabelecido. Essa revogação pode estar sujeita a consequências contratuais ou demandar própria notificação, entretanto não pode existir empecilho para revogar.

Dados pessoais devem ser prontamente identificados e serem tratados de maneira distinta do que se convencionou chamar de "informações de acesso público". Há situações em que o consentimento não é exigido, contraproducente ou, até mesmo, impraticável, estabelecendo limitações à necessidade do consentimento.

IV Transferência internacional de dados

IV.1 APEC

O modelo de transferência internacional de dados proposto pela APEC consiste em um sistema que tem por objetivo estabelecer uma proteção adequada à privacidade e evitar a imposição de obstáculos ao fluxo de dados na região sujeita às regras da APEC. Todos os países membros da APEC devem evitar a adoção de medidas que acarretem um desestímulo ao fluxo transnacional de dados quando outro país signatário da APEC tenha instrumentos regulatórios e/ou legislativos efetivos ou tenha suficientes salvaguardas que assegurem padrões mínimos de proteção ao processamento de dados pessoais.

O modelo desenvolvido pela APEC é baseado no *APEC Privacy Framework*,[18] que contém princípios e diretrizes para o tratamento de dados e inclui regras sobre transferência internacional entre os membros da APEC, mediante a adesão ao sistema *Cross-Border Privacy Rules* ("CBPR").[19]

Trata-se de um sistema de adesão voluntária, construído sob um arranjo regulatório de cooperação entre os países membros, focado na premissa da responsividade ou *accountability*. Um exemplo dessa característica envolve o trabalho conjunto desenvolvido pelos países membros da APEC e as organizações privadas transnacionais aderentes, com o intuito de desenvolver o *PRP-Privacy Recognition for Processors System*[20] em complemento ao CBPR, de modo a viabilizar a implementação de obrigações para processadores e controladores de dados (art. 68).

Estados Unidos, China, Canadá, Japão, Chile, Peru, Singapura, Nova Zelândia e México são exemplos de países que já aderiram ao Cross-Border Privacy Rules-CBPR (art. 12), cujos objetivo e missão se resumem a ser um sistema de adesão simplificada e de baixo custo. Organizações que queiram aderir ao sistema devem implementar políticas de privacidade e práticas consistentes com os requisitos do CBPR.

Nos casos de transferência de dados para outra organização empresarial, seja a transferência nacional ou internacional, ou quando os dados são coletados para finalidades diferentes das quais foram originalmente obtidos, o consentimento do usuário deve ser obtido ou algumas medidas deverão ser adotadas para assegurar que o destinatário irá proteger os dados em conformidade com os preceitos do CBPR. Em todo o caso, a transferência internacional de dados dentro do sistema CPBR depende de adesão das organizações e países membros ao sistema.

Um dos traços distintivos do modelo de transferência internacional de dados da APEC refere-se à interoperabilidade entre sistemas normativos e a existência de um agente certificador privado (*accountability agent*),[21] responsável pelo cumprimento e *enforceability* dos requisitos do CBPR (art. 13). Uma vez certificada pelo agente privado a partir da avaliação de compatibilidade com o sistema CBPR, a organização fica sujeita às suas regras de forma vinculante e autorizada a operar na APEC (*Cross-border Privacy Enforcement Arrangement* – CPEA).

A certificação do sistema CBPR leva em consideração 4 (quatro) elementos: (a) autoavaliação; (b) análise de *compliance*; (c) reconhecimento/aceitação; (d) resolução de disputas e exequibilidade.

Conforme mencionado, o APEC Privacy Framework e CBPR visam apenas assegurar um padrão normativo mínimo de proteção de dados, sem prejuízo da existência de normas elaboradas pelos países membros. Isso significa que em caso de transferências transnacionais de dados, a adesão à APEC não exclui a aplicação da legislação nacional de cada um dos países. Neste sentido, o sistema CBPR em muito se assemelha ao EU-EUA Privacy Shield.[22]

---

[18] Cf. <http://publications.apec.org/publication-detail.php?pub_id=390>

[19] Cf. <http://www.cbprs.org/>

[20] Cf. <https://www.google.com.br/url?sa=t&rct=j&q=&esrc=s&source=web&cd=2&cad=rja&uact=8&ved=0ahUKEwjeq9G5qYzXAhVIJiYKHc6CDskQFggzMAE&url=<https%3A%2F%2Fwww.apec.org%2FGroups%2FCommittee-on-Trade-and-Investment%2F~%2Fmedia%2FFiles%2FGroups%2FECSG%2FCBPR%2FCBPR-PoliciesRulesGuidelines.ashx&usg=AOvVaw0WSfeLMAapaWsKPYC4s8OA>.

[21] TRUSTe (EUA) JIPDEC (Japão). Cf. <http://www.cbprs.org/Agents/AgentDetails.aspx>.

[22] The EU-U.S. and Swiss-U.S. Privacy Shield Frameworks were designed by the U.S. Department of Commerce, and the European Commission and Swiss Administration, respectively, to provide companies on both sides

IV.2 FTC

A FTC reconheceu no Relatório FTC que as regras editadas pelas diversas jurisdições a respeito da transferência internacional de dados devem ser dotadas de interoperabilidade, em razão do crescente volume de dados de consumidores que são coletados em um dado país e tratados em outro.[23]

Com relação ao compartilhamento transnacional de dados, em 2010, a FTC e a *FCC (Federal Communications Commission)*, na qualidade de agência governamental responsável pela regulação da área de telecomunicações e radiodifusão dos Estados Unidos, aderiram ao *Global Privacy Enforcement Network* (GPEN),[24] com o objetivo de promover um maior o compartilhamento transnacional de dados relacionados a investigações e *enforcement* entre países aderentes. Vale mencionar, ainda, que além do GPEN, a FTC também atua em conjunto com a APEC para implementação do CPEA.

Nesse particular, a FTC ressalta que a proteção significativa a tais dados somente será alcançada se houver convergência dos regimes de proteção de dados, bem como se for verificada a habilidade de os diferentes modelos funcionarem em conjunto e assegurarem respostas consistentes aos titulares dos dados e às entidades que a eles se submetem.

Por fim, é importante destacar que a FTC adota recomendações compatíveis com os 9 (nove) princípios de privacidade estabelecidos pela APEC, conforme listados na seção anterior.[25]

IV.3 Austrália

No caso australiano, apesar dos *APPs* não serem exaustivos, todas as organizações devem garantir que os princípios ali expostos sejam aplicados em cada caso concreto, mesmo durante a transferência internacional de dados pessoais.

Para viabilizar a transferência internacional de dados pessoais, a regra é de que a instituição sujeita a legislação australiana exija do destinatário transnacional o cumprimento dos APPs. *Caso isso não seja possível ou conveniente, é necessário o consentimento prévio do titular dos dados pessoais para a transferência.*

Entende-se por destinatário transnacional qualquer instituição ou indivíduo que recebe dados pessoais de alguém submetido à legislação australiana e, por conseguinte,

---

of the Atlantic with a mechanism to comply with data protection requirements when transferring personal data from the European Union and Switzerland to the United States. The Privacy Shield program enables U.S.-based organizations to join one or both of the Privacy Shield Frameworks in order to benefit from the adequacy determinations. To join either Privacy Shield Framework, a U.S.-based organization will be required to self-certify to the Department of Commerce (via this website) and publicly commit to comply with the Framework's requirements. While joining the Privacy Shield is voluntary, once an eligible organization makes the public commitment to comply with the Framework's requirements, the commitment will become enforceable under U.S. law. All organizations interested in self-certifying to the EU-U.S. Privacy Shield Framework or Swiss-U.S. Privacy Shield Framework should review the requirements in their entirety. Cf. <https://www.privacyshield.gov/Program-Overview>

[23] Cf.<https://www.ftc.gov/reports/protecting-consumer-privacy-era-rapid-change-recommendations-businesses-policymakers>.

[24] Cf. <https://www.privacyenforcement.net/about_the_network>.

[25] 1) Preventing harm; 2) notice; 3) Collection limitations; 4) Uses of personal information; 5) Choice; 6) Integrity of personal information; 7) Security safeguards; 8) Access and correction and 9) Accountability. Cf. <https://www.apec.org/Groups/Committee-on-Trade-and-Investment/~/media/Files/Groups/ECSG/05_ecsg_privacyframewk.ashx>.

(i) não esteja estabelecido em território australiano; (ii) não seja uma filial estrangeira da própria instituição que está transferindo os dados pessoais e (iii) não seja alguém a quem os dados pessoais se referem.

Cumpre realçar que, mesmo na impossibilidade de conformidade com a legislação australiana, o consentimento não precisa ser obtido em toda e qualquer singular transferência internacional de dados pessoais. Ainda assim, o consentimento deve ser obtido para um envio reiterado do mesmo tipo de dados pessoais. Isso não significa dizer que o consentimento não é relevante, pois o *consentimento prévio dos titulares dos dados pessoais deverá ser obtido*, isto é, a autorização para a operação deve ser solicitada claramente e em momento anterior à transferência,[26] mas será válida para os envios similares reiterados.

É importante observar que a transferência internacional de dados pessoais também poderá ser realizada, sem o consentimento do titular, caso o destinatário transnacional esteja sujeito a uma modalidade de legislação ou *enforcement* que apresente substancialmente o mesmo patamar de proteção dos APPs e respectivos mecanismos de controle.

Ademais, caso uma instituição submetida à legislação australiana promova a troca de dados com uma filial sediada em outro país, tal operação não é considerada transferência internacional de dados. Todavia, se o destinatário transnacional não tiver vinculação direta com a instituição submetida à legislação australiana, as normas de transferência internacional se aplicam (APP 8).

Vale observar, entretanto, que o fornecimento limitado de dados pessoais para organizações privadas internacionais com o propósito de prestação de serviços é considerado como uso e não *disclosure* de dados pessoais. Esta perspectiva tem uma relevância expressiva e contribui para tornar o modelo australiano mais simplificado.

O termo *disclosure* não foi definido pelo *Australian Privacy Act*. Dessa forma, o APP define o *disclosure* como sendo a disponibilização de dados pessoais para alguém alheio à organização e a subsequente perda do efetivo controle sobre o dado disponibilizado. Essa disponibilização pode ser voluntária ou acidental, ou seja, não importa a intenção envolvida na disponibilização, mas apenas o acesso e a perda do efetivo controle.

A partir desta premissa, quando há prestação de serviços por um destinatário transnacional e não há qualquer tipo de divulgação a terceiros, tanto durante como após o tratamento dos dados e retorno à organização submetida à legislação australiana, considera-se que houve apenas um uso dos dados pessoais. Nesse caso, não há necessidade de cumprimento dos requisitos legais das *APPs* quanto ao consentimento. Se, no entanto, ocorrer qualquer falha ou vazamento de dados enquanto estiver ocorrendo esta operação internacional, a organização sujeita à legislação australiana será considerada responsável, pois ainda detinha o controle dos dados.

É exigido das organizações australianas que tomem precauções razoáveis para evitar qualquer tipo de quebra ou vazamento de dados pessoais durante a transferência internacional de dados pessoais ou enquanto tais dados estiverem na posse de entidades internacionais. Essas precauções geralmente se consolidam em arranjos contratuais protetivos, tais como:

---

[26] Cf. <https://www.oaic.gov.au/agencies-and-organisations/app-guidelines/chapter-8-app-8-cross-border-disclosure-of-personal-information>.

- descrição dos dados pessoais a serem transmitidos e o propósito dessa transmissão;
- exigências de que as entidades internacionais cumpram os requisitos da legislação australiana;
- determinação de que as organizações internacionais exijam o cumprimento dos requisitos da legislação australiana de empresas subcontratadas ou terceiros envolvidos;
- devido processo de tratamento de queixas relacionadas a vazamento de dados; e
- requerimento de que as organizações internacionais tenham um plano de contingenciamento para o caso de suspeita de vazamento de dados pessoais que inclua notificação imediata e obrigatória a autoridades competentes e remediações adequadas.

Em suma, caso a entidade internacional não cumpra com os requisitos previstos, a organização sujeita à legislação australiana será considerada responsável.

IV.4 Canadá

A regra geral, adotada pela União Europeia, em questões relacionadas à transferência internacional de dados pessoais, tem como pressuposto a relação entre Estados-membros. Neste panorama, a transferência internacional de dados é proibida entre jurisdições, a não ser que a Comissão Europeia aponte que a jurisdição de destino possui adequada proteção aos dados pessoais.

No caso canadense, o pressuposto é a perspectiva Organização para Organização, que não tem o conceito de "adequação" envolvido. Não há proibição para transferência de dados para processamento em organizações localizadas em outras jurisdições, todavia estas são consideradas responsáveis por cada acordo de transferência de dados. Caso uma organização estabeleça um contrato que envolva o envio internacional de dados pessoais para um processador, a organização sujeita às normas canadenses é responsável pela proteção dos dados ainda que estejam localizados fora do território canadense, por exemplo. O OPCC, autoridade de proteção e dados canadense, investiga e audita esses acordos de transferência de dados.

O Princípio 1 do Anexo 1 do PIPEDA apresenta o princípio da *Accountability*. Nesse princípio está definido que a organização sujeita às normas canadenses é responsável pela proteção dos dados pessoais sob o seu controle. Sob o mesmo princípio está garantida a possibilidade e a legitimidade da transferência de dados pessoais à terceiros para processamento, porém a responsabilidade da organização canadense é reiterada, ainda que os dados se encontrem sob a custódia do terceiro.

Há, portanto, um balanceamento entre a proteção individual de dados e as necessidades diversas do mercado e do desenvolvimento tecnológico. Entretanto, há expressa recomendação que as organizações canadenses providenciem mecanismos para que os níveis de proteção aos dados pessoais em posse de terceiros sejam equiparáveis as disposições legais do PIPEDA. Isso não implica que a organização estrangeira tenha de cumprir todos os requisitos legais canadenses, mas que o nível de proteção deva ser equiparado ao que ocorreria se os dados não houvessem sido transferidos internacionalmente. O principal mecanismo protetivo apontado é o uso de disposições contratuais em conformidade para controle do tratamento conferido aos dados pessoais.

Para o PIPEDA, a transferência deve ser compreendida como forma de uso do dado no âmbito da mesma organização, o que difere o modelo canadense do australiano. Tal medida não pode ser confundida com *disclosure*. Quando há transferência de dados pessoais, eles só poderão ser utilizados para os fins previamente estabelecidos na coleta.

Independentemente de onde os dados estão sendo processados, dentro ou fora do Canadá, a organização deve adotar todas as medidas e garantias com o fim de impedir o acesso e a divulgação de dados pessoais a terceiros não autorizados. Como o PIPEDA associa a transferência de dados pessoais ao uso, a legislação canadense não distingue transferências domésticas ou internacionais de dados pessoais[27].

O PIPEDA não proíbe a transferência internacional de dados pessoais entre organizações de jurisdições distintas. A transferência é entendida como uso de dados pessoais e não *disclosure*. Por outro lado, se os dados pessoais transferidos estão sendo utilizados para os propósitos previamente disponibilizados no momento da coleta, não é necessário novo e/ou específico consentimento para a transferência.

As organizações canadenses são responsáveis pelo tratamento conferido aos dados pessoais coletados e devem protegê-los durante toda a cadeia de processamento, ainda que sob a custódia de terceiros. O meio mais básico de proteção de dados ocorre via disposições contratuais de conformidade.

Nenhum contrato, todavia, pode elidir a aplicação de leis criminais, de segurança nacional ou outras leis do país de destino dos dados. É fundamental que as organizações promovam análises de risco que poderiam afetar a integridade, segurança e confidencialidade dos dados pessoais, especialmente quando tais dados estiverem fora do Canadá; e organizações devem ser transparentes quanto ao uso de dados pessoais, durante toda sua cadeia de processamento. Isso inclui a notificação prévia da possibilidade de envio de dados pessoais para outras jurisdições, assim como as potenciais consequências deste envio.

V Conclusões

O cenário global de proteção de dados e privacidade tem se mostrado bem mais complexo e capaz de conviver com características muito diversas do modelo hegemônico que se pretende impor com a legislação europeia, o GDPR.

Com efeito, o consentimento pode ser observado sob os mais diferentes ângulos, a comprovar que a excessiva carga sobre ele colocada, nem sempre será capaz de proporcionar aos usuários a tutela esperada. Mais do que compreender a existência de formatos alternativos de modelos regulatórios, a sociedade da informação exige que formatos de promoção da autonomia dos titulares dos dados pessoais sejam permanentemente repensados a partir do Direito Comparado.

Informação bibliográfica deste texto, conforme a NBR 6023:2002 da Associação Brasileira de Normas Técnicas (ABNT):

SOMBRA, Thiago Luís. Direito à privacidade na sociedade de informação: proteção de dados na era digital. In: ARABI, Abhner Youssif Mota; MALUF, Fernando; MACHADO NETO, Marcello Lavenère (Coord.). *Constituição da República 30 anos depois*: uma análise prática da eficiência dos direitos fundamentais. Estudos em homenagem ao Ministro Luiz Fux. Belo Horizonte: Fórum, 2019. p. 419-433. ISBN 978-85-450-0598-8.

---

[27] Cf. <https://www.priv.gc.ca/en/privacy-topics/personal-information-transferred-across-borders/gl_dab_090127/>.

DIREITO ADMINISTRATIVO SANCIONADOR NO BRASIL: UMA CONTRIBUIÇÃO PARA A EFETIVIDADE DOS DIREITOS FUNDAMENTAIS

VALTER SHUENQUENER DE ARAUJO

1 Introdução

No Brasil, a recente expansão do Direito Administrativo sancionador está relacionada aos mais diversos fatores, mas três merecem um maior destaque. O primeiro decorre do crescente dinamismo da sociedade contemporânea, que impõe uma atuação mais célere e técnica dos agentes estatais responsáveis pela regulação da atividade econômica. A sociedade contemporânea reclama um dinamismo que o Direito Penal e os mecanismos sancionatórios tradicionais não oferecem.

O segundo incentivo resulta do novo papel que o Estado passou a exercer a partir da segunda metade da década de 1990 por influência do Plano Diretor da Reforma do Aparelho do Estado. Ao ensejar o afastamento estatal da execução direta de atividades, o referido documento exige do Estado a criação de um ambiente normativo, inclusive no campo do regime sancionador, mais previsível, estável, justo, proporcional e, sobretudo, capaz de estimular comportamentos economicamente positivos.

Uma terceira causa para a expansão do direito administrativo sancionador tem origem na frustração generalizada com a efetividade do Direito Penal. Hodiernamente, a descriminalização resultante da ideia de um Direito Penal mínimo é acompanhada de um forte movimento de administrativização.[1]

Na pós-modernidade, ou modernidade líquida de Baumann, os movimentos de criminalização e administrativização se complementam de forma não linear e não sistemática. Daí não ser tão fácil responder à pergunta sobre o que deve pertencer ao Direito Penal e o que precisa fazer parte do Direito Administrativo Sancionador.

---

[1] É bem verdade que, em algumas matérias específicas, tal como no direito do trânsito, o movimento tem sido oposto, pois há uma criminalização de condutas antes tidas exclusivamente como infrações administrativas.

Presenciamos, no dizer de Sanchez García de Paz, em seu livro sobre o Direito Penal moderno, tanto uma "fuga do Direito Penal" quando uma "fuga para o Direito Penal".[2] Há uma verdadeira simultânea administrativização do Direito Penal e uma penalização do Direito Administrativo.

Analisando o contexto espanhol, Manuel Gómez Tomillo e Iñigo Sanz Rubiales destacam que o incremento da atividade administrativa naquele país originou um aumento expressivo do poder sancionatório da Administração.[3] Tal fenômeno, também, pode ser presenciado no Brasil e sem que haja um amadurecimento teórico deste ramo específico do direito. Esta expansão também não foi acompanhada de uma lógica racional. Ocorreu o que podemos denominar de "superposição de estratégias punitivas".[4] O aparecimento das sanções se deu em quantidade e intensidade variadas, ausente qualquer planejamento de como elas poderiam estimular comportamentos positivos.

No direito espanhol, há uma forte aproximação do Direito Penal com o Direito Sancionador sendo usual a expressão "Derecho Penal Administrativo". Manuel Gómez Tomillo e Iñigo Sanz Rubiales defendem, por exemplo, uma superposição de sistemas punitivos e reconhecem uma clara "relación de vasos comunicantes" entre o Direito Penal e o Administrativo.[5]

Na Alemanha, a mesma circunstância se repete. Inúmeros trabalhos científicos sobre infrações administrativas são escritos por penalistas. São exemplos livros escritos por Joachim Bohnert, professor aposentado de direito penal de Berlim[6] e Wolfgang Mitsch, professor de Direito Penal da Universidade de Potsdam.[7] Os dois estudam o direito das infrações administrativas (*Ordnungswidrigkeitenrecht*). Não é incomum, portanto, que, no direito estrangeiro, se adote uma visão de unidade no direito punitivo estatal capaz de aproximar o Direito Administrativo do Penal.

A diversidade de propósitos desses dois ramos do direito deveria, entretanto, afastar a conclusão da unidade do poder repressivo/sancionador estatal. Não há uma autêntica relação de vasos comunicantes entre esses dois ramos do direito, mas um regime de comportas que são abertas sempre que há razões para que um instituto de Direito Penal também seja aplicado ao Direito Administrativo.

A rápida expansão do Direito Sancionador não permitiu seu amadurecimento teórico e são feitas equiparações com o Direito Penal, sem que haja uma reflexão mais profunda sobre quais institutos e garantias desse ramo do direito poderiam alcançá-lo. O que a sanção do Direito Administrativo pretende não é exatamente o mesmo que a o do Direito Penal. Naquele, a sanção tem nítido propósito regulatório, ordenador e de

---

[2] SANCHEZ GARCÍA DE PAZ, Maria Isabel. *El moderno derecho penal y la anticipación de la tutela penal*. Valladolid: Secretariado de Publicaciones e Intercambio Científico, Universidad de Valladolid, 1999.

[3] TOMILLO, Manuel Gómez; RUBIALES, Iñigo Sanz. *Derecho administrativo sancionador*. Parte General. Teoría y Práctica del derecho penal administrativo. 3. ed. Navarra: Aranzadi, 2013, p. 47.

[4] No mesmo sentido, confira-se MEDEIROS, Alice Bernardo Voronoff de. *Direito administrativo sancionador no Brasil:* justificação, interpretação e aplicação. Tese de Doutorado: Rio de Janeiro, 2017, p. 21.

[5] TOMILLO, Manuel Gómez; RUBIALES, Iñigo Sanz. *Derecho administrativo sancionador*. Parte General. Teoría y Práctica del derecho penal administrativo. 3. ed. Navarra: Aranzadi, 2013, p. 49.

[6] BOHNERT escreveu comentários sobre a lei alemã de infrações administrativas. BOHNERT, Joachim. *OWiG. Ordnungswidrigkeitengesetz. Kommentar*. München: Beck 2003.

[7] MITSCH, Wolfgang. *Recht der Ordnungswidrigkeiten*. Berlin: Springer, 2005.

estímulo a determinados comportamentos, e não um predominante objetivo de impor um castigo. A sanção administrativa, assim, não tem o caráter retributivo como o seu objetivo principal.

No Brasil, o ambiente do Direito Administrativo Sancionador é caótico, inseguro, desprovido de uma racionalização e, sobretudo, fundado em noções generalistas e principiológicas. Interesse público, proporcionalidade, ordem pública, a bem do serviço público são conceitos vagos frequentemente empregados, tanto na construção das normas abstratas, quanto na sua intepretação e aplicação (através da fundamentação). Temos um campo fértil para decisões arbitrárias e ineficientes em matéria de sanção. Na seara disciplinar, por exemplo, a legislação está repleta de conceitos jurídicos indeterminados para descrever uma infração funcional e a invocação do estado de sujeição especial inerente a esta esfera punitiva é feita como justificativa para, não raras vezes, validar o inaceitável à luz da segurança jurídica e da proporcionalidade. O excesso de incertezas no sistema punitivo brasileiro é capaz de arruinar os mais diversos direitos fundamentais do cidadão. Propriedade, liberdade, segurança, dignidade e igualdade são exemplos de direitos fundamentais que podem ficar comprometidos em um Estado Democrático de Direito incapaz de adotar um mínimo de racionalidade no seu sistema sancionador.

2 Em busca de um conceito e função para o Direito Administrativo Sancionador

O Direito Administrativo Sancionador (DAS) é um novo ramo do direito[8] que volta sua atenção para o estudo da criação e aplicação de normas jurídicas direcionadas a impedir comportamentos indesejados dos cidadãos e a promover estímulos positivos capazes de originar hábitos favoráveis ao pleno desenvolvimento de uma sociedade. O DAS alcança os mais diversos ramos do Direito Administrativo, compreendendo o poder disciplinar, poder de polícia, o controle exercido pelo Tribunal de Contas ou qualquer outra seara capaz de sujeitar o indivíduo a uma sanção.

A sanção decorre do descumprimento do particular de uma determinada norma jurídica e ela tem um efeito coercitivo, em regra, negativo. Tal como ocorre em matéria de improbidade administrativa, a aplicação da sanção poderá depender de uma decisão judicial, e aí teremos, no dizer de Fábio Medina Osório, o DAS judicializado.[9] Essa nova disciplina jurídica tem seu foco na conformação do comportamento dos particulares, de modo a evitar que atuem contrariamente ao interesse público (olhar prospectivo e conformativo). Nesse contexto, a atuação sancionadora da Administração Pública também se revela como uma relevante medida de gestão e deve ser utilizada como uma técnica regulatória.

A sanção deve provocar uma mudança comportamental, precisa neutralizar ganhos resultantes da prática da infração, tem de ser dirigida especificamente para o segmento a que se dirige e ser proporcional, de modo a equilibrar o castigo com a

---

[8] No Brasil, a primeira monografia intitulada *Direito administrativo sancionador* é publicada em 2000 por Fábio Medina Osório. Pela sua qualidade e pioneirismo, é obra de consulta obrigatória. OSÓRIO, Fábio Medina. *Direito administrativo sancionador*. 3. ed. revista, atualizada e ampliada. São Paulo: Revista dos Tribunais, 2009.

[9] OSÓRIO, Fábio Medina. *Direito administrativo sancionador*. 3. ed. revista, atualizada e ampliada. São Paulo: Revista dos Tribunais, 2009, p. 38.

gravidade da conduta. Aliás, a recente alteração na Lei de Introdução às Normas do Direito Brasileiro (LINDB) espelha esta preocupação de se ter uma função regulatória na sanção. O administrador público que sanciona deve, por exemplo, considerar os efeitos de sua decisão, *verbis*:

> Art. 20 – Nas esferas administrativa, controladora e judicial, não se decidirá com base em valores jurídicos abstratos sem que sejam consideradas as consequências práticas da decisão.

Sob a ótica funcional, a sanção não pode ser entrevista como um mero castigo, mas como uma punição orientada para prevenir futuros ilícitos da mesma natureza por meio do seu papel dissuasório ou preventivo. As *deterrence theories* (teorias dissuasória) partem da premissa de que a punição decorre de uma necessidade econômica.[10] Ao fazerem uma análise de custos e benefícios, os cidadãos evitariam comportamentos capazes de originar resultados desfavoráveis em que os custos superariam os benefícios. Evita-se o comportamento caro caracterizado pelo ilícito. Daí a relevância de termos um regime jurídico aparelhado com uma fiscalização eficaz e dotado de sanções hábeis a desestimular condutas ilícitas. A punição deve ser equilibrada, para, de um lado, não estimular o que é errado, quando for excessivamente baixa e houver um risco diminuto de ser aplicada, e de outro, para não inibir o desempenho de uma atividade econômica naquelas hipóteses em que a sanção se mostrar excessiva.

A conduta ilícita pode afetar, assim, as atividades econômicas e a produção de riqueza, e, a depender do modo como a sua prática é desestimulada, teremos um modelo sancionador eficiente ou inábil para proporcionar o desenvolvimento de um Estado. Nesse contexto, a economia comportamental terá um papel fundamental no estudo e aprimoramento de um regime sancionador. Fatores psicológicos e culturais podem afetar o racionalismo econômico na mensuração do regime punitivo e também interferem na vontade do cidadão de cumprir a regra do jogo. Para o aprimoramento do sistema punitivo da Administração, é preciso ter uma visão de conjunto, uma visão de sistema que considere aspectos sociológicos, culturais, econômicos, inclusive os comportamentais.

Sob outra perspectiva, além da função geral do DAS, cada sanção também possui um objetivo específico. A multa, por exemplo, desempenha um papel completamente distinto da proibição de contratar com a Administração. Por isso, o arranjo estrutural das sanções deve propiciar um ambiente punitivo racional e eficiente. Eficiência é, aliás, algo fundamental em qualquer modelo sancionador. De nada adianta o Poder Público criar multas, se elas não forem efetivamente aplicadas e, se aplicadas, não tiverem como ser arrecadadas. É preciso, portanto, que haja um monitoramento contínuo da eficácia das sanções existentes. E o TCU tem feito um excelente papel nesse monitoramento.

Recentemente, o TCU monitorou e fez levantamentos sobre as principais características, deficiências e oportunidades de melhoria inerentes à arrecadação de multas administrativas aplicadas por agências reguladoras e demais órgãos federais de regulamentação, fiscalização e controle. Foram fiscalizados inúmeros órgãos federais

---

[10] Para um aprofundamento no tema, confira-se o pioneiro e clássico trabalho de Ronald Coase sobre o problema do custo social. COASE, Ronald. *The problem of social cost.* . Journal of Law and Economics. V.3 p 1-44, 161.

com competência sancionadora.[11] O relatório de acompanhamento produzido apontou que, entre 2011 e 2014, quatorze agências reguladoras e outros órgãos públicos, como o Banco Central e a Comissão de Valores Mobiliários (CVM), recolheram o equivalente a 6,03% do valor das multas aplicadas no mesmo período.[12] Nesse período, as agências aplicaram 1,448 milhão de multas, totalizando R$26,197 bilhões. Contudo, foram arrecadados, apenas, R$1,579 bilhão, ou seja, 6,03% do total. O referido monitoramento atesta que, no lapso temporal ora referido, a Susep arrecadou o equivalente a 0,13% do que aplicou em multas nesse mesmo período. Já o Banco Central arrecadou 4%, a Anatel, 4,81%, e o CADE, 5,01%. Em um cenário ineficiente como este, é fundamental pesquisar soluções para que as sanções tenham a efetividade esperada quando da sua criação, sob pena de se instaurar uma generalizada crença de que o descumprimento do ordenamento traz mais benefícios do que desvantagens. E, nessa altura, vale o registro de que não só a sanção pode comprometer direitos fundamentais, como também, e com a mesma intensidade e gravidade, a falta de efetividade do Direito Sancionador.

Na mencionada análise, a área técnica do TCU alertou que agências e entidades que possuem algum mecanismo extra de punição, além das multas, possuem mais chances de receberem as multas aplicadas. A ANAC, por exemplo, informou que quando um crédito seu é inscrito em dívida ativa, o devedor deixa de ter acesso aos serviços da agência. Coincidência ou não, os dados do TCU demonstram que a citada agência apresenta os melhores índices dentre todos os órgãos e agências monitorados, tendo arrecadado o equivalente a 34,74% do valor de multas aplicadas no período de 2011 a 2014. Percebe-se, assim, que a análise criteriosa da efetividade do sistema sancionador, tal como a realizada pelo TCU, pode aprimorar o modo como o Estado exerce o seu poder punitivo, seja através da criação de mecanismos indiretos de coerção ou por outros meios mais eficazes do que a execução fiscal da multa.

3 Dificuldades enfrentadas pelo Direito Administrativo Sancionador no Brasil

Uma análise mais detida do DAS no Brasil nos permite concluir que há sérias dificuldades a serem enfrentadas para se chegar a um ambiente mais racional nessa matéria. Dentre as existentes, as que mais chamam atenção podem ser identificadas, nos seguintes termos: **i)** federalismo despreocupado com a sistematização do Direito Administrativo Sancionador; **ii)** falta de um catálogo de direitos e institutos do Direito Penal que possam ser transportados para o Direito Administrativo Sancionador; **iii)** dúvidas sobre os limites de atuação punitiva do Administrador diante do princípio da legalidade, e **iv)** falta de uma lei geral no Brasil sobre Direito Administrativo Sancionador.

---

[11] Advocacia-Geral da União (AGU), Controladoria-Geral da União (CGU), Agência Nacional de Águas (ANA), Agência Nacional de Aviação Civil (Anac), Agência Nacional de Telecomunicações (Anatel), Agência Nacional do Cinema (Ancine), Agência Nacional de Energia Elétrica (Aneel), Agência Nacional do Petróleo, Gás Natural e Biocombustíveis (ANP), Agência Nacional de Saúde Suplementar (ANS), Agência Nacional de Transportes Aquaviários (Antaq), Agência Nacional de Transportes Terrestres (ANTT), Agência Nacional de Vigilância Sanitária (Anvisa), Banco Central do Brasil (Bacen), Conselho Administrativo de Defesa Econômica (Cade), Comissão de Valores Mobiliários (CVM), Instituto Brasileiro do Meio Ambiente e dos Recursos Naturais Renováveis (Ibama) e Superintendência de Seguros Privados (Susep).

[12] A análise foi feita no processo nº 029.688/2016-7 (Acórdão nº 1970/2017-Plenário).

3.1 Federalismo despreocupado com a sistematização do Direito Administrativo Sancionador

O DAS guarda uma relação muito próxima com o poder de polícia e com o disciplinar, áreas em que impera a diretriz de que a competência normativa é de cada um dos entes da federação, uma consequência da autonomia a eles constitucionalmente assegurada. Todavia, essa característica tem originado situações curiosas, injustas e incoerentes, em razão da total falta de atenção à criação de um modelo de federação minimamente harmônico.

Em matéria ambiental, por exemplo, todos os entes da federação podem atuar tanto na formulação da ordem de polícia quanto nas etapas de consentimento, fiscalização e sanção. E não há, no Brasil, uma criteriosa e profunda análise sobre como criar um mecanismo realmente eficaz para a harmonização racional do sistema punitivo nessa seara, a fim de se conciliar a necessidade de proteção do meio ambiente, sem qualquer retrocesso, com a meta de se promover o desenvolvimento econômico sustentável do nosso país. Não se desconhece o papel do SISNAMA – Sistema Nacional do Meio Ambiente, que tem como órgão consultivo o CONAMA, órgão integrado por autoridades estatais de todos os entes da federação e por representantes da sociedade civil. A dificuldade, contudo, é a de se ter uma interação firme, perene e totalmente integrada nessa matéria. A eventual sistematização normativa nem sempre corresponde a uma real harmonia na aplicação das regras e obstaculiza a superposição de sanções pela prática de uma mesma conduta.

No âmbito do poder disciplinar, seara em que o DAS também incide, há os mais variados exemplos de situações difíceis de serem compreendidas sob a ótica da justiça e da coerência, mesmo em uma federação que reclame variações normativas em virtude de peculiaridades regionais e locais. A título de ilustração, caso um membro do Ministério Público pratique a infração disciplinar de revelar um segredo que conheça em razão do cargo, ele será punido no Espírito Santo[13] com a pena de censura e com a pena de demissão no Mato Grosso do Sul.[14] Diferenças nas consequências da infração que não encontram fundamento na federação. Que peculiaridade regional legitima este tipo de tratamento desigual? A análise do modo como os entes da federação encaram o DAS impõe que seja repensado o modelo punitivo adotado no Brasil, de modo que ele possa atingir, de forma racional e coerente, os seus primordiais objetivos de estimular comportamentos positivos, punir as condutas ilícitas e de organizar a liberdade e propriedade, visando à formação de um ambiente propício à produção de riqueza.

3.2 Falta de um catálogo de direitos e institutos do Direito Penal que possa ser transportado para o Direito Administrativo Sancionador

Outra dificuldade que pode ser identificada no atual estágio de desenvolvimento do DAS no Brasil está relacionada à ausência de um mínimo consenso em relação a quais institutos do Direito Penal podem ser utilizados na seara administrativa. Não

---

[13] Arts. 127 e 130 da LC nº 95/1997 do estado do Espírito Santo.
[14] Arts. 176 e 178 da LC nº 72/1994 do estado de Mato Grosso do Sul.

se tem certeza se são aplicáveis ao Direito Sancionador institutos como o *in dubio pro reo, nemo tenetur se detegere* (princípio da não autoincriminação), continuidade delitiva, presunção da inocência, princípio da reserva legal estrita, menoridade penal, princípio da insignificância, retroatividade da lei mais benéfica, irretroatividade da lei mais gravosa.

Inúmeros princípios e garantias do Direito Penal amadureceram por séculos e foram objeto de reflexões críticas das mais variadas, o que não pode ser dito a respeito de grande parte dos institutos do DAS, ramo mais incipiente do direito e que ainda não desenvolveu uma teoria capaz de identificar, sem casuísmos, quais institutos devem ser transportados da seara criminal para a administrativa. E a acomodação de institutos seculares do Direito Penal no DAS pode favorecer uma hermenêutica que contribua para os propósitos de segurança jurídica, previsibilidade e prevenção, valores fundamentais para este novo ramo do direito. Como exemplo, a despeito da ausência de previsão legal, é mais do que razoável adotar no DAS a universal ideia que gravita no Direito Penal de que a cogitação não deve ser punida (*Gedanken sind Zollfrei, cogitationis poenam nemo patitur*).

Não defendemos uma transposição automática de todos os institutos do Direito Penal para o Administrativo, especialmente porque aquele não tem os mesmos propósitos deste último. O Direito Administrativo Sancionador tem peculiaridades diversas das do Direito Penal. Seu olhar prospectivo e não meramente punitivo impossibilita o reconhecimento de que todos os princípios e institutos penais alcançam o DAS. Legalidade estrita, culpabilidade e tipicidade são institutos do Direito Penal que, *verbi gratia*, não podem ser utilizados pelo DAS sem uma maior reflexão crítica. Seria impensável, nessa linha, prejudicar o infrator no âmbito do Direito Sancionador com amparo em instituto do Direito Penal não previsto expressamente naquela esfera punitiva. Ressoa inadmissível uma interpretação que expanda institutos *in malam partem*, o que ocorreria em relação à tentativa, circunstâncias agravantes, normas sobre participação no ilícito etc. No dizer de Manuel Gomez Tomillo e Iñigo Sanz Rubiales, a aplicação dos princípios do Direito Penal no Direito Administrativo Sancionador não equivale a uma identidade plena, a uma intercambialidade de regras (*intercambialidad de reglas*).[15]

Outro fator a ser destacado é o de que, caso haja uma completa dissonância entre os institutos do Direito Penal e os do DAS, isso pode influenciar a estratégia estatal de criação de punições. Nessa perspectiva, na hipótese de o Direito Administrativo Sancionador não proporcionar garantias semelhantes às do Direito Penal, o Estado optará por tornar infração administrativa o que antes era crime.

Sob outro prisma, a tese da existência de uma relação de sujeição especial entre o Estado e o destinatário do poder disciplinar não autoriza a redução de garantias do administrado e a não incidência de institutos penais nessa seara. A relação especial de sujeição inerente ao poder disciplinar não é suficiente para diminuir as garantias do infrator. No mesmo sentido, Manuel Gomez Tomillo e Iñigo Sanz Rubiales defendem que "el fácil recurso a la categoria de relaciones de especial sujeción no resulta suficiente para fundamentar uma reducción de derechos".[16]

---

[15] TOMILLO, Manuel Gómez; RUBIALES, Iñigo Sanz. *Derecho administrativo sancionador*. Parte General. Teoría y Práctica del derecho penal administrativo. 3. ed. Navarra: Aranzadi, 2013, p. 117.

[16] TOMILLO, Manuel Gómez; RUBIALES, Iñigo Sanz. *Derecho administrativo sancionador*. Parte General. Teoría y Práctica del derecho penal administrativo. 3. ed. Navarra: Aranzadi, 2013, p. 258.

3.3 Dúvidas sobre os limites de atuação punitiva do administrador diante do princípio da legalidade

O DAS reclama, de um lado, um novo e mais flexível olhar sobre o princípio da legalidade, especialmente porque utiliza os mais variados conceitos jurídicos indeterminados para a sua concretização. Por outro, como o Direito Sancionador origina restrições a direitos, tal circunstância pode, em sentido contrário ao que anteriormente destacado, dificultar a aceitação da maior flexibilidade do princípio da legalidade, quando em comparação com a sua utilização no Direito Administrativo em geral. Há, assim, um estado de tensão permanente no âmbito do DAS, que ora apoia a elasticidade do princípio da legalidade, ora a desestimula. De todo modo, a lei precisa estabelecer limites razoavelmente precisos para a identificação da conduta ilícita e da infração a ser aplicada. O administrador público não pode ter total liberdade para criar infrações e sanções de maneira a comprometer a segurança jurídica, por exemplo.

A lei deve estabelecer parâmetros mínimos das condutas e das sanções. Em caso de deslegalização, por exemplo, o legislador deve, no mínimo, estabelecer os parâmetros capazes de identificar quais são as infrações a serem reprimidas pelo administrador e as possíveis sanções. No mesmo sentido, o Superior Tribunal de Justiça reconhece que a lei pode estipular que o administrador vai detalhar por ato infralegal a infração ou mesmo a sanção.[17] Ou seja, a própria lei é que deverá transferir, de forma clara, a competência para o administrador. Não se tem admitido, portanto, a teoria dos poderes implícitos em relação ao Direito Sancionador para permitir que o administrador crie as infrações e sanções sem que o legislador tenha previsto essa possibilidade expressamente.

De toda forma, a legalidade estrita típica do Direito Penal não pode ser automaticamente transportada para o Direito Administrativo Sancionador. Uma das razões é o fato de o texto constitucional nada prever no sentido de que o detalhamento das sanções e infrações precisa ser feito por lei. Para o Direito Penal, a Constituição da República exige expressamente que haja lei anterior para definir um crime (art. 5º, XXXIX), mas nada há com este mesmo teor para a criação de infrações e sanções administrativas.[18]

Para nós, é mais do que recomendável aceitar o discurso da legalidade flexível no âmbito do DAS, mormente porque a sanção nesse novo ramo do direito tem uma

---

[17] STJ, AgRg no AgRg no AREsp nº 509.391Rel. Min. Mauro Campbell, Data julgamento em 02.09.2014; REsp nº 324.181, Rel. Min. Eliana Calmon.

[18] Em sentido contrário, Rafael Munhoz de Mello entende que "o ilícito administrativo e a respectiva sanção sejam criados por lei formal. (...) Trata-se de aplicação, no direito administrativo, do princípio nullum crimen, nulla poena sine lege, previsto no inciso XXXIX do art. 5º da Constituição Federal". MELLO, Rafael Munhoz de. *Princípios constitucionais de direito administrativo sancionador*: as sanções administrativas à luz da Constituição Federal de 1988. São Paulo: Malheiros, 2007, p. 120. O STF, ao julgar o pedido de medida cautelar na ADI nº 1.823, reconheceu a impossibilidade de o IBAMA instituir taxa no exercício do poder de polícia e de aplicar sanções com inobservância ao princípio da legalidade estrita. Segue a ementa do julgado: "AÇÃO DIRETA DE INCONSTITUCIONALIDADE. ARTIGOS 5º, 8º, 9º, 10, 13, §1º, E 14 DA PORTARIA Nº 113, DE 25.09.97, DO IBAMA. Normas por meio das quais a autarquia, sem lei que o autorizasse, instituiu taxa para registro de pessoas físicas e jurídicas no Cadastro Técnico Federal de Atividades Potencialmente Poluidoras ou Utilizadoras de Recursos Ambientais, e estabeleceu sanções para a hipótese de inobservância de requisitos impostos aos contribuintes, com ofensa ao princípio da legalidade estrita que disciplina, não apenas o direito de exigir tributo, mas também o direito de punir. Plausibilidade dos fundamentos do pedido, aliada à conveniência de pronta suspensão da eficácia dos dispositivos impugnados. Cautelar deferida" (ADI nº 1823 MC, Relator: Min. ILMAR GALVÃO, Tribunal Pleno, julgado em 30/04/1998, DJ 16.10.1998 PP-00006 EMENT VOL-01927-01 PP-00053 RTJ VOL-00179-03 PP-01004).

nítida e expressiva função regulatória que exige maior dinamismo e celeridade. Nesse mesmo sentido, Alice Voronoff rememora que o maior dinamismo social legitima a maior vagueza legal, *verbis*:

> O poder de integração reconhecido à Administração será bastante expressivo, resultado da maior vagueza legal pretendida pelo legislador para disciplinar segmentos mais dinâmicos e especializados da vida social.[19]

No Direito Penal, há uma preocupação histórica com a legalidade estrita, na medida em que o regime de aplicação de suas penas evoluiu ao lado de uma robusta preocupação com a tutela dos direitos humanos. No caso do DAS, por outro lado, as sanções se desenvolveram como instrumento de concretização do poder de polícia, manifestação estatal caracterizada, ao longo da história, pela sua inerente discricionariedade. Tal circunstância também facilita a aceitação de uma mais ampla liberdade de atuação do administrador público na matéria. E a abundância de conceitos jurídicos indeterminados para definir infrações administrativas reforça, ainda mais, a possibilidade de ampliação dos limites de atuação do administrador. Em matéria de sanções no âmbito do DAS, contudo, o maior desafio é o de encontrar o meio termo entre os extremos da insegurança jurídica proporcionada por uma excessiva vagueza legal e o detalhamento exagerado da lei que engessa e dificulta a evolução normativa.

3.4 Falta de uma lei geral no Brasil sobre Direito Administrativo Sancionador

O Brasil ainda não possui, como outros países, uma lei geral que discipline institutos, diretrizes e princípios básicos do Direito Administrativo Sancionador. Na Inglaterra, há o *Regulatory Enforcement and Sanctions Act* de 2008 e a Alemanha possui, desde 1968, a *Ordnungswidrigkeitengesetz*, uma lei sobre as infrações administrativas que estabelece, no âmbito de todos os entes da federação alemã, regras gerais e princípios para a efetivação do Direito Sancionador. Na lei inglesa, por exemplo, há normas sobre prioridades e estratégias de atuação do Estado em matéria de sanções, regras sobre a coordenação da atuação sancionadora e sobre a aplicação combinada de sanções, temas extremamente relevantes para um eficiente Direito Administrativo Sancionador.

No Brasil, aparentemente a principal dificuldade para o surgimento de uma lei nacional sobre a matéria é o fato de a temática ser de competência de cada um dos entes da federação. Entretanto, isso também é uma característica da matéria "processo administrativo", e tal obstáculo não impediu a União de aprovar a Lei nº 9.784/99. Essa lei de processo administrativo foi revolucionária por ter previsto normas gerais e princípios sobre uma disciplina tão relevante e capaz de interferir drasticamente na esfera patrimonial dos cidadãos. Em matéria de Direito Sancionador, a União poderia, tal como fez em relação ao tema processo administrativo, sair na frente e legislar prevendo diretrizes, princípios e regras gerais sobre o DAS.

---

[19] MEDEIROS, Alice Bernardo Voronoff de. *Direito administrativo sancionador no Brasil:* justificação, interpretação e aplicação. Tese de Doutorado: Rio de Janeiro, 2017, p. 175.

Naturalmente que a diversidade temática do Direito Sancionador impede que se tenha uma lei geral com muitos detalhes sobre cada domínio específico. Leis para cada setor também poderiam ser editadas, mas uma que fosse geral sobre a matéria representaria um enorme avanço. Uma norma geral que fosse fruto de um consenso mínimo traria previsibilidade, segurança jurídica e justiça na aplicação das sanções, o que já representa um enorme avanço. O fato de a competência sobre a matéria ser de todos os entes da federação não pode ser fundamento para a inexistência de leis gerais, especialmente quando aprovadas pela União.

As alterações promovidas pela Lei nº 13.655 na Lei de Introdução às Normas do Direito Brasileiro (LINDB) provam como é possível tratar do Direito Sancionador em nível nacional. O art. 22 da LINDB, por exemplo, cria regras gerais que devem ser observadas pelo administrador quando da aplicação das sanções, pouco importando se a infração é de âmbito municipal, estadual ou federal. Confira-se o teor do referido dispositivo que, de forma inovadora, inicia um processo de fundamental sistematização para o DAS no Brasil, *verbis*:

> Art. 22.
> (...)
> §2º Na aplicação de sanções, serão consideradas a natureza e a gravidade da infração cometida, os danos que dela provierem para a administração pública, as circunstâncias agravantes ou atenuantes e os antecedentes do agente.
> §3º As sanções aplicadas ao agente serão levadas em conta na dosimetria das demais sanções de mesma natureza e relativas ao mesmo fato.

4 Sugestões para o aprimoramento do Direito Administrativo Sancionador brasileiro

O Direito Administrativo Sancionador é incipiente no Brasil e o seu não amadurecimento, ainda, permite que se tenha um ambiente caótico, inseguro, injusto e ofensivo aos direitos fundamentais em matéria punitiva.

A análise das características do modelo brasileiro de DAS e do modo como ele se concretiza nos permite identificar algumas falhas e sugerir medidas que sejam capazes de provocar o seu aperfeiçoamento. Podemos identificar as seguintes providências a serem adotadas para uma significativa melhoria do quadro atual: i) incentivo à especialidade em detrimento da generalidade; ii) estímulo à colegialidade e participação popular nos órgãos de controle; iii) apoio à transação; iv) preocupação maior com a função ordenadora/regulatória do direito administrativo sancionador; v) empoderamento maior das autoridades com poder sancionatório para a adoção de sistemas punitivos do modo independente.

4.1 Incentivo à especialidade em detrimento da generalidade

A criação e aplicação das sanções são medidas a serem conduzidas por quem entende do setor atingido. Sem prejuízo da existência de normas gerais sobre a matéria, o que é desejável como já apontamos acima, é importante que o sistema sancionador também seja imposto por quem atua especificamente na área e que a norma considere as suas peculiaridades. É o que se entende por regulação responsiva, uma regulação sensível ao setor específico que ela regula. O olhar do Direito Administrativo Sancionador como ferramenta para a regulação conduz à conclusão de que a especialização na regulação deve ser prestigiada. Caso contrário, as medidas sancionadoras criadas por aqueles que não possuem aderência na matéria e conhecimento do segmento regulado podem originar um ambiente normativo caótico e desestimular a produção de riqueza. Confusão punitiva gera um temor generalizado e provoca a inércia e um sentimento de impunidade.

4.2 Estímulo à colegialidade e participação popular nos órgãos de controle

O estímulo à proliferação de decisões colegiadas em matéria de sanções é providência que proporciona uma maior estabilidade e previsibilidade em relação ao tema que será decidido. Decisões colegiadas tendem a ser mais estáveis do que as proferidas por agentes públicos de modo singular. O processo de construção da decisão em um órgão colegiado pressupõe um equilíbrio de forças para se chegar à decisão final que, como regra, elimina os excessos e injustiças.

Sob outro ângulo, a participação popular na formação e aplicação da sanção também é fundamental para um legítimo monitoramento da eficiência do sistema punitivo criado. Ademais, diante da elevada probabilidade da deslegalização (remissão legal) no âmbito do DAS, fruto da relativização do princípio da legalidade, a participação popular no processo da administração de criação de infrações e sanções também terá como função compensar eventual alegação de déficit de legitimidade democrática no sistema.

4.3 Apoio à transação

Punir custa caro e não é simples. A aplicação da sanção compreende um processo complexo que abrange diversas etapas, entre elas a fiscalização, autuação, investigação, observância do contraditório e a defesa da validade do ato judicialmente. E o DAS não pode criar um sistema com custos excessivamente elevados e desproporcionais em relação ao que pretende alcançar, pois perderia o seu sentido.

Nessas circunstâncias, a cooperação, inclusive em matéria punitiva, é medida que se mostra mais inteligente. Além de ser menos custosa, ela concretiza os objetivos principais do direito sancionador: o de organizar/regular uma atividade e o de prevenir por meio de algum castigo/retribuição. E o ambiente de cooperação evita a cultura de resistência ao controlador e aplicador da sanção.

É relevante destacar que o tema da transação no DAS ainda é incipiente e precisa se desenvolver, tornando-se objeto de pesquisa e de estudos científicos. Caso contrário, a transação sem critérios racionais poderá indevidamente estimular o descumprimento das regras.

Sobre o tema, a Lei nº 13.655 representa um avanço e acerta ao estimular a transação, bem como um modelo de administração dialógica na matéria. Ela prevê, em seu artigo 26, a possibilidade de a correção de uma infração ser feita por meio de um termo de compromisso fruto de um diálogo entre as partes envolvidas. Confira-se o citado artigo:

> Art. 26. Para eliminar irregularidade, incerteza jurídica ou situação contenciosa na aplicação do direito público, inclusive no caso de expedição de licença, a autoridade administrativa poderá, após oitiva do órgão jurídico e, quando for o caso, após realização de consulta pública, e presentes razões de relevante interesse geral, celebrar compromisso com os interessados, observada a legislação aplicável, o qual só produzirá efeitos a partir de sua publicação oficial.

4.4 Preocupação maior com a função ordenadora/regulatória do Direito Administrativo Sancionador

O Direito Administrativo Sancionador não é um fim em si mesmo. Seu precípuo papel é o de organizar atividades e de incentivar comportamentos desejáveis pela sociedade. Deve, assim, haver uma melhor sistematização das suas regras.

A sanção deve ser compreendida como uma ferramenta estatal para a regulação de atividades privadas. E, nesse contexto, deve haver uma aproximação do regime sancionatório aplicável às relações de sujeição especial (poder disciplinar) e às de sujeição geral (poder de polícia). Nada justifica que o servidor público, destinatário do poder disciplinar, tenha menos garantias do que o cidadão em matéria de direito sancionador. A existência de uma suposta "relação de sujeição especial" não pode ter o condão de dar ao administrador poderes punitivos mais amplos do que numa relação de sujeição geral.

Em lugar de focar no retrovisor, por meio de um olhar que aposta no caráter retributivo da pena, o DAS deve adotar, primordialmente, uma visão prospectiva e organizar as atividades que são reguladas pelo Estado, de modo a evitar que o ilícito possa valer à pena.

4.5 Empoderamento maior das autoridades com poder sancionatório para a adoção de sistemas punitivos do modo independente

Os administradores públicos responsáveis pela aplicação do Direito Sancionador devem ter a segurança de que não sofrerão represália pela sua atuação. Isso não significa que devam ser estáveis no serviço público ou que estejam autorizados a atuar de modo irresponsável, mas que o ordenamento jurídico deve propiciar mecanismos eficazes de proteção à sua ação que só permitam a responsabilização em situações extremas. Nesse diapasão, veio em boa hora a alteração promovida pela Lei nº 13.655, que, em seu artigo 28, restringiu a possibilidade de punição do servidor aos casos de dolo ou erro grosseiro, *verbis*: "Art. 28. O agente público responderá pessoalmente por suas decisões ou opiniões técnicas em caso de dolo ou erro grosseiro".

A atuação corajosa e isenta deve ser estimulada e o servidor público incentivado a decidir sem o risco de uma banalização da sua responsabilidade.

5 Conclusões

Neste texto, procuramos apresentar algumas reflexões a respeito dos principais problemas enfrentados pelo Direito Administrativo Sancionador no Brasil e sugerir algumas medidas para o seu aprimoramento. Não se almejou, nem de longe, exaurir a complexidade do tema, mas unicamente reforçar a relevância de aprofundamento de estudos e pesquisas em relação a este novo ramo do direito que, à semelhança do Direito Penal, tem condições de interferir drasticamente nos direitos fundamentais dos cidadãos.

Como conclusão inicial, é imperioso destacar que o Direito Administrativo Sancionador brasileiro é desprovido de uma sistematização e racionalização, gera insegurança jurídica e origina, não raras vezes, decisões injustas, desproporcionais e fundadas em noções generalistas e principiológicas. É possível concluir que a ausência de uma norma geral sobre o Direito Administrativo Sancionador contribui para a existência de um sistema punitivo caótico e gera dúvidas sérias sobre as reais possibilidades desse novo ramo do direito.

Os três principais fatores da recente expansão do DAS no Brasil podem ser assim caracterizados: i) o incremento no dinamismo da sociedade contemporânea; ii) o novo papel que o Estado passou a exercer como regulador após a publicação do Plano Diretor da Reforma do Aparelho do Estado, e iii) a frustração generalizada com a efetividade do Direito Penal.

Defendemos, ao longo do texto, a impossibilidade de o Brasil adotar um sistema punitivo unitário que permita a comunicabilidade automática dos institutos do Direito Penal e Administrativo. Esses dois ramos do Direito são orientados por propósitos diversos, o que impede o reconhecimento de uma relação de vasos comunicantes entre essas duas disciplinas. É preferível aceitar a adoção de um regime de comportas que são abertas, sempre que há razões para que um instituto de Direito Penal também seja aplicado ao Direito Administrativo.

Outra conclusão que merece ser colocada em evidência é a de que a estratégia punitiva estatal e a sua metodologia podem impactar, sobremaneira, a produção de riquezas em um país e ofender direitos fundamentais. Um modelo sancionador eficiente é ponto de partida fundamental para a preservação dos direitos e garantias fundamentais e para o pleno desenvolvimento de um Estado e de sua sociedade.

Ao longo do texto, identificamos os seguintes principais problemas do DAS brasileiro: i) Federalismo despreocupado com a sistematização do Direito Administrativo Sancionador; ii) Falta de um catálogo de direitos e institutos do Direito Penal que possa ser transportado para o Direito Administrativo Sancionador; iii) Dúvidas sobre os limites de atuação punitiva do Administrador diante do princípio da legalidade, e iv) Falta de uma lei geral no Brasil sobre Direito Administrativo Sancionador.

Neste artigo, também foram apresentadas algumas propostas para o aprimoramento do Direito Administrativo Sancionador no Brasil, que podem ser assim sintetizadas: i) incentivo à especialidade em detrimento da generalidade; ii) estímulo à colegialidade e participação popular nos órgãos de controle; iii) apoio à transação; iv) preocupação maior com a função ordenadora/regulatória do direito administrativo sancionador; v) empoderamento maior das autoridades com poder sancionatório para a adoção de sistemas punitivos do modo independente.

A análise do modo como a sociedade, os operadores do Direito e os entes da federação encaram o Direito Administrativo Sancionador, essa incipiente disciplina da nossa ciência jurídica, ilumina a imperiosa necessidade de que o arcabouço teórico e normativo do modelo punitivo adotado no Brasil seja reformulado. Uma mudança firme e racional é fundamental para que o DAS se torne eficiente, proporcional e lógico, e a fim de que tenha condições de estimular comportamentos positivos, punir as condutas ilícitas e de organizar a liberdade e propriedade, visando à formação de um ambiente propício à produção de riqueza.

Informação bibliográfica deste texto, conforme a NBR 6023:2002 da Associação Brasileira de Normas Técnicas (ABNT):

ARAUJO, Valter Shuenquener de. Direito administrativo sancionador no Brasil: uma contribuição para a efetividade dos direitos fundamentais. In: ARABI, Abhner Youssif Mota; MALUF, Fernando; MACHADO NETO, Marcello Lavenère (Coord.). *Constituição da República 30 anos depois*: uma análise prática da eficiência dos direitos fundamentais. Estudos em homenagem ao Ministro Luiz Fux. Belo Horizonte: Fórum, 2019. p. 435-448. ISBN 978-85-450-0598-8.

A FUNÇÃO SOCIAL DA PROPRIEDADE INTELECTUAL NA CONSTITUIÇÃO DA REPÚBLICA DE 1988

WALTER GODOY DOS SANTOS JUNIOR

Ao longo dos anos em que tenho tido o privilégio e a honra de trabalhar como juiz auxiliar do Ministro Ricardo Lewandowski no Supremo Tribunal Federal, convivi mais de perto com aqueles que são verdadeiros ídolos para os que se interessam pelo mundo do direito.

E entre esses notáveis magistrados que integram a Suprema Corte do nosso país, aprendi a admirar de modo especial o Ministro Luiz Fux, seja pela palavra serena e conciliadora em momentos de acalorados debates no plenário, seja pela apresentação de soluções técnicas inovadoras para problemas jurídicos complexos.

Além disso, é significativo o registro de que Ministro homenageado tem em suas mãos o futuro da Magistratura, porquanto preside a Comissão Revisora do Anteprojeto da Lei Orgânica da Magistratura, aprovado durante a gestão do Ministro Ricardo Lewandowski como Presidente.

Internamente, o Ministro Luiz Fux acaba de apresentar uma proposta de revisão do Regimento Interno do Supremo Tribunal Federal com o mesmo brilhantismo com que presidiu a comissão de juristas responsável pela edição do novo Código de Processo Civil.

Em brevíssima síntese, o homenageado, juiz de carreira, primeiro colocado em todos os concursos que disputou na academia e na vida pública, querido e admirado por todos, é um exemplo para os que, assim como eu, estão iniciando a longa caminhada no mais grave ofício que um ser humano pode ter: o de julgar os seus semelhantes.

Feito esse necessário e afetuoso registro, cumpre salientar, a propósito do tema objeto deste artigo, que a propriedade intelectual[1] é o ramo do direito que se ocupa da

---

[1] Gama Cerqueira ensina que "[...] Ao conjunto desses direitos resultantes das concepções da inteligência e do trabalho intelectual, encarados principalmente sob o aspecto do proveito material que deles pode resultar, costuma-se dar a denominação genérica de propriedade intelectual [...]" CERQUEIRA, João da Gama. *Tratado da propriedade industrial*. 1. ed. Rio de Janeiro: Revista Forense, 1956. v. 1, t. 1, p. 68-69. *Vide*, ainda, outro trecho do referido tratadista no sentido de que a "propriedade industrial, que pode ser definida como o conjunto dos institutos jurídicos que visam garantir os direitos de autor sobre as produções intelectuais do domínio da indústria e assegurar a lealdade da concorrência comercial e industrial." A propriedade industrial poderia

proteção ao produto do esforço intelectual humano, seja no plano da racionalidade, seja no que advém do subconsciente como inspiração (ato de arte), e que os italianos denominavam de *"magia"*.[2]

A propósito das etapas percorridas desde a inspiração até se chegar à obra de arte, Walter Moraes ressalta o seguinte:

> O belo objetivo descobre-se na natureza a cada passo. Mas os homens aprenderam desde cedo a criar as condições capazes de ativar a emoção estética, ou seja, alcançaram abstrair, em momentos de alta intuição (ou inspiração), que são momentos de emoção estética absoluta, condições objetivas suprarreais da àisthesis, supostamente acessíveis à análise racional, e lograram impregnar delas suportes naturais. Tal resultado é a obra de arte. Tal operação, que é em si estética, pois é carga emocional estética espontânea do artista que a alimenta e lhe dá consistência, o ato de arte, que não pode submeter-se a regras de procedimento na sua primeira fase (a da concepção), mas deve, na segunda fase (a execução), obedecer a certos preceitos, cumprir determinadas condições, necessárias a tornar a obra suscetível de perfeita comunicação: pois aqui não basta a intelecção estética, impondo-se habilidades específicas que conduzam a criação ao objetivo colimado que é a emoção estética.[3]

Por essa razão é que Cláudio Roberto Barbosa assevera que o formato juridicamente protegível pela propriedade intelectual é a representação da ideia e não a ideia em si, seja na forma de sinal distintivo (marca), seja na forma de um quadro reivindicatório (patente), seja na obra artística.[4]

---

também ser definida, de modo mais geral, como "o conjunto de normas legais e princípios jurídicos de proteção à atividade do trabalho, no campo das indústrias, e a seus resultados econômicos, abrangendo, assim, a proteção das produções intelectuais do domínio industrial (invenções, modelos de utilidade e desenhos e modelos industriais) e toda a matéria relativa à repressão da concorrência desleal, inclusive as marcas, o nome comercial, as indicações de origem dos produtos, etc. Preferimos, porém, a primeira definição por ser mais restrita, particularizando melhor o objeto da propriedade industrial." Id. Ibid., p. 72-73. Poder-se-ia dizer, em síntese, que a expressão Propriedade Industrial engloba assuntos referentes a marcas, patentes (de invenção e de modelo de utilidade), desenhos industriais, assim como contratos de licença de uso ou exploração de tais direitos e contratos de transferência ou fornecimento de tecnologia ou know-how e de franquia. Quando a isto se somam os direitos autorais, fala-se em Propriedade Intelectual, categoria mais ampla, que abarca a Propriedade Industrial.

[2] Para Silveira "[...] o esforço, a inspiração, o impulso ou mesmo o que os italianos chamavam de "magia" para chegar a algo perceptível aos sentidos." SILVEIRA, Newton. Abuso de patentes, p. 8. Disponível em: <http://www.lex-net.com/new/wp-content/uploads/2014/10/50-Abuso-de-patentes.pdf>. E mais, "Essa concepção unitária da arte e da técnica já se podia vislumbrar na criação de Leonardo Da Vinci, para quem a atividade artística e a atividade científica nasciam de uma inspiração única, nutriam-se sem cessar uma da outra, e as conquistas de uma influenciavam o desenvolvimento da outra." SILVEIRA, Newton. *Direito de autor no design*. 2. ed. São Paulo: Saraiva, 2012, p. 44-45. De acordo com Regis de Oliveira: "A inspiração não vem quando eles [os artistas] querem ou é buscada. Simplesmente vem. Sem avisos ou receios. Aparece quando menos se espera. Explode na mente do artista. Brota como água da montanha. As fontes são as mais vitais." OLIVEIRA, Régis Fernandes. *Direito e arte*. São Paulo: Malheiros, 2017, p. 54.

[3] MORAES, Walter. Arte. In: FRANÇA, Rubens Limongi (Org.). *Enciclopédia Saraiva do Direito*. São Paulo: Saraiva, 1977. v. 8, p. 142. Em seu *Ensaios sobre a pintura*, Diderot afirma o seguinte: "Sou pouco versado nas leis sobre a maneira de drapejar as figuras; ela é inteiramente poesia quanto à invenção, inteiramente rigor quanto à execução". DIDEROT, D. *Ensaio sobre a pintura*, cit., p. 92.

[4] Segundo o autor: "Cabe desenvolver melhor esta noção. Para a propriedade intelectual o objeto a ser comunicado é a idéia, o conceito criado, o qual não pode ser juridicamente protegido dentro do sistema da propriedade intelectual que exige a transcrição da informação em um meio tangível. A representação da idéia, portanto, é o formato juridicamente protegível pelo Direito, seja um sinal distintivo, seja um quadro reivindicatório de uma patente de invenção, seja uma obra artística. Todavia o valor está associado à informação e é a dificuldade de transposição deste valor à proteção jurídica da representação que também acarreta perdas e, conseqüentemente, custos sociais". BARBOSA, Cláudio Roberto. Propriedade intelectual enquanto informação. Uma perspectiva de

Dessa maneira, o direito consegue captar e proteger apenas aquilo que possa adotar determinada forma, uma vez que concepções puramente abstratas, como um pensamento, uma ideia ou uma determinada sensação não são suscetíveis de tutela, porquanto não são considerados objeto de direito.[5]

Neste ponto, é importante relembrar a lição de Newton Silveira no sentido de que o processo mental das criações é unitário, ou seja, "o mesmo esforço que deu origem à indústria (satisfação das necessidades materiais) criou as artes para a satisfação das necessidades espirituais do ser humano".[6]

Do ponto de vista estritamente jurídico, também se verifica a unidade deste ramo do direito, porquanto não há diferenças entre a relação jurídica[7] que se estabelece entre o sujeito (criador) e o objeto do direito (obra), uma vez que está devidamente assentado na doutrina e na jurisprudência que a natureza jurídica de tais vínculos jurídicos é tipicamente de propriedade, verdadeiro amálgama do sistema de proteção ao esforço intelectual humano.

Registre-se, portanto, que a unidade do sistema[8] inicia-se pelo processo mental das criações, estende-se para a sua exteriorização e encontra eco no ordenamento jurídico, que classifica a relação jurídica estabelecida entre o criador e a obra como de direito de propriedade.

Da mesma maneira, em termos de princípios, a propriedade intelectual orienta-se, basicamente, pela repressão à concorrência desleal, que constitui, nas palavras de Gama Cerqueira, o fundamento e a razão de suas leis, *in verbis*:

> [...] a propriedade industrial constitui um sistema jurídico, um todo orgânico, como se costuma dizer, subordinando-se os seus diferentes institutos aos mesmos princípios gerais, que podem variar em suas aplicações particulares, mas que não perdem a sua unidade fundamental", ressaltando que "todo o edifício da propriedade industrial, como, aliás, o da propriedade literária, científica e artística, repousa no princípio ético da repressão

---

"Law and Economics". *California Digital Library*. University of California, 2007. p. 14. Disponível em: <https://cloudfront.escholarship.org/dist/prd/content/qt9q80d5w8/qt9q80d5w8.pdf>.

[5] De acordo com os ensinamentos de Darcy Bessone: "[...] o Direito Autoral nasce de uma ideia, de uma abstração intelectual, de um sentimento forjado sócio-culturalmente na pessoa, portanto, uma propriedade incorpórea e, também recebe o "*status*" de propriedade corpórea no instante em que essa ideia, essa abstração, esse sentimento, materializa-se num bem corpóreo". BESSONE, Darcy. *Direitos reais*. São Paulo: Saraiva, 1988, p. 499.

[6] Newton Silveira ressalta "Os célebres textos de H. Poincaré sobre seus processos de *invenção* no campo da matemática revelam "processos que são, no fundo, análogos ao da invenção artística". SILVEIRA, Newton. *Direito de autor no design*, cit., p. 29.

[7] "O que importa saber, portanto, é se a relação jurídica entre o autor e a criação intelectual é idêntica à que existe entre o proprietário e a coisa corpórea que constitui objeto de seu direito, pois é a natureza dessa relação que caracteriza os direitos reais, em geral, e o de propriedade, em particular, constituindo, ainda, o critério de distinção entre os direitos reais e os de obrigações" CERQUEIRA, João da Gama. O direito de autor como direito de propriedade. *Revista dos Tribunais*, São Paulo, ano 47, v. 270, p. 22, abr. 1958. "Resumindo tudo quanto nesta parte ficou exposto, podemos dizer que o direito de autor e de inventor é um direito privado patrimonial, de caráter real, constituindo uma propriedade móvel, em regra temporária e resolúvel, que tem por objeto uma coisa ou bem imaterial, denomina-se, por isto, propriedade imaterial, para indicar a natureza de seu objeto". Id. Ibid., p. 25.

[8] "Nessa medida, devem ser relembrados os ensinamentos de Geraldo Ataliba: "O sistema jurídico (...) tem profunda harmonia interna. Esta se estabelece mediante uma hierarquia segundo a qual algumas normas descansam em outras, as quais, por sua vez, repousam em princípios que, de seu lado, se assentam em outros princípios mais importantes. Dessa hierarquia decorre que os princípios maiores fixam as diretrizes gerais do sistema e subordinam os princípios menores. Estes subordinam certas regras que, à sua vez, submetem outras". ATALIBA, Geraldo. *Sistema constitucional tributário brasileiro*. São Paulo: Revista dos Tribunais, 1968, p. 33.

da concorrência desleal, que constitui o fundamento e a razão de suas leis, podendo-se mesmo dizer que em nenhum outro ramo da ciência jurídica se manifesta de modo mais eloquente o fundamento moral do Direito.[9]

Ademais, cumpre salientar que os direitos de propriedade intelectual podem ser agregados pela sua finalidade, na medida em que devem ser concedidos e exercidos consoante o interesse comum, com vistas a que sirvam de vetores para o desenvolvimento cultural, tecnológico e econômico do país, notadamente diante do disposto no art. 5º, XXIX, da Constituição Federal, residindo precisamente neste ponto a sua função social.[10]

De uma perspectiva histórica, é importante lembrar que em 1873 iniciaram-se na cidade de Viena os trabalhos preparatórios da Convenção da União de Paris para a Proteção da Propriedade Industrial ou, simplesmente, Convenção da União de Paris, cujo escopo é a proteção de direitos ligados à criação industrial (marcas, patentes, desenhos industriais, nome empresarial, entre outros institutos abarcados pela Propriedade Industrial). O Brasil esteve entre os primeiros a assinar a referida Convenção em 1883.[11]

Por outro lado, para a proteção dos direitos autorais (propriedade literária, artística e científica), foi concebida a Convenção de Berna de 1886, fruto dos trabalhos que resultaram na *Association Littéraire et Artistique Internationale* de 1878, criada por insistência do escritor francês Victor Hugo.[12]

Posteriormente, já no século XX, as Convenções de Berna e Paris passaram a ser administradas pela Organização Mundial da Propriedade Intelectual – OMPI (WIPO em inglês), constituída também por um Tratado firmado por diversas nações no ano de 1967, após o fim da Segunda Guerra Mundial. A OMPI, por sua vez, foi incorporada como órgão das Nações Unidas em 1974.

---

[9] CERQUEIRA, João da Gama. *Tratado da propriedade industrial*. cit., v. 1, t. 1, p. 8-9. Alf Ross adverte que "a tarefa da ciência do direito é expor o direito vigente. Esta tarefa requer que a exposição possua um sistema, que a ordem e a conexão nas quais o material é apresentado sejam dispostos segundo um plano definido. O ordenamento sistemático é valioso, primeiramente, por razões práticas: é essencial por questão de clareza, a título de meio de entrever o caminho no complexo tema do direito (...) O sistema também serve de fundamento para uma divisão do estudo do direito que, pelo menos na atualidade, é indispensável. A organização sistemática é valiosa, também, por razões teóricas. Se baseada em critérios relevantes, ajuda o estudioso a analisar o material jurídico, revela problemas e exibe semelhanças e diferenças ocultas". ROSS, Alf. *Direito e justiça*. Tradução e notas de Edson Bini. Bauru-SP: Edipro, 2000, p. 239. Hans Kelsen debruçou-se sobre a questão, desenvolvendo sua teoria sobre o sistema jurídico. Em sua opinião, o ordenamento jurídico seria composto como uma ordem escalonada de normas, dispostas hierarquicamente na forma de uma pirâmide. Na base da pirâmide estariam as normas individuais e concretas, que encontrariam seu fundamento de validade em uma norma de hierarquia superior, de caráter geral e abstrato, e assim sucessivamente, até nos depararmos, no topo da estrutura, com a constituição, que seria a norma posta de maior nível hierárquico dentro de um sistema jurídico. KELSEN, Hans. *Teoria pura do direito*. Trad. João Batista Machado. 6. ed. São Paulo: Martins Fontes, 1998.

[10] Para Migue Reale, "O Direito é uma proporção real e pessoal, de homem para homem..." parece, à primeira vista, uma expressão redundante: pessoal, de homem para homem. Se é pessoal, por que dizer de homem para homem? É que, para Dante, o Direito tutela as coisas somente em razão dos homens: a relação jurídica conclui-se entre pessoas, não entre homens e coisas, mas é "real" quando tem uma coisa (res) como seu objeto. REALE, Miguel. *Lições preliminares do direito*. 24. ed. São Paulo: Saraiva, 1998, p. 56 "Não pensem que há na ordem jurídica a preocupação de levantar paredes em torno da atividade individual. O ideal é que cada homem possa realizar os seus fins da maneira mais ampla, mas é intuitivo que não poderia coexistir o arbítrio de cada um como o dos demais sem uma delimitação harmônica das liberdades, consoante clássico ensinamento de Kant. Desse modo, o Direito delimita para libertar: quando limita, liberta". Id. Ibid., p. 56.

[11] A Convenção de Paris já foi revista sete vezes: em 1890, em Madri; em 1900, em Bruxelas; em 1911, em Washington; em 1925, em Haia, em 1934, em Londres; em 1958, em Lisboa; em 1967, em Estocolmo (em vigor no Brasil desde 1992) e teve novo processo de revisão iniciado em 1980, em Genebra.

[12] A Convenção de Berna foi revista em Paris (1896) e Berlim (1908), complementada em Berna (1914), revista em Roma (1928), Bruxelas (1948), Estocolmo (1967) e Paris (1971), e emendada em 1979.

O referido Tratado unificou os escritórios internacionais que administravam as Convenções de Paris e Berna e fundiu os conceitos de propriedade industrial e direito de autor ao definir, em seu art. 2º, VIII, como propriedade intelectual a soma dos direitos relativos às obras literárias, artísticas e científicas, as interpretações dos artistas intérpretes e as execuções de radiodifusão, as invenções em todos os domínios da atividade humana, as descobertas científicas, os desenhos e modelos industriais, as marcas industriais, comerciais e de serviço, bem como as firmas comerciais e denominações comerciais, a proteção contra a concorrência desleal e todos os outros direitos inerentes à atividade intelectual nos domínios industrial, científico, literário e artístico.

Pois bem, delimitado o objeto da propriedade intelectual, é necessário examinar os princípios em torno dos quais orbitam o que Norberto Bobbio denominou de "direitos da mente",[13] a fim de que seja possível estabelecer a devida hierarquia entre eles no plano vertical e a sua devida convivência ou compatibilização no plano horizontal diante da profusão de leis especiais sobre a matéria.

Com efeito é clássica a lição de Celso Antônio Bandeira de Mello, ao ensinar que princípio é, por definição,

> [...] o mandamento nuclear de um sistema, verdadeiro alicerce dele, disposição fundamental que se irradia sobre diferentes normas compondo-lhes o espírito e servindo de critério para sua exata compreensão e inteligência exatamente por definir a lógica e a racionalidade do sistema normativo, no que lhe confere a tônica e lhe dá sentido harmônico.[14]

Não menos importante é a afirmação de João da Gama Cerqueira, já referida anteriormente, no sentido de que a propriedade intelectual constitui um sistema jurídico, um todo orgânico, subordinando-se os seus diferentes institutos aos mesmos princípios gerais, que podem variar em suas aplicações particulares, mas que não perdem a sua unidade fundamental.[15]

De posse desse repertório, impõe-se examinar o tratamento constitucional conferido à propriedade intelectual desde o advento da Constituição Imperial de 1824

---

[13] *Vide*, nesse sentido, a citação de Pedro Marcos Nunes Barbosa: "Bobbio faz pertinente citação de Thomas Paine: São direitos naturais os que cabem ao homem em virtude de sua existência. A esse gênero pertencem a todos os direitos intelectuais, ou direitos da mente." BARBOSA, Pedro Marcos Nunes. *Direito civil da propriedade intelectual*. 3. ed. Rio de Janeiro: Lumem Juris, 2016, p. 45.

[14] BANDEIRA DE MELLO, Celso Antônio. *Curso de direito administrativo*. 16. ed. São Paulo:Malheiros, 2003, p. 817-818. Ascarelli ensina que "Tarea de la doctrina es precisamente la elaboración de princípios que sean como tales susceptibles de coordinar, según un criterio de continuidad, várias soluciones." ASCARELLI, Tullio. *Teoria de la concurrencia y de los bienes inmateriales*, cit., p. 56. Savigny ensina que "O conteúdo do sistema é a legislação, isto é, os princípios do Direito. Necessitamos de um meio lógico da forma, ou seja, da condição lógica do conhecimento de todo o conteúdo da legislação para conhecer este princípios, em parte de forma particular, em parte na sua conexão. Tudo o que é forma tem por objetivo desenvolver a determinação dos princípios particulares do direito – geralmente isto é denominado de definições e distinções-, ordenar a vinculação de vários princípios particulares e sua conexão. Isto é habitualmente denominado de verdadeiro sistema." SAVIGNY, Friedrich Karl von. *Metodologia jurídica*. 1. ed. Campinas: Edicamp, 2004, p. 36-37. Geraldo Ataliba ressalta, ainda, que "o caráter orgânico das realidades componentes do mundo que nos cerca e o caráter lógico do pensamento humano conduz o homem a abordar as realidades que pretende estudar, sob critérios unitários, de alta utilidade científica e conveniência pedagógica, em tentativa do reconhecimento coerente e harmônico da composição de diversos elementos em um todo unitário, integrado em uma realidade maior. A esta composição de elementos, sob perspectiva unitária, se denomina sistema." ATALIBA, Geraldo. *Sistema constitucional tributário brasileiro*, cit., p. 4.

[15] CERQUEIRA, João da Gama. *Tratado da propriedade industrial*. 1. ed., cit., v. 1, t. 1, p. 8-9.

até a promulgação da Constituição Cidadã de 1988, para identificar as diretrizes sobre as quais se assenta o referido sistema.[16]

Nesse sentido, convém ressaltar que a Constituição de 1824 estabelecia, em seu art. 179, XXVI, que "os inventores terão a propriedade das suas descobertas, ou das suas producções. A Lei lhes assegurará um privilegio exclusivo temporário, ou lhes remunerará em ressarcimento da perda, que hajam de soffrer pela vulgarisação".[17]

Posteriormente, em 1891, nossa primeira Constituição Republicana[18] estipulou o seguinte: "os inventos industriais pertencerão aos seus autores, aos quais ficará garantido por lei um privilégio temporário, ou será concedido pelo Congresso um prêmio razoável quando haja conveniência de vulgarizar o invento" (art. 72, §25).

No que se refere ao direito autoral, esclarecia, ainda, que "aos autores de obras literárias e artísticas é garantido o direito exclusivo de reproduzi-las, pela imprensa ou por qualquer outro processo mecânico. Os herdeiros dos autores gozarão desse direito pelo tempo que a lei determinar" (o §26 do mesmo artigo). Em complementação, no §27, aparece, pela primeira vez, uma referência às marcas: "A lei assegurará também a propriedade das marcas de fábrica".[19]

Em seguida, veio a Constituição de 1934, que previa, em seu art. 113, número 18, que "os inventos industriais pertencerão aos seus autores, aos quais a lei garantirá privilégio temporário ou concederá justo prêmio, quando a sua vulgarização convenha à coletividade". No número 19 do mesmo artigo estabeleceu que "é assegurada a propriedade das marcas de indústria e comércio e a exclusividade do uso do nome comercial". O número 20 completava o quadro da proteção à propriedade intelectual, declarando que "aos autores de obras literárias, artísticas e científicas é assegurado o direito exclusivo de produzi-las. Esse direito transmitir-se-á aos seus herdeiros pelo tempo que a lei determinar".

Ato contínuo, a Constituição Federal de 1937 conferiu ao legislador ordinário ampla autonomia para regulamentar a proteção da propriedade intelectual, porquanto no art. 122, número 14, estabelecia simplesmente o seguinte: "a Constituição assegura aos brasileiros e estrangeiros residentes no País o direito à liberdade, à segurança individual e à propriedade, nos termos seguintes: [...] 14) o direito de propriedade, salvo

---

[16] Uma completa descrição da evolução constitucional em matéria de propriedade intelectual pode ser obtida no artigo de autoria do Professor Newton Silveira intitulado: Garantias constitucionais aos bens imateriais. *Revista de Direito Mercantil, Industrial, Econômico e Financeiro*, São Paulo, v. 24, n. 60, p. 18-23, out./dez. 1985.

[17] Gama Cerqueira afirma que "A Constituição de 1824, porém, não cogitava ainda das marcas de fábrica e de comércio, nem de outras garantias e prerrogativas industriais." CERQUEIRA, João da Gama. *Tratado da propriedade industrial*. 1. ed., cit., v. 1, t. 1, p. 31.

[18] "O Brasil, como visto, encontra-se organizado política e administrativamente como uma República Federativa. Essa conformação do Estado brasileiro veio a lume com a proclamação da República, em 1889, consolidando-se definitivamente com a primeira constituição republicana, que passou a vigorar a partir de 1891. Recorda-se que a federação foi implantada provisoriamente no País, através do Decreto nº1, de 15 de novembro de 1889, que adotou a República como forma de governo e fixou "as normas pelas quais se devem reger os Estados Federais". Antes desse momento, mais precisamente, de 1824, ano da promulgação da primeira Constituição, até 1889, data da proclamação da República, o Brasil constituía um império, estruturado como um Estado unitário, que se subdividia em províncias, com autonomia muito limitada". LEWANDOWSKI, Enrique Ricardo. A reforma do judiciário e o federalismo brasileiro, cit., p. 40.

[19] Gama Cerqueira ensina que a "marca de fábrica e de comércio pode ser definida como todo sinal distintivo aposto facultativamente aos produtos e artigos das indústrias em geral para identificá-los e diferenciá-los de outros idênticos ou semelhantes de origem diversa." CERQUEIRA, João da Gama. *Tratado da propriedade industrial*. 1. ed., cit., v. 1, t. 1, p. 364-365.

a desapropriação por necessidade ou utilidade pública, mediante indenização prévia. O seu conteúdo e os seus limites serão os definidos nas leis que lhe regularem o exercício".

A Constituição Federal de 1946,[20] apontada como o mais belo trabalho do legislador constitucional da nossa história republicana, reestabeleceu o que se continha na antiga ordem constitucional de 1891, em seu art. 141, parágrafos 17, 18 e 19, *verbis*: "os inventos industriais pertencem aos seus autores, aos quais a lei garantirá privilégio temporário ou, se a vulgarização convier à coletividade, concederá justo prêmio. É assegurada a propriedade das marcas de indústria e comércio, bem como a exclusividade do uso do nome comercial" e "aos autores de obras literárias artísticas ou científicas pertence o direito exclusivo de reproduzi-las. Os herdeiros dos autores gozarão desse direito pelo tempo que a lei fixar".

De modo similar, a Constituição Federal de 1967, em seu art. 150, §24, dispôs que "a lei garantirá aos autores de inventos industriais privilégio temporário para sua utilização e assegurará a propriedade das marcas de indústria e comércio, bem como a exclusividade do nome comercial", aglutinando, num mesmo parágrafo, a proteção de marcas e de patentes. A proteção aos autores permaneceu isolada no §25, que preceituava: "aos autores de obras literárias, artísticas e científicas pertence o direito exclusivo de utilizá-las. Esse direito é transmissível por herança, pelo tempo que a lei fixar".[21]

Finalmente, a Constituição Federal de 1988 enunciou, no art. 5º, responsável pela consolidação dos direitos e garantias fundamentais, que a propriedade atenderá a sua função social (XXIII);[22] aos autores pertence o direito exclusivo de utilização, publicação ou reprodução de suas obras, transmissível aos herdeiros pelo tempo que a lei fixar (XXVII); são assegurados, nos termos da lei: a) a proteção às participações individuais em obras coletivas e à reprodução da imagem e voz humanas, inclusive nas atividades desportivas; b) o direito de fiscalização do aproveitamento econômico das obras que criarem ou de que participarem aos criadores, aos intérpretes e às respectivas representações sindicais e associativas (XXVIII); e que a lei assegurará aos autores de inventos industriais privilégio temporário para sua utilização, bem como proteção às criações industriais, à propriedade das marcas, aos nomes de empresas e a outros signos distintivos, tendo em vista o interesse social e o desenvolvimento tecnológico e econômico do país (XXIX).

---

[20] Renata Pozzato Carneiro informa que "O direito de propriedade possuía sentido exclusivamente individual. Tal sentido foi convertido em uma expressão nitidamente social com a Constituição Federal de 1946. A propriedade deixou de ser concebida na seara do direito privado, visto que sua finalidade, eminentemente social, passou a ser, sobremaneira, superior em relação às demais funções desempenhadas. Dá-se espaço à socialização do direito de propriedade. É o entendimento da doutrina especializada. A propriedade protege-se e garante-se, sobretudo em razão de sua função social, pelo qual sofre limitações novas, acentuando-se a tendência para a socialização do direito de propriedade. CARNEIRO, Renata Pozzato. A função social da propriedade na Constituição da República de 1988 e a propriedade industrial. *Revista da ABPI*, Rio de Janeiro, n. 69, p. 23-30, mar./abr. 2004.

[21] A Emenda Constitucional nº 1 de 1969, reproduziu integralmente os dispositivos da Constituição Federal de 1967 acima referidos.

[22] Renata Pozzato Carneiro informa que "o princípio da função social da propriedade deve estar sempre presente nas questões que, direta ou indiretamente, tratem do direito de propriedade, com o fim de emprestar-lhe seu caráter valorativo e proporcionar-lhes solução mais eqüitativa. Nesse sentido, tem-se imprescindível sua condição de princípio fundamental da ordem econômica e do regime das propriedades." CARNEIRO, Renata Pozzato. A função social da propriedade na Constituição da República de 1988 e a propriedade industrial, cit., p. 26-27. Lembra Luiz Leonardos que "a proteção à propriedade intelectual e sua importância social e econômica viram-se expressas em nível constitucional, pela primeira vez, na Constituição Federal de 1988. A preocupação social é de um desenvolvimento mediante o reconhecimento dos direitos de propriedade industrial, o que era apenas implícito nas constituições anteriores." LEONARDOS, Gabriel F. A relação entre o direito antitruste e o direito da propriedade industrial. *Revista da ABPI*, Rio de Janeiro, n. esp. p. 119-124, 1996.

Deve-se ressaltar, ainda, a dicção do art. 170, no sentido de que a ordem econômica,[23] fundada na valorização do trabalho[24] humano e na livre iniciativa,[25] tem por fim assegurar a todos existência digna, conforme os ditames da justiça social, observados os seguintes princípios: "[...] II – propriedade privada; III – função social da propriedade[26]; IV – livre concorrência[27]; V – defesa do consumidor".[28]

---

[23] Para Calixto Salomão: "A mudança operada no texto constitucional de 1988 é, de resto, muito eloquente nesse sentido. Na carta constitucional de 1967 o abuso do poder econômico e a dominação do mercado surgiam como figuras centrais. O aumento arbitrário dos lucros e a eliminação substancial da concorrência surgiam como meras consequências do ilícito principal e único. Essa redação era ainda consequência da gênese do direito concorrencial brasileiro, que, como destaca B. Shielber, teve origem nos dispositivos constitucionais e penais de proteção à economia popular. Em função dessa origem, a idéia de proteção direta do consumidor através da concorrência destacava-se, transparecendo de maneira clara na prevalência exegética da fórmula "abuso do poder econômico". E, ainda, que: "O segundo fim da lei concorrencial é evitar o bloqueio da concorrência por meio de arranjos, combinações ou organizações destinadas a estabelecer o monopólio em certos ramos da economia pública ou a restringir a livre competição, indispensável ao desenvolvimento industrial e comercial do País". SALOMÃO FILHO, Calixto. *Direito concorrencial*: as condutas. 1. ed. São Paulo:Malheiros, 2003, p. 107.

[24] Ascarelli ensina que "La ley ya no es considerada solamente como garantía para el desarrollo de iniciativas económicas individuales, que actuando libremente, conseguiría un equilibrio óptimo, sino como un factor positivo para un progreso económico que por el contrario no se conseguiría a través del libre juego de las iniciativas individuales. Esta premisa se pone en conexión con la afirmación de una concepción democrática que reconoce en la historia la obra de una voluntad humana y racional y no el resultado de fuerzas naturales." ASCARELLI, Tullio. *Teoría de la concurrencia y de los bienes inmateriales*, cit., p. 25. *Vide*, ainda, Alexandre de Moraes: "Os valores sociais do trabalho e da livre iniciativa: é através do trabalho que o homem garante sua subsistência e o crescimento do País, prevendo a Constituição, em diversas passagens, a liberdade, o respeito e a dignidade ao trabalho (por exemplo: CF, arts. 5, XIII; 6º; 7º; 8º; p. 194-204). Como salienta Paolo Barile, a garantia de proteção ao trabalho não engloba somente o trabalho subordinado, mas também aquele autônomo e o empregador, enquanto empreendedor do crescimento do País." MORAES, Alexandre de. *Direito constitucional*. 19. ed. São Paulo: Atlas, 2009, p. 17.

[25] Paula Forgioni ensina que: "Eis o papel central do princípio da livre iniciativa na economia capitalista: garantir que os agentes econômicos tenham acesso ao mercado e possam nele permanecer". FORGIONI, Paula A. Princípios constitucionais econômicos e princípios constitucionais sociais, cit., v. 1, p. 765.

[26] Sobre o tema, são ricas as lições de Paula Forgioni: "Ademais, a função social da propriedade, a defesa do meio ambiente, a busca pelo pleno emprego e o escopo da redução das desigualdades regionais, são vetores constitucionais nitidamente sociais, que se colocam além da mera viabilização das trocas entre os agentes e do azeitamento do fluxo das relações econômicas". E, ainda, que "Se a dimensão política do mercado diz respeito à distribuição (=alocação) de riquezas, sua dimensão social tocará à redistribuição. O perfil social liga-se a uma *"regulation"* concebida não para o mercado, mas para a atuação de uma política social corretiva da *lex mercatória*, em uma espécie de redistribuição equânime e justa, ou mesmo solidárias, das vantagens e das perdas que se realizam no sistema como um todo. É preciso que haja controle sobre a força persuasiva do mercado". FORGIONI, Paula A. Princípios constitucionais econômicos e princípios constitucionais sociais, cit., v. 1, p. 779-780.

[27] Sobre a definição de concorrência em sentido amplo, *vide* as lições de Ascarelli "La concurrencia (que entendida en su más amplio sentido se encuentra también fuera del mundo económico) puede definirse, en primer lugar, como un hecho que tiene su raíz en la misma limitación de los medios de cada sujeto, ante el que, en una vastísima y primera acepción, todos los deseos se presentan en concurrencia, de tal modo que todos no pueden ser ilimitadamente satisfechos, alcanzando tan solo a algunos deseos y dentro de determinados límites y con una determinada sucesión cronológica, lo que supone precisamente una natural concurrencia entre los bienes respectivos, objeto de estudio en la teoría económica." ASCARELLI, Tullio. *Teoría de la concurrencia y de los bienes inmateriales*, cit., p. 31. Eros Grau adverte, ainda, que: "A livre concorrência de que fala a atual Constituição como um dos princípios da ordem econômica (art. 170, IV) não é a do mercado concorrencial oitocentista de estrutura atomística e fluida, isto é, exigência estrita de pluralidade de agentes e influência isolada e dominadora de um ou uns sobre outros. Trata-se, modernamente, de um processo comportamental competitivo que admite gradações tanto de pluralidade quanto de fluidez. É este elemento comportamental – a competitividade exige, por sua vez, descentralização de coordenação, como base da formação dos preços, o que se supõe livre iniciativa e apropriação privada dos bens de produção. Nesse sentido, a livre concorrência é forma de tutela do consumidor, na medida em que a competitividade induz a uma distribuição de recursos a mais baixo preço. De um ponto de vista político, a livre concorrência é garantia de oportunidades iguais a todos os agentes, ou seja, é uma forma de desconcentração de poder. Por fim, de um ângulo social, a competitividade deve gerar extratos intermediários entre grandes e pequenos agentes econômicos, como garantia de uma sociedade mais equilibrada." GRAU, Eros Roberto. *A ordem econômica na Constituição de 1988*: interpretação e crítica. 17. ed. atual. São Paulo: Malheiros, 2015, p. 207.

[28] Para Eros Grau: "A expressão referência aos "ditames constitucionais da liberdade de iniciativa, livre concorrência, função social da propriedade, defesa dos consumidores e repressão ao abuso do poder econômico" e a afirmação

Não menos importante é o que se contém no art. 215, ou seja, o Estado garantirá a todos o pleno exercício dos direitos culturais e acesso às fontes da cultura nacional, bem como apoiará e incentivará a valorização e a difusão das manifestações culturais. Para tanto, a Constituição tornou imunes a qualquer incidência tributária livros, jornais, periódicos e o papel destinado à sua impressão, além de fonogramas e videofonogramas musicais produzidos no Brasil, contendo obras musicais ou literomusicais de autores brasileiros ou obras em geral interpretadas por artistas brasileiros, bem como os suportes materiais ou arquivos digitais que os contenham, salvo na etapa de replicação industrial de mídias ópticas de leitura a laser.[29]

Nesse sentido, emblemática a manifestação do Ministro Eros Grau:

> No caso, se de um lado a Constituição assegura a livre iniciativa, de outro determina ao Estado a adoção de todas as providências tendentes a garantir o efetivo exercício do direito à educação, à cultura e ao desporto [artigos 23, inciso V, 205, 208, 215 e 217 §3º, da Constituição]. Ora, na composição entre esses princípios e regras há de ser preservado o interesse da coletividade, interesse público primário. A superação da oposição entre os desígnios de lucro e de acumulação de riqueza da empresa e o direito ao acesso à cultura, ao esporte e ao lazer, como meio de complementar a formação dos estudantes, não apresenta maiores dificuldades.[30]

Percebe-se, assim, que desde o Império, passando pelo período Republicano e, mais recentemente, pelas Constituições editadas durante o período militar, nenhum texto apresentado pelo constituinte originário foi mais generoso do que o de 1988 no que se refere à propriedade intelectual, matéria de índole indiscutivelmente constitucional.

De fato, são marcantes os traços analíticos da nossa Carta Magna, que, no afã de sacralizar matérias que deveriam ser disciplinadas pelo legislador ordinário, como por exemplo, o direito de fiscalização do aproveitamento econômico das obras artísticas (art. 5º, XXVIII), produziu efeitos deletérios, principalmente no Supremo Tribunal Federal, chamado a decidir questões de toda ordem.

Outro ponto digno de destaque é o de que a propriedade intelectual sempre esteve inserida na esfera dos chamados direitos e garantias fundamentais, talvez em razão de uma preocupação exacerbada com a proteção do indivíduo em face do poder do Estado, mas não sem a fundamentada crítica de alguns juristas.[31]

---

de que a "coletividade é a titular dos bens jurídicos protegidos por esta Lei" definem a amplitude do conteúdo da Lei nº 8.884/94. Ela não é, meramente, uma nova lei antitruste; assim, seu fundamento constitucional não se encontra apenas, exclusivamente, no §4º do art. 173 da Constituição de 1988 – trata-se de lei voltada à preservação do modo de produção capitalista". Id. Ibid., p. 208.

[29] Vide, ainda, o disposto nos arts. 216 e 216-A da Constituição Federal que tratam, respectivamente, do patrimônio cultural brasileiro e do Sistema Nacional de Cultura. Note-se, por fim, que, nos termos do art. 24, IX, da Carta da República, a competência para legislar sobre cultura é concorrente entre a União e os Estados.

[30] ADI nº 1.950, Relator o Ministro Eros Grau, DJU 02.06.2006.

[31] José Afonso da Silva ao tratar da propriedade de inventos, de marcas e indústrias e de nome de empresas, ressalta que "O dispositivo que a define e assegura está entre os dos direitos individuais, sem razão plausível para isso, pois evidentemente não tem natureza de direito fundamental do homem. Caberia entre as normas da ordem econômica. Seu enunciado e conteúdo bem denotam, quando a eficácia da norma fica dependendo de legislação ulterior (...)" SILVA, José Afonso da. Curso de direito constitucional positivo. 19. ed. São Paulo: Malheiros, 2001, p. 280-281. Manoel Gonçalves Ferreira Filho segue na mesma linha, salientando que "Certamente esta matéria não mereceria ser alçada ao nível de direito fundamental do homem. Trata-se aqui da chamada propriedade imaterial que seria protegida pelo inciso XXIII, referente ao direito de propriedade. Como se viu, propriedade, nos termos

Também é preciso lembrar que, embora a diretriz constitucional no que concerne ao objetivo de se alcançar, por meio da concessão de direitos de propriedade intelectual, o interesse social e o desenvolvimento tecnológico e econômico do país estivesse presente em algumas Constituições anteriores, a de 1988 é a primeira a trazê-la refletida expressamente no capítulo dos Direitos e Garantias Fundamentais, o que mitiga o caráter absoluto dos direitos de propriedade intelectual, podendo-se falar em verdadeiros "direitos funcionalizados".

Vide, nesse sentido, o percurso dos incisos XXVII a XXIX, do artigo 5º, da Carta da República, desde o Substitutivo 1, da Comissão de Sistematização, de 26 de agosto de 1987, passando pelo Substitutivo 2, de 18 de setembro daquele ano, em seguida pelos Projetos A, B, C e D, respectivamente, de 24 de novembro de 1987, 5 de julho de 1988, 15 de setembro de 1988 e 21 de setembro do mesmo ano até se chegar ao texto promulgado em 5 de outubro de 1988.[32]

Como bem salientado pelo Ministro Celso de Mello, após a instalação da nova ordem constitucional,

> O direito de propriedade não se reveste de caráter absoluto, eis que, sobre ele, pesa grave hipoteca social, a significar que, descumprida a função social que lhe é inerente (CF, art. 5º, XXIII), legitimar-se-á a intervenção estatal na esfera dominial privada, observados, contudo, para esse efeito, os limites, as formas e os procedimentos fixados na própria Constituição da República. O acesso à terra, a solução dos conflitos sociais, o aproveitamento racional e adequado do imóvel rural, a utilização apropriada dos recursos naturais disponíveis e a preservação do meio ambiente constituem elementos de realização da função social da propriedade.[33]

Simetricamente, no campo da propriedade intelectual, pode-se afirmar que o interesse social, assim como o desenvolvimento cultural, tecnológico e econômico do país são elementos da hipoteca social em que se sustenta e se legitima a concessão pelo Estado de tais direitos, os quais devem ser exercidos em consonância com o interesse coletivo.[34]

---

do citado inciso XXIII, não abrange apenas o domínio. Compreende todos os bens de valor patrimonial, entre os quais, indubitavelmente, se incluem as marcas de indústria e comércio ou o nome comercial". FERREIRA FILHO, Manoel Gonçalves. *Comentários à Constituição brasileira de 1988*. São Paulo: Saraiva, 1995. v. 4, p. 51. No mesmo sentido, Pedro Marcos Nunes Barbosa: "Contudo, não se concebe a propriedade intelectual – especialmente no âmbito patrimonial – como um direito natural, posto ser proveniente de uma ficção, de um artifício criado e mantido pelo Estado. [...] Não obstante a aparente – e ultrapassada – discussão sobre a relação jusnaturalista entre criador e criação, hodiernamente permanecem inúmeras críticas quanto ao posicionamento da tutela à propriedade imaterial patrimonial no rol dos direitos fundamentais da Constituição da República Federativa do Brasil no art. 5º, incisos XXVII e XXIX." BARBOSA, Pedro Marcos Nunes. *Direito civil da propriedade intelectual*, cit., p. 45-46.

[32] In: LIMA, João Alberto de Oliveira; PASSOS, Edilene; NICOLA, João Rafael. *A gênese do texto da Constituição de 1988*. Brasília-DF: Gráfica do Senado Federal, 2013, p. 74-45.

[33] ADI nº 2.213/DF. Relator o Ministro Celso de Mello, j. 04.04.2002, P, *DJ* de 23.04.2004.

[34] Calixto Salomão Filho assevera que "de há muito inserido em nossa Constituição, o princípio da função social da propriedade teve por muito tempo sua aplicação bastante restringida. Aplicado ao clássico conceito romano de propriedade estática, permitia limitação ao uso do bem e à sua disposição. Assim sua larga aplicação em matéria de desapropriação. Essa interpretação do princípio, como bem destacado pela doutrina, restringe seu verdadeiro alcance. O princípio refere-se também – e talvez de forma primordial – à propriedade dos bens de produção, isto é, ao exercício do poder de controle empresarial. Nesse caso a função social significa a utilização dos bens em benefício de terceiros. A classificação 'bens de consumo/bens de produção' não esgota, no entanto, a variedade

Ora, se por um lado o sistema de proteção da propriedade[35] intelectual pode ser considerado o método de incentivo,[36] de premiação,[37] mais eficiente para fomentar o desenvolvimento cultural, econômico e tecnológico do país,[38] nota-se que sofreu,

---

dos bens que podem estar sujeitos à aplicação do princípio da função social. Existem também os bens de cuja utilização depende a possibilidade de concorrer em um determinado mercado. Trata-se dos chamados 'bens de acesso necessário'. Em relação a estes deve-se falar, sem dúvida, em *função social*, consistente não apenas em sua boa utilização, mas também em sua disponibilização a terceiros (geralmente concorrentes). Pode-se dizer que esta função existe toda vez que tais bens sejam detidos por monopolista de fato ou de direito. Como se verá mais adiante, esse conceito será extremamente útil na análise de uma série de condutas anticoncorrenciais. Em relação a estas muda completamente a face da política antitruste, transformado um direito antitruste geralmente passivo em algo interventivo, capaz de impor deveres de contratar. Também com relação às justificativas ocorre uma mudança. Como se verá, em especial aquelas jurídicas, baseadas na existência de monopólios legais (patentes, por exemplo), transformam-se radicalmente. Essas circunstâncias, antes que fontes de imunidade ao direito antitruste, geram deveres adicionais, consistentes exatamente no acesso supramencionado." SALOMÃO FILHO, Calixto. *Direito concorrencial*: as condutas, cit., p. 113.

[35] Para Franco Montoro Filho: "A descoberta dessa propriedade de compatibilização do interesse individual com o interesse coletivo entusiasmou muitos economistas que a generalizaram e passaram a olhar o mundo real pela ótica de modelos de concorrência perfeita, por meio dos quais se demonstra, matematicamente, a eficiência alocativa dos mercados livres. Como decorrência dessa visão, surge a recomendação de que o governo deve ter a menor interferência possível no livre funcionamento dos mercados. Essa foi a primeira versão da moderna ideologia do Estado mínimo" MONTORO FILHO, André Franco. Convite ao diálogo. In: *Direito e economia*. São Paulo: Saraiva, 2008, p. X e XII.

[36] Com respeito à remuneração do titular do direito sobre um bem intelectual, Remédio Marques entende que: "estes *direitos subjectivos* constituem ainda a *forma* e o *instrumento jurídico* adequado através do qual a remuneração daquela *criação* ou da simples *prestação empresarial* pode ser alcançada no mercado económico; eles constituem os *títulos jurídicos* que melhor podem orientar as *escolhas racionais* dos consumidores (finais ou intermediários) e determinar os mecanismos de *avaliação económica* das *criações* ou *prestações empresariais* susceptíveis de ser objetos de direitos, que o mesmo é dizer, criações ou prestações empresariais susceptíveis de transacção no mercado com menores *custos de transacção*". MARQUES, João Paulo Remédio. Propriedade intelectual e interesse público, cit., p. 294. Para Cláudio R. Barbosa: "O desequilíbrio sistêmico da propriedade intelectual cria tensões políticas e externalidades as quais, ao serem absorvidas, alcançam resultado ineficiente pela exploração exacerbada ou limitada da informação consubstanciada nos bens intelectuais, ou pelo engessamento dos institutos da propriedade intelectual. Ainda que a tecnologia e os meios de incentivo derivados da propriedade intelectual funcionem como uma mola propulsora ou serviço que tenha algumas características exclusivas será diferenciada." Continua o autor: "Vários dos questionamentos ao atual sistema jurídico da propriedade intelectual residem na inadequação de requisitos legais ao critério de criação. Patentes têm proteção superdimensionadas, reedições de personagens de uma obra inicial, versões e novas versões de uma mesma obra, enfim, a perpetuação da proteção sem novas "criações", são alguns dos exemplos das críticas formuladas ao sistema de propriedade intelectual, fundado no binômio: "criação/não criação" BARBOSA, Cláudio Roberto. *A relação entre informação, propriedade intelectual, jurisdição e direito internacional*, cit., p. 118-119.

[37] *Vide*, nesse sentido, o ensinamento de Pedro Marcos Nunes Barbosa: "Registre-se que a tutela da propriedade intelectual – mesmo no presente século – é tida como fundamento e fomento aos investimentos, ao desenvolvimento social, tecnológico, e à padronização do comércio internacional." BARBOSA, Pedro Marcos Nunes. *Direito civil da propriedade intelectual*, cit., p. 34.

[38] A respeito do sistema de propriedade intelectual como fomentador da inovação tecnológica, *vide* interessante artigo de LEONARDOS, Luiz; KUNISAWA, Viviane Yumy. O sistema de propriedade intelectual como fomentador da inovação tecnológica. *Revista da ABPI*, Rio de Janeiro, n. 76, p. 16-21, maio/jun. 2005. *Vide*, ainda, Diretrizes da ABPI no sentido de que "O amparo científico da doutrina econômica e jurídica permite concluir que a inovação é importante vetor de desenvolvimento. SOLOW, Robert. Technical change and the aggregate production function. *The Review of Economics and Statistics*, v. 39, n. 3, p. 312 e ss, Aug. 1957. Algumas teorias consagradas, como por exemplo, a nova teoria do desenvolvimento econômico, coloca a inovação acima da abundância dos fatores de produção (capital, trabalho e insumo) para a competitividade empresarial, bem como releva a importância dos meios empregados direta e indiretamente pelos poderes públicos para incentivar o progresso tecnológico. ARROW, Kenneth. Economic welfare and the allocation of resources for invention. In: *THE RATE and direction of inventive activity*: economic and social factors. New York: Arno Press, 1962, p. 609-625. Reimpressão, 1975. Disponível em: <http://www.nber.org/chapters/c2144.pdf>. DEMSETZ, Harold. Information and efficiency: another viewpoint. *The Journal of Law and Economics*, Chicago, v. 12, n. 1, p. 1-22, 1969. LANDES, William M.; POSNER, Richard A. *The economic structure of intellectual property law*. Cambridge: The Beknap Press of Harvard University, 2003. DASGUPTA, Partha; STIGLITZ, Joseph. Uncertainty, industrial structure and the speed

durante a marcha constitucional reproduzida acima, temperos e mitigações, os quais apareceram de maneira explícita na Constituição da República de 1988.

Em palavras descongestionadas, o constituinte de 1988 não se contentou a deixar expresso que o exercício dos direitos de propriedade intelectual deve levar em consideração o interesse comum,[39] mas determinou, ainda, que sejam concedidos pelo Estado para servirem de vetores do desenvolvimento tecnológico e econômico do Brasil, com o que, diante da nova ordem constitucional, não são tolerados abusos[40] em nome de interesses egoísticos[41] de seus titulares.[42]

---

of R&D. *The Bell Journal of Economics and Management Science*, Santa Monica-CA, v. 11, n. 1, p. 1-28, 1980. Por essa razão, releva-se a importância na proteção aos conhecimentos tecnológicos, que é incentivado indiretamente nas economias de mercado pela classificação desses conhecimentos como bens jurídicos de propriedade e determinação de exclusividade temporária de direitos. LEHMAN, Michael. The theory of property rights and the protection of intellectual and industrial rights. *IIC*, v. 16, p. 524 ss., 1985. (Direito da propriedade intelectual), bem como pela proteção à justa concorrência (repressão à concorrência desleal)". ASSOCIAÇÃO BRASILEIRA DA PROPRIEDADE INDUSTRIAL. Resolução nº 68. Diretrizes para Exame de Contratos de Transferência de Tecnologia e Licenciamento de Direitos da Propriedade Intelectual sob uma Perspectiva do Direito Antitruste. Disponível em: <http://www.abpi.org.br/biblioteca2a.asp?Ativo=True&linguagem=Portugu%EAs&secao=Biblioteca&subsecao=Resolu%E7%F5es%20da%20ABPI&id=1>.

[39] Para Miguel Reale: "O Direito, porém, não visa a ordenar as relações dos indivíduos entre si para satisfação apenas dos indivíduos, mas, ao contrário, para realizar uma convivência ordenada, o que se traduz na expressão: 'bem comum'. O bem comum não é a soma dos bens individuais, nem a média do bem todos; o bem comum, a rigor, é a ordenação daquilo que cada homem pode realizar sem prejuízo do bem alheio, uma composição harmônica do bem de cada um com o bem de todos. Modernamente, o bem comum tem sido visto, – e este é, no fundo, o ensinamento do jusfilósofo italiano Luigi Bagolini, – como uma estrutura social na qual sejam possíveis formas de participação e de comunicação de todos os indivíduos e grupos" REALE, Miguel. *Lições preliminares do direito*, cit., p. 55.

[40] Para Pedro Marcos Nunes Barbosa: "[...] caso a liberdade do dono da patente ultrapasse as finalidades constitucionais de uso do direito de excluir, ele "despreza o direito fundamental de cada um à independência da arbitrariedade que obriga de outros e abusa do poder estatal para fazer valer sua arbitrariedade privada (...) ele qualitativamente não se distingue do despotismo qualquer". [...] E tal deslize material fica ainda mais evidente quando se enxerga o titular da patente como alguém que recebe um *poder jurídico* na condição de promove-lo dentro das metas constitucionais. BARBOSA, Pedro Marcos Nunes. *Direito civil da propriedade intelectual*, cit., p. 66. "Mas a todo poder correspondem deveres e responsabilidades próprias, exatamente porque se trata de um direito-função, atribuído ao titular para a consecução de finalidades precisas" COMPARATO, Fábio Konder. *O poder de controle na sociedade anônima*, cit., 1976, p. 307.

[41] André Giacchetta aponta que "a exploração dos direitos advindos da propriedade industrial não podem ficar sujeitos tão-somente ao arbítrio do seu titular, que deve se amoldar às funções sociais e econômicas do privilégio desenvolvido. E é nesse compasso que a defesa da concorrência exercerá papel importante para a delimitação das práticas concorrenciais saudáveis a ordem econômica". E continua: "o Direito Industrial é uma ferramenta de desenvolvimento econômico e como tal deve também se submeter à ordem econômica" GIACCHETTA, André Zonaro. *A evolução do direito industrial e a sua relação com o direito da concorrência*. Trabalho apresentado no Curso de Pós-Graduação, da Faculdade de Direito da Universidade de São Paulo, São Paulo, 2004. fl. 4. Cópia cedida pelo autor. Afirma, ainda, que, por um lado, "o exercício dos direitos industriais pode ocorrer de forma natural e legal ou pode derivar de atos ou condutas que visem tão-somente o alcance de interesses individuais, em desprezo aos interesses coletivos" e "os fatores econômicos e social da propriedade industrial estão, dessa forma, relacionados à maneira pela qual o título concedido ao particular é por ele utilizado, posto que concedido com o fim único de sustentar o desenvolvimento econômico e tecnológico do país", por outro lado, vê-se "necessidade de fiscalização pelo Estado da exploração dos direitos industriais, para que, de um lado, seja preservada a leal concorrência e, de outro lado, seja preservada a ordem econômica, pela manutenção da exploração da propriedade industrial dentro dos limites sociais e coletivos" Id. Ibid., p. 11.

[42] Gama Cerqueira adverte, nesse sentido, que: "As leis da propriedade industrial podem ainda ser interpretadas e aplicadas tendo-se em vista a ordem pública, grandemente interessada nessa matéria, de modo que não se lhe sobreponham meros interesses individuais e, principalmente, convenções privadas que possam afetar os interesses da coletividade e burlar a aplicação do direito. Não se deve, porém, abusar deste conceito, invocando, sem propósito ou a propósito de tudo, os interesses da ordem pública ou da coletividade para cercear o exercício dos direitos da propriedade industrial e prejudicar injustamente as classes interessadas." CERQUEIRA, João da Gama. *Tratado da propriedade industrial*. 1. ed., cit., v. 1, t. 1, p. 78. *Vide*, ainda, a respeito, o disposto nos arts. 187 e 1.228 do Código Civil.

Nesse contexto, cumpre ressaltar que a regra geral pode ser extraída do art. 5º, XXIII, uma vez que no nosso sistema jurídico, "a propriedade atenderá a sua função social". Este enunciado vincula o legislador ordinário, o Poder Judiciário e o titular do direito de propriedade, que deve direcionar seu exercício ao fim social a ele imanente.

Da mesma maneira, com relação ao direito de autor, Oliveira Ascensão esclarece que

> O direito de autor é garantido nos quadros do art. 5º, XXVII, da Constituição de 1988, no que respeita à vertente patrimonial. A Constituição é caracterizada por uma profunda entonação social. Daqui resulta imediatamente que a defesa do direito autoral como uma espécie de soberania sobre a obra ou prestação é equivocada. O direito autoral é protegido porque e enquanto contribui para o progresso social, uma vez que nenhum instituto é consagrado se dele não derivar vantagem social. Mais concretamente, o direito autoral está sujeito a todas as grandes determinações finalísticas coletivas que a Constituição exprime, como sejam o serviço da cultura, do ensino, da investigação científica, da informação, da comunicação social, do acesso às fontes de informação. [...] Todo o direito atribuído deve servir simultaneamente o interesse público e o interesse privado. O atual empolamento dos poderes privados faz-se à custa do interesse coletivo. Quando a solução está pelo contrário na busca do necessário equilíbrio, de modo que aqueles interesses não se digladiem mas se combinem harmoniosamente na máxima satisfação das suas finalidades.[43]

Note-se, assim, que a propriedade intelectual é funcionalizada. Interessa, portanto, saber qual finalidade visa atingir e o modo como são manejados os seus institutos. Assim, quando se fala da função social da propriedade intelectual, deve-se compatibilizar o interesse exclusivo do titular do direito com o interesse coletivo.

Nessa perspectiva, a função social intelectual aponta para o exercício harmonioso do direito de propriedade que satisfaça simultaneamente aos anseios de seu titular e da sociedade.[44] Com efeito, a vinculação de tais direitos à cláusula finalística referida acima é muito clara e aponta para o compromisso social da propriedade intelectual,[45]

---

[43] ASCENSÃO, José de Oliveira. O direito autoral numa perspectiva de reforma, cit., p. 18-19. *Vide*, ainda, as seguintes considerações: "O abuso do direito reside em um direito ser utilizado, não para a obtenção da vantagem para que foi concedido, mas como arma contra terceiros ou o interesse geral. Manifesta-se hoje particularmente no domínio do Direito da Concorrência. O titular do direito autoral tem um exclusivo. Pode usá-lo para falsear a concorrência, por exemplo, discriminando injustificadamente alguns concorrentes a quem nega autorizações que concede genericamente a todos os outros. É um ponto muito agudamente sentido hoje, em que o exercício anti-social do direito não pode deixar de ser combatido. A função social tem importância particular por a Constituição brasileira ser, ao que cremos, a que mais relevo dá a esta categoria. Expande-se em muitos aspectos, como a função social do contrato, que é na sua formulação uma inovação muito importante do Código Civil. Também o direito autoral tem uma função social: não é, dissemos, uma soberania, não é absoluto. Deve ser exercido de maneira que a vantagem pessoal se combine com a social. É um campo importantíssimo de revisão, afastando o entendimento tacanho de um direito sujeito ao arbítrio do titular como critério único." Id. Ibid., p. 19.

[44] *Vide* neste sentido as lições de Bobbio sobre chamada teoria "estrutural" do Direito. Uma extensa análise da denominada teoria "funcionalista" pode ser obtida em seu Dalla struttura alla funzione. Bobbio ressalta que: "É compreensível que, sendo diversa a perspectiva e, consequentemente diverso também o fim – o fim do sociólogo é descrever como vão as coisas, o fim do jurista é descrever como as coisas devem andar, – diverso é o tipo de operações intelectuais que um e outro desempenham sobre a mesma realidade e que, assim, os caracteriza". BOBBIO, Norberto. Direito e ciências sociais. In: BOBBIO, Norberto. *Da estruturação à função*: novos estudos de teoria do direito. Barueri, SP: Manole, 2010, p. 49.

[45] A Suprema Corte dos Estados Unidos assim se manifestou sobre o objetivo da proteção conferida aos autores no caso Feist Publications, Inc. v. Rural Telephone Service Co: "The primary objective of copyright is not to reward

com vistas a que possa servir de motor para o desenvolvimento cultural, econômico e tecnológico do Brasil.

Por outro lado, a concessão e o exercício[46] de direitos de propriedade intelectual[47] em detrimento[48] das diretrizes referidas acima referidas desembocará em um estado de coisas inconstitucional, ou seja, contrário às bases constitucionais que lhes servem de justificativa, de fundamento.

Por ocasião do julgamento da Arguição de Descumprimento de Preceito Fundamental (ADPF) nº 347, que tratou das chamadas "audiências de custódia", o Ministro Ricardo Lewandowski reconheceu, no caso, o "estado de coisas inconstitucional" e explicou que essa concepção foi desenvolvida pela Corte Nacional da Colômbia ao identificar um quadro permanente de violação de direitos fundamentais a exigir intervenção do Poder Judiciário.

Quer-se dizer com isso que o princípio fundamental ou núcleo central de atração ao redor do qual gravita o conjunto de normas que regem o sistema da propriedade intelectual é, indiscutivelmente, o progresso cultural, econômico e tecnológico do país, sem o que não se justifica a premiação estatal,[49] sem o que não seria possível retirar

---

the labor of authors, but to promote the Progress of Science and useful Arts." Art.I, §8, cl.8. Accord Twentieth Century Music Corp. v. Aiken, 422 U.S. 151, 156 (1975). To this end, copyright assures authors the right to their original [p*350] expression, but encourages others to build freely upon the ideas and information conveyed by a work. Harper & Row, supra, at 556-557. This principle, known as the idea expression or fact-expression dichotomy, applies to all works of authorship. As applied to a factual compilation, assuming the absence of original written expression, only the compiler's selection and arrangement may be protected; the raw facts may be copied at will. This result is neither unfair nor unfortunate. It is the means by which copyrights advances the progress of science and art."

[46] Elisabeth Kasznar Fekete ensina que, "No plano europeu, as regras básicas sobre as práticas abusivas de poder econômico encontram-se nos arts. 85 e 86 do Tratado de Roma, que criou a União Européia" e que "[...] a União Européia estabeleceu distinção fundamental, que deverá cada vez mais prevalecer com relação a marcas, patentes e toda a sorte de know-how: a de que a titularidade dos direitos de propriedade industrial é coisas diversa do exercício de tais direitos – principalmente, quando tal exercício tiver conseqüências no âmbito do espaço comunitário. A primeira encontra-se regulada pela legislação interna de cada Estado-membro; o segundo sujeita-se ao disciplinamento comunitário. De fato, o mero exercício de um direito de propriedade industrial, por exemplo, através do ajuizamento de uma ação em que se pleiteie o amparo do direito outorgado por uma patente ou um registro marcário, ou, ainda, um registro de desenho industrial, não constitui, em si mesmo, uma infração ao art. 85, 1. in FEKETE, Elisabeth G. Kasznar. *O regime jurídico do segredo de comércio no direito brasileiro*, cit., p. 192.

[47] Geiger lembra que: "A propriedade intelectual é uma ilha de exclusividades num oceano de liberdades" GEIGER Apud BARBOSA, Pedro Marcos Nunes. *Direito civil da propriedade intelectual*, cit., p. 64.

[48] Para Raz: "o interesse de uma pessoa não justifica manter outras sujeitas a deveres potencialmente pesados (burdensome) em relação a tais aspectos fundamentais de suas vidas". RAZ Apud BARBOSA, Pedro Marcos Nunes. *Direito civil da propriedade intelectual*, cit., p. 64.

[49] Nesse sentido, Carlos Olavo observa: "Na medida em que fomentam a vontade de cada empresário de desenvolver o valor econômico dos direitos de que é titular, em ordem a aumentar a sua capacidade de ganho, são também instrumento do progresso técnico e econômico. Daí a necessidade de conjugar devidamente o interesse individual do empresário com os interesses gerais da economia e dos consumidores por forma a que o elemento de monopólio contido nos direitos privativos da propriedade industrial não dê lugar a posições abusivas delimitação da concorrência. Tal conjugação implica que os direitos privativos de propriedade industrial, tal como as demais situações de monopólio, fiquem sujeitos ao princípio da tipicidade, como resulta, aliás da remissão constante do artigo 316 e dos artigos 1303, nº 2 e 1306 do Código Civil [Português]." No Brasil, os direitos reais também se subordinam ao princípio da tipicidade, que diz respeito ao seu conteúdo. Por este princípio, deve-se respeitar a moldura legal estabelecida pelo legislador quanto ao conteúdo dos direitos reais (não são elásticos quanto ao seu conteúdo). Correlato e complementar é o princípio da taxatividade, pelo qual são direitos reais somente aqueles previstos em lei (art. 1225 do Código Civil e legislação especial). Trata-se, portanto, de catálogo fechado (*numerus clausus*). Quanto a essas questões, Carlos Olavo lembra, ainda, os ensinamentos de José Oliveira Ascensão: "Terá que ser a norma que delimite, figura por figura, quais os produtos do intelecto que podem ser juridicamente tutelados, através da atribuição de um direito privativo. Nesses sectores, deixou de haver liberdade (...). Os núcleos de exclusivo têm sido sucessivamente alargados; mas enquanto não surge a lei, por mais

fundamento válido da Constituição Federal para a concessão ou manutenção de tais direitos pelo Estado.

A propósito, Tullio Ascarelli, em sua *Teoría de la Concurrencia y de los Bienes Inmateriales*, considera como base da propriedade intelectual o interesse geral no progresso cultural e técnico, assim como o interesse do consumidor.[50]

Nessa linha de raciocínio, Denis Borges Barbosa também assevera que

> [...] o preceito constitucional se dirige ao legislador, determinando a este tanto o *conteúdo* da Propriedade Industrial ("a lei assegurará..".), quanto a *finalidade* do mecanismo jurídico a ser criado ("tendo em vista..".). A cláusula final, novidade do texto atual, torna claro que os direitos relativos à Propriedade Industrial não derivam diretamente da Carta, mas da lei ordinária; e tal lei só será constitucional *na proporção em que atender aos seguintes objetivos*: a) visar o interesse social do País; e b) favorecer o desenvolvimento tecnológico do País; c) favorecer o desenvolvimento econômico do País". e que "para os direitos relativos à Propriedade Industrial a Constituição de 1988 estabeleceu fins específicos, que não se confundem com os propósitos genéricos recém-mencionados, nem com outros propósitos que, embora elevados, não obedecem ao elenco restrito do inciso XXIX.[51]

Especificamente sobre a propriedade industrial, esclarece ainda que

> [...] Não menos essencial é perceber que o art. 5º, XXIX, da Carta estabelece seus objetivos como um trígono, necessário e equilibrado: o interesse social, o desenvolvimento tecnológico e o econômico têm de ser igualmente satisfeitos. Foge ao parâmetro constitucional a norma ordinária ou regulamentar que, tentando voltar-se ao desenvolvimento econômico captando investimentos externos, ignore o desenvolvimento tecnológico do País, ou o nível de vida de seu povo.[52]

Por todas essas razões, não se concebe, sob os auspícios da Constituição Federal de 1988, que direitos de propriedade intelectual sejam concedidos, exercidos ou mesmo

---

justificada que a tutela pareça, o direito não existe". (cfr. Lições, p. 24 a 26) *Apud* OLAVO, Carlos. *Propriedade industrial*: sinais distintivos do comércio, concorrência desleal. 2. ed. Coimbra: Almedina, 2005, p. 39.

[50] "He partido de este cuadro, reafirmando una posición ya expuesta hace treinta años, precisamente de al crítica a la tesis que ve en la hacienda o en el aviamiento o en la idea organizadora un bien inmaterial tutelado, para pasar, al ilustrar la disciplina de la concurrencia y las instituciones que con ésta están vinculadas, a poner el acento, remitiéndome a una de las constantes históricas de la disciplina, sobre ele interés general al progreso cultural y técnico y sobre el interés del consumidor, identificando en una probabilidad de ganancia el interés tutelado en la disciplina privada de la concurrencia y por tanto también en la de los bienes inmateriales." ASCARELLI, Tullio. *Teoria de la concurrencia y de los bienes inmateriales*, cit., p. 9.

[51] BARBOSA, Denis Borges. *Bases constitucionais da propriedade intelectual*. Disponível em: <http://www.nbb.com.br/pub/propriedade13.pdf>. Acesso em: 13 nov. 2006.

[52] Id. Ibid.

interpretados[53] de maneira apartada das diretrizes que lhes servem de fundamento,[54] as quais, repita-se, vinculam não apenas o legislador ordinário e o Poder Judiciário, mas também o próprio titular do direito para que direcione seu exercício ao efetivo desenvolvimento cultural, tecnológico e econômico do país, resumindo-se nesta fórmula o interesse público, social.[55]

---

[53] Alexandre de Moraes ensina que "a supremacia das normas constitucionais no ordenamento jurídico e a presunção de constitucionalidade das leis e atos normativos editados pelo poder público competente exigem que, na função hermenêutica de interpretação do ordenamento jurídico, seja sempre concedida preferência ao sentido da norma que seja adequado à Constituição Federal. Assim sendo, no caso de normas com várias significações possíveis, deverá ser encontrada a significação que apresente *conformidade* com as normas constitucionais, evitando sua declaração de inconstitucionalidade e conseqüentemente retirada do ordenamento jurídico. In: *Direito constitucional*, cit., p. 11. E lembra Canotilho que "a interpretação conforme a constituição só é legítima quando existe um espaço de dicção (= espaço de interpretação) aberto a várias propostas interpretativas, umas em conformidade com a constituição e que devem ser preferidas, e outras em desconformidade com ela." Conforme, ainda, entendimento do Supremo Tribunal Federal, citado por Alexandre de Moraes, "em matéria de inconstitucionalidade de lei ou de ato normativo, admite-se, para resguardar dos sentidos que eles podem ter por via de interpretação, o que for constitucionalmente legítimo – é a denominada interpretação conforme a constituição" (ADI nº 1.344-1/ES – medida liminar – rel. Min. Moreira Alves. *Diário da Justiça*, Secção 1, 19 abr. 1996, p. 12.212), p. 11-12.

[54] *Vide*, a respeito, Gama Cerqueira: "A livre concorrência econômica é conseqüência da liberdade de comércio e indústria e age como elemento do progresso econômico de cada país. Mas degenera, transformando-se em agente perturbador desse progresso, quando os comerciantes e industriais, no afã de vencerem seus competidores, lançam mão de práticas e métodos ilícitos ou desleais. Daí a necessidade de intervenção do Estado para regulamentar a concorrência, coibindo os abusos da liberdade individual e mantendo a livre concorrência dentro de seus limites naturais." CERQUEIRA, João da Gama. *Tratado da propriedade industrial*. 1. ed., cit., v. 1, t. 1, p. 81-82. Lembre-se, ainda, a lição de Hely Lopes Meirelles: "Através das restrições impostas às atividades do indivíduo que afetem a coletividade, cada cidadão cede parcelas mínimas de seus direitos à comunidade e o estado lhe retribui em segurança, ordem, higiene, sossego, moralidade e outros benefícios públicos, propiciadores do conforto individual e do bem-estar social. Para efetivar essas restrições individuais em favor da coletividade o Estado utiliza-se desse poder discricionário, que é o poder de polícia administrativa". MEIRELLES, Hely Lopes. *Direito administrativo brasileiro*. 25. ed. São Paulo: Malheiros, 2000, p. 126.

[55] A respeito do princípio do interesse público ou supremacia do interesse público, *vide* a lição de Hely Lopes Meirelles: "O princípio do interesse público está intimamente ligado ao da finalidade. A primazia do interesse público sobre o privado é inerente à atuação estatal e domina-a, na medida em que a existência do Estado justifica-se pela busca do interesse geral. Em razão dessa inerência, deve ser observado mesmo quando as atividades ou serviços públicos forem delegados aos particulares. (...) Como ensina Celso Antônio Bandeira de Mello, 'o princípio da supremacia do interesse público sobre o interesse privado é o princípio geral de Direito inerente a qualquer sociedade. É a própria condição de sua existência. Assim, não se radica em dispositivo específico algum da Constituição, ainda que inúmeros aludam ou impliquem manifestações concretas dele, como, por exemplo, os princípios da função social da propriedade (...)" Id. Ibid., p. 96.

A funcionalização dos direitos de propriedade intelectual[56] também exige atenção especial dos operadores do direito quanto ao seu adequado manejo, com vistas a que sejam atingidos os objetivos idealizados pelo legislador constitucional.[57]

Em caso de confronto entre os interesses egoísticos dos titulares de direitos de propriedade intelectual e o interesse social,[58] deve-se aplicar o princípio da soberania do interesse público sobre o particular, seja por expressa determinação do texto constitucional, seja em razão do que dispõe o art. 2º da Lei de Propriedade Industrial, que encontra ressonância no art. 7º do TRIPS.[59]

Por fim, cumpre rememorar aquilo que já afirmamos na nossa dissertação de mestrado,[60] ou seja, no campo da propriedade intelectual, em que é fértil a criação de novos direitos absolutos, discute-se, de maneira apaixonada, a tensão entre a necessidade

---

[56] *Vide* a respeito da função social da propriedade as lições de Fabio Konder Comparato: "Essa linha de pensamento tem sua origem e mais forte representação, sem dúvida, nos escritos de Comparato, que ressaltam a função social da grande empresa e de seu controlador. COMPARATO, Fábio Konder. O indispensável direito econômico. *Revista dos Tribunais*, São Paulo, v. 353, p. 14, mar. 1965; Id. *Aspectos jurídicos da macroempresa*. 1. ed. São Paulo: Revista dos Tribunais, 1970; Id. *O poder de controle nas S/A*. 3. ed. São Paulo: Saraiva, 1996; e Id. Função social da propriedade dos bens de produção. *Revista de Direito Mercantil, Industrial, Econômico e Financeiro*, São Paulo, v. 25, n. 63, p. 71 e ss., jul./set. 1986. Esses escritos têm caráter bastante específico, na medida em que, compartilhando o jus-realismo da Escola de Direito Econômico (e sem dúvida influenciando-o, no sentido de busca dos interesses por trás das normas), incluem também forte elemento dogmático-aplicativo (daí o nome escolhido para identificá-la), procurando refazer subsistemas legislativos (direito societário, direito do consumidor, etc.) com base na identificação de interesses sociais e políticos antes revelados e na função que estes devem desempenhar. Nesse sentido, bastante expressivo é o seguinte trecho: "Até agora a doutrina jurídica tem-se preocupado quase que exclusivamente com o direito formal, suscitando querelas especiosas e insolúveis a respeito da autonomia dos diferentes ramos do Direito. Não seria tempo de se admitir modestamente o que outras Ciências Sociais já admitiram desde a primeira hora: que, ao lado de uma análise de conceitos e categorias, existe um estudo de técnicas? Que ao lado de um direito formal deve haver lugar para um direito aplicado? O direito econômico aparece assim como um dos ramos deste Direito aplicado, que supõe evidentemente um conhecimento prévio de categorias formais que se situam tradicionalmente na teoria geral do direito privado ou na teoria geral do direito público. E a sua unidade, ou se se preferir, a sua autonomia, nos é dada pela sua finalidade: traduzir normativamente os instrumentos de política econômica do Estado". A postura institucionalista do direito concorrencial, ora defendida, procura, sem dúvida, filiar-se a esta corrente realista funcional. SALOMÃO FILHO, Calixto. *Direito concorrencial*: as condutas, cit., p. 146.

[57] José Afonso da Silva ensina que "A funcionalização da propriedade é um processo longo. Por isso é que se diz que ela sempre teve uma função social. Quem demonstrou isso expressamente foi Karl Renner, segundo o qual a função social da propriedade se modifica com as mudanças na relação de produção. E toda vez que isso ocorreu, houve transformação na estrutura interna do conceito de propriedade, surgindo nova concepção sobre ela (...) Limitações, obrigações e ônus são externos ao direito de propriedade, vinculando simplesmente a atividade do proprietário, interferindo tão-só com o exercício do direito, e se explicam pela simples atuação do poder de polícia" SILVA, José Afonso da. *Curso de direito constitucional positivo*. 25. ed. São Paulo:Malheiros, 2005, p. 285.

[58] *Vide*, a propósito, interessante reflexão de Pedro Marcos Nunes Barbosa: "Assim, o comércio e a sociedade capitalista buscaram no direito da propriedade imaterial a resposta desejada, conquanto a proteção de suas atividades lhes apresentassem ser (e foi) interessante. Dessa forma, por muito tempo foram desenvolvidas tutelas dentro do sistema jurídico, no foco capitalista do reino mercadológico, ignorando outros valores ínsitos ao Estado Social. BARBOSA, Pedro Marcos Nunes. *Direito civil da propriedade intelectual*, cit., p. 34-35.

[59] De acordo com o disposto no artigo 7º do acordo TRIPS "A proteção e a aplicação de normas de proteção dos direitos de propriedade intelectual devem contribuir para a promoção da inovação tecnológica e para a transferência e difusão de tecnologia, em benefício mútuo de produtores e usuários de conhecimento tecnológico e de uma forma conducente ao bem-estar social econômico e a um equilíbrio entre direitos e obrigações". Ao comentar o referido artigo, Guilherme Carboni explica: "Verifica-se, portanto, que o TRIPS traz um dispositivo prevendo expressamente a função social dos direitos de propriedade intelectual (e, consequentemente, do direito de autor), qual seja: a promoção da inovação tecnológica, bem como a transferência e a difusão de tecnologia, em benefício, inclusive, dos usuários de conhecimento tecnológico". CARBONI, Guilherme. *Função social do direito de autor*. Curitiba: Juruá, 2008, p. 108.

[60] SANTOS JR., Walter Godoy dos. *Contribuição para o estudo da marca tridimensional*. 2007. Dissertação (Mestrado) – Programa de Pós-Graduação em Direito, da Faculdade de Direito da Universidade de São Paulo, São Paulo, 2007.

de proteção de novos tipos de criações intelectuais e os obstáculos que uma proteção demasiada[61] poderia trazer em desfavor dos ideais de desenvolvimento tecnológico, econômico e social que lhes servem de fundamento.[62]

Com efeito, o que se põe em causa é o tênue equilíbrio[63] entre a justa recompensa do esforço intelectual humano, consistindo na concessão de uma proteção exclusiva, e o estímulo[64] à evolução industrial e cultual que aconselha impor um prazo[65] a essa proteção, findo o qual o objeto protegido poderá ser utilizado livremente por todos.[66]

---

[61] Cláudio Roberto Barbosa lembra a afirmação de LORD MANSFIELD e KOZINSKI no caso *White vs. Samsung Electronics America, Inc.*: "superproteger a propriedade intelectual é tão nocivo quando subprotegê-la. A criatividade é impossível sem um rico domínio público e mais, nada, hoje, assim como nada, desde que dominamos o fogo, é genuinamente novo: cultura, como ciência e tecnologia cresce por incrementos, cada novo criador construindo sobre o trabalho daqueles que vieram antes. A superproteção tem assim o efeito contrário ao pretendido." *Apud* BARBOSA, Cláudio Roberto. *A relação entre informação, propriedade intelectual, jurisdição e direito internacional*, cit., p. 114. Ver também *Herbert Rosenthal Jewelry Corp. vs. Kalpakian*, 446 F.2d 738, 742 (9th Cir. 1971); Apple; Altai, p. 704; *Feist Publications, Inc. vs. Rural Tel. Serv. Co.*, 499 U.S. 340, 354 (1991) ("*This is precisely the kind of 'wasted effort that the proscription against the copyright of ideas and facts [is] designed to prevent.'*").

[62] Gama Cerqueira ressalta que "Malgrado a diversidade dos direitos incluídos na propriedade industrial, quanto ao seu objeto e conteúdo, e as peculiaridades de cada instituto, são idênticos o fundamento e a natureza desses direitos, como idêntica é a natureza dos objetos sobre os quais se exercem. Os mesmo princípios regem, também, os direitos da propriedade literária, científica e artística, que possuem o mesmo fundamento e natureza, recaindo sobre objetos de natureza semelhante. Estabelece-se, assim, não só a unidade dos institutos da propriedade industrial entre si, como a unidade entre esta e a propriedade literária, científica e artística, como partes integrantes de um sistema jurídico mais amplo, o da propriedade imaterial". CERQUEIRA, João da Gama. *Tratado da propriedade industrial*, cit., v. 1, t. 1, p. 8.

[63] Newton Silveira ensina que "Busca-se limitar o âmbito temporal e territorial das patentes, sem, no entanto, desestimular a criação industrial, para o fim de encontrar um justo equilíbrio entre os monopólios de fabricação e o interesse da comunidade. Mesmo na área de direitos de autor, a exclusividade sobre as obras artísticas não é absoluta, encontrando limites, também, na ordem econômica e social". SILVEIRA, Newton. *A propriedade intelectual no novo Código Civil brasileiro*. Disponível em: <http://www.silveiraadvogados.com.br/port/artigo-completo.asp?id=19>. Acesso em: 13 nov. 2003. Quanto às marcas, ressalta que "Os dois textos – o constitucional e o da lei ordinária – impõem ao intérprete e aplicador do Código da Propriedade Industrial uma posição de equilíbrio, qual seja, a de procurar coibir a fraude às marca em uso efetivo, sem, entretanto, exagerar nas medidas protetoras, cujos excessos consagrariam ou facilitariam os monopólios" In: SILVEIRA, Newton. Propriedade imaterial e concorrência. *Revista dos Tribunais*, São Paulo, ano 75, n. 604, p. 271, fev. 1986. Para Remédio Marques os direitos de propriedade intelectual "constituem direitos subjectivos patrimoniais privados, constitucionalmente tutelados (...), que protegem as diversas formas de criação intelectual ou de prestação empresarial." O renomado autor assinala que "o próprio regime jurídico dos direitos de propriedade intelectual procura, apesar de tudo, atingir um equilíbrio entre os interesses individuais dos titulares e os interesses públicos (bem como os interesses gerais) ligados, por exemplo, à promoção da inovação tecnológica (patente, modelo de utilidade, topografias de produtos semicondutores), à competitividade das empresas, à proteção das manifestações artísticas aplicadas aos objetos utilitários (desenhos e modelos e direito de autor), e à proteção das manifestações culturais *stricto sensu* (direito de autor)." MARQUES, João Paulo Remédio. Propriedade intelectual e interesse público, cit., p. 322-323.

[64] Gama Cerqueira ressalta que "de fato, a proteção legal desses direitos inspira-se na necessidade de animar as ciências e as artes e de promover o progresso das indústrias". CERQUEIRA, João da Gama. *Tratado da propriedade industrial*. 1. ed., cit., v. 1, t. 1, p. 102.

[65] Tullio Ascarelli pondera que "La disciplina y la duración del derecho sobre el bien inmaterial (por ello limitado en el tiempo respecto de los diversos tipos de bienes inmateriales), se armoniza con el progreso técnico o cultural o con la tutela de la elección del consumidor a la que se reconduce la misma justificación de su existencia jurídica y, por otra parte, es la gravedad del derecho absoluto a la utilización de una creación intelectual, dados los elementos monopolísticos (en el sentido económico del término) que le son inherentes, la que impone precisamente su delimitación y el cuidado para evitar los peligros que aquella tutela lleva aparejados." ." ASCARELLI, Tullio. *Teoria de la concurrencia y de los bienes inmateriales*, cit., p. 40-41.

[66] Gama Cerqueira ensina: "Objeta-se, porém, que reconhecer esse direito e assegurá-lo ao inventor e seus sucessores, de modo perpétuo, não seria possível, porque a coletividade é também interessada nas invenções que se realizam e que visam satisfazer às suas necessidades, reclamando a livre utilização delas. Assim, se é justo encorajar os inventores e incentivar as suas atividades, em benefício do progresso econômico e social, não

Aqui vale também a transcrição do raciocínio desenvolvido por Karin Grau Kuntz a respeito das patentes, mas que, a rigor, se amolda a todo o sistema da propriedade intelectual:

> O reconhecimento do sistema de patentes implica, de forma conclusiva, a afirmação de que a) como instrumento de fomento de bem-estar social este sistema é tomado no corpo do ordenamento brasileiro como um sistema desejado; b) este sistema não é garantido de forma absoluta, estando condicionado aos princípios norteadores do próprio ordenamento ou, em outras palavras, ao interesse público.
>
> Tais assertivas são tão óbvias e lógicas, que na verdade não deveriam ser motivo de surpresas e muito menos de comoções. Então, pergunta-se, por que geram polêmica? Geram polêmica porque o que a doutrina quer discutir não é, na verdade, a interpretação do inciso XXIX do art. 5º da Constituição, mas antes a qualidade da decisão política que instrumentaliza o sistema de patentes. Como instrumento concorrencial que é, o sistema de patentes é potencialmente revestido de grande valor como um meio de implementação de políticas públicas. Não há como negar tal característica a ele. Pretender ver neste instituto um fenômeno estático, não passível de instrumentalização, é expressão de idealismo em sua mais pura concepção. E o idealista, valendo-me das palavras do escritor austríaco Alfred Polga, é aquele que passa sem dificuldade nenhuma através de paredes, mas que acaba por se ferir ao bater contra o ar. A discussão política, a batalha de opiniões de grupos defendendo interesses antagônicos são, não só essenciais para o processo democrático, mas também saudáveis no sentido de propiciar o crescimento intelectual, expresso na chance de se reverem posições pessoais ou de até mesmo ainda mais se convencer do acerto das posições adotadas. Porém, tal discussão só será positiva, tanto do ponto de vista democrático, quanto do ponto de vista de crescimento intelectual, se procedida a partir de premissas verdadeiras ou, em outras palavras, de premissas consoantes com os princípios que norteiam a ordem jurídica brasileira. A discussão calcada em premissas falsas, como aquelas que, ao enaltecerem ao extremo o sistema de patentes, vêem nele supremacia sobre a noção do público, como se fosse possível a sua existência fora do ordenamento jurídico, só pode levar a falsas conclusões. Mas ainda muito pior do que estas contendas baldadas, o discurso rabulista é nocivo especialmente porque desvia a atenção do cerne da

---

é conveniente aos interesses da sociedade que as invenções permaneçam indefinidamente ao serviço exclusivo de pequeno número de inventores, ainda com risco de se concentrarem em mão de pessoas em número mais restrito que se organizassem em *trusts* para explorá-las com detrimento da coletividade. É necessário, pois, que, dentro de algum tempo, a exploração do invento seja livre. No caso contrário, criar-se-iam monopólios incompatíveis com os interesses da sociedade, acompanhados de todos os seus inconvenientes. Só o inventor poderia explorar a invenção, como lhe conviesse, impondo à coletividade os ônus que entendesse, como poderia deixar de explorá-la, privando-a de seus benefícios e vantagens. Por outro lado, como já vimos, alega-se que, sendo as invenções, de certo modo, um produto do meio social e existindo em todas elas uma parte não original, não pode o inventor pretender a sua propriedade perpétua. São as mesmas objeções de ordem econômica, levantadas contra o direito do inventor, que aqui se erguem contra a perpetuidade de seu direito. De fato, se alguns escritores, principalmente economistas e sociólogos, julgam ilegítimo o direito pretendido pelos inventores, sob o fundamento, entre outros, de que a invenção não lhes pertence integralmente, outros escritores reconhecem o valor da contribuição do inventor, mas consideram-na insuficiente para justificar a perpetuidade de seu direito. Como quer que seja, por esses ou por outros motivos, o certo é que as leis da quase totalidade dos países concedem ao inventor, sob certas condições, o direito exclusivo de usar e explorar a invenção, mas limitam esse direito a certo prazo considerado suficiente para permitir ao inventor que tire de sua criação um proveito legítimo. Mantêm-se, pois, as leis, entre os extremos de recusar ao inventor qualquer direito ou de consagrar a perpetuidade de seu privilégio; e assim se conciliam os interesses antagônicos do inventor e da coletividade." CERQUEIRA, João da Gama. *Tratado da propriedade industrial*. 1. ed., cit., v. 1, t. 1, p. 216-217. O autor lembra, ainda, que "a questão da temporalidade do direito do inventor apresenta-se, portanto, como uma questão de política legislativa, fundada em considerações de ordem prática ou, melhor, de ordem econômico-social." Id. Ibid., p. 218. E que "É sempre, pois, o critério econômico que justifica a temporaneidade do direito do inventor, imposta pela lei, e não a natureza de seu objeto." Id. Ibid., p. 220.

questão, daquilo que pede urgentemente ser pauta de discussão sóbria e séria no Brasil, nomeadamente da necessidade de se debater sobre a qualidade e a extensão dos efeitos da política pública que instrumentaliza o sistema de patentes.[67]

À guisa de conclusão e diante do panorama constitucional desenhado acima, percebem-se, com bastante nitidez, os contornos publicísticos do sistema da propriedade intelectual, que não colidem com os interesses individuais dos titulares desses direitos, mas devem ser com eles inteira e plenamente compatíveis,[68] para que sirvam de vetores do desenvolvimento cultural, social e econômico em razão dos quais foram originalmente concebidos, prestigiando-se, assim, a função social dos direitos da mente.

Informação bibliográfica deste texto, conforme a NBR 6023:2002 da Associação Brasileira de Normas Técnicas (ABNT):

SANTOS JUNIOR, Walter Godoy dos. A função social da propriedade intelectual na Constituição da República de 1988. In: ARABI, Abhner Youssif Mota; MALUF, Fernando; MACHADO NETO, Marcello Lavenère (Coord.). *Constituição da República 30 anos depois*: uma análise prática da eficiência dos direitos fundamentais. Estudos em homenagem ao Ministro Luiz Fux. Belo Horizonte: Fórum, 2019. p. 449-468. ISBN 978-85-450-0598-8.

---

[67] GRAU-KUNTZ, Karin. Direito de patentes – sobre a interpretação do artigo 5º, XXIX da Constituição brasileira. Cruzeiro/Newmarc Propriedade Intelectual. Disponível em: <http://www.newmarc.com.br/ibpi/d_pat.html>.

[68] A propósito deste tema, *vide* as seguintes ponderações: "Portanto, na eventual existência de um conflito (aparente) entre o direito individual (propriedade) e o direito social (acesso) e coletivo (concorrência), poderá ser necessário o uso da *ponderação* moderada entre tais interesses juridicamente protegidos. Entretanto, até mesmo a ponderação poderá ser dispensada pelo uso adequado do conceptualismo à titularidade, eis que "cada direito corresponde a um conceito que deve levar em conta os fins próprios (...) sua história, as necessidades de convivência social e os demais direitos. Delineados dessa forma, os conceitos dos diferentes direitos formarão uma unicidade harmônica e, assim, eliminando o conflito entre eles". BARCELLOS *Apud* BARBOSA, Pedro Marcos Nunes. *Direito civil da propriedade intelectual*, cit., p. 65. No mesmo sentido, "Quanto mais a intervenção legal afetar expressões elementares da liberdade de ação humana, tanto mais cuidadosamente devem ser sopesadas as razões utilizadas como fundamentação contra a pretensão básica de liberdade dos cidadãos" Esse postulado corresponde, com exceção do aspecto relativo ao cuidado, à lei de sopesamento formulada anteriormente, segunda a qual o aumento no grau de afetação de um princípio exige um correspondente aumento no grau de importância na satisfação do princípio ocidente". ALEXY *Apud* BARBOSA, Pedro Marcos Nunes. *Direito civil da propriedade intelectual*, cit., p. 66.

SOBRE OS AUTORES

Abhner Youssif Mota Arabi
Juiz de Direito (TJSP). Foi assessor de Ministro do STF (2014-2018). Pós-Graduado em Ordem Jurídica e Ministério Público (FESMPDFT/2018) e em Direito Administrativo (2015). Autor dos livros: *Terceirização: uma leitura constitucional e administrativa* (Editora Fórum, 2018); *Mandado de segurança e mandado de injunção* (Editora Juspodivm, 2018); *A tensão institucional entre Judiciário e Legislativo: controle de constitucionalidade, diálogo e a legitimidade da atuação do Supremo Tribunal Federal* (Editora Prismas, 2015); coordenador da obra *Direito financeiro e jurisdição constitucional* (Editora Juruá, 2016) e autor de diversos capítulos de livro e artigos jurídicos. Professor e palestrante.

Aldo José Barros Barata de Oliveira
Assessor de Ministro do Supremo Tribunal Federal.

Alexandre de Moraes
Ministro do Supremo Tribunal Federal. Doutor em Direito do Estado e Livre-docente em Constitucional pela USP, onde é professor associado. Professor titular pleno da Universidade Mackenzie. Foi Ministro da Justiça, titular das Secretarias de Estado da Justiça e Cidadania e da Segurança Pública de São Paulo e das Secretarias de Transporte e Serviços do Município de SP. Em 1991, foi o 1º colocado no concurso do Ministério Público Paulista, tendo exercido o cargo de Promotor de Justiça até 2002. Autor de diversas obras jurídicas, entre elas *Direito Constitucional*, na 34ª edição.

Amanda Sampaio
Mestre em Direito (LL.M) pela Columbia Law School. Advogada Sênior no escritório Demarest Advogados.

Ana Paula de Barcellos
Professora Titular de Direito Constitucional da Faculdade de Direito da UERJ. Mestre e Doutora pela UERJ. Pós-Doutora por Harvard.

Andréa Magalhães
Doutoranda em Direito Econômico pela Universidade de São Paulo (USP). Mestre em Direito Público e graduada pela Universidade do Estado do Rio de Janeiro (UERJ). Assessora do Ministro Luiz Fux do Supremo Tribunal Federal (STF).

André Ramos Tavares
Professor Titular da Faculdade de Direito da USP e Professor da PUC/SP, foi Diretor da Escola Judiciária Eleitoral nacional, do TSE (2010-2012).

Carlos Alberto Carmona
Sócio de Marques Rosado Toledo César & Carmona Advogados. Professor Doutor de Direito Processual da Faculdade de Direito da Universidade de São Paulo. Professor Convidado dos Cursos de Pós-Graduação da Pontifícia Universidade Católica de São Paulo (COEGAE), da Fundação Getulio Vargas e da Faculdade de Direito de Vitória. Autor do livro *Arbitragem e processo: um comentário à lei nº 9.307/96* (Atlas, 2009), além de outras obras, capítulos de livros e artigos jurídicos.

Celso Xavier
Mestre em Direito (LL.M) pela Stanford Law School. Sócio no escritório Demarest Advogados.

Cláudio Finkelstein
Sócio de Finkelstein Advogados. Professor Titular da Faculdade de Direito da Pontifícia Universidade Católica de São Paulo. Mestre, Doutor e Livre-Docente pela Pontifícia Universidade Católica de São Paulo. Master of Laws (LL.M.) pela University of Miami (EUA). Professor Convidado da SouthWestern University (Argentina) e da University of Miami (EUA). Autor dos livros: *Hierarquia das normas no Direito Internacional: jus cogens e metaconstitucionalismo* (Saraiva, 2013); *Direito Internacional* (Atlas, 2013); *O processo de formação de mercados de blocos* (IOB Thomson, 2003); coordenador da obra *Tributação no Mercosul* (Celso Bastos, 2002); e autor de capítulos de livros e artigos jurídicos.

Daniel Kaufman Schaffer
Advogado. Bacharel em Direito pela Universidade Presbiteriana Mackenzie (2011). Pós-graduado (*lato sensu*) em Direito da Infraestrutura pela Escola de Direito de São Paulo da Fundação Getulio Vargas (2015). Mestre (LL.M.) com distinção pela University College London com especialidade em Contencioso e Métodos Alternativos de Resolução de Disputas (2017) e membro do *Chartered Institute of Arbitrators* (MCIArb).

Daniel Sarmento
Professor Titular de Direito Constitucional pela UERJ. Mestre e Doutor em Direito Público pela UERJ. Pós-doutorado na Yale Law School. Advogado e Coordenador da Clínica de Direitos Fundamentais da UERJ.

Felipe Mendonça Terra
Mestre em Direito Público pela Universidade do Estado do Rio de Janeiro (UERJ). Advogado.

Fernanda Bernardo Gonçalves
Mestre em Direito pela Universidade Federal do Paraná. Procuradora do Estado do Paraná. Assessora de Ministro no Supremo Tribunal Federal.

Fernando Maluf
Advogado de Demarest Advogado. Mestrando pela Pontifícia Universidade Católica de São Paulo. Professor Convidado da Universidade Presbiteriana Mackenzie de São Paulo. Autor de capítulos de livros e artigos jurídicos.

Gilmar Ferreira Mendes
Ministro do Supremo Tribunal Federal.

Gustavo Binenbojm
Professor Titular da Faculdade de Direito da Universidade do Estado do Rio de Janeiro – UERJ. Doutor e Mestre em Direito Público pela UERJ. Master of Laws (LL.M.) pela Yale Law School (EUA). Professor Emérito da Escola da Magistratura do Estado do Rio de Janeiro – EMERJ.

Ingo Wolfgang Sarlet
Doutor e Pós-Doutorado em Direito pela Universidade de Munique (1997 e 2005). Professor Titular e Coordenador do PPGD da Escola de Direito da PUCRS. Desembargador do TJRS.

José Antonio Dias Toffoli
Presidente do Supremo Tribunal Federal. Presidente Comissão do Senado para Elaboração de Novo Código Eleitoral. Relator da Comissão de Desburocratização da Administração Pública. Professor Colaborador do Curso de Pós-Graduação Faculdade de Direito/USP.

José Augusto Bitencourt Machado Filho
Sócio de Marques Rosado Toledo César & Carmona Advogados. Pós-graduado em Arbitragem e em Direito Empresarial pela Fundação Getulio Vargas. Professor Convidado da Universidade Presbiteriana Mackenzie de São Paulo. Autor de capítulos de livros e artigos jurídicos.

Julia Schulz Rotenberg
Advogada. Bacharel em Direito pela Pontifícia Universidade Católica de São Paulo (2013). Mestranda em Direito do Estado pela Universidade de São Paulo.

Luiz Edson Fachin
Mestre e Doutor em Direito pela Pontifícia Universidade Católica de São Paulo. Professor Titular de Direito Civil da Universidade Federal do Paraná. Ministro do Supremo Tribunal Federal.

Marcello Lavenère Machado Neto
Advogado na Marcello Lavenère Machado Advocacia. Bacharel e mestrando em Direito pela Universidade de Brasília. Pesquisador do GETRIB – Grupo de Pesquisa Estado, Constituição e Tributação, da Faculdade de Direito da Universidade de Brasília. Vice-presidente da Comissão de Arbitragem da Ordem dos Advogados do Brasil, Seccional do Distrito Federal. Integrante da Comissão de Assuntos e Reforma Tributária da Ordem dos Advogados do Brasil, Seccional do Distrito Federal. Coordenador da coluna "Matriz Tributária", do Migalhas.

Marco Aurélio Mello
Ministro do Supremo Tribunal Federal. Presidente do Supremo Tribunal Federal (maio de 2001 a maio de 2003) e do Tribunal Superior Eleitoral (junho de 1996 a junho de 1997, maio de 2006 a maio de 2008 e novembro de 2013 a maio de 2014). Presidente do Supremo Tribunal Federal, no exercício do cargo da Presidência da República do Brasil, de maio a setembro de 2002, em cinco períodos intercalados.

Pedro Felipe de Oliveira Santos
Doutorando em Direito pela Universidade de Oxford. Mestre em Direito pela Universidade de Harvard. Pós-graduado em Direito Internacional Público pela *The Hague Academy of International Law*. Graduado em Direito pela Universidade de Brasília. Juiz Federal do Tribunal Regional Federal da 1ª Região. Professor Colaborador da Universidade de Brasília. Professor Titular da Escola Superior do Ministério Público do Distrito Federal e Territórios. Professor Convidado da Universidade Estadual do Tocantins. *E-mail*: <professorpedrofelipe@gmail.com>.

Ricardo Lewandowski
Professor titular da Faculdade de Direito da Universidade de São Paulo e Ministro do Supremo Tribunal Federal.

Sidnei Beneti
Ministro do Superior Tribunal de Justiça (aposentado). Livre-Docente de Direito Processual Civil e Doutor em Direito Processual Penal pela Faculdade de Direito da USP-SP. Presidente honorário da União Internacional de Magistrados – a Associação Mundial de Juízes, Roma (<www.iaj-uim.org>).

Thiago Lôbo Fleury
Assessor de Ministro no Supremo Tribunal Federal. Ex-Assessor de Conselheiro do Conselho Nacional do Ministério Público (2016). Graduado em Direito pelo Centro Universitário de Brasília – UniCEUB.

Thiago Luís Sombra
CIPP/E e CIPP/M. Sócio da área de Proteção de Dados e Cibersegurança do Mattos Filho. Ex-procurador do Estado de São Paulo. Ex-assessor de Ministro do STJ. Mestre pela PUC-SP e Università degli Studi di Camerino. Especialista em Proteção de Dados pela London School f Economics-LSE. Doutorando pela Universidade de Brasília (UnB).

Tomás Imbroisi Martins
Assessor de Ministro do Superior Tribunal de Justiça. Servidor Público do Tribunal Regional Federal da 1ª Região. Bacharel em Direito pela Universidade de Brasília.

Valter Shuenquener de Araujo
Doutor em Direito Público pela UERJ. KZS pela Universidade de Heidelberg-Alemanha. Professor Adjunto de Direito Administrativo da Faculdade de Direito da UERJ. Conselheiro do CNMP (2015-2020). Juiz Federal.

Walter Godoy dos Santos Junior
Doutor e Mestre em Direito Comercial pela Universidade de São Paulo (USP). Juiz de Direito (TJSP) e juiz auxiliar de Ministro do Supremo Tribunal Federal.

Esta obra foi composta em fonte Palatino Linotype, corpo 10
e impressa em papel Offset 75g (miolo) e Supremo 250g (capa)
pela Gráfica Laser Plus.